Statistics in Education

교육통계학

조정우 · 김현철

Statistics
in Education

法 文 社

머리말

　이 책은 교육연구의 도구로서 통계학을 공부하고자 하는 독자를 위한 것이다. 교육연구의 도구가 필요한 독자의 요구 수준에 맞는 필요한 통계학책은 어떤 모습일까 생각한 지 꽤 오래되었다. 전문성의 가장 높은 수준을 추구하는 이들일 것이니, 적어도 정곡을 벗어난 공허한 개념이나 조금만 상황이 바뀌어도 쓸모를 잃는 단편적 지식으로 채워진 것이어선 안 된다고 생각했다. 이 책으로 수련한 독자에 대해 우리가 바라는 모습은 다음과 같다. 첫째, 통계학의 기본개념을 완전히 이해하고, 둘째 선정된 통계분석을 수행할 수 있고, 셋째 그 과정 및 결과에 대해서 정확히 설명할 수 있으며, 넷째 이러한 훈련과정을 통해 새로운 상황에 대한 적응력을 갖는다.

　많은 이들이 통계학은 어렵다고 생각한다. 그들은 잘못 생각한 것이 아니다. 우연이라는 장막으로 가려진 현상을 보고, 그 장막 너머의 현실을 확률의 언어로 말하는 일이니 어려운 것이 당연하다. 초보자가 통계학을 배우는 과정은 잘못된 생각을 바로잡는 일이 대부분을 차지한다. 이후 통계적 사고방식이 자리 잡을 때까지는 흔들리고 고민하는 시간을 겪게 되는데 이것은 정상적인 과정이다. 한편, 통계학 서적 중에는 어려운 것을 쉽게 가르친다고 주장하는 것이 많다. 정작 어려운 것을 빼고 쉬운 부분만 가르치는 것이 아니라면 어려운 것을 어떻게 쉽게 가르치겠는가? 어려운 학습과제를 가르치는 정직한 방법은 그것을 피하는 것이 아니라, 선수학습 과제부터 차근차근 제시하는 것이다. 그 가운데서 가장 고통이 덜한 길을 찾는 것은 그다음 일이 아닐까 생각한다. 이 책에서는 통계학의 이론을 발견한 거인들의 생각을 초심자의 언어로 번역하지 않고 그 핵심을 그대로 전달하기 위해 애썼다. 그것이 가장 쉽게 이해에 도달하는 길이라고 생각했기 때문이다.

　이 책의 구성은 크게 기본개념, 통계학과 연구방법, 추리통계, 그리고 응용통계로 이루어졌다. 기본개념은 모집단과 표본, 변수 등 기초지식, 그리고 확률, 분산 등에 관한 이해를 목표로 하였다. 통계학과 연구방법은 기술적 통계와 관련된 상관계수와 회귀분석을 다루었고, 실험설계, 가설검정, 표본추출 등의 개념을 완전히 이해할 수 있도록 하는 훈련과정을 제시했다. 다음은 추리통계 방법을 익히는 단계로 표본평균의 분포, 주요 검정통계 척도, t 검정, 그리고 분산분석을 다루었다. 마지막 응용통계에서는 이원설계와 공분산 설계를 통하여 실험 상황에 따라 분산을 통제하는 설계 방법을 다루었다. 이 책에서 주로 다루는 것은 분산분석이다. 분산분석은 심리학이나 행동과학의 실험자료를 분석하는 주요 통계 방법이므로 그리 하였으나, 분산분석의 개념을 뒷받침하는 이 주제 이전의 생각들, 예컨대 표본추출, 확률분포, 주요 검정통계 척도 등을 충실히 다루어 전체적으로 어두운 부분이 생기지 않도록 하였다. 용어를 어렴풋이만 알고 넘어가지 않도록 본문에서 충실히 정의하였으며, 국제적 의사소통 능력을 위해 주요 용어를 영어로도 제시했다. 연습문제에는 특히 많은 공을 들여 실지로 사용되는 다양한 문맥과 전형적인 오개념의 예를 풍부하게 제시했다. 따라서 각 장의 내용을 빠르게 정리하기 위해서라면 본문 중에서 청색으로 표시된 용어와 연습문제를 검토하면 될 것이다.

이 책의 내용을 전달하기 위해 사용한 전략의 핵심은 반복과 계열화이다. 각 장의 맨 앞에는 비유 또는 요약으로 전체 구조를 사전에 소개하는, 이른바 선행조직자를 제시하였고, 맨 뒤에는 연습문제를 두어 통계학이 실지로 사용되는 실세계를 경험하도록 했다. 선명한 이해를 위해, 언어의 미학이나 경제성 같은 것은 포기하고, 시시콜콜 한 말을 또 하고 또 하곤 했다. 내용 조직은 책에 제시된 내용을 그대로 따라 하면 실력이 자연히 향상되도록 하는 수련서의 기능을 중요시하였으므로 위계적 제시를 원칙으로 하였으나, 자연스러운 익힘 전략으로 약간의 중복을 두었다. 그러나 각 장은 가능한 한 다른 장을 읽지 않더라도 그 자체로 이해될 수 있도록 배려하였고, 나아가 용어사전과 찾아보기 기능을 추가하였다.

이 책은 통계학을 열심히 공부하고자 하는 학생들을 위해 좋은 안내서가 될 것이다. 부분적으로 특정 분야에 대한 통계기법을 익히기에도 유용할 것이다. 그러나 짧은 시간 내에 통계학 실력자처럼 되고 싶은 사람에게는 적합하지 않을 것이다. 교육 연구의 결과물을 내는 일이 음식을 차려내는 일에 비유하여도 좋다면, 이 책은 어떤 재료를 가지고도 맛있는 음식을 만들어내는 천재보다, 좋은 재료를 사용하고 원칙을 지키며 기본기가 탄탄한 요리사를 위한 것이다. 우리는 이 책 속의 생각들이 우리 자신에게 그랬듯, 독자의 인생에서도 오랜 동반자가 되길 기대한다.

2023년 2월
조정우, 김현철

차 례

제 7 장 실험설계

제 8 장 표본평균의 분포

제 9 장 가설검정

제10장 표본추출

제18장 피험자 내 설계

부 록

제 1 장

통계학의 기초지식

우리의 삶이 과학적 성과에 의존한다고 생각한다면, 똑같은 논리로 우리는 통계학에 의존하고 있다고 할 수 있다. 오랜 역사를 통해서, 우리는 필요한 지식을 얻기 위해 과학적 방법에 의존하는 것이 최선임을 배웠고, 과학적 방법의 중심에는 언제나 통계학이 있음을 안다. 따라서 이 책에서 다루려고 하는 것은 과학적 방법으로서의 통계학이다. 제1장에서 다루는 통계학의 기본개념은 지식을 얻는 과학적 방법의 핵심과 그 중심인 통계학의 관심사, 그리고 측정의 기본적인 지식과 도구의 사용법 등으로 구성되어 있다. 마치 낯선 길을 갈 때, 여행의 목적과 여행지의 언어를 알고 도구를 준비하는 것이 필요하듯, 이 장에서는 통계학을 처음 접하는 독자를 위하여 사전지식과 기능을 제공하고자 하였다. 그 주제는: 1) 객관적, 실증적 기반 위의 지식, 2) 관찰과 일반화에 관한 용어, 3) 측정과 척도에 관한 기호를 다루는 방법, 4) 표와 그래프를 통한 데이터의 표현 등이다.

1 지식을 얻는 방법

1) 권　위

　권위는 많은 사람이 처음 지식을 얻는 곳이다. 부모라는 권위, 교사, 어떤 분야의 전문가, 종교, 때로는 다수라는 권위가 하는 말을 그대로 받아들임으로써 지식을 얻는다. 예를 들어 우리는 코로나바이러스의 예방을 위해 전문기관에서 시키는 것을 시행하고, 저명한 학자의 말에 따라 다이어트와 운동을 하려고 노력한다. 우리는 개인적으로 이런 것들을 조사할 시간과 지식이 없으며, 설사 그런 것이 있다 해도 잘할 수 있을지 회의적이기 때문에, 이러한 사안에 대해서는 권위에 의존하는 방법이 현명하다고 여긴다.

그러나 지식을 얻는 방법 중 권위에 의존하는 방법은 때때로 신뢰성이 떨어진다. 그 사실이 쉽게 확인되는 이유는 세상이 권위를 부여한 사람들의 의견이 종종 서로 다르기 때문이다. 또한, 대단한 권위에 의해 굳게 믿어져 왔던 지식이 하루아침에 사실이 아닌 것으로 밝혀지는 것을 경험한 적도 많다.

2) 이 성

데카르트 이래 인류는 합리적 이성이야말로 지식의 올바른 원천이라고 믿어왔다. 합리적 이성이란 보편타당성과 논리적 필연성에 의해 작동하는 연역적 사고를 말한다. 예컨대,

> 사람은 죽는다. (대전제)
> 소크라테스는 사람이다. (소전제)
> 따라서 소크라테스는 죽는다. (결론)

와 같은 형식에 의한 결론 도출 방법을 말한다. 그러나 연역적 사고의 대전제는 거의 전부 귀납적 결론이기 때문에 이러한 논리를 앞세운 이성적 접근은 순수한 새로운 지식을 생성할 수 있는 여지가 거의 없다. Hume은 이를 "begging the question"(논점절취)이라 비하했다. 이것은 순환 논리와 비슷한 의미로, 증명이 필요한 명제를 버젓이 논증의 전제로 사용하는 논리적 오류의 일종이다.

3) 경 험

여기서 경험은 주관적 경험을 말한다. 지식을 얻는 방법으로 경험에 의존하는 것에 관하여 Thomas Gilovich(1993)의 책, "How we know what isn't so(그렇지 않은 것을 그렇게 생각하는 경우)"의 일화를 소개한다(pp. 12-13). 그는 농구경기의 예를 들면서 설명하기를, 농구선수들과 코치, 그리고 팬들은 모두 선수가 잘 들어가는 날이 있고 잘 안 되는 날이 있다는 것을 믿는다고 했다. 그런 믿음은 경험을 통해서 생긴 것인데 잘 들어가는

날의 선수는 던지는 족족 림에 꽂히는 데 반하여, 안 되는 날에는 답답할 정도로 튕겨 나오는 것을 오래 보아왔기 때문이라는 것이다.

Gilovich는 이 믿음을 검증하기 위하여 Philadelphia 76ers라는 프로 농구팀의 모든 경기기록을 분석하였다. 그 결과는 이들의 믿음과 딴판이었다. 앞선 슛이 성공이었을 때 다음 슛의 성공률이 51%였던 반면에, 앞의 슛이 실패였을 때 다음 슛의 성공률은 54%였다. 또 앞의 슛이 연속 두 번 성공이었을 때 다음 슛의 성공률은 50%인 데 비하여, 연속 두 번 노골이었을 때 다음 슛의 성공률은 53%였다. 이것으로써 슛이 들어갈 때는 연속적으로 들어가고 안 들어갈 때는 계속 안 들어간다는 믿음은 잘못된 것임이 확인되었지만 농구인들은 여전히 자신의 믿음을 바꾸지 않고 있다.

이러한 잘못된 믿음이 생성되는 일에 관한 Gilovich의 해석은 이렇다. 그것은 사람들이 어리석기 때문이 아니라 그들이 경험을 처리하는 장치에 문제가 있기 때문이라는 것이다. 인상적인 경험은 특별히 주목받고 기억된다. 반면에 사람들은 별로 눈길을 끌지 못하는 경험은 쉽게 잊어버린다. 따라서 슛의 연속적 성공이나 실패는 뚜렷하게 기억에 남고, 성공과 실패가 교차된 경우는 잊혀지기 때문에 경험이 누적되면 인상적인 경험만 남는다는 것이다. 비슷한 예로, 산부인과 병동의 간호사들은 보름달이 뜰 때 출산이 많아진다는 굳은 믿음을 가지고 있으나 실제로 조사해본 결과 그 믿음은 사실이 아닌 것으로 밝혀졌다.

또 Gilovich에 따르면 여학생 기숙사의 여학생들은 이런 말을 한다.

"주말에 오는 전화는 꼭 내가 샤워할 때 온단 말이야."

그러나 샤워 중 전화벨이 울리면 그 사건은 아주 뚜렷하게 기억에 남고, 샤워 중 전화가 안 오는 것은 의식하지도 못한다. 이 때문에 시간이 지나면 샤워 중 전화가 온 일들만 기억에 남는다는 것이다.

자신이 경험하는 일에 대하여 뭔가 의미를 부여하고 싶어 하는 사람들의 습성 또한 이런 잘못된 지식 형성에 일조한다. 결국, 경험을 올바르게 해석하기 위해서는 주관의 개입을 철저히 막아야 한다는 결론에 도달하게 된다.

4) 과학적 방법

과학적 방법 또한 과학이라는 방법론에 권위를 부여하고 있으므로 크게는 권위에 의존하여 지식을 얻는 방법에 속하지만, 이 방법의 특징은 경험을 축적하여 귀납적 논리로 지식을 얻되 그 과정에서 주관의 개입을 철저히 통제하는 데 있다.

귀납법은 완전한 논리가 아니라 결론에 이르는 과정에서 논리적 비약을 피할 수 없다. 그러나 체계적인 관찰이 이루어질수록, 관찰의 횟수가 클수록, 인간이 끊임없이 구축하는 과학적 지식의 집합체는 차츰 완전에 가까워지게 된다. 이것이 과학의 권위를 신봉하는 이들의 믿음이다.

과학적 방법의 핵심은 체계적 관찰과 관찰 결과의 객관적 분석에 있다. 체계적 관찰이란 인과관계를 추리하는 데 있어 다른 설명의 가능성을 배제하는 일, 즉 실험설계를 말하며, 객관적 분석이란 주관이 배제된 수량적 데이터를 통계적으로 분석하여 확률에 근거한 판단을 내리는 과정을 말한다. 분석 과정에서 주관을 배제한다고 하여 과학적 접근에 주관이 설 자리는 없다는 의미는 아니다. 과학적 연구에서 문제의 제기, 증거의 조직, 결론 등은 당연히 주관의 영역이다. 과학적 방법은 주관을 배제하는 것이 아니라 오류를 배제하려는 노력이다.

그렇다면 오류의 개입을 막기 위하여 그토록 애쓴 과학적 방법은 잘못으로부터 자유로운가? 아니, 그렇지는 않다. 과학적 판단이란 기본적으로 확률에 의존하는 것이므로 운 나쁘게 잘못된 결론에 도달할 수도 있다. 그러나 과학적 방법은 귀납적 결론의 한계를 극복하기 위해 지속적인 관찰을 통한 자기수정 절차를 준비해놓고 있다. 따라서, 우연 또는 실수로 인하여 한 실험에서 틀린 정보를 얻을 수는 있으나, 그 실험 하나로 모든 연구가 끝나는 것이 아니라 계속되는 다른 실험의 증거들에 의해서 그 실험의 오류가 드러나게 되는 것이다. 이와 같은 자체 수정, 자체 발전의 기능을 갖는 것이 과학적 방법의 특징이다. 다시 말해서 과학적 방법이란 지식을 얻는 수단인 동시에, 지식을 축적하는 시스템이라 할 수 있다. 그 시스템은 인류의 번영을 이루게 한 일등공신이며, 그 중심에 통계학이 있다. 따라서 통계학은 지식을 얻는 현명하고 효과적인 방법이라 할 수 있다. 이 책에서 그 전모를 하나하나 살펴보겠다.

② 주요 용어의 정의

통계학 내에서도 주제에 따라 다른 용어가 사용될 수 있겠으나, 모든 분야에서 공통으로 사용되는 용어가 몇 가지 있으니 이를 먼저 익혀두자.

1) 기술통계와 추리통계

과학의 영역이 광범위한 만큼, 통계학을 구성하는 사고의 세계도 단순하지 않고, 통계학을 정의하기도, 설명하기도 어렵다. 따라서 이를 정의하는 대신 그 속성을 요약한다면, 통계학은 데이터를 수량적으로 분석하는 학문이라 할 수 있는 것 같다. 나아가, 통계학은 데이터로부터 지식을 얻는 과학이라고도 할 수 있다. 통계학은 모든 형태의 경험을 처리하는 데 유효하며, 주관의 개입을 배제하고 합리성과 객관성을 추구하는 노력이다. 다음으로, 통계학의 두 가지 이용 목적을 살펴보자. 이후 이 책에서 새로운 용어의 정의를 소개할 때마다 이 용어를 청색으로 표기했다.

기술통계(descriptive statistics): 수집한 자료를 간단하고 편리하게 서술하는 통계를 말한다. 즉 얻어진 자료를 분석하여 그 자료를 구성하는 대상들의 속성을 설명하고 묘사하려는 목적으로 사용되는 통계이다.

추리통계(inferential statistics): 자료를 분석하여 우리가 관심을 가지는 집단의 특성을 추정하는 통계를 말한다. 표본에서 얻은 자료의 결과를 모집단에 일반화하려는 목적의 통계이다. 예를 들어, 남녀 성별에 따른 능력에 관한 자료가 있다고 하자. 만일 어떤 연구자가 이 자료의 대상이 된 남녀의 특성을 비교하려는 목적에서 분석을 수행한다면 그것은 기술통계에 해당할 것이다. 그러나 이 자료의 남녀의 능력을 비교하여 얻은 결과를 이 자료 속 인물들에 국한하지 않고 해당 국가 내 모든 남녀에게까지 일반화시키고자 한다면 그것은 추리통계에 속한다.

통계학은 위 두 가지 목적을 추구하며, 주관을 배제하고 객관적 결론을 유도하기 위한 과정이다. 그런 점에서 통계는 경험과학의 필수요소이다.

2) 모집단과 표본

모집단(population)이란 연구자가 연구의 대상으로서 관심을 두는 집단 전체를 말한다. 그런데 모집단 전체로부터 정보를 얻는 일은 어려울 뿐 아니라, 대규모의 집단을 다루다 보면 예상하지 못했던 사고가 생겨 오히려 정확한 정보를 얻지 못하는 경우가 많으므로, 모집단의 성질을 잘 나타낼 수 있는 소수의 집단인 표본을 선발하여 그 집단의 특성을 조사하게 된다. 표본(sample)이란 모집단의 하위 집단으로, 흔히 모집단의 특성을 조사하는 데 시간과 비용을 절감하기 위한 목적으로 사용된다.

모집단으로부터 얻은 모집단의 특성을 모수(parameter)라 하는데 이는 모집단의 수량적 속성을 말한다. 대조적으로, 표본으로부터 얻은 추정치(statistics, estimates)는 모집단에서 추출된 표본의 속성을 말한다.

3) 변 수

변수(variable)는 개별적 사례에 따라 달라지는, 또는 변하는 특성 모두를 일컫는다. 예를 들어 사람의 키, 체중, 성적, 성, 인종 등은 사람마다 다르니 변수라 할 수 있다. 변수와 대비되는 개념인 상수(constant)는 변하지 않는 고정된 특성을 말한다. 예컨대 원주율이나 한국인의 국적은 상수이다. 변수는 인과관계를 중심으로 다음과 같이 분류된다.

독립변수(independent variable): 다른 변수에 영향을 주는 변수, 즉 원인이 되는 변수
종속변수(dependent variable): 다른 변수에 의해 영향을 받는 변수, 즉 결과가 되는 변수
외생변수(extraneous variable, nuisance variable): 종속변수에 영향을 주는 독립변수 이외의
　　변수로서 연구에서 인과관계의 검증 대상이 아닌, 통제되어야 할 변수를 말한다. 대표적인
　　외생변수로 매개변수(intervening variable)와 제3 변수(the third variable)가 있다. 매개변
　　수는 종속변수에, 제3 변수는 독립변수와 종속변수 모두에 영향을 미치는 변수를 말한다.

이러한 변수들의 개념을 잘 이해한다면 그 중요성 또한 알 수 있을 것이다. 다음 [그림 1.1]을 보자.

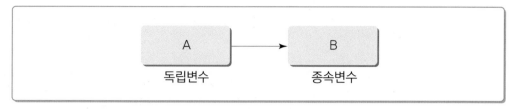

[그림 1.1] 독립변수와 종속변수

[그림 1.1]은 독립변수와 종속변수의 인과적 관계를 그린 것이다. 여기서 화살표는 인과의 방향이다. 독립변수는 원인이고 종속변수는 결과에 해당하므로 여기서 A가 독립변수, B가 종속변수가 된다.

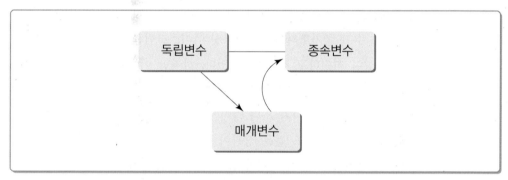

[그림 1.2] 매개변수

매개변수는 [그림 1.2]에 나타난 것과 같이 독립변수 이외에 종속변수에 영향을 미치는 변수이다. 예를 들어, 세 종류의 비료 중 어느 것이 더 쌀의 수확량을 늘릴 수 있을지 연구하고자 한다면, 세 개의 논을 선정하여 각각 다른 비료를 사용하여 그 생산성을 비교할 것이다. 이 경우 수확량에 영향을 미치는 것은 비료의 종류 이외에도 토양의 질이 있다. 이런 경우 사용된 비료의 종류가 독립변수, 쌀의 수확량은 종속변수, 토양의 질은 매개변수가 된다. 실제 실험 상황에서는 여러 매개변수가 개입하기 마련인데 영향력이 그리 크지 않다면 이를 무시하는 것이 낫다. 만일 매개변수의 영향이 심각하다면 그것을 통제하여야 할 것인데, 그 방법에 대해서는 제7장, 실험설계에서 논의하겠다.

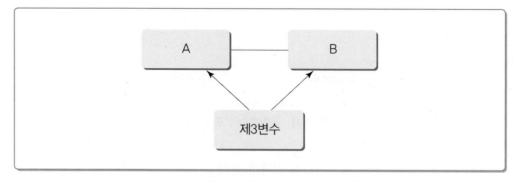

[그림 1.3] 제3 변수

제3 변수, the third variable은 혼재변수, confounding variable이라고도 한다. 제3 변수는 두 변수에 공통으로 작용하는 변수이다. 예를 들어, 어느 지역의 아이스크림 소비량이 늘어나면서 익사자 수가 증가했다고 하자. 자칫 아이스크림을 많이 먹으면 물에 빠지는 사고를 당할 가능성이 커진다고 생각할 수 있다. 하지만 이 경우는 더위라는 공통 변수가 작용한 것으로 보는 것이 더 합리적이다. 날씨가 더우면 아이스크림도 많이 먹게 되고, 물을 찾는 사람도 많아져서 익사자도 더 많이 발생할 것이다. 유사한 예로, 화재 시 출동한 소방관 수와 피해액 사이에도 높은 상관이 있다. 출동된 소방관 수가 많을수록 피해액도 큰 것이다. 이 수치를 토대로, 화재가 발생할 때 출동 소방관 수를 줄여야 한다고 생각하는 것은 제3 변수에 속하는 것이다.

매개변수와 제3 변수는 연구자가 두 변수 사이의 인과관계를 오판하거나 과대평가하게 하는 요인이다. 연구자는 우연에 의하여 잘못된 결론을 도출할 수도 있다. 그것은 확률적으로 예측할 수 있는, 받아들일 수밖에 없는 오류이다. 그러나 사전에 고려했어야 할 외재변수를 고려하지 못해서 오류를 범하는 것은 연구자에게 불명예스러운 허물이다.

4) 속성에 따른 변수의 분류

수가 그렇듯 변수도 여러 속성을 갖는다. 그 속성에 따라 선택하여야 할 통계적 방법이 달라진다.

질적 변수(qualitative variable)란 범주형 변수(categorical variable)라고도 하며, 분류를 위하여 용어로 정의되는 변수로, 비서열 질적 변수와 서열 질적 변수로 나눌 수 있다.

비서열 질적 변수(unordered-qualitative variable)는 서열이 정해질 수 없는 질적 변수. 예를 들면 성별, 인종, 이름, 지지하는 정당 등이 여기에 속한다.

서열 질적 변수(ordered-qualitative variable)는 서열로 구분할 수 있는 변수. 예를 들면 학력, 군인들의 계급, 혹은 특정 직업에 따른 직급, 자동차의 크기 등급, 낙태의 합법화에 대한 의견 등이 여기에 속한다.

양적 변수(quantitative variable)는 양의 크기를 나타내기 위하여 수량으로 표시되는 변수로, 연속변수와 비연속변수가 있다.

연속 변수(continuous variable)는 주어진 범위 내에서 어떤 값도 가질 수 있는 변수. 예를 들면 체중, 신장 등이 있으며,

비연속 변수(이산변수, discrete variable)는 특정 수치만을 가질 수 있는 변수. 예를 들면 자동차 대수, IQ 점수, 휴가 일수, 나이, 야구 선수의 안타 수 등이 있다.

3 측정의 기초지식

1) 측 정

어떤 변수이든 이를 통계학적으로 다루기 위해서는 측정이라는 작업을 거쳐야 한다. 측정(measurement)은 관찰을 통해서 사물의 특성을 수량화하거나 범주화하는 일이다. 즉, 측정은 수량화되거나 범주화된 관찰이다.

2) 척 도

어떤 특성에 수를 부여하기 위하여 단위와 수를 부여하는 규칙이 필요하며, 이는 척도로 해결된다. 척도(scale)는 사물의 속성을 구체화하기 위한 측정의 단위이다. 척도의 종류로는 명명척도, 서열척도, 등간척도, 비율척도가 있다.

명명척도(nominal scale): 사물을 구분하기 위하여 이름을 부여하는 척도. 예: 출석부의 번호, 축구선수의 등 번호.

서열척도(ordinal scale): 사물의 등위를 나타내기 위하여 사용되는 척도. 척도 단위 사이에 등간성이 존재하지 않는다. 예: 상영 영화 인기순위.

등간척도(interval scale): 같은 점수 차는 일정한 특성을 유지한다는, 등간성을 가지고, 임의 영점과 임의단위를 지니고 있으며, 덧셈 법칙은 성립하나 곱셈 법칙은 성립되지 않는다. 예: 온도, 학업성취 점수.

비율척도(ratio scale): 등간성을 가지고, 절대영점과 임의단위를 지니고 있으며, 덧셈 법칙, 곱셈 법칙이 모두 성립된다. 예: 몸무게, 키.

3) 기호와 연산부호

이 책에서 사용된 기호와 집단 연산의 부호는 다음과 같다.

x, X 또는 y, Y: 변수를 나타내는 기호

n, N: 개수를 나타내는 기호

X_i: 변수 X의 i번째 점수. i는 1부터 N 사이의 수

$\sum$: 이것은 그리스어 sigma의 대문자로 "sum of"라 읽으며 덧셈 연산을 나타낸다.

다음의 예를 보면

$$\sum_{i=1}^{N} X_i = X_1 + X_2 + X_3 + \cdots + X_N$$

이것은 변수 X 중 첫 점수부터 N번째 점수까지 차례로 더한 값을 나타낸다. 일반적으로 $\sum_{i=1}^{N}$ 기호의 아래와 위의 표시를 생략하고 $\sum$만 쓰는 경우가 많으며 이 경우 해당 변수를 전부 더한 값이라는 의미로 통한다. 이 기호와 관련하여 성립하는 등식과 성립하지 않는 식이 있으니 이를 기억해두자.

a. 변수와 상수의 합에 대한 $\sum$의 연산은 변수의 $\sum$과 상수의 N배를 더한 값과 같다.
$$\sum_{i=1}^{N} (X_i + a) = \sum_{i=1}^{N} X_i + Na$$

b. 상수가 곱해져 있는 $\sum$의 연산은 상수와 $\sum$ 연산의 곱과 같다.

$$\sum aX = a\sum X$$

c. 변수의 제곱의 $\sum$의 연산은 $\sum$의 연산 값의 제곱과 같지 않다.

$$\sum X^2 \neq \left(\sum X\right)^2$$

예제 1-1

양적 변수 X의 평균 $\overline{X}$는 $\overline{X} = \dfrac{\sum X}{N}$ 이고, 편차는 $(X - \overline{X})$이다. 편차의 합은?

풀이

$$\sum (X_i - \overline{X}) \ \text{또는} \ \sum_{i=1}^{N}(X_i - \overline{X})$$

$$= \sum X_i - N\overline{X}$$

$$= \sum X_i - N\left(\frac{\sum X_i}{N}\right) = 0$$

따라서 양적 변수 X의 편차의 합은 언제나 0이 된다.

4 표와 그래프

1) 도수분포표

이제부터는 표와 그래프를 통하여 자료가 나타내고 있는 변수의 특성을 쉽게 이해할 수 있도록 제시하는 방법을 다룬다. 이 작업은, 일상생활 속에서 비유를 찾자면, 번역과 흡사하다. 데이터는 항상 뭔가를 말하고 있는데 사람들은 그 말을 알아듣지 못한다. 그 말을 우리가 이해하기 쉬운 정보로 바꾸어주는 작업이 이것이다. 번역에서 원저자가 말하고자 하는 내용에 따라 번역의 중심이 달라지듯이, 표와 그래프로 전환하는 작업도 원래 자료가 표현하고자 하는 변수가 무엇이냐에 따라 중요시해야 할 내용이 달라진다. 일반적으로 양적 변수의 경우 중심값과 분산도, 질적 변수의 경우에는 각 범주의 상대적 관찰 빈도가 관심의 대상이 된다.

다음에 든 예는 수강생 수가 21인 어떤 통계학 수업의 기말고사 점수이다. 먼저 원점수를 보자.

62 69 70 80 71 72 75 74 67

57 56 54 83 67 69 72 65 62

65 77 76

이 시험 결과에 관해서 시험을 친 학생과 강의를 한 사람의 관심 영역은 조금 다르겠지만, 대체로 중심 경향과 점수분포에 대해서는 모두 궁금해할 것이다. 또 시험을 친 학생은 자기 점수보다 상위가 얼마나 되며 하위는 얼마나 되는지, 출제를 한 사람은 이 시험이 실력이 있는 사람과 없는 사람의 점수를 고루 잘 변별하고 있는지 알고자 할 것이다. 이런 생각을 염두에 두고 도수분포표와 그래프의 기능을 살펴보자.

〈표 1.1〉 통계학 점수의 도수분포표

점수	빈도
83	1
80	1
77	1
76	1
75	1
74	1
72	2
71	1
70	1
69	2
67	2
65	2
62	2
57	1
56	1
54	1

도수분포(frequency distribution)는 점수를 빈도와 함께 나타낸 것이다. 일반적으로 높은 점수에서 낮은 점수로 순위별로 나열한다. 위의 점수 데이터를 재배치하여 도수분포표를 만들어보겠다.

위 표에 의하면 원래 데이터에 포함되어 있던 몇 가지 의미들이 분명히 나타난다. 먼저 내 점수와 같은 점수를 얻은 사람이 몇 사람이고, 내 위로는 몇 명이 있고 내 밑으로는 몇 명이 있는지 알 수 있을 뿐 아니라 점수 범위가 어디부터 어디까지에 걸쳐 분포하고 있는지 쉽게 알 수 있다. 물론 점수를 적당한 구간으로 나누어서 보면 더욱 쉽게 전체 분포를 파악할 수 있을 것 같다. 그 절차는 다음과 같다.

(1) 점수 범위를 구한다.
(2) 계급 구간의 폭을 정한다.
(3) 각 구간의 빈도를 구해 표를 완성한다.

점수 범위는 최고점수와 최저점수의 차를 말한다. 위의 예에서 점수 범위는:

$$점수\ 범위 = 최고점수 - 최저점수$$
$$= 83 - 54 = 29가\ 된다.$$

계급 구간의 폭은 점수 범위를 원하는 계급 구간의 수로 나누어 정한다. 원하는 계급 구간의 수를 7이라 한다면:

$$계급\ 구간의\ 폭 = 점수\ 범위\ /\ 원하는\ 계급\ 구간의\ 수$$
$$= 29/7 = 4.14\ (반올림하여\ 4)$$

이렇게 얻어진 결과를 사용하여 계급 구간으로 묶인 도수분포표를 만들면 다음 표가 얻어진다.

도수분포표에 빈도 외에 추가할 수 있는 정보로 상대빈도, 누적빈도, 누적 퍼센트 등이 있다.

상대도수: 전체빈도수에 대한 각 구간 내 빈도수의 비율이다.
누적도수: 해당 구간의 빈도수와 그 하위 점수 층의 빈도수를 합한 값이다.
누적 퍼센트: 전체 도수에 대한 누적도수의 퍼센트 값이다.

계급 구간 (폭 = 4)	빈도
52-56	2
57-61	1
62-66	4
67-71	6
72-76	5
77-81	2
82-86	1

2) 막대 그래프(bar graph)

막대 그래프는 수집된 자료를 시각적으로 쉽게 이해시키기 위하여 일목요연하게 표시한 그림이다. 막대 그래프의 기능은 다음과 같다.

a. 자료의 수들이 모이는 경향과 흩어진 정도를 쉽게 파악할 수 있다.
b. 자료 속에 존재하는 집단 간의 차이를 시각적으로 알 수 있다.
c. 어떤 변수 간에 연관성이 존재하는지를 파악할 수 있다.

그래프를 만들 때 일반적으로 지켜지는 기본 원칙이 있다.

a. 독립변수는 수평축인 X축에, 그리고 종속변수는 수직축인 Y축에 그린다.
b. 독립변수와 종속변수를 나타내는 X축, Y축의 내용이 무엇인지를 간결하고 명확한 단어로 표현하여야 하며, 각 축의 측정 단위를 반드시 표시하여야 한다.
c. 자료가 지닌 속성을 효율적으로 표현하기 위하여 X축과 Y축의 길이와 X축, Y축 전체를 적절한 간격으로 구분한다.

막대 그래프는 관측값 각각을 막대 높이로 표시한 것으로, 변수가 질적 변수일 때 사용한다. 막대 그래프를 그리는 절차는:

(1) 자료의 범주를 열거한다. (무응답이나 기타를 생략해서는 안 된다.)
(2) 각 범주에 해당하는 도수를 계산한다.

(3) 각 범주에 해당하는 %를 계산한다.

(4) X축과 Y축을 그린다.

(5) 각 범주에 해당하는 백분율(%)에 상응하는 막대를 그린다.

(6) 각 막대에 범주의 이름을 기록하고 X축, Y축의 단위를 기록하며, 막대 그래프의 제목을 간결 명확하게 붙인다.

3) 선 그래프(line graph)

변수가 양적 변수이며 비연속변수일 때 사용한다. 선 그래프를 그리는 절차는:

(1) 자료의 모든 수를 열거한다.

(2) 각 수에 해당하는 도수를 센다.

(3) 각 수에 해당하는 도수를 총사례 수로 나누어서 %를 계산한다.

(4) X축과 Y축을 그린다. Y축의 길이는 X축의 2/3−3/4이 되게 한다.

(5) 각 수에 해당하는 %에 상응하는 선을 X축과 수직이 되게 그린다.

(6) X축과 Y축에 단위와 수를 표시하고 간결 명확한 제목을 붙인다.

무응답 같은 질적 변수를 그래프 위에 그리기는 쉽지 않다. 그러므로 질적 변수인 무응답 같은 자료는 양적 비연속변수를 나타내는 선 그래프 위에 나타내지 않고 서술한다. 점수의 범위가 넓을 때 너무 많은 선이 그려져 일목요연하게 자료의 특성을 파악하는 기능을 상실한다.

4) 히스토그램(histogram)

구간에 대한 도수분포표를 만들 경우, 각 구간에 대한 상대도수를 "기둥 면적"으로 표시한다. 기둥의 높이는 구간의 상대도수를 구간의 길이로 나눈 값이며 기둥 면적의 합은 1이다. 히스토그램은 변수가 양적이고 연속변수일 때 사용하며 관측자료가 많은 경우에 특별히 유용하다. 히스토그램은 막대 그래프와 비슷하게 보이지만 막대 그래프의 가로축이 독립된 유목인 데 비하여 히스토그램은 연속선상의 구간이라는 점이 다르다. 선 그래프가 가진 취약점을 해결하기 위하여 히스토그램을 사용할 수 있으며, 기술적으로 히스토그램은 막대 그래프와 선 그래프의 복합체라 볼 수 있다.

앞에서 예로 든 통계학 점수의 분포 <표 1.2>를 그래프로 표현해보면 다음 [그림 1.4]와 같다.

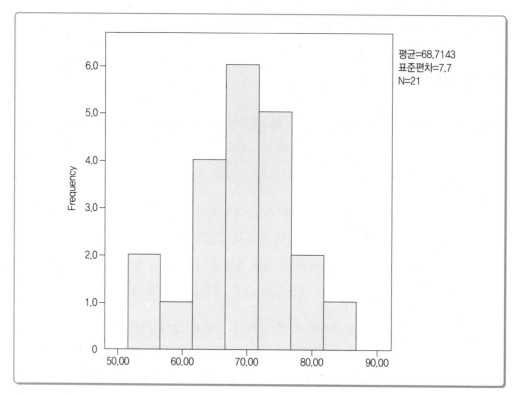

[그림 1.4] 히스토그램의 예

이 그래프는 점수의 분포를 시각적으로 나타내준다. 점수는 70점 전후로 비교적 고르게 분포되어 있음을 알 수 있다. 혹시 출제자가 자신이 낸 시험문제가 잘한 학생과 그렇지 못한 학생을 잘 변별하지 못했을까 염려했다면 결과는 그렇지 않다는 것을 알 수 있었을 것이다. 이처럼, 표와 그래프를 이용하여 원 데이터 속에 포함된 의미를 이해하기 쉽게 보여줄 수 있다는 것을 알자.

히스토그램을 그리는 절차
(1) 연속성을 위한 교정값을 계산한다.
    교정값은 측정단위 혹은 점수의 단위를 2로 나눈 값이다.

(2) 연속성을 위한 교정값에 최고점수와 최저점수의 정확 한계를 설정한다.

정확 한계는 교정값에 의하여 교정한 어떤 특정 점수의 범위를 말한다.

(3) 변수의 범위를 계산한다.(범위＝ 최고값− 최저값)

(4) 변수를 그릴 X축을 적절한 수의 급간으로 나눈다.

(5) 맨 아래 급간의 시작을 최저 값의 하한계로 하지 않고, 하한계 값보다 한 단계 아래에서 시작한다.

(6) 각 급간에 해당하는 도수를 센다.

(7) 각 급간에 해당하는 도수를 총 사례수로 나누어 %를 계산한다.

(8) X축에 각 급간을, Y축에 %를 그리고, 각 급간에 해당하는 기둥을 그린다.

(9) X축, Y축의 이름과 단위, 그리고 히그토그램의 제목을 적는다.

5) 상자 그림표(box plot)

이것은 도수분포표를 만들지 않고 크기 순서대로 나열된 자료에서 직접 만들 수 있는 그림표로, 1977년 Tukey에 의해 개발되었다. 자료의 수가 많고 적음에 관계없이 표본의 중앙값, 하 사분위 수, 상 사분위 수, 최소 및 최대값을 이용하여 하나의 상자와 상자의 양 끝에서 나온 두 개의 선으로 표시된다. [그림 1.5]은 상자 그림표의 예이다. 이 예에서 자료의 상한값과 하한값, 그리고 대략적인 분포를 짐작할 수 있다.

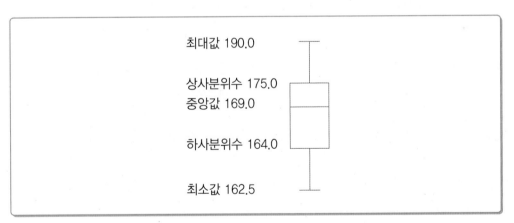

[그림 1.5] 상자 그림표의 예

연 습 문 제

01. 한 초등학교 교사가 자신이 담당하는 학급의 급식 상황에 관해 알아보고자 한다. 그는 주메뉴가 생선구이, 돈가스, 짜장 덮밥 중 어떤 것일 때 학생들이 밥을 가장 잘 먹는지 알아보고자 한다. 다음 보기 중 이 문제에 가장 정확한 답을 얻을 방법은 어느 것일까?

    a. 교사가 직접 관찰한다.

    b. 선배 교사의 경험담을 듣는다.

    c. 학생들에게 설문조사를 한다.

    d. 급식 후 남은 잔반통의 무게를 잰다.

02. 성균관대학교 재학생의 흡연 실태를 조사하기 위해 수원 캠퍼스의 학생 중 150명을 선발하여 질문지 조사를 했다. 질문 중 하나는, "하루에 담배를 몇 개비 피웁니까?" 였다. 이 질문에 대하여 0이라고 답한 응답자가 59%였다.

    1) 이 사례에서 모집단과 표본은 무엇인가?

    2) 여기서 59%는 1번 문제의 용어 중 무엇에 해당하나?

    3) 이 질문을 성균관 대학교 학생 전원에게 물었어도 같은 수치를 얻을까?

03. 우리 가족의 평균 신장을 구하기 위하여 모든 가족의 키를 재고 그 평균을 구했다면 이 수치는 2번 문제의 용어 중 무엇에 해당하나?

04. 다음 척도의 종류는 명명, 서열, 구간, 비율척도 중 무엇인가?

    1) 신생아 성별

    2) 자아개념 점수

    3) 과제 수행에 걸린 시간

    4) 한우 등급

    5) 액체의 비등점

05. 추리통계가 사용되는 상황으로 올바른 것은?

    a. 표본의 남성이 더 많은지 여성이 더 많은지 확인함.

    b. 데이터 파일의 내용을 알아보기 쉽게 요약하기 위함.

    c. 표본 데이터를 사용하여 모집단의 수치를 예측함.

    d. 모집단 수치를 알고 있을 때 표본의 수치를 예측함

06. 지식을 얻는 방법 중 이성, 경험, 과학적 방법의 차이와 각각의 장단점은?

07. 다음 변수의 유형은?

    1) 거주지

    2) 집과 직장 사이의 거리

    3) 수면 시간

    4) 가족 수

    5) 학급 인원 평균

    6) 게임의 난이도 레벨

    7) 인터넷 접속 속도

08. 유럽에서는 한 지역의 맥주 소비량이 늘어날수록 신생아 수가 늘어난다는 지속적인 수치가 보고되었다. 이 사실을 합리적으로 설명할 수 있는 변수는 무엇일까?

09. T, F 문제

    1) 표본의 데이터로부터 모집단의 특성을 추측하기 위한 수학적 방법을 추리통계라 한다.

    2) 모든 학급의 학생 수 평균은 이산변수이다.

    3) 서열척도의 경우 두 점 사이의 거리가 특정되지 않는다.

    4) $\sum X = 21.1$인 변수 X의 모든 수에 10을 곱한 값은 $10\sum X$와 같은 211이다.

10. 다음 각각은 변수인가, 아니면 상수인가?

    1) 입원환자 A씨의 체중

    2) 원주율

    3) 환자의 매일 밤 수면 시간

    4) 알파벳의 글자 수

    5) 성별 (풀이를 참고할 것)

11. 과학자가 어떤 신약의 복용에 따른 반응속도를 연구하기 위해 피험자들에게 서로 다른 양을 투약하고 컴퓨터 시뮬레이션에 의한 모의운전 실험을 통한 반응속도를 측정하였다, 연구에서 독립변수와 종속변수는 각각 무엇인가?

12. 한 연구자가 세 종류의 비료의 효과를 검증하고자 세 군데의 논을 선정하여 서로 다른 비료를 사용한 후, 각 논의 평당 쌀의 생산량을 비교하였다. 이때 매개변수로 작용할 수 있는 요인은 무엇일까?

13. 아래 X 변수의 점수를 사용하여 다음의 값을 구하라.

$$X_1 = 27, \ X_2 = 21, \ X_3 = 18, \ X_4 = 30, \ X_5 = 28, \ X_6 = 36$$

    1) $\sum \left(\dfrac{X}{8} \right)$ 2) $\sum\limits_{i=1}^{5} (X-1)$ 3) $\sum X^2$ 4) $\left(\sum X \right)^2$

14. 다음은 "내일도 해가 뜬다."는 판단의 근거로서 완전한 논증인가?

    지금까지 긴 역사를 통해 하루의 다음 날에는 언제나 해가 떴다.
    오늘도 그 긴 역사 속의 하루이다.
    따라서 오늘의 다음 날인 내일도 해가 뜬다.

15. 다음 중 제3 변수에 대한 설명이 아닌 것은?

    a. 독립, 종속변수와 달리, 실제로 존재하지 않는 가상의 변수이다.

    b. 혼재 변수, 또는 confounding variable이라고도 한다.

    c. 두 변수 사이에 상관관계가 나타나게 한다.

    d. 두 변수의 상관관계가 반드시 인과관계가 아님을 보여주는 예이다.

16. 다음 인터넷 기사의 내용을 가장 잘 나타낼 수 있는 그래프는 어떤 것일까?

장효조는 10시즌 동안 무려 8차례나 3할 타율을 기록했다. 프로야구 선수라면 누구나 3할의 타율을 가져볼 수 있다. 그러나 그것은 한 게임 혹은 한정된 타석에 한정한 이야기지 타석 수가 많아지면, 예를 들어, 100타석 내내 3할대를 유지한다는 것은 지극히 어려운 일이다. 그가 기록한 통산 타율은 3할 3푼 1리, 3,000타석 이상 들어선 선수 중 유일하다. 프로야구 원년인 1983년부터 1992년 은퇴까지 그가 기록한 타율은 다음과 같다.

.369, .324, .373, .329, .387, .314, .303, .275, .347, .265

17. 노화 현상은 개인의 최대산소소비량으로 측정될 수 있다. 한 연구자가 요가에 노화억제 기능이 있다는 통설을 검증하기 위하여 요가 수업에 1년간 참여한 50대 남녀 15명을 대상으로 최대산소소비량을 측정하여 50대 남녀의 전국평균과 비교하였다.

1) 이 경우 독립변수와 종속변수는 무엇인가?

2) 이 연구의 모집단이 요가 수업 참여자 대신 전국의 50대 남녀라면 무엇이 달라질까?

3) 두 변수 사이에 인과관계가 성립하지 않는데도 상관관계가 성립하는 경우는 무엇일까?

18. 다음 식의 $\overline{X}$는 상수인가, 변수인가?

1) $\sum(X - \overline{X}) = 0$

2) $E(X - \overline{X})^2 = \dfrac{\sum(X - \overline{X})^2}{N - 1}$

3) $E(\overline{X} - \mu)^2 = \dfrac{\sigma^2}{N}$

01. d.

통계학의 첫 번째 원칙은 주관의 배제, a, b, c는 모두 주관의 개입으로 측정의 편이가 생길 가능성이 크다. d는 주관의 개입이 없고 실험환경의 영향이 미치지 않는, 비반응적 측정, 또는 non-reacted measure의 예이다.

02. 1) 모집단: 성균관대학교 재학생 전체

표본: 수원 캠퍼스 학생 중 선발된 150명

2) 추정치(statistic or estimate)

3) 같은 수치를 얻을 가능성은 거의 없으나 표본의 대표성이 클수록 추정한 값은 모수(parameter)에 가까워질 것이다. 이 사실은 추리통계의 본질적 특성을 내포하고 있다. 추리통계란 표본을 통하여 모집단의 특성을 파악하고자 하는 시도인데, 그 정확한 수치를 단번에 파악할 수 있다면 좋겠으나 그것은 불가능하다. 그러나 우리는 두 가지 정보, 즉 모수가 존재하는 구간과 그 확률을 추정할 수 있다. 표본추출 방법과 표본에 관한 지식이 많으면 많을수록 우리가 추정한 구간은 좁아지고 그 확률은 높아진다. 이렇게 최선을 포기하고 대신 차선을 취하는 것이 통계학적 접근이다.

03. 모수, 또는 parameter.

흔히 모수라 하면 매우 큰 집단을 떠올리게 되는데, 모집단은 크기가 아니라 연구자가 관심을 둔 영역에 의해 결정되는 것이다. 집단의 크기가 작은 모집단의 두 평균을 비교하기 위해 t 검정 등을 수행하는 학생을 가끔 보는데, 모수에 관한 지식을 얻었다면 더 이상의 추리통계를 적용할 필요가 없다.

04. 1) 신생아 성별: 명명척도

2) 자아개념 점수: 구간 또는 서열척도

3) 과제 수행에 걸린 시간: 비율척도

4) 한우 등급: 서열척도

5) 액체의 비등점: 구간척도, 단, 단위가 절대온도라면 비율척도

05. c가 추리통계. a, b는 기술통계, d는 어느 것도 아님.

06. 지식을 얻는 방법 중 이성은 완전한 형식논리, 경험은 실증적 관찰을 중요시한다. 과학적 방법은 이성적 접근에 실증적 관찰을, 그리고 경험을 해석하는 일에 객관성을 추가한 방법

이다. 과학적 방법이 언제나 최선일 수는 없다. 과학적 방법에 근거한 지식은 오류를 차단하기 위한 비용을 포함하기 때문이다. 과학적 방법은 자신의 존재가치를 과학적으로 입증하지는 못한다. 엄밀하게 말하자면, 이 또한 과학이라는 권위에 의존한 방법이다.

07. 1) 거주지: 비서열 질적 변수
2) 집과 직장 사이의 거리: 연속 양적 변수
3) 수면 시간: 연속 양적 변수
4) 가족 수: 비연속 양적 변수
5) 학급 인원 평균: 이산변수(비연속 양적 변수)
6) 게임의 난이도 레벨: 서열 질적 변수
7) 인터넷 접속 속도: 연속 양적 변수

08. 제3 변수(the third variable) 또는 혼재 변수(confounding variable).
인구가 맥주 소비량과 신생아 수에 동시에 영향을 미친다.

09. 1) T
2) F. 주어진 범위 내 어떤 수도 될 수 있으므로 연속변수이다.
3) T. 두 점 사이의 거리가 특정되는 것은 구간(등간) 척도
4) T. 10이 상수이므로

10. 1) 변수 2) 상수 3) 변수 4) 상수 5) 이것은 상황에 따라 다름.
　과거 변수와 상수를 설명하는 수업 중에 변수의 예로 성별을 든 적이 있었다. 쉬는 시간에 한 외국인 학생이 다가와, "성별이 상수가 아니라 변수인 이유는 성전환수술을 할 수 있기 때문입니까?" 하고 물었다. 그 순간 나는 이 주제에 관한 설명 중에 중요한 내용을 하나 빼먹은 사실을 깨달았다. 변수와 상수를 구분하는 이유는 데이터 분석 과정에서의 편의를 위한 것이니 이는 어디까지나 분석자 또는 연구자의 관점에 의한 분류라는 점이다. 성별을 예로 보면, 만일 이 상황이 여러 환자의 의료 데이터를 분석하는 것이라면 이것은 변수이다. 왜냐하면 성별은 사례별로 다른 값, 예컨대 남 또는 여 (보통 1 또는 2로 기록됨) 두 가지 값을 가질 수 있으므로 연구자의 관점에서 이것은 분명히 변수이다. 그러나 만일 데이터가 시간의 경과에 따른 한 환자의 신체기능, 예컨대 체온, 맥박, 혈압, 호흡수 등이라면 이때 성별은 고정된 정보이므로 상수가 될 것이다. 이때 분석의 대상은 변수 자신이거나 다른 변수와의 관계이다. 상수는 아니다.
　요컨대, 변수와 상수의 구분은 연구자의 입장에서 결정된다는 것을 알자. 상황에 따라 변수는 요인이라고도 한다. 그것은 어떤 관심 대상의 상태를 구성하는 한 요소 혹은 원인이라는 의미이다.

11. 독립변수; 약의 복용량

종속변수: 반응속도

  약의 복용, 반응 등은 오답. 변수를 말할 때는 변하는 속성이 포함된 언어를 사용해야 한다. 이 문제에서 보듯, 우리가 연구대상으로 하는 요인은 대부분 원인과 결과로 나눌 수 있고, 이들은 변수의 형태를 띤다. 그것을 조작하여 변화를 준 다음 그 영향으로 인한 다른 요인의 변화를 관찰하는 것이다. 이런 이유에서 통계학의 가장 기본적이고 자주 사용되는 용어는 변수이다.

12. 토양의 특성, 만일 실험을 위해 선정된 논의 지역적 조건이 다르다면 기후도 가능.

13. 1) $\sum X = X_1 + X_2 + \cdots + X_6 = 160$

$$\sum \left(\frac{X}{8} \right) = \left(\frac{1}{8} \right) \sum X = \left(\frac{1}{8} \right) 160 = 20$$

2) $\displaystyle\sum_{i=1}^{5} (X-1) = \sum_{i=1}^{5} X - (5)(1) = 27 + 21 + 18 + 30 + 28 - 5 = 119$

3) $\sum X^2 = 27^2 + 21^2 + 18^2 + 30^2 + 28^2 + 36^2 = 4,474$

4) $\left(\sum X \right)^2 = (160)^2 = 25,600$

14. 귀납적 논증의 결과를 대전제로 사용했으므로 연역법적 완전성을 갖추지 못하였다.

(이를 선결문제 요구의 오류, 논점절취의 오류 또는 begging the question이라고 함.)

15. a. 제3 변수도 실제로 존재하는 변수이다.

16. 선 그래프가 가장 적당하다. 높은 타율이 큰 변동 없이 안정적으로 유지되는 모양을 보여주고 있다. 막대 그래프도 같은 정보를 줄 수 있지만, 이는 양적 비교에 더 무게를 두고 있어 변동의 추이를 나타내는 데는 선 그래프보다 시각적 효과가 약하다.

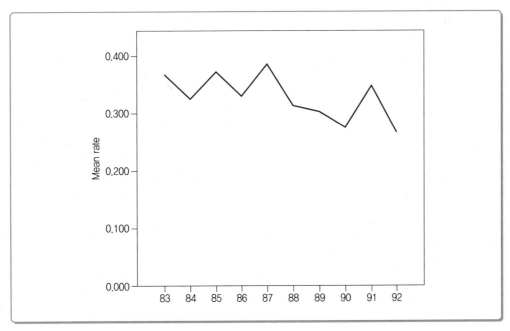

[그림 1.6] 선 그래프의 예: 장효조 선수의 연도별 타율

17. 이 문제를 통해 변수, 모집단, 표본 등의 용어를 이해하는 것을 넘어서, 그 실전적 의미를 익히기 바란다. 기본개념을 제대로 이해하면 실전에서 현상을 관찰하고 관찰 결과를 해석하는 데 이러한 기본개념을 도구로 사용할 수 있다.

1) 독립변수: 요가 운동 여부
   종속변수: 노화 정도

   이 경우 가장 자주 나타나는 오답은 요가 운동 및 노화로, 여부, 정도 등의 설명어를 빼먹는 것이다. 요가와 노화는 둘 사이의 인과관계를 말할 때 쓸 수 있는 용어다. 연구의 목적은 대부분 둘 이상의 요인 사이의 인과관계를 탐구하는 데 있다. 이 연구 또한 요가와 노화 사이의 인과관계를 다루고 있지만, 그 목적을 달성하기 위하여 두 요인을 관찰할 수 있는 변수를 설정한다. 변수란 변하는 수, 즉 개인에 따라 다른 값을 가질 수 있는 특성을 말한다. 그러므로 여부, 정도 등과 같이 둘 이상의 다른 값을 포함할 수 있는 말이라야 한다.

2) 결과의 일반화 가능성이 달라진다.

   모집단이 요가 수업 참여자라면 연구의 결과 해석은 이 수업에 참여한 15명에 제한된다. 그러나 연구의 모집단이 전국의 50대 남녀라면 연구자가 최대산소소비량을 측정한 15명은 표본이 된다. 그렇다면 이 실험의 결과는 전국의 50대 남녀에게까지 일반화될 수 있고, 그들에 대하여 요가가 노화를 억제하는 효과가 있는지에 관한 증거를 제공한다. 단, 이 경우 표본이 모집단을 대표할 수 있는지에 관한 의문이 해명되지 않는다면 타당도의 문제가 따를 것이다.

3) 매개변수의 개입, 제3 변수의 개입, 우연

매개변수와 제3 변수는 외생변수(extraneous variable)의 두 종류이다. 독립변수와 종속변수 외적인 변수로서 두 변수 사이의 관계를 왜곡할 수 있는 변수이다. 이 문제의 경우 지역적 특색이 매개변수로 작용할 수 있겠다. 예컨대 요가 수업이 있었던 곳이 산악지대라면 주민의 산소소비량은 일반인보다 클 가능성이 있다. 그렇다면 관찰된 산소소비량은 요가의 효과 때문인지 아니면 단지 매개변수인 지역적 특성 때문인지 판단하기 어렵다.

가능한 제3 변수로는 적극적 태도를 들 수 있다. 자발적으로 요가 수업에 참여한다는 것은 적극적인 태도를 반영한 것으로 볼 수 있고, 적극적 태도는 동시에 노화를 억제하는 요인이거나 반대로 50대에 육체적인 젊음을 유지한 사람은 보통 사람보다 요가 수업에 적극적인 태도를 보일 가능성이 크다. 그렇다면 요가와 노화 사이의 관계는 인과관계가 아니라 둘에 공통으로 작용하는 제3의 변수인 지역적 특성의 영향 때문에 나타난 것이다.

끝으로 인과관계가 있고 없음을 관찰할 때 가장 많은 혼선을 주는 것은 우연이다. 우리가 관찰한 대상이 모집단을 무선추출한 것이라면 그 결과는 완전히 우연의 손길에 맡겨진다. 이 경우 매우 우연적인 결과가 관찰될 확률은 낮지만, 시행횟수가 크다면 그런 결과가 발생하는 것은 필연이다.

이상 나열한 세 가지, 매개변수, 제3 변수, 그리고 우연은 일반적으로 상관관계를 인과관계로 해석할 수 없게 하는 조건들이다. 이 중 단편적으로 발생하는 우연은 통제가 어렵지만, 그 앞의 두 가지, 매개변수와 제3 변수에 속아선 안 된다. 이는 연구자의 소양의 문제다.

18. 어떤 기호가 상수인지 변수인지를 구분하는 이유는 데이터를 분석하기 위한 식을 이해하는 데, 그리고 연산 처리하는 방법에 영향을 미치기 때문에 중요하다. 예컨대

$$\sum X\bar{X} = \bar{X}\sum X$$

이 식의 성립 여부는 $\bar{X}$가 상수인가 변수인가에 달려 있다.

1) $\sum(X-\bar{X}) = 0$

변수 X가 정해지면 $\bar{X}$는 하나의 값으로 특정된다. 따라서 $\bar{X}$는 상수이다.

2) $E(X-\bar{X})^2 = \dfrac{\sum(X-\bar{X})^2}{N=1}$

이 식에서도 X는 변수, $\bar{X}$는 상수이다.

3) $E(\overline{X}-\mu)^2 = \dfrac{\sigma^2}{N}$

이 식에서는 X가 특정되지 않았으니 $\overline{X}$는 여러 값을 가질 수 있다. 따라서 변수이다.
연산에서 다음 식이 성립하는 것은 $\overline{X}$가 상수일 때에 한한다.

$$\sum X\overline{X} = \overline{X}\sum X$$

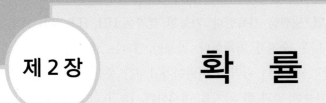

제 2 장 확 률

통계학과 확률의 관계는 국가와 헌법의 관계와 유사하다. 헌법이 국가에 대하여 그렇듯이, 확률의 법칙은 통계학의 근간이 된다. 특히 두 가지 확률적 명제, 대수의 법칙과 중심극한정리는 통계적 분석이 제 역할을 다할 수 있는 체제를 보장하고, 통계적 분석의 결과로부터 인과관계를 판단할 규칙을 제공한다. 그런 의미에서 우리가 구축한 지식이란 확률적 판단의 집합체라 할 수 있다. 이 장에서는 앞으로 제시될 통계분석 방법을 뒷받침할 확률의 기본지식을 소개한다. 확률론이라는 학문의 한 분야를 소개하려는 것은 아니다. 독자는 통계학의 근간인 몇 가지 개념을 확률의 언어로 이해할 수 있으면 된다. 그 대강은 다음과 같다. 1) 경험에 의해 정의된 확률의 의미, 2) 확률의 계산 방법, 3) 과학적 판단에 관한 조건부확률, 4) 오차에 관한 확률적 해석.

1 확률의 의미

1) 용어의 정의

먼저, 확률에 관한 논의를 할 때 자주 사용되는 몇 가지 기본용어를 정의한다.

시행(trial, experiment): 임의로 발생하는 어떤 결과를 얻기 위한 과정을 말한다. 예로:

a. 동전을 던져서 앞면, 뒷면을 기록한다. 가능한 결과는 H와 T이다.

b. 두 개의 동전을 던져서 앞면, 뒷면을 기록한다. 가능한 결과는 HH, HT, TH, TT.

c. 두 개의 주사위를 던져서 나온 숫자를 기록한다. 가능한 결과는 36가지이다.

d. 세 명의 어린이를 무작위로 선택하여 각각의 어린이가 1시간 동안 나타낸 공격적 행동의 횟수를 기록한다. 가능한 결과 한 가지를 예시하면, $\{4_1, 0_2, 5_3\}$. (여기서 x_i 는 i 번째 어린이의 공격적 행동 횟수)

이와 같은 시행을 통해서 가능한 모든 결과의 집합을 알 수 있다.

표본공간(sample space)과 표본점(sample point): 한 시행에서 가능한 모든 결과의 집합을 표본공간이라고 한다. 표본공간을 흔히 S로 표기하는데 S 안에 포함된, 실험의 결과로 가능한 각각의 결과를 표본점이라고 한다. 표본공간은 모든 표본점의 집합이다.

a. 한 개의 동전을 던져서 나타나는 결과, $S = \{H, T\}$

b. 동전을 두 번 던질 때 나타나는 앞면과 뒷면의 발생결과, $S = \{HH, HT, TH, TT\}$

c. 한 문항으로 구성된 검사를 시행하고 정답(R)과 오답(W)을 확인하는 실험

    $S = \{R, W\}$

d. 두 개의 문항으로 구성된 검사

    $S = \{RR, RW, WR, WW\}$

사건(사상, event): 사건은 표본공간의 부분집합을 말한다. 동전이나 주사위를 던지거나 어떤 모집단에서 연구의 대상을 무선추출 할 때 일어날 수 있는 경우의 집합이다. 예로 동전을 세 번 던져 뒷면이 적어도 두 번 나타나는 사건을 생각할 수 있다. 주사위를 던져서 얻는 결과의 표본공간 $S = \{1, 2, 3, 4, 5, 6\}$의 부분집합은 2^6개로, 이 경우 64개의 사건이 있을 수 있다.

사건 중 근원사건(simple event)은 단일한 표본점으로 구성된 사건을 말한다. 즉 근원 사건은 표본공간을 구성하는 원소이며, 표본공간은 근원사건의 집합이라 할 수 있다. 표본공간은 그 자체가 사건이기도 하다. 가능한 모든 결과로 구성된 사건이다.

공사건(empty event)은 표본점을 갖지 않은 사건, 일어나지 않은 사건을 말하며 $\varnothing$ 로 표기한다.

2) 상대도수에 의한 확률

 충분히 많은 횟수를 반복 시행할 경우, 어떤 사상의 확률은 그 사건이 나타난 상대도수라고 정의한다. 즉 상대도수에 의한 확률이란 상대도수의 극한값이며, A가 일어날 확률 $P(A)$를 식으로 표시하면:

$$P(A) = \lim_{n \to \infty} \left(\frac{f(A)}{n} \right)$$

 시행횟수가 충분히 클 때 A가 포함된 사례 수와 시행횟수의 비를 그 사건의 확률로 정의한다. 예로, 주사위를 던져서 1이 나올 확률은 시행의 상대도수 개념으로 해결된다.
 확률을 상대도수에 의한 것으로 정의할 때 생기는 문제점은 얼마나 많이 반복해야 충분한 반복인지가 명확하지 않다는 점이다. 극한값이라는 것도 단지 어떤 값에 한없이 가까워지는 것을 뜻하므로 얼마만큼 가까워졌는지를 알기 위해서는 결국은 확률의 개념을 도입해야 하므로 모순이 생긴다. 다시 말하여, 이 정의는 확률에 대한 연역적인 정의가 되지 못하고 그 추정치에 대한 정의라 할 수 있다. 그래서 이것을 통계적 확률이라는 의미에서 아포스테리오리, a posteriori 확률이라고도 한다. 아포스테리오리 확률은 확률의 통계적 또는 경험적 정의이다. 이 책에서 사용하고 있는 확률이란 용어는 이 상대도수에 의한 정의에 따른다. 상대도수에 의한 확률의 정의는 사변이 아니라 경험을 축적하여 귀납적 논리로 지식을 얻는 과학적 방법과 일맥상통하기 때문이다.

3) 확률의 고전적 정의

 어떤 시행에서 각각의 근원사건이 발생할 가능성이 모두 같다고 가정하는 해석이다. 그렇다면, 확률의 고전적 정의에 의하면 한 사건의 확률은 그 사건을 구성하는 근원사건의 확률의 합이다. 예를 들어, 주사위를 던져 홀수가 나오는 경우는 1, 3, 5 중 하나, 즉 1/6 중 3이다. 이를 모두 더하면 1/2, 즉 홀수가 나올 확률은 2분의 1이다. 즉 m개의 근원사건이 발생하는 어떤 시행에서 임의의 사건 E가 k개의 근원사건으로 구성된다면, 사건 E의 확률은:

$$P(A) = \frac{k}{m}$$

여기서, m: 한 시행의 모든 근원사건의 수
k: 임의의 한 사건의 근원사건의 수

로 정의된다. 이러한 확률에 대한 고전적 정의에 의한 확률을 아프리오리(a priori) 확률이라고도 한다. 아프리오리는 경험 이전, 즉 실증적인 확인이 없는 상태란 의미를 내포한다.

　고전적 정의에는 두 가지 문제점이 있다. 근원사건의 수가 유한한 값이란 가정 하에만 확률이 정의될 수 있다는 점, 그리고 각각의 근원사건이 발생할 가능성이 모두 같다고 믿을 수 있는 경우에만 적용된다는 점이다. 현실적으로 이 두 가정은 지켜지기 어려운 경우가 많다. 또한, 고전적 정의의 전제조건, 각각의 근원 사상이 발생할 "가능성"이 모두 같다는 것에는 논리적 결점도 있다. "가능성"이라는 말은 결국 확률이라는 말과 표리관계이므로, 이는 확률을 정의하기 위해 확률을 도입한, 동어반복의 의미가 있다.

4) 확률의 공리적 해석

　확률을 정의하기 위해서 확률의 개념을 도입해야 하는 모순에서 벗어나기 위해서, 확률을 정의하는 대신, 확률이란 필연적으로 요구되는 몇 가지 공리를 만족하는 그 어떤 것이라고 하자는 것이 공리적 해석이다. 그 확률의 공리(axiom)는 다음과 같다.

① 임의의 사건 A에 대하여

$$P(A) \geq 0$$

② 표본공간 S에서 발생할 수 있는 모든 사건에 대하여

$$P(S) = 1$$

③ 배반사건 $A_1, A_2, \cdots$ 의 무한집합에 대하여

$$P(A_1 \cup A_2 \cup A_3 \cup \cdots) = P\left(\bigcup_{i=1}^{\infty} A_i\right) = \sum_{i=1}^{\infty} P(A_i)$$

　이 세 공리 중 첫째와 둘째 공리는 확률이 음의 값을 가질 수 없다는 것과 최대 1의 값을 가진다는 것을 나타내고 있다. 셋째 공리는 여러 근원사건 중 적어도 한 근원사건이 발생할 확률은 각 근원사건이 발생할 확률의 합이라는 의미이다. 주사위를 예로 들면,

주사위를 던져서 모든 자연수 중 적어도 한 가지 값을 얻을 수 있는 확률은 각각의 값을 얻을 수 있는 확률의 합과 같다. 즉,

$$P(A_1 \cup A_2 \cup \cdots A_6 \cup A_7 \cdots) = \frac{1}{6} + \frac{1}{6} \cdots \frac{1}{6} + 0 + 0 + \cdots = 1$$

이 공리에 의하여 유한한 수의 사건에 대해서도 같은 내용, 즉

$$P\left(\bigcup_{i=1}^{n} A_i\right) = \sum_{1}^{n} P(A_i)$$

가 성립한다.

5) 연속변수로 주어진 확률

연속변수로 주어진 확률은 그 확률변수의 분포에 따른 면적의 비로 정의할 수 있다.

$$P(A) = \frac{area\,A}{area\,T}$$

여기서 area T는 확률변수의 전체 분포곡선의 넓이, area A는 분포곡선 중 A가 해당된 부분의 넓이를 말한다. 예컨대 어떤 집단에 속한 아동의 키가 150cm 이상인 사건을 A라 한다면, A의 발생 확률은 [그림 2.1]에 나타난 바와 같이, 그 집단의 키의 분포에서 150cm 이상인 면적과 전체 면적의 비로 정의된다.

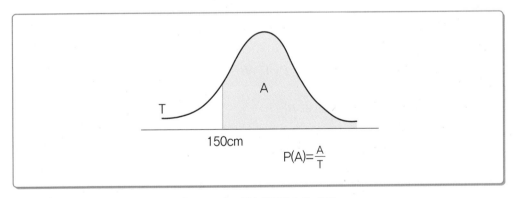

[그림 2.1] 연속확률변수의 확률

② 확률의 계산

확률의 계산에는 매우 어렵고 복잡한 문제들이 포함되어 있으나, 다행히 이 책의 범위와 목적에 맞는 확률계산 법칙은 덧셈과 곱셈 법칙에 한정된다. 이 두 법칙은 통계적 추론을 위한 검증 방법을 이해하는 데 아주 중요한 기초가 된다.

1) 덧셈 법칙

덧셈 법칙, law of addition은 표본공간에서 가능한 둘 이상의 사건 중 어느 한 개가 발생할 확률을 구하는 데 사용된다. 정의를 내리자면:

> 사건 A 또는 B가 발생할 확률은 A가 발생할 확률 더하기 B가 발생할 확률 빼기 A와 B가 동시에 발생할 확률이다.

이 덧셈 법칙을 집합의 개념을 도입해서 설명할 수도 있다. 덧셈 법칙이 적용되는 것은 사건 A와 B의 복합사건, (A∪B)가 발생할 확률을 구할 때이다. (A∪B)가 발생한다는 것은 사건 A가 발생하거나, 혹은 사건 B가 발생하는 것을 의미한다. 복합사건, union의 확률은 그 복합사건을 구성하는 근원사건의 확률의 합이다. 복합사건의 확률은 다음에 제시한 식으로 표현될 수 있다.

$$P(E_{A \cup B}) = \sum_{e \in E}(e)$$

$$P(A \cup B) = P(A) + P(B) - P(A \cap B)$$

$$A \cup B = \{w | w \in A \text{ or } w \in B\}$$

위 세 가지가 모두 복합사건을 나타내는 식이다. 첫째 식이 주장하는 것을 말로 쓰면:

복합사건 A, B의 확률은 A를 구성하는 각 근원사건과 B를 구성하는 각 근원사건의 확률을 모두 더한 값이다.

둘째 식이 나타내고 있는 것은:

복합사건 A, B의 확률은 사건 A의 확률과 사건 B의 확률을 더한 다음 A와 B의 교사건의 확률을 뺀 값으로 나타낸다. (교사건의 정의는 조금 뒤에서)

셋째 식은 집합의 개념으로 푼 것으로,

복합사건 A, B는 A의 원소이거나 B의 원소로 구성된 집합이다.

라는 의미이다. 이 식들은 벤다이어그램으로 쉽게 확인할 수 있다. [그림 2.2]는 두 사건 A, B의 복합사건을 나타낸다.

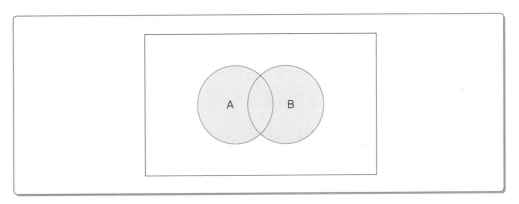

[그림 2.2] 복합사건

다음 예제를 풀어보자.

예제 2-1

1부터 9까지 번호가 있는 9개의 공 중 임의로 한 공을 뽑을 때 그 번호가 2의 배수 또는 3의 배수일 확률을 구하라.

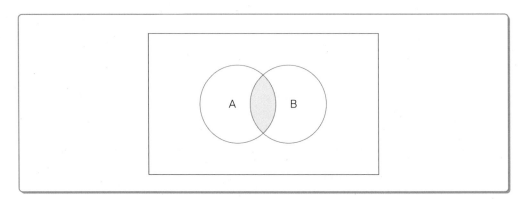

풀이

표본공간 S={1, 2, 3, 4, 5, 6, 7, 8, 9}에서 2의 배수가 나오는 사건을 A, 3의 배수가 나오는 사건을 B라고 한다면

$$A = \{2, 4, 6, 8\}$$
$$B = \{3, 6\}$$

이며, 두 가지 방법으로 답을 구할 수 있다.

첫째, 확률의 정의를 사용하여,

$$P(A \cup B) = \frac{N(A \cup B)}{N(S)}$$

$$A \cup B = \{2, 3, 4, 6, 8\}, \ n(A \cup B) = 5, \ n(S) = 9$$

$$P(A \cup B) = \frac{5}{9}$$

둘째, 덧셈 법칙을 이용하여,

$$P(A) = \frac{4}{9}, \ P(B) = \frac{2}{9}, \ P(A \cap B) = \frac{1}{9}$$

$$P(A \cup B) = P(A) + P(B) - P(A \cap B) = \frac{4}{9} + \frac{2}{9} - \frac{1}{9} = \frac{5}{9}$$

위의 두 방법으로 풀 수 있다. 앞에서 교사건, intersection이란 용어가 나왔는데 사건 A와 사건 B의 교사건 A∩B가 발생했다는 것은 사건 A와 사건 B가 동시에 일어났다는 의미이다. 다음 [그림 2.3] 교사건의 벤다이어그램을 확인하라.

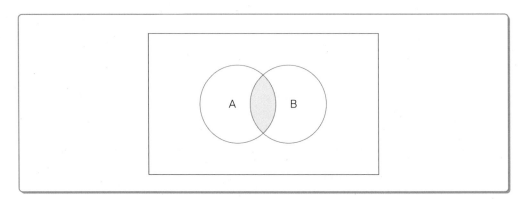

[그림 2.3] 교사건

이 교사건의 개념을 집합으로 표현하면:

$$A \cap B = \{w | w \in A \text{ and } w \in B\}$$

가 될 수 있다.

　사건 A와 사건 B 사이에 겹치는 부분이 없을 수도 있다. 그런 경우 사건 A, B를 배반사건, mutually exclusive events라 한다. 다시 말해서, 사건 A와 B의 교사건의 집합이 공집합일 때, 사건 A, B는 상호 배반사건이 된다. 배반사건의 경우:

$$P(A \cup B) = P(A) + P(B) \text{이며,}$$
$$A \cap B = \varnothing$$

이 된다. [그림 2.4] 배반사건의 벤다이어그램을 확인하라.

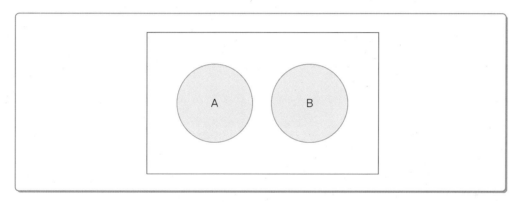

[그림 2.4] 배반사건 A, B

　다음 [그림 2.5]는 여사건, complementary event를 나타낸다. 사건 A의 여사건 A^C는 표본공간에서 사건 A를 제외한 나머지 사건을 말한다.

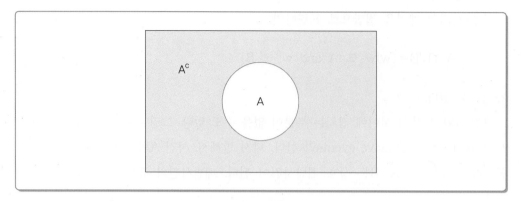

[그림 2.5] 여사건 A^C

확률과 결부하여 표현한다면:

$$P(S) = P(A \cup A^C)$$
$$= P(A) + P(A^C) = 1$$

가 된다. 따라서

$$P(A) = 1 - P(A^C)$$

이 성립한다.

2) 곱셈 법칙

곱셈 법칙, law of multiplication은 여러 사건이 동시에 또는 연속적으로 일어나는 사건과 관련된다. 그 확률을 정의하면:

> 사건 A와 사건 B가 동시에 일어날 확률은 사건 A가 일어날 확률과 A가 발생하였다는 조건 아래서 사건 B가 발생할 확률의 곱이다.
>
> $$P(A \cap B) = P(A)P(B|A)$$

$P(B|A)$란 조건부확률로, A가 발생하였다는 조건 아래 B가 발생할 확률을 말한다. 여

기서 부호 "|"는 조건을 나타내며, $(B|A)$는 "B given A"라고 읽는다. 곱셈 법칙은 다음 세 가지 조건에서 서로 다르게 적용된다.

배반사건, mutually exclusive events: 이미 앞에서 언급한 것과 같이 A와 B가 배반사건의 경우,

$$A \cap B = \varnothing \text{, 즉 } P(B|A) = 0 \text{이므로,}$$
$$P(A \cap B) = 0.$$

독립사건, independent events: 독립사건의 정의는 다음과 같다.

한 사건의 발생이 다른 사건의 발생에 아무 영향을 끼치지 않을 때 두 사건은 독립사건이다.

A와 B가 독립사건인 경우, 사건 B가 발생할 확률은 사건 A가 발생할 확률에 영향을 받지 않는다, 즉

$$P(B|A) = P(B)$$

가 된다. 역으로, 이것은 두 사건이 독립사건인지 확인하는 기준이 될 수도 있다. 다음은 그 기준이 될 수 있는 것들이다.

$$P(A|B) = P(A)$$
$$P(B|A) = P(B)$$
$$P(A \cap B) = P(A)P(B)$$

위 식은 두 사건이 서로 독립적일 때 관찰되는, 어느 정도 직관적으로 이해할 수 있는 일들을 나타낸다. 뒤에 점차 통계학의 중심 부분에 접근함에 따라 두 독립변수의 합의 분산 또는 공분산에 어떤 일이 생기는지 공부하게 될 것이며, 그때 위 식들이 중요한 기반이 될 것이다.

종속사건, dependent events: 사건 A와 B가 종속사건일 때 사건 B의 발생 확률은 A의 발생에 영향을 받는다. 그 예로 자주 등장하는 것이 다음과 같은 문제다. "주머니 속에 흰 바둑알 4개와 검은 바둑알 5개가 있다. 한 개씩 두 번 바둑알을 꺼낼 때 두 번 다 흰 바둑알

을 꺼낼 확률을 구하라"(이 경우와 같이 꺼낸 것을 다시 넣지 않고 계속해서 또 꺼내는 것을 비복원추출이라고 한다.) 비복원추출의 경우 앞의 사건이 뒤의 사건의 확률에 영향을 미치므로 종속사건이 된다. 비복원추출의 경우에는 곱셈법칙의 원래 형태가 그대로 적용된다.

$$P(A \cap B) = P(A)P(A|B)$$

물론 이 경우 복원추출을 한다면 앞 사건의 결과는 뒤의 사건에 아무런 영향을 미치지 않으므로 독립사건의 계산 방법이 적용되겠다.

여기서 잠시 배반사건과 독립사건의 관계에 대해서 생각해보자. 먼저, 이 둘이 같은 내용이라고 생각할 가능성이 있는데 그것은 잘못이다. 배반사건은 한 사건의 발생이 곧 다른 사건의 발생 가능성을 배제하는 것이므로 이것은 독립사건이 아니라, 매우 강력한 종속사건이 된다. 따라서 어떤 확률을 갖는 두 사건이 배반사건이면서 동시에 독립사건일 수는 없다. 식으로 보면:

사건 A, B가 배반사건인 경우

$$A \cap B = \varnothing \rightarrow P(AB) = 0$$
$$\rightarrow P(A|B) = \frac{P(AB)}{P(B)} = 0$$

배반사건 A, B가 독립사건이라면, $P(A|B) = P(B)$

$$P(A|B) = 0 \neq P(B)$$
$$\rightarrow \text{ 사건 A, B는 종속사건이다}$$

확률의 계산에 관한 이해를 확인하기 위해 몇 가지 예제를 더 풀어보자.

예제 2-2

통계학을 수강하는 50명의 학생이 다음과 같이 분류된다고 가정하자.

	남학생	여학생
교육학과	7	13
통계학과	23	7

무작위 추출된 한 명의 학생에 대하여

a. 그 학생이 남학생일 확률

b. 그 학생이 교육학과 학생일 확률

c. 그 학생이 교육학과에 다니는 남학생일 확률

d. 그 학생이 교육학과 남학생이 아닐 확률

을 각각 구하라.

풀이

a. $P(E) = \dfrac{k}{m} = \dfrac{30}{50} = \dfrac{3}{5}$

b. $P(E) = \dfrac{k}{m} = \dfrac{20}{50} = \dfrac{2}{5}$

c. $P(E) = \dfrac{k}{m}$ 를 적용해도 되지만, 곱셈 법칙을 사용하여보면

$$P(AB) = P(A)P(A|B) = \left(\frac{2}{5}\right)\left(\frac{7}{20}\right) = \frac{7}{50}$$

d. 여사건. $P(A) = 1 - P(A^C) = 1 - \dfrac{7}{50} = \dfrac{43}{50}$

예제 2-3

동전 5회 시행에서

a. 앞면이 적어도 한 번 나올 확률

b. 모두 뒷면이 나올 확률

을 각각 구하라.

풀이

a. 여사건. $P(A) = 1 - P(A^C) = 1 - (\frac{1}{2})^5 = \dfrac{31}{32}$

b. 독립사건. $P = (\frac{1}{2})^5 = \dfrac{1}{32}$

예제 2-4

어떤 대학교 학생 중에서 농구와 야구의 팬의 비율이 다음과 같다.

농구(A)	20%
야구(B)	30%
농구와 야구(A∩B)	5%

무작위 추출된 한 명의 학생에 대하여

a. 그 학생이 농구 또는 야구팬일 확률을 구하라.

b. 그 학생이 농구 팬도 아니고 야구팬도 아닐 확률을 구하라.

풀이

a. 복합사건. $P(A \cup B) = P(A) + P(B) - P(A \cap B) = .2 + .3 - .05 = .45$

b. 여사건. $P(A) = 1 - P(A^C) = 1 - .45 = .55$

 예제 2-5

사과 4개, 배, 3개, 오렌지 5개가 들어있는 과일상자에서 두 개의 과일을 무작위 복원 추출하고자 한다. 처음에 사과, 다음에 오렌지를 뽑을 확률은?

풀이

독립사건의 곱셈법칙 $P(AB) = P(A)P(B) = \left(\dfrac{4}{12}\right)\left(\dfrac{5}{12}\right) = \dfrac{5}{36}$

3 조건부확률과 Bayes 정리

1) 조건부확률

확률의 곱셈 법칙에서 잠시 언급한 조건부확률, conditional probability는 근원사건에 제약조건이 있는 경우의 확률, 예컨대, "B가 발생했다는 조건 아래 A가 발생할 확률"을 말하며 다음 식으로 표시된다.

$$P(A|B) = \frac{P(A \cap B)}{P(B)}$$

조건부확률은 뒤에서 다룰 가설검정의 논리를 뒷받침하는 개념으로, 그 구성은 다음과 같은 조건과 확률로 되어 있다.

조건: 영가설이 참이라는 조건에서
확률: 관찰한 현상이 나타날 확률은 0.001이다.

가설검정에서는 이 조건부확률이 뜻하는, 그리고 뜻하지 않는 의미를 정확히 구별하는 것이 중요한데 그것은 제7장에서 다루겠다.

2) Bayes 정리

조건부확률의 개념을 확장하면 베이스 정리(Bayes′ Theorem)를 만날 수 있다. 베이스 정리는 나중에 얻어진 추가정보에 의존하여 확률을 수정하는 방법이며, 이것은 순차적인 일련의 사건에서 조건부확률 개념에 근거하여 선험적 정보를 고려하는 방법으로, 표본자료의 사전정보를 결합하여 사후 확률을 계산하는 방법이다. 사전확률과 사후 확률이란,

사전확률(prior probability): 최초의 확률
사후확률(posterior probability): 추가정보를 사용하여 수정된 확률

을 말한다. 사건 B가 발생하였다는 전제하에서 사건 A가 발생할 확률은:

$$P(A|B) = \frac{P(A)P(B|A)}{[P(A)P(B|A)] + [P(A^{c})P(B|A^{c})]}$$

또는

$$P(A|B) = \frac{P(A)P(B|A)}{P(B)}$$

로 주어진다. 이것이 베이스 정리이다. 여기서 $P(A|B)$는 사후확률에, $P(A)$는 사전확률에 해당한다.

조건부확률과 베이스 정리의 중요성은 과학적 이론 형성과 연관하였을 때 잘 설명될 수 있다. 이론의 확증이나 반증을 하는 일에 핵심적 역할을 한다는 의미이다. T(theory)를 이론, E(evidence)를 증거라 할 때, $P(T|E)$는 새로운 증거가 참이라는 조건 아래에서 기존 이론이 참일 확률이다. 새로운 증거가 나타남에 따라 이론의 확증 또는 반증 가능성이 어떻게 달라지는지 선명하게 보여주는 일이 베이스 정리와 직접 관련된다. 즉, 이론과 실험결과를 잇는 교량 역할을 할 수 있다는 점에서 베이즈 정리의 중요성이 있다. 이 점은 가설검정을 설명할 때 다시 언급하겠다.

3) 확률나무

확률나무(probability tree)란 시행의 근원 사상들을 순서대로 나열한 그림표로서, 표본자료와 사전정보를 결합하여 사후 확률을 계산하는 방법으로 유용하다. 이때 지켜져야 할 두 가지 중요한 조건이 있다.

a. 사건이 서로 중복된 부분이 없어야(exclusive) 한다.
b. 사건들이 전체를 포괄하여야(exhaustive) 한다.

 예제 2-6

이것은 유명한 Monty Hall Problem이라는 문제이다. 1970년대 Let's make a Deal이라는 TV 쇼의 진행자 Monty Hall의 이름을 딴 문제이다. 상황은 출연자에게

A, B, C 세 개의 문을 보여준 다음 한 개의 문을 고르게 하는 것으로, 셋 중 한 문 뒤에는 자동차가 있고 나머지 두 문 뒤에는 염소가 있다고 한다. 물론 출연자는 지목한 문 뒤에 있는 자동차나 염소를 가지는 게임이며, 모든 참가자가 자동차를 원한다는 것을 전제한다. 문제는 다음과 같다.

출연자가 한 문을 지목하면 (편의상 문 A를 선택했다고 하자) 진행자는 그것을 바로 열어보지 않고, 나머지 두 문 중 염소가 있는 문 하나를 열어 보인다. 그리고 선택을 바꾸겠느냐고 묻는다. 이때 처음의 결정을 그대로 유지하는 것이 유리할까, 선택을 바꾸는 것이 유리할까, 아니면 어느 것이나 같을까?

풀이

이 문제는 표본공간을 확인하고 확률나무를 그려서 차분히 생각해보면 그리 어렵지는 않다. 출연자가 문 A를 선택한 경우 차 또는 염소를 얻을 확률나무는 다음 그림과 같다.

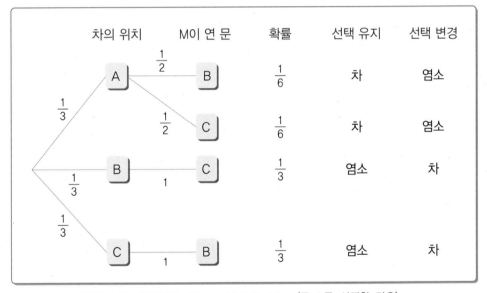

[그림 2.6] 확률나무, Monty Hall Problem(문 A를 선택한 경우)

이 확률나무를 보고도 처음의 선택을 유지하는 경우와 바꾸는 경우 각각 차를 얻을 수 있는 확률을 바로 알 수 있지만, 베이즈 정리를 적용하여 계산할 수도 있다. 먼저 문 A, B, C 뒤에 차 또는 염소가 있는 사건은 전체가 포괄적이고 서로 배타적이라는 전제를 충족하고 있다는 것을 확인하여야 하겠다. 출연자가 문 A를 선택한 상태에서 진행자 M이 문 B를 열어 보일 사전

확률은

$$P(M_B) = P(M_B|A)P(A) + P(M_B|B)P(B) + P(M_B|C)P(C)$$

$$= \frac{1}{2}\left(\frac{1}{3}\right) + 0\left(\frac{1}{3}\right) + 1\left(\frac{1}{3}\right)$$

$$= \frac{1}{2}$$

M이 문 B를 열어 보인 후 A 선택을 고수했을 때 차를 얻을 사후 확률은

$$P(A|M_B) = \frac{P(M_B|A)P(A)}{P(M_B)}$$

$$= \frac{\left(\frac{1}{2}\right)\left(\frac{1}{3}\right)}{\frac{1}{2}} = \frac{1}{3}$$

선택을 변경하여 문 C를 택했을 때 차를 얻을 사후 확률은

$$P(C|M_B) = \frac{P(M_B|C)P(C)}{P(M_B)}$$

$$= \frac{1\left(\frac{1}{3}\right)}{\frac{1}{2}} = \frac{2}{3}$$

이렇게 하여 선택을 변경하는 것이 유리하다는 결론을 얻게 된다.

4 대수의 법칙

대수의 법칙이란 스위스의 수학자 Jakob Bernoulli가 1689년에 증명한, 시행횟수가 증가할수록 어떤 주어진 결과의 발생 비율은 그 확률값에 수렴한다는 법칙이다. 중심극한정리와 더불어 통계학의 두 근간 중 하나인 동시에, 확률의 통계적 해석에 힘을 실어준 이론이다.

미지의 수량을 측정할 때 한 번의 측정보다 여러 번 측정하여 평균을 낼 때 더 정확한 측정치를 얻을 수 있다는 것을 우리는 직관적으로 안다. 그 이유는 역시 직관적으로 아는 것인데, 평균을 내는 과정에서 각각의 측정에서 발생하는 확률오차가 상쇄되어 없어지기 때문이다. 이러한 직관을 명확하게 설명해주는 두 가지가 바로 대수의 법칙, the law of large numbers과 중심극한정리, the central limit theorem이다. 두 가지는 모두 동일 분포에서 추출한 여러 개의 독립된 표본에 관한 내용이다. 다만, 대수의 법칙이 확률변수 X의 표본평균에 대한 법칙인 데 비하여, 중심극한정리는 표본평균의 분포에 대하여 말하는 것이라는 점이 다르다. 중심극한정리는 뒤에 다루기로 하고 여기서는 대수의 법칙에 관해서 설명하겠다.

대수의 법칙이 말하는 것은 여러 독립표본의 평균은 그 모집단 평균에 수렴한다는 것이다. 확률의 문맥에서 설명한다면 이는 다음과 같이 설명할 수 있겠다.

> 시행횟수 n, 관찰된 횟수 k에 대하여, n이 충분히 클 때 $\dfrac{k}{n}$는 확률 p에 수렴한다.

예를 들어 주사위를 굴려 6이 나오는 경우의 수를 시행횟수에 따라 누적비율로 표시해보면 시행횟수가 커질수록 안정성을 나타내는 모습을 볼 수 있다. 대수의 법칙은 확률과 통계 이론의 근간을 구성하는 아주 중요한 법칙이다.

이 대수의 법칙을 어떻게 증명하는지 궁금한 독자들이 있을 것이다. 그렇지만 그것은 이 책이 의도한 범위에서 벗어난 것이므로 간단한 설명에 그치겠다. 먼저, 대수의 법칙이 말하는 것, 시행횟수 n, 관찰된 횟수 k에 대하여, n이 충분히 클 때 $\dfrac{k}{n}$는 확률 p에 수렴한다는 말이 의미하는 것은 결국 n이 무한히 커지면 표본오차는 없어지고 표본의 평균이 모집단 평균과 같아진다는 것이다. 즉 평균이 μ 인 모집단에서 $n=10$인 표본을 추출하여 평균을 내보면 그 값은 μ에 가깝기는 하겠지만 정확히 μ는 아닐 수 있다. 그러나 사례 수 n이 커짐에 따라 표본의 평균은 정확히 μ를 나타낸다는 것이다. 이 말을 증명하기 위해서는 이를 수학적 표현으로 바꾸어야 할 것이다. 그 수학적 표현 방식에 따라 대수의 법칙은 약대수의 법칙(weak law of large numbers)과 강대수의 법칙(strong law of large numbers)으로 나누어진다.

약대수의 법칙은:

독립적이고, 대칭의 분포를 한, 평균 μ, 분산 σ^2인 확률변수 X에 대하여

$$\lim_{n\to\infty} P(|\overline{X}_n - \mu| < \epsilon) = 1$$

여기서, ϵ: 임의의 양의 실수

이라는 것이고, 이것을 흔히 다음과 같은 약자로 표시한다.

$$\overline{X}_n \to \mu\,(p) \ \text{as} \ n \to \infty$$

여기서, p: in probability

강대수의 법칙은:

$$P(\lim_{n\to\infty} \overline{X}_n = \mu) = 1$$

이라는 것이고, 약자로 표시하면:

$$\overline{X}_n \to \mu\ (\text{a. s.}) \ \text{as} \ n \to \infty$$

여기서, a. s.: almost surely

약대수의 법칙과 강대수의 법칙 사이에는 미묘한 차이가 있다. 첫째, 약대수의 법칙은 특정 대수 n에 대하여 $\overline{X}_n$이 μ와 일치할 가능성이 크다고 함으로써 $|\overline{X}_n - \mu| \geq \epsilon$ 인 경우가 발생할 가능성을 남겨두고 있다. 그러나 강대수의 법칙은 n이 무한히 큰 수일 때 $0 < \epsilon$ 인 어떤 ϵ 값에 대해서도 $|\overline{X}_n - \mu| < \epsilon$의 확률이 1이 된다는 것을 보임으로써 이

런 일이 거의 확실히 일어나지 않는다는 것을 말해주고 있다.

대수의 법칙에 관한 일반의 잘못된 생각 중 대표적인 것들을 소개한다. 첫째, 오차의 개념을 잘못 생각하는 경우이다. 표본의 수가 크면 그 평균은 표본오차를 상쇄하기 때문에 모집단 평균과 점점 일치하는데, 만일 그 오차가 순수한 우연에 의해서 생긴 오차가 아닌 체계적인 오차라면 이 법칙은 성립하지 않는다. 예를 들어 주사위를 굴려 그 숫자를 점수화할 때, 그 주사위가 한쪽이 깎인 것이라면 실행 횟수가 많아질수록 특정 숫자가 더 많이 나오기 때문에 공평한 결과가 얻어지지 않는다. 측정 도구에 결함이 있어 편파적인 점수를 내는 경우도 마찬가지이다. 둘째는 소위 도박사의 오류라고 불리는 잘못된 생각으로, 이 또한 대수의 법칙을 잘못 해석하기 때문에 나타난다. 이것은 사건의 결과가 평균을 유지하는 방향으로 나타난다는 생각으로, 예를 들어 룰렛 게임에서 붉은색이 연속해서 다섯 번 나왔다면 다음번에는 검은색이 나올 가능성이 크다고 생각하는 경우이다. 하지만 각 사건은 독립적이므로 앞 사건의 결과와는 아무 상관이 없다. 룰렛 기계는 우연에 의해 결과를 내는 것이지, 전체 확률을 유지하기 위해 움직이지 않는다.

마지막 형태의 오류는 사건의 독립성을 지나치게 일반화하여 대수의 법칙이 적용되지 않는 곳까지 적용하려는 오류이다. 예를 들어 테니스에서 선수들은 첫 번째 서브를 매우 강하게 쳐넣기 때문에 폴트를 범할 가능성이 비교적 크다. 그러나 두 번째 서브는 폴트를 범하면 점수를 잃기 때문에 덜 강하더라도 스핀을 넣어서 치는 경우가 많다. 성공률을 높이기 위해서다. 이런 경우 첫 서비스와 둘째 서비스는 독립적이 아니라 서로 영향을 미치는 관계이기 때문에 둘째 서비스는 성공 확률이 평균보다 크다. 야구의 타율도 그런 경우일 것이다. 연속된 타석에서 안타를 치지 못한 선수를 보는 전문가나 감독은 이제 안타를 칠 때가 되었다고 생각하는 경우가 많다. 어떤 사람은 이 경우를 두고 통계를 모르는 잘못된 생각이라고 면박을 주곤 한다, 이번 타석과 다음 타석은 독립사건이기 때문에 앞의 결과와 이번 타석의 결과는 전혀 관계가 없다는 것이다. 그러나 문제의 핵심은 야구선수의 타석이 과연 서로 독립적인가, 아니면 선수들의 자기 수정과정의 일부인가에 있다. 만일 안타를 내지 못한 선수가 끊임없이 자신의 앞선 타석의 결과를 분석하여 다음 타석에 임한다면 그 선수의 매 타석은 독립사건으로 볼 수 없겠다. 대수의 법칙은 반드시 그 전제인 사건의 독립성 여부와 함께 고려하여야 한다는 것을 알자.

대수의 법칙은 어떤 명제가 참이냐 거짓이냐를 판단하는 데 있어 누적된 확률에 의존하는 것이 장기적으로는 매우 안전한 정책이라는 사실을 알려준다. 대수의 법칙을 과학적 방법의 이론적 근거로 받드는 이유는 이 법칙이 실증적 연구가 충분히 누적되면 우연 발생적인 오차에 의해 진실이 왜곡되는 일이 절대로 생기지 않는다는 사실을 보장하기 때문이다. 반면, 개별 관찰의 독립성이 훼손되면, 예컨대, 중복된 표본을 사용하거나 연구자 입맛에 맞는 데이터만 골라서 사용하거나 하는 일이 있으면 과학 세계의 시스템이 파손된다는 경고도 대수의 법칙에는 포함되어 있다.

대수의 법칙을 증명하는 것은 이 책에서 다루고자 했던 내용의 범주를 벗어나는 일이지만, 일부 독자를 위한 참고용으로 약대수의 법칙을 증명하는 방법을 간단히 소개하겠다. 약대수의 법칙은 부등식에 관한 체비셰프의 정리(Chevyshev's inequility)를 도입하면 쉽게 증명할 수 있다. 체비셰프 부등식은 $\overline{X}_n$의 분산의 개념을 도입하여 오차의 상한선을 규정한 것이다. 즉,

양수인 모든 a에 대하여

$$P(|X-\mu| \geq a) \leq \frac{Var(X)}{a^2}$$

이것이 체비셰프 부등식이다. 이 식에서 X 대신 $\overline{X}_n$을 적용하면 표본오차의 상한선을 정할 수 있겠다. $\overline{X}_n$ 자체도 확률변수이기 때문에 가능한 이야기다.

$$P(|\overline{X}_n - \mu| \geq a) \leq \frac{Var(\overline{X}_n)}{a^2}$$

여기서 표본평균 $\overline{X}_n$의 분산은:

$$
\begin{aligned}
Var(\overline{X}_n) &= E[(\overline{X}_n - \mu)^2] \\
&= \frac{1}{n^2} E\big[\{(X_1 - \mu) + \cdots + (X_n - \mu)\}^2\big] \\
&= \frac{1}{n^2} \sum_{i=1}^{n} \sum_{j=1}^{n} E[(X_i - \mu)(X_j - \mu)] \\
&= \frac{\sigma^2}{n} \\
\therefore\ P(|\overline{X}_n - \mu| \geq a) &\leq \frac{\sigma^2}{na^2}
\end{aligned}
$$

이제 약대수의 법칙을 증명할 준비가 되었다. 약대수의 법칙의 수학적 표현은 다음과 같다.

독립적이고, 대칭이고, 평균 μ, 분산 σ^2인 확률변수 X에 대하여

$$\lim_{n \to \infty} P(|\overline{X}_n - \mu| < \epsilon) = 1$$

여기서, ϵ: 임의의 양의 실수

! 증명

Chevyshev's inequality에 의하여

$$P(|\overline{X}_n - \mu| \geq \epsilon) \leq \frac{Var(\overline{X}_n)}{\epsilon^2} = E\left[(\overline{X}_n - \mu)^2\right] = \frac{\sigma^2}{n\epsilon^2}$$

$$P(|\overline{X}_n - \mu| < \epsilon) = 1 - P(|\overline{X}_n - \mu| \geq \epsilon)$$

$$\therefore \lim_{n \to \infty} P(|\overline{X}_n - \mu| < \epsilon) = 1 - \lim_{n \to \infty} P(|\overline{X}_n - \mu| \geq \epsilon)$$

$$= 1 - \lim_{n \to \infty} \frac{\sigma^2}{n\epsilon^2} = 1$$

5 과학과 확률

1) 오차의 특성을 이해하는 방식

앞에서 확률의 정의와 그것에 관한 논의를 다루었다. 이것으로 다음 장 확률분포를 이해하기 위한 사전지식이 준비되었으니 마음이 바쁜 독자는 이 절을 건너뛰어도 된다. 아니면 여기서 과학적 지식이 완벽한 연역적 논리가 아니라 확률에 의해 뒷받침된다는 사실과 그 양상을 이해할 수 있도록 한다.

확률을 구하는 것은 불확실성에 대한 수량화이다. 우연으로 설명되는 어떤 사건이 일어날 가능성을 수치로 지정하는 일이다. 애초에 확률은 필연성과 엄밀성을 추구하는 수

학자나 과학자의 입장에는 매우 불편한 주제였을 것 같다. 실제로 과학의 발달이 급속도로 진전되던 17세기 중엽까지 확률은 일부 도박자들의 관심사였을 뿐이었다. 확률이 눈길을 끌게 된 것은 당시 유행이던 과학과 심리학이 더 많은 것을 이루려 한 것이 계기가 된다. 이를 위해 더욱 정교한 측정치가 요구됨에 따라 오차의 문제가 대두되기 시작한 것이다. 행성 간의 정확한 거리를 알아야 할 경우, 또는 피험자의 심리적 특성에 관한 정확한 수치가 요구될 때, 오차는 점점 심각한 걸림돌이 되고 있었다. 당연히 사람들은 그 오차를 없애기 위해 열심히 노력했다. 그러나 노력의 성과는 오차를 어느 정도 줄이는 것까지는 가능하지만, 결코 완전히 없앨 수는 없다는 것을 알아낸 것까지였다. 과연 이 막힌 국면을 타개할 방법이 있을 것인가?

사람들은 절망하는 대신, 문제의 근원인 오차 속으로 파고들었다. 개별적 오차는 분명히 통제 불능이지만, 전체적으로 보면 오차의 발생은 완전한 우연이므로 우연의 법칙에는 충실하다는 것이 위안이었다.

아마도 갈릴레오의 관찰이 오차의 탐구를 알리는 출발신호가 되었을 것이다. 그는 "관측치의 오차는 진점수를 중심에 두고 대칭으로 모여 있다"라는 생각을 피력했다(Traub, 1977). 그 후 파스칼과 페르마 등이 중심이 된 확률론의 기초가 마련되면서 오차가 발생하는 범위에 대한 확률적 해석이 가능해졌고, 그것이 현대 통계학의 기초가 되었다. 과학은 발전을 멈추지 않아도 되게 되었다.

2) 반증의 과학

오차가 존재하는 한, 우리가 관찰한 두 변수의 인과성을 증명하기는 어렵다. 그런 오차가 실제로 존재하며, 그것을 0으로 돌릴 수 없다는 사실을 알게 된 상황에서 어떻게 지식을 구할 수 있을까? 반증의 과학(Science of Falsification)이 그 해답이다. 변수 A가 변수 B에 대해 원인적으로 작용한다면 A가 존재할 때마다 분명하고도 일관되게 B 값의 변화가 관찰되어야 할 것이며, 다른 설명의 가능성이 배제되어야 한다. 대표적인 "다른 설명의 가능성"이란 오차의 개입이다. 관찰된 B 값은 A가 원인으로 작용한 결과가 아니라 오차 때문이라는 것이다. 오차가 작용한다는 것을 부인할 수는 없다. 그러나 A, B 사이의 인과관계를 입증하려고 하는 대신, "A의 작용은 전혀 없고, B의 점수에서 관찰된 남다른 점은 우연적 오차 때문"이라는 주장을 무너뜨림으로써 우리는 우회적으로 A와 B

사이의 인과성을 주장할 수 있다. 그것은 A와 B 사이에 아무 관계가 없을 때 이런 결과가 발생할 수 있는 확률을 제시하고, 이 실험 결과가 그 낮은 확률이 실현되었다고 주장하는 것보다는 A와 B 사이에 인과관계가 있을 때 쉽게 관찰될 수 있는 일이 생겼다고 보는 것이 더 합리적이라는, 합리적 이성에 호소하는 방법이다. 이것이 반증의 과학의 요체이며, 그 중심에는 우연에 의해 발생하는 여러 현상이 어떻게 분포하는지에 관한 확률적 해석이 있다. 따라서 이 책에서 논의되는 모든 주제는 확률과 관계가 있다고 볼 수 있다. 이 장에서 주로 확률에 관한 논의를 한다면, 다른 장에서 다루고 있는 것은 주로 확률에 의한 생각들이라는 점에서 그렇다.

3) 과학이라는 시스템 속에서의 확률의 의미

개인의 일상에서의 확률과 과학이라는 시스템 속에서의 확률과는 그 의미가 다르다. 일상생활에서도 우리는 판단이 필요할 때 확률에 의지하는 경우가 많다. 예컨대 오늘 우산을 가지고 나가야 할지 결정하기 위해 우리는 일기예보의 강우확률을 참고한다. 그러나 숫자로서의 확률은 결과에 대한 책임을 지지는 않는다. 비가 올 확률이 10% 미만이어서 우산을 안 가지고 나갔는데 운 나쁘게 비가 올 수도 있다. 더욱 심각한 예를 도박에서 들 수 있다. 만일 내 패가 이길 수 있는 확률이 90% 이상이고, 도박을 계속하려면 내 전 재산을 걸어야 한다면 어떻게 할까? 나라면 걸지 않겠다. 돈을 딸 가능성이 크다 하더라도, 잃을 때 발생하는 결과가 너무 두렵기 때문이다. 그런데, 만일 내가 회사에서 고용된 프로 도박사이고 돈은 모두 회사에서 내주는 것이라면? 그리고 도박을 한 번 하고 그치는 것이 아니라 직업으로서 계속하는 것이라면? 이때는 이야기가 다르다. 정확한 확률에 의해 판단하는 한, 장기적으로 나는 돈을 딸 수밖에 없다. 대수의 법칙에 의하면 그 반대의 경우는 절대 생기지 않는다. 따라서 이것은 행운에 의존하는 것이 아닌 필연이다. 과학적 지식을 얻기 위한 통계적 판단에 대해서도 같은 말을 할 수 있다. 과학은 자기 수정의 기능을 갖춘 발전적 시스템이기 때문에 확률적 판단의 옳고 그름을 우연에 의존하지 않아도 된다. 이 시스템 아래에서 내려진 결론은 수없이 많은 다른 문맥에서 적용되고 재검증되므로, 잘못된 결론이 세상을 속일 가능성이 거의 없다는 뜻이다. 확률에 의지하는 것은 운에 의존하는 나약한 태도가 아니라, 과학이라는 특정 시스템 내에서는 엄격하고 강력한 수단이라는 점을 알자.

01. 다음 괄호 안에 A, B, C, D 중 하나를 넣어 식을 완성하라.

1) 전통적 또는 a priori 확률: $p(A) = \dfrac{(\quad)}{(\quad)}$

2) 경험적 또는 a posteriori 확률: $p(A) = \dfrac{(\quad)}{(\quad)}$

   A: 발생 가능한 모든 경우의 수
   B: A에 해당하는 사건의 수
   C: A로 분류할 수 있는 경우의 수
   D: 발생한 모든 사건의 수

02. 한 목장주가 100마리의 검은색 소, 50마리의 갈색 소, 그리고 22마리의 흰색 소를 가지고 있다.

1) 무작위 추출 시 흰색이며 동시에 검은색인 소를 뽑을 확률은?
2) 이와 같은 사건을 무엇이라고 하나?
3) 복원추출에 의한 무선추출 시 처음에는 갈색 소, 다음에는 흰색 소, 세 번째는 종자 X 또는 흰색 소를 뽑을 확률은?

03. 다음 식에 해당하는 확률은 독립사건, 종속사건, 배반사건 중 어느 것인가?

1) $P(A \text{ and } B) = 0$
2) $P(A \cap B) = P(A)P(B|A) \neq P(A)P(B)$
3) $P(A \cap B) = P(A)P(B|A) = P(A)P(B)$

04. 역대 미국 대통령 46명 중 Polk와 Harding의 생일은 같은 날이다. 이것은 지극히 우연적인 일일까?

05. 2021년 윔블던 테니스 단식 결승경기에서 첫 서비스 실패는 111회, 실패율은 40%를 기록했다. 첫 서비스가 실패했을 때 두 번째 서비스를 실패한 경우는 6.3%였다. 이 경기에서 두 선수가 더블 폴트를 범한 횟수는?

06. 배구팀 1, 2, 3, 4가 있다. 토너먼트로 순위를 정하기 위하여 1과 2, 3과 4팀이 시합을 한다. 다음에는 승리한 두 팀이 대결하여 1등과 2등을 가리고, 패배한 두 팀이 대결하여 3등과 4등을 가리는 방식으로 순위를 정하게 된다.

  1) 가능한 모든 순위의 결과를 표본공간 S로 표시한다면?
  2) A를 1팀이 우승하는 결과의 집합이라 한다면 A는?
  3) B를 2팀이 우승하는 결과의 집합이라 한다면 B는?
  4) $A \cap B$, A^C 는 각각 어떻게 되나?

07. 기록에 의하면 미국 Florida 주의 고속도로 사고에서 좌석벨트 착용 여부와 사망 여부의 관계는 다음과 같다.

좌석벨트 착용여부	생존(S)	사망(D)	합계
착용(Y)	412,368	510	412,878
미착용(N)	162,527	1601	164,128
합계	574,895	2111	577,006

  1) $P(D)$와 $P(N)$은 각각 어떻게 되는가?
  2) 사고에서 어느 한 사람이 좌석벨트를 착용하지 않고 죽을 확률은?

08. 다음 중 독립사건의 예는?

  a. 주사위를 두 번 던져 모두 1이 나오는 사건
  b. 비 온 뒤 맑은 날씨
  c. 좌석벨트 착용 여부와 교통사고 사망률
  d. 포커 게임에서 두 번 연속 에이스를 받는 사건

09. 한 지역에서 무선추출한 학부모를 대상으로 과외 금지 정책에 대한 찬반을 물은 결과 60%의 찬성비율을 얻었다. 이것은 모집단의 찬성과 반대가 같은데 표본오차에 의해 이러한 결과가 얻어졌을 확률이 2%라는 것을 의미한다.

1) 이 결과를 $P(A|B) = 0.02$로 표시한다면 사건 A와 B는 각각 무엇일까?

2) 이 결과를 어떻게 해석하는 것이 합리적일지 설명하라.

10. 다음 판단의 근거로 대수의 법칙이 관련되지 않는 경우는?

    a. 어떤 현상의 발생 확률을 장기적 관찰 결과 얻어진 비율로 정의한다.

    b. 도박사업의 수익률이 매년 안정적인 값을 나타낸다.

    c. 테니스선수의 세컨드서비스 성공 확률은 통산 확률과 비례한다.

    d. 한 번의 측정보다 여러 번 측정한 평균을 구하는 것이 더 정확하다.

11. 어느 지역의 성인 중 51%가 남성이다. 그 지역의 임의의 한 성인이 선발되었는데 그 성인이 시가를 피운다. 남성 중 9.5%가 시가를 피우고 여성의 1.7%가 시가를 피운다. 선발된 성인이 남성일 확률은?

12. 길이를 측정할 때 한 번 재는 것보다 여러 번 재어 그 평균을 구하는 것이 정확한 값을 얻는 방법이라고 알려져 있다. 이때 필요한 조건 두 가지는 무엇인가?

01. 1) $p(A) = \dfrac{(C)}{(A)}$ 2) $p(A) = \dfrac{(B)}{(D)}$

02. 1) 0

2) 배반사건(mutually exclusive event)

3) $\left(\dfrac{50}{172}\right)\left(\dfrac{22}{172}\right)\left(\dfrac{100+22}{172}\right) = 0.0264$

03. 1) 배반사건 2) 종속사건 3) 독립사건

04. 46명의 생일이 한 번도 겹치지 않을 확률: 여사건을 적용한다.

$$\left(\dfrac{365}{365}\right)\left(\dfrac{364}{365}\right)\left(\dfrac{363}{365}\right) \cdots\cdots \left(\dfrac{320}{365}\right)$$

$$= \dfrac{365!/319!}{365^{46}} \cong 0.05$$

적어도 한 번 생일이 겹칠 확률은 $1-0.05$, 95%나 된다.

05. 첫 서비스와 둘째 서비스는 종속사건

$$P(A) = 0.60$$
$$P(B|A) = 0.063$$
$$P(A \cap B) = P(A)P(B|A) = (0.60)(0.063) = 0.0378$$
$$3.78\%$$

06. 1) S = {1324, 1342, 1423, 1432, 2314, 2341, 2413, 2431,
   3124, 3142, 4123, 4132, 3214, 3241, 4213, 4231}

2) A = {1324, 1342, 1423, 1432}

3) B = {2314, 2341, 2413, 2431, 3214, 3241, 4213, 4231}

4) $A \cap B = \varnothing$

A^C = {2314, 2341, 2413, 2431, 3124, 3142, 4123, 4132,
   3214, 3241, 4213, 4231}

07. 1) YS YD NS ND

2) $P(D) = \dfrac{2{,}111}{577{,}006} = 0.004$

$P(N) = \dfrac{164{,}128}{577{,}006} = 0.284$

3) 사건 N과 D가 독립적이라면

$$P(N \cap D) = P(N)P(D) = (0.004)(0.284) = 0.001$$

사건 N과 D가 종속적이라면

$$P(N \cap D) = P(N)P(D|N)$$
$$= \left(\dfrac{164{,}128}{577{,}006}\right)\left(\dfrac{1{,}601}{164{,}128}\right) = 0.003$$

만일 두 사건이 독립적이라면

$P(D|N) = P(D)$의 관계가 성립하여야 한다.

$$P(D|N) = \dfrac{1{,}601}{164{,}128} = 0.01$$
$$P(D) = \dfrac{2{,}111}{577{,}006} = 0.004$$
$$P(D|N) \neq P(D)$$

따라서 두 사건은 종속사건이므로

$$P(N \cap D) = P(N)P(D|N) = 0.003$$

08. a.

b, c, d는 모두 뒤의 사건이 앞 사건에 영향을 받으므로 종속사건

09. 1) A: 찬성 60%라는 결과.   2) 모집단의 찬반 비율이 같다.

2) 모집단의 찬반 비율이 같은데 이와 같은 우연적인 결과가 나왔다고 해석하는 것보다, 모집단의 찬반 비율이 같다는 조건부확률의 조건을 부정하면, 이 실험에서 당연한 결과가 나타난 것으로 해석할 수 있다. 따라서 후자가 합리적인 해석이다. 즉 모집단의 찬성이 더 많다고 해석하는 것이 합리적이다.

10. c. 세컨드서비스는 퍼스트서비스와 종속사건이므로 대수의 법칙이 적용되지 않는다.

11.

$$P = 0.85$$

사건 A: 남성

사건 B: 흡연   이라고 한다면

$P(A) = 0.51$

$P(A^c) = 0.49$

$P(B|A) = 0.095$

$P(B|A^c) = 0.017$

베이스 정리에서

$$P(A|B) = \frac{P(A)P(B|A)}{[P(A)P(B|A)] + [P(A^c)P(B|A^c)]}$$

$$= \frac{(0.51)(0.095)}{[(0.51)(0.095)] + [(0.49)(0.017)]}$$

$$\cong 0.853$$

이 문제를 언어적으로 설명한다면:

흡연자인 성인이 남성일 확률은 한 성인이 남성이고 동시에 흡연자일 확률 나누기 한 성인이 흡연자일 확률이다.

12. 대수의 법칙과 관련된 문제이다.

a. 각각의 측정이 서로 독립적으로 이루어져야 한다.

b. 측정 도구의 결함 등 우연 이외의 체계적인 오차가 개입하면 안 된다.

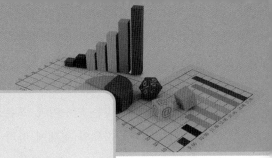

제3장

확률분포

앞 장에서 확률의 개념을 탐구하였는데, 이번에는 확률적 현상의 분포, 즉 확률분포에 대해 공부하겠다. 여기에서는 여러 확률분포 중 세 가지를 소개했다. 이항분포, 포아송분포, 정규분포가 그것이다. 이 세 가지 예를 통해 확률분포의 개념을 정확히 이해하는 것이 일차적 목표이다. 이 과정에는 수학적 악몽을 연상시킬 낯선 기호와 용어가 출몰하지만, 그 뒤에는 통계학의 핵심개념이 선사하는 통계학에 대한 흥미라는 반전이 준비되어 있다. 다음으로 추구하여야 할 것은 확률분포로부터 특정 사상이 발생할 확률을 얻는 것이다. 마치 과수원에서 사과나무에 관한 지식을 탐구하지만 궁극적으로 얻고자 하는 것은 그 열매인 사과이듯이, 확률분포에 대해 공부하는 우리의 목적은 정확한 확률을 얻는 데 있다. 그렇게 얻어진 확률은 인과성을 판단하는 근거이니, 결과적으로 확률분포는 인과관계의 탐구를 위한 도구다. 확률적 현상으로부터 확률, 인과관계에 이르는 긴 여정, 낯선 기호와 용어의 불편함을 견딘다면 제11장에서부터 본격적인 실전용 추리 통계의 내용이 전개될 것이다. 그리고 우리가 경험한 세 가지 사고의 리듬 -개념, 확률, 추리-를 통하여 통계학의 비밀스러운 장막의 뒤를 볼 수 있을 것이며, 그 모든 것은 이 장에서 시작될 것이다.

1 기본용어의 정리

1) 확률변수

확률변수, random variable이란 어떤 확률적 현상의 결과를 수량화한 측정치, 즉 무작위 추출이나 임의 실행 등에 의해 얻어진 수치를 말한다. 대표적인 예로 주사위를 던져 얻어진 수의 집합을 들 수 있다. 따라서 확률변수는 확률에 따라 여러 실수로 된 값을 갖는 변수이며, 표본공간에서 정의된 실수함수이다. 제1장에서도 소개했지만, 확률변수는 자료의 형태에 따라

    a. 이산(discrete), 셀 수 있는 확률변수와;
    b. 연속(continuous), 셀 수 없는 확률변수로 나눌 수 있다.

이산 확률변수, discrete random variable은 셀 수 있는 값을 취하는 확률변수를 말한다. 예컨대 동전을 세 번 던져서 앞면이 나온 횟수는 {0, 1, 2, 3}의 값을 가질 수 있는데, 이들의 중간에는 어떤 값도 나타날 수 없다. 이러한 값을 이산형 자료라 하며, 이산형 자료를 취하는 확률변수가 이산 확률변수다. 반면에 키나 몸무게 같은, 구간 내에서 무한히 많은 값으로 나타날 수 있는 자료를 연속 확률변수, continuous random variable이라고 한다. 어떤 이산 확률변수가 가질 수 있는 값과 그 확률을 나타낸 것을 확률분포표라 한다.

2) 확률변수와 확률분포

확률분포, random distribution은 확률변수가 가질 수 있는 모든 값에 대하여 확률을 부여한 결과의 분포를 말한다. 특히 이산 확률변수의 경우, 확률변수 X의 기대치는 X를 구성하는 단위사건 x값과 그 사건의 발생확률의 곱을 모두 더한 값이다.

$$E(X) = \sum x P(x)$$

여기서 $E(X)$는 가능한 모든 x의 가중평균(weighted average)을 말하며, 이 값은 실지로 존재하는 x값 중 하나일 필요는 없다. 예컨대 주사위를 한 번 던져서 얻는 값의 기대값은,

$$E(X) = 1\left(\frac{1}{6}\right) + 2\left(\frac{1}{6}\right) + 3\left(\frac{1}{6}\right) + 4\left(\frac{1}{6}\right) + 5\left(\frac{1}{6}\right) + 6\left(\frac{1}{6}\right) = \frac{7}{2}$$

이 된다. 이렇게 얻어진 기대값은 실제 주사위를 던져서 얻을 수 있는 값은 아니지만, 주사위를 던졌을 때 이 값을 얻을 것으로 기대할 수 있다는 의미이다.

연속 확률변수의 경우에는 확률분포를 얻기 위하여 구간을 설정하여야 한다. 각 구간과 확률변수가 그 구간 내에 존재할 확률을 대응시킨 것이 되는데, 여기서 구간의 간격을 아주 좁게 잡는다면 막대 그래프의 모양은 점차 부드러운 곡선의 모양에 가까워지게 될 것이다. [그림 3.1]을 보자.

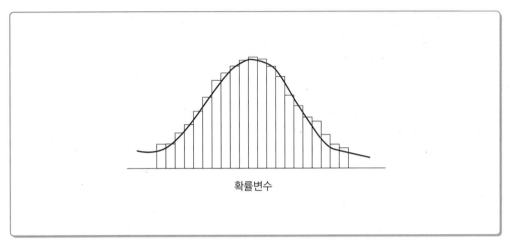

[그림 3.1] 연속 확률분포의 곡선으로의 근사

[그림 3.1]은 막대 그래프를 곡선 그래프로 근사시킨 결과, approximation이다. 이렇게 하여 어떤 구간 내에 확률변수가 존재할 확률을 특정할 수 있게 된다.

3) 이산 확률변수의 분산

이산 확률변수 X의 분산은 X값과 평균의 차이를 제곱한 값의 기대값, 또는 편차 제곱의 기대값으로 정의된다. 분산에 대해서는 다음 제4장 분산도에서 자세히 다루게 될 것이지만, 여기서 언급한 이유는 분산이 한 확률분포의 형태를 지정하는 통계량이기 때문이다.

$$\sigma^2 = E[(X-\mu)^2] = \sum (x-\mu)^2 P(x)$$

여기서, σ^2: 분산
$\qquad E$: 기대값
$\qquad \mu$: 모집단 평균
$\qquad P(x)$: 단위사건 x의 발생확률

이 식을 간단히 하면,

$$\sigma^2 = E[X^2] - \mu^2 = \sum x^2 P(x) - \mu^2$$

로 쓸 수도 있다.

4) 확률 질량함수와 확률 밀도함수

확률 질량함수, pmf(probability mass function)와 확률 밀도함수, pdf(probability density function)는 모두 확률변수의 발생 확률에 관계된 개념인바, 확률 질량함수가 이산 확률변수에 적용되는 반면, 확률 밀도함수는 연속 확률변수에 적용된다는 점이 다르다.

확률 질량함수는 이산 확률변수에서 특정 값에 대한 확률을 나타내도록 하는 함수이다. 즉,

$$f_X(x) = P(X = x)$$

여기서, f_X: 확률 질량함수

$f_X(x)$: 특정 값 x에 대한 확률을 나타내는 함수

$P(X = x)$: 확률변수 X의 특정 값 x의 발생확률

확률 질량함수는 다음 세 가지 특성으로 정의할 수 있다.

a. $P(X = x) = f(x) \geq 0$

b. $\sum_{x \in S} f(x) = 1$

c. $P(X \in A) = \sum_{x \in A} f(x)$

이 세 가지 정의를 말로 설명한다면, 각 확률 또는 질량함수의 값은 결코 음의 값을 가지지 않으며, 모든 확률 질량함수의 합은 1이 되고, 사건 A의 발생 확률은 A의 원소인 x의 확률 질량함수를 모두 더한 값과 같다는 것이다.

확률 밀도함수는 특정 변수가 그 값을 가질 상대적 가능성을 (아직은 확률이 아닌) 나타내는 함수다. 확률 밀도함수의 특정 값이 어디부터 어디까지라는 구간으로 주어진다면 확률 밀도함수는 확률변수가 그 범위에 들어 있을 확률을 표현할 수 있다. 확률 밀도함

수는 다음 성질을 만족하여야 한다.

a. $f(x) \geq 0$

b. $\displaystyle\int_{-\infty}^{\infty} f(x)dx = 1$

위의 두 식에서 나타낸 바와 같이, 확률 밀도함수는 음의 값을 가질 수 없으며, 확률 밀도함수가 차지하는 총면적은 1이 된다.

그렇다면 확률 밀도함수의 Y 값은 무엇을 나타내나? 우리는 이산 확률변수의 확률 질량함수의 경우 Y 축의 값은 확률을 나타낸다는 것을 알고 있다. 그러나 연속 확률함수의 확률 밀도함수의 Y 축은 확률을 뜻하지 않는다. 자동차의 이동 거리를 계산하기 위해 차가 출발한 시간과 속도를 그래프로 나타냈다고 생각해보자. 속도 자체는 이동 거리는 아니지만, 속도의 크고 작음은 이동거리와 밀접한 관계가 있다. 시간이 주어지면 그것은 즉시 거리로 환산되기 때문이다. 확률 밀도함수도 이와 비슷하다. 확률은 여기서 이동 거리에, 확률변수는 시간, 확률밀도는 속도에 비유하여 말한 것이다. 확률변수의 구간이 특정된다면 그 구간에서 확률 밀도함수를 적분한 값은 확률이 된다. 그렇다면 확률밀도는 확률함수 값에 따라 변화하는 어떤 상대적인 비율이다. 이것은 자체로는 현실적인 큰 의미는 없고, 구간이 정해지면 확률로 전환되는 확률 이전의 상태라 할 수 있다. 확률 밀도함수란 그것을 적분하면 확률변수가 그 구간 내에 있을 확률을 나타내는 어떤 함수다.

2 이항분포

1) 베르누이 확률분포

이항분포, binominal distribution은 베르누이(Jacob Bernoulli, 1654-1705)에 의해서 발견된 베르누이 분포(Bernoulli distribution)에 기반을 두고 있다. 이 베르누이 분포는 베르누이 시행(Bernoulli trial)에 따른 확률모형으로서 이산 확률변수 분포의 기본이기도 하다. 베르누이 시행이란 배타적인 두 출현 현상에 대한 실험을 지칭한다. 이때 성공의 확률을 p, 실패의 확률을 q라 하면 $q = 1 - p$, 즉 $p + q = 1$이 되고, 확률변수 X는 편의상 0과 1로 한다. 즉, 실패면 $X = 0$, 성공이면 $X = 1$로 정의한다. 그러면 확률변수 X에 따른 확률 질량함수 $f(x)$는

$$f(x) = p^x q^{1-x}$$
단, $x = 0, 1$

이 되며, 이를 가리켜 베르누이 시행이라 한다. 위에서 p는 상수이다.

2) 이항분포의 정의

① 시행이 독립적으로 n회 이루어지고,
② 시행의 결과는 두 가지 중 하나로 나타나고(베르누이 시행),
③ 모든 시행에서 성공 확률 p가 같은 경우

이 가운데 성공 횟수 X가 출현할 확률분포를 이항분포(binomial distribution)라 한다. 역으로 이 세 조건은 어떤 확률이 이항분포를 따르는지 판단하는 기준이 된다. 특히 이항분포에서는 시행횟수 n과 성공확률 p가 그 분포의 성격을 규정하는 모수로서 필수요소이다. 따라서 이항분포를 하는 확률함수 X를 일반적으로

$$X \sim B(n, p)$$

로 표현한다.

3) 이항분포의 질량함수

이항분포의 질량함수는

$$P(X = x) = {}_n C_x \, p^x (1-p)^{n-x}, \ x = 0, 1, \cdots, n$$
여기서, n: 독립시행 횟수
x: 특정 사건이 일어나는 횟수
p: 특정 사건이 일어날 확률

로 정의된다. 이 식에서 뒷부분 $(1-p)^{n-x}$은 n번의 독립시행에서 x회의 성공과 $(n-x)$회의 실패를 관찰할 확률이고 앞부분 $_nC_x$는 n개 중 x개를 뽑는 조합의 수를 나타내며 다음 값을 갖는다.

$$_nC_x = \frac{n!}{x!(n-x)!}$$

예제 3-1

10문항으로 된 4지 선다형 문제를 푸는 시험에서 모든 문항에 무작위로 답할 때 X를 정답수라 한다면 X는 모수 $n=10$, $p=0.25$인 이항분포를 이룰 것이다. 이때 10문제를 모두 틀릴 확률은?

풀이

$$P(X=0) = \frac{10!}{0!(10-0)!}(0.25)^0(1-0.25)^{10-0}$$
$$= (0.75)^{10} = 0.0563$$

예제 3-2

위 문제에서 5개 이하를 맞힐 확률은?

풀이

0, 1, 2, 3, 4, 5개 맞힐 확률의 합이다.

$$P(X \le 5) = \sum_{i=0}^{5} P(X=i)$$
$$= 0.0563 + 0.1877 + 0.2816 + 0.2503 + 0.1460 + 0.0584$$
$$= 0.9803$$

예제 3-3

해군 전투함이 적함을 향하여 10발의 포탄을 발사했다. 그동안의 기록에 의하면 포탄이 목표에 명중한 확률은 70%라고 하며, 적함을 격침하기 위해서는 적어도 3발의 포탄이 명중되어야 한다.

  a. 이항분포를 적용할 세 가지 조건을 충족시키는지 검토하고,

  b. 적함을 격침할 확률을 구하라.

풀이

a. 충족함. 시행의 독립성, 베르누이 시행, 일정한 성공 확률

b. $P(X \geq 3) = 1 - P(X \leq 2)$

$$= 1 - \{P(X=0) + P(X=1) + P(X=2)\}$$

$$= 1 - \left\{ \frac{10!}{0!(10-0)!}(0.7)^0(1-0.7)^{10-0} + \frac{10!}{1!(10-1)!}(0.7)^1(1-0.7)^{10-1} \right.$$

$$\left. + \frac{10!}{2!(10-2)!}(0.7)^2(1-0.7)^{10-2} \right\}$$

$$= 0.9984$$

4) 이항확률변수의 평균과 분산

확률변수 X의 평균은 확률변수 X의 기대값(expected value)이며, 이를 $E(X)$로 표시하기도 한다. 분산은 X값과 평균의 편차 제곱의 기대값이다.

$$\mu = E(X) = np$$
$$\sigma^2 = E[(X-\mu)^2] = np(1-p)$$

분산은 표준편차의 제곱이므로 표준편차는

$$\sigma = \sqrt{np(1-p)}$$

위 식들의 의미는 일상에서 쉽게 이해될 수 있다. 예를 들어 자유투 성공률이 50%인 농구선수가 자유투 10개를 시도한다면 우리는 그 성공 횟수 평균을 5개로 짐작할 수 있다. 또 사례 수 N이 커지면 이항확률 분포는 점차 정규분포와 같아지기 때문에 표준편

차의 단위에 따라 어느 구간 내에 X가 분포할 확률이 얼마인지 알 수 있다. 이항확률분포와 정규분포의 호환에 관해서는 뒤에 준비된 주제 정규분포에서 다루겠다.

3 포아송분포

1) 정 의

포아송분포, Poisson distribution은 확률변수 X의 확률 질량함수가 다음과 같이 나타나는 분포를 말한다.

$$p(X=x) = \frac{\lambda^x e^{-\lambda}}{x!}, \ x = 0, 1, 2, \cdots$$

여기서, $e = 2.71828 \cdots$
X: 발생횟수
$\lambda = E[X] = np$

Poisson(1781-1840)은 프랑스의 유명한 수학자이자 물리학자였다. 당시에는 이항확률을 계산하는 것이 쉬운 일이 아니었으며, 이항확률의 근사값을 계산하기 위하여 포아송함수가 연구되었다. 포아송 확률은 이항확률에서 n이 무한히 큰 경우이므로 독립시행 횟수 n이 커질수록 이항확률은 포아송 확률과 가까워진다.

포아송분포는 두 가지 이유에서 대단히 중요시되는 확률모형이다. 그 하나의 이유는 포아송분포가 앞에서 본 이항분포와 밀접한 관계가 있다는 점이며, 다른 하나는 사회 및 자연현상 등에서 널리 응용되고 있다는 점이다. 우선 전자의 이유를 보면 이항분포에서 베르누이 시행횟수 n이 크면 클수록 확률계산이 대단히 번거로워진다. 그러므로 n이 상당히 크고 p가 대단히 작은 값일 경우 이 두 값의 상승적을 $\lambda = np$라고 하면 이항분포의 질량함수는 다음과 같은 근사값을 얻게 된다. 즉,

$$\lim_{n \to \infty} {}_nC_x p^x q^{n-x} = \lim_{n \to \infty} {}_nC_x \left(\frac{\lambda}{n}\right)^x \left(1 - \frac{\lambda}{n}\right)^{n-x}$$

$$= \frac{\lambda^x e^{-\lambda}}{x!}$$

위의 식에서 p가 일정할 때 n이 클수록, n이 일정할 때 p가 작을수록 양자는 더욱 근사하게 된다. 위에서 얻어진 식을 포아송분포의 질량함수라 한다.

2) 특 징

a. 어떤 주어진 단위시간, 면적, 또는 부피 내에서 특정 사건이 발생하는 횟수로 구성된다.
b. 특정 사건이 발생하는 확률은 모든 구성단위에 대해서 일정하다.
c. 발생하는 사건들의 수는 다른 단위들에 대해서 발생하는 수와 독립이다.
d. 각 단위 내에서 사건들의 평균값은 λ로 나타낸다.
e. 포아송분포의 평균과 분산은 다음과 같다.

$$E[X] = \mu = \lambda$$
$$\sigma^2 = \lambda$$

3) 포아송분포가 사용되는 예

a. 책의 한 장당 오자의 발견횟수
b. 한 동에서 100살 이상인 노인의 수
c. 매일 잘못 걸려오는 전화의 횟수
d. 오전에 은행의 대출창구에 오는 고객의 수

 예제 3-4

공사장에서 연간 발생하는 대형 안전사고 횟수는 $\lambda = \frac{1}{2}$인 포아송분포를 따른다고 가정하고,
a. 연간 무사고일 확률을 구하라.

b. 최소한 두 건 이상 사고가 발생할 확률을 구하라.

풀이

a. $P(X=0) = \dfrac{\lambda^x e^{-\lambda}}{x!}$

$= \dfrac{(0.5)^0 e^{-0.5}}{0!} = 0.60653$

b. $P(X \geq 2) = 1 - \{P(X=0) + P(X=1)\}$

$= 1 - (0.60653 + 0.18394) = 0.20953$

 예제 3-5

어떤 기계에서 생산되는 제품의 불량률이 0.1이라고 하자. 이 기계에서 생산된 10개의 제품 중에 있는 불량품의 개수를 X라 표시하자.

a. 이항분포를 이용하여 $P(X \leq 1)$를 구하라.

b. 포아송분포를 이용하여 $P(X \leq 1)$를 구하라. $(e^{-1} = 0.3674)$

풀이

a. $P(X=x) = nCx \, p^x (1-p)^{n-x}$

$P(X \leq 1) = P(X=0) + P(X=1)$

$= {}_{10}C_0 (0.1)^0 (1-0.1)^{10-0} + {}_{10}C_1 (0.1)^1 (1-0.1)^{10-1}$

$= 0.7361$

b. $P(X=x) = \dfrac{\lambda^x e^{-\lambda}}{x!}$

$P(X \leq 1) = P(X=0) + P(X=1)$

$= \dfrac{(0.1 \times 10)^0 e^{-0.1 \times 10}}{0!} + \dfrac{(0.1 \times 10)^1 e^{-0.1 \times 10}}{1!} = 0.7348$

4 정규분포

정규분포는 16세기에 De Moivre(1667~1754)가 이항확률분포의 근사값을 계산하기 위하여 발견한 식으로 1893년 영국의 유명한 통계학자인 Pearson에 의하여 normal distribution이라고 명명된 분포이다. 이는 또한 독일의 수학자 Karl Friedrick Gauss (1777~1855)가 미지인 행성의 궤도와 같은 수량의 모수에 가장 가까운 값은 여러 관찰값의 평균이라는 사실에 대한 증명을 모색하는 과정에서 널리 알려져서 가우스 분포, Gaussian distribution이라고도 불린다. 정규분포는 다음과 같은 특징을 갖는다.

a. 종 형태의 곡선 모양을 가지며, 곡선 아래의 면적은 1이다.
b. 곡선의 모양은 오직 μ와 σ에 의해서 결정된다.
c. 곡선의 모양은 좌우 대칭이며, 평균＝중앙값＝최빈값이다.
d. x가 μ에서 멀어질수록 밀도함수 $f(x)$의 값은 0에 가까워진다.
e. 표준편차인 σ가 클수록 넓게 퍼지는 모양을 갖는다.

1) 확률 밀도함수의 특성

이 장의 앞부분 기본적 용어의 정리에서 잠시 언급한 연속확률변수의 특성에 관한 설명이다. 위에서 설명한 이항분포와 포아송분포는 모두 이산 확률변수에 관한 것이었다. 이산 확률변수의 함수값 x는 일정 구간 내에서 정해진 한정된 수의 값만으로 구성되어 있으며 그 중간값은 없다. 각각의 확률변수는 그 수치가 발생할 수 있는 확률과 대응된다. 이러한 관계를 나타낸 것을 확률 질량함수라고 한다. 반면 연속 확률변수는 구간 내에서 무한한 값을 가지므로 하나의 값이 하나의 확률을 가지게 할 수 없다. 대신 변수의 값 X가 어떤 정해진 구간 내에서 차지하는 확률을 특정할 수 있다. 그 일을 가능하게 하는 것이 확률 밀도함수이다. 어떤 구간이 주어질 때 함수 $f(x)$의 그래프는 거기에 대응하는 확률을 나타내게 되어 있다.

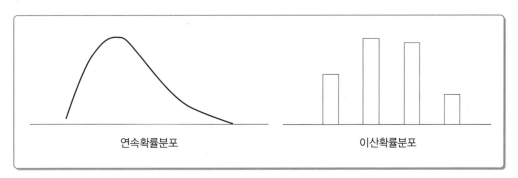

연속확률분포   이산확률분포

[그림 3.2] 이산 확률분포와 연속 확률분포의 예

우리가 현실에서 확률밀도함수를 경험할 방법은 히스토그램을 통해서이다. 구간을 극한으로 잘게 나눈 히스토그램을 그려 그 정점을 연결하면 부드러운 곡선 모양의 확률밀도함수를 얻을 수 있다.

연속 확률변수의 밀도함수 $P(X)$에 대하여 다음이 성립한다.

a. 모든 x에 대해 $p(x)dx \geq 0$

b. $\displaystyle\int_{-\infty}^{\infty} P(X)dx = 1$

c. $\displaystyle P(a \leq X \leq b) = \int_{a}^{b} p(x)dx$

이것을 언어적으로 표현하면, 확률밀도함수의 값은 언제나 양의 값을 갖는다는 것, 확률밀도함수가 차지하는 총면적은 1이라는 것, 그리고 한 구간에서 함수가 차지하는 면적은 그 구간 내에서 확률함수 X가 존재할 확률을 나타낸다는 것이라 할 수 있다.

2) 정규분포의 밀도함수

19세기 후반에 영국인 Francis Galton은 많은 개인을 대상으로 신체적, 심리적 수치를 체계적으로 측정하였던바, 어떤 점을 중심으로 모여져 있고 좌우대칭이라는 공통점을 발견할 수 있었다. 그것은 정규분포의 전형이다. 통계학에서 정규분포가 중요시되는 이유는; 1) 물리현상이나 경제 현상을 측정할 때 발생하는 오차의 분포가 정규분포에 근사한 경우가 많고, 2) 이항분포를 비롯한 몇몇 확률분포도 정규분포에 근사할 수 있다는 것이 알려져 있으며, 3) 통계학에서 가장 중요한 정리 중의 하나인 중심극한정리(central limit theorem)의 결과가 정규분포로 표시되기 때문이다.

연속 확률분포로서의 정규분포 공식은 독일의 수학자 Karl Friedrick Gauss가 제안하였다.

$$f(X) = \frac{1}{\sigma\sqrt{2\pi}} e^{-\frac{1}{2}\left(\frac{x-\mu}{\sigma}\right)^2}, \; -\infty < x < \infty.$$

여기서, μ: 모집단 평균치
σ: 모집단 표준편차
π: 3.14159
e: 2.71828

X가 평균 μ, 분산 σ^2인 정규분포를 이룬다는 말을 기호로

$$X \sim N(\mu, \sigma^2)$$

와 같이 표현하기도 한다. 이 표현방법을 잘 기억해두자.

정규분포는 종 모양의 밀도함수를 갖지만, 평균과 분산의 값에 따라 그 곡선의 형태와 위치가 달라진다. 그러나 모든 정규분포 모양은 다음과 같은 성질을 공유한다.

a. 평균을 중심으로 표준편차 단위로 1만큼 작은 값으로부터 1만큼 큰 값 사이에 전체 관측 도수의 약 68%가 위치한다.

b. 평균을 중심으로 표준편차 단위로 2만큼 작은 값으로부터 2만큼 큰 값 사이에 전체 관측 도수의 약 95%가 위치한다.

c. 평균을 중심으로 표준편차 단위로 3만큼 작은 값으로부터 3만큼 큰 값 사이에 전체 관측 도수의 약 99%가 위치한다.

이를 식으로 표현하면 다음과 같다.

$$P[(\mu-\sigma) < X < (\mu+\sigma)] = 0.68$$
$$P[(\mu-2\sigma < X < (\mu+2\sigma)] = 0.95$$
$$P[(\mu-3\sigma) < X < (\mu+3\sigma)] = 0.99$$

이때 한 개의 관측치 X 대신에 여러 개의 관측치를 평균한 $\overline{X}$와 표준편차의 추정치인 표본 표준편차를 사용하면 위의 식은 다음과 같이 된다.

$$P[(\overline{X} - s_{\overline{X}}) < \mu < (\overline{X} + s_{\overline{X}})] = 0.68$$

$$P[(\overline{X} - 2s_{\overline{X}}) < \mu < (\overline{X} + 2s_{\overline{X}})] = 0.95$$

$$P[(\overline{X} - 3s_{\overline{X}}) < \mu < (\overline{X} + 3s_{\overline{X}})] = 0.99$$

그런데 미지의 X의 평균의 표준편차와 X의 표준편차 간의 관계는

$$s_{\overline{X}} = \frac{s}{\sqrt{n}}$$

로 주어진다. 그 이유는 제6장 중심극한정리에서 소개될 것이다. 이를 위의 식에 대입하면

$$P[\overline{X} - \frac{s}{\sqrt{n}} < \mu < \overline{X} + \frac{s}{\sqrt{n}}] = 0.68$$

$$P[\overline{X} - 2\frac{s}{\sqrt{n}} < \mu < \overline{X} + 2\frac{s}{\sqrt{n}}] = 0.95$$

$$P[\overline{X} - 3\frac{s}{\sqrt{n}} < \mu < \overline{X} + 3\frac{s}{\sqrt{n}}] = 0.99$$

의 값을 얻는다.

이 식에 의하면 표본의 크기 n을 크게 하면 할수록, 변수 X의 표준편차 s를 n의 제곱근으로 나눈 부분은 점점 작은 값을 갖게 되어서 모평균 μ를 68%, 혹은 95%, 99%의 확률로 포함하는 구간의 길이가 점점 짧아지게 된다. 그러므로 표본조사에서 표본의 크기 n을 크게 하면 할수록 모집단의 평균 μ의 신뢰구간(confidence interval)이 작아져서 이를 근사하게 추정하게 된다. 이러한 이유로 인하여 표본조사에서 표본의 크기가 클수록 정확한 결과를 얻게 되는 것이다.

3) 정규분포의 성질

정규분포의 밀도함수를 그래프로 표시하면 이는 종 모양의 곡선으로서 다음과 같은 성

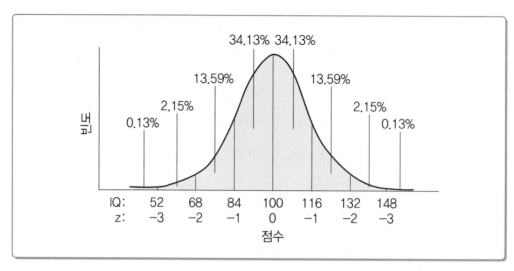

[그림 3.3] 정규분포곡선

질을 갖는다.

- a. 연속변수로 그 형태는 오직 평균과 표준편차에 의해 결정된다.
- b. 평균값을 중심으로 좌우대칭이며 평균과 중앙값과 최빈값이 일치한다.
- c. 단봉분포, 봉우리가 하나인 모양을 한다.
- d. 평균에서 멀수록 0에 가까운 값을 갖는다.
- e. 표준편차가 클수록 넓게 퍼져 있다.

각기 다른 형태의 정규분포라 할지라도 공통적 속성이 있다. 평균을 중심으로 표준편차 1단위 위아래에 전체 사례 수의 68.26%가 존재하며, 표준편차 2단위 위아래에는 전체의 95.44%, 그리고 3 표준편차 위아래에는 99.72%가 포함된다. 만약 어떤 대상의 점수가 모평균과 같다면 백분위는 50%일 것이고 평균보다 1 표준편차만큼 크다면 백분위는 84.13%임을 알 수 있다.

4) 표준정규분포와 확률

정규분포는 평균과 표준편차에 의하여 분포가 결정된다고 하였는데 분포의 형태가 다르다 하더라도 평균을 중심으로 제한된 범위 내의 확률은 같다. 표준정규분포는 평균 0,

표준편차 1인 정규분포이다. 표준정규분포를 나타내는 확률밀도함수는

$$f(z) = \frac{1}{\sqrt{2\pi}} e^{-\frac{z^2}{2}}, \; -\infty < z < \infty$$

$$z = \frac{(X-\mu)}{\sigma}$$

여기서, π: 3.14159

$\quad\quad\quad e$: 2.71828

로 나타낸다.

5) 표준 정규분포표

확률변수 X가 평균 μ, 표준편차 σ인 정규분포를 이루는 경우, 즉 $X \sim N(\mu, \sigma^2)$에 대하여,

$$z = \frac{(X-\mu)}{\sigma}$$

인 z는 표준 정규분포를 이룬다. 따라서 정규분포를 이루는 모든 확률변수 X값은 표준 정규분포상의 z값으로 전환할 수 있다. 표준 정규분포표에는 z값의 위와 아래 영역이 차지하는 확률이 표시되어 있다. 부록의 표준 정규분포표를 사용하여 다음 예제를 풀어보자.

📝 **예제 3-6**

표준 정규분포에 따르는 확률변수 z에 대해 다음 확률을 구하라.

   a. $P(z > 1)$

   b. $P(z < -1)$

   c. $P(-1.64 < z < 1.64)$

   d. $P(-2 < z < 2)$

부록의 표준 정규분포표를 참조

    a. 0.1587

    b. 0.1587

    c. 0.899

    d. 0.9544

6) 이항분포와 정규분포

이항분포는 시행횟수 N이 충분히 크고, 성공확률 P가 극단적으로 0이나 1에 치우친 값이 아니라면, 정규분포와 같은 모양을 취하게 된다. 그것은 중심극한정리에 의해 설명될 수 있다. 중심극한정리에 따르면 시행횟수가 증가함에 따라 확률히스토그램은 정규분포곡선으로 수렴한다. 중심극한정리는 표본평균의 분포를 설명하는 아주 중요한 개념으로 제10장에서 자세히 설명하겠다.

문제를 통해서 이 주제를 살펴보자. 먼저 정상적인 동전을 100회 던져서 52회 앞면이 나올 확률을 구하라 한다면? 우리는 이 문제를 쉽게 풀 수 있다.

$$P(x = 52) = {}_{100}C_{52}(0.5)^{52}(0.5)^{48}$$

이 값을 계산하면 될 것이다. 그러나 52회 이하로 앞면이 나올 확률을 구하라 한다면?

$$P(x \leq 52) = \sum_{x=0}^{52} {}_{100}C_{x}(0.5)^{x}(0.5)^{100-x}$$

이 식을 풀어야 하는데 누구도 이 계산하고 싶지 않을 것이다. 따라서 대안으로서 표준정규분포에 의해 이 문제를 해결하는 방법을 검토해보자.

첫째, 정규분포의 특성을 적용하기 위해 n이 충분히 크고 p가 극단적인 값이 아닌지 검토한다. 통상 5를 기준으로 n과 p의 곱과 n과 q의 곱이 5를 넘는지 본다 ($q = 1 - p$). 이 경우 $np = nq = 50 > 5$, 정규분포 적용에 문제가 없다.

둘째, 표준편차 σ 값을 구한다. 이항분포의 평균과 분산은

$$\mu = np$$
$$\sigma^2 = np(1-p)$$

로 주어짐을 알고 있다. 따라서 표준편차 σ 값은

$$\sigma = \sqrt{np(1-p)} = \sqrt{100(0.5)(1-0.5)} = 5$$

셋째, z 값을 구한다. 이때 중요하게 고려하여야 할 것이 있다. 이항분포에서는 앞면이 52회 나올 확률과 53회 나올 확률은 존재하지만, 그 사이의 확률변수의 값은 존재하지 않는다. 따라서 앞면이 52회 이하로 나올 확률을 구할 때 52회 나오는 경우를 포함하고 53회 나오는 경우는 포함하지 않으면 된다. 그러나 정규분포에서는 52와 53 사이에 무수한 확률변수가 존재한다. 따라서 이산 변수값 52를 연속 변수값으로 변화시킬 때 이 차이를 고려하여 52와 53의 중간값인 52.5를 대응시킨다. 이것을 연속성 수정, 또는 continuity correction이라고 한다. $x = 52.5$의 z 값은,

$$z = \frac{x - \mu}{\sigma} = \frac{52.5 - 50}{5} = 0.5$$

가 된다. 따라서

$$P(x \leq 52) = P(z \leq 0.5)$$

넷째, 표준 정규분포표에서 확률을 확인한다.

$$P(x \leq 52) = 0.6915$$

의 답을 구할 수 있다. 이항확률분포를 정규분포로 근사시킬 수 있다는 것, approximation을 보여주는 예이다.

지금까지 확률분포가 어떤 것인지 살펴보았다. 확률분포를 통하여 우리는 어떤 확률변수가 특정한 값을 가지거나 어떤 구간 내에 있을 확률을 구할 수 있게 된다. 따라서 확률분포는 어떤 사건이 일어난 것이 단지 우연 때문인지 아니면 그럴만한 이유가 있기 때문인지를 판단할 때, 그런 사건이 우연히 발생할 수 있는 확률을 제공해 준다. 그 확률에

따라 해당 사건이 우연히 일어난 것일지 여부를 판단하는 것이다. 이는 가설검정이라 하는, 통계학의 중요한 주제이다. 일반적인 가설검정의 예로 t 검정, F 검정, χ^2 검정 등이 있는데 이들은 각각 t 분포, F 분포, χ^2 분포를 통하여 확률값을 얻는다. 이들 확률분포에 관해서는 뒤에 자세히 설명하겠다.

연 습 문 제

01. 한 연구소에서 연구조원들에게 각 12마리로 구성된 두 집단의 실험용 쥐가 배정되었다. 그리고 한 집단은 일반 실험용 쥐이고 다른 집단은 특별히 미로학습에 좋은 성적을 나타낸 쥐라는 정보가 제공되었다. 조원들은 주어진 일정대로 두 집단의 쥐를 일주일 동안 관리하고 마지막 날 미로학습을 시켰다. 각 집단에서 임의로 한 마리씩 선출하여 짝을 지운 다음 두 쥐의 미로 탈출시간을 비교했다. 그 결과 12쌍 중 9쌍에서 우수집단의 쥐가 더 빨리 미로를 탈출했다. 그런데 실은 두 집단의 쥐는 모두 무선할당한 일반 실험용 쥐였고, 이 실험의 목적은 연구조원들의 쥐의 미로학습 능력에 대한 믿음이 자기충족적 예언 효과로 나타나는지 검증하기 위함이었다. 이 결과를 어떻게 분석할 수 있을까?

02. NBA 소속 프로농구선수 중 최고 수준에 도달해 있는 선수들의 자유투 성공률은 약 0.9라고 한다. X를 자유투 10회 시도 중 성공한 횟수라고 한다면

1) X가 이항분포이기 위한 가정은 무엇인가?
2) 9개의 자유투를 성공시킬 확률은 얼마인가?

03. 미국의 한 주에서 살인사건의 재판을 위한 배심원단을 구성하고자 한다. 배심원 자격이 있는 예비배심원 명단에는 100,000명이 있고 그중 40%가 Hispanic이라고 한다. 배심원은 명단에 있는 100,000명 중 12명을 무작위로 선발하게 되어 있다. 선발된 배심원 12명 중 Hispanic의 수를 X라 하자. (Agresti & Franklin. 2009, p. 300)

1) X는 이항분포를 한다고 할 수 있나, 있다면 n과 p는?
2) Hispanic이 한 명도 포함되지 않을 확률은?
3) 이 확률은 선발의 작위성을 의심할 근거가 될 수 있나?

04. 한 학생이 경영학과 법학 중 자신이 어떤 과목에 더 소양이 있는지 알기 위해 두 과목의 적성검사를 받았다. 다음 전국 평균, 표준편차, 점수를 보고 판단한다면?

과목	전국 평균	표준편차	학생 점수
경영학	68	4.2	80.4
법학	85	3.6	89.8

05. 자유투 성공률이 70%인 농구선수가 있다고 하자. 각 시도의 결과는 서로 독립적이라고 가정하고, 자유투 10회 시도 결과 성공 횟수를 X라 한다면,

1) X의 평균과 표준편차는?
2) 10회 시행 중 적어도 8회 성공할 확률은?

06. 정상적인 동전을 100회 던져서 52회 이하로 앞면이 나올 확률을 구한다면?

07. 공항의 금속 탐지기는 평균적으로 0.5%의 비율로 신호음을 울린다고 한다. 승객 500명당 5회 울릴 확률은?

08. 정규분포곡선의 수식은 다음과 같다.

$$f(x) = \frac{1}{\sigma\sqrt{2\pi}}e^{-\frac{1}{2}(\frac{x-\mu}{\sigma})^2}$$

이 곡선이 대칭임을 증명하시오.

09. 어느 재활병원의 모집단 조사에서 환자들의 평균 입원 기간은 12주, 표준편차는 1주인 것으로 조사되었고 그 분포는 정규분포를 이루었다. 11.5주에서 13주 동안 입원하는 환자는 전체의 몇 퍼센트나 될까?

풀이

01. 자기충족적 예언 효과가 0이라고 가정하자. 그렇다면 우수집단이라고 믿고 있는 집단의 각각의 쥐가 자기 짝보다 먼저 미로를 탈출할 확률은 $\frac{1}{2}$이다. 그렇다면 이들이 12번의 시행 중 9회 이상 이길 확률은

$$P(x=9)+P(x=10)+P(x=11)+P(x=12)$$

$$= {}_{12}C_9\left(\frac{1}{2}\right)^9\left(\frac{1}{2}\right)^3 + {}_{12}C_{10}\left(\frac{1}{2}\right)^{10}\left(\frac{1}{2}\right)^2 + {}_{12}C_{11}\left(\frac{1}{2}\right)^{11}\left(\frac{1}{2}\right)^1 + {}_{12}C_{12}\left(\frac{1}{2}\right)^{12}$$

$$= 0.073$$

　이렇게 자기충족적 예언 효과가 0인데 우연에 의하여 이런 결과가 나타날 확률은 약 7% 가량 되는 것으로 나타났다. 그렇다면 자기충족적 예언의 효과가 있는 것일까? 이 문제에 관한 판단은 7%란 확률을 어떻게 볼 것인가에 달렸다고 볼 수 있다. 만일 그 확률이 1% 정도밖에 안 된다면 이 결과는 우연 때문이 아니라 자기충족적 예언 효과 때문에 나타난 것으로 보는 것이 합리적이겠지만, 7% 정도의 우연이라면 흔히 나타나는 것으로 볼 수도, 자기충족적 예언 효과가 나타난 것으로 볼 수도 있다. 드물게 10%를 적용할 때도 있지만, 일반적으로 교육 분야의 가설검정에서는 5%의 임계점을 적용한다. 즉 특별한 효과가 작용한 일이 없는데 우연에 의해서 그런 결과가 나타날 수 있는 확률이 5%인 점을 기준으로 하여 이보다 작다면 우연으로 보기 어려우므로 효과가 있는 것으로, 이보다 크다면 우연으로 보는 것이다. 그렇다면 이 문제의 결과 7.3%는 이런 사건의 발생이 자기충족적 예언 효과가 아니라 우연 때문으로 결론을 내리게 된다. 물론 이런 판단이 언제나 정확할 수는 없다. 그러나 주어진 상황에서 내릴 수 있는 합리적인 판단이며, 계속해서 후속연구가 이루어진다는 전제하에서 대수의 법칙은 우연에 의해 진실이 왜곡되는 일은 없다는 사실을 보장한다.

　이 문제의 풀이 과정을 완전히 이해한 독자는 이 장에서 설명하고자 한 핵심내용을 이해한 것으로 보아도 좋을 것이다. 요점은 지식을 얻기 위한 목적에서 관찰 자료를 통계적으로 분석하는데 그 도구로서 확률분포 모형을 사용하는 방법을 아느냐이다. 그 방법은 먼저 관찰한 자료의 효과를 0이라고 가정하고 그런 상황에서 주어진 관찰결과를 얻을 확률을 계산한 다음, 그 확률에 의거, 애초의 가정과 반대되는 주장을 받아들이는 것이다.

02. 1) a. 각 자유투의 결과는 서로 독립적이다.
　　 b. 자유투의 결과는 성공과 실패 둘뿐이다.
　　 c. 각 자유투의 성공 확률은 모두 같다.
　 2) $P = {}_{10}C_9(0.9)^9(0.1)^{10-9} = 0.3874$

03. 1) 다음의 조건이 모두 충족되어야 한다.

    a. 무작위 추출 과정이 각각 독립적이다. 즉 배심원으로 누구를 뽑았느냐가 다른 사람을 뽑는 데 영향을 미치지 않는다. 이 경우 복원추출이 아닌 비복원추출 방법이 사용되어야 하지만 일반적으로 N이 모집단의 10%보다 작은 경우 선발이 독립적인 것으로 간주한다.

    b. 베르누이 시행. 시행의 결과가 히스패닉과 비히스패닉 둘로 나뉜다.

    c. 선발의 확률이 모두 같다.

$$n = 12 \quad p = 0.4$$

2) $P(X = x) = {}_nC_x p^x q^{n-x}$

$$P(X = 0) = {}_{12}C_0 (0.4)^0 (1 - 0.4)^{12} = 0.0022$$

3) 있다. 무작위 추출로 이런 결과가 나타날 확률은 0.2%이다.

04. 경영학

표준점수로 환산하여 비교한다.

$$\text{경영학: } z = \frac{X - \mu}{\sigma} = \frac{80.4 - 68}{4.2} = 2.95$$

$$\text{법학: } z = \frac{89.8 - 85}{3.6} = 1.33$$

05. 1)

$$\mu = np = 10(0.7) = 7$$

$$\sigma = \sqrt{np(1-p)} = \sqrt{(10)0.7(1 - 0.7)} = 1.4491$$

2) a. 이항분포에서 $X \sim B(10, 0.7)$

$$P(x \geq 8) = \sum_{x=8}^{10} {}_{10}C_x p^x (1-p)^{10-x}$$

$$= {}_{10}C_8 (0.7)^8 (0.3)^2 + {}_{10}C_9 (0.7)^9 (0.3)^1 + {}_{10}C_{10} (0.7)^{10} (0.3)^0$$

$$= 0.3828$$

    b. 정규분포를 이용할 때

$$X \sim B(10, 1.4491), \quad x = 7.5 \ (\text{연속성 수정})$$

$$P(x \geq 8) = P(z = \frac{\mu - x}{\sigma} \geq \frac{7.5 - 7}{1.4491})$$

$$\approx 0.37$$

06. 100번 중 52회 앞면이 나올 확률:

$$P(x = 52) = {}_{100}C_{52} (0.5)^{52} (0.5)^{48}$$

그러나 52회 이하로 앞면이 나올 확률을 구하라 한다면,

$$P(x \leq 52) = \sum_{x=0}^{52} {}_{100}C_x (0.5)^x (0.5)^{100-x}$$

이 식을 풀어야 하는데 누구도 이 계산하고 싶지 않을 것이다. 따라서 대안으로서 표준정 규분포에 의해 이 문제를 해결하는 방법을 검토해보자.

첫째, 정규분포의 특성을 적용하기 위해 n이 충분히 크고 p가 극단적인 값이 아닌지 검 토한다. 이 경우, 정규분포 적용에 문제가 없다.

둘째, 표준편차 σ 값을 구한다. 이항분포의 평균과 분산은

$$\mu = np$$
$$\sigma^2 = np(1-p)$$

로 주어짐을 알고 있다. 따라서 표준편차 σ 값은

$$\sigma = \sqrt{np(1-p)} = \sqrt{100(0.5)(1-0.5)} = 5$$

셋째, z 값을 구한다. 이때 중요하게 고려하여야 할 것이 있다. 이항분포에서는 앞면이 52회 나올 확률과 53회 나올 확률은 존재하지만, 그 사이의 확률변수의 값은 존재하지 않 는다. 따라서 앞면이 52회 이하로 나올 확률을 구할 때 52회 나오는 경우를 포함하고 53회 나오는 경우는 포함하지 않으면 된다. 그러나 정규분포에서는 52와 53 사이에 무수한 확률 변수가 존재한다. 따라서 이산변수의 값인 52를 연속변수의 값으로 변화시킬 때 이 차이를 고려하여 52와 53의 중간값인 52.5를 대응시킨다. 이것을 연속성 수정 (continuity correction)이라고 한다. $z(52.5)$ 값은,

$$z = \frac{x-\mu}{\sigma} = \frac{52.5-50}{5} = 0.5.$$

따라서

$$P(x \leq 52) = P(z \leq 0.5)$$

넷째, 표준정규분포 표에서 확률을 확인한다.

$$P(x \leq 52) = 0.6915$$

이항확률분포 → 정규분포로 근사(approximation)를 보여주는 예이다.

07.

$$\lambda = np = 500(0.005)$$

$$p(x=5) = \frac{\lambda^x e^{-\lambda}}{x!} = \frac{(2.5)^5 e^{-2.5}}{5!} = 0.067$$

08.

$$f(x) = \frac{1}{\sigma\sqrt{2\pi}} e^{-\frac{1}{2}(\frac{x-\mu}{\sigma})^2}$$

$x - \mu = T$라 하면

$$f(x) = \frac{1}{\sigma\sqrt{2\pi}} e^{-\frac{1}{2}(\frac{T}{\sigma})^2} = \frac{1}{\sigma\sqrt{2\pi}} e^{-\frac{1}{2}(\frac{-T}{\sigma})^2}$$

$f(T) = f(-T)$이므로 이 식은 직선 $x = \mu$에 대해 대칭이다.

09. 11.5주와 13주를 표준점수로 환산하면

$$z_1 = \frac{(11.5-12)}{1} = -0.5$$

$$z_2 = \frac{(13-12)}{1} = 1$$

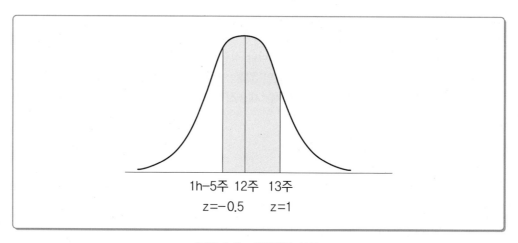

[그림 3.4] 입원환자 분포

[그림 3.4]에서 색음영 부분을 표준 정규분포표를 사용하여 구하면

$$P = p(-0.5 \le z \le 0) + p(0 \le z \le 1)$$
$$= 0.1915 + 0.3413 = 0.5328$$

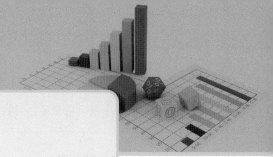

제 4 장 분산도

자료들은 어떤 특정한 값을 중심으로 몰려 있으며, 또한 그 값을 중심으로 퍼져 있다. 앞의 현상을 중심경향이라 하며 이러한 중심경향 값을 대표값이라 한다. 이러한, 대표값을 중심으로 퍼져 있는 정도를 분산도라 한다. 분산도를 나타내는 대표적인 통계량은 분산 또는 표준편차이다. 표준편차는 분산의 제곱근이며, 분산의 정의는 간단하다.

$$\sigma^2 = E[(X - \mu)^2]$$

이 식을 이해하는 것도 어렵지 않다. 분산은 편차 제곱의 기대값이다. 그러나 정교하고 단단한 구조물을 이루고 있는 온갖 통계학의 개념들이 다 이 간단한 정의로부터 나온다. 뒤에서 이해하기 어려운 통계적 개념에 부딪힌다면 언제나 이 식으로 돌아와서 그 의미를 생각하면 실마리가 풀릴 것이다. 그런 이유에서 이 주제는 특별히 설명에 공을 들이고, 다양한 각도에서 이해도를 점검할 수 있는 연습문제를 제공했다.

1 대표값과 분산

모집단 혹은 표본으로부터 얻어진 자료를 도표로 보면, 자료들이 어떤 특정한 값으로 몰리는 현상을 보인다. 역으로, 이는 자료가 특정한 값을 중심으로 퍼져 있는 모양이기도 하다. 이처럼 자료가 몰리는 현상을 중심경향(central tendency), 중심경향을 나타내는 값을 대표값이라 한다. 대표값으로는 평균, 중앙값, 최빈값이 있다. 한편, 관측값들이 대표값을 중심으로 퍼져 있는 정도를 분산도(variability)라고 한다. 분산도를 나타내는 대표적인 통계량으로는 분산과 표준편차가 있다.

1) 대표값

a. 평균

평균, mean은 변수의 기대값이다. 즉, 변수 X로 구성된 집단의 평균은 점수의 합을 사례 수 N으로 나눈 것이다. 이러한 평균은 당연히 그 평균이 나올 수 있었던 집단을 내포하는데, 그 집단이 표본이냐 모집단이냐에 따라 두 가지로 표현된다. 확률변수 X_1, X_2, $\cdots$, X_n의 N개의 관측값에 대한

$$\text{모집단 평균은} \quad \mu = E[X] = \frac{\sum X}{N}$$

$$\text{표본평균은} \quad \overline{x} = E[x] = \frac{\sum x}{n}$$

으로 나타낸다. 일반적으로 모집단에 대한 기호는 대문자, 표본에 대한 기호는 소문자를 사용한다. 그러나 변수를 나타내는 일반적 기호는 대문자를 사용한다는 원칙도 있어, 두 가지 표기 원칙이 충돌할 수 있다. 이 책에서는 변수 X 또는 N이 표본의 그것이라는 점을 특별히 강조할 필요가 있을 경우를 제외하고 일반적인 통계량의 산출 방법을 설명할 때는 표본의 경우라도 대문자로 표기하였다.

b. 중앙값

중앙값, median은 순서 통계량 중 가장 가운데 위치한 값, 즉 상위 또는 하위 50%에 속하는 값을 말한다. 정 가운데 위치한 점수가 딱 하나로 분리되지 않고 막대 그래프의 한 막대에 속해 있는 경우에는 중앙값이 그 구간 내에서 빈도에 따라 균등하게 분포되어 있다고 가정하고 이를 계산하여 정해준다. 다음 예제를 풀어보자.

예제 4-1

우리 반 학생들의 키 분포의 중앙값을 구해보자.

계급구간	빈도	누적빈도	누적 %
181 이상	2	42	100
176-180	6	40	95.24
171-175	8	34	80.95
166-170	9	26	61.91
161-165	7	17	40.48
156-160	5	10	23.81
151-155	3	5	11.91
150 이하	2	2	4.76

풀이

중앙값은 $42/2 = 21$, 21번째 점수이고, 그 점수는 계급 구간 166-170에 속해 있다. 구간의 시작점은 앞 구간과의 경계인 165.5로 정해진다. 중앙값은 구간 내의 9개 점수 중 $21 - 17 = 4$, 네 번째 점수다. 따라서 중앙값은

$$Mdn = 165.5 + \frac{5}{9}(21 - 17) = 167.72$$

가 된다.

c. 최빈값

최빈값(mode)은 가장 많은 관측빈도를 나타내는 값을 말한다. 최빈값을 구하는 것은 계산할 필요 없이 가장 많은 것을 찾기만 하면 되는 일이지만 그다지 널리 사용되지는 않는다. 그 이유는 최빈값은 표본에 따른 안정성이 비교적 떨어지기 때문이다.

2) 평균과 중앙값의 비교

특이값(outlier)이란 자료에서 다른 값들과 동떨어져 있는 관측값을 말하며 robust 통계량이란 특이값에 크게 영향을 받지 않는 통계량을 일컫는다. 평균은 특이값의 변화에

민감하나, 중앙값은 특이값의 변화에 크게 달라지지 않기 때문에 중앙값이 더 "robust" 하다고 한다. 여기서 robust란 사전적 의미로는 단단하다거나 건강하다는 의미인데 통계에서는 특이한 상황에 크게 영향을 받지 않는다는 것을 의미한다. 예를 들어, 우리 학교 학생의 신장을 짐작하기 위하여 다섯 명의 키를 조사해 다음의 수치를 얻었다고 하자.

172, 171, 169, 168, 204

맨 마지막 학생의 신장은 희귀한 특이값이다. 이 경우 평균은 176.8, 중앙값은 171로 중앙값이 대표값을 더 잘 반영하고 있다. 즉 중앙값이 더 안정적(robust)이다.

3) 평균, 중앙값, 최빈값의 비교

집단의 사례 수가 클 때 점수분포에 따라 위 세 측정치는 체계적으로 다른 형태를 띤다.
a. 좌우 대칭이고 봉우리가 하나인 종 모양의 분포에서는

평균＝중앙값＝최빈값

의 등식이 성립하며 이런 분포를 정규분포, normal distribution이라 한다.
b. 오른쪽 꼬리가 긴 분포는 정적 편포, positively skewed distribution,

평균 ＞ 중앙값 ＞ 최빈값

c. 왼쪽 꼬리가 긴 분포는 부적 편포, negatively skewed distribution,

최빈값 ＞ 중앙값 ＞ 평균

과 같이 된다. b와 c의 경우 예외도 있을 수 있다.

4) 편 차

앞에서 분산도(variability)란 관측값들이 대표값을 중심으로 퍼져 있는 정도라 하였다. 분산도를 나타내는 통계량으로는 분산과 표준편차가 있다. 하지만 먼저 편차에 관해 알아보자.

분산과 표준편차는 모두 각 관측값과 평균의 차이의 관점에서 생각할 수 있다. 그 관측값과 평균의 차이를 편차(deviation)라 하고, 확률변수 X의 편차를

$X - \mu$: 모집단의 편차

또는

$x - \overline{x}$ 또는 $X - \overline{X}$: 표본의 편차

로 표시한다. 확률변수 X는 그것이 표본의 한 관측값일 때는 소문자로 표기하는 것이 일반적이다. 그런데 변수를 나타내는 기호는 대문자로 표기한다는 원칙도 있고, 여기서는 변수의 의미도 있어 대문자로 표기하기도 한다. 다음에 표기된 사례수도 마찬가지로 N 또는 n으로 표기된다. 이 책에서는 표본의 경우 특별히 표본을 나타내는 값임을 강조할 때만 소문자로 표기하고, 그 외의 경우는 변수로 간주하여 대문자로 썼다.

편차는 하나의 관측치가 평균으로부터 얼마나 떨어져 있는지를 나타낸다. 그러나 어떤 분포가 중심으로부터 퍼져 있는 정도, 즉 분산도를 구하기 위해 편차의 합의 평균을 구하는 것은 어떨까? 편차의 합은

$$\sum(X_i - \overline{X})$$
$$= \sum X_i - N\overline{X}$$
$$= \sum X_i - N(\frac{\sum X_i}{N}) = 0$$

이처럼, 편차의 합은 항상 0이 되므로 편차는 분산도의 척도로서 부적절하다. 따라서 합하여 서로 상쇄하지 않고 전체적으로 평균과의 거리를 나타낼 수 있는 값을 얻기 위해 편차를 제곱하여 얻어진 수치를 사용하는데 그것이 분산과 표준편차이다.

5) 분 산

분산, variance는 표준편차에서 제곱근을 취하기 전 상태, 즉 표준편차의 제곱이다. 함수 X의 분산, $Var(X)$는 편차 제곱의 기대값으로 정의된다.

$$Var(X) = E[X - E[X]]^2 = E[(X - \mu)^2]$$

모집단 분산은 다음과 같이 주어진다.

$$\sigma^2 = \frac{\sum (X - \mu)^2}{N}$$

표본의 분산은 다음과 같다.

$$s^2 = \frac{\sum (X - \overline{X})^2}{N-1}$$

표본의 분산은 모집단의 분산 σ^2 값을 추정한 통계량이므로 $\hat{\sigma}^2$ 으로 표시하기도 한다. 이를 sigma hat squared라고 읽는다. 삿갓 모양의 기호는 언제나 추정치를 나타낸다. 이 책에서 분산을 나타낼 때는 s^2와 $\hat{\sigma}^2$ 두 기호를 무작위로 사용하였다.

분산의 개념은 기술 통계에서보다 추리 통계에서 더 많이 사용된다. 같은 의미이지만 다음 공식으로도 익혀두는 것이 좋을 것이다. 분자 부분의 SS는 제곱합(Sum of Squares)이라는 의미이다.

$$s^2 = \frac{SS}{N-1}$$

$$SS = \sum (X - \overline{X})^2$$

그런데 분산은 자료가 전체적으로 평균으로부터 떨어져 있는 정도를 나타내는 것이 아니라, 그 정도의 제곱을 나타내고 있다. 따라서 평균으로부터 떨어져 있는 정도를 나타낸다는 목적을 달성하려면 이 값의 제곱근을 취하는데, 그것을 표준편차라 한다.

6) 표준편차

자료가 전체적으로 평균으로부터 얼마나 떨어져 있는지를 알기 위하여 편차를 단순히 더하면 그 합이 0이 되기 때문에 다른 방안을 모색하여야 한다. 만일 편차 대신 그 제곱을 합한다면 편차가 존재하는 한 그 합이 0이 되는 일이 없다. 이렇게 구한 제곱합을 Sum of Squares라 하며 SS로 표기하며 그 평균은,

$$\frac{\sum (X-\mu)^2}{N}$$

또는

$$\frac{SS}{N}$$

로 된다. 표준편차, standard deviation은 자료가 평균으로부터 떨어져 있는 정도를 나타낸다는 목적을 달성하기 위하여 이 값의 제곱근을 취한다. 그런데 표준편차는 자료가 모집단이냐 표본이냐에 따라 약간 다른 식으로 표현된다. 그것은 SS 값을 N으로 나누느냐 $N-1$로 나누느냐의 문제이다. 모집단의 표준편차는

$$\sigma = \sqrt{\frac{\sum (X-\mu)^2}{N}}$$

으로 나타낸다. 그러나 표본의 표준편차는

$$s = \sqrt{\frac{\sum (x-\overline{x})^2}{n-1}} \quad \text{또는} \quad \sqrt{\frac{\sum (X-\overline{X})^2}{N-1}}$$

또는

$$\hat{\sigma} = \sqrt{\frac{\sum (x-\overline{x})^2}{n-1}} \quad \text{또는} \quad \sqrt{\frac{\sum (X-\overline{X})^2}{N-1}}$$

로 표현한다. 기호 $\hat{\sigma}$는 완전한 표준편차가 아니라 주어진 표본을 가지고 계산한, 모집단의 표준편차를 추정한 값이라는 의미이다.

2 분산도의 통계적 의미

앞에서 표준편차와 분산의 수학적 정의를 소개했지만, 여기서 새로운 방식으로 다시 설명해보려고 한다. 분산은 표준편차의 제곱이니 이 두 용어의 통계적 의미는 같다. 그러면서 이 두 용어는 통계학의 기본이며, 가장 중요한 개념을 내포하고 있다. 그 개념을 완

전히 이해한다면 통계학의 문이 큰 소리를 내며 열릴 것이다.

1) 분산의 의미

a. 예측 가능성

우체국이나 은행에서 차례를 기다릴 때 과거에는 창구 앞에서 줄을 섰다. 운이 좋으면 내 차례가 빨리 돌아오지만, 그 반대의 경우도 있다. 요즘은 번호표라는 것이 생겨서 고객의 불만이 대폭 줄게 되었다. 번호표가 있다고 해서 업무시간이 단축되는 것은 아니므로 고객이 기다리는 시간의 합과 평균 대기시간은 변함이 없다. 변한 것은 대기시간의 편차이다. 표준편차는 그 편차를 대표하는 값이다. 어떤 사람은 빨리 끝나고 어떤 사람은 오래 기다리는 불균형이 대폭 줄게 된 것인데 이것이 고객 불만을 크게 줄인 것이다. 사람의 심리상, 예측보다 빨리 내 차례가 왔을 때 느끼는 플러스 효용은 별로 크지 않은 데 반하여, 기다리는 시간이 오래 걸릴 때 느끼는 스트레스는 눈덩이처럼 커지기 때문이다. 표준편차가 줄어든 것은 들쑥날쑥한 부분이 작아지고 모든 수치가 비슷해지는 것을 뜻한다. 다른 말로 표현하자면, 이것은 사람마다 기다리는 시간이 동질적이라는 것을 뜻한다. 다시 말해서, **분산도가 작다는 것은 평균에 의한 예측이 정확하다는 경험적 정보**이다.

한 집단 안에서 동질성의 차이가 나타날 수도 있다. 예를 들어, 시험 문제가 너무 쉽게 출제된 집단의 점수는 어떤 모습일까? 전체적으로 능력이 낮은 학생 집단에게는 작은 성적 차이를 잘 변별해서 이질적 점수를 나타내겠지만, 상위권 학생에게는 대부분 만점에 가까운 점수를 주게 되어 매우 동질적 결과가 나타날 것이다. 또 만일 시험 문제가 너무 어렵게 출제되었다면 그 반대의 경우가 생길 것이다. 역으로, 이런 결과를 보게 되면 그 원인으로 출제가 너무 쉽거나 어렵게 되지 않았나 하고 의심하는 것이 합리적인 태도이다. 물론 다른 설명의 가능성이 배제되어야 그런 결론을 내릴 수 있겠지만.

b. 확률

정규분포상의 한 변수의 위치는 평균과 표준편차에 의해 특정된 z 값으로 치환될 수 있다. 예를 들어, 평균 100, 표준편차 15인 IQ 점수가 있다고 할 때 내 점수가 130이라면, 이 점수를 z 점수로 바꾼 다음 전체 집단 속에서의 위치 또는 확률을 얻을 수 있다. 자세히 설명하자면 이렇다. 130이란 점수를 표준편차 단위로 바꾼 z 점수는

$$z = \frac{x - \mu}{\sigma} = \frac{130 - 100}{15} = 2$$

이 점수의 위치를 표준정규분포 표(부록 2)에서 찾아보면 $P = 0.975$, 이것은 97.5% 또는 상위 2.5%, 즉 모집단 내의 임의의 한 사람이 나보다 높은 IQ를 가졌을 확률은 2.5% 이하이다. 이같이, 정규분포에서 표준편차는 우리에게 확률이라는, 매우 중요한 정보를 준다. 더욱이, 이 세상에 양적으로 존재하는 데이터는 대부분 정규분포를 이루므로 표준편차의 가치에는 일반성이 있다. 즉 **분산은 우리에게 확률을 준다.** 이 사실을 잘 기억하자. 그 확률을 사용해서 통계적 판단을 내릴 수 있었고, 수많은 지식이 그렇게 축적되었다.

c. 인과관계

표준편차와 분산은 모두 어떤 측정치의 개인차에 관한 수량이다. 그 수량은 측정치에 영향을 미치는 요인의 변동량을 반영한다. 예를 들어, 입사시험의 서류심사에서 세 가지 방식으로 점수를 냈다고 하자. 하나는 일반적인 서류심사 방식으로, 다른 하나는 똑같은 점수 산정방식에 군필자에게 가산점을 주는 방식을 추가하고, 세 번째는 기혼자 감점 제도를 추가했다고 하자. 그런 경우 점수의 분산은 어떻게 될까? 이 경우 둘째와 셋째 방식은 모두 일반적인 서류심사 방식만으로 채점한 첫째 방식보다 더 큰 분산을 나타낸다. 둘은 모두 개인차 발생 요인이 추가되었으므로 분산이 커지게 된 것이다. 세 번째 경우는 감점만 있는데도 분산이 증가하는가 하고 의문을 갖는 사람이 있을지 모르지만, 분산의 계산은 차이의 제곱을 사용하므로 가점과 감점은 상관없고, 차이가 발생하냐의 여부만 영향을 미친다.

여기서 주목할 것은 어떤 점수에 대해 영향을 미치는 요인이 발생할 때 분산이 증가한다는 점이다. 이와 반대로, 그 점수에 영향을 미치는 변수가 제거될 때 그 점수 분산은 감소한다. 예를 들어, 학습 동기가 시험 성적에 영향을 미친다는 사실은 잘 알려져 있다. 같은 조건에서 수업에 열심히 임한 학생은 그렇지 않은 학생보다 더 높은 점수를 받는다. 그런데 어떤 계기로 그 집단의 모든 학생이 최고로 열심히 공부했다면, 어떤 결과가 나타날까? 이것은 학습 동기에 관한 한 모든 사람이 같은 수준에 도달하였으므로 시험 성적을 설명하는 한 가지 요인이 제거된 것과 같다. 이런 경우 학습 동기가 성적을 설명했던 부분만큼 성적의 개인차는 줄어들 것이 예측된다. 즉, **분산으로부터 우리는 인과관계를 추리할 수 있다.**

2) 모분산의 불편추정

앞에서 모집단과 표본의 표준편차를 구하는 식의 분모를 보면 모집단 표준편차에서의 N이 표본 표준편차에서는 $N-1$ 또는 $n-1$로 바뀌어 있다. 그 이유는 무엇일까?

대문자가 소문자로 바뀐 것은 모집단의 N과 표본의 n이라는 표현상의 차이일 뿐이다. 문제는 표본의 사례 수 n이 아닌 $n-1$을 사용한다는 점이다. 그 이유는 다음과 같다. 표준편차는 모수(parameter)지만, 표본의 표준편차는 모집단의 표준편차를 추정하기 위한 추정치, estimate 또는 statistic이다. 표준편차를 구하기 위하여 먼저 편차를 제곱해야 하는데 편차를 구하려면 평균이 필요하다. 그런데 표본으로부터 모집단 표준편차를 추정하는 경우 모집단 평균을 모르는 상태이므로, 추정치인 표본평균을 가져다 쓸 수밖에 없다. 그렇다면 그 표본평균으로부터 편의(bias)가 발생한다는 것을 예상할 수 있겠다. 편의, bias는 표본평균과 모평균의 차, 즉

$$\text{bias} = \overline{X} - \mu$$

이다. 아래 [그림 4.1]을 보자.

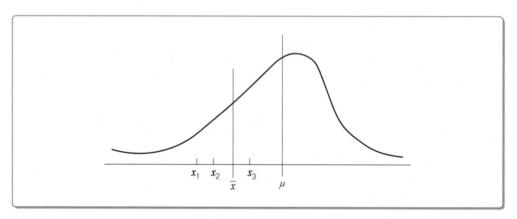

[그림 4.1] 표본평균의 편의

이 그림은 하나의 분포에서 표본평균과 모평균의 차이, 즉 편의를 보여준다. 분포는 반드시 정규분포가 아니라는 점을 강조하기 위해 여기서는 부적으로 치우친 분포를 선택했

다. 편의란 모평균과 표본평균의 차이, 즉 오차를 말한다. [그림 4.1]에서 x_1, x_2, x_3는 모집단에서 추출한 표본이고, $\overline{x}$는 표본평균을 나타낸다. 이때 편의 $\overline{x} - \mu$가 발생한다. 편차를 계산하는 과정에서 모평균 대신 표본평균을 사용하므로 이 편의에 의한 왜곡이 생기게 되고, 편차의 제곱합은 언제나 과소평가된다. 이를 바로잡아주기 위하여 분모에 사례 수 대신 자유도, degree of freedom이라는 개념을 도입하게 된다. 자유도는 독립적인 관측값 수, 즉 자유롭게 또는 독립적으로 변화할 수 있는 관측값의 수를 말한다. 표본평균을 사용할 때 전체 자유도는 $n-1$이 된다. 표본의 평균을 유지하기 위해 사례 N개 중 한 개는 자유롭지 못하기 때문이다. 예를 들어 평균 5가 되도록 다섯 개의 숫자를 대야 한다면, 네 개까지는 자유롭게 아무 수나 댈 수 있지만 다섯 번째 수는 이미 정해져 있다.

자유도의 개념을 도입함으로써 다음의 불합리를 해소할 수도 있다. 사례 수가 1인 표본의 경우이다. 분모에 N을 그대로 사용한다면 표준편차는 0이 될 것이다. 그러나 자유도의 개념을 도입하면 분모가 0이 되어 이 값은 불능이 된다. 편차 자체가 존재하지 않는 상태에서 표준편차가 0이라는 결과보다는 불능이라는 결과가 더 합리적으로 보인다.

이와 같은 이유에서, 분모에 자유도의 개념인 $n-1$을 도입하여 산출한 표준편차를 불편 추정치, unbiased estimate, 그리고 n을 사용한 표준편차를 편의 추정치, biased estimate라고 하기도 한다. 물론 말없이 $n-1$을 사용하는 것이 더 일반적이다.

그렇다면 자유도를 사용하여 편의가 완전히 해소되는가? 이 책에서 의도한 범주를 벗어나지만, 특별한 일부 독자를 위해 자유도 $n-1$을 사용한 값이 불편 추정치인 수학적 증명을 여기 붙였다. 물론 이렇게까지 깊이 이해할 필요는 없지만, 굳이 설명하자면 이 증명법의 핵심은 모평균을 사용한 분산과 표본평균을 사용한 분산의 차이를 n 대신 $n-1$을 사용함으로써 해소할 수 있음을 보인 것이다. 단, 이 증명법은 제8장 표본평균의 분포에서 소개될 중심극한정리에 관한 사전지식이 필요하다. 그것을 미리 소개하자면 다음과 같다.

$$\overline{X} \sim N\left(\mu, \frac{\sigma^2}{N}\right) \ as \ N \to \infty$$

$N \to \infty$일 때 표본평균은 평균 μ, 표준편차 $\dfrac{\sigma}{\sqrt{N}}$인 정규분포를 이룬다는 의미이다.

이제 불편추정에 관한 증명을 보자.

다음과 같은 편차 제곱평균, MSD(mean squared deviation)을 생각해 보자.

$$MSD = \frac{\sum (X - \overline{X})^2}{N}$$

이는 모분산의 편의 추정량으로 분산을 계산하기 위한 이론적 공식이라 불린다. 그러나 이 추정량은 모분산을 과소평가한다. 분산이 σ^2 인 모집단에서 MSD에서 N 대신 $N-1$을 이용한 표본분산의 기대치는 바로 모분산의 불편추정량인 것을 증명할 수 있다. 즉,

$$\hat{\sigma}^2 = \frac{\sum (X - \overline{X})^2}{N-1} \quad \text{일 때}$$

$$E(\hat{\sigma}^2) = \sigma^2$$

를 증명하는 것이다. 분모가 $N-1$이면 관측값이 한 개일 때 분모가 0이 되어 정의되지 않으며 최소 2개 이상의 관측값이 있어야 이를 구할 수 있다는 사실도 합리적이라 할 수 있다.

MSD가 σ^2를 과소평가한다는 것은 다음과 같이 수식으로 증명할 수 있다.

$$E(MSD) = E\left[\frac{\sum (X - \overline{X})^2}{N}\right]$$

$$= E\left[\frac{\sum X^2}{N} - \overline{X}^2\right] = E\left[\frac{\sum X^2}{N}\right] - E[\overline{X}]^2$$

한편 정의에 의해서

$$\sigma_X^2 = \frac{\sum (X - \mu)^2}{N} = \frac{\sum X^2}{N} - \mu_X^2 = E(X^2) - \mu_X^2$$

그러므로 $E(X^2) = \sigma_X^2 + \mu_X^2$.

이것으로 위 식의 앞부분에 대치하면 다음과 같이 표현할 수 있다.

$$E[\frac{\sum X^2}{N}] = \frac{E(\sum X^2)}{N} = \frac{(N)E(X^2)}{N}$$

$$= \frac{N(\sigma_X^2 + \mu_X^2)}{N} = \sigma_X^2 + \mu_X^2$$

또한 위 식의 뒷부분을 모집단의 수치로 대치하기 위하여 다음을 유도한다.

$$\sigma_{\overline{X}}^2 = E(\overline{X}^2) - [E(\overline{X})^2]$$

$$= E(\overline{X}^2) - \mu_X^2$$

(중심극한정리에 의하여 표본평균의 기대값은 모집단의 평균)

그러므로

$$E(\overline{X}^2) = \sigma_{\overline{X}}^2 + \mu_X^2$$

이 두 식을 앞의 식에 대입하면

$$E(MSD) = (\sigma_X^2 + \mu_X^2) - (\sigma_{\overline{X}}^2 + \mu_X^2)$$

$$= \sigma_X^2 (1 - \frac{1}{N})$$

그러므로 MSD에 의해서 모집단의 분산을 추정하면 이는 편의 추정, biased estimates 가 되며, 분산의 불편추정 unbiased estimates는 $\frac{\sum(X-\overline{X})^2}{N-1}$ 에 의해서 얻어진다.

같은 내용을 다른 형식으로 증명하는 방법을 같이 제시한다. 이 방법은 왜 분모가 $N-1$이 되어야 하는지를 강조한 증명법이다.

$$E[\sum(X-\mu)^2] = E[\sum(X-\overline{X}+\overline{X}-\mu)^2]$$

$$= E[\sum(X-\overline{X})^2] + E[\sum(\overline{X}-\mu)^2] + E[2\sum(X-\overline{X})(\overline{X}-\mu)]$$

$$E[\sum(X-\overline{X})(\overline{X}-\mu)] = E[(\overline{X}-\mu)\sum(X-\overline{X})] = 0 \text{이므로}$$

$$E[\sum(X-\mu)^2] = E[\sum(X-\overline{X})^2] + E[\sum(\overline{X}-\mu)^2]$$

$$E\left[\sum(X-\overline{X})^2\right] = E\left[\sum(X-\mu)^2\right] - E\left[\sum(\overline{X}-\mu)^2\right]$$

$$= \sum\left[E(X-\mu)^2\right] - \sum\left[E(\overline{X}-\mu)^2\right]$$

$$= N\sigma^2 - N\frac{1}{N}\sigma^2 = (N-1)\sigma^2$$

$$\therefore \hat{\sigma}^2 = \frac{\sum(X-\overline{X})^2}{N-1}$$

즉, 모평균 대신 표본평균을 사용하여 산출한 편차 제곱합의 기대값은 모분산 σ^2의 $(N-1)$배이다. 따라서 σ^2에 대한 불편 추정치 $\hat{\sigma}^2$는 편차의 제곱합을 $(N-1)$로 나눈 값이다.

3) 표준점수

표준편차의 대표적인 사용 예로는 검사점수의 해석을 들 수 있다. 검사점수는 정상분포를 나타낸다는 전제하에서 점수가 평균으로부터 얼마나 떨어져 있는지를 표준편차 단위로 환산해보면 그 점수가 상위 또는 하위 몇 %에 속하는지 알 수 있다. 이처럼 표준편차 단위로 전환한 점수를 표준점수(z-score)라고 한다. 그 과정은,

$$z = \frac{X-\overline{X}}{\hat{\sigma}}$$

물론 모집단의 표준점수는

$$z = \frac{X-\mu}{\sigma}$$

로 주어진다. 표준점수는 상대적 위치를 나타내주는 점수로, z의 분포는 평균 0, 표준편차 1의 값을 갖는다. 표준점수를 구한 다음, 부록의 표준 정규분포표를 참고하면 상대적 등위를 찾을 수 있다.

확률변수 X가 정규분포를 이룰 때 평균과 분산 정보만 있으면 그 분포의 모양이 특정된다. 이를 표현하는 방법은,

$$X \sim N\left(\mu, \sigma^2\right)$$

예를 들어 X가 평균 70, 표준편차 7인 정규분포를 할 때 이를 나타내는 방법은,

$$X \sim N(70, 49)$$

을 잘 기억해 두자.

표준점수는 어떤 확률변수를 강제로 평균 0, 표준편차 1이 되도록 변형한 것이다. 즉, 정규분포하는 확률변수의 z 점수분포는,

$$z \sim N(0, 1)$$

로 나타낼 수 있다. 표준점수는 정규분포를 이룰 때 그 점수보다 크거나 작은 점수일 확률을 쉽게 알 수 있다. 예를 들어 $z = 0.90$인 경우 이 수치를 부록의 표준 정규분포표에서 찾아보면, .1841이라는 값을 얻을 수 있다. 이것은 전체 사례 중 표준점수 0.90보다 큰 사례는 18.41%라는 뜻이다. 물론 z 값이 이보다 작을 확률은 $1 - .1841 = .8159$가 될 것이다. 단, 표준점수가 확률로 전환되기 위해서는 정규분포라는 조건이 필요하다. 좋은 소식은 대부분의 양적으로 존재하는 집단의 자료는 정규분포를 나타낸다는 것이다. 시험 점수, 키, 몸무게 등이 그 예이다. 특히 우연이 작용하는 양상이 정규분포를 나타낸다는 것은 통계학에서 매우 중요한 좋은 소식이다.

예제 4-2

영재교육 프로그램의 입학 기준은 IQ 점수가 전국 상위 1%에 속하는 아동을 영재로 정의하고 있다. $\mu = 75$, $\sigma = 8$인 IQ 검사에서 영재로 선발되기 위한 최소 점수는? 단, $z_{0.01} = 2.33$

풀이

$$z = \frac{X - \mu}{\sigma}$$
$$X = \mu + \sigma z = 75 + 8(2.33) = 93.64$$

3 표본비율의 분산

1) 표본평균과 표본비율

표본평균(sample mean)은 모집단에서 무작위로 복원 추출한 크기 n인 표본의 평균값

$$\bar{x} = \frac{\sum x}{n}$$

이다. 여기서 복원추출, sampling with replacement란 한번 추출한 표본을 다시 제자리에 놓고 다음번 표본을 추출하는 방법을 말한다. 변수 중에는 두 개의 값만을 갖는 이항변수, binary variable이 많이 있다. 이항변수는 이산변수(discrete variable)의 대표적인 형태이며, 이러한 변수들에 대해서는 보통 변수가 갖는 두 개의 값의 관측비율을 따지게 된다. 모집단에서 추출한 표본의 관측비율, 즉 표본비율(sample ratio)은 모집단 비율, population ratio와 대비된 개념이다. 모집단 비율은 모집단 중 어떤 특성을 갖는 개체의 비율을 말하며 이는 확률과 같은 개념이다. 예를 들어 주사위를 던져 1이 나오는 경우의 모집단 비율은 $P = 1/6$로, 이것은 주사위를 던져 1이 나올 확률과 같다. 표본비율은 모집단에서 임의로 추출한 표본에서 어떤 특징을 가지는 대상의 비율이다. 표본평균의 특수한 형태이며, 표본평균과 같은 성질을 갖는다. 예를 들어 주사위를 n회 시행하여 1이 나올 경우의 표본비율은

$$\hat{p} = \frac{x}{n}$$

로, 이는 확률변수인 1이 나올 경우의 수와 표본 수 사이의 비율이다. 즉 통계적 확률 $p = \frac{r}{n}$에서 특정 사건의 시행횟수 r 대신 확률변수 X를 대입한 결과이다.

n개의 0 또는 1로 이루어진 관측치를 추출할 때, 이 변수의 표본평균 $\bar{X}$는 1의 값을 모두 합하여 n으로 나눈 것이고, 이것이 바로 표본비율 $\hat{p}$이다. 따라서 표본비율은 변수가 0 또는 1의 값을 갖는 변수의 표본평균과 같다. 예를 들어 어린이의 성별을 나타내는

변수 X가 여자 어린이의 경우에는 0의 값을 갖고, 남자 어린이의 경우에는 1의 값을 갖는다면 이 변수는 남아의 수를 세는 것으로 생각할 수 있으며, 따라서 이를 집계변수(counting variable), 이항변수(binary variable), 또는 가변수(dummy variable)라고 부르는데, 이 경우에 남아의 비율은 집계변수 값의 합계를 전체 관측빈도로 나눈 값이 된다.

2) 표본비율의 평균과 분산

우리가 수행하는 많은 종류의 조사나 실험은 표본공간이 두 개의 요소로 이루어진다. 예를 들면, 남, 여로 구별되는 신생아의 성, 합격, 불합격으로 결정되는 입학시험, 어떤 교육정책에 대한 찬반 등이 이러한 경우이다. 이처럼 조사나 실험의 결과가 배타적인 두 가지 요소 중의 하나로 나타날 때 이러한 실험을 베르누이 실험, Bernoulli experiment 라고 한다. 이때 하나의 요소를 성공, 다른 하나의 요소를 실패로 처리하여 성공이 나타나면 1, 실패가 나타나면 0을 대응시키는 확률변수를 X라고 정의하면 베르누이 실험에서의 성공률 p는

$$p = P[X = 1]$$

과 같고, 실패할 확률은

$$q = 1 - p$$

가 된다. 또 이와 같은 실험을 n회 계속하여 시행할 경우 매회 성공률이 같고, 각 시행이 독립적이라면 이를 베르누이 시행(Bernoulli trial)이라고 부른다. 이때 확률변수 X의 확률밀도함수 probability density function은

$$f(x) = p^x q^{1-x}$$
$$x = 0, 1, \ 0 \le p \le 1, \ q = 1 - p$$

가 되며, X의 평균과 분산은 각각

$$\mu = E(X)$$
$$= \sum x p(x)$$
$$= 0(q) + 1(p) = p$$

$$\sigma^2 = E(X^2) - [E(X)]^2$$
$$= \sum x^2 p(x) - \left[\sum x p(x)\right]^2$$
$$= [0^2(q) + 1^2(p)] - [0(q) + 1(p)]^2$$
$$= p - p^2$$
$$= p(1-p) = pq$$

여기서 분산을 나타내는 새로운 식

$$\sigma^2 = E(X^2) - \left[E(X)^2\right]$$

이 사용되었으므로 부연 설명하겠다. 정의에 의하면 분산은 편차 제곱의 기대값이므로 다음과 같이 표현될 수 있다.

$$\sigma^2 = E\left[(X-\mu)^2\right]$$

이 식을 조금 변형하면 다음 식이 얻어진다.

$$\sigma^2 = E\left[(X-\mu)^2\right]$$
$$= E\left[X^2 - 2X\mu + \mu^2\right]$$
$$= E(X^2) - \mu^2$$
$$= E(X^2) - \left[E(X)^2\right]$$

이 식은 분산을 나타내는 계산식으로 자주 사용되니 눈여겨 봐두기 바란다. 이 식은 다음의 계산식과도 형태상 유사한 관계가 있으니 같이 알아두면 편리할 것이다.

$$\sum (X - \overline{X})^2 = \sum X^2 - \frac{\left(\sum X\right)^2}{N}$$

이 식의 증명은 뒤에 나오는 연습문제 07번을 참고하라.

📝 예제 4-3

어떤 유치원에 다니는 아이들을 조사한 결과 60%는 남자 어린이고, 40%는 여자 어린이라고 하자. 이때 확률변수 X를 유치원 어린이가 남아일 때 1의 값을 갖고, 여아일 때 0의 값을 갖는 변수라고 하면, X의 평균값은 한 유치원 어린이가 남자아이일 확률이 된다. 이산변수의 평균과 분산을 구하는 방식에 따라 이 변수의 평균과 분산을 구하면?

풀이

$$\mu = E(X)$$
$$= \sum xp(x)$$
$$= 0(0.4) + 1(0.6) = 0.6$$
$$\sigma^2 = E(X^2) - [E(X)]^2$$
$$= \sum x^2 p(x) - [\sum xp(x)]^2$$
$$= [0^2(0.4) + 1^2(0.6)] - [0.6]^2$$
$$= 0.6 - 0.36 = 0.24$$

3) 이항확률변수의 평균과 분산

일련의 베르누이 시행을 수행할 때 우리는 종종 전체 시행 중에서 성공이 몇 번 일어났는가에 관심을 나타낸다. 예를 들어 30명의 학생이 시험을 쳤는데 이 중 20명 이상이 합격할 확률은 얼마나 되는가, 또는 100명을 조사하였을 때 어떤 교육정책에 찬성하는 비율은 얼마나 되는가와 같이 결과가 일어나는 순서에는 상관하지 않고 전체적으로 성공이 몇 회가 되는가에 관심을 두게 된다. 성공률 p인 베르누이 시행을 n회 수행했을 때 성공 횟수를 확률변수 X로 나타내면 X가 택할 수 있는 값 x는 $0, 1, \cdots, n$ 중 하나가 될 것이고 실패 횟수는 $(n-x)$가 될 것이다. 이때 확률변수 X는 모수 n, p를 갖는 이항분포를 따른다고 한다. 이때 X의 확률밀도함수는

$$f(x) = {}_nC_r\, p^x (1-p)^{n-x}$$
$$x = 0, 1, \cdots, n$$

이며, 이러한 확률밀도함수를 갖는 확률변수의 평균과 분산은 표본비율의 그것에 n을 곱해준 값이 된다.

$$\mu = E(X)$$
$$= \sum xp(x)$$
$$= n[(0(q) + 1(p)] = np$$
$$\sigma^2 = E(X^2) - [E(X)]^2$$
$$= \sum x^2 p(x) - [\sum xp(x)]^2$$
$$= n[0^2(q) + 1^2(p)] - n[0(q) + 1(p)]^2$$
$$= np - np^2$$
$$= np(1-p) = npq$$

조사연구에서는 분석의 대상이 모집단의 평균이 아니라 비율인 경우가 많이 있다. 성공의 비율이 p인 모집단으로부터 크기가 n인 단순 확률표본을 추출하였다고 하자. 그러면 변수 각각은 상호 독립이며, 동일 모수 p를 갖는 베르누이 변수이다. 변수 X를 이들 n개의 베르누이 변수의 합 또는 성공의 횟수라고 정의하면, X는 모수가 (n, p)인 이항분포 확률변수가 된다. 한편 변수 X의 값을 표본의 크기 n으로 나누면 성공의 비율 또는 표본비율 $\hat{p}$를 얻을 수 있다.

$$\hat{p} = \frac{X_1 + X_2 + \cdots + X_n}{n}$$
$$= \frac{X}{n}$$

여기서 $n =$ 표본의 크기, $X_i =$ 모수가 p인 베르누이 변수, $X =$ 평균이 np, 분산이 npq인 이항변수이다. 따라서 이때 표본비율의 기대값과 분산은 다음과 같이 구할 수 있다.

$$E(\hat{p}) = E(\frac{X}{n})$$
$$= \frac{1}{n} E(X)$$

$$= \frac{1}{n}(np) = p$$

$$Var(\hat{p}) = Var(\frac{X}{n})$$

$$= \frac{1}{n^2} Var(X)$$

$$= \frac{1}{n^2}(npq) = \frac{pq}{n}$$

이와 같은 이항변수의 분포를 정규분포에 근사시킬 수 있으려면 n이 충분히 커서 np 와 nq의 기대빈도가 모두 최소한 15 이상이 되어야 한다.

왜 이와 같은 표본비율의 평균과 분산을 공들여 계산하는가? 그 이유는 제8장 표본평 균의 분포를 읽고 나면 확연해질 것이지만, 여기서 간단히 설명하자면 이렇다. 정규분포 를 이루는 어떤 확률적 현상의 분포는 평균과 분산으로 그 모습이 특정된다. 어떤 관찰 값과 정규분포, 평균, 그리고 분산이라는 조건은 확률을 의미한다. 확률은 판단의 근거이 다. Agresti & Franklin(2009, p. 298)이 든 예를 통해서 이 개념이 어떻게 사용되는지 보자.

예제 4-4

미국 법무부에서는 경찰이 흑인 운전자를 차별하는지 조사하기 위하여 1997년의 어 느 한 주간 필라델피아의 경찰이 세운 차들의 운전자를 조사했다. 262건 중 207건, 즉 전체의 79%가 흑인 운전자였다. 당시 필라델피아 인구 중 흑인은 42.2%였다. 이 사실 을 토대로 어떤 판단을 내릴 수 있을까?

풀이

경찰이 세운 차의 수 262건은 시행횟수로 볼 수 있다. 즉 $n = 262$이다. 흑인 차별이 없고 도 로교통법을 위반할 확률 등 다른 조건이 같다면 $p = 0.422$, 여기서 차를 세우는 각각의 경우는 독립적이라는 가정도 필요하다. 경찰이 한번 세운 차를 의도적으로 뒤쫓아 가 다시 세우는 일이 없다는 가정이다. 다음 이 이항변수의 정규분포를 가정할 수 있는지 검토한다. 사례 수가 충분 히 커서 np와 nq가 111, 151로 모두 15 이상임을 확인할 수 있다. 그렇다면

$$\mu = np = 262(0.422) = 111$$

$$\sigma = \sqrt{np(1-p)} = \sqrt{262(0.422)(0.578)} = 8$$

우리는 표준편차 단위로 좌우 3개의 범위 안에 거의 모든 경우가 다 포함된다는 것을 알고 있다. 이 경우 그 범위는 111 ± 24 사이이다. 이 경우 흑인 검문 건수는 262로 이 범위를 훨씬 벗어나 있다. 이것은 우연이라고 보기에는 너무 높은 수치이다.

이 사례는 분산이 확률 정보를 가지고 있다는 것, 다시 말해서 분산을 탐구하여 확률을 얻는다는, 통계적 문제해결의 전형을 보여준다. 확률은 판단을 내리기 위한 근거이다. 교훈은 바로, 판단을 위한 열쇠는 언제나 분산에 있다는 것.

4 확률변수의 선형결합

이제부터 할 일은 확률변수가 조금씩 형태를 바꿀 때 그 분산이 어떻게 변하는지 추적하는 일이다. 이것이 또 까다로운 수학적 시련을 주는데, 이 부분을 극복하면 가장 어려운 부분을 지난 셈이니 힘을 내자. 여기서 중요한 것은 분산의 정의를 잊지 않는 것이다. 분산의 정의는 편차 제곱의 기대값. 이것이 시련의 강을 건너게 해줄 동아줄이다.

먼저 확률변수 X와 Y가 있다고 하자. 이 두 변수의 합은 어떤 분포를 이룰까? 예컨대 수학 점수와 영어 점수 각각의 평균과 분산을 알고 있을 때 두 점수의 합은?

$T = X + Y$라 하면
$$\mu_T = E(T) = E[X+Y] = E(X) + E(Y) = \mu_X + \mu_Y$$

두 점수의 합의 평균은 두 점수 평균을 합한 것과 같다. 두 점수의 합의 분산은

$$\begin{aligned}
\sigma_T^2 &= E\left[(T - \mu_T)^2\right] \\
&= E[(X+Y) - (\mu_X + \mu_Y)]^2 \\
&= E[(X - \mu_X) + (Y - \mu_Y)]^2 \\
&= E[(X - \mu_X)^2 + (Y - \mu_Y)^2 + 2(X - \mu_X)(Y - \mu_Y)] \\
&= \sigma_X^2 + \sigma_Y^2 + 2\sigma_{XY}
\end{aligned}$$

여기서 변수 X, Y가 서로 독립적이라면 $\sigma_{XY} = 0$ 이 된다. 그 이유는 조금 뒤에서 설

명하겠다. 그렇다면 서로 독립인 X, Y에 대하여

$$\sigma^2_{X+Y} = \sigma^2_X + \sigma^2_Y$$

앞에 상수가 붙은 경우, 예컨대 $T = aX + bY$에 대하여

$$E(T) = \mu_T = a\mu_X + b\mu_Y$$

$$Var(T) = \sigma^2_T = a^2\sigma^2_X + b^2\sigma^2_Y + 2ab\sigma_{XY}$$

! 증명

$$\mu_T = E(T) = E[aX + bY) = aE(X) + bE(Y) = a\mu_X + b\mu_Y$$

$$\sigma^2_T = E[(T - \mu_T)^2]$$

$$= E[(aX + bY) - (a\mu_X + b\mu_Y)]^2$$

$$= E[a(X - \mu_X) + b(Y - \mu_Y)]^2$$

$$= E[a^2(X - \mu_X)^2 + b^2(Y - \mu_Y)^2 + 2ab(X - \mu_X)(Y - \mu_Y)]$$

$$= a^2\sigma^2_X + b^2\sigma^2_Y + 2ab\sigma_{XY}$$

여기서 변수 X, Y가 서로 독립적이라면 $\sigma_{XY} = 0$이 되므로

$$Var(T) = \sigma^2_T = a^2\sigma^2_X + b^2\sigma^2_Y$$

확률변수 X와 Y의 차는 어떤 분포를 이룰까? 이것은 어렵지 않게 유추할 수 있다. 예컨대 $T = aX - bY$에 대하여

$$E(T) = \mu_T = a\mu_X - b\mu_Y$$

$$Var(T) = \sigma^2_T = a^2\sigma^2_X + b^2\sigma^2_Y - 2ab\sigma_{XY}$$

변수 X, Y가 서로 독립적이라면 $\sigma_{XY} = 0$이므로,

$$Var(T) = \sigma^2_T = a^2\sigma^2_X + b^2\sigma^2_Y$$

이 될 것이다. 그런데 변수 X, Y가 서로 독립적이라면 $\sigma_{XY} = 0$은 어떤 이유로 성립할까? 여기에 대해서 쉬운 설명과 어려운 설명이 있다. 쉬운 설명은 독립이라는 말이 갖는 의미, 서로 상관이 없다는 뜻에 주목하는 것이다. 즉 0 상관이면 $\rho_{XY} = 0$, 그러므로

$$\sigma_{XY} = \rho_{XY}(\hat{\sigma}_X \hat{\sigma}_Y) = 0$$

어려운 설명이란 이것을 증명하는 것인데, 이것은 이 책의 주제와 별로 관계가 없지만, 일부 독자의 흥미를 위해 소개한다.

$$\begin{aligned}
Cov(X, Y) &= E(X - \mu_X)(Y - \mu_Y) \\
&= E(XY - X\mu_Y - Y\mu_X + \mu_X\mu_Y) \\
&= E(XY) - \mu_X E(Y) - \mu_Y E(X) + \mu_X\mu_Y \\
&= E(XY) - E(X)E(Y)
\end{aligned}$$

변수 X의 원소 x_i의 발생 확률을 p_i, y_j의 발생 확률을 p_j라 한다면,

$$E(XY) = \sum_{i=1}^{m} \sum_{j=1}^{n} p_i p_j x_i y_j$$

A와 B가 독립사건인 경우, $P(AB) = P(A)P(B)$이 성립하므로,

$$\begin{aligned}
E(XY) &= \sum_{i=1}^{m} \sum_{j=1}^{n} p_i p_j x_i y_j = \sum_i p_i x_i \sum_j p_j y_j \\
&= E(X)E(Y)
\end{aligned}$$

$$\therefore E(XY) - E(X)E(Y) = 0$$

이 증명법의 핵심은 두 가지로, 하나는 $Cov(X, Y) = E(XY) - E(X)E(Y)$가 성립한다는 것, 다른 하나는 두 변수가 독립일 때 이 값이 0이 된다는 것이다. 첫째 식과 관련하여 우리가 알아야 할 것은 다음의 식이다.

$$SS_X = \sum (X - \overline{X})^2 = \sum X^2 - \frac{(\sum X)^2}{N}$$

이 식의 증명은 이어지는 연습문제 7번에서 볼 수 있고 이 식을 조금 변형하면

$$Var(X) = E(XX) - E(X)E(X)$$

로 표시할 수 있다. $Var(X) = Cov(X, X)$인 것에 착안하여 뒤의 X 대신 Y를 대입하면,

$$Cov(X, Y) = E(XY) - E(X)E(Y)$$

를 얻을 수 있다.

둘째 식은 독립사건의 조건

$$P(AB) = P(A)P(B)$$

를 적용하기 위하여 두 변수의 각 요소를 발생 확률과 연관하여 표현해보면 실마리가 풀린다. 하지만 현실적으로 이런 지식을 사용할 일은 없을 것이다. 단, 서로 독립인 두 변수의 공분산은 0이라는 사실은 반드시 알고 있어야 한다.

01. 다음 문장을 완성하라.

1) Central tendency란 자료가 분포 내 한 점에 어떻게 _____

2) Variability란 자료가 _____ 정도를 말한다.

3) 평균은 _____에 매우 민감하고 _____에 가장 덜 영향을 받는다.

02. T. F. 문제

1) $\sum(X - \overline{X}) = 0$

2) $\sum(X - \overline{X})^2 = 0$

3) $z = 33.7$의 값을 갖는 것은 불가능하다.

4) 원점수가 정규분포를 이루지 않는다면 표준점수의 평균은 0이 되지 않는다.

5) 원점수가 부적 편포를 이룬다면 z 점수로 전환한 점수도 부적 편포를 이룬다.

6) 중심경향 값 중 표본추출에 대해 가장 안정적인 통계량은 평균이다.

7) $\sum X, N, \sum X^2$의 값을 알고 있으면 평균을 몰라도 분산과 표준편차를 구할 수 있다.

8) $\sqrt{\dfrac{\sum(X - \mu)^2}{N - 1}}$ 의 값에 해당하는 기호는 σ이다.

9) 만일 원점수 분포가 정규분포를 이루지 못한다면 그 표준점수의 평균은 0이 아니다.

10) 표준정규분포 곡선에서 평균으로부터 $\mu + 1\sigma$ 사이의 면적은 항상 전체의 13.59%이다.

11) z 분포의 표준편차는 언제나 1이다.

12) $z = 0.00$보다 작은 값의 비율은 0.50이다.

03. 표본 자료의 분산을 산출할 때 분모에 N 대신 $(N-1)$을 사용하는 이유는?

04. $s = 0$인 자료의 분포는 어떤 모습일까?

05. 한 집단의 모든 점수에 상수 C를 더했을 때 표준편차는 어떻게 변하나?

06. 다음 세 집단을 합쳤을 때의 평균은?

집단 X: 인원 19, 평균 80

집단 Y: 인원 30, 평균 93.5

집단 Z: 인원 24, 평균 85

07. 표준편차는 $s = \sqrt{\dfrac{SS}{N-1}}$ 의 공식에 의해 구할 수 있다.

이때 $SS_X = \sum(X - \overline{X})^2 = \sum X^2 - \dfrac{(\sum X)^2}{N}$ 임을 보이시오.

08. $\overline{X} = 100$, $s = 9$인 35개의 데이터가 있는데 여기에 값이 100인 데이터 5개를 추가하면 표준편차는 어떻게 될까?

09. 한 사회심리학자가 대학생 커플의 데이트 습성을 조사하기 위해 10가지 사례로부터 지난 한 달 동안 데이트한 횟수를 얻었다: 1, 8, 12, 3, 8, 14, 4, 5, 8, 16. 여기서 다음을 구하라.

a. Mean   b. Median   c. Mode

d. Range   e. Standard deviation   f. Variance

10. 정규분포를 이루는지 불분명한 어떤 집단의 표준점수 z의 평균과 표준편차는 얼마일까?

11. 한 학생이 $\mu = 100$, $\sigma = 18$인 소양검사에서 124점을, $\mu = 60$, $\sigma = 10$인 성취도 검사에서 75점을 받았다. 검사점수는 정규분포를 따른다고 할 때 이 학생은 어느 시

험을 더 잘 보았나?

12. 정규분포의 다음 표준점수보다 낮은 점수가 존재하는 영역을 구하라.

    a. 1.28

    b. 2.00

    c. -1.96

13. 표준점수 $z = -0.55$의 퍼센트 순위는?

14. $\mu = 100,\ \sigma = 12$인 검사의 상위 90% 점수는?

15. $\mu = 80,\ \sigma = 12$인 검사에서 84점의 퍼센트 순위는?

16. 제20대 대통령 당선인은 1차 내각 인선에서 장관후보자 8명을 선발하였는데 그중 여성 후보자는 단 1명이었다. 가장 우수한 인재를 뽑았다는 인수위 측 발표와 달리, 여성 인구가 49.9%인 상황에서 이것은 성차별의 소지가 있다는 여론이 있었다. 분야에 따른 남녀 자질의 차이는 없다는 가정하에서 이 인선은 매우 이례적인가?

17. 한 학생이 경영학과 법학 중 자신이 어떤 과목에 더 소양이 있는지 알기 위해 두 과목의 적성검사를 받았다. 다음 전국 평균, 표준편차, 점수를 보고 판단한다면?

과목	전국 평균	표준편차	조군의 점수
경영학	68	4.2	80.4
법학	85	3.6	89.8

18. 학교에서 1대1 개인 교습을 받은 학습자 집단은 전통적 집단보다 2 표준편차 단위로 더 높은 평균성적을 나타낸다고 한다. 이것을 표현한 가장 자연스러운 통계치는?

a.

	전통적 수업	1:1 개인교습
평균	75	88
표준편차	10.1	7.5

b.

	전통적 수업	1:1 개인교습
평균	70	90
표준편차	10.1	6.5

c.

	전통적 수업	1:1 개인교습
평균	69	81
표준편차	7.0	6.0

d.

	전통적집단	1:1 개인교습
평균	72	90
표준편차	8.9	9.5

19. 추리력 검사점수는 여학생 $\mu = 200$, $\sigma = 60$ 이고 남학생 $\mu = 170$, $\sigma = 50$ 이다.

1) 무작위 추출한 남학생의 점수가 무작위 추출한 여학생보다 높을 확률은?

2) 무작위 추출한 20명의 표본평균 중 남학생의 평균이 여학생보다 높을 확률은?

01. 1) 모여 있는가의 문제이다.

2) 흩어진 정도

3) 특이값, 편차

02. 1) T. 본문의 편차 설명 참조

2) F. $\sum (X - \overline{X})^2 \geq 0$

3) F. 가능하다. 이론적으로 표준점수의 범위는 $-\infty < z < \infty$

4) F. 원점수 분포가 정규분포가 아니더라도 그 표준점수의 평균은 0이 된다.

5) T. 원점수와 z 점수는 같은 분포를 나타낸다.

6) T. 사례수가 커질수록 편차는 서로 상쇄되어 모평균에 수렴한다.

7) T. 표준정규분포 곡선의 확률분포는 언제나 같은 모양이다.

8) F. $\sqrt{\dfrac{\sum (X - \mu)^2}{N-1}}$ 의 값에 해당하는 기호는 s 또는 $\hat{\sigma}$ 이다.

9) F. $z \sim N(0, 1)$

10) T. 표준정규분포 곡선의 확률분포는 언제나 같다.

11) T. z 분포는 평균 0, 표준편차가 1이 되도록 인위적으로 조작한 결과이다.

12) T. $z = 0.00$ 을 중심으로 대칭이므로.

03. 분모에 $(N-1)$ 대신 N을 사용하는 편차 제곱평균, MSD(mean squared deviation)는 모집단의 분산을 과소평가하기 때문이다. 대신 자유도 $(N-1)$을 사용하면 불편추정치를 얻을 수 있다.

04. 자료가 한 개뿐이거나 모두 같은 값일 것이다.

05. 변하지 않는다.

06. $\overline{T} = \dfrac{\sum X + \sum Y + \sum Z}{N_X + N_Y + N_Z} = \dfrac{(19)(80) + (30)(93.5) + (24)(85)}{19 + 30 + 24} = 87.19$

07. $SS = \sum (X - \overline{X})^2$

$\qquad = \sum (X^2 - 2X\overline{X} + \overline{X}^2)$

$$= \sum X^2 - 2\overline{X}\sum X + \sum \overline{X}^2$$

$$= \sum X^2 - 2\frac{\sum X}{N}(\sum X) + N(\frac{\sum X}{N})^2$$

$$= \sum X^2 - \frac{(\sum X)^2}{N}$$

이 식의 변형은 매우 유용할 때가 많으니 꼭 기억하자.

08. 8.40

$\overline{X}=100$, $s=9$, 이 기호는 집단이 모집단이 아니라 표본임을 뜻한다.

$$s^2 = 81 = \frac{SS}{n-1} = \frac{SS}{34}$$

$$SS = 2754$$

$$s' = \sqrt{\frac{SS + 5(100-100)^2}{n-1+5}} = \sqrt{\frac{2754}{39}} = 8.40$$

09. a. 7.90   b. 8   c. 8   d. 15   e. 4.89   f. 23.88

10. 이 문제의 답은 해당 집단이 정규분포를 이루는지 여부와 관계없다. 정규분포 여부가 문제가 되는 것은 표준점수로부터 확률을 얻고자 할 때뿐이다. 표준점수는 평균이 0, 표준편차가 1이 되도록 강제로 만든 척도 시스템으로 평균 0, 표준편차 1이 답이다. 굳이 표준점수의 정의에 따라 계산하자면,

원점수 평균인 μ를 표준점수로 전환하면: $z(\mu) = \frac{X-\mu}{\sigma} = \frac{\mu-\mu}{\sigma} = 0$

평균보다 1 표준편차만큼 큰 수의 z값은: $z(\mu+\sigma) = \frac{(\mu+\sigma)-\mu}{\sigma} = 1$

11. b. F. 분포와 무관하게 표준점수의 평균은 0, 표준편차는 1이다.
   c. T. 표준점수 전환은 분포에 영향을 주지 않는다.

   d. T. $\sum(z-\mu_z) = \sum\left(\frac{X-\mu}{\sigma} - 0\right) = \frac{\sum X - \frac{N\sum X}{N}}{\sigma} = 0$

12. 표준점수를 비교해보면 성취도 검사를 더 잘 보았다.

$$z = \frac{X-\mu}{\sigma}$$

$$z_1 = \frac{124-100}{18} = 1.33$$

$$z_2 = \frac{75-60}{10} = 1.5$$

13. 29.12

통계표에는 양수만 나와 있으니 $z = 0.55$의 오른쪽 면적을 취하면 된다.

14. $z = 1.28$ $X = \mu + z\sigma = 100 + 1.28(12) = 115.36$

오른쪽 면적이 10%에 가장 가까운 표준점수를 찾는다.

15. $z = \dfrac{X-\mu}{\sigma} = \dfrac{84-80}{12} = 0.33$

퍼센트 순위는 62.93

16. 주어진 조건 내에서 이런 일이 발생할 확률은 5%보다 작다.

표본비율의 분포

$$\mu = np = 8(0.499) = 3.992$$
$$\sigma = \sqrt{npq} = \sqrt{8(.499)(.501)} = 1.414$$
$$z = \frac{1-3.992}{1.414} = -2.11, \quad p = 0.0174$$

17. 경영학이 더 높다.

경영학: $z = \dfrac{X-\mu}{\sigma} = \dfrac{80.4-68}{4.2} = 2.95$

법학: $z = \dfrac{X-\mu}{\sigma} = \dfrac{89.8-85}{3.6} = 1.33$

18. b가 정답

a. 평균의 차이가 2 표준편차에 미치지 못함

c. 표준편차의 차이가 작음

d. 표준편차가 오히려 큰 값을 나타냄

　이 문제에는 두 가지 중요한 정보가 있다. 첫째, 어떤 처치가 강력한 효과가 있을 때 집단의 점수는 동질적으로 된다. 다시 말하여 분산과 표준편차가 줄어든다. 이유는 처치로 인하여 점수의 개인차를 나타내는 요인이 통제되기 때문이다. 둘째, 점수의 증가분을 표준편차로 표시할 때는 통상 비교집단의 표준편차를 기준으로 한다.

19. 여학생 점수를 X, 남학생 점수를 Y라 한다면

$$\mu_{X-Y} = \mu_X - \mu_Y = 200 - 170 = 30$$

$$\sigma_{X-Y} = \sqrt{\sigma_X^2 + \sigma_Y^2} = \sqrt{60^2 + 50^2} = 78.10$$

$$\mu_{\overline{X}-\overline{Y}} = \mu_{\overline{X}} - \mu_{\overline{Y}} = \mu_X - \mu_Y = 200 - 170 = 30$$

$$\sigma_{\overline{X}-\overline{Y}} = \sqrt{\frac{\sigma_X^2}{n_1} + \frac{\sigma_Y^2}{n_2}} = \sqrt{\frac{60^2}{20} + \frac{50^2}{20}} = 17.46$$

1) $P(X-Y<0)$

$(X-Y) \sim N(30, 78.1^2)$

$$P(X-Y<0) = P\left(z < -\frac{30}{78.1}\right) = .352$$

2) $P(\overline{X}-\overline{Y}<0)$

$(\overline{X}-\overline{Y}) \sim N(30, 17.46^2)$

$$P(\overline{X}-\overline{Y}<0) = P\left(z < -\frac{30}{17.46}\right) = .0427$$

제 5 장   상관계수

앞 장에서 다룬 주 통계량이 분산이었다면 이 장에서는 공분산을 다룬다. 공분산은 두 확률변수의 교차분포를 탐구하는 데 사용되는 대표적인 통계량이며, 상관계수는 그 공분산을 표준화한 값, 또는 두 표준점수의 공분산이다. 역사적으로 상관계수는 과학적 발달의 대폭발을 촉진한 일등공신이다. 특히 교육 분야에서 검사이론이 있게 한 출발점은 상관계수의 도입이었다. 상관계수로 주어진 신뢰도 개념은 우리에게 측정점수를 해석하는 방법을 주며, 그 중심에는 오차의 본질에 관한 통찰이 있다. 오차를 이해하는 것은 통계학의 중요한 과제이다. 그런 의미에서 상관계수는 그자체가 통계학의 중요한 개념이면서 동시에 오차의 존재를 탐지할 수 있는 측정 도구의 기능을 가지고 있다. 이 장에서는 상관계수와 신뢰도라는 통계량에 대하여 논의하고 있지만, 독자는 동시에 이 장의 내용을 통하여 인간이 오차를 극복하고 과학의 발전을 이뤄낸 탐구의 행로를 눈여겨보는 것도 의미 있는 일이라 생각한다.

1 변수의 독립과 상관

상관(correlation)은 한 변수가 변해감에 따라 다른 변수가 변해가는 방식, 즉 두 변수의 관계를 말한다. 예컨대 사람의 키와 몸무게 사이에는 정방향의 관계가 성립한다. 이와 같은 변인들 사이의 관계를 수량화하기 위해 통계적 측도들이 고안되어 왔었다. 확률변수 X와 Y의 상관관계를 나타내는 척도에는 공분산과 상관계수가 있다. 두 변수가 서로 독립이면 공분산과 상관계수는 0이며, 두 변수 사이에 인과관계가 있다면 둘 사이에 상관관계가 성립한다. 그러나 그 역도 그렇지는 않다. 상관은 독립이 아닌 상태이며 인과관계를 전제하지 않는다. 상관관계를 인과관계로 해석하려면 몇 가지 다른 설명 가능성이 배제되어야 한다. 이러한 상관계수의 개념에 접근하기 위하여 변수의 독립과 상관에 관하여 알아보자.

1) 결합분포와 조건부확률 분포

상관관계란 확률변수의 분포에 관한 문제이다. 지금까지는 하나의 확률변수에 대해서 그 분포를 생각하였지만, 상관관계에서는 두 변수 사이의 관계를 분석하는 방법을 다룬다. 즉, 상관이란 한 분포의 점수가 다른 분포의 점수와 관련이 있는지를 다루는 내용인데, 상관관계와 관련된 용어 두 가지, 결합분포와 주변분포를 먼저 소개한다. 두 확률변수 X와 Y의 결합분포(joint distribution)란 두 변수 X와 Y가 가질 수 있는 모든 가능한 값 x와 y에 대한 결합 확률 $P(x,y)$를 말한다. 예를 들어, 동전 X와 주사위 Y를 동시 시행한 결과 $p(x,y)$의 분포를 결합분포라 한다.

현실에서 접할 수 있는 결합분포의 예를 들어보겠다. 음주운전 시 날씨에 따른 교통사고 확률분포는 다음 <표 5.1>과 같이 나타내진다고 가정하자.

〈표 5.1〉 결합분포

	눈	비	맑음
무사고	0.028	0.066	0.863
사고	0.012	0.004	0.027

이 표는 결합분포의 예로, 눈이 오는 날씨와 음주운전을 한 경우가 겹치는 경우 사고의 확률이 1.2%가 된다는 것을 말해준다. 맑은 날씨와 음주운전이 겹치는 경우 사고확률이 2.7%로 더 높은 이유는 워낙 맑은 날씨가 눈이 오는 날씨보다 압도적으로 더 많기 때문이다.

조건부확률 분포는 제2장 확률 편에서 이미 언급했지만, 결합분포와 자주 혼동을 일으키기 때문에 여기서 다시 설명하겠다. 다음에 제시한 <표 5.2>는 음주운전을 할 경우 날씨에 따른 교통사고 발생률의 조건부확률이다.

〈표 5.2〉 조건부확률 분포

	눈	비	맑음
무사고	0.69	0.94	0.97
사고	0.31	0.06	0.03

　조건부확률은 하나의 사건이 이미 발생했다는 전제하에서 다른 하나의 사건이 발생할 확률이다. 따라서 위 표는 눈이 온다는 사건이 발생했다는 것을 전제하고, 음주운전 시 교통사고가 발생할 확률과 발생하지 않을 확률을 나타낸 것이다. 이 〈표 5.2〉에 의하면 눈이 오는 날 음주운전을 했을 때 교통사고 발생 확률이 31%이고 발생하지 않을 확률이 69%이다. 교통사고가 발생하는 사건도, 발생하지 않는 사건도 아닌 제3의 경우는 없으니까 두 확률의 합은 1이다. 눈이 온다는 사건은 이미 전제되어 있으니까 눈이 올 확률은 여기 개입되지 않는다. 이에 반해 결합분포는 어떤 사건이 이미 일어났다는 것을 가정하지 않고, 다만 그 사건과 다른 사건이 동시에 발생할 확률을 말한다. 조건부의 경우보다 확률이 떨어지는 것은 눈이 오는 것을 전제로 하지 않고, 눈이 오는 사건과 사고가 발생한 사건이 동시에 일어날 확률을 구하였기 때문이다. 같은 방식으로, 앞의 〈표 5.1〉에서 비가 올 때 음주운전에 의한 사고확률은 0.4%이며, 맑은 날씨에서는 2.7%가 됨을 확인할 수 있다. 이런 것이 결합분포이다.

　통계학의 중요한 학습 목표의 하나인 가설검정에서 얻어지는 확률은 조건부확률이다. 즉 영가설이 참이라는 전제하에 이러한 관찰결과가 나타날 확률을 말한다. 또 회귀분석에서 주어진 x에 대응하는 y값의 분포도 조건부확률분포이다.

예제 5-1

동전(X)과 주사위(Y)를 동시에 시행할 경우 결합사건의 확률 $p(1, 2)$는?

풀이

　먼저 결합분포의 표를 만들어보자. 가능한 X와 Y의 조합의 수는 12이며, (1, 2)는 그중 하나이다. 이 경우 각 사건이 일어날 확률이 모두 같다는 전제가 필요하다.

X(동전)	Y(주사위)					
	1	2	3	4	5	6
1	-	○	-	-	-	-
2	-	-	-	-	-	-

위 표에서 $p(1, 2)$는 $\dfrac{1}{2(6)} = \dfrac{1}{12}$이 된다.

두 이산변수의 결합분포를 표현하는 방법을 나열하면 다음과 같다. 확률질량함수 $p(x, y)$는

$$p(x, y) = P(X = x \text{ and } Y = y)$$
$$P[(X, Y) \in A] = \sum_{x \in A} \sum_{y \in A} p(x, y)$$

A: 표본공간 내 존재하는 (x, y)의 집합

연속변수의 경우 확률은 밀도와 구간에 의해 주어지므로 확률 질량함수 $p(x, y)$ 대신 확률 밀도함수 $f(x, y)$를 사용하고, 합 대신 적분의 기호를 사용한다.

$$P[(X, Y) \in A] = \iint f(x, y) \, dx \, dy$$

2) 주변분포

결합분포에서 한 변수의 영향을 제거할 필요가 있을 때가 있다. 이렇게 한 변수의 영향을 제거한, 다른 한 변수만의 확률분포를 주변분포라 한다. X와 Y의 결합분포에서 각 행의 합을 오른쪽 여백에 적으면 이것은 X만의 확률분포가 되고, 마찬가지로 각 열의 합을 아래 여백에 적으면 Y만의 확률분포가 되므로 X 또는 Y만의 확률분포는 결합분포의 오른쪽 또는 아래 여백에 표시된다고 해서 주변분포(marginal distribution)라고 한다. 이산변수인 주변분포의 확률질량함수는 다음과 같이 정의된다.

$$X\text{의 주변분포 } p_X(x) = \sum_y p(x, y)$$
$$Y\text{의 주변분포 } p_Y(y) = \sum_x p(x, y)$$

결합분포의 경우와 마찬가지로 변수의 성질이 이산변수에서 연속변수로 달라질 때 주

변분포의 확률 밀도함수의 정의는 다음과 같이 달라진다.

$$f_X(x) = \int f(x,y)dy$$

$$f_Y(y) = \int f(x,y)dx$$

앞의 <표 5.1>에서는, 날씨와 음주 여부를 결합해서 구성한 음주운전에 의한 교통사고의 결합분포에 주변분포를 추가하면 다음 <표 5.3>을 얻는다.

〈표 5.3〉 주변분포

	눈	비	맑음	주변확률
무사고	0.028	0.066	0.863	0.957
사고	0.012	0.004	0.027	0.043
주변확률	0.040	0.070	0.890	1

이 표는 맨 오른쪽 끝에서 음주운전 시 사고가 나지 않을 확률은 95.7%이고, 사고가 날 확률은 4.3%, 그리고 이 둘을 합친 값은 1이라는 것을 보여주고 있다. 맨 아래쪽 끝에서는 전체적으로 눈 오는 날씨 4%, 비 오는 날씨 7%, 맑은 날씨 89%임을 나타낸다. 정리하자면, 조건부확률 분포는 하나의 사건이 이미 발생하였다는 전제하에서 다른 사건이 발생할 확률의 분포이고, 결합분포는 두 사건이 동시에 발생할 확률의, 주변분포는 하나의 사건이 발생할 확률의 분포이다.

3) 통계적 독립

두 확률변수 X와 Y의 결합분포가 모든 값 x와 y에 대하여 두 주변분포의 곱,

$$p(x,y) = p(x)p(y) \quad \text{이산변수의 경우}$$
$$f(x,y) = f(x)f(y) \quad \text{연속변수의 경우}$$

으로 표시되면 두 확률변수 X와 Y는 통계적 독립이라고 한다. 두 변수가 서로 독립적이냐 아니냐를 따지는 것은 통계학에서 매우 중요한 의미를 가진다. 그 이유는 그것이

인과관계 설정과 관계되기 때문이다. 상관관계가 있다고 해서 반드시 인과관계가 있는 것은 아니지만, 두 변수 사이에 상관관계가 있다는 것은 대부분의 경우 인과관계를 입증하기 위한 필요조건이다. 역으로, 상관관계가 없다는 것은, 또는 두 변수가 통계적으로 독립적이란 것은, 인과관계를 배제하여도 좋다는 것을 의미한다.

두 확률변수가 서로 독립적이 아니라면, 그것은 둘 사이에 어떤 종류의 관계가 있다는 것을 의미하며, 그 관계의 성격은 두 가지로 기술될 수 있다. 하나는 관계의 방향이며 다른 하나는 관계의 강도이다. 관계의 방향과 관련하여, 한 변수의 값이 평균에서 양의 방향으로 증가할 때 다른 변수도 평균에서 양의 방향으로 증가하는 경향이 있다면 이것은 정적 관계이고, 그 반대의 경우라면 그것은 부적 관계이다. 관계의 강도란 이런 경향이 얼마나 강력한가, 다시 말해서 두 변수의 각각의 값이 같은 방향 또는 역방향으로 분산을 공유하는 정도를 나타낸다. 이러한 관계의 성격을 나타내는 통계량이 바로 공분산이다. 아래 [그림 5.1]은 완벽한 정적 관계와 부적 관계, 그리고 관계가 거의 없는 경우를 보여준다.

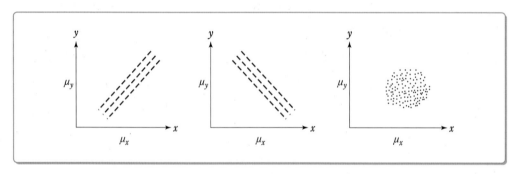

[그림 5.1] 완벽한 정적 관계와 부적 관계, 그리고 공분산 0의 경우

4) 공분산

산포도를 통하여 한 변수가 얼마만큼 변할 때, 다른 변수는 얼마만큼 변하는지를 알 수 있다. 그림뿐만 아니라 양으로도 나타낼 수 있다. 두 변수가 동시에 변하는 정도를 공분산(covariance)이라 한다. 두 변수가 각각 얼마만큼 변하는지를 알기 위해서는 어느 점을 중심으로 언급하여야 한다. 중심이 되는 점은 두 변수의 평균점인 $\overline{X}$와 $\overline{Y}$점이며, 이 점을 중심으로 변하는 정도를 계산한다.

공분산을 계산하는 공식을 계산하기 전에 분산을 구하는 공식을 다시 상기하면, 분산이란 각 값에서 평균값을 뺀 값, 즉 편차를 제곱한 것을 모두 더해서 사례수로 나눈 것이었다. 그렇다면 X와 Y의 공분산은 각 변수들의 편차를 제곱하는 대신에 X 변수의 편차와 Y 변수의 편차가 곱해져야 할 것이다. 역으로, 분산이란 자기 자신과의 공분산이기 때문에 편차를 제곱하게 되는 것이다. 즉, 분산은 한 변수의 편차의 제곱의 기대치, 공분산은 두 변수의 편차의 곱의 기대치로 정의된다.

$$Cov(X, Y) = E[(X - E[X])(Y - E[Y])]$$

또는

$$Cov(X, Y) = E[(X - \mu_X)(Y - \mu_Y)]$$

제4장 분산도에서 소개한 분산을 자기 자신과의 공분산으로 정의할 수도 있다.

$$Cov(X, X) = E[(X - \mu_X)(X - \mu_X)] = E[(X - \mu_X)^2] = Var(X)$$

공분산을 나타내는 모집단에 대한 기호는 σ_{XY} 이고, 표본에 대한 기호는 $\hat{\sigma}_{XY}$ 또는 s_{XY} 이다. 표본에 대한 공분산을 계산하는 공식은 다음과 같다.

$$s_{XY} = \frac{\sum (X - \overline{X})(Y - \overline{Y})}{N - 1}$$

모수의 공분산을 표현하는 방법들은 다음과 같다.

$$\sigma_{XY} = E(X - \mu_X)(Y - \mu_Y) = E(XY) - E(X)E(Y)$$
$$\sigma_{XY} = \sum_i \sum_j (x_i - \mu_X)(y_j - \mu_Y)p(x_i, y_j)$$
$$\sigma_{XY} = \int_x \int_y (x_i - \mu_X)(y_j - \mu_Y)f(x_i, y_j)dxdy$$

공분산을 간편하게 계산하기 위한 공식은 다음과 같다.

$$s_{XY} = \frac{\sum X_i Y_i}{n - 1} - \overline{X}\,\overline{Y}$$

공분산의 문제점은 확률변수 X와 Y의 측정단위에 따라 값이 변화한다는 것이다. 예를 들어 X를 kg 단위로 측정했는데 g으로 바꾼다면 공분산은 1000배 증가할 것이고, Y를 m에서 cm 단위로 바꾸어 측정한다면 공분산은 100배 증가한다. 이렇게 되면 $Cov(X,\ Y)$는

$$Cov(1000X,\ 100\,Y)= 100000\,Cov(X,\ Y)$$

가 되는 결과가 된다. 이런 일이 생기지 않게 공분산을 어떤 척도로 변환해준 것이 상관계수이다. 상관계수는 공분산의 계산 결과가 단위에 구애받지 않고 관계의 강도를 나타내게 해주는 장치이다.

지금까지 설명 내용을 큰 눈으로 다시 본다면 다음과 같다. 두 변수의 관계는 있거나 없을 수 있다. 만일 관계가 없다면 두 변수는 독립이다. 통계적으로 독립이란 어떤 것인지 정의하였다. 만일 독립이 아니라면 두 변수는 관계가 있는 것이다. 이를 상관이라 하며, 상관은 관계의 방향과 강도의 문제이다. 이 둘을 나타내주는 통계량이 공분산인데 공분산은 두 변수가 평균으로부터의 변동량을 공유하는 정도를 나타낸다. 공분산의 문제점은 척도 또는 단위에 따라 그 값이 변하는 것이다. 이를 문제점을 보완한 것이 상관계수로, 상관계수는 공분산을 표준화하여 척도의 변화에 영향받지 않고 일정한 값을 유지하는 통계량이다.

② 상관계수의 의미

1) 수학적 개념으로서의 상관계수

상관계수는 앞에서 설명한 두 확률변수의 결합분포에 관한 통계량으로, 공분산을 두 표준편차의 곱으로 나눈 값이다. 그렇게 하여 얻는 것은 두 변수 사이에 존재하는 관계의 방향과 강도를 나타내게 하되, 단위에 구애받지 않는 것이다.

$$\rho = \frac{\sigma_{XY}}{\sigma_X \sigma_Y}$$

물론 표본에서는

$$r = \frac{s_{XY}}{s_X s_Y}$$

으로 정의된다. 일반적으로 모집단의 상관계수는 ρ(rho), 표본의 상관계수는 r로 표기한다. 그러나 현실적으로 자료가 모집단이든 표본이든 Pearson 적률 상관계수는 같은 값이다. 상관계수는 이 외에도 다른 몇 가지 측면에서 이해할 수 있다.

2) 예측력을 강조한 상관계수의 설명 방법

상관계수는 다음 장의 주제인 회귀분석의 회귀직선과의 관계를 통해 이해할 수 있다. 회귀직선이란 전체 데이터의 분포를 가장 잘 설명하는 직선을 말한다. Y값에 대한 예측이라는 관점에서 볼 때, Y의 편차는 두 가지로 정리할 수 있다. 하나는 $\overline{Y}$를 기준으로 하는 예측이고, 다른 하나는 회귀선에 의한 예측이다. 데이터 중 한 점 (X_i, Y_i)가 있다고 할 때, $\overline{Y}$를 기준으로 하는 Y의 편차는 $Y - \overline{Y}$이고, 회귀선에 의한 예측을 기준으로 한 편차는 $Y - \hat{Y}$가 될 것이다. 여기서 $\hat{Y}$는 물론 회귀선에 의한 예측치이다. $\overline{Y}$를 기준으로 하는 예측과 회귀선을 기준으로 하는 예측의 편차는 다음 식

$$(Y_i - \overline{Y}) = (\hat{Y} - \overline{Y}) + (Y - \hat{Y})$$

여기서, Y_i: 개별 Y값
$\hat{Y}$: $Y = a + bX$로 예측한 Y값

으로 나타낼 수 있다. 즉,

Y의 편차＝회귀직선으로 설명되는 부분＋설명 안 되는 부분

이 되는 것이다. 이것으로부터 상관계수를 정의할 수 있다.

(상관계수)^2＝Y의 편차 중 회귀직선으로 설명되는 부분의 비율

$$r^2 = \frac{(\hat{Y} - \overline{Y})\text{의 분산}}{(Y_i - \overline{Y})\text{의 분산}}$$

결국, 상관계수 r은

$$r = \sqrt{\frac{\sum(\hat{Y} - \overline{Y})^2}{\sum(Y_i - \overline{Y})^2}}$$

으로 표현된다. 이 식에서 $\hat{Y}$ 는 X에 의해 예측되는 Y값, 따라서 상관계수를 제곱한 값은 Y의 변량 중 X에 의해서 설명되는 변량의 비율이다. 이 개념의 상관계수는 관계의 방향보다 상관관계의 예측력을 강조하고 있다.

3) 직관적 이해를 강조한 상관계수

위에서 공분산은 두 변수 사이에 존재하는 관계의 크기와 방향을 나타낸다고 언급한 것을 떠올려보자. 이것은 바로 우리가 원하는 기능이었으나, 한 가지 매우 불편한 문제가 있었으니, 그것은 단위에 따라 그 값이 일정하지 않다는 점이다. 그 보완책으로 데이터를 표준화하여, 표준점수로 변환하여, 그 값의 공분산을 구한 것이 상관계수이다. 측정단위에 영향을 받지 않고 그것을 수량화할 수 있는 척도는 바로 표준점수이기 때문이다.

상관관계란 두 변수의 짝들이 얼마나 일관성 있게 일치된 위치 또는 상반된 위치를 차지하는가 하는 관점에서 정의될 수 있다. 표준점수의 개념을 사용한 상관계수는 두 표준점수의 곱의 합을 N으로 나눈 값이다. 다음 식은 표준점수의 곱에 의한 상관계수 개념이 상관계수의 수학적 정의와 일치함을 보인 것이다.

$$\rho = \frac{\sigma_{XY}}{\sigma_X \sigma_Y} = \frac{\sum(X - \mu_X)(Y - \mu_Y)/N}{\sigma_X \sigma_Y} = \frac{\sum z_X z_Y}{N}$$

표본의 상관계수는 물론 두 표준점수의 곱의 합을 자유도로 나눈 값이다.

$$r = \frac{\sum z_X z_Y}{N-1}$$

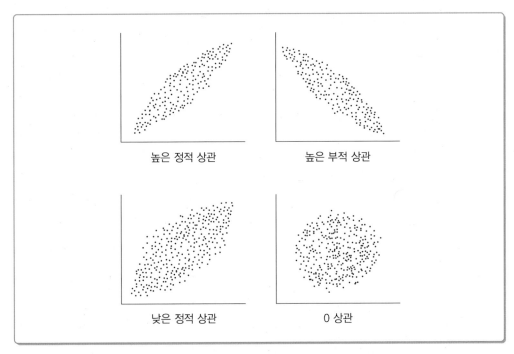

높은 정적 상관   높은 부적 상관

낮은 정적 상관   0 상관

[그림 5.2] 정적 관계와 부적 상관관계, 그리고 0 상관의 경우

이것이 직관적 이해를 강조한 상관계수의 설명이다. [그림 5.2]는 정적 관계와 부적 관계, 그리고 관계가 거의 없는 경우를 산포도로 보여준다. 산포도, scatterplot이란 가로축과 세로축에 두 변수 X와 Y값의 짝을 표시한 도표이다. 상관계수의 크기는 자료가 직선 형태에 얼마나 가까운가에 의해 정해지고, 상관계수의 부호는 회귀선의 기울기가 양의 값인가 아니면 음의 값인가의 문제이다.

4) 상관계수의 특성

상관계수의 특성은 다음과 같다.

a. $-1 \leq \rho \leq 1$

상관계수의 값은 반드시 1과 -1의 사이에서 존재한다. 그 이유는 Cauch-Schwarz의 부등식을 적용하면 쉽게 확인할 수 있다.

Cauch-Schwarz inequality: $(E[XY])^2 \leq E[X^2]E[Y^2]$

$$[Cov(X, Y)]^2 = [E((X-\mu_X)(Y-\mu_Y))]^2$$

$$\leq E\big((X-\mu_X)^2\big)E\big((Y-\mu_Y)^2\big)$$

$$= Var(X)\,Var(Y)$$

$$\therefore \left(\frac{\sigma_{XY}}{\sigma_X\sigma_Y}\right)^2 \leq 1$$

b. 지역 독립성(location-free)

두 변수에 일정한 값을 규칙적으로 더하거나 빼도 상관계수는 변하지 않는다.

c. 척도 독립성(scale-free)

같은 값을 각기 두 변수에 곱하거나 나누어 주어도 상관계수는 변하지 않는다.

d. 상관계수와 통계적 독립

두 확률변수의 상관계수가 0이라고 하더라도 통계적 독립이 아닐 수 있다. 그러나 두 확률변수가 통계적 독립이면 상관계수는 항상 0이다.

e. 상관계수의 유의도

표본으로부터 산출한 상관계수는 과연 모집단의 관계를 반영한 것인지 유의도 검정을 할 수 있다. 이 방법은 다음 장 회귀분석에서 소개하겠다.

5) 상관연구의 기본가정과 주의점

상관연구에 필요한 통계기법은 비교적 단순하다 할 수 있는데 우리 주변에서 쉽게 얻을 수 있는 데이터 중에는 상관분석에 적합하지 않은 것들이 많다. 다음에 나열한 것들은 상관연구를 수행하기 전에 반드시 검토해야 할 정보다.

a. 선형성(linearity)

상관계수는 두 변수의 관계를 나타내는 여러 방법 중 단지 하나의 유형일 뿐이다. 즉 상관계수의 값은 X와 Y 간의 직선형 관계의 정도에 대한 측도이다. 상관계수는 두 변수의 선형관계라는 전제에서 산출된 값이다. [그림 5.3]에 나타난 것처럼 두 변수가 곡선형(curve-linear) 관계일 때 이 두 변수의 관계를 상관계수에 의하여 파악하면 매우 낮은 상관계수나 거의 0의 상관을 갖는 것으로 나타날 것이다. 해열제의 복용량과 체온의 관계를 살펴보면 고열인 어린이에게 해열제를 복용시키

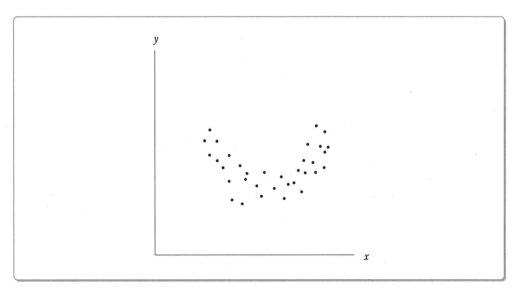

[그림 5.3] 두 변수의 직선형 관계를 가정할 수 없는 경우

면 일정 정도의 복용량까지 열을 내리다가 적당량 이상의 해열제를 복용하면 체온
이 다시 오르는 현상이 나타난다. 그렇다면 이 경우 상관연구는 적절치 않다. 직선
형 관계가 아닌 것을 얼마나 직선에 가까운가의 기준으로 평가한다면 상관관계가
과소평가되기 때문이다. 이같이, 상관연구를 할 때는 먼저 선형성의 전제를 확인해
야 한다.

b. **범주의 제한**(Range restriction)

자료가 절단되어 있지 않아야 한다. 예를 들어 대학수학능력시험 점수와 GPA의 상
관관계를 추리할 때 시험 점수가 낮은 학생은 대학에 입학하지 못하였기 때문에 자
료의 절단 문제가 생긴다.

상관관계를 연구하는 경우 이러한 기본가정을 충족하고 있는지 사전에 점검하기 위
해 산포도를 그려보는 것이 좋다. 사례의 범위에 제한이 있으면 상관관계는 과소평
가된다.

c. **지수로서의 상관계수**

상관계수 자체는 지수(index)이므로 비율적 해석이 불가능하다. 그러나 그 제곱은
한 변수의 분산이 다른 변수의 분산을 몇 %나 설명하는지 나타내는 수치로 해석할
수 있다. 예컨대, 지능과 학업성취도 사이의 상관계수가 .07이라면 "지능의 분산이

학업성취도 분산의 약 50%를 설명한다"라는 해석이 가능하다.

d. 특이값(outlier)

아주 특별히 큰 값이나 작은 값을 갖는 관측값을 특이값이라 한다. 이는 X 변수와 Y 변수가 갖는 값의 경향에서 매우 동떨어진 값을 말한다. 이런 경우 그것이 생긴 이유를 확인하여 제거하여야 할지 결정한 후 상관계수를 구하여야 한다. 특이값은 몇 안 되는 데이터라도 상관계수에 큰 영향을 미치기 때문이다. 예를 들어 지능과 발의 크기에 관한 연구에서 지능과 발의 크기는 서로 상관이 없지만, 우연히 발이 몹시 크고 지능이 아주 높은 관측치가 하나라도 있으면 상관이 있다는 결과를 얻을 수 있다.

e. 상관관계와 인과관계

상관관계는 곧 인과관계라는 생각, 상관관계는 절대 인과관계가 아니라는 생각은 모두 잘못이다. 상관관계는 인과관계의 필요조건이다. 두 변수 사이에 상관관계가 있다면 그것은 인과관계를 검토할 이유가 된다. 두 변수 사이의 인과관계를 수립하는 전형적인 방법은 상관관계 위에 인과관계가 없는데도 상관관계가 발견되었을 다른 설명의 가능성을 배제하는 것이다. 그렇게 되면 상관관계는 인과관계로 이어질 수 있다.

f. 상관계수의 교정

상관관계를 구성하는 두 변수를 측정하는 측정 도구의 신뢰도가 낮을수록 상관계수는 과소평가된다. 측정 도구의 신뢰도가 완벽하다는 가정할 때 상관계수는 얼마까지 될 수 있을지 예측하는 공식을 Carl Spearman이 발표했는데 이 공식을 Correction for Attenuation이라 한다.

$$r_{corrected} = \frac{r_{XY}}{\sqrt{r_X r_Y}}$$

g. 수식-표본

표본의 통계량에 대한 기호와 수식은 다음과 같다. 모집단 통계량과 다른 점은 분산과 표준편차의 수식에서 분모에 N 대신 불편추정을 위한 자유도 $(n-1)$이 사용된다는 점과 표본 통계량의 기호는 소문자를 사용함이 원칙이라는 점이다. 그러나 이를 변수로 취급하여 대문자로 표기하기도 한다.

지금까지 논의된 통계량의 기호와 식을 요약하면 다음과 같다.

Statistic	Symbol	Formula
평균 Mean	$\overline{Y}$	$\dfrac{\sum Y}{n}$
제곱합 Sum of Squares	SS	$\sum_i \left(Y_i - \overline{Y}\right)^2$
분산 Variance	$\hat{\sigma}^2$	$\dfrac{SS}{n-1}$
표준편차 Standard Deviation	$\hat{\sigma}$	$\sqrt{\hat{\sigma}^2}$
곱의 합 Sum of Products	SP	$\sum_i \left(Y_i - \overline{Y}\right)\left(X_i - \overline{X}\right)$
공분산 Covariance	$\hat{\sigma}_{XY}$	$\dfrac{SP}{n-1}$
상관계수 Correlation Coefficient	r_{XY}	$\dfrac{\hat{\sigma}_{XY}}{\hat{\sigma}_X \hat{\sigma}_Y} = \dfrac{SP}{\sqrt{SS_X SS_Y}}$
SS and SP	$SS = \sum Y^2 - \dfrac{\left(\sum Y\right)^2}{n}$	$SP = \sum XY - \dfrac{\left(\sum X\right)\left(\sum Y\right)}{n}$

6) 서열척도의 상관계수

우리가 사용하는 Pearson 적률(product-moment) 상관계수는 구간 또는 비율척도에서 사용될 수 있는 것이다. 그러나 두 변수 중 하나, 또는 두 점수 모두가 서열척도로 주어진 경우, Spearman 상관계수, Spearman rho를 사용할 수 있다. Spearman rho는 Pearson 선형 상관계수를 서열척도에 적합하도록 적용한 것이다.

$$r_S = 1 - \frac{6\sum D_i^2}{N^3 - N}$$

여기서, $D_i = R(X_i) - R(Y_i)$

$\qquad R(X_i)$: i번째 짝의 X값의 등위

$\qquad R(Y_i)$: i번째 짝의 Y값의 등위

$\qquad N$: 사례 수

예제 5-2

리듬체조 심사위원 양성소에서 두 심사위원 후보가 12명의 대표선수의 경기를 보고 순위를 매긴 결과가 다음 표와 같다. 두 종목 사이의 상관계수는 얼마일까? 이 중 5번 과 6번 선수의 순위 2.5는 동률 2위를 그렇게 처리한 것이다.

체조선수 ID	후보 1의 순위 $R(X_i)$	후보 2의 순위 $R(Y_i)$	D_i $R(X_i) - R(Y_i)$	D_i^2
1	6	5		
2	5	3		
3	7	4		
4	10	8		
5	2.5	1		
6	2.5	6		
7	9	10		
8	1	2		
9	11	9		
10	4	7		
11	8	11		
12	12	12		

풀이

체조선수 ID	후보 1의 순위 $R(X_i)$	후보 2의 순위 $R(Y_i)$	D_i $R(X_i) - R(Y_i)$	D_i^2
1	6	5	1	1
2	5	3	2	4
3	7	4	3	9
4	10	8	2	4
5	2.5	1	1.5	2.25
6	2.5	6	-3.5	12.25
7	9	10	-1	1
8	1	2	-1	1

9	11	9	2	4
10	4	7	-3	9
11	8	11	-3	9
12	12	12	0	0
				56.5

$$r_S = 1 - \frac{6\sum D_i^2}{N^3 - N} = 1 - \frac{6(56.5)}{(12)^3 - 12} = 0.80$$

3 신뢰도

1) 역사적 배경

Traub(1977)는 고전검사이론을 20세기 초에 완성된, 과거 150년간의 가장 뛰어난 성과 세 가지가 결합한 시대적 산물이라고 표현하였다. 세 가지 성과란:

① 측정에서 오차의 존재를 인식
② 오차는 확률변수라는 점을 인식
③ 상관관계의 개념 및 그 수량화 방안 인식

등으로 소개하고 있다(p. 8). 이 세 가지 성과가 바로 인류의 정신사적 도약을 가져온 직접적인 계기라는 것이 Traub의 주장인데, 그의 주장은 합당하다고 생각된다. 여기에서는 이러한 주장을 편 그의 논문, "고전검사이론의 역사적 고찰"을 주로 인용하여 이 이론의 역사적 배경을 살펴보고자 한다. 하지만 먼저, 위 세 가지 성과가 생겨나기 전후의 서구 사회의 분위기를 잠시 소개하겠다.

이때는 산업화의 진전이 상당히 이루어진 시기였다. 관련 자연과학과 인문과학이 눈부시게 발달하고 있었고, 각종 실험연구가 이론적 발달을 뒷받침하였다. 한편 중산층에서는 수입이 늘어난 기구가 많이 생기게 되었고, 이에 따라 자녀 중 한 명쯤은 대학에 진학시키려는 포부를 가질 수 있게 되었다. 이것이 이야기의 시작이다. 모든 것이 발전을 예견하게 하는 상황에서 뜻밖의 걸림돌이 나타나기 시작한 것이다. 오차였다. 오차의 문제가 부각된 것은 과학적 발전의 수준이 높아져, 과거의 측정치보다 훨씬 더 정교한 수치가 요구되었기 때문이다. 오차는 원래 있어서는 안 되는 것인데 특별한 사정 때문에 생긴 것으로만 생각했던 사람들은 오차를 없앰으로써 이 문제를 해결할 수 있을 것으로 생각했다. 그러나 오차는 줄일 수는 있어도 없앨 수는 없는 존재라는 것을 알게 됨에 따라 오차는 과학적 발전을 가로막는 하나의 걸림돌로 인식되었다.

오차의 문제가 부상하게 된 또 하나의 계기는 사회적 수요에 의해 심리검사 도구의 개발과 활용이 활발해진 일이다. 사회적 수요란 많은 부모가 대학에 진학시킬 자녀를 선택하고자 IQ 검사점수를 원하게 된 것을 말한다. IQ는 이러한 분위기를 타고 심리학과 교육학의 뜨거운 주제로 부상하게 되었다. 그때까지만 해도 IQ와 학업성취도 사이의 상관관계를 연구한 사람들은 누구나 흡족한 결과를 얻을 수 있었다. 요즘은 당연시되는 연구결과지만. 당연히, 이러한 추세에 고무된 과학자들은 한 걸음 더 나아가 IQ 점수를 사용하여 인간의 정신적 활동의 깊은 비밀을 캐려고 노력했고, 거기서 뜻밖의 장애를 만나게 된다. 그 이유는 IQ 점수를 사용한 상관계수가 예리한 변별력을 갖지 못하고 언제나 비슷한 수치를 나타내었기 때문이다. 예를 들어 Pearson(1904)의 연구에서 보고된 형제간 IQ의 상관계수는 0.05로, 이것은 형제간 신체적 특성의 상관계수와 거의 같은 크기였다. 그것은 도구의 결함 때문에 생긴 오차가 개입한 결과였다. 오차를 가지고 있는 두 측정치 사이의 상관계수를 구한 결과는 언제나 비슷했다. 마치 물 탄 재료를 사용하여 어떤 요리를 하더라도 그 맛이 그 맛이듯이. 오차는 전부터 불편한 존재였지만 이제는 전례 없이 큰 문제로 부상한 것이다. 더구나 오차를 완전히 없애는 것은 불가능하다는 사실이 경험적, 이론적으로 어느 정도 알려져 있던 때였다. 이제 과학의 발전은 여기까지인 것처럼 보이던 상황에서, 사람들은 정확한 측정을 방해하는 오차의 특성을 파고들었다. 그 과정에서 생긴 기념비적 사건을 Traub(1977)의 논문을 요약하여 소개한다.

1. 오차의 인식. 20세기를 여는 지성사적 화두는 과학적 관찰에서의 오차에 관한 것이었다. 오차에 관한 본격적인 인식에 이르기까지 과거 오차에 관한 언급의 예를 들자면, 17세기 Galileo는, "관찰의 오차 분포는 대칭이며 진 점수의 주위에 모이는 경향이 있다"는 추측을 피력한 적이 있다. 그 후에도 유사한 논의가 있었고 놀라울 만큼 정확한 것들이 많았으나, 모두 추측의 수준에 머무른 것들이었다.

2. 정규분포 개념의 도입. 19세기 초 우주를 연구하는 학자들 사이에서 관찰치의 오차가 연구대상으로서 가치가 있다는 인식이 나타나기 시작했다. 특히 Gauss는 미지의 대상에 대한 관찰, 예컨대 행성의 궤도 관찰 값 중 가장 정확한 값은 그 평균이라는 사실을 증명하고자 노력했으며, 그 과정에서 정규분포를 발견했다. 나아가 Bessel은 우주과학의 관찰에서 나타나는 오차는 여러 부분으로 이루어져 있으며, 그 모든 오차의 합의 분포는 정규분포를 나타낸다고 생각했다(In Traub. 1977, p. 9).

3. 상관관계의 수학적 개념 완성. 1888년 Galton의 논문 "Co-Relations and Their Measurement(1888)"에 의하여 처음으로 상관관계를 계수로 표현하려는 노력이 나타났다. 그 후 1896년 Pearson은 적률 상관계수, 즉 두 결합분포의 공분산을 각 표준편차의 곱으로 나누어주는 것이 상관계수를 표현하는 최선임을 보였다.

4. 계기. Galton, Pearson(1904) 등은 우생학에 깊은 관심이 있었으며 형제간의 여러 특성에 관한 상관계수를 측정하였는데, 놀랍게도 상관계수는 심리적, 육체적 특성에 상관없이 모두 0.5 근처로 나타났다. 이때가 바로 고전검사이론이 탄생하기 직전의 어둠이었다.

5. 검사이론의 최초. 1904년 Spearman은 Pearson의 연구결과를 지목하여 측정오차에 의한 희석효과를 수정한 상관계수 "교정" 공식을 발표했다. 그의 생각은 이랬다. 인간의 심리적 특성, 예컨대, IQ에 대한 두 측정값은 "우발적인"(1904, p. 89) 형태로 분산되어 각각의 변수에 영향을 미친다는 것이다. 그럴 때 상관계수는 낮아질 수밖에 없다. Pearson 연구에서 이 우발적인 변동에 의한 희석효과를 교정해준 형제간 지적 능력 점수 사이의 상관은 0.5에서 0.8로 올라갔다. Pearson은 자신의 연구에 "교정"이란 표현을 쓴 데 대해 불쾌감을 표현했으며, 수정된 상관계수가 1이 넘는 경우가 있다는 점을 들어 Spearman의 공식은 명백히 잘못된 것이라고 비판했다. Brown(1910)도 오차가 과연 랜덤한 형태로 존재할 것인가에 관한 의문을 제기했다. 그는 두 공분산 $s_{x_1 x_2}$와 $s_{y_1 y_2}$ 값이 같은지 검사함으로써 이를 확인할 것을 제안하였다. x_1과 x_2, 그리고 y_1과 y_2가 동형검사 점수라 가정한다면 두 공분산의 값은 같고, 두 동형검사 점수 사이의 상관계수는 오차를 제외한 순수 점수의 비중을 나타낼 것이다. 한편, 수정된 상관계수가 1이 넘는 경우가 있다는 점에 대하여, Spearman은 표본오차에 의해 그런 경우가 생길 수 있으며 그런 경우 수정된 값을 1로 정하면 된다고 응수했다. Brown의 문제 제기에 대해서는 오차는 우발적 오차

와 정기적 오차로 나눌 수 있는데 우발적 오차는 상관계수에 의한 표현이 가능하고, 두 오차가 서로 연관된 경우, 예컨대 피험자가 몸이 아픈 상태에서 치른 두 시험 점수의 경우, 다른 실험설계를 도입해야 한다고 하였다.

6. 1907 Spearman 수정공식의 증명. Pearson의 비판에 대해 Spearman은 자신이 만든 수정공식에 대한 수학적 증명을 발표하였다. 두 점수의 상관계수로서 표시된 계수는 각 점수의 신뢰도에 의해 과소평가된 상관관계를 가지게 된다. 이를 교정하기 위한 공식의 증명은 1907년에 발표되었다. Spearman의 공식은 다음과 같다.

$$r_{corr} = \frac{r_{xy}}{\sqrt{r_{xx'}}\sqrt{r_{yy'}}}$$

여기서, r_{corr}: 교정된 상관계수
r_{xy}: 원래의 상관계수
$r_{xx'}$: X 검사의 신뢰도
$r_{yy'}$: Y 검사의 신뢰도

이 공식은 절대적인 의미가 있는 것은 아니고, 도구의 신뢰도가 완전할 때 상관계수는 이러한 수치까지 기대할 수 있다는 정도로 해석하는 것이 올바르다. Kelly(1923)에 의하면 동형검사의 조건은 두 test 간 충분한 복잡성, 같은 난이도 및 형태, 기억의 작용을 억제할 정도의 상이성 등이다.

7. Spearman-Brown 공식 발표. 두 사람은 1910년 각각 독자적으로 예측공식을 발표했다. 이것은 검사의 길이가 n 배로 변했을 때 새로운 신뢰도를 예측한 공식이다.

$$\rho_{xx'}^* = \frac{n\rho_{xx'}}{1+(n-1)\rho_{xx'}}$$

여기서, $\rho_{xx'}^*$: 신뢰도 예측값
n: 문항 수의 배율
$\rho_{xx'}$: 최초의 신뢰도

이러한 이론적 진전이 논의된 후 드디어 본격적인 신뢰도 개념, 즉 검사점수의 분산이 포함하는 오차 분산이라는 개념이 자리잡게 된다.

2) 고전 검사이론의 주요 가정

$X = T + E$ 점수는 진 점수와 오차로 구성된다.

$\rho_{T,E} = 0$ 진 점수와 오차는 서로 독립적이다.

$\mu_\epsilon = 0$ 오차는 정규분포를 이룬다.

$\rho_{E_1 E_2} = 0$ 오차 점수는 서로에 대해 독립적이다.

한 검사의 신뢰도는 그 검사가 측정하고 있는 측정치가 일관된 정도를 말한다. 이러한 특성은 어떤 측정에서나 매우 중요한 요소가 된다. 신뢰도는 측정의 오차가 어디에서 오는가 하는 문제와도 관련이 있다. 측정의 오차가 우연으로부터 오는가(신뢰도), 아니면 체계적인 장치에서 오는가(타당도)에 따라 신뢰도는 타당도와 구분된다.

한 검사의 오차 부분과 진 점수의 부분을 나누어 생각해 보면 검사점수는 다음의 등식으로 표현될 수 있다.

$$X = T + E$$

여기에 분산의 개념을 도입하면 각 점수의 분산에 따른 다음 등식이 성립한다.

$$\sigma_X^2 = \sigma_T^2 + \sigma_E^2$$

즉 검사점수의 분산은 진 점수의 분산에 오차 분산을 합한 것과 같다는 의미이다. 진 점수와 오차 점수의 편차의 곱의 합은 두 변수가 서로 독립적이기 때문에 서로 상쇄되어 0이 된다.

정의에 의해, $\sigma_X^2 = \sigma_{T+E}^2$

Let $x = X - \overline{X}$, $t = T - \overline{T}$, $e = E - \overline{E}$

$$\sigma_X^2 = \frac{\sum (t+e)^2}{N} = \frac{\sum t^2}{N} + \frac{\sum e^2}{N} + \frac{\sum 2te}{N}$$

$$= \sigma_T^2 + \sigma_E^2 + \frac{2\sigma_T \sigma_E}{N} \cdot \frac{\sigma_{TE}}{\sigma_T \sigma_E}$$

$$= \sigma_T^2 + \sigma_E^2 + \frac{2\sigma_T \sigma_E}{N} \cdot \rho_{T,E}$$

$$= \sigma_T^2 + \sigma_E^2$$

3) 신뢰도 계수의 정의

신뢰도 계수는 진 점수의 분산과 점수 분산의 비로 정의된다.

$$신뢰도 = \frac{진점수분산}{관찰된점수분산}$$

$$r = \frac{\sigma_T^2}{\sigma_X^2}$$

즉 신뢰도는 진 점수의 분산과 관찰된 점수의 비이다. 그런데 진 점수는 개념적으로만 존재하므로 이를 다른 식으로 바꾸면 다음과 같이 나타낼 수 있다.

$$\sigma_T^2 = \sigma_X^2 - \sigma_E^2$$

$$r = \frac{\sigma_X^2 - \sigma_E^2}{\sigma_X^2}$$

이것은 두 동형검사에 의한 점수의 상관계수로 표현될 수 있다. 동형검사란,

a. 각 피검사자의 진 점수는 두 검사에서 동일하고
b. 두 검사의 오차 분산이 같은 검사를 말한다.

왜 신뢰도 계수가 두 동형검사 점수의 상관계수로 표시될 수 있는지 보이겠다. 동형검사 점수 X_1과 X_2에서 편차 x_1, x_2는 진 점수와 오차의 편차로 전환하여

$$x_1 = t_1 + e_1$$

$$x_2 = t_2 + e_2$$

로 표시될 수 있다.

두 동형검사 점수의 상관계수는

$$\rho_{X_1 X_2} = \frac{\sum x_1 x_2}{N \sigma_{X_1} \sigma_{X_2}}$$

$$\rho_{X_1 X_2} = \frac{\sum (t_1 + e_1)(t_2 + e_2)}{N \sigma_{X_1} \sigma_{X_2}}$$

$$\rho_{X_1 X_2} = \frac{\sum t_1 t_2}{N \sigma_{X_1} \sigma_{X_2}} + \frac{\sum t_1 e_2}{N \sigma_{X_1} \sigma_{X_2}} + \frac{\sum t_2 e_1}{N \sigma_{X_1} \sigma_{X_2}} + \frac{\sum e_1 e_2}{N \sigma_{X_1} \sigma_{X_2}}$$

고전 검사이론의 가정에 의하여 뒤의 세 분수는 그 값이 0이고,
동형검사의 정의에서 $t_1 = t_2$ 이므로

$$\frac{\sum t_1 e_2}{N \sigma_{X_1} \sigma_{X_2}} = \frac{\sum t_2 e_1}{N \sigma_{X_1} \sigma_{X_2}} = \frac{\sum e_1 e_2}{N \sigma_{X_1} \sigma_{X_2}} = 0$$

$$\rho_{X_1 X_2} = \frac{\sum t_1^2}{N \sigma_{X_1^2}}$$

$$= \frac{\sigma_T^2}{\sigma_X^2}$$

이것은 신뢰도의 정의와 일치한다. 상관계수의 제곱이 Y 점수의 분산 중 X 점수가 설명하는 정도를 나타내듯이, 신뢰도는 검사 점수의 분산 중 진 점수 분산으로 설명할 수 있는 부분의 비율을 뜻한다.

4) 측정의 표준오차

측정의 표준오차는 점수가 포함하는 오차에 관한 개념으로서, 오차는 확률함수이며 평균이 0인 정규분포를 나타낸다는 가정에 근거하고 있다. 이 오차의 표준편차가 표준오차이다. 표준오차를 통하여 우리는 오차가 발생하는 규모와 확률을 알 수 있다.

검사이론의 가정으로부터

$$X = T + E$$

$$\sigma_X^2 = \sigma_T^2 + \sigma_E^2$$

양변을 σ_X^2로 나누면

$$\frac{\sigma_T^2}{\sigma_X^2} + \frac{\sigma_E^2}{\sigma_X^2} = 1$$

$$r + \frac{\sigma_E^2}{\sigma_X^2} = 1$$

$$\sigma_E = \sigma_X \sqrt{1-r}$$

여기서, r: 신뢰도

σ_E: 표준오차

표준오차는 오차의 표준편차이니 우리가 어떤 특정점수를 안다면 오차가 그 점수를 중심으로 어떤 양상으로 분포하는지 알 수 있으므로 진 점수가 위치할 신뢰구간을 정할 수 있다. 같은 논리로 진 점수를 안다면 오차의 분포 정보와 함께 측정점수의 신뢰구간을 정할 수도 있다.

예제 5-3

어떤 사람이 평균 70, 표준편차 10인 모집단에 신뢰도가 0.84인 검사도구에 의해 80이라는 점수를 얻었을 때 이 사람의 진 점수가 어느 범위에 있을지 95% 신뢰구간 (표준오차 2 단위) 내에서 짐작한다면?

풀이

오차=측정점수 − 진 점수

표준오차 $\sigma_E = \sigma_X \sqrt{1-r}$

$\qquad\qquad = 10\sqrt{1-0.84} = 4$

진 점수 범위: $80 \pm 2\sigma_E = 80 \pm 8,\ 72 \leq T \leq 88$

4 신뢰도의 추정

위에서 두 동형검사 점수의 상관계수가 신뢰도의 정의와 일치함을 보였다. 여기서 얻을 수 있는 교훈은 어떻게든 동형검사의 성격을 갖는 두 검사 점수를 얻으면 검사의 오차 분산을 분리해낼 수 있다는 것이다. 그렇다면 동형검사를 구성하기 위하여 검사의 주요 오차 요인, 즉 신뢰도를 낮추는 요인은 무엇인지 생각하게 된다. 그것은 세 부류로 나누어진다.

① 시간의 경과. 시간의 경과에 따라, 학생의 성숙이나 피로, 또는 그 날의 사정에 따라 측정치가 조금씩 변할 수 있다.

② 측정 도구 자체의 결함. 측정 도구에 의해서 검사가 다의적으로 해석될 수 있거나 검사 도구의 작은 차이에 의해 측정치는 달라질 수 있다.

③ 검사 문항의 내적 일치도. 측정치의 안정성, 피험자의 행동관찰 횟수 등이 오차에 영향을 미칠 것이다.

이러한 세 종류의 오차의 원천을 고려하여, 신뢰도는 다음 세 가지 방법으로 추정된다.

1) 시간의 경과에 따른 안정성(time sampling)

이것은 흔히 검사-재검사 신뢰도로 불린다. 검사를 했던 같은 사람들에게 시간이 지난 다음 같은 검사를 하여 두 가지 점수의 상관계수로써 신뢰도를 추정하는 방법이다. 이 방법은 신뢰도의 개념에 가장 가까운 현실적 연구 방법이지만, 측정하는 특성이 시간의 경과에 따라 비교적 영향을 받지 않는 안정성을 가진다는 가정을 필요로 한다.

예컨대 체력장 검사의 경우 그러한 가정을 할 수 있다. 그런데 이 방법을 인지적 영역에서 사용하기 위해서는 검사 결과가 학습, 성숙 등의 영향을 배제할 수 있어야 하므로 그 사용이 제한적이라 할 수 있다.

2) 동형검사에 대한 신뢰도

동형검사란 같은 목적의 같은 절차를 밟아 개발한 두 가지 검사로, 각 피검사자의 진점수는 두 검사에서 동일하고, 두 검사의 오차 분산이 같은 검사를 말한다. 동형검사 신뢰도는 두 동형검사를 같은 집단에 실시하여 두 검사 결과의 상관계수를 구하는 방법이다. 이때의 상관계수는 한 형태와 다른 형태의 검사에 대한 분산의 변화이다.

그러나 이 방법의 제한점은 동형검사라는 것을 어떻게 만들며 어떻게 동형이라는 것을 확인할 수 있는가 하는 문제가 매우 어렵다는 데 있다.

3) 문항의 내적 일치도

이 방법은 신뢰도에 관한 정보를 외적 준거에 의하지 않고 내부에서 구하는 방법이다. 즉 검사 문항을 반으로 나누어서 두 반쪽 검사의 상관계수를 구하는 반분 신뢰도, 그리고 문항점수의 분산을 전체점수 분산과 비교하는 알파 계수를 구하는 방법으로 나누어진다.

a. 반분 신뢰도

반분 신뢰도는 검사 문항을 반으로 나누어 (주로 기우 반분 신뢰도를 많이 사용한다) 두 반쪽 검사 사이의 상관계수를 구한다. 이때, 문항 수가 반으로 줄었으므로 교정 공식을 사용하여 상관계수를 수정한다. 앞에서 소개한 Spearman-Brown의 예측 공식은,

$$\rho_{xx'}^* = \frac{n\rho_{xx'}}{1 + (n-1)\rho_{xx'}}$$

$n = 2$를 대입하면

$$\rho_{xx'}^* = \frac{2\rho_{xx'}}{1 + \rho_{xx'}}$$

여기서, $\rho_{xx'}^*$: 신뢰도 예측값

$\rho_{xx'}$: 최초의 신뢰도

이 방법은 검사 문항을 어떻게 나누느냐에 따라서 신뢰도 값이 달라지는 문제점이 있는데, 후에 Chronbach 알파의 방법이 이 문제를 해소하게 된다.

b. Cronbach's alpha

크론백 알파의 접근은 몇 가지 측면으로 나누어서 설명하는 것이 효과적일 것 같다. 먼저 분석 형태를 보면, 크론백 알파의 각 데이터 X_{pi}는 피검사자 p와 검사 조건 i가 교차분포를 이루고 있는 모습이다. <표 5.4>를 보자.

〈표 5.4〉 Cronbach's alpha 모집단-전집의 무한행렬

Person	Item					
	1	2	...	i	...	$k\rightarrow\infty$
1	X_{11}	X_{12}	...	X_{1i}	...	X_{1k}
2	X_{21}	X_{22}	...	X_{2i}	...	X_{2k}
...	...	...	...	...	...	...
p	X_{p1}	X_{p2}	...	X_{pi}	...	X_{pk}
...	...	...	...	...	...	...
$n\rightarrow\infty$	X_{n1}	X_{n2}	...	X_{ni}	...	X_{nk}

이 분포로부터 가로는 각 피험자의 각 문항점수 (또는 기타 조건), 세로는 각 문항에 대한 각 피험자의 점수가 교차로 나타나 있다. 이 표는 크론백 알파의 공식이 어떤 의도에서 만들어졌는지 보여준다. 여기서 Person이란 모집단 전부를 나타내고 있고 Item은 검사 조건 전집 또는 문항 전집을 나타낸다. 전집(universe)은 일반화 가능도 또는 분산성분 계열의 접근에서 문항 모집단을 일컫는 용어이다. X_{pi}란 피험자 p가 문항 (또는 조건) i에서 얻은 점수를 말한다. 이 점수는 연속변수일 수도 이산변수일 수도 있다. 검사이론에 의하면 점수 X_{pi}는 진점수와 오차의 합이다. 또 여기서 진점수는 무수히 많은 관찰값의 평균이다. 현실에서는 무한대의 문항과 피험자 모집단을 가질 수 없으므로 이들이 각각 모집단에서 무선추출된 것으로 간주한다. 그렇다면 문항 i에 대한 점수 X_i의 분산, 즉 s_i^2는 어떤 값일지 생각해보자.

$$s_i^2 = \frac{\sum_i^k \left(X_i - \overline{X}_i\right)}{k} = \frac{\sum_i^k \left(T_i + E_i - T_i\right)}{k} = \frac{\sum_i^k \left(E_i\right)}{k}$$

Cronbach's alpha 값은 다음과 같이 변형할 수 있다.

$$\alpha = \frac{k}{k-1}(1 - \frac{\sum s_i^2}{s_X^2}) = \frac{SS_T}{SS_X}$$

동형검사 상관계수에 의한 신뢰도의 제곱, r^2은

$$r^2 = 1 - \frac{SS_E}{SS_X} = \frac{SS_T}{SS_X}$$

로 주어진다. 따라서 Cronbach's alpha와 동형검사 상관계수에 의한 신뢰도 제곱은 같은 개념의 통계량인 것을 확인할 수 있다.

다음으로 Cronbach's alpha의 가정을 살펴보겠다. 가장 기본적인 것은 각 문항(세로 항)이 서로 독립이면서도 상관이 0이 되어서는 안 된다는 가정이다. 따라서 서로 무관한 몇 과목을 정해진 비율에 따라 반영한 시험문제는 Cronbach's alpha를 적용하기에 적합하지 않다. 이 외에 핵심적인 가정은 당연히 피험자와 문항이 모집단에서 무작위 추출한 결과라는 가정이다. Cronbach's alpha의 공식이 이 가정에 의존하기 때문이다. 알파 계수를 구하는 방법은 크론백에 의해서 개발되었다. 이것은 신뢰도를 단순히 점수의 상관으로만 보지 않고 문항점수의 분산과 연관시킨 점에서 진전을 보인 방법이다. 각 문항이 구간 척도로 되어 있을 때, 신뢰도 α는 다음과 같이 주어진다.

$$\alpha = \frac{k}{k-1}(1 - \frac{\sum s_i^2}{s_X^2})$$

여기서, α: Cronbach's alpha
k: 문항 수
s_X^2: 총점 분산
s_i^2: 각 문항점수 분산

Cronbach's alpha는 가능한 모든 방법으로 나눈 반분 신뢰도 값의 평균과 같은 결과를 준다. 이 방법은 검사-재검사처럼 피험자를 다시 불러 모아야 하는 불편도 없고, 반분 신뢰도의 경우처럼 반으로 나누는 방법에 따라 신뢰도가 달라지는 문제도 없어 가장 널리 사용되는 신뢰도 추정 방법이다. 문항의 내적 일치도에 의해 신뢰도를 추정하는 방법은 한 번의 검사로 신뢰도 값을 구할 수 있다는 장점이 있지만, 검사가 명백히 다른 여러 특성을 측정하는 경우 신뢰도 값을 과소평가하게 된다는 단점이 있다. 또 너무 어렵거나 시간이 충분히 주어지지 않아서 피검사자가 풀지 못하고 남겨 놓은 문항이 많을 때 신뢰도의 값을 제대로 반영하지 못한다는 단점이 있다.

연 습 문 제

01. True, False 문제

1) 모든 점 (X, Y)가 직선상에 위치하면 두 변수 사이에는 완전한 상관이 있다.

2) 부적 상관이 있을 때 한 변수의 크기가 커지면 다른 변수는 반드시 감소한다.

3) 상관계수는 관계의 방향이 아니라 크기를 표현한다.

4) Pearson r과 Spearman rho는 모두 -1부터 1 사이에 존재한다.

5) X와 Y 사이의 상관계수는 Y와 X 사이의 상관계수와 같다.

6) 상관계수를 표준점수에서 얻는 이유는 단위의 영향을 배제하기 위함이다.

7) 변수의 범주에 제약을 가하면 상관관계가 과소평가된다.

8) $N = 2$일 때 두 변수 사이의 상관계수는 항상 1이다.

9) $r = -1$인 관계는 불완전한 상관관계이다.

10) 한 변수의 모든 값에 상수를 더해주면 상관계수는 변하지 않는다.

11) 상관계수는 기술통계치이다.

12) 상관계수 .78과 $-.80$ 중 관계의 강도가 강한 것은 .78이다.

13) 두 변수의 모든 짝의 표준점수가 서로 같다면 상관계수는 1이다.

14) Y값의 전체 변량(variability)의 49%가 X에 의해 설명된다면 $r = 0.7$이다.

02. 두 종류의 아이큐검사 점수를 나타낸 다음 표를 이용하여 두 변수의 상관계수를 산출하라.

ID	IQ 1			IQ 2		
	X	X^2		Y	Y^2	XY
1	155			83		
2	120			78		
3	95			71		
4	100			75		
5	132			80		
6	140			79		
합계						

03. 위 3번 문제의 데이터에서 각 개인의 IQ에 10점을 더하고 시험점수에 2배를 해주면 상관계수는 어떻게 변할까?

04. 학생의 리더십 능력과 매력도 사이에 상관관계가 있을지 조사한 연구에서 한 교사에게는 7명의 학생에 대한 리더십 능력 순위를, 다른 교사에게는 매력도의 순위를 매기게 하였다. 그 결과가 다음과 같다면 상관계수는?

학생	리더십 순위	매력도 순위
1	1	2
2	2	1
3	3	3
4	4	7
5	5	4
6	6	5
7	7	6

05. 고전검사이론에서 신뢰도는 검사점수 분산과 (   ) 분산의 비율을 뜻한다.

06. 신뢰도 0.84, 표준편차 10점인 시험에서 점수 80점인 수험생의 진점수는 어느 구간에 있을까? 단 점수는 정규분포를 이룬다고 간주하고 신뢰구간은 95%, $z_{.025} = 2$로

계산하라.

07. 올해 공무원시험의 신뢰도는 0.91, 표준편차는 10, 합격선이 84점이라 하자. 진점수가 90점인 응시자가 이 시험에 응시하여 합격할 확률은 대략 얼마나 될까?

08. 한 연구자가 자신의 실험에서 사용한 학업성취도 측정 도구의 신뢰도를 보고하기 위하여 검사-재검사 신뢰도를 구하고자 했다. 이 방법은 검사가 이루어진 후 같은 학생들에게 다시 한번 검사를 하여 검사점수와 재검사 점수 사이의 상관계수를 구하여 그것으로 신뢰도를 추정하는 방법이다. 일정한 시간이 경과한 후 실험에 참여했던 학생을 다시 모아 재검사를 하려고 하였는데 성적 미달 학생들이 보충 교육을 받기 때문에 재검사에 응하지 못하게 되었다. 이들을 빼고 검사한 결과로 신뢰도를 보고한다면 이 도구의 신뢰도는 과대평가될까, 과소평가될까?

09. 두 변수 사이에 상관관계가 있으면서 인과관계는 없는 이유로 가능한 세 가지 경우를 예를 들어 설명하라.

10. 다음 자료 중 4번 사례를 제거한 상관계수와 6번 자료를 제거한 상관계수는 전체 상관계수에 어떤 영향을 미치는지 설명하라.

사례	1	2	3	4	5	6
점수 A	6	9	7	7	5	15
점수 B	9	7	10	8	6	17

11. 두 검사 도구에 의한 두 점수의 공분산은 그 검사 도구에 의한 두 진 점수의 공분산과 같음을 보여라. 즉, 다음의 등식이 성립함을 보여라.

$$\sigma_{X_1 X_2} = \sigma_{T_1 T_2}$$

01. 1) F. 모든 점이 X축과 평행인 직선상에 있다면 상관은 0이다.

2) F. 전체 자료의 경향이 그렇다는 것이다.

3) F. 방향과 크기 둘 다를 표현한다.

4) T. 둘은 척도만 다를 뿐 수학적 개념과 지수로서의 성격은 같다.

5) T. 6) T. 7) T. 8) T

9) F. 방향은 반대지만 이 또한 완전한 상관이다.

10) T. 11) T

12) F. 상관계수의 절대 크기는 관계의 강도를 나타낸다.

13) T.

14) T. 참고로 상관계수는 앞자리 0을 생략하고 소숫점 이하 두 자리로 표현하는 것이 일반적이다. 즉 $r = 0.7$이면 .70으로 표기한다. 그러나 이는 반드시 지켜지는 것은 아니다.

02. $r = 0.95$

컴퓨터의 도움을 받을 수 없을 때 다음 식을 알고 있으면 편리하다.

$$\sum(X-\mu)(Y-\mu) = \sum XY - \frac{\left(\sum X\right)\left(\sum Y\right)}{N}$$

$$\sum(X-\mu)(X-\mu) = \sum XX - \frac{\left(\sum X\right)\left(\sum X\right)}{N} = \sum X^2 - \frac{\left(\sum X\right)^2}{N}$$

상관계수는 공분산을 두 표준편차로 나눈 값이므로,

$$\rho = \frac{\sigma_{XY}}{\sigma_X \sigma_Y} = \frac{SP_{XY}/N}{\sqrt{(SS_X/N)(SS_Y/N)}} = \frac{SP_{XY}}{\sqrt{SS_X SS_Y}}$$

$$= \frac{\sum XY - \dfrac{\left(\sum X\right)\left(\sum Y\right)}{N}}{\sqrt{\left[\sum X^2 - \dfrac{\left(\sum X\right)^2}{N}\right]\left[\sum Y^2 - \dfrac{\left(\sum Y\right)^2}{N}\right]}}$$

이 식은 표본에도 똑같이 적용된다. 문제로 돌아와서 자료의 X^2과 Y^2, 그리고 XY 값을 구해보면,

	IQ		시험 점수		
ID	X	X^2	Y	Y^2	XY
1	155	24025	83	6889	12865
2	120	14400	78	6084	936
3	95	9025	71	5041	6745
4	100	10000	75	5625	7500
5	132	17424	80	6400	10560
6	140	19600	79	6241	11060
합계	742	94474	466	36280	58090

$$r = \frac{\sum XY - \dfrac{(\sum X)(\sum Y)}{N}}{\sqrt{\left[\sum X^2 - \dfrac{(\sum X)^2}{N}\right]\left[\sum Y^2 - \dfrac{(\sum Y)^2}{N}\right]}}$$

$$= \frac{58090 - \dfrac{(742)(466)}{6}}{\sqrt{\left(94474 - \dfrac{(742)^2}{6}\right)\left(36280 - \dfrac{(466)^2}{6}\right)}} = .95$$

3. 상관계수는 변하지 않는다. 지역 독립성과 척도 독립성 때문.

4. 진점수, True score

5.

$$\sum D_i^2 = 14$$

$$r_S = 1 - \frac{6(14)}{7^3 - 7} = 0.75$$

6. 80 ± 8

   표준오차 $\sigma_E = \sigma\sqrt{1-r}$

   $\sigma_E = 10\sqrt{1-0.84} = 4$

   신뢰구간 95%에서 $-2(4) \leq T \leq 2(4)$

7. 약 97.5%

   표준오차 $\sigma_E = \sigma\sqrt{1-r} = 10\sqrt{1-0.91} = 3$

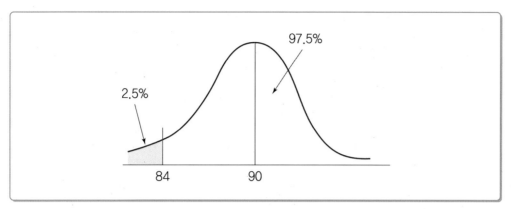

[그림 5.4] 관찰점수의 분포

진점수는 90이므로 관찰점수 분포는 $X \sim N(90, 3^2)$
이 분포에서 합격확률은 1에서 색음영 부분의 영역을 제외한 나머지 97.5%이다.

8. 하위권 사례 제거, 즉 자료의 절단으로 상관계수는 과소평가된다.

9. 1) 제3 변수가 개입된 경우.
    예: 맥주 소비량 vs. 위암 환자 수. 도시의 인구가 두 배로 증가한 경우
    2) 매개변수가 개입된 경우
    예: 비료의 사용량 vs. 쌀의 수확량. 토양의 종류가 다른 경우
    3) 우연
    예: 국가의 경기지수와 강수량이 우연히 일치한 경우

10. 전체 상관계수는 0.8817,
    4번 사례를 제거한 상관계수는 0.8785,
    6번 사례를 제거한 상관계수는 0.1066
    6번 사례는 outlier로, 분포의 중심부에 위치한 4번 사례보다 훨씬 큰 영향을 미친다.

11.

$$\text{let. } x = X - \mu_X, \ t = T - \mu_T$$
$$\sigma_{X_1 X_2} = \frac{\sum x_1 x_2}{N} = \frac{\sum (t_1 + e_1)(t_1 + e_1)}{N}$$
$$= \sigma_{T_1 T_2} + (\rho_{TE} + \rho_{EE})(...) = \sigma_{T_1 T_2}$$

즉, 오차의 독립성을 강조한 문제이다.

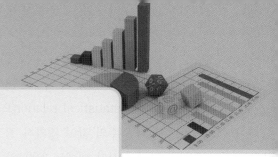

제 6 장

회귀분석

회귀분석은 앞 장에서 다룬 상관분석과 매우 유사하다. 다만, 상관분석이 변수 간 관계의 크기와 방향에 관심을 두는 반면, 회귀분석에서는 한 변수의 값에 근거하여 다른 변수의 값을 예측하는 데 초점을 두고 있다는 점이 다르다. 그렇기 때문에 상관분석에서는 변수 X와 Y의 위치가 바뀌어도 상관없으나, 회귀분석에서는 X를 근거로 Y를 예측하는 것과 Y를 근거로 X를 예측하는 것이 다른 결과를 가져온다. 또 한 가지, 회귀분석에서는 어느 정도의 예측력을 가지는가뿐 아니라, 과연 예측력이 있는가 또는 없는가 하는 판단의 문제가 제기될 수 있다. 관계를 설명하는 것에서 나아가, 판단을 위한 분석이 필요해진다. 기술통계에서 추리통계로 넘어갈 길목에 있는 것이다. 그런 의미에서 회귀분석은 그 자체로도 분석 도구로서의 중요성이 있지만, 이것을 익힘으로써 이후 통계분석 개념의 확장 과정을 이해하는 훈련으로서의 의미도 크다. 예컨대, 오차항의 축소 기법이라든지 데이터를 설명하는 두 모형의 비교 등이 그것이다. 그러나 우선은 회귀선의 구성과 오차, 그리고 결정계수의 개념을 충실히 이해하여야 한다.

1 회귀분석 개요

1) 불완전한 관계의 분석

이 장에서 다룰 내용은 회귀선을 특정하는 방법, 오차의 개념, 그리고 여러 변수와 한 변수의 상관 등이다. 통계학을 접하기 전까지 우리는 세상을 보는 함수적 관계에 익숙해져 있었다. 두 변수 사이의 관계는 함수적 관계, functional relation과 통계적 관계, statistical relation으로 나눌 수 있다. 함수적 관계란 어느 한 변수의 값을 알면 다른 변수의 값이 정확히 결정되는 관계를 말한다. 예를 들어 어느 주차장의 주차료가 처음 한 시간 내에는 3,000원, 한 시간 이후는 30분 단위로 500원씩 추가된다고 하자. 만일 주차 후 2시간 15분이 지나서 차를 뺀다면 주차료는 $3,000 + 3(500) = 4,500$ 원으로 확정될 것이다. 주차 시간이 확정되면 이에 대응하는 주차료가 확정되는 시스템이다. 반면에 통계적 관계란 한 변수의 값에 대한 다른 변수의 값이 정확하게 하나의 값으로 결정되지 않는 관계다. 예를 들어 교육비와 미래소득처럼 한 변수의 값이 정해져도 다른 변수의 값이 특정되지 않는 관계이다. 일반적으로 교육수준이 높으면 높은 소득이 예상되지만, 그 수량이 구체적으로 정해지지 않는 데 어려움이 있다. 통계적 관계에서는 임의의 오차가 있다는 전제하에서 모형을 만들며 이러한 모형을 확률모형이라고 부른다. 종속변수, 독립변수가 각각 하나인 모형을 단순 회귀모형이라 하고, 종속변수가 하나이고 독립변수가 두 개 이상인 모형을 중 회귀모형이라고 한다. 회귀모형은 특별히 한 개 또는 복수의 변수로부터 다른 변수의 값을 예측하는 데 관심이 있으므로 독립변수라는 말 대신 설명변수, 또는 explanatory variable, 종속변수라는 말 대신 응답변수 또는 response variable이라는 말을 쓰기도 한다.

단순 회귀모형은 종속변수와 독립변수의 관계를 분석하는 가장 간단한 방법으로, 그래프 상에서 두 변수가 선형관계를 갖는다고 가정하는 것이다. 따라서 선형 회귀분석 모형이란 변수들이 모집단에서 서로 관련되는 모습을 이러한 가정에 의해 근사한 것(approximation)이다. 이 함수에서 가장 중요한 것은 당연히 회귀선이다. 회귀선(regression line)이란 설명변수의 값으로부터 응답변수의 값을 예측하는 직선을 말한다. 회귀선을 구한 다음 회귀선에 의한 예측에서 발생하는 오차의 범위를 구하는 것까지가 회귀분석의 작업이다.

2) 최소제곱법

선형 회귀분석 함수는 다음과 같이 표시할 수 있다.

$$E(y) = \alpha + \beta x$$

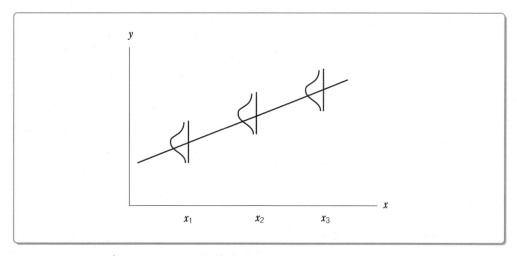

[그림 6.1] 조건부 확률분포

이것은 독립변수 X의 값에 따른 종속변수 Y의 평균이 변하는 모습을 기술한 함수이다. 여기서 α와 β는 모수이기 때문에 실제로 알려진 값은 아니다. 또 Y는 지정된 X값에 따라 평균과 분산을 갖는 조건부 확률변수이다.

위 [그림 6.1]에서 보듯이 Y의 분포는 지정된 값 X에 대하여 조건부 확률분포(conditional distribution)를 나타낸다. 예를 들어 $X = x_1$인 경우 Y는 그림의 가운데 있는 활 모양의 분포를 나타낼 것이다.

참고로 회귀분석 함수와 회귀방정식을 표현한 기호를 눈여겨본 독자는 같은 내용이 조금 다른 기호로 표기되어 있음을 알 수 있을 것이다. 만일 회귀분석의 모형을 나타낸다면,

$$Y_i = \alpha + \beta X_i + \epsilon_i$$

로 표시된다. 이것은 데이터를 설명하는 가정 정확한 가상의 상태를 상정한 것이다. 모집단의 데이터는 직선 $Y = \alpha + \beta X$에 의해 가장 잘 설명되는데 계수 a, b는 표본으로부터 모수 α, β를 추정한 것이다. 위 식에 의거, 표본의 한 점 (x_i, y_i)는 다음과 같이 나누어 해석할 수 있다.

전체 편차 $y_i - \bar{y}$ 중

회귀모형에 의해 설명되는 부분: $\hat{y}_i - \bar{y} = (a + bx_i) - \bar{y}$

잔차, error 또는 residual: $\epsilon_i = y_i - \hat{y}_i = y_i - (a + bx_i)$

여기서 잔차(residual)는 오차와 비슷한 의미이며, 관찰된 값 Y와 회귀선에 의해 예측된 값 $\hat{Y}$의 차이이다. 표기에 있어서 소문자와 대문자를 사용하는 것에 관하여 말하자면, 표본의 한 수를 대변할 때는 소문자로, 모집단의 한 수를 대변할 때는 대문자로 표기하며, 변수 그 자체를 의미할 때도 대문자로 표기하는 것이 관습이다. 제4장에서 이미 언급했지만, 이 장을 먼저 읽는 독자를 위해 부언하자면, 여기서 y에 모자를 씌워놓은 모습의 문자 $\hat{y}$는 y hat이라 읽으며, 이는 회귀직선에 의해 예측된 y 값을 뜻한다.

완벽한 정적 상관의 경우, 즉 상관관계가 1일 때, 두 변수의 산포도에 나타난 점을 모두 연결하면 자연적으로 직선

$$Y = a + bX$$

가 된다. 여기서 b는 직선의 기울기(slope)로, 이는 X가 변할 때 Y가 변하는 정도를 표현하며, a는 절편(intercept)으로 X가 0일 때의 Y 값을 설명하여 준다. 두 변수의 상관관계가 정적이면 b는 양수이고, 부적이면 b는 음수가 된다. 완벽한 상관이 아닐 경우 두 변수의 관계를 탐구하기 위해서는 산포도에 나타난 모든 점을 적절히 대표할 수 있는 직선을 구해야 한다. 이 직선을 회귀선(regression line)이라 하며, 그 식은

$$\hat{Y} = a + bX$$

가 된다. 물론 $\hat{Y}$는 실제로 관찰된 값 Y와 구별하기 위해 사용된 것이다.

산포도에 나타난 점들을 대표하는 회귀선을 그리는 기본원리는 X 값에 따라 Y 값을 예측한 $\hat{Y}$ 값이 가장 정확한 값이 되도록 하는 것이다. 그러기 위해서는 X 값을 회귀등식에 대입하여 나타난 기대되는 값 $\hat{Y}$과 Y 값과의 차이, 즉 $(Y - \hat{Y})$를 최소화하여야 한다. 그런데, 각 점의 차이를 전체적으로 볼 때는 $\sum(Y - \hat{Y})$가 아니라, $\sum(Y - \hat{Y})^2$을 최

소화하는 회귀등식을 생각한다. 표준편차를 계산할 때 이미 경험한 것처럼, 편차의 음수와 양수가 상쇄하여 0이 되는 것을 막으려는 것이다. 따라서 최소제곱 회귀선이란 $\sum(Y-\hat{Y})^2$ 값을 최소화하는 예측 직선이다. 따라서 이와 같은, 회귀선을 계산하는 원리를 최소제곱법, least squares method, 또는 LSM이라 한다.

3) 회귀선의 수식

회귀선은 어떻게 구성되는지 알아보자. 여기 소개한 식의 유도과정은 극히 일부 독자 외에는 알 필요가 없으나 그 과정이 무엇을 얻기 위한 노력인지 아는 것은 매우 중요하다. 답부터 말하자면 이 작업은 두 변수의 결합으로 이루어진 점들을 가장 합리적으로 설명할 수 있는 선을 찾고자 한 노력이고, 그것은 자료의 각 점과의 거리가 가장 짧은 직선일 것이라는 생각인데, 그 과정에서 음의 값이 생기지 않도록 제곱의 합을 구한 것이다. 단, 자료의 모든 점을 가장 합리적으로 설명할 수 있는 선이 존재하며 그것이 직선이라고 생각한 근거는 경험적인 것이며, 이 생각이 언제나 옳지는 않다.

오차 제곱의 합 $\sum(Y-\hat{Y})^2$ 을 최소화하는 a와 b를 얻기 위해 이 식

$$\sum\{Y_i-(a+bX_i)\}^2$$

을 a와 b에 대해 편미분하면,

$$a=\overline{Y}-b(\overline{X})$$

$$b=\frac{\sum xy}{\sum x^2}=r\left(\frac{s_Y}{s_X}\right)$$

여기서, $x=X-\overline{X}$, $y=Y-\overline{Y}$,
r: X, Y 사이의 상관계수
s_X, s_Y: X, Y의 표준편차

를 얻는다. (상세한 계산과정은 이 장의 맨 끝에 첨부하였다.)
실지로 계산을 할 때 사용되는 공식은 다음과 같다.

$$b = \frac{\sum XY - \frac{(\sum X)(\sum Y)}{N}}{\sum X^2 - \frac{(\sum X)^2}{N}}$$

때에 따라 다음 공식이 더 유용하게 쓰일 수도 있다.

$$b = \frac{s_{XY}}{s_X^2} = \frac{SP_{XY}}{SS_X}$$

여기서, $SP_{XY} = \sum (X - \mu_X)(Y - \mu_Y)$

$$SS_X = \sum (X - \mu_X)^2$$

결국 회귀선의 방정식은 다음과 같이 주어진다.

$$\hat{Y} = \overline{Y} + r\left(\frac{s_Y}{s_X}\right)(X - \overline{X})$$

여기서 상관계수는 회귀선의 기울기 b를 표준화한 수치이다. 즉,

$$r = b\left(\frac{s_X}{s_Y}\right) = \frac{\triangle Y}{\triangle X}\left(\frac{s_X}{s_Y}\right) = \frac{\triangle Y/s_Y}{\triangle X/s_X}$$

기울기는 킬로그램이나 그램, 킬로미터나 미터 등 측정단위에 영향을 받지만, 상관계수는 그렇지 않다. 표준화란 작업을 통하여 기울기 b를 구성하는 변수 X와 Y를 표준편차 단위로 조정해주기 때문에 상관계수는 단위에 구애받지 않고 일정한 값을 나타내게 된다.

이 식에서 기울기가 0이면 상관계수도 0이 됨을 알 수 있다. 다시 말하여 두 변수가 서로 독립적이면 회귀선의 기울기는 0이다. 이 내용은 가설검정에서 좀 더 다룰 것이다.

회귀선의 절편 a는

$$a = \overline{Y} - b(\overline{X})$$

로 주어진다. 이 식에서 회귀선은 반드시 점 $(\overline{X}, \overline{Y})$를 통과한다는 것을 알 수 있다. 그 이유는 회귀방정식

$$y = a + bx$$

에서 $x = \overline{X}$를 대입하면

$$y = a + b\overline{X} = \overline{Y} - b\overline{X} + b\overline{X} = \overline{Y}$$
$$y = \overline{Y}$$

이것은 회귀선이 반드시 $(\overline{X}, \overline{Y})$를 통과한다는 사실을 뜻한다. 이 특성을 잘 기억해두자.

② 예측 오차와 결정계수

1) 예측 오차

변수 X의 값으로부터 Y 변수의 값을 예측할 때 생기는 오차, 즉 예측 오차, error of estimate는 회귀방정식을 유도하는 과정에서 다음과 같이 정의되었다.

$$e_i = Y_i - \widehat{Y}_i$$

예측 오차는 Y 값과 회귀선 상의 $\widehat{Y}$ 값의 차이이다. 따라서 예측 오차의 모분산은 다음과 같이 정의된다.

$$\sigma^2_{Y|X} = \frac{\sum(e_i - \overline{e})^2}{N}$$

$\overline{e} = 0$이므로

$$\sigma^2_{Y|X} = \frac{\sum e_i^2}{N} = \frac{\sum(Y - \widehat{Y})^2}{N}$$

2) 추정의 표준오차

표본 오차, standard error of estimate는 표본의 예측 오차이다. 그 분산은 예측 오차의 모분산과 비교하여 자유도에서 차이가 있을 뿐이다.

$$s^2_{Y|X} = \frac{\sum(Y-\hat{Y})^2}{N-2}$$

마찬가지로 회귀분석에 의한 추정의 표준오차는 분산의 제곱근이다.

$$s_{Y|X} = \sqrt{\frac{\sum(Y-\hat{Y})^2}{N-2}}$$

$$= \sqrt{\frac{SS_Y - \frac{[\sum XY - (\sum X)(\sum Y)/N]^2}{SS_X}}{N-2}}$$

여기서 제곱근 안의 분모에 N 대신 $N-2$를 사용한 것에 주의할 필요가 있다. 앞에 소개된 바와 같이, 표본으로부터 모집단 표준편차를 추정하는 경우 모집단 평균 대신 추정치인 표본평균을 가져다 쓸 수밖에 없고, 그 표본평균으로부터 발생하는 편의(bias)를 바로잡아주기 위하여 분모에 N 대신 자유도, degrees of freedom 개념을 도입하게 된다. 이 경우에는 두 변수의 모수 추정을 위해 두 개의 표본평균이 사용되었으므로 자유도는 전체 사례 중 자유롭지 못한 두 데이터를 제외한 $N-2$가 된다.

그렇다면 표준오차의 의미는 무엇일까 생각해보자. 먼저, 여기서 말하는 오차는 실제로 존재하는 값 Y_i와 회귀선에 의해 예측된 값 $\hat{Y}_i$ 사이의 차이이다. 모든 Y_i 값의 분포는 $X = x_i$를 전제로 하고 있으니 이를 조건부확률분포라 한다. 이를 일반적인 확률변수의 분포와 비교해보면 그 차이를 알 수 있다.

[그림 6.2]에서 X의 확률분포에서 분산은 편차 제곱 $(X-\overline{X})^2$의 기대값이다. 그러나 $Y_i|X_i$의 조건부확률분포에서 분산은 오차의 제곱, $(Y-\hat{Y})^2$의 기대값이다. 이 값의 제곱근은 회귀분석에 의한 추정의 표준오차이고 이는 회귀분석에 의한 표본의 예측 오차의 표준편차이다. 단순한 확률분포에서는 편차라고 하던 것을 회귀분석에서는 오차라고 부

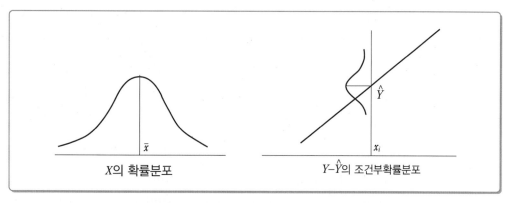

X의 확률분포 $Y-\hat{Y}$의 조건부확률분포

[그림 6.2] X의 확률분포와 $Y-\hat{Y}$의 조건부확률분포

르는 것이다. 암암리에 $\hat{Y}$는 올바른 값이고 Y는 잘못된 값이라는 인상을 준다. 그래서인지 학자 중에는 표준오차란 말을 절대 사용하지 않는 이들도 있다. 대신 이를 표준편차로 명명한다. 어쨌든 표준오차는 실은 표준편차이다.

3) 결정계수 R^2

결정계수, the coefficient of determination이란 응답변수의 총 제곱합 중 회귀모형에 의해 설명된 제곱합의 비율을 말하며, R^2로 표기한다. X 변수의 변화에 따라 예견되는

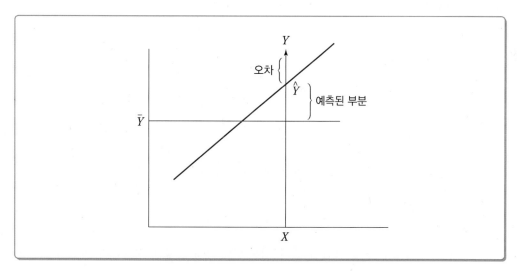

[그림 6.3]   회귀선에 의해 예측된 부분과 오차

Y 변수의 값은 회귀등식에 의하여 계산될 수 있다. 실제로 두 변수의 상관관계가 완벽하지 않을 때는 획득한 Y 값과, X 값에 따라 예견되는 Y 값 사이에 차이가 생긴다. 각각의 관측값 Y_i는 세 부분으로 나누어 생각할 수 있다. [그림 6.3]을 보자.

$$Y_i = \overline{Y} + (\widehat{Y}_i - \overline{Y}) + (Y_i - \widehat{Y}_i)$$

즉, 각각의 관측치는 1) Y 변수를 대표하는 평균, 2) 평균과 회귀등식에 의해 예측되는 값과의 차이, 그리고 3) 실제 Y 값과 예측되는 값과의 차이로 구성된다. $\overline{Y}$를 왼쪽으로 이항하면 좌변의 편차를 설명하는, 우변의 회귀선으로 설명된 편차 더하기 설명되지 않은 편차로 나누어진다.

$$(Y_i - \overline{Y}) = (\widehat{Y}_i - \overline{Y}) + (Y_i - \widehat{Y}_i)$$

편차 = 예측된 부분 + 오차

우변의 첫 번째 요소는 회귀선에 의하여 결정된 값으로 설명된 편차라 한다. 두 번째 요소는 개인차 혹은 오차 등에 의하여 발생하므로 이를 회귀선에 의해서 설명되지 않은 오차 부분으로 간주하고 설명되지 않은 편차라 부른다.

위 식의 양변을 제곱하여도 등식은 성립하며, 각각의 관측치에 대해 이를 모두 더하여도 등식은 여전히 성립한다. 이때 좌변을 총제곱합 또는 TSS(total sum of squares)라 하고 이를 다음과 같이 표시한다.

$$TSS = \sum (Y_i - \overline{Y})^2$$

우변의 설명된 편차의 제곱합은 MSS(model sum of squares)라 한다.

$$MSS = \sum (\widehat{Y}_i - \overline{Y})^2$$

설명되지 않은 편차의 제곱합은 SSE(sum of squared errors)라 표기한다.

$$SSE = \sum (Y_i - \widehat{Y}_i)^2$$

결정계수는 응답변수의 총 제곱합 중 회귀모형에 의해 설명된 제곱합의 비율이므로 다음과 같이 표시될 수 있다.

$$R^2 = \frac{MSS}{TSS} = \frac{\sum(\widehat{Y_i} - \overline{Y})^2}{\sum(Y_i - \overline{Y})^2}$$

또는

$$R^2 = 1 - \frac{SSE}{TSS} = \frac{\sum(Y_i - \overline{Y})^2 - \sum(\widehat{Y_i} - \overline{Y})^2}{\sum(Y_i - \overline{Y})^2}$$

여기서 상관계수와 결정계수의 관계를 보면, 일반적으로 직선의 기울기는 Y의 증가분과 X 증가분의 비율, $\frac{\triangle Y}{\triangle X}$로, 회귀선의 기울기는 $\frac{s_Y}{s_X}$로 추정할 수 있다. 그러나 두 변수의 관계가 완벽하지 않을 때는 산포도에 나타난 점들이 회귀선 위에 있는 것이 아니라 흩어져 있으므로 회귀선의 기울기는 흩어진 정도, 즉 상관계수를 고려하여야 한다. 그러므로 회귀선의 기울기는 다음 식으로 주어지며, 이를 회귀계수(regression coefficient)라고 한다.

$$b = r\left(\frac{s_Y}{s_X}\right)$$

앞 장에서 Pearson 상관계수 r은 다음과 같이 계산됨을 공부하였다.

$$r = \frac{s_{XY}}{s_X s_Y}$$

그러므로 회귀계수 b는

$$b = \frac{s_{XY}}{s_X^2}$$

로 표현될 수 있다. 결정계수를 구하는 데 사용되었던 기호들을 상관계수를 구할 때 사용했던 기호를 사용하여 표현하면 다음과 같다.

$$TSS = \sum(Y - \overline{Y})^2 = s_Y^2(N-1)$$

$$MSS = \sum(\widehat{Y} - \overline{Y})^2 = b^2\sum(X - \overline{X})^2 = b^2 s_X^2(N-1) = \frac{s_{XY}^2}{s_X^2}(N-1)$$

그러므로 결정계수 R^2는

$$R^2 = \frac{MSS}{TSS} = \frac{\frac{s_{XY}^2}{s_X^2}(N-1)}{s_Y^2(N-1)} = \frac{s_{XY}^2}{s_X^2 s_Y^2}$$

이며, 단순 회귀분석에서 이는 상관계수 r의 제곱과 같다. 결정계수가 0.9라면 이것은 Y 변수의 총변화량의 90%를 X 변수가 설명한다는 뜻이며 단순 회귀분석의 경우 이는 두 변수 간 상관계수의 제곱이다. 만약 상관계수가 0.5라면 결정계수는 0.25로서 이는 한 변수의 총변화량의 25%를 다른 쪽 변수가 설명하고 있다는 말이다. 그러므로 어떤 변수의 총변화량을 50% 이상 설명하려면 두 변수 간의 상관계수는 0.7 이상이 되어야 한다. 따라서 상관계수의 제곱 r^2의 의미는 전체 변동량 중 예측 오차를 빼고 남은 분량을 비율로 나타낸 것이라 할 수 있다. 즉,

$$r^2 = \frac{TSS - SSE}{TSS} = \frac{\sum (Y - \overline{Y})^2 - \sum (Y - \hat{Y})^2}{\sum (Y - \overline{Y})^2}$$

이며, 이것은 결정계수 R^2에서 보인 내용과 일치한다. 그러나 중 회귀분석에서는 사정이 좀 다르다. 결정계수는 중다상관계수의 제곱과 같을 것 같지만, 그렇지는 않다. 그 이유는 뒤에서 설명하겠다.

4) 회귀분석을 위한 가정

회귀분석을 할 때 다음과 같은 조건이 지켜져 있다는 것을 가정한다. 분석에 사용된 관련 수식은 이러한 전제하에서 적용될 수 있기 때문이다.

a. 정규분포, normality

Y 점수 또는 잔차(residual)는 회귀선 상의 모든 점에서 정규분포를 이룬다. 즉, 예측변수의 임의의 값 x_i에 대한 응답변수 y_i의 위치는 $\hat{Y}_i$를 중심으로 한 정규분포를 이룬다. [그림 6.2]에 나타난 단순한 확률변수 X의 분포와 $Y - \hat{Y}$의 조건부확률분포를 참조하라. 그러나 회귀분석에서 독립변수의 점수가 정규분포를 이룬다는 가정은 필요하지 않다.

b. 등분산성, homoscedasticity

예측변수의 각 수준에 대하여 대응하는 응답변수의 분산은 예측변수의 모든 수준에 대하여 같다. 회귀분석의 표준오차를 자주 활용한다면 이 가정의 의미를 이해할 수 있을 것이다. 관찰된 Y 값의 분포는 회귀선에 의해서 예측한 값 $\hat{Y}$를 중심으로 표준오차를 표준편차로 한 확률분포를 보이는데, 만일 등분산성의 가정이 이를 뒷받침하지 않는다면 이러한 표준오차는 의미가 없게 된다. 다음 [그림 6.4]의 등분산성과 이분산성을 비교하여보면 개별 데이터를 이해하는데 이 가정이 왜 필요한지 알 수 있을 것이다.

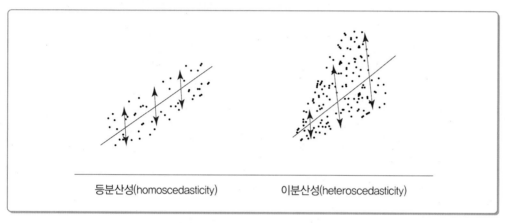

등분산성(homoscedasticity)   이분산성(heteroscedasticity)

[그림 6.4] 등분산성과 이분산성

c. 독립성, independence

확률변수 Y_1, Y_2, …는 통계적으로 독립이다. 즉 서로 다른 관측치의 오차는 독립적이다. 어떤 Y 값의 오차도 다른 Y 값의 오차에 영향을 미치지 않는다. 즉 오차의 발생은 순수 우연에 의해 이루어진다는 의미이다. 이것은 다른 어떤 가정보다 더 중요한 것으로, 이 가정이 지켜지지 않는다면 데이터에 대한 확률적 해석이 불가능해진다.

d. 선형성, linearity

회귀분석에서는 설명변수와 응답변수, 또는 독립변수와 종속변수 사이의 선형성을 가정하고 있다. 만일 선형성의 가정이 지켜지지 않는다면 변수 간 관계의 강도는 과소평가될 것이다.

1) 중 회귀모형의 특성

지금까지 다룬 단순 회귀분석에서는 두 변수가 사용되었다. 두 변수 중 한 변수에 근거하여 다른 한 변수를 예측하는 방법을 다루었다. 이 방법을 확장하여, 종속변수의 값을 두 개 이상의 독립변수로 설명하는 방법이 중 회귀분석이다. 다음 자료는 가상의 프로 야구 리그에서의 팀타율, 인센티브 지급현황, 그리고 총득점을 나타낸 것이다. 시즌 총득점 변수를 예측하는 모형을 만들어보자.

〈표 6.1〉 가상의 프로 야구 리그에서의 팀타율, 인센티브 및 총득점 기록

식별번호	타율 X_1	인센티브 X_2	총득점 Y
1	.277	3.40	757
2	.263	2.80	651
3	.259	3.30	773
4	.259	3.10	723
5	.256	3.50	705
6	.256	1.90	637
7	.254	2.80	715
8	.253	2.50	660
9	.253	2.60	669
10	.247	1.50	612
11	.245	2.40	633
12	.244	2.80	634
13	.244	3.10	729
14	.244	3.20	634
15	.242	2.80	629

먼저, 팀타율만을 예측변수로 한 단순 회귀분석의 결과는

$$\hat{Y} = -163.378 + 3322.357X$$

$$R = 0.602, \ R^2 = 0.363$$

으로 나타난다.

그런데 여기에 팀타율을 예측할 수 있는 하나의 변수를 추가함으로써 더 나은 추정을 할 수 있는 경우가 있다. 여기서는 인센티브 변수를 추가하였다. 그렇다면 두 예측변수를 가진 회귀등식은 다음과 같이 될 것이다.

$$\hat{Y} = a + b_1 X_1 + b_2 X_2$$

여기서, $\hat{Y}$: Y에 대한 예측치
      a: 회귀분석 상수
      b_1: 예측변수 1의 계수
      X_1: 예측변수 1
      b_2: 예측변수 2의 계수
      X_2: 예측변수 2

중 회귀분석에서는 앞의 단순 회귀분석에서 사용하던 독립변수와 종속변수라는 용어 대신 예측변수 또는 설명변수와 응답변수라는 용어를 더 많이 사용한다. 그 이유는 독립 변수와 종속변수라는 용어가 인과관계를 강조하는 데 비하여, 중 회귀분석에서는 인과관계보다 예측력에 더 관심이 있기 때문이다.

2) 결정계수

두 예측변수를 사용한 회귀등식을 만들어보자. 단순 회귀분석에서와 마찬가지로 이 과정은 최소제곱의 기준에 따라 $\sum (Y - \hat{Y})^2$ 값을 최소화하는 계수와 상수를 구하는 과정이다. 컴퓨터의 계산에 따르면 그 값은 다음과 같이 나타난다.

$$\hat{Y} = -59.395 + 2344.391X_1 + 51.621X_2$$

$$R = 0.795, \ R^2 = 0.632$$

여기서 한 예측변수를 추가하여 과연 더 정확한 예측이 되고 있는지를 나타내는 지표는 결정계수 R^2 값이다. 팀타율만으로 총득점의 총변동량의 36.3%를 설명한 데 반하여

〈표 6.2〉 팀별 총득점의 예측치와 오차

ID	X_1	X_2	Y	$\widehat{Y}_1$ 단순회귀	$\widehat{Y}_2$ 중 회귀	Error $Y - \widehat{Y}_1$	Error $Y - \widehat{Y}_2$
1	.277	3.40	757	756.91	765.5	.09	-8.51
2	.263	2.80	651	710.40	701.72	-59.4	-50.72
3	.259	3.30	773	697.11	718.15	75.89	54.85
4	.259	3.10	723	697.11	707.83	25.89	15.17
5	.256	3.50	705	687.15	721.44	17.85	-16.44
6	.256	1.90	637	687.15	638.85	-50.15	-1.85
7	.254	2.80	715	680.50	680.62	34.50	34.38
8	.253	2.50	660	677.18	662.79	17.18	-2.79
9	.253	2.60	669	677.18	667.95	-8.18	1.05
10	.247	1.50	612	657.24	597.10	-45.24	14.90
11	.245	2.40	633	650.60	638.87	-17.60	-5.87
12	.244	2.80	634	647.28	657.18	-13.28	-23.17
13	.244	3.10	729	647.28	672.66	81.72	56.34
14	.244	3.20	634	647.28	677.82	-13.28	-43.82
15	.242	2.80	629	640.63	652.49	-11.63	-23.49
Y 값의 총변동량= $\sum (Y - \overline{Y})^2 = 37453.600$						23866.49	13787.79

두 변수에 의한다면 63.2%를 설명한다는 점에서 이 경우 중 회귀분석에 의한 예측이 더 정확함을 확인할 수 있다. 회귀분석에 의한 예측의 정확성은 구체적으로 무엇을 말하는지 위의 <표 6.2>에서 좀 더 구체적으로 알아보자. 이 표에서 팀별 총득점의 예측치와 오차를 단순 회귀모형과 중 회귀모형에서 각각 제시하였다.

이 표를 보면 중 회귀모형에 의한 예측의 오차 변량은 16,117로, 중 회귀모형에 의한 그것 (23,669)보다 작다는 것을 확인할 수 있다. 이 사실은 결정계수의 차이에서도 알 수 있다. 단순 회귀모형과 중 회귀모형에서의 오차 부분의 비는

$$\frac{1 - (R^2)_M}{1 - (R^2)_S} = \frac{1 - 0.632}{1 - 0.363} = \frac{0.368}{0.637} = 0.578$$

여기서, $(R^2)_M$: 중 회귀모형의 결정계수

$(R^2)_S$: 단순 회귀모형의 결정계수

즉, 중 회귀모형의 오차 부분은 단순 회귀모형의 57.8%로, 중 회귀모형이 더 정확한 예측치를 줄 수 있다는 것을 나타낸다. 결정계수 R^2는 다음과 같이 회귀모형의 제곱합과 총제곱합의 비 또는 1에서 총변량의 오차 비율을 뺀 수치로 정의된다.

$$R^2 = \frac{SSM}{SST} = 1 - \frac{SSE}{SST}$$

이 식에서 결정계수는

$$R^2 = 1 - \frac{SSE}{SST} = 1 - \frac{13787.79}{37453.60} = 0.632$$

결정계수는 0.632로, 회귀선에 의해 설명되는 변량은 전체의 63.2%이다. 이 식에서 R은 중다 상관계수이다. 중다 상관계수, multiple correlation coefficient란 중 회귀분석 모형에서 관찰된 Y값과 예측된 $\hat{Y}$값 사이의 상관계수이다.

3) 수정 결정계수

결정계수는 독립변수가 추가되면 언제나 커진다. 그 이유는 대부분 독립변수 사이의 상관 때문인데 그 이외에도 우연에 의한 상관관계가 나타나기도 한다. 따라서 결정계수의 이러한 특징을 교정한 것이 수정 결정계수, adjusted coefficient of determination이다. 수정 결정계수는 SSE와 SST를 해당 자유도로 나누어서 얻는다.

$$df_{SSE} = n - k - 1$$
$$df_{SST} = n - 1$$

$$R^2_{adj} = 1 - \frac{\dfrac{SSE}{n-k-1}}{\dfrac{SST}{n-k}}$$

위 회귀분석의 경우 수정 결정계수는

$$R_{adj}^2 = 1 - \frac{SSE(n-k-1)}{SST/(n-k)} = 1 - \frac{13787.79/(15-2-1)}{37453.60/(15-2)} = 0.601$$

4) 편상관

중 회귀분석과 관련하여 잘못 생각하기 쉬운 사실이 한 가지 있다. 그것은 단순 상관 분석의 경우와 같이 상관계수를 제곱한 값이 자료의 전체 변량을 설명하는 통계량이라고 생각하는 것이다. 위의 예에서는 팀타율과 총득점 사이의 상관계수는 0.602, 인센티브와 득점의 상관계수는 0.686이 나온다. 상관계수의 제곱은 각각 0.363과 0.471이다. 이때 두 변수의 설명력을 알기 위하여 두 상관계수 제곱을 합하면 그 값은 0.834로, 결정계수 R^2 값 0.632보다 큰 것으로 나타난다. 어디에서 잘못이 있었냐 하면, 두 변수에 의해 다른 변수를 예측할 때 겹치는 부분이 있을 수 있음을 간과한 것이다. 예를 들어 타율이 높은 팀은 더 많은 인센티브를 유도할 수 있고, 반대로 인센티브가 높은 타율로 이어질 가능성이 있는 것이다. 어쨌든 두 변인이 서로 독립적이지 않을 때 단순 덧셈은 성립하지 않는다. 그런데 두 가지 이상의 예측변수가 분석에 포함되었을 때 하나의 예측변수가, 다른 하나의 예측변수의 영향을 제거하였을 때, 응답변수와 어떤 상관관계를 나타내는지 알 필요가 있을 수 있다. 이러한, 다른 예측변수의 영향을 제거한 특정 예측변수와 응답변수의 상관관계를 편상관이라 한다. 앞에 든 자료, 팀 타율과 추가예산에 의해 예측된 총득점 데이터의 예를 사용하여 편상관을 설명하겠다.

편상관, partial correlation은 중 회귀분석에서 다른 변수의 영향을 제외한 예측변수

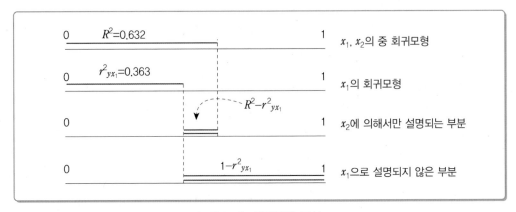

[그림 6.5] 편상관의 도식

와 응답변수의 순수한 상관을 나타낸 것이다. 이 값을 구하기 위하여 원하지 않는 다른 변수의 영향을 제거하는 작업을 해야 한다. [그림 6.5]를 보자.

[그림 6.5]는 편상관을 구하기 위하여 y 점수에 미치는 변수 중 x_1의 영향을 제거하고 남은 부분, 즉 x_1으로 설명되지 않는 부분 중에서 x_2에 의해 설명되는 부분이 차지하는 비율을 구하는 과정을 나타낸다.

먼저 두 변수가 총득점 Y를 설명하는 중 회귀모형은

$$R^2 = 0.632$$

이 중 팀타율(x_1)의 영향을 제거한, 순수 인센티브(x_2) 변수와 종속변수 총득점(y) 사이의 편상관을 구해보자.

x_1에 의하여 설명되는 부분은

$$r_{yx_1}^2 = 0.363$$

순수 x_2에 의하여 설명되는 부분은

$$R^2 - r_{yx_1}^2 = 0.269$$

x_1에 의하여 설명되지 않는 부분은

$$1 - r_{yx_1}^2 = 0.637$$

편상관: 순수 x_2에 의하여만 설명되는 부분/x_1으로 설명되지 않는 부분

$$r_{yx_2|x_1} = \sqrt{\frac{R^2 - r_{yx_1}^2}{1 - r_{yx_1}^2}} = \sqrt{\frac{0.269}{0.637}} = 0.65$$

<표 6.2>의 데이터를 사용하여 팀타율의 영향을 제거한 추가예산과 총득점 사이의 편상관 값을 구해보자. 먼저 세 변수 간 상관계수를 알아야 한다. 그 값은 다음과 같다.

〈표 6.3〉 변수 간 상관

	총득점(y)	팀타율(x_1)	추가예산(x_2)
총득점	1	.523	.686
팀타율	.523	1	.323
추가예산	.686	.323	1

세 변수 간 상관계수를 사용하여 편상관을 구하는 공식은 다음과 같다.

$$r_{yx_2|x_1} = \frac{r_{yx_2} - r_{yx_1}r_{x_1x_2}}{\sqrt{(1 - r_{yx_1}^2)(1 - r_{x_1x_2}^2)}}$$

$$= \frac{.686 - (.523)(.323)}{\sqrt{(1 - .523^2)(1 - .323^2)}} = 0.64$$

의 값을 얻게 된다.

앞에 제시된 편상관이 의미하는 바는 이렇다. 추가예산이 총득점에 미치는 효과는 단순상관으로 추측할 경우 0.69의 값을 나타냈으나, 팀타율이 미치는 효과를 제거하고 분석하면 그 상관계수는 0.64로 약간 낮게 나타난다는 것이다.

이 결과는 다음 두 회귀분석의 잔차(residual)의 상관계수를 구한 것과 같다. 즉, 총득점(y)과 팀타율(x_1) 사이의 회귀분석에서의 중간 산출물인 잔차($y - \hat{y}$)와 추가예산 (x_2)과 팀타율(x_1) 사이의 회귀분석에서의 중간 산출물인 잔차($x_2 - \hat{x_2}$) 사이의 상관계수는 팀타율 효과를 제거한 총득점과 추가예산의 편상관과 같은 값이 된다.

회귀모형에 들어갈 변수를 선발하는 방법은 전진 선택법(forward selection)과 후진 제거법(backward elimination)으로 나누어진다. 전진 선택법은 먼저 응답변수와 단순 상관이 가장 큰 설명변수를 선택한 다음, 기존 변수의 효과를 제거한 편상관이 가장 큰 변수를 추가하는 것이다. 후진 제거법은 모든 변수를 놓고 계수의 유의도 검정 결과 가장 큰 P 값을 나타내는 변수를 차례로 제거하는 방법이다. 어느 시점에서 선발과 제거를 멈추느냐의 기준은 결정계수 또는 P 값의 변화 추이를 보면서 결정하는 것이 일반적이다.

4 회귀모형의 유의도

1) 추리통계의 기초

이 장에서 마지막으로 남은 문제는 과연 이 회귀모형의 예측이 옳다는 것을 어떻게 확인하느냐이다. 이것은 추리통계라는, 이 책에서 지금까지 소개해온 것과는 조금 다른 유형의 통계적 생각에 속한다. 문제의 핵심은 하나의 표본을 설명하는 회귀모형이 그 너머의 모집단을 설명하는 데도 통할 수 있을지 판단하는 일이다. 그것은 가설검정을 통하여 해결하게 되는데, 가설검정의 자세한 내용은 제9장에서 본격적으로 소개될 것이지만, 여기서 미리 간단하게 설명하겠다. 그러므로 이 내용은 기술통계에서 추리통계로 이전하는 정류소 역할을 한다고 볼 수 있겠다.

a. 가설검정이란

가설검정은 통계적 판단을 위한 일련의 방법으로, ① 두 가지 서로 모순된 주장을 설정한 후 ② 관찰된 데이터를 분석하여 어느 한 주장을 손들어주는 것이 아니라, ③ 정해진 확률 이상으로 우연에 의존하는 주장을 기각하는 것이다. 그렇게 되면 ④ 자연히 남는 주장을 채택하는 것이다. 전형적으로 첫째 가설은 효과가 0이라는 취지의 주장으로 이를 영가설, null hypothesis라 한다. 둘째 가설은 영가설이 기각되면 채택하는 대안적 가설로 이를 대립가설, alternative hypothesis라 한다. 회귀모형의 유의도 검정에서 두 가지 가설은:

영가설: 회귀모형의 효과는 없다. 관찰된 결과는 우연의 작용에 의해 생긴 것이다.
대립가설: 회귀모형의 효과가 있다.

이 두 가설 중 우리는 영가설을 참이라 가정하고 관찰된 결과가 나타날 확률을 살필 것이다. 대립가설이 참이라는 것을 입증하기 위한 유일한 방법은 영가설을 기각하는 것이기 때문이다.

b. 가설검정의 근거

영가설과 대립가설이 제시하는 설명모형은 다음과 같다. 편의상 단순 회귀모형의
예를 사용하겠다.

$$H_0 : y = \bar{y} + \epsilon$$

$$H_1 : y = a + bx + \epsilon = \text{Model effect} + \epsilon$$

여기서 H_1의 effect는 H_0의 주장에 따르면 그냥 ϵ이고, H_1의 주장에 따르면
Model 효과+ ϵ이다. 그렇다면

H_0의 주장에 따르면: $\dfrac{MS_M}{MS_E} = \dfrac{Error}{Error}$

H_1의 주장에 따르면: $\dfrac{MS_M}{MS_E} = \dfrac{Model\ effect + Error}{Error}$

이 될 것이다. 만일 모델의 효과가 0이라면 이 값은 1에 가까울 것이고 모델의 효과
가 크다면 이 값은 오차가 섞여 있음에도 불구하고 1보다 훨씬 클 것이다. 이 식에
서 얻어진 값을 F 라고 하며, 이 연산 시스템을 F 검정이라고 한다.

c. 판단의 기준: 유의수준

영가설을 기각하기 위해서 확률에 의존한다. 교육을 포함한 인문 분야에서 전통적
으로 사용하는 확률은 0.05로, 영가설이 참이라는 전제하에서 이러한 결과가 관찰
될 확률이 0.05보다 작다면 영가설을 기각한다. 그리고 대립가설을 수용한다. 이러
한 기각의 임계점의 확률을 유의수준, significance level이라고 한다.

F 값의 유의수준을 검정하기 위해 F 분포표를 사용한다. 이 표는 같은 모집단에서
무선추출한 두 표본의 분산을 비교한 값, 분산 1 대 분산 2 비에 관한 정보(확률)를
담고 있다. 같은 모집단에서 뽑았으므로 무수히 많이 시행한다면 그 결과는 1이 될
가능성이 가장 클 것이다. F 값이 클수록 그런 경우가 나타날 확률은 낮아질 것이
다. 두 표본의 자유도가 각각 얼마인지에 따라 이 확률정보는 달라지는데 F 분포표
에서는 우리가 얻은 F 값이 원하는 유의도 수준, 예컨대 0.05에서의 임계값보다 큰
지 작은지 확인할 수 있다. 관찰된 F 값이 얻어질 확률이 0.05보다 작다면 이런 일
은 우연히 발생했다고 보기엔 너무 드문 일이라 보고 영가설을 기각한다. 그리고

대립가설을 수용한다. 즉

$$F_{obt} \leq F_{crit} \text{이면 } H_0 \text{를 기각} \rightarrow H_1 \text{을 수용}$$

여기서, F_{obt}: F obtained, 관찰된 F 값

F_{crit}: F critical, 임계점의 F 값

2) 모형의 설명력

지금까지 설명한 가설검정의 의미는 무엇일까 생각해보자. 애초의 발단은 한 회귀모형의 설명력 또는 예측이 옳다는 것을 어떻게 확인하느냐였다. 이것을 확인하기 위해 미리 정해진 유의도 수준에서 가설검정을 한다. 가설검정의 원칙은 관찰된 현상이 영가설의 주장대로일 확률을 평가해서 너무 작은 수치라면 이를 기각하고 다른 설명을 택하는 것이 합리적이란 것이다. 가설을 기각하거나 기각하지 않는 것을 결정하기 위해서 기준이 필요하다. 그 기준은 일반적으로 0.05이다. 물론 범죄 여부를 판단할 때나 약의 효력을 검사할 때와 같이 엄밀한 정확성이 요구되는 사안에 대해서는 이보다 엄격한 기준을 적용한다.

유의수준 0.05의 가설검정 결과 영가설이 기각될 때 이를 통하여 알 수 있는 정보는 조건부확률로, 영가설이 참이라는 전제하에서 관찰한 것과 같은 결과를 얻을 수 있는 확률은 5% 이하라는 사실이다. 이와 관련하여 어떤 판단이 옳고 어떤 판단이 옳지 않은지, 먼저 제대로 된 예를 소개한 후 잘못된 예를 소개하겠다. 다음에 제시한 판단은 $F_{obt} \leq F_{crit}$의 결과에 대한 제대로 된 예이다.

a. 영가설은 참이 아니다.
b. 대립가설을 수용한다.
c. 결론적으로, 모형의 설명력이 있다.

다음의 설명은 잘못된 것이다.

a. 영가설이 참일 가능성은 5% 이하이다.
b. 회귀모형이 설명력이 있을 가능성이 95% 이상이다.
c. 같은 실험을 무수히 반복하면 같은 F 값을 얻을 가능성이 95% 이상이다.

잘못된 예에 대해서, a는 정확한 확률이 아니다. 주어진 정보로 영가설에 대해 얻을 수 있는 설명은 오직 한 가지, 영가설이 참이라는 전제하에서 관찰한 것과 같은 결과를 얻을 수 있는 확률은 5% 이하라는 것뿐이다. 즉 조건부확률이다. 이것은 영가설이 참이거나 거짓일 직접적인 정보가 되지 못한다. 조건부확률에 근거하여 영가설을 기각한 것은 오직 관습적으로, 또는 절차상, 이런 경우에는 영가설을 기각한다는 규칙에 따른 것이다. b 또한 마찬가지로 잘못이다. 대립가설이 참이라는 전제하에서 확률을 생각할 수 있는 정보는 어디에도 없다. c 또한 잘못이다. F 값이란 우연적인 결과로 표본에 따라 언제든 변하는 것이다. 다만 그 우연성이 확률분포를 이룬다는 것뿐이다. 지금까지의 설명이 쉽게 이해되지 않는다면 일단 그냥 넘어가도 좋다. 더 상세한 설명은 제8장에 있으니 거기서 다시 이해하길 시도할 수 있을 것이다.

3) 효과의 통계적 표현

가설검정은 효과에 대한 통계적 탐색방법이다. 가설검정에서 영가설을 사용하는 이유는 차이가 0이라는 영가설이 거짓임을 입증함으로써 차이가 있음을 보이고 싶은 것이다. 차이가 있다는 것은 효과의 존재를 의미하는 통계적 표현이다.

효과를 검증하기 위한 통계적 접근은 회귀분석 외에도 몇 가지가 더 있다. 이 책에서 다룬 보편적인 방법으로 차이의 비교, 분산 비교, 모형 비교 등이 그것이다. 이런 방법의 검정통계치로는 t와 F가 주로 쓰인다.

회귀분석의 검정에서는 회귀모형이 유의미한가를 판단한다. 그 결과는 효과의 존재를 말해주는 것이다. t 검정과 F 검정에서는 차이의 유무를 검정하는데 이 역시 효과와 직접 연결된다. 이 세 가지는 모두 효과의 존재를 탐색하는 통계적 접근으로 서로 다른 방식으로 접근하지만, 신기하게도 마지막의 양적 결과는 같다. 이 사실을 제13장 분산분석의 대안적 접근에서 구체적인 예와 함께 확인하기 바란다.

01. True, False 문제

1) 최소제곱법이란 $\sum (Y - \hat{Y})^2$ 값을 최소화할 수 있는 회귀직선을 찾는 일이다.

2) 회귀분석에서 예측변수와 응답변수가 바뀌어도 같은 결과를 얻는다.

3) X의 모든 값에 대해서 Y가 1이라면 이는 완전한 직선형 관계라 할 수 있다.

4) 회귀선은 반드시 $(\overline{X}, \overline{Y})$ 지점을 통과한다.

5) X와 Y가 모두 표준점수일 때 상관계수 r은 회귀선의 기울기와 일치한다.

6) 두 변수의 관계에서 표준오차가 클수록 관계는 직선형에 가까워진다.

7) 회귀분석에서 예측변수를 추가할수록 더 정확한 예측이 가능해진다.

8) $s_{Y|X} = 0$일 때 두 변수 X와 Y는 완전한 직선을 이룬다.

9) 회귀분석에 사용될 두 변수는 같은 척도로 측정된 것이라야 한다.

10) 두 변수가 완전한 상관을 가진다면 표준오차는 0이다.

03. $N = 50$인 교차분포에서 회귀선의 $\pm 1 s_{Y|X}$ 사이에는 몇 개의 점이 있을까?

04. 최소제곱 방법으로 구한 회귀선에 의해 최소화되는 통계량은 s, $s_{Y|X}$, $\sum (Y - \overline{Y})^2$, $\sum (Y - \hat{Y})^2$ 중 어떤 것(들)인가?

05. 신문기사에 "NBA 코치의 근속기간과 성공 사이에 강한 상관관계가 있다"는 제목의 기사가 실렸고 다음 자료가 그 근거로 제시되었다.

코치, 팀	근속기간 (yr)	승률 (%)
Jerry Sloan, Utah	9	79
Phil Jackson, Chicago	8	84
Rudy Tom, Houston	6	70
George Karl, Seattle	6	70
Lenny Wilkens, Atlanta	4	68
Mike Fratello, Cleveland	4	51
Larry Brown, Indiana	4	48

이 자료를 사용한 회귀분석으로 다음의 결과를 얻었다.

상수: $a = 34.592$

회귀계수: $b = 5.557$

상관계수: $r = 0.848$

결정계수: $R^2 = 0.718$

1) 신문기사의 제목은 정확하다고 할 수 있을까?

2) 회귀직선의 방정식은?

3) 이 자료에 의해 근속기간이 7년인 코치의 승률을 예측한다면?

06. 다음의 정보에 의해서 회귀선의 방정식을 구한다면?

$$\sum X = 62, \sum X^2 = 1022, \sum Y = 70, \sum Y^2 = 1234, \sum XY = 1107, N = 4$$

07. 교육수준과 수입 사이의 관계를 연구하기 위해 한 쇼핑몰에서 무선추출한 120명의 성인 남성 표본에 대해 공교육 기간(yr)과 수입(1,000$/yr)을 조사하였다. 다음의 결과 요약을 보고 물음에 답하라.

$N = 120$ $r = .67$

$\sum X = 1,782$ $\sum Y = 1,854$

$s_X = 3.6$ $s_Y = 4.2$

1) 회귀식을 구하라.

2) 추정의 표준오차 s_E $(s_{Y|X})$를 구하라.

3) 공교육기간이 15년인 사람 중 연간 수입이 18.5 이상인 사람은 몇 %가 될까?

4) 교육수준과 수입 사이의 상관계수를 유의 수준 $\alpha = .05$ 수준에서 검정하라.

08. 다음은 미국 메이저리그 야구(MLB) 2021년 팀 순위와 관련 통계수치이다. 이 자료를 사용해서 승률을 가장 잘 예측할 수 있는 회귀식을 만들어보라.

순위	팀 이름	승률	평균득점	홈런 수	투수 자책점	수비력
1	SF Giants	.660	4.96	241	3.55	.707
2	LA Dodgers	.654	5.12	237	3.54	.723
3	TB Rays	.617	5.29	222	3.79	.706
4	M Brewers	.586	4.56	194	3.72	.708
5	Houston Astros	.586	5.33	221	4.12	.713
6	Chicago White Sox	.574	4.91	190	3.74	.694
7	Boston Red Sox	.568	5.12	219	3.95	.659
8	NY Yankees	.568	4.39	222	3.90	.698
9	Toronto Blue Jays	.562	5.22	262	4.18	.700
10	St. Louis Cardinals	.556	4.36	198	4.30	.714
11	Seattle Mariners	.556	4.30	199	4.26	.699
12	Atlanta Braves	.547	4.91	239	4.09	.708
13	Oakland Athletics	.531	4.59	199	4.10	.698
14	Cincinnati Reds	.512	4.85	222	4.34	.688
15	Philadelphia Phillis	.506	4.53	198	4.15	.687
16	Cleveland Indians	.494	4.43	203	4.43	.703
17	San Diego Padres	.488	4.50	180	4.18	.698
18	Detroit Tigers	.475	4.30	179	4.60	.698
19	NY Mets	.475	3.93	176	4.03	.697
20	LA Angels	.475	4.46	190	4.25	.680
21	Colorado Rockies	.460	4.59	182	4.47	.686
22	Kansas City Royals	.457	4.23	163	4.39	.685
23	Minnesota Twins	.451	4.50	228	4.66	.692
24	Chicago Cubs	.438	4.35	210	4.88	.691
25	Miami Marlins	.414	3.85	158	4.01	.689
26	WA Nationals	.401	4.47	182	4.87	.694
27	Pittsburgh Pirates	.377	3.76	124	4.74	.687
28	Texas Rangers	.370	3.86	167	4.76	.698
29	Baltimore Orioles	.321	4.07	195	5.15	.683
30	AZ Diamondbacks	.321	4.19	144	4.88	.685

01. 1) T. 이를 LSM이라 한다.

2) F. 상관계수는 같은 결과를 얻지만, 회귀분석은 다른 결과가 나온다.

3) F. X의 모든 값에 대해서 Y가 1이라면 이는 전혀 관계가 없는 것이다.

4) T. $x = \overline{X}$에서 최소제곱 값은 $y = \overline{Y}$일 때 얻어진다.

5) T. $b = r(\frac{s_Y}{s_X})$에서 $s_X = s_Y = 1$이므로 $b = r$

6) F. 표준오차가 클수록 관계는 직선형에서 멀어진다.

7) F. 반드시 그렇지 않다.

8) T. $s_{Y|X} = 0$ 은 오차가 0이란 뜻이므로

9) F. 척도에 영향을 받지 않는다.

10) T. 문제 8)과 같은 취지.

02. 단순 상관: 한 변수와 다른 한 변수 사이의 관계의 크기와 방향

중다상관: 중회귀분석에서 다수의 예측변수와 하나의 응답변수 사이의 상관

편상관: 다른 예측변수의 영향을 제거한 특정 예측변수와 응답변수의 상관관계

03. 표준편차 단위로 $\pm 1s$ 사이에 전체 수량의 68.26%가 존재. $50(.68) = 34$

04. $s_{Y|X}$: 표준오차로 최소제곱합과 직접 연관됨.

$\sum (Y - \hat{Y})^2$: 이 자체가 최소제곱합.

05. 1) 9년이라는 경험의 범주를 넘어서 분석결과를 연장한 점이 외삽(extrapolation)임.

2) $\hat{y} = 34.592 + 5.557x$

3) $\hat{y} = 34.592 + 5.557(7) = 73.491$

06. $\hat{y} = 11.92 + 0.36x$

$$b = \frac{SP_{XY}}{SS_X} = \frac{\sum XY - \frac{(\sum X)(\sum Y)}{N}}{\sum X^2 - \frac{(\sum X)^2}{N}} = \frac{1107 - \frac{(62)(70)}{4}}{1022 - \frac{(62)^2}{4}} = 0.36$$

$$a = \overline{Y} - b(\overline{X}) = \frac{\sum Y}{N} - b\left(\frac{\sum X}{N}\right) = \frac{70}{4} - 0.36\left(\frac{62}{4}\right) = 11.92$$

07. 1) $\hat{Y} = 0.782X + 3.842$

2) $s_{Y|X} = 3.129$

3) $z = 0.936 \quad p = .1677$

4) $s_b = .0797 \quad t = 9.812 \quad p > .05 \quad$ reject H_0

08. 이 문제는 컴퓨터를 사용하여야 하는 계산과정이 포함되어 있으므로, 독자는 여기서 제시한 회귀분석 자료를 사용하여 결정을 내리는 방법을 익히기 바란다. 먼저 승률을 응답변수로, 나머지 네 변수를 예측변수로 설정한 회귀분석을 한다면 다음과 같은 결과를 얻을 수 있다.

분석 1) 응답변수: 승률

　　　　예측변수: 평균 득점, 홈런 수, 투수 실점, 수비력

변량원	SS	df	MS	F	P
회귀모형	.202	4	.053	70.390	.000
오차	.029	25	.001		
Total	.231	29			

$$R = .958 \quad R^2 = .918 \quad R_{adj}^2 = .905$$

지금까지의 결과를 보면 회귀모형은 승률을 잘 설명하고 있는 것으로 보인다. 단 평균 득점과 홈런 수는 서로 상관이 클 것이니 이 점을 미리 주의하여야 한다. 여기서 추가로 평균 득점과 홈런 수 사이의 상관계수를 산출하여보면

$$r = .786$$

으로 두 변수는 종속변수를 설명하는 부분을 상당히 많이 공유하고 있다.
각 상수와 계수의 통계량은 다음과 같다.

회귀요인	계수	표준오차	β 값	t	P
상수	-.010	.360		-.029	.977
평균 득점	.046	.021	.221	2.202	.037
홈런 수	.001	.000	.208	2.186	.038
투수 실점	-.129	.016	-.601	-8.297	.000
수비력	1.053	.465	.045	2.265	.032

예상대로 평균점수와 홈런 수의 계수는 동시에 낮은 t 값을 나타내고 있다. 따라서 다음 분석에서는 둘 중 하나를 제외하고 결과를 보겠다. 여기서는 유의도 수준이 조금 더 낮은

홈런 수를 제거하였다.

분석 2) 응답변수: 승률
　　　　예측변수: 평균 득점, 투수 자책점, 수비력

변량원	SS	df	MS	F	P
회귀모형	.209	3	.070	80.550	.000
오차	.022	26	.001		
Total	.231	29			

$$R = .950 \quad R^2 = .903 \quad R^2_{adj} = .892$$

회귀요인	계수	표준오차	β값	t	P
상수	-.216	.371		-.581	.566
평균 득점	.078	.015	.380	5.124	.000
투수 실점	-.127	.017	-.592	-7.654	.000
수비력	1.299	.483	.179	2.689	.012

　이 결과는 한 변수를 제거했음에도 결정계수에 큰 변화가 없고 각 변수가 유의미하게 나타나 수용할 만한 결과로 보인다. 그렇다면 여기서 다시 한 변수를 제거하면 어떤 일이 생길까? 단지 의문을 해소하기 위한 목적에서, 유의 수준이 0.012인 수비력을 제거하고 다시 분석을 시도하여보자.

분석 3) 응답변수: 승률
　　　　예측변수: 평균 득점, 투수 자책점

변량원	SS	df	MS	F	P
회귀모형	.202	2	.101	95.230	.000
오차	.029	27	.001		
Total	.231	29			

$$R = .936 \quad R^2 = .876 \quad R^2_{adj} = .867$$

회귀요인	계수	표준오차	β값	t	P
상수	.28	.134		5.433	.000
평균점수	.082	.017	.396	4.829	.000
투수 실점	-.140	.018	-.654	-7.964	.000

이 결과를 보면, 남은 요인들은 모두 유의도 수준에 적합한 P 값을 보인다. 그러나 결정 계수가 상당히 떨어져 예측의 오차가 커질 것을 예상할 수 있다. 따라서 이 모형을 버리고 앞의 분석모형을 사용하기로 한다. 그렇다면 회귀선의 방정식은

$$\hat{Y} = -.216 + .078X_1 - .127X_2 + 1.299X_3$$

이 된다.

참고 _ 회귀선 산출과정

(회귀직선의 수학적 의미)

각 X 값에 해당하는 회귀직선 상의 Y 값과 실제 Y 값의 차의 제곱의 합, 즉 오차의 제곱합이 최소가 되는 직선을 구하는 일이다.

$$\text{오차의 제곱합:} \sum_{i=1}^{n} (Y_i - \hat{Y})^2$$

$$= \sum \{Y_i - (a + bX_i)\}^2, \text{이것을 } Q(a, b)\text{라 하자.}$$

$Q(a, b)$를 최소화하기 위한 조건은

$Q(a, b)$의 a에 의한 편미분 값과 b에 의한 편미분 값이 각각 0이 되는 것

$$\frac{\partial Q}{\partial a} = 0,$$

$$\frac{\partial Q}{\partial b} = 0$$

편미분: 다변수 함수에서 특정 함수를 주목하여 나머지 함수를 상수로 간주하여 미분하는 것.

(계수 a, b의 산출)

$$\frac{\partial Q}{\partial a} = \sum 2\{Y_i - (a + bX_i)\}^2 (-1) = 0$$

$$\sum \{Y_i - (a + bX_i)\} = 0 \quad \cdots\cdots\cdots\cdots\cdots\cdots\cdots\cdots\cdots\cdots\cdots\cdots\cdots\cdots ①$$

$$\sum Y_i = \sum (a + bX_i)$$

$$\frac{1}{n}\sum Y_i = \frac{1}{n}(na + b\sum X_i)$$

$$\therefore \overline{Y} = a + b\overline{X}$$

$$a = \overline{Y} - b\overline{X}$$

$$\frac{\partial Q}{\partial b} = \sum 2\{Y_i - (a + bX_i)\} = 0$$

$$\sum X_i\{Y_i - (a + bX_i)\} = 0 \quad \cdots\cdots\cdots\cdots\cdots\cdots\cdots\cdots\cdots\cdots\cdots\cdots ②$$

$$\sum X_i Y_i = \sum X_i(a + bX_i)$$

$$= \sum X_i(\overline{Y} - b\overline{X}) + b\sum X_i^2 \,(\text{Since } a = \overline{Y} - b\overline{X})$$

$$= n\overline{X}(\overline{Y} - b\overline{X}) + b\sum X_i^2 \,(\text{Since } \sum X_i = n\overline{X})$$

$$= n\overline{X}\,\overline{Y} - nb(\overline{X})^2 + b\sum X_i^2$$

b에 대해서 정리하면

$$b = \frac{\sum X_i Y_i - n\overline{X}\,\overline{Y}}{\sum X_i^2 - n(\overline{X})^2}$$

Since $\sum X_i Y_i - n\overline{X}\,\overline{Y} = \sum(X_i - \overline{X})(Y_i - \overline{Y})$ and

$$\sum(X_i - \overline{X})^2 = \sum X_i^2 - n(\overline{X})^2,$$

$$b = \frac{\sum(X_i - \overline{X})(Y_i - \overline{Y})}{\sum(X_i - \overline{X})^2}$$

분모 분자에 $\sqrt{\sum(Y_i - \overline{Y})^2}$ 를 곱하면

$$b = \frac{\sum(X_i - \overline{X})(Y_i - \overline{Y})}{\sum(X_i - \overline{X})^2}\sqrt{\frac{\sum(Y_i - \overline{Y})^2}{\sum(Y_i - \overline{Y})^2}}$$

$$= \frac{\sum(X_i - \overline{X})(Y_i - \overline{Y})}{\sqrt{\sum(X_i - \overline{X})^2\sum(Y_i - \overline{Y})^2}}\sqrt{\frac{\sum(Y_i - \overline{Y})^2}{\sum(X_i - \overline{X})^2}}$$

$$= \frac{S_{xy}}{S_x S_y} \cdot \frac{S_y}{S_x} = r \frac{S_y}{S_x}$$

여기서, S_{xy}: X, Y의 공분산

$\quad\quad\quad S_y$: Y의 표준편차

$\quad\quad\quad S_x$: X의 표준편차

$\quad\quad\quad r$: 상관계수

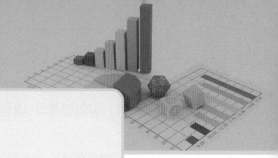

제 7 장

실험설계

실험설계란 한마디로 인과관계를 의심케 하는 다른 설명의 가능성을 배제하는 실험
계획이다. 실험을 통해서 우리는 두 사건 사이의 인과관계를 증명하고자 한다. 그러
나 인과성을 주장하려면 인과관계를 시사하는 관찰에 대한 다른 설명 가능성을 배
제할 수 있어야 한다. 이를 위해 실험의 내적, 외적 타당성과 통계적 타당성을 검토
한다. 이러한, 주어진 상황에서 타당성을 확보하기 위한 계획을 수립하는 것이 실험
설계의 영역이다. 실험설계에는 여러 측면이 있으나 핵심은 두 가지, 무선 배정과
비교집단으로 귀결된다. 그래서 다음 장부터는 무선 배정과 비교집단이 있는 실험
의 결과를 분석하기 위한 통계기법이 구체적으로 전개될 것이다. 연구문제가 교육
의 이론적 탐색의 결과라면 실험설계는 그 연구문제를 통계처리용 데이터로 안내해
주는 역할을 한다. 그런 의미에서 이 장은 교육이론과 추리통계를 연결하는 환승역
같은 곳이다.

1 실험의 타당도 저해요인

연구 설계의 가치를 판단할 때, 실험의 타당성이 가장 중요한 판단기준이 된다. 실험의
타당성에는 최소한 세 가지 측면이 있으며, 설계의 가치를 평가하기 위해서는 각 측면이
모두 고려되어야 한다. 첫 번째 측면은 실험의 내적 논리로 이를 내적 타당성(internal
validity)이라 하며, 둘째 측면은 연구의 결과가 특별히 설계된 실험 상황을 넘어서 일반
화될 수 있는 정도로 이를 외적 타당성, external validity라 하고, 세 번째 측면은 자료
의 분석 및 해석에 대한 타당성으로 이를 통계적 타당성, statistical validity라 한다.

1) 실험설계의 내적 타당성

실험설계는 교육의 지식을 얻기 위한 적극적인 탐구행위이다. 그렇게 얻어지는 지식은 대부분 두 요인 사이의 인과관계로 구성된다. 이러한, 인과관계를 입증하는 데 필요한 조건이 있는데, 이를 내적 타당도라 한다. 내적 타당도, internal validity는 실험적 처치와 실험에서 관찰된 결과를 인과적으로 해석할 수 있는 정도이다. 먼저, 두 사건의 인과관계가 성립하자면 다음 세 가지 조건이 충족되어야 한다.

① 사건 발생의 선후 관계가 입증되어야 한다.
② 두 변인 사이에 강력한 연관성이 관찰되어야 한다.
③ 다른 설명의 가능성이 배제되어야 한다.

첫 번째 조건은 논리적으로 검토되는 성질의 것이라 하겠다. 예를 들어, 부모의 육아 방식이 아동의 성격 특성에 미치는 영향에 관한 연구를 종종 보게 되는데, 어떤 연구자들은 한 점의 의심도 없이, 육아 방식을 원인으로, 성격 특성을 결과의 위치에 놓고 이 현상을 설명한다. 그러나 인과의 방향을 그 반대로 생각할 수는 없을까? 순하고 말 잘 듣는 아이의 부모는 그 아이의 태도에 영향을 받아 친절하고 애정 어린 행동을 나타낼 가능성이 크고, 성격이 까다로운 아이에게는 짜증을 보이기 쉽다. 그렇다면 아동의 성격 특성이 원인이고 육아 방법이 결과가 되는 측면도 있어 인과관계의 입증이 어려워지는 것이다. 연구자들이 인과의 방향을 속단한 것은 이 연구를 위해 수집한 자료 중 육아 방식이 선행한 것이었고, 성격 특성은 그 후에 관찰된 것이었기 때문으로 짐작된다. 그러나 사건 발생의 선후 관계는 관찰의 선후 관계와 다를 수도 있다.

둘째와 셋째 조건의 충족을 입증하기 위해서는 특정한 사전 지식에 근거한 주도면밀한 계획이 필요하다. 이것이 바로 실험설계의 영역이다. 실험설계를 하는 이유는 인과관계를 입증하는 데 개입할 수 있는 오류의 가능성을 막기 위함이다. 이를 위해서는 실험설계에 관한 체계적인 훈련이 필요하다. 먼저, 두 가지 사건 사이의 관계를 인과적으로 해석할 때 범할 수 있는 전형적인 오류의 형태들을 살펴보기로 하겠다. 다음에 소개할 7가지 예는 Campbell과 Stanley (1963)가 실험의 해석을 위한 기본 요소로 소개한 내적 타당도 저해요소를 풀어 설명한 것이다.

a. **외부적 사건의 개입, history**

외부적 사건의 개입이란 실험이 진행되는 동안, 실험의 장 밖에서 발생한 어떤 사건이 그 결과에 영향을 미칠 가능성을 말한다. 예를 들어보자. 새로 개발한 컴퓨터 학습 프로그램의 효과를 입증하기 위하여, 선발된 어린이들에게 그 프로그램으로 일정 기간 학습하게 하였다. 그리고 검사 결과 좋은 성적을 거두었다면, 그 원인을 교육적 처치, 즉 컴퓨터 학습 프로그램의 효과라고 주장할 수 있어야 할 것이다. 그런데, 만일 이 프로그램에 의한 훈련이 진행되는 동안 TV 어린이 프로그램에서 똑같은 주제의 학습 내용을 유능한 교사의 강의 방식으로 방영한 사실이 있다면, 학습 효과의 원인이 컴퓨터 프로그램에 있는지, TV 프로그램에 있는지 모호해질 것이다. 이런 것이 외부적 사건 개입의 예이다.

이 경우 뜻밖의 사건으로 인해 연구의 타당성이 손상을 당하게 되었으니 연구자는 운이 나빴다고 해야 할까? 그렇지 않다. 교육 연구의 경우 대상 하나하나는 모두 이러한 외부적 사건에 노출되어 있다. 오히려 이러한 종류의 돌발 사태의 개입을 기대하지 않는 것이 어리석다고 해야 할 것이다. 어떤 학생은 시험을 보는 날 독감에 걸려서 자기 실력을 충분히 발휘하지 못할 가능성도 있고, 또 어떤 학생은 개인 지도를 받은 덕분에 순수한 처치 효과 이상의 결과를 나타낼 수도 있다. 물리나 화학 실험에서처럼 모든 외부적 영향을 완전차단하는 것은 교육 연구에서는 불가능하다. 그렇다고 하여 이 모든 사실을 무시하고 처치와 결과 사이에 인과관계가 있는 것으로 결론짓는다면, 그 연구는 오류의 가능성을 내포한 만큼 타당성이 떨어지게 되는 것이다. 그렇다면 여기에 대한 방지책은 없는 것일까? 그것은 조금 뒤에 설명하겠다.

b. **피험자의 내부적 변화, maturity**

피험자의 내부적 변화는 처치 결과에 피험자들 내부의 자연적인 변화가 영향을 미치게 된 경우를 말한다. 이러한 변화는 주로 대상 아동의 성장에 의한 경우가 많다. 실험 연구의 경우 보통 상당한 기간의 실험적 처치를 거치는데 이 기간에 피험자들의 신체적 능력, 수, 언어 능력 등이 모두 발달할 가능성이 있다. 성장의 속도가 비교적 빠른 어린 연령층의 경우 그 영향의 크기는 더욱 심각해진다. 그렇다면 그러한 발달이 인과적 해석에 어떻게 반영될 것인지를 검토하여야만 할 것이다. 성장에 의한 영향을 최소화하기 위하여 실험적 처치 기간을 최소화하는 것도 그리 좋은 방법은 아니다. 하루에 한 시간씩 할 것을 다섯 시간으로 강행군하여 기간을 5분의 1로 줄이려 한다면, 이번에는 피험자들이 느끼는 피로감이 학습 효과에 영향을 미칠 것이다. 이 경우 처치 효과는 과소 평가될 것이 분명하다. 또 결과를 측정하는 문항이 지나치게 많은 경우에도 마찬가지로 피험자들이 정당한 자기 실력을 발휘하지 못하게 할 수 있다. 이런 것들 또한 피험자의 내부적 변화가 측정에 영향을 미치는 예이다.

c. 측정 도구의 결함, instrumentation

사전검사를 하고 실험적 처치를 한 다음 사후검사를 한 결과, 점수가 향상되었다고 하여 이를 처치 효과로 결론짓기 위해서는 사전검사가 사후검사보다 쉬운 문항으로 구성되지 않았나 하는 의혹을 지울 수 있어야 한다. 측정 도구에 결함이 있다면, 그 결과에 대한 해석은 당연히 불가능해질 것이다. 그런데, 실험설계에서 정확한 측정 도구보다 중요한 것은 측정 도구의 결함이 결과 해석에 치명적인 영향을 미치는 경우와 그렇지 않은 경우를 식별하는 능력이다. 키를 재는 자, 체중을 재는 저울은 대부분 거의 정확한 수치를 내기 때문에 문제가 되는 경우는 극히 드물다. 그러나 교육 연구에서 측정의 대상은 대부분 인간의 심리적 특성이다. 성적, 태도, 적성 등의 특성을 수치로 표현하는 일은 매우 어렵고, 상당한 오차를 포함하지 않을 수 없다. 이렇게 결함을 가지고 있는 측정 도구로 측정한 결과가 타당성 있는 인과적 해석으로 이어지기 위해서는 역시 그것을 뒷받침할 수 있는 실험설계가 필요하다.

d. 선발의 불균형, selection

선발의 불균형 문제는 관찰의 대상이 어떤 집단이었는가 하는 물음과 관련이 있다. 만일 전통적인 방법으로 학습한 집단과 새로운 방법으로 학습한 집단의 성취도를 비교한 실험에서 새로운 방법으로 학습한 집단의 성취도가 높게 나타났다면, 그 원인이 새로운 학습 방법에 있는 것으로 간주하는 것이 자연스럽다. 그러나 만일 새로운 방법으로 학습한 집단이 애초부터 공부를 잘하는 집단이었다면, 이러한 인과적 해석은 성립하지 못할 것이다. 어떤 연구자는 선발의 불균형이 없다는 것을 입증하기 위하여 실험적 처치 이전에 사전검사를 하여 출발점 당시 실험집단과 비교집단의 성적이 같다는 것을 보이기도 한다. 그러나 이러한 방법은 또 다른 오류의 가능성을 내포하고 있으므로 그리 좋은 방법이라 할 수 없다. 선발의 문제도 역시 실험설계로써 풀 일이다.

e. 대상의 체계적 탈락, mortality

실험적 처치가 진행되는 동안에 실험 대상이 체계적으로 탈락하는 일이 있다. 체계적 탈락이란 관찰 대상에서 빠지는 인원이 완전히 우연에 의해 무작위로 구성된 것이 아니라, 어떤 특별한 이유에 의해 공통적인 속성을 가진 사람들로만 구성되는 경우이다. 예를 들어 어떤 학교에서 수학을 가르치는 새로운 프로그램의 효과를 검증하기 위하여 그 프로그램을 전통적 방식으로 수업한 결과와 비교해 본다고 하자. 이 프로그램이 진행되는 동안에 전학을 간 학생 몇몇이 실험 대상에서 빠진다면 이는 큰 문제가 될 수 없다. 그러나 만일 이 기간에 전국 수학경시대회에 출전할 학생들이 전부 빠져버린다면, 이는 처치 후 실시될 성취도 검사 결과에 영향을 미칠 것이며, 처치의 효과를 과소평가하게 될 것이다. 또 만일 하위권 학생들이 특별 교정교육 등의 이유로 모두 빠져버린다면 이번에는 처치의 효과를 과대평가하는 결과를 낳을 것이다. 이러한 사태가 뜻밖에 생긴 것이라면, 연구자의 운이 나쁘다고 할 수도 있겠다. 그러나 유능한 연구자라면 이러한 가능성을 미리 내다보고, 잘못된 결론을 내리는 오류를 범하지는 말아야 한다.

f. 통계적 회귀 현상, statistical regression

통계적 회귀란 처음 측정 때 극단에 가까웠던 점수는 다음 측정 때 평균 쪽으로 이동하는 현상이다. 예를 들어 학교에서 두 차례의 시험을 보았을 경우, 첫 시험에서 상위 10%와 하위 10%를 차지했던 학생들의 다음번 성적 평균은 상위권 학생들의 경우 아래로, 하위권 학생의 경우 위로 이동하는, 즉 평균 쪽으로 회귀하는 경향을 보인다. 이러한 현상이 나타나는 이유는 역시 측정 도구의 결함 때문이다. 측정 도구가 완전하지 못할 때 측정치에 오차가 포함되기 마련인데, 더 나갈 자리가 없는 상한이나 하한선 부근에서는 오차가 평균 쪽으로 작용할 여지가 더 크기 때문이다. 성적이 상위권인 집단이나 하위권인 집단을 대상으로 하는 연구일 경우, 이 통계적 회귀현상이 존재함을 고려하지 못하면 잘못된 결론에 도달하게 될 것이다. 상위권의 경우 처치 효과를 과소평가하고, 하위권의 경우 이를 과대평가하게 될 가능성이 크다.

g. 사전검사 효과, testing

사전검사는 주로 실험적 처치 이전과 이후의 변화를 비교하기 위한 목적에서 사용된다. 그러나 이 경우 사후검사의 결과를 순수하게 실험적 처치의 효과로 해석하기 어렵게 되는 문제가 생긴다. 사전검사를 치르는 과정에서 생긴 학습효과일 가능성이 있기 때문이다. 사전검사 효과는 단순히 학습 효과로서만 작용하는 것이 아니라, 실험적 처치와 상호작용을 일으키는 수도 있다. 예를 들어 학습과제에 따라서는 사전검사가 그 주제에 대한 학습자의 태도나 지식기반을 민감하게 하여 학습에 상승효과를 일으킬 수도 있다는 의미이다. 이러한 상호작용 효과의 존재가 예상된다면 그것은 실험 결과를 토대로 인과관계를 추리하는 데 중대한 지장을 초래하게 되므로, 다른 정교한 설계를 모색하거나, 아니면 사전검사 자체를 연구 과정에서 제외하여야 한다.

2) 실험설계의 외적 타당성

지금까지 소개한 요인은 실험적 처치와 결과 사이의 인과관계를 모호하게 하는 것이었다. 이제부터 소개할 요인은 결과가 얼마나 일반적으로, 실험 장면 이외의 시간, 장소, 대상 인원에게까지 적용될 수 있을까 하는, 일반화 가능성에 초점을 두고 있다. 전자를 내적 타당성, 후자를 외적 타당성이라 한다. 보편적 의미에서 인과관계의 성립 여부에 초점을 두고 본다면 둘 사이의 구분은 모호해지는 점도 있다.

연구가 유용하기 위해서는 내적 타당성을 가져야만 한다. 그러나 내적 타당성이 외적 타당성을 보장하는 것은 아니다. 외적 타당성이 심각하게 결여된 연구는 일반인에게 가치가 없다. 특히 표본추출 방법과 실험설계의 방법은 연구의 외적 타당성에 결정적인 영향을 미친다.

h. 선발-처치 상호작용

선발-처치 상호작용, selection-treatment interaction은 실험집단을 구성하는 표본이 어떤 특별한 성질을 가지고 있을 때, 그 특별한 성질 때문에 특정 처치를 만나면 더 민감하게 반응하거나 반응하지 않는 경우를 말한다. 예를 들어 또래 지도 (peer tutoring) 효과를 연구하는 실험집단에 우연히 사회성 문제를 가진 아동이 여럿 포함된다면, 다른 처치라면 그렇지 않을 텐데, 이 처치에 대해서는 유독 특별한 반응을 보일 것이다.

i. 실험 환경에 대한 의식효과

이러한 문제는 실험 상황의 의식 때문에 일어난다. 실험집단과 비교집단을 두어 효과를 비교하는 경우, 피험자들은 자신이 어떤 실험에 연루되어 있다는 사실을 알게 될 때 두 종류의 심리적 영향을 받을 가능성이 있다. 잘 알려진 예로 John Henry 효과와 Hawthorn 효과가 있다. John Henry 효과는 비교집단에 속한 피험자들이 자극을 받아 평소보다 훨씬 더 열심히 과제를 수행하는 경우이고, Hawthorn 효과는 실험집단에 속한 피험자들의 동기가 자극되는 경우이다. 어느 편이든 결과 해석의 일반화 가능성을 저해하는 사태이므로, 이를 피하는 방법은 가능한 한 피험자들이 실험 환경을 일상적이고 자연스러운 것으로 느낄 수 있도록 유도하는 것이다.

j. 실험자에 의한 오염, experimenter contamination

실험자가 연구에 영향을 미칠 수 있다는 것은 어쩌면 생소하게 들릴 수도 있겠다. 그러나 현실적으로 실험 연구가 진행되는 과정에서 실험자에 의해 실험 환경이 오염되기도 하고, 또 의식하지 못한 심리적 요인이 피실험자에게 영향을 미치기도 한다. 연구 설계의 단계에서 이러한 일이 발생할 가능성을 예측하고 그 방비책을 수립하는 일이 필요하다.

실험자의 효과는 어떤 정형이 있는 것이 아니라 여러 가지 형태로 나타나는데, 여기서는 그 몇 가지 예를 들기로 하겠다. 중요한 것은 언제나 그 가능성을 읽어낼 수 있는 안목임을 명심하자. 먼저 어떤 새로운 실험적 처치에서 사용되는 기자재를 비교집단을 담당한 주변의 교사들이 보고 괜찮다고 생각되면 자신도 그 일부를 사용하거나 그 아이디어를 수업에 도입할 가능성이 있다. 이 일은 실험적 처치가 없어야 할 비교집단에 처치가 흘러 들어간, 오염이 생긴 셈이 된다. 따라서 만일 이런 일이 예상된다면 실험설계 과정에서 실험집단과 비교집단을 공간적으로 분리하여야 한다. 또 만일 연구자와 실험자가 동일인일 경우 실험적 처치 과정에서 눈에 보이지 않는 심리적 요인이 학습 효과에 영향을 미칠 수도 있다. 연구자는 자신이 제안한 방법이 효과가 있다고 믿고 있는 경우가 많다. 자신이 지도하는 학생들의 성취도가 높을 것이라고 굳게 믿고 있을 때, 실제로 학생들은 그 기대에 부응하기라도 하는 듯이 성적을 올리는 경향이 있다. 그 과정이 명확히 밝혀지지 않은 이 신기한 현상은 '자기충족적 예언, self-fulfillment prophecy라는 용어로 사회학 계통에서는 잘 알려져 있다. 특히 실험적 처치 이전에 어떤 검사가 있는 경우 연구자들은 이러한 현상이 일어날 가능성을 주의 깊게 살펴야 한다. 예를 들어 IQ와 학업성취도의 관계를 연구할 때 수업을 진행하는 교사가 각 학생의 IQ를 알게 된다면 그 교사는 각 학생의 성취에 대한 예측 또는 기대를 할 가능성이 크고, 이런 것들이 실제 학생의 성취에 영향을 미친다. 또 실험적 처치 이전에 사전검사가 있는 경우 그 점수를 실험자가 알면 결과에 대한 긍정적 또는 부정적 예언을 할 가능성이 있어 그 것이 자기충족적 예언의 효과로 나타날 수도 있다.

k. 위약(placebo) 효과

앞에서 순수한 실험적 처치 이외에 실험자가 결과에 영향을 미치는 경우를 들었는데, 실험 환경이 피실험자에게 심리적 영향을 줄 수도 있다. 그 대표적인 예로 위약 효과가 있다. 위약, placebo는 원래 새로 개발된 약의 효능을 검증하는 과정에서 흔히 사용되는 것으로서, 약의 성분이 들어 있지 않은 가짜 약을 말한다. 이것을 환자가 약이라 믿고 복용했을 때 때로는 진짜 약과 유사한 효과를 나타내는 경우가 있어서 어떤 약을 투여하여 얻은 효과가 순수한 약효인지, 아니면 환자의 기대가 반영된 위약효과인지가 모호해지는 것이다. 이러한 위약효과를 통제하기 위하여 흔히 사용하는 방법은 일정 수의 환자에게는 진짜 약 대신 placebo를 복용하게 하여 그 효과를 같이 비교해 보는 것이다. 물론 환자는 그것이 진짜 약인지 위약인지 알 수 없어야 한다. 한편 약을 처방하는 사람 측에서 보면, 환자가 틀림없이 효능을 볼 것 이라는 기대감, 자기충족적 예언이 작용할 수도 있다. 그렇게 되면 역시 약의 정당한 성능을 측정할 수 없으므로, 처방하는 사람도 각 환자에게 진짜 약이 가는지 플라시보가 가는지 알 수 없게 하기도 한다. 그 정보는 연구자에 의해 비밀리에 통제되게 하는 것이다. 이렇게 처방하는 측과 복용하는 측 양쪽에서 모두 주어진 약이 진짜 약인지 placebo인지 모르게 하는 진행을 양맹검사, 또는 double-blind experimentation이라고 한다. 잠깐 이야기가 옆으로 흘렀는데, 교육 현장에서도 새로운 교육 방법이나 도구가 사용될 때 플라시보 효과가 의심스러운 경우가 많다. 연구자는 실험설계 단계에서 이를 통제할 방법을 고안하여야 한다.

l. 통계적 타당성의 문제

통계적 타당성, statistical conclusion validity이란 통계적 근거에 의해 내려진 결론이 올바르고 합리적인가의 문제이다. 이 통계적 타당성의 저해요인으로는 표본의 타당성, 인과관계의 통계적 크기가 약한 경우, 통계적 검정의 가정을 위배한 경우 등이 있다. 이후에 소개될 추리통계의 전 과정은 통계적 타당성의 문제에 해당한다.

2 전 실험설계

실험설계의 타당도 저해요소를 살펴본 것과 관련하여 Cook & Campbell(1979)이 소개한 전 실험설계와 진 실험설계, 다른 말로 하자면 최악의 실험설계와 최선의 실험설계를 주로 내적 타당도 측면에서 비교해 보는 일이다. 먼저, 전 실험설계 pre-experimental design 두 가지를 보자.

일회성 사례연구(one-shot case study)

$$X \qquad O$$

연구 방법에 대한 지식이 없는 이들이 가장 선호할 것 같은 방법이 일회성 사례연구이다. 이것은 한 집단을 대상으로 X라는 처치를 제공하고, 끝에 시험을 보아서 높은 점수가 나오는가를 관찰하는 방법이다. 위 도식에서 X는 처치 Experimental treatment를, O는 관찰 Observation을 의미한다. 여기서 우리는 얻어진 점수와 처치 사이에 인과관계를 형성할 수 없다. 앞에 적은 인과적 해석의 저해요인들 대부분에 대해 이 방법은 무방비 상태다. 예를 들어, 외부적 사건의 개입, 실험이 진행되는 동안 여러 외부적 사건이 일어날 것이고, 그중 어떤 사건이 피험자의 점수에 영향을 줄 수 있고, 이 설계는 그런 가능성에 아무 대비가 없다. 그 후에 설명된 내적 타당도 저해요인에 대해서도 마찬가지이다. 따라서 일회성 사례연구는 비록 단순하고 시행이 간편하다는 이점은 있으나, 인과관계를 구성하는 목적으로 사용하기에는 매우 나쁜 방법이다.

동일집단 비교(one-group pretest-posttest design)

$$O_1 \qquad X \qquad O_2$$

이 방법은 선발된 집단에 대해 사전검사를 하여 최초의 상태를 확인하고, X에 의한 처치가 진행되고 난 후 다시 사후검사를 하여 점수의 차이를 확인하는 방법이다. 이것은 사전검사라는 비교의 준거가 있다는 점에서 앞의 방법보다 훨씬 개선된 방법이지만, 여전히 여러 약점을 가지고 있다. 가장 치명적인 것은 처치 이후의 사후검사에서 점수가 향상된 것이 확인되었다 하더라도 그것이 순수 처치 효과인지 아니면 피험자의 성장 또는 외부적 여건의 개입에 의한 것인지 알 수 없다는 점이다. 또 만일 측정 도구에 결함이 있어서 신뢰도가 만족스럽지 못하다면, 그런 도구로 측정한 점수의 향상이라는 것도 큰 의미를 갖지 못하는 것이다. 이밖에도 이 설계는 통계적 회귀 현상에 의한 오차의 발생 가능성이 크다.

그러나, 교육 현장에서는 이 방법을 사용할 수밖에 없는 경우가 종종 있다. 여건상 대상 학습자에 대하여 다른 학습 방법을 적용하는 것이 허용되지 않는 경우가 그것이다. 또 그것이 허용된다 할지라도 실제로 적용하기 어려울 수도 있다. 예를 들어 학습 부진아 집단의 학습결손을 치유할 수 있는 획기적인 프로그램을 개발했을 경우, 그 효과를 입증하기 위해 한 학교에서 학습 부진아 집단 모두에게 그 프로그램을 적용하지 않고, 절반은 기존의 학습 방법으로 학습하게 한다면 그것은 교육의 책무성 또는 윤리적인 문제일 수 있기 때문이다.

만일 이 설계를 사용할 수밖에 없는 경우라면 연구자는 이 설계가 내포한 인과적 해석의 위험성을 잘 파악하고, 절차에 있어서나 결과 해석에 있어서 오류의 개입 가능성을 최소화하기 위한 노력을 해야만 할 것이다.

3 진 실험설계

이제 본격적인 연구 설계를 설명하겠다. Cook & Campbell은 이 방법을 진 실험설계라 불렀다. 진 실험설계, true-experimental design이란 무작위성, randomization과 통제집단, control group의 조건을 갖춘 실험설계를 말한다.

무작위, 사후검사, 통제집단 설계(randomized, posttest-only control group design)

$$R \qquad\qquad O_1$$

$$R \qquad\qquad X \qquad\qquad O_2$$

앞에서 잠시 언급한 것과 같이, 동일집단 비교의 문제 대부분은 무작위 할당, 통제집단을 둔 사후검사 설계로 해결할 수 있고, 이것이 애초에 주어진 문제를 위한 가장 강력한 설계라 할 수 있다. 위에 시각적으로 표시한 것에 의하면 이 설계는 두 집단을 두고, 한 집단은 실험적 처치를 제공하고, 다른 한 집단에게는 그것을 제공하지 않고 전통적인 학습 후 각각의 성취 결과를 관찰하는 것이다. 이렇게 실험적 처치를 제공하는 집단을 실험집단이라 하고, 제공하지 않는 집단을 비교집단이라 한다. 이 중 R은 무작위 할당 (random assignment)을 의미한다. 이것은 연구의 대상이 된 참가자들이 어느 한 집단에 배정되는 일이 전적으로 우연에 의해 일어났으며 인위적인 요인이 전혀 없다는 것을 뜻한다.

왜 이 설계가 강력한가 하면, 이것으로써 인과적 해석에 개입하는 전형적 오류 유형이 대부분 통제되기 때문이다. 예를 들어, 피험자의 내부적 변화나 외부적 사건이 개입한다 하더라도 그것은 실험집단과 비교집단에 공평하게 작용할 것이므로 두 집단의 차이는 여전히 처치 효과를 공정하게 반영한 것이라 할 수 있다. 측정 도구의 결함이 있다 하더라도, 그 조건이 두 집단에 동등하게 주어져 있으므로 어느 정도까지는 중대한 영향을 받지 않는다. 선발의 불균형은 선발이 우연에 의해서 이루어졌기 때문에 불균형은 우연이 작용하는 범위, 즉 확률의 법칙 안에서 일어나므로 그 위험성은 분석과정에 이미 포함된 것이다. 이렇게 진 실험설계는 내적 타당도 위협 요소를 거의 완전히 방어한 설계라 할 수 있다. 그러나 내적 타당도를 보장하기 위해 실험 환경에 대한 통제를 가하면 가할수록 실험 자체가 극도로 인위적인 것이 되어서 자연스러운 현실과 멀어지면서 일반화 가능성이 떨어지게 된다. 그렇다면 외적 타당도의 문제가 생긴다.

내적 타당도와 외적 타당도는 두 가지가 동시에 완전하기는 어렵지만, 부분적으로 이를 극복하기 위해 고안한 설계로 Solomon four-group design이란 것이 있다. 이것은 피험자를 다음 4 집단에 무선할당한 설계로, 내적 타당도와 외적 타당도를 모두 어느 정도 만족할 수 있도록 설계한 것이다.

A	O_1	X	O_2
B	O_1		O_2
C		X	O_2
D			O_2

여기서 O_1: pretest, X: treatment O_2: posttest

이 실험설계에서 집단 A와 B, C와 D의 결과를 종합하면 처치 효과를 추정할 수 있다. 이 설계에서 대부분의 내적 타당도 저해요소를 방어할 수 있으며 동시에 외적 타당도까지 어느 정도 지킬 수 있게 된다. 특히 A와 C의 비교를 통해 pretest 효과를 검증할 수 있으며, B와 D의 비교를 통해 외적 요인의 개입 여부를 알 수 있다. 그러나 이 설계는 이론적으로 자주 논의되는 데 비하여 실제로 사용되는 경우는 많지 않다. 그 이유는 비용 때문이다. 시간, 표본 수, 장비 등 모든 면에서 정상적인 실험보다 두 배 이상을 소비하기 때문에 현실적으로 선택하기 어렵다. 이보다는 다소 흠이 있더라도 일반적인 실험 결과가 누적되는 것이 더 도움이 된다고 판단한다.

지금까지 설명한 실험설계는 주로 인과관계를 확인하는 데 있어 필수 조건인, 다른 설명의 가능성을 배제하는 데 초점을 둔 것이었다. 이것이 기본적 원칙이라면, 이보다 복잡한 설계와 분석방법을 도입하더라도 경제성, 즉 필요한 인원과 비용을 아낄 방법도 필요할 것이다. 그 방법에 관해서는 제16장과 제17장에서 일부를 설명하였다.

4 실험설계의 종류

1) 독립적인 두 집단을 갖는 설계

독립적인 두 개의 집단을 갖는 설계는 두 집단으로부터 추출된 표본평균을 비교하기 위한 설계이다. 이를 위해서 독립표본 z 검정을 사용할 수 있다. 이 검정은 두 모집단의 모평균을 비교하기 위하여서 각기 독립적인 두 개의 모집단을 대표하도록 추출된 표본의 특성치를 이용해서 두 모집단의 평균이 같다는 가설을 검정하는 것이다. 이때 두 집단으로부터 추출된 표본평균 차이의 분산과, 가설을 검정하기 위한 z 검정 통계량은 각각 다음과 같다. z 검정의 통계량은 두 집단 간 평균의 차이를 이들의 표준편차로 나눈 값이 된다. 두 집단 간 평균차 $\overline{X}_1 - \overline{X}_2$를 하나의 변수로 보면, 변수$(\overline{X}_1 - \overline{X}_2)$의 분산은

$$\sigma^2_{\overline{X}_1 - \overline{X}_2} = \frac{\sigma_1^2}{n_1} + \frac{\sigma_2^2}{n_2}$$

표준편차는 분산의 제곱근이므로 z값은 다음과 같이 된다.

$$z = \frac{\overline{X}_1 - \overline{X}_2}{\sqrt{\dfrac{\sigma_1^2}{n_1} + \dfrac{\sigma_2^2}{n_2}}}$$

위 식은 두 모집단 평균의 차이가 0이라는 가정하에서 두 표본평균의 차 $\overline{X}_1 - \overline{X}_2$의 확률분포가 정규분포를 이룬다는 점에 착안하여 이를 표준점수로 변환하여 확률을 얻을 수 있게 한 것이다. 그 확률이 의미하는 바는 두 모평균의 차이가 0인데 표본추출(우연)에 의해서 관찰된 표본평균의 차이가 나타날 확률이다. 이 책의 내용을 순차적으로 따라오고 있는 독자는 이 설명을 선뜻 이해하기 어려울 것이다. 같은 내용이 제9장 가설검정에서 더 자세히 설명할 것이다. 여기서 미리 언급하는 이유는 반복효과를 기대하기 때문이다.

2) 종속적인 두 집단을 갖는 설계

한 학급의 학생들에게 학기의 중간에 중간고사를 치르고, 학기가 끝나갈 무렵에 학기말고사를 치르게 되면 중간고사를 잘 치른 학생들은 기말고사에서도 높은 점수를 받는 경향이 있으며, 중간고사를 잘 치르지 못한 학생들은 기말고사에서도 낮은 점수를 받는 경향이 있다. 만약 이 학급 학생들의 실력이 향상되었는지를 검정하기 위하여 중간고사와 학기말고사의 평균을 비교하려고 한다면 두 시험의 평균과 표준편차만을 이용하는 것보다 개별 학생의 두 시험 점수 간에 존재하는 상관관계를 이용한 검정을 하는 것이 검정력(power)을 높이는, 즉 효과적인 방법이 된다.

상관된 두 개의 집단을 갖는 설계에서 두 집단으로부터 추출된 표본평균을 비교하기

위해서는 종속표본 z 검정이 사용된다. 이때 두 상관된 집단 간 표본평균 차이의 분산은 측정 간의 상관관계를 반영하여 다음과 같이 구해진다. 이 식은 두 집단의 상관관계가 0일 때는 두 개의 독립적인 집단의 표본평균 차이의 분산을 구하는 식과 같아진다. 상관관계가 0이라는 것은 두 개 집단이 독립적인 집단이라는 의미이므로 이는 당연히 그렇다.

$$\sigma^2_{\overline{X}_1 - \overline{X}_2} = \frac{\sigma^2_{X_1}}{n_1} + \frac{\sigma^2_{X_2}}{n_2} - 2r\frac{\sigma_{X_1}}{\sqrt{n_1}} \cdot \frac{\sigma_{X_2}}{\sqrt{n_2}}$$

3) 일원 설계

일원 설계는 일원 배치법(one-way factorial design), 완전임의배치법(completely randomized design; CRD) 등과 같은 뜻의 용어이다. 이것은 종속변수에 영향을 미치는 한 개 요인(factor)의 영향을 조사하기 위한 목적의 설계이며, 실험설계 중에서 가장 간단한 형태의 설계이다. 일원 설계가 완전임의배치법이라고 불리기도 하는 이유는 조사하려는 한 요인 이외의 다른 요인들이 결과에 영향을 미치는 것을 방지하기 위해서 표본을 처치의 각 수준에 완전히 임의로 배치하기 때문이다.

일원 분산분석의 수학적 모형은 다음과 같다.

$$X = \mu + \alpha + \epsilon$$

여기서, X: 각각의 점수
μ: 전체 평균
α: 처치 효과
ϵ: 오차

이 모형은 하나의 점수가 갖는 편차 $(X - \mu)$를 두 개의 분산요인, 즉 처치 효과와 오차에 의해서 설명한다.

$$X - \mu = \alpha + \epsilon$$

처치 효과란 집단의 평균 차이로부터 추정하는 것이며, 오차는 같은 처치를 받은 집단 내에서의 차이로부터 추정한다. 이러한 분산요인, 처치 효과와 오차의 제곱합은 다음과 같이,

$$SS_T = SS_A + SS_E$$

의 형태로 나누어 쓸 수 있다. 이 두 제곱합을 자유도로 나눈 값, 즉 두 분산의 비가 바로 일원 분산분석의 검정통계치 F 값이다.

$$F = \frac{SS_A/df_A}{SS_E/df_E}$$

일원 설계는 다음과 같은 장점과 용도를 갖는다.

① 일원 설계는 간단하여 실험의 설계가 쉽다.
② 어떤 수의 수준과 어떤 수의 반복으로도 실험을 설계할 수 있다. 따라서 이 설계는 가지고 있는 실험단위를 모두 활용하는 실험을 설계할 수 있다는 장점을 갖는다.
③ 일원 설계는 실험설계가 간단하기 때문에 실험단위의 수가 고정되었을 때 다른 실험설계들에 비하여 가장 큰 오차의 자유도를 가진다.
④ 일원 설계는 분석이 간단하며 각 처치간의 표본수가 다를 때도 분석에 어려움이 없다. 또한 분석을 위한 가정이 만족되지 않을 경우에도 분석과정을 쉽게 수정할 수 있다.
⑤ 일원 설계는 결측 자료(missing data)에 의한 정보의 손실이 다른 실험설계에 비하여 가장 적다.

일원 설계의 가장 큰 단점은 검정의 정확성이 낮다는 것이다. 이것은 검정력의 문제인데 검정력이 낮으면 처치 효과가 있는데도 불구하고 관찰된 집단 간 차이를 단지 우연 때문으로 판단할 가능성이 높다. 일원 설계는 표본을 처치의 각 수준에 완전히 임의로 배치하기는 하지만 각 처치에 배치된 표본들이 균질하다는 보장이 없으며 결과적으로 처치의 각 수준에 배치된 표본 간의 차이가 실험의 오차를 증가시키는 역할을 하게 된다. 그러나 일원 설계는 다음과 같은 상황에서 유용하게 사용될 수 있다.

① 표본의 동질성이 높은 경우
② 표본의 상당 부분이 실험의 처치에 반응하지 않을 가능성이 있는 경우
③ 표본의 수가 작아서 정확도가 높은 실험을 사용하는 이득이 오차의 자유도를 잃는 손실보다 큰 경우

④ 실험자가 표본을 동질적으로 만들 방법에 대한 정보가 없는 경우

4) 이원설계

이원설계는 이원배치법, two-way factorial design 등과 같은 의미로 사용되며, 종속변수에 영향을 미치는 두 개 요인(factor)의 영향을 조사하기 위한 목적의 설계이다. 이에 따라 각 관측값의 편차를 두 가지 요인효과와 오차로 설명하는 분석모형을 취한다.

$$X - \mu = \alpha + \beta + \alpha\beta + \epsilon$$

여기서, X: 점수
μ: 전체평균
α: 요인 A의 효과
β: 요인 B의 효과
$\alpha\beta$: 상호작용 효과
ϵ: 오차

위 식을 분산의 형태로 표현한 이원설계의 통계모형은 다음과 같다. 이 중 첨자로 표기된 i, j, k는 차례로 집단 내 개인의 번호, A 요인 내 수준의 번호, 그리고 B 요인 내 수준의 번호를 나타낸다.

$$X_{ijk} = \mu + (\mu_{j.} - \mu) + (\mu_{.k} - \mu) + (\mu_{jk} - \mu_{j.} - \mu_{.k} + \mu) + (X_{ijk} - \mu_{jk})$$
$$= \mu + \alpha_j + \beta_k + \alpha\beta_{jk} + \epsilon_{ijk}$$

이 식에서 μ는 전체평균, $\mu_{j.}$은 요인 A의 수준 j의 평균, $\mu_{.k}$는 요인 B의 수준 k의 평균, μ_{jk}는 요인 A의 수준 j와 요인 B의 수준 k의 평균을 나타내며, α_j는 수준 j에서의 요인 A의 주효과, β_k는 수준 k에서의 요인 B의 주효과, $\alpha\beta_{jk}$는 A의 수준 j와 B의 수준 k에서의 AB간의 상호작용, ϵ_{ijk}는 오차를 나타낸다.

위의 식에서 전체평균 μ를 좌변으로 이동한 다음에 양변을 제곱하고 모든 관찰값에 대하여 합하면 다음과 같이 된다. 이때 좌변은 전체 관찰 자료의 총 제곱합이 되며, 우변은 요인 A의 효과의 제곱합, 요인 B의 효과의 제곱합, 그리고 요인 A와 요인 B의 상호작용의 제곱합, 그리고 이들 요인에 의해서 설명되지 않는 오차의 제곱합을 더한 값이 된다.

$$SS_T = SS_A + SS_B + SS_{AB} + SS_E$$

이때 $SS_T = \sum_i \sum_j \sum_k (X_{ijk} - \overline{X}_{...})^2$

$$SS_A = \sum_i \sum_j \sum_k (\overline{X}_{.j.} - \overline{X}_{...})^2$$

$$SS_B = \sum_i \sum_j \sum_k (\overline{X}_{..k} - \overline{X}_{...})^2$$

$$SS_{AB} = \sum_i \sum_j \sum_k (\overline{X}_{.jk} - \overline{X}_{.j.} - \overline{X}_{..k} + \overline{X}_{...})^2$$

$$SS_E = \sum_i \sum_j \sum_k (X_{ijk} - \overline{X}_{.jk})^2$$

분석 방법은 뒤에서 자세히 설명하겠지만, 이 두 설계에 대한 가장 일반적인 접근은 분산분석에 의한 것이며 분산분석은 오차항에 대한 다음 세 가지의 가정을 내포한다.

① 정규성(normality)

② 독립성(independence of subjects)

③ 등분산성(homoscedasticity)

오차는 처치 내에서 정규분포를 하는 것으로 가정된다. 오차만이 처치집단 내의 점수 변동의 유일한 요인이기 때문에 오차의 정규성 가정이 충족되면 처치 내에서의 관측치들은 정규분포를 하게 된다. 그런데 여러 연구의 결과에 의하면 분산분석에 사용되는 F 검정은 정규성 가정의 위반에 대해서 강인성(robustness, 항내성)이 있어서 정규성 가정이 위반되는 경우에도 검정결과가 크게 영향을 받지 않는 것으로 알려져 있다.

독립성의 가정은 오차의 크기가 다른 오차의 영향을 받지 않고 독립적으로 결정된다는 것을 의미한다. 분산분석에서 독립성의 가정은 다음과 같은 세 가지 개념의 독립성을 포함한다.

① 처치집단 내의 독립

② 처치집단 간의 독립

③ 처치효과에 대한 독립

우선, 처치집단 내의 독립이란 동일한 처치를 받는 집단 j 내의 특정한 오차 ϵ_{ij}가 집단 내의 다른 오차 $\epsilon_{i'j}$에 의해서 영향을 받지 않는다는 것을 의미한다. 선행연구들의 결과에 의하며 처치집단 내 독립성 가정의 위반은 F 검정의 결과에 커다란 영향을 미치며, 처치집단 내 독립성 가정이 위반될 때에는 F 검정의 통계치가 커지는 경향이 있다는 것이 알려져 있다. 교육학 연구의 주요 대상이 되는 학교 상황에서는 각 처치 간에 표본을 무작위로 배분하는 것이 아니라 이미 있는 학급별로 서로 다른 처치를 가하는 것과 같은, 주로 기존 집단을 처치의 대상으로 사용하게 된다. 그런데 이처럼 기존 집단을 그대로 실험집단으로 사용하여 실험을 수행하는 경우에도 처치집단 내 독립성 가정이 위반될 가능성이 높은 것으로 알려져 있다.

처치집단 간의 독립이란 한 집단 내의 특정한 오차 ϵ_{ij}가 다른 처치를 받는 집단의 오차 $\epsilon_{ij'}$에 의해 영향을 받지 않는다는 것을 의미한다. 서로 상관이 없는 표본들이 서로 다른 집단에 할당될 때는 처치집단 간의 독립성이 성립된다. 그러나 쌍체표본(matched subjects, 짝을 이룬 표본)을 서로 다른 처치집단에 할당하거나, 앞에서 예를 든 바와 같이 동일 학급의 중간고사 점수와 학기말고사 점수와 같이 서로 상관된 두 집단을 비교하는 경우, 또는 동일 표본을 반복측정하는 경우에는 이러한 가정이 위반되게 된다. 따라서 이 경우에는 집단 간의 상관관계를 감안한 분석방법을 적용하여 오차의 독립성을 확보한 후에 자료를 분석하여야 한다. 처치 효과에 대한 독립성 가정은 처치효과에 의해서 오차가 영향을 받지 않는다는 의미이다.

등분산성 가정은 처치집단별 오차의 분산 크기가 같다는 가정이다. 등분산성 가정도 보통의 경우에는 분산분석의 F 검정 결과에 커다란 영향을 미치지 않는다. 그러나 여러 선행연구에 의하면, 특별한 경우 각 처치집단의 크기 차이에 따라 등분산성 가정의 위반이 F 검정에 크게 영향을 미칠 수 있다는 것이 알려져 있다. 즉, 처치집단의 크기가 모두 비슷할 경우에는 등분산성 가정 위반의 영향이 크지 않으며, 분산이 큰 처치집단의 크기가 크고 (표본이 많고) 분산이 작은 처치집단의 크기가 작은 경우에도 F 검정 통계량의 크기에 영향이 크지 않으나, 분산이 큰 처치집단의 표본 크기가 작고 분산이 작은 집단의 표본 크기가 큰 경우에는 F 검정통계치가 매우 커지는 경향이 있다는 것이 보고되고 있다.

연 습 문 제

01. 같은 학습과제를 가르치는 두 프로그램 A, B 중 어느 것이 더 효과적인지 알기 위하여 두 무작위 추출 집단에 각 프로그램을 사용하여 수업하고 사후검사를 했다. 그리고 두 평균 차이의 유의도 검증을 해보니 A가 더 높은 성적을 내는 것으로 나타났으므로 A가 더 효과적인 프로그램으로 결론 내렸다. 1) 이 연구 결과에는 어떤 위험성이 있나? 2) 이 연구의 가치에 대해서 논의하라.

02. 다음에 든 연구의 예를 보고 타당도 저해요소가 무엇일지 각각 지적하라.

1) 한 연구자가 교직 경험과 교사의 직무만족도 사이의 관계를 조사하였다. 전국의 교사를 대상으로 무선 추출하여 직무만족도 검사를 하였다. 그리고 교사의 교직 경험을 기준으로 4 집단으로 나누었다. 5년 미만, 5~9년, 10~14년, 15년 이상. 이렇게 나눈 각 집단의 직무만족도 평균을 산출하였다. 그 결과 평균점수가 각각 65점, 70점, 73점, 78점으로 교직 경험이 오래된 집단일수록 직무만족도 평균이 높았다. 따라서 이 연구자는 교직 경험이 직무만족도를 높이는 원인의 하나라고 결론지었다.

2) 중간고사 성적이 하위 10%인 학생을 대상으로 특별반을 구성하여 5회의 보충수업 프로그램에 참여하게 했다. 프로그램 종료 후 재시험을 통하여 성적 향상이 있음을 확인하고 보충수업 프로그램이 효과가 있다는 의견을 교육청에 제출했다.

3) 한 연구자가 연산 능력과 명상 사이의 관계를 조사하였다. 초등학교 2학년 아동 20명을 무선추출하여 두 자릿수 덧셈 능력검사를 하고, 두 달 동안의 명상 프로그램에 참여하게 한 후, 같은 문항으로 재검사를 했다. 그 결과 점수 평균이 크게 향상되어 연산 학습에 명상 프로그램이 효과적이라는 결론을 내렸다.

4) 아동의 수업에 배정된 시간 중 실제로 수업에 투입된 시간이 긴 아동은 다른 아동보다 높은 학업 성취도를 나타낼 것이란 믿음을 검증한 연구가 있었다. 이 연구에서는 eyeball test로 수업에 투입된 시간, TOT(time on the task)를 측정하

였다. 즉, 수업이 진행된 동안 교실에 설치된 카메라를 통하여 매 순간 각 학생의 눈동자가 학습장면을 향하고 있는 횟수를 기록하여 합산한 것이다. 그 결과 높은 TOT 점수를 보인 학생은 학업 성적도 높다는 사실을 발견하였다.

03. 실험적 통제를 통해 내적 타당도를 높이면 외적 타당도는 같이 높아질 수 있을까? 예를 들어 설명하라.

04. 다음의 경우에서 독립변수, 종속변수, 비교집단, 실험집단, 연구 설계의 종류는 무엇인가?

학습자의 유형에 따라 각 유형에 맞는 교수 방법이 있다는 믿음을 검증하기 위하여 두 집단을 무작위 선발했다. 한 집단은 학습자 유형 검사에 따른 처방으로 학습했고, 다른 집단은 전통적 학습 방법으로 했다. 그 후 내용에 대한 시험을 치르고 결과를 비교했다.

05. 다음 연구에 관한 설명 중 이원설계에 해당하는 것은?

a. 어떤 과제의 수행 속도와 IQ 사이의 관계에 관해서 IQ 상, 중, 하 집단 중 가장 속도가 빠른 것은 중 집단이라는 일반적 믿음을 실험을 통해서 확인하고 싶다.

b. 가정 내에서 조부모와 함께 생활하는 아동과 부모와만 생활하는 아동의 사회성 발달의 차이가 있는지 연구하고자 한다.

c. 국어와 수학 성적은 각각 과학 성적을 얼마나 잘 예측할 수 있는지 알아보고자 한다.

d. 커피의 수면에 미치는 효과를 연구하고자 한다. 피험자를 6개 집단에 무선 배정하여 하루에 마시는 커피의 양 1, 2, 3잔, 그리고 커피를 마시는 시간이 아침과 저녁인 집단 중 하나에 속하게 한 후 한 달 평균 수면 시간을 분석하였다.

06. 한 연구소에서 연구조원들에게 각 20마리로 구성된 두 집단의 실험용 쥐가 배정되었다. 그리고 한 집단은 일반 실험용 쥐이고 다른 집단은 특별히 미로학습에 좋은 성적을 나타낸 쥐라는 정보가 제공되었다. 그들은 주어진 일정대로 두 집단의 쥐를 일주일 동안 관리하고 마지막 날 미로학습을 시켰다. 각 집단에 속한 쥐의 미로 탈출시간을 비교했다. 그런데 실은 두 집단의 쥐는 모두 무선할당한 일반 실험용 쥐였고, 이 실험의 목적은 연구조원들의 쥐의 미로학습 능력에 대한 믿음이 자기충족적 예언 효과로 나타나는지 검증하기 위함이었다. 이 결과를 어떻게 분석할 수 있을까?

01. 1) a. 표본오차/측정오차로 인한 오류 (1종 오류), 비 표본오차로 인한 실수 때문에 잘못된
결론에 도달할 수 있다. 앞의 오류는 막을 수 없는 것으로 운이 나쁘면 일시적으로
잘못된 결론에 이르게 될 수 있으나 연구가 체계적으로 이루어지는 환경 속에서는 오
래 지나지 않아 잘못임이 밝혀질 것이다. 뒤의 오류는 연구자가 부주의한 탓에 발생
하는 것이므로 교육과 훈련으로 방비하여야 할 것이다.

      b. 매개변수의 작용을 감지하지 못한 오류가 있을 수 있다. 그러나 장기적으로는 연구
시스템의 자기수정 기능에 의하여 정확한 결론에 도달하게 될 것이다.

    2) 두 프로그램 A, B 중 어느 것을 선택해야 할지에 관한 정보를 준다. 나아가 다른 연구
정보와 함께 모여서 지식의 체계를 구축하는 데 기여한다.

02. 1) 이 연구의 허점은 교사들의 체계적인 탈락을 고려하지 못한 것이다. 교직 경험이 계속되
는 전 과정에서 직무만족도가 낮은 교사들은 기회가 생기면 직업을 바꾸고자 할 것이다.
따라서 교직 경험이 오래된 집단일수록 직무만족도가 낮은 교사가 남아 있을 가능성은
작아진다. 그것은 집단의 직무만족도 평균을 높이는 결과를 가져왔을 것이고, 따라서 이
연구에서 내린 교직 경험과 직무만족도 사이의 인과적 해석은 타당치 않다.

    2) 하위권 집단의 성적 향상은 통계적 회귀 현상 때문일 가능성이 있다.

    3) 성숙. 어린 아동의 경우 두 달은 상당히 긴 기간으로 지적 능력의 성장을 가져오기 충분하
다. 이 경우 프로그램 효과가 없다 하더라도 성숙에 의한 성적 향상이 이루어질 수 있다.

    4) 실험 환경에 대한 의식효과가 나타날 가능성이 있다. 이 경우 어떤 실험이 이루어지고
있는지 알게 된 피험자가 카메라 앞에서 평소와 달리 열심히 집중하거나 그 반대의 행
동을 할 수 있다. 이와 같은 행동을 최소화하기 위하여 3-4개월 전부터 카메라를 장치
하고 무작위로 끄거나 켬으로써 피험자가 카메라 환경을 특별한 것 아닌 일상적인 것으
로 여기도록 유도하는 방법이 사용된다.

03. 내적 타당도와 외적 타당도는 두 가지가 동시에 완전하기 어렵다. 예를 들어 어떤 학습 프
로그램의 효과를 탐구하는 연구가 있다고 하자. 그렇다면 실험집단에 대해 그 프로그램을
적용하는 계획을 세울 것이다. 이때 주변의 소음이 신경 쓰일 수 있다. 수업의 효과에 영향
을 미치는 소음을 통제하기 위해 실험집단과 비교집단을 모두 조용한 장소로 이동시켰다
하자. 그 결과는 내적 타당도 저해요소를 제거한 효과가 있지만 동시에 외적 타당도를 약화
하고 있다. 실험의 결과는 소음이 없는 장소에서 일어나는 학습효과를 보장하고 있지만, 이
를 일반화하여 이 프로그램은 어떤 장소에서도 효과가 있다고 주장하기에는 어려움이 있기
때문이다.

이처럼 내적 타당도와 외적 타당도는 서로 견제하는 위치에 있다. 내적 타당도를 보장하기 위해 실험 환경에 대한 통제를 가하면 가할수록 실험 자체가 극도로 인위적인 것이 되어서 자연스러운 현실과 멀어지면서 일반화 가능성이 떨어지게 된다.

04. 독립변수: 학습자 유형에 맞춘 교수법

종속변수: 시험성적

비교집단: 전통적 방법으로 학습한 집단

실험집단: 학습자 유형에 맞춘 교수법으로 학습한 집단

설계의 종류: 무선 통제집단 설계, randomized posttest-only control group design

05. d.

a. 이것은 일원 설계이다. 집단이 3개이지만 그것은 하나의 요인에 속한 세 수준이다.

b. 이것도 한 요인 내 두 수준에 관한 탐구이므로 일원 설계.

c. 이것은 두 개의 기술통계이다.

d. 커피의 효과를 두 개의 요인, 즉 커피의 양과 마시는 시간으로 나누어 탐구하였으므로 이원설계에 해당한다.

06. 두 독립집단의 평균을 비교하는 실험이다. 분석은 z 검정 또는 2개의 수준을 갖는 일원 설계를 사용한 F 검정을 적용할 수 있다. 그리고 제12장에서 소개할 t 검정을 사용할 수도 있다.

제 8 장 표본평균의 분포

앞 장에서 실험설계의 핵심은 무선화(randomization)와 통제집단(control group)에 있다는 사실을 알았다. 계획된 실험의 끝에는 관찰된 표본의 차이를 모집단의 차이로 일반화할 수 있는지 확률적 판단을 하는 작업, 즉 가설검정이 있게 마련이다. 관찰된 표본의 차이는 통제집단 때문에, 이를 모집단에까지 일반화할 수 있는 것은 무선화 때문에 가능한 것이다. 그런데 이 가설검정에 들어가기 전에 필수적으로 답해야 할 두 질문이 있다. 첫째, 관찰한 표본을 가지고 모집단의 특성에 관한 확률적인 추리를 한다는 것이 가능한가? 둘째, 어떤 원리에 근거해서 모평균의 상황을 확률로 평가하는가? 이 두 질문에 관련된 기본원리를 완전히 이해하게 하는 것이 이 장의 목표이다. 이 장을 끝내고 나면 다음에는 본격적인 추리통계의 실세계가 준비되어 있다. 만일 독자가 이 장에 제시된 연습문제를 푸는 데 큰 어려움이 없다면, 이후에 전개되는 복잡하고 어려운 설계와 분석 방법을 별 어려움 없이 이해할 수 있을 것이다.

1 중심극한정리

통계치, estimate의 사용 목적은 표본으로부터 획득한 정보를 통하여 모집단의 특성치인 모수, parameter를 추정하기 위한 것이다. 모수를 정확하게 추정하기 위해서는 첫째, 표본에서 얻어지는 통계량이 어떤 분포를 따르는지 알아야 하며, 둘째, 그 분포에 대한 지식을 모수 추정에 활용하는 방법을 알아야 한다. 그것을 알려주는 것이 바로 중심극한 정리이다. 여기서 표본평균이란 모집단에서 무작위로 복원추출한 표본의 평균값이다. 따라서 표본평균 값은 추출된 표본에 따라 다른 값을 갖는 확률변수(random variable)이다.

표본평균은 보통 $\bar{x}$로 표현된다. 표본평균은 확률변수이기 때문에 확률분포를 가지며, 이 확률분포는 표본분포 또는 sampling distribution이라고 불린다. 표본평균의 분포란 무작위 추출로 인해 나타날 수 있는 모든 평균값과 그것을 얻을 확률을 나타낸다. 이 장의 주제인 표본평균의 분포는 다음과 같이 세 가지로 요약될 수 있다.

1) $\mu_{\bar{X}} = \mu$

표본평균의 분포에서 표본평균의 평균은 모집단 평균과 같은 값을 갖는다. 이 사실을 직관적으로 이해하기란 그리 어렵지 않을 것 같다. 각 표본평균이란 모집단 평균을 알아내기 위한 추정치이다. 그 수치는 우연이라는 변수가 작용함에 따라 달라지겠지만, 표본평균을 많이 취할수록 그 평균은 당연히 모집단 평균에 가까워질 것이고 표본평균의 모집단 평균은 원래 데이터의 모집단 평균과 일치할 것이다.

2) $\sigma_{\bar{X}} = \dfrac{\sigma}{\sqrt{N}}$

표본평균의 표준편차는 원래 모집단의 표준편차를 표본 수의 제곱근으로 나눈 값이다. 즉 표본평균의 표준편차는 모집단 표준편차의 정함수이고 $\sqrt{N}$의 역함수이다. 표본평균의 표준편차가 모집단 표준편차에 직접 영향을 받는다는 사실은 자명하다. 모집단의 분산도가 크면 표준편차가 커질 것이며, 자연 표본평균도 분산도가 커질 것이다. 이것은 대수의 법칙을 통해서도 예측되는 일이다. 어떤 시행에서 시행횟수 N이 커지면 그 평균은 모집단 평균에 가까워진다는 것이 이 법칙이다. N이 커지면 그 평균의 분산이 줄어든다는 의미와 같다. 단 표본평균의 표준편차가 왜 $\sqrt{N}$에 반비례하는지에 관해서는 표본평균이 모집단 평균을 반영한다는 사실을 상기할 필요가 있다. 표본의 크기 N이 커지면 표본평균은 μ를 더욱 정확히 반영하는 추정치가 될 것이다. 그렇다면 표본평균의 분산 ($\sigma^2_{\bar{X}}$)이 표본에 따라 이리저리 달라지는 정도, 즉 분산도는 줄어들 것이다. N이 직접 영향을 미치는 곳은 분산이고 표준편차는 분산의 제곱근이기 때문에 표준편차는 표본의 크기의 제곱근에 반비례한다.

3) $\overline{X} \sim N(\mu, \sigma_{\overline{X}}^2)$

표본평균의 분포는 정규분포를 나타낸다. 그 형태를 결정하는 것은 두 가지 요인, 모집단의 형태와 표본의 크기이다. 먼저 모집단이 정규분포를 이룬다면 표본평균의 분포 또한 표본의 크기와 관계없이 정규분포를 취할 것이다. 그러나 만일 모집단이 정규분포가 아니라면 표본평균의 분포형태는 표본의 크기에 의존하게 된다. 중심극한정리에 의하면 N이 커질수록 표본평균의 분포는 정규분포에 가까워지고, N이 충분히 큰 경우 모집단의 분포와 관계없이 정규분포를 하게 된다. 충분히 큰 것은 통상 30 이상을 말한다.

이 분포는 경험적으로도 이론적으로도 얻을 수 있다. 이 분포에 대한 이론적 설명은 중심극한정리를 통해 얻을 수 있는데, 이보다 먼저 경험에 의한 이해를 구해보겠다. 그 방법은 다음과 같다. 평균 μ, 표준편차 σ인 모집단을 정하고, 거기에서 정해진 표본의 크기가 n인 가능한 모든 표본을 추출하고, 각 표본의 평균과 표준편차를 계산한다. 이렇게 하여 확인할 수 있는 결과를 조사하는 것이다. 여기에서는 {1, 2, 3, 4}로 구성된 모집단으로부터 무선추출한 $n = 2$와 $n = 3$인 모든 표본을 대상으로 그 분포를 조사하여 보기로 한다. 반드시 무선추출이라야만 하는 이유는 다른 요인을 배제하고 오직 확률의 법칙만 이 현상을 지배하도록 하기 위함이다.

4) 무선추출

무선추출이란 모집단으로부터 추출한 주어진 크기의 모든 표본이 같은 선발 가능성을 갖는 방식으로 구성되는 것을 말한다. 이러한 방법으로 표본을 추출한다면 모집단의 모든 구성단위가 같은 확률로 선발될 수 있고, 누구도 0%의 선발 가능성을 갖지 않게 된다. 이와 같은 무선추출의 방법으로 선발한 표본의 장점은 다음 두 가지:

첫째, 주어진 크기의 모든 표본의 선발 가능성이 같으므로 순수 확률의 법칙을 적용하여 표본의 통계량으로 모수가 위치하는 구간을 추정할 수 있다. 둘째, 모든 모집단의 구성원이 같은 선발 가능성을 가지므로 각 표본은 모집단에 대한 대표성을 갖는다. 이 두 가지 장점 때문에 무선추출은 대부분의 통계적 분석에서 전제조건이 된다.

현실적으로 이러한 조건을 완전히 만족시키는 추출방법은 무선 복원추출, sampling

with replacement이다. 복원추출은 모집단에서 추출된 구성원을 다시 모집단에 넣고 다음 추출을 하는 방식이다. 비복원추출, sampling without replacement는 모집단에서 추출된 구성단위를 다시 모집단에 넣지 않고 다음 추출을 하는 방식을 말한다. 이 두 방식 중 수학적으로 완전히 무선추출의 취지를 뒷받침하는 것은 복원추출이다. 그러나 사람을 대상으로 하는 실험에서는 같은 사람을 두 번 추출하는 것이 불가능하고, 또 모집단의 크기가 상대적으로 표본보다 크다면 두 표본추출 방법의 결과 차이는 무시할 수 있는 정도이기 때문에 비복원추출도 사용될 수 있다.

5) 모집단과 표본평균의 분포 예

다음으로 실제 데이터를 확인해보자. 계산의 수고를 덜기 위해 모집단을 단순히 1, 2, 3, 4의 네 데이터를 가진 집단으로 하고 여기서 $n = 2$인 모든 가능한 표본을 추출하고

〈표 8.1〉 $N = 4$인 모집단의 $n = 2$인 모든 표본

표본 ID	표본 데이터	표본평균
1	1, 1	1
2	1, 2	1.5
3	1, 3	2
4	1, 4	2.5
5	2, 1	1.5
6	2, 2	2
7	2, 3	2.5
8	2, 4	3
9	3, 1	2
10	3, 2	2.5
11	3, 3	3
12	3, 4	3.5
13	4, 1	2.5
14	4, 2	3
15	4, 3	3.5
16	4, 4	4

그 표본평균을 구하기로 한다. 모집단 평균은 2.5, 표준편차는 1.118이 된다. 다음 표본평균의 분포를 <표 8.1>에 제시하였다.

이 표본평균의 분포는 다음 [그림 8.1]과 같다.

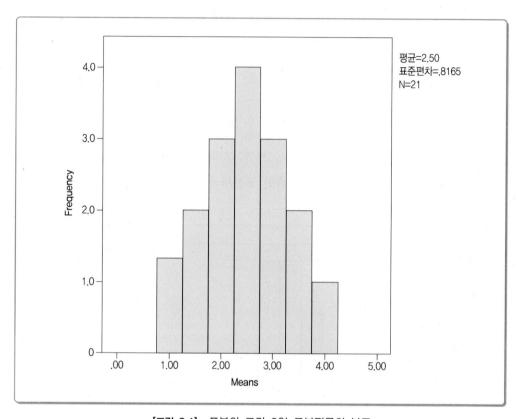

[그림 8.1] 표본의 크기 2인 표본평균의 분포

먼저 이 분포의 평균과 표준편차를 모집단의 그것과 비교해보자.

$$\mu = 2.5$$

$$\sigma = 1.118$$

표본평균의 평균과 표준편차는

$$\mu_{\overline{X}} = \frac{\sum \overline{X}}{16} = \frac{40}{16} = 2.5$$

$$\sigma_{\overline{X}} = \sqrt{\frac{\sum(\overline{X} - \mu_{\overline{X}})^2}{16}} = 0.791$$

따라서

$$\mu_{\overline{X}} = \mu$$

$$\sigma_{\overline{X}} = \frac{\sigma}{\sqrt{N}} = \frac{1.118}{\sqrt{2}} = 0.791$$

이렇게 $\mu_{\overline{X}} = \mu$, $\sigma_{\overline{X}} = \dfrac{\sigma}{\sqrt{N}}$ 임을 확인할 수 있다.

다음, 표본의 분포가 정규분포의 모습을 보이는지와 관련하여, 네 개의 수 {1, 2, 3, 4}로 구성된 모집단에서 세 개의 수를 추출한 표본평균의 분포는 아래 [그림 8.2]와 같다.

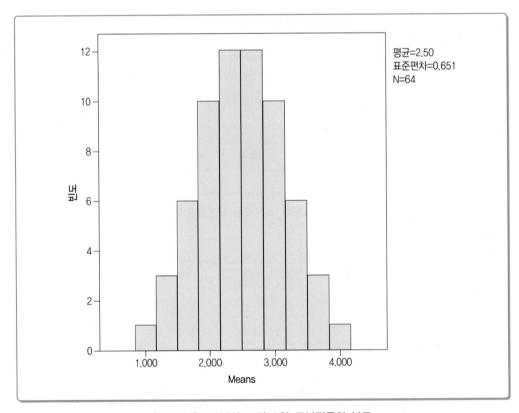

[그림 8.2] 표본의 크기 3인 표본평균의 분포

모집단이 정규분포가 아님에도 불구하고 $n=2$인 표본의 [그림 8.1]과 $n=3$인 표본의 [그림 8.2]는 모두 정규분포에 가까운 모습을 보여주고 있다. 둘 중에는 표본의 크기가 큰 표본의 분포가 더 정규분포에 가까운 모습을 보인다는 것을 확인할 수 있다. 아래 [그림 8.3]은 모집단의 분포를 나타낸 것으로, 이 분포와 표본평균의 분포를 나타낸 두 그림을 비교해보면 명백히 정규분포가 아닌 모집단으로부터 추출된 표본평균이 표본 크기가 커짐에 따라 점차 정규분포에 가까운 모양을 나타낸다는 것을 확인할 수 있다.

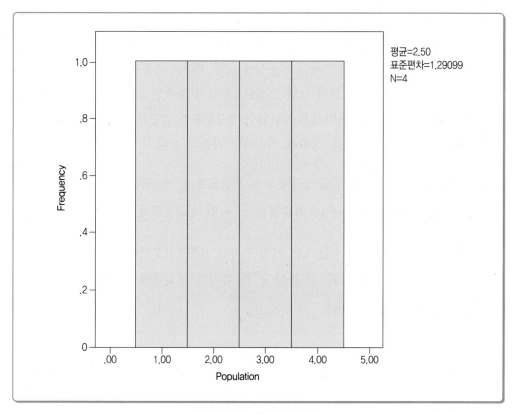

[그림 8.3] 모집단의 분포

이 내용을 중심극한정리를 통하여 재조명하기로 한다.

6) CLT와 LLN

앞에서 다룬 대수의 법칙(LLN)은 $n \to \infty$ 일 때 $\overline{X} \to \mu$ 라는 것으로, 비교적 큰 확률변수의 표본평균은 그 평균에 수렴한다는 직관에 대한 수학적 근거를 제시해준 것이다. 이에 반하여, 중심극한정리(CLT)는 표본의 분포로부터 모집단 평균의 위치를 확률적으로 추리하는 방법을 제시한 것이다.

모집단의 분포가 정규분포일 때에는 당연히 표본평균도 정규분포를 하게 된다. 그러나 만약 모집단이 정규분포를 하는 경우에만 표본평균이 정규분포를 한다면, 그리고 모집단의 분포를 알지 못한다면, 표본조사의 유용성에 대한 심각한 의문이 제기될 것이다. 중심극한정리는 표본의 크기가 충분히 크면 모집단으로부터 추출된 표본평균의 분포는 표본이 어떤 형태의 분포에서 추출되었건 상관없이 정규분포에 접근한다는 것이다. 중심극한정리, central limit theorem을 정확히 기술하면 다음과 같다.

$X_1, X_2, \cdots, X_n$ 이 독립 동일분포의 확률표본일 때, 표본의 크기 n 이 커짐에 따라 표본평균은 평균 μ, 표준편차 $\dfrac{\sigma}{\sqrt{n}}$ 인 정규분포에 수렴한다.

이 말은 표본평균의 표준점수는 n 이 커짐에 따라 표준정규분포에 수렴한다는 말과 같다. 결국, 중심극한정리는 평균 μ, 분산 σ^2 인 임의의 모집단에서 추출한 표본평균이 $N(\mu, \dfrac{\sigma^2}{n})$ 에 수렴한다는 것이다.

$$\overline{X}_n \sim N\left(\mu, \frac{\sigma^2}{n}\right) \, as \, n \to \infty$$

즉, 표본평균의 평균은 모평균과 일치하며, 표본평균의 분산은 표본의 수로 각 표본의 분산을 나눈 값이 된다. 그러므로 표본의 크기는 클 때나 작을 때나 기대되는 평균값이 모평균과 같으나, 표본의 크기가 커지면 표본평균이 모평균에 근사할 가능성이 커지며, 표본평균의 분포도 정규분포를 하게 된다. 즉 표본의 크기가 커지면,

CLT: $\overline{X} \sim z(0, 1)$

LLN: $z(\overline{X}) = 0$

임을 주장한다. 일반적으로 중심극한정리에서 말하는 "충분히 큰" 표본의 크기는 30개 이상이다. 일반적으로 표본의 크기가 30 이상이 되면 표본평균이 정규분포를 이룬다고 간주한다.

어떤 이들은 중심극한정리를 통계학의 복음이라고도 한다. 중심극한정리가 복음에 비유되는 것은 다음과 같은 이유에서 일리가 있다. 성경은 너희가 구원을 받을 수 있다는 약속이므로 복음이다. 구체적으로 말하면, 인간은 출생의 신분이나 귀천에 상관없이 어떤 종교적 요건이 갖추어지기만 한다면 구원을 받을 수 있다는 약속을 말한다. 통계학의 중심극한정리도 이와 유사하다. 표본이 속한 모집단의 모양에 상관없이 모평균을 추정할 수 있다는 약속이 중심극한정리다. 물론 사례 수와 무선추출의 요건이 갖추어지기만 한다면 그렇다.

② 추정과 신뢰구간

이것은 표본을 분석하여 모집단의 평균을 추정하는 일에 관한 이야기이다. 우리가 어떤 모집단의 평균을 알고자 할 때 모집단 전체의 점수를 측정하는 것은 불가능한 경우가 많다. 그래서 무선 표집에 의한 표본평균을 구하여 그것으로써 모집단 평균을 추정하게 된다. 이때 얻은 표본평균은 추정치(statistic 또는 estimate)이다. 이 추정치가 정확히 모평균과 일치하기를 기대하기는 어렵다. 그렇다면 추정치가 얼마나 모수, parameter와 가까울까 하는 의문, 예를 들어 표본평균이 얼마나 모평균에 가까운가 하는 문제에 대한 답을 모색할 때 가장 일반적으로 사용되는 방법이 일정한 범위의 값을 주고, 거기에 신뢰도를 부여하는 것이다. 이 일에 신뢰구간, confidence interval의 개념이 사용된다. 신뢰구간은 주어진 확률값 내에서 모평균의 위치를 최상위와 최하위의 값으로 표현한 추정 방식이다. 예를 들어 우리 학교 학생들의 키의 표본평균이 175cm라면 모집단의 평균이 정확히 이 수치라고 기대하기는 어렵고, 대신 170에서 180 사이에 있을 가능성은 매우 크다 할 수 있다. 구간을 더 늘린다면 가능성은 더 커질 것이다. 추정과 신뢰구간이란 구간과 확률 사이의 관계를 생각하는 일이며, 이 일은 다음 장에서 다루게 될 가설검정 작업의 핵심이다.

1) z 분포에 의한 추정

모집단의 분산을 아는 경우, 또는 그것을 모르더라도 표본의 크기가 큰 경우, 일정한 확률로 모수를 포함하는 구간을 추정한다. 예를 들면 모평균이 존재할 구간을

$$\mu = \overline{X} \pm c$$

와 같이 추정하는 것이다. 추정된 구간을 신뢰구간이라 하는데, 이는 주어진 확률로 모수를 포함하는 가장 짧은 구간이다. 예를 들어 모집단의 중심인 μ에 대한 95%의 신뢰구간은 $\overline{X}$의 분포, 근사정규분포에서 95%를 포함하는 구간을 의미한다. 이를 만족하는 구간은 여러 개가 있으나 신뢰구간이라고 하면 가장 짧은 구간이어야 한다. 정규분포의 경우 신뢰구간은 중앙 부분에 위치하고, 따라서 양쪽 꼬리 부분에 2.5%의 확률을 배분한다. z 분포표에 의하면 오른쪽 끝 2.5%를 나타내는 임계점의 z 값은 1.96이며, 이를 수학적으로 표시하면,

$$P(\mu - 1.96s < \overline{X} < \mu + 1.96s) = 0.95$$

로 나타난다. 괄호 속의 부등식을 μ에 대해서 풀면 다음과 같다.

$$P(\overline{X} - 1.96s < \mu < \overline{X} + 1.96s) = 0.95$$

이 두 식을 언어적으로 설명하겠다. 먼저 N이 충분히 클 때 표본평균의 분포가 정규분포를 이루며, 그 평균은 모집단의 평균 μ를, 표준편차는 표준오차 $\dfrac{\sigma}{\sqrt{n}}$를 취한다는 사실을 상기하자. 첫 번째 식은 모집단으로부터 무작위 추출한 표본의 평균은 모집단 평균으로부터 좌우로 표준오차 단위로 1.96만큼 떨어진 구간 내에 존재할 확률이 95%라는 것을 말한다. 둘째 식은 역으로 표본평균으로부터 좌우로 1.96 표준오차 단위만큼 떨어져 있는 구간 내에 모집단 평균이 존재할 확률이 95%라는 것을 말한다.

위의 식을 해석할 때 종종 오류를 범하게 된다. 여기서 μ는 모집단의 모수로서 상수이다. 따라서 μ는 확률변수가 아니고 확률변수는 $\overline{X}$이다. 더 정확히 말하면 $\overline{X}$가 취하는

값에 따라 표준편차 단위로 -1.96부터 $+1.96$까지 모평균이 있는 구간이 확률적으로 변한다. 위의 구간은 다음과 같이 표현할 수 있다.

$$\mu = \overline{X} \pm z_{0.025}(s_E)$$

99% 확률을 가지려면 구간이 더 넓어져야 한다.

$$\mu = \overline{X} \pm z_{0.005}(s_E)$$

예제 8-1

다음 표본은 평균 20, 표준편차 2.1인 정규분포를 이루는 모집단으로부터 추출한 것으로 볼 수 있나? $\alpha = 0.01_{2\,tail}$로 확인하라.

20, 21, 19, 20, 22, 23, 20, 18, 22

풀이

평균 20은 신뢰구간 안에 포함되므로 그렇게 볼 수 있다.

$$\overline{X} = \frac{\sum X}{N} = 20.56$$

$$s_E = \frac{\sigma}{\sqrt{N}} = \frac{2.1}{\sqrt{9}} = 0.7$$

신뢰구간

$$\mu = \overline{X} \pm z_{0.005}(s_E) = 20.00 \pm 2.81(0.7)$$

$p = 0.005$인 z 값을 표준 정규분포표에서 찾으면 $z = 2.81$

$18.59 \leq \mu \leq 22.53$

---

2) t 분포에 의한 추정

모분산을 모르며 표본의 크기가 작을 때는 두 가지 문제가 생긴다. 첫째, 표본평균의 분포 모양은 정규분포가 아니라 표본이 추출된 모집단의 모양에 따라 좌우된다. 중심극한정리는 표본 크기가 클 때만 적용되기 때문이다. 둘째, 비록 $\sigma_{\overline{X}} = \dfrac{\sigma_X}{\sqrt{n}}$ 관계는 계속 유지될지라도 (근사한 정규분포로부터 추출되었다고 할지라도), 표본의 표준편차 s는 표본 크기가 작을 때 모집단의 표준편차를 추정하는 데 정확도가 상당히 떨어진다.

첫째 문제에 대한 해결책으로 모집단이 정규분포를 이루는 경우로 추정의 대상을 국한한다. 표본 크기가 작더라도 표본이 추출된 모집단이 근사한 정규분포를 이룬다면, 표본평균의 분포는 근사한 정규분포가 된다. 둘째 문제에 대한 해결책으로 통계량 z 대신에 다음과 같은 통계량을 사용함으로써 보다 정확한 통계량을 얻을 수 있다.

$$t = \frac{\overline{X} - \mu}{\dfrac{s}{\sqrt{n}}}$$

이는 t 통계량으로, z 통계량에서 사용되는 모분산 σ 대신에 표본의 표준편차 s를 사용한 것이다.

반복된 표본추출에서의 t 통계량에 대한 분포는 Guinness 양조장의 과학자인 W. S. Gosset에 의해 발견되었다. 그가 처리하던 표본은 4, 5개로, z 통계량으로 처리하기에는 표본의 크기가 충분치 않았기 때문에 t 분포를 생각하게 되었다. t 분포란 같은 모집단에서 추출한, 정해진 크기를 갖는 모든 표본의 t 값의 분포를 말한다. t 분포표는 모든 가능한 t 값과 그 값을 얻을 확률을 표시한 표다. Gosset은 교도소 죄수의 키 자료를 사용하여 자유도별로 무선추출한 표본평균의 확률분포표를 만들었다고 한다. Gosset은 그의 발견을 1908년에 Student라는 필명으로 발표하였다. 그의 연구 결과에 의하면 t 통계량은 자유도에 따라 달라지지만, 전체적으로 z 통계량과 아주 흡사한 분포를 나타내며, 표본의 크기가 커지면 두 분포는 일치하게 된다. 즉, 평균 0을 중심으로 좌우가 대칭이며 작은 산 모양의 분포가 된다. 다음 [그림 8.4]는 t 분포의 예이다.

[그림 8.4]에서 보듯 t 분포의 모습은 표본 크기 n에 따라 다르다. 일반적으로 t 분포 곡선은 z 분포 곡선보다 양쪽 끝자락이 들려 있고 높이가 조금 낮은 모습을 보이며 자유도가 커짐에 따라 점차 두 곡선의 모습이 일치한다. 또한 t 분포는 z 분포와 달리, 자유도에 영향을 받고, 따라서 더 변동이 크다. 그 이유는 직관적으로 볼 때 t는 표본평균과 표본 표준편차의 두 가지 변수에 의해 영향을 받는 데 반하여, z는 표본평균만을 변수로 갖기 때문이다. t 값의 분포표는 부록에 있으며 이 표는 자유도 df와 함께 주어져 있다.

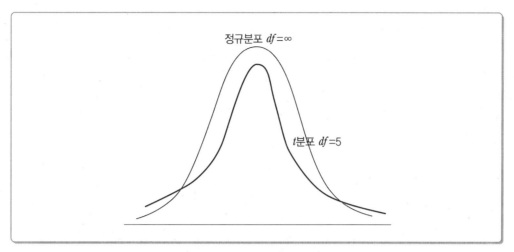

정규분포 $df = \infty$

t분포 $df = 5$

[그림 8.4] 자유도에 따른 t 분포의 예

t 통계량의 수학적 특성에 대해서는 제11장에서 소개하였다.

3 모수 추정의 예

모수 추정이란 관찰된 현상으로부터 얻은 평균, 즉 추정치를 사용하여 모평균(모수)의
신뢰구간을 구하는 일이다. 이것은 가설검정을 위한 핵심 작업이다. 가설검정의 일은 추
정치가 모수의 신뢰구간 안에 있는지를 확인하는 작업이다. 여기 소개한 모수 추정의 세
가지 예는 이후 제11장 주요 검정통계 척도에서 t 값을 중심으로 다시 조명될 것이다.

1) 단일표본의 평균

표본의 크기가 매우 큰 경우라면 z 분포를 사용하여 모평균의 위치를 추정할 수 있겠
으나, 일반적으로 t 통계량을 사용하는 편이 더 정확한 결과를 얻을 수 있다.

$$t_{obt} = \frac{\overline{X} - \mu}{s_{\overline{X}}}$$

여기서, $s_{\overline{X}} = \dfrac{s}{\sqrt{n}}$

이때 신뢰구간은

$$\mu \pm t_{\alpha/2}\dfrac{s}{\sqrt{n}}$$

여기서, α: 유의수준

 예제 8-2

평균은 46, 크기는 12인 표본이 있다. 신뢰구간 95%로 이 표본이 평균 50이고 표준편차는 8인 모집단에서 추출된 표본으로 볼 수 있나? 단 모집단의 정규분포를 가정한다.

풀이

평균 46은 신뢰구간 안에 포함되므로 그렇게 볼 수 있다.

$$s_E = \dfrac{s}{\sqrt{N}} = \dfrac{8}{\sqrt{12}} = 2.31$$

신뢰구간

$$\mu = \overline{X} \pm t_{0.025}(s_E) = 50 \pm 2.201(2.31)$$

$df = 11$, $p = 0.025$인 t 값을 표준 정규분포표에서 찾으면 $t = 2.201$

$$44.92 \leq \mu \leq 55.08$$

2) 독립적인 두 표본평균의 차이

제4장 분산도에서 두 점수의 합이나 차의 분산은

$$\sigma_{X+Y}^2 = \sigma_X^2 + \sigma_Y^2 + 2\sigma_{XY}$$

임을 보였다. 그리고 서로 독립인 X, Y에 대하여

$$\sigma_{X+Y}^2 = \sigma_X^2 + \sigma_Y^2$$

임을 배운 바 있다.

$\overline{X}_1 - \overline{X}_2$의 표본평균의 분포는:

a. 표본 크기가 큰 경우는 근사정규분포를 이룬다.

b. 표본분포의 평균은 $\mu_1 - \mu_2$이다.

c. 두 표본이 독립적이라면, 표본평균의 표준편차는

$$\hat{\sigma}_E = \hat{\sigma}_{\overline{X}_1 - \overline{X}_2} = \sqrt{\frac{s^2_{\overline{X}_1}}{n_1} + \frac{s^2_{\overline{X}_2}}{n_2}}$$

따라서 신뢰구간은

$$0 \pm z_{\alpha/2} \sqrt{\frac{s^2_{\overline{X}_1}}{n_1} + \frac{s^2_{\overline{X}_2}}{n_2}}$$

이다. 여기에 전제된 가정을 다시 정리하면,

① 두 표본이 무작위로 두 개의 모집단으로부터 독립적인 방법으로 추출된다.

② 표본의 크기는 충분히 커서 (대체로 30 이상) 표본평균이 정규분포를 이룬다.

표본의 크기가 작은 경우 표본의 표준편차는 모집단에 대해 신뢰할 수 있는 추정값이 되지 못하며, 이 경우 앞에서 한 모집단의 평균을 추정할 때와 같이 Student t 통계량을 사용하게 된다.

두 모분산이 같다고 가정할 때는 모분산에 대한 통합분산, pooled variance, s_p를 사용하여 다음과 같이 신뢰구간을 계산한다.

$$0 \pm z_{\alpha/2} (s_p) \sqrt{\frac{1}{n_1} + \frac{1}{n_2}}$$

$$\text{여기서, } s_p = \sqrt{\frac{\sum (X_1 - \overline{X}_1)^2 + \sum (X_2 - \overline{X}_2)^2}{(n_1 - 1) + (n_2 - 1)}}$$

이때 자유도는 통합분산의 분모와 같은 $(n_1 + n_2 - 2)$를 사용한다. 특별히 다른 언급이 없는 한 두 집단의 모분산이 같다고 가정한다. 이것은 t 검정이라고 하는 본격적인 추리통계의 영역인데 제12장에서 본격적으로 다루기로 하고, 여기서는 표준오차가 여건에 따라 변하는 모습을 눈여겨 봐두기 바란다.

 예제 8-3

전국 30세 남녀 100명씩을 무선추출하여 체중을 측정하였다. 그 평균은 각각 68kg
과 60kg이었으며, 모집단 표준편차는 10kg과 9kg으로 알려져 있다. 모집단의 남녀 체
중의 차이가 있을 신뢰구간 95% 영역을 구하라.

풀이

신뢰구간: $5.36 \leq \mu \leq 10.63$

독립적인 두 모집단, 표준편차가 알려져 있고 표본 수가 충분 $\rightarrow$ z 통계량을 사용

$$\sigma_E = \sigma_{\overline{X}_1 - \overline{X}_2} = \sqrt{\frac{\sigma_1^2}{n_1} + \frac{\sigma_2^2}{n_2}} = \sqrt{\frac{100}{100} + \frac{81}{100}} = 1.345$$

$$\mu = \left(\overline{X}_1 - \overline{X}_2\right) \pm z_{\alpha/2}\sigma_E = 8 \pm 1.96(1.345)$$

신뢰구간: $5.36 \leq \mu \leq 10.63$

3) 종속적인 두 표본평균의 차이

비교하려는 두 집단이 서로 독립적이지 않을 때, 즉 서로 상관관계를 가진 두 점수 평
균을 비교할 때는 차이의 분산이 상관관계의 크기와 비례하여 감소한다.

$$\sigma_{\overline{X}_1 - \overline{X}_2}^2 = \sigma_{\overline{X}_1}^2 + \sigma_{\overline{X}_2}^2 - 2\rho_{12}\sigma_{\overline{X}_1}\sigma_{\overline{X}_2}$$

따라서 이 경우 신뢰구간은

$$0 \pm z_{\alpha/2}\sigma_{\overline{X}_1 - \overline{X}_2}^2$$

가 된다. 그러나 보다 일반적인 방법은 두 점수의 차이 D를 하나의 변수로 보고 단일표
본의 평균 비교방법을 택하는 것이다. 이 경우 비교하는 모평균은 0이 된다.

다음은 서로 종속인 두 점수이다. 점수 평균의 차이 $\overline{X}_1 - \overline{X}_2$가 $\mu_1 - \mu_2 = 0$인 모집단에서 무선추출한 것으로 볼 수 있을까? 신뢰구간 95%에서 확인하라.

X_1	10	15	20	2	5	0	35
X_2	11	12	16	1	3	19	20

풀이

(풀이 1) 종속 표본평균의 평균 비교방법으로 풀면

$$r = \frac{\sum X_1 X_2 - \dfrac{(\sum X_1)(\sum X_2)}{N}}{\sqrt{\left[\sum X_1^2 - \dfrac{(\sum X_1)^2}{N}\right]\left[\sum X_2^2 - \dfrac{(\sum X_2)^2}{N}\right]}} = 0.952$$

$$s_{\overline{X}_1 - \overline{X}_2} = \sqrt{s_{X_1}^2 + s_{X_2}^2 - 2rs_{X_1}s_{X_2}}$$
$$= \sqrt{12.406^2 + 7.432^2 - 2(0.952)(12.406)(7.432)} = 5.80$$

$$s_E = \frac{s_{\overline{X}_1 - \overline{X}_2}}{\sqrt{N}} = 2.19$$

신뢰구간

$$\mu = (\overline{X}_1 - \overline{X}_2) \pm t_{0.025}(s_E) = 5 \pm 2.447(2.19)$$
$$df = 6, \ p = 0.025인 \ t \ 값을 \ 표준 \ 정규분포표에서 \ 찾으면 \ t = 2.447$$
$$-0.36 \le \mu \le 10.36$$

$\overline{X}_1 - \overline{X}_2$가 $\mu_1 - \mu_2 = 0$인 신뢰구간 내에 존재

(풀이 2) 차이를 단일표본으로 처리하면

$$\overline{D} = 5, \ s_D = 5.80, \ N = 7$$
$$s_E = \frac{s_D}{\sqrt{N}} = \frac{5.80}{\sqrt{7}} = 2.19$$
$$df = 6, \ p = 0.025인 \ t \ 값을 \ 표준 \ 정규분포표에서 \ 찾으면 \ t = 2.447$$
신뢰구간: $\mu = \overline{D} \pm t_{0.025}(s_E) = 5 \pm 2.447(2.19)$
$$-0.36 \le \mu \le 10.36$$

4 중심극한정리의 증명

    중심극한정리의 증명은 매우 긴 역사를 가지고 있다. 1783년 드 무아브르(Abraham de Moivre)가 $p = \dfrac{1}{2}$ 인 베르누이 시행에 대하여 보인 증명을 시작으로 오늘에 이르기까지 일반화된 새로운 증명법이 나오고 있다. 중심극한정리의 증명은 이 책에서 의도한 내용은 아니다. 통계학에서 중심극한정리를 이해하는 것은 필수적이지만, 그 증명법을 이해하는 것은 수학의 분야이다. 순전히 호기심을 위해서, 잠시 부담 없이 이색적인 장면을 감상하시라는 취지에서 중심극한정리의 증명 장면을 소개한다.

    여기서 소개하는 증명법은 mgf(moment generating function)라고 하는 적률생성함수를 이용한 것으로, 가장 보편적인 증명법이라 할 수 있겠으나, mgf가 존재하지 않는 함수가 있을 수 있으므로 완전한 증명은 되지 못한다. 그러나 완전한 증명방법은 너무 낯선 새로운 수학 개념을 도입하여야 하므로 이 정도에서 그치는 것이 일반적이다. 이 증명방법을 구성하는 논리를 따라가 보자.

1) 증명할 내용

    우리는 정규분포 $N(\mu, \sigma^2)$ 에서 추출한 표본평균 $\overline{X}$ 는 $N(\mu, \dfrac{\sigma^2}{n})$ 임을 직관적으로 알고 있다. 물론 이것을 증명하는 것도 가능하다. 중심극한정리는 이것을 일반화해서, 평균 μ, 분산 σ^2 인 임의의 모집단에서 추출한 표본평균이 $N(\mu, \dfrac{\sigma^2}{n})$ 에 수렴한다는 것이다. 이것을 증명하기 위해서 먼저 표본평균 $\overline{X}$ 를 표준점수로 전환한다.

$$Y = \frac{\overline{X} - \mu}{\sigma / \sqrt{n}}$$

$$= \frac{1/n\left[(X_1 - \mu)/\sigma + (X_2 - \mu)/\sigma + \cdots (X_n - \mu)/\sigma\right] - 0}{1/\sqrt{n}}$$

X의 표준점수를 W로 정의하면, 즉 $W = z_X$로 정의하면, 위 식은

$$Y = \frac{\overline{X} - \mu}{\sigma/\sqrt{n}} = \frac{\overline{W} - 0}{\sigma/\sqrt{n}} = \sqrt{n}\ \overline{W} = (W_1 + W_2 + \ldots + W_n)/\sqrt{n}$$

로 표현할 수 있으며, 이렇게 하면 변수 W는 평균 0, 분산 1의 값을 갖게 된다.

우리가 증명할 내용은 다음 등식이 성립하는 이유에 관한 것이다.

$$\lim_{n \to \infty} P(\frac{\overline{X} - \mu}{\sigma/\sqrt{n}} < z) = P(Z < z)$$

좌변은 임의의 표본평균의 편차를 그 표준편차로 나눈 값, 즉 표본평균의 표준점수로 전환한 값이 임의의 z 값보다 작을 확률이며, 우변은 표준정규분포에서의 같은 값이 임의의 z 값보다 작을 확률을 나타낸다. 확률이 같은 이유는 그 값을 생성하는 적률생성함수(mgf)가 같기 때문이며, 적률생성함수가 같다는 것은 두 확률변수의 분포가 같다는 것을 의미한다.

2) 적률생성함수

확률변수 X의 적률생성함수 (mgf) $M_X(t)$는 다음과 같이 정의된다.

$$M_X(t) = E(e^{tX})$$

이 식에서 보듯 적률생성함수는 실수 t의 함수이다. 적률생성함수의 가장 중요한 성질은 유일성(uniqueness)으로, 두 확률변수의 mgf가 같으면 그것은 분포함수가 같음을 의미한다.

3) 비교할 두 적률생성함수

표본평균을 표준점수로 전환한 식

$$Y = \frac{\overline{X} - \mu}{\sigma/\sqrt{n}} = \frac{\overline{W} - 0}{\sigma/\sqrt{n}} = \sqrt{n}\ \overline{W} = (W_1 + W_2 + \ldots + W_n)/\sqrt{n}$$

의 적률생성함수

$$M_Y(t)$$

와, 표준정규분포 $N(0, 1)$의 식

$$f(x) = \frac{e^{-\frac{1}{2}x^2}}{\sqrt{2\pi}}$$

의 적률생성함수

$$e^{\frac{t^2}{2}}$$

이 두 값이 일치하는지 비교할 것이다. 표준정규분포의 적률생성함수가 $e^{\frac{t^2}{2}}$가 되는 이유에 관한 증명은 여기서 다루지 않겠다. 만일 두 값이 같다면 그것은 임의의 모집단에서 추출한 표본평균을 표준점수로 전환한 점수분포는 $N(0, 1)$에 수렴한다는 중심극한정리를 증명하게 될 것이다.

4) 증 명

선형결합에 관한 적률생성함수의 명제에 의해

$$M_Y(t) = M(t/\sqrt{n})^n$$

이 값의 자연로그를 취한 값이 표준정규분포 $N(0, 1)$의 식의 적률생성함수

$$e^{\frac{t^2}{2}}$$

에 자연로그를 취한 값 $\ln(e^{\frac{t^2}{2}}) = \frac{t^2}{2}$과 일치한다는 것을 보이면 된다. 이것을 보이기 위해 로피탈의 법칙(L'Hopital's rule)를 사용한다. 로피탈의 정리는 x가 극한값 0으로 가고 분모와 분자가 모두 0으로 수렴하는 경우의 극한값은 분모와 분자에 각각 자신을 미분한

값으로 대치한 값과 같아진다는 것으로, 예컨대,

$$\lim_{x \to 0} \frac{f(x)}{g(x)} = \lim_{x \to 0} \frac{f'(x)}{g'(x)}$$

의 등식이 성립한다는 것이다.

이 법칙을 두 번 적용하면

$$\lim_{x \to 0} \frac{\ln[M(tx)]}{x^2} = \lim_{x \to 0} \frac{M'(tx)t/M(tx)}{2x} = \lim_{x \to 0} \frac{M'(tx)t}{2xM(tx)}$$

$$\lim_{x \to 0} \frac{M'(tx)t}{2xM(tx)} = \lim_{x \to 0} \frac{M''(tx)t^2}{2M(tx) + 2xM'(tx)t} = \frac{t^2}{2(1) + 2(0)(0)t} = \frac{t^2}{2}$$

이 결과는 표준화된 표본평균의 확률분포가 표준정규분포와 같다는 것을 의미한다.

01. True, False 문제

1) 표본평균이 정규분포를 이루기 위해서는 모집단의 분포가 정규분포이어야 한다.

2) 표본평균의 분포는 표본의 크기에 따라 달라진다.

3) 부적편포인 모집단에서 추출한 $N = 4$인 표본평균은 역시 부적편포를 이룰 것이다.

4) 표본평균의 평균은 표본의 크기와 상관없이 모평균과 같다.

5) 표본평균의 분포는 오직 우연만이 작용할 때 생기는 현상이다.

6) 모집단이 정규분포를 하고 있을 때 $N = 2$인 표본평균의 분포는 정규분포일 것이다.

02. 표준오차를 설명한 말 중에서 옳지 않은 것은?

a. 표본평균의 표준편차이다.

b. 표본의 표준편차이다.

c. 측정치가 얼마나 정확한 값 가까이에 있나를 나타낸다.

d. 크기 n의 표본에 대해 반복측정한 결과의 분산도를 나타낸다.

03. $\mu = 120$, $\sigma = 24$인 모집단으로부터 크기가 144인 표본을 추출할 때 다음의 확률은?

1) $P(\overline{X} > 122)$

2) $P(\overline{X} < 118.2)$

04. 어느 학급의 통계학 과목 성적은 정규분포를 따르는데, 그 평균이 72점이고 표준편차는 8점이라고 한다. 이 과목을 수강한 학생 중 무작위로 1명의 학생을 표본으로 추출하였을 때, 그리고 10명의 학생을 무작위로 추출하였을 때 점수 및 표본평균이 80점 이상일 확률을 각각 구하라.

05. 어느 대학교 남학생들의 몸무게는 그 분포는 알 수 없지만, 평균 63kg, 표준편차 10.2kg이라고 한다. 이 학교에서 100명의 학생을 무작위로 택하였다면 이들로부터 구한 표본평균이 모집단 평균 ±2kg의 오차로 추정해 줄 확률이 얼마나 되는지 계산해 보자.

06. 전국 어린이의 약 14%가 근시임이 알려져 있다. 한 교육군에 151명의 어린이가 전입한다고 할 때

1) 이들 중 근시 어린이의 표본비율을 추정할 때 중심극한정리를 적용할 수 있을까?

2) 이들 어린이 중 몇 명이 근시라고 추정할 수 있나? 단, 표본비율의 표준편차는 $\sqrt{pq/n}$.

07. 사람의 임신 기간은 평균 266일 표준편차 16일인 정규분포 모형으로 설명된다.

1) 임신 기간이 270일에서 280일 사이에 있을 확률은?

2) 임신한 60명의 표본 중에서 임신 기간의 평균이 260일 이내에 있을 확률은?

3) 실제 임신 기간이 정규분포를 나타내지 않을 가능성이 있을까?

4) 만일 실제 모형이 편포를 나타낸다면 1) 번과 2) 번 답에 어떤 영향을 미칠까?

08. 다음 표본은 평균 28, 표준편차 $\sqrt{5}$인 모집단에서 추출되었다고 볼 수 있나?

$$24, \ 29, \ 23, \ 26, \ 25$$

09. 위 문제에서 모집단 표준편차가 미지인 상태에서 위 표본이 평균 28인 모집단에서 추출된 것이라 볼 수 있나?

10. 한 대학신문 기자가 최근 몇 년간 그 대학에 재학하는 학생의 평균 연령이 변화하고 있다고 생각했다. 이 생각을 확인하기 위하여 재학생 150명을 무선추출하여 조사한 결과, 평균 연령은 24.0이라는 결과를 얻었다. 수년 전 실시한 전수 조사 결과는 평균 연령이 22.4, 표준편차 7.6이었다면, 이 결과는 신뢰구간 95% 영역에서 그의 생각을 확인시켜 주는가?

01. 1) F. N이 크면 모집단이 정규분포가 아니라도 표본평균은 정규분포를 한다.

2) T. 표본 수가 크면 정규분포에 가까워진다.

3) T. N이 작기 때문.

4) F. 표본의 크기가 커야 그렇게 된다.

5) T. 무선추출에 의한 분포는 오직 우연에만 영향을 받는다.

6) T. N이 작으므로 모집단과 같은 분포를 할 것이다.

03. 1) $\sigma_{\overline{X}} = \dfrac{\sigma}{\sqrt{N}} = \dfrac{24}{\sqrt{144}} = 2$

$z = \dfrac{\overline{X} - \mu}{\sigma_{\overline{X}}} = 1, \ P = .1587$

2) $z = \dfrac{118.2 - 120}{2} = -0.9, \ P = .1841$

04. 1명의 경우: $z = \dfrac{X - \mu}{\sigma} = \dfrac{80 - 72}{8} = 1$

$P = .1587$

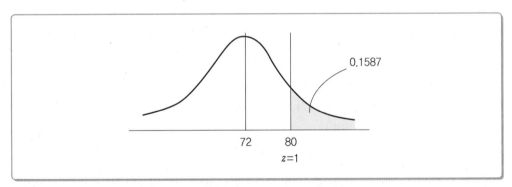

[그림 8.5] 확률영역: 1명

10명의 경우: $z = \dfrac{\overline{X} - \mu}{\sigma_{\overline{X}}} = \dfrac{80 - 72}{8/\sqrt{10}} = 3.16$

$P = .0008$

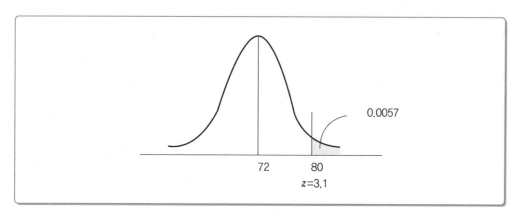

[그림 8.6] 확률영역: 10명

　　모수에 대한 추정치는 표본의 크기가 클수록, 표본평균의 표준편차가 작아지기 때문에, 모수에 근사한 값을 가지게 된다.

05. 약 95%

　　중심극한정리에 의해서 표본평균은 다음과 같은 평균과 표준편차를 갖는 정규분포를 한다는 사실을 알 수 있다.

$$E(\overline{X}) = \mu = 63$$

$$\sigma_{\overline{X}} = \frac{\sigma}{\sqrt{n}} = \frac{10.2}{\sqrt{100}} = 1.02$$

　　즉, 우리가 구하고자 하는 것은 표본평균이 61에서 65 사이의 값을 가질 확률이므로 이는 다음과 같이 구할 수 있다. 우선 표본평균을 표준화시키면,

$$P[61 \leq \overline{X} \leq 65] = P\left[\frac{61-63}{1.02} \leq \frac{\overline{X}-63}{1.02} \leq \frac{65-63}{1.02}\right]$$

$$= P[-1.96 \leq z \leq 1.96]$$

이 되어, 정규분포표로부터 확률이 약 95%인 것을 알 수 있다. 정규분포표에 의하면 z가 ±2.17 사이의 값을 가질 확률은 97%, ±1.96 사이의 값을 가질 확률은 95%, ±1.645 사이의 값을 가질 확률은 90%, ±1.281 사이의 값을 가질 확률은 80%이다.

06. 1) 표본 수가 151로 충분히 크므로 중심극한정리를 적용할 수 있다.

　　2) $s_E = \frac{\sqrt{pq/n}}{\sqrt{n}} = .0023$, $\mu = 151(.14) \pm 2(151)(.0023)$

$$20.45 < \mu < 21.83, \ 21명$$

07. 1) 270일: $z = \dfrac{270 - 266}{16} = 0.25$ $p = .40$

280일: $z = \dfrac{280 - 266}{16} = 0.88$ $p = .19$

구간: 약 21%

2) $\sigma_{\overline{X}} = \dfrac{\sigma}{\sqrt{N}} = \dfrac{16}{\sqrt{60}} = 2.07$

$z = \dfrac{\overline{X} - \mu}{\sigma_{\overline{X}}} = \dfrac{260 - 266}{2.07} = -2.90,\ P = 1 - 0.0019$

확률: 약 99.8%

3) 가능성이 있다. 임신 기간이 길면 수술로 출산하기 때문

4) 정규분포가 아니기 때문에 1)번의 경우 확률을 구할 수 없다. 그러나 2)번 문제는 중심극한정리에 의하여 표본평균의 분포가 정규분포임을 알기 때문에 확률에 변함이 없다.

08. 특별히 언급하지 않은 신뢰구간은 95%로 계산하였다.

$\overline{X} = 25.4$

$\sigma_E = \sigma_{\overline{X}} = \dfrac{\sigma}{\sqrt{N}} = \dfrac{\sqrt{5}}{\sqrt{5}} = 1$

$\mu = 28 \pm z_{\alpha/2}\sigma_E = 28 \pm (1.96)(1.00),\ 26.04 \le \mu \le 29.96$

$\overline{X}$가 신뢰구간 내에 있지 않으므로 그렇게 볼 수 없다.

09. N이 작고 모분산을 모른다 → 표본 분산으로 모분산을 추정하고 t 통계량을 사용

$\overline{X} = 25.4$

$s = 2.3,\ \hat{\sigma}_E = \dfrac{s}{\sqrt{N}} = \dfrac{2.3}{\sqrt{5}} = 1.03$

$\mu = 28 \pm t_{\alpha/2}\hat{\sigma}_E,\ 26.97 \le \mu \le 29.03$

$\overline{X}$가 신뢰구간 내에 있지 않으므로 그렇게 볼 수 없다.

10. (방법 1) 먼저, 지금까지의 방식, 모집단 평균의 신뢰구간을 추정하는 방식으로 풀어보자.

$\sigma_E = \sigma_{\overline{X}} = \dfrac{\sigma}{\sqrt{N}} = \dfrac{7.6}{\sqrt{150}} = 0.62$

신뢰구간: $\mu = \overline{X} \pm z_{\alpha/2}\sigma_E = 24.0 \pm (1.96)(0.62),\ 22.78 \le \mu \le 25.22$

과거의 모평균은 신뢰구간 밖에 있으므로 이 결과는 기자의 생각을 뒷받침한다.

(방법 2) 평균 차이의 모집단 신뢰구간을 추정하는 방식.

$$\sigma_E = \sigma_{\overline{X}-\mu} = \sigma_{\overline{X}} = \frac{\sigma}{\sqrt{N}} = \frac{7.6}{\sqrt{150}} = 0.62$$

신뢰구간: $(\overline{X}-\mu) \pm z_{\alpha/2}\sigma_E = (24.0-22.4) \pm (1.96)(0.62)$, $0.38 \leq \mu - \overline{X} \leq 2.82$

신뢰구간이 0보다 큰 쪽에 있으므로 기자의 생각이 옳다는 것은 확인할 수 있다.

(방법 3) 확인 목적이라면 관찰된 평균 차이와 모평균 신뢰구간의 경계선만 비교하면 된다.

경계선: $z_{crit} = z_{\alpha/2} = 1.96$

평균 차이: $z_{obt} = \dfrac{\overline{X}-\mu}{\sigma_E} = \dfrac{24.0-22.4}{0.62} = 2.58$

확인: $z_{obt} \geq z_{crit}$, 기자의 생각이 옳다는 것은 확인할 수 있다.

(방법 3)은 다음 장의 주제인 가설검정의 생각을 반영한 확인 방법이다. 즉 차이가 없다는 잠정적인 결론에 근거하여 그 생각 하의 모집단 신뢰구간의 맨 끝 경계선을 관찰된 값과 비교하는 방법이다. 이 방법도 같은 확인의 목적을 달성할 수 있다는 것을 이해하면 된다. 다음 장, 가설검정에서 구체적인 방법을 설명하겠다.

제 9 장

가설검정

표본오차 때문에 표본을 분석해서 모수를 정확히 측정할 수 없다고 생각했지만, 사실은 표본오차의 완전히 우연 발생적인 특성 때문에 모수의 특성에 다가갈 수 있다. 오차는 정규분포를 이루는 확률변수이므로 확률적 추측이 가능한 것이다. 앞 장에서 모평균의 신뢰구간을 추정하기 위하여 표본평균의 분포에 관해 알아보았으니 이제 추리통계의 핵심인 본격적인 가설검정에 들어갈 차례이다. 가설검정은 실험에 직접 참여한 표본을 분석하여 실험집단과 통제집단 사이의 차이를 모집단 전체에 대하여 일반화하는 방법이다. 이 주제는 조건부확률과 확률분포를 중심으로 전개된다. 앞장에서 다룬 표본평균의 분포와 이 장의 가설검정은 핵심이 같은 내용이다. 따라서 제8장과 제9장의 핵심 부분에는 의도된 중복이 있다. 그 내용을 이해하는 과정에서 어려움에 부딪히면 생각하라. 열쇠는 언제나 분산에 있다는 것을. 레몬즙도 레모네이드도 그 핵심은 레몬이다. 다만 목적에 맞게 가공하는 일이 남아 있을 뿐.

1 가설의 개념

가설(hypothesis)은 그 진위를 확인하기 위하여 설정한 잠정적 판단이다. 가설검정 과정에는 과학적 진리관 또는 철학이 담겨있다. 원래 과학의 직접적인 연구 대상은 가설이 아닌 변수이다. 변수와 변수 사이의 인과관계를 규명하는 것이 과학의 업무다. A라는 변수가 B라는 변수에 원인적으로 작용한다는 것을 밝히려면 A 변수의 변화가 명백히, 양적으로 일관되게, B 변수의 변화를 가져와야 한다. 그런데 오차라는 존재가 여기에 개입하여 우리가 시도하는 양적 측정을 정확하지도, 일관성 있게 부정확하지도 않게 만든다.

여기서 절망하여 더 이상의 노력을 포기하는 대신, 학자들은 오차의 존재를 인정하고 그 오차가 작용하는 범위가 어느 정도인지 알아내는 데 노력을 기울였다. 그래서 생겨난 방법이 가설검정이다. 즉, 직접 두 변인 사이의 관계를 밝히는 대신 가설이라는 대안적 판단을 세워 놓고, 실험적 관찰의 결과가 오차의 활동 범위 이상에 도달했다면 그 가설을 기각하고 반대쪽 가설을 채택함으로써 결론을 도출하는 것이다. 오늘날의 과학이 반증의 과학, science of falsification이라 불리는 이유다.

1) 연구문제와 가설

연구문제와 가설을 통하여 어떻게 한 연구 대상을 두 가지 관점에서 볼 수 있는지 설명하고자 한다. 통계학의 여러 개념이 익숙하지 않은 독자는 이 문제를 주로 연구자의 관점에서 볼 것 같다. 연구자의 입장에서는 새로 제작한 프로그램이 효과가 있는지 알고 싶다. 프로그램의 효과가 있다면 전통적 방식으로 공부하는 대신 이 프로그램을 사용함으로써 더 좋은 결과를 얻을 수 있을 것이다. 그러나 통계학자의 입장에서는 이 문제를 좀 다른 시각에서 볼 것이다. 그는 먼저 이런 질문을 떠올린다. "과연 이 프로그램을 사용하여 공부하는 모든 사람은 전통적 방법으로 공부하는 모든 사람보다 더 높은 성취도 점수를 나타낼까?"

이 질문이 잘 와 닿지 않는 이유는 질문 자체가 현존하는 것이 아닌, 가상의 세계를 상정한 것이기 때문이다. 갓 만들어진 이 프로그램을 사용하여 공부하는 모든 사람은 현재 존재하지 않고, 전통적으로 공부하는 모든 사람이란 설정도 그 실체가 모호하다. 그러나 생각해보라. 이 질문에 대한 답을 얻어낼 수 있다면, 과정이야 어떻든 그 답은 처음에 연구자의 시각에서 했던 질문과 같은 내용이 된다. 어린 아기에게 약을 처방하는 의사가 부모에게 이 아이가 몇 살이냐고 묻는 경우가 있다. 의사는 사실 나이에 관심이 있는 것이 아니라 그 어린이의 몸무게가 얼마쯤 되는지 알고 싶은 것이었다. 몸무게가 성인의 몇 분의 몇인지 알면 혈액량도 그 비율대로일 것이므로 처방할 약의 용량을 그렇게 정하기 위한 것이다. 부모와 의사는 같은 해결해야 할 문제를 갖고 있지만, 그 시각과 언어가 서로 다르다. 이 사정을 잘 이해한다면 이후의 과정이 난해하더라도 참고 견딜 수 있을 것이다.

다시 연구문제로 돌아가서 두 모집단 평균이 서로 다를 것인가 하는 질문의 답을 어떻게 얻을 것인 것 생각해보자. 심술꾼 오차의 개입으로 우리는 이 문제에 직접적인 답을 얻을 수 없다. 그래서 우회적인 방법을 생각해 낸 것이다. 그 속사정이 바로 가설검정의 핵심이며, 그것은 두 모집단 평균의 차이가 없다는 잠정적인 결론을 내놓고 그 결론을 무너뜨리는 것이다. 그 시나리오는 이렇다.

단계 1: "두 모집단의 평균점수에는 차이가 없고, 우리가 관찰한 두 표본집단 사이의 평균이 다른 것은 우연히 생긴 오차이다." 이 생각이 맞는지 확인하자.

단계 2: 이 생각이 맞는지 확인하기 위해 같은 모집단에서 N 명씩 두 집단을 선발해서 평균의 차이가 어떻게 분포하는지 보아야 한다.

단계 3. 우리가 실험을 통해 얻은 두 집단의 평균 차이가 위 분포의 어디에 위치하는지 보자.

단계 4. 위 분포에서 확인해 보니 같은 모집단에서 뽑은 두 집단의 평균 차이가 순수 우연에 의해서 이렇게 큰 값으로 나타날 확률은 5% 이하이다.

단계 5. 이렇게 낮은 확률의 사건이 발생했다고 보기는 어려우니 애초 두 모집단 평균이 같다는 생각을 기각하는 것이 합리적이다. 따라서 두 모집단 평균이 다르다고 하는 생각을 수용한다.

이와 같은 단계를 거쳐 가설검정이 이루어진다. 모집단 평균의 차이가 없다는 생각, 즉 영가설이 기각되면, 이제는 두 모집단의 차이가 있다는 생각 즉 대립가설을 받아들이고 애초의 연구문제에 대해 답한다. 프로그램의 효과가 있다고 말이다. 비록 언어는 달랐지만 결국은 연구문제에 도달하게 된 것이다. 가설검정 작업을 통해서 밝힌 것과 연구문제에 대한 답 사이에서의 내용적 동일성을 이해한다면 다음에 나오는 오차와 확률 부분은 건너뛰어도 좋겠다.

2) 가설의 조건

앞의 설명에 포함되어 있지만, 가설을 기각하거나 하지 않거나 하는 판단을 통해서 추구하는 것은 결국 변수와 변수 사이의 관계이다. 따라서 가설이 꼭 갖추어야 할 조건은 그 목적, 즉 변수와 변수 사이의 관계를 알아내는 것을 가능하게 하는 것이라야 하겠다. 그런 조건이 두 가지 있다, 첫째, 명확성이다. 가설은 검증을 위해서 잠정적으로 내린 판단이기 때문에 검증하고자 하는 변수를 애매하거나 추상적인 상태로 놓아두면 안 된다. 반드시 구체적이고 조작 가능한 형태로 진술하여야 한다. 둘째, 반증 가능성이다. 가설은 그것이 참이 아닐 경우 참이 아닌 것으로 확인될 수 있어야 한다. 그것이 가설의 존재 이유이기 때문이다. 가설의 조건을 충분히 갖추고 있지 못한 예를 들겠다.

공부를 잘하는 학생들은 다른 학생들보다 수학 성적이 높다.

이것은 명확성의 조건에 맞지 않는다. 공부를 잘하는 학생이 구체적으로 어떤 학생인지 특정할 수 없기 때문이다. 예컨대 "공부를 잘하는 학생" 대신 "기말고사 성적이 상위 50%에 속하는 학생"이라고 한다면 가설의 조건을 위배하지 않을 수 있겠다.

천둥이 친 다음 날에는 강수 확률이 있다.

이것은 반증 가능성의 조건에 맞지 않는다. 강수 확률이란 어떤 경우에도 존재하기 때문에 비가 오건 눈이 오건 이 판단이 틀린 것은 아니다. 따라서 이 가설의 예는 틀렸을 때 틀린 것을 확인할 수 있어야 한다는 조건에 맞지 않는다.

3) 오차와 확률

가설검정은 영가설을 기각할 수 있는지 없는지 확인하는 작업이다. 영가설은 관찰된 평균의 차이가 오차일 뿐이라고 주장한다. 대립가설은 실제 모집단의 차이가 오차와 함께 관찰된 것이라고 주장한다. 그것을 확인하는 방법의 시작은 일단 영가설이 참이라고 가정하는 것이다. 이 가정은 실험적 처치의 효과가 0이라는 것, 그러면 우리가 관찰한 실험결과를 식으로 표현하는 데 있어서 미지수 하나를 줄일 수 있고, 그런 우연이 발생할 확률이 얼마나 되는지 계산할 수 있게 된다. 독자는 앞에서 이와 유사한 경험을 해보았을 것이다. 그것은 바로 정규분포에서 특정 점수가 상위 또는 하위 몇 %에 속하는지 알아내는 과정이다. 그것은 점수와 평균의 차이, 즉 편차를 표준편차 단위로 환산하여 z 분포표에서 확률을 확인하는 일이다. 가설검정에서는 점수 분포 대신 오차의 분포를 사용한다. 그 이유는 영가설에 말하기를 관찰된 평균의 차이는 오차라 했기 때문이다. 그 오차가 오차 분포의 어디에 위치하는지 알기 위하여 오차를 표준편차, 즉 표준오차 단위로 환산해 주는 것이다. 그렇게 하여 확률을 구할 수 있다. 만일 그 확률이 0.03이라면 이것이 뜻하는 바는:

두 집단의 모집단 평균이 같은데 우연히 이러한 차이가 발견될 확률은 3%이다.

가 된다. 전통적으로 인문과학에서 설정하는 유의도 수준은 5%이다. 얻어진 확률 3%는 이보다 낮은 수준이므로 이 경우 영가설이 참이라는 애초의 가정을 기각하게 된다.

중복을 싫어하는 독자들에게 미안하지만, 가설검정이란 관찰된 차이가 순수 우연에 의한 오차인지 아닌지에 관한 확률적 판단이다. 그 내용을 한마디로 표현하자면 차이 나누기 오차라 할 수 있다.

4) 영가설과 대립가설

추리통계에서는 모집단이 가지고 있는 속성을 표본에서 얻은 통계수치를 가지고 판단하는 의사결정을 해야 한다. 통계적 검정의 절차는 어떤 사실을 잠정적으로 상정하고, 그 잠정적 판단에 대한 지지 혹은 거부를 하는 과정으로 이루어진다. 이때 가설은 연구를 유도하는 잠정적 진술의 역할을 한다. 가설은 영가설과 대립가설로 구분한다.

영가설, null hypothesis는 특별한 증거 없이는 기각되지 않는 가설이며, 귀무가설이라고도 한다. 기호로는 H_0로 표기한다. 영가설은 차이가 없다, 또는 차이가 0이라는 의미에서 이런 이름이 붙었다. 대립가설, alternative hypothesis는 영가설이 부정되었을 때 긍정되는 영가설과 모순적 입장의 진술로, 일반적으로 연구자 주장하고자 하는 내용이 담긴 가설이라고 할 수 있다. 대립가설은 H_A 혹은 H_1으로 표기하며, 연구자가 주장하고자 하는 가설이기 때문에 연구가설, research hypothesis라고도 한다. 우리가 비교하는 두 집단의 모집단 평균점수의 차이가 0이라는 가설이다. 모집단이 아닌 두 표본집단의 점수가 완전히 같을 가능성은 별로 없다. 그러나 영가설이 주장하는 바는 두 집단의 모집단 평균은 차이가 없고 우리가 관찰한 두 집단의 평균점수의 차이는 우연에 의한 오차라는 것이다. 대립가설은 영가설과 모순되는, 영가설이 참이 아니라면 대립가설이 참일 수밖에 없는 논리적 대안의 가설이다. 예를 들어 "특정 수업 방식으로 공부한 집단의 모집단 성적 평균은 전통적 방식으로 공부한 집단의 모집단 평균과 같다"는 것이 영가설이라면 대립가설은 "이 두 집단의 모집단 평균이 다르다"가 될 수밖에 없다. 영가설에도 대립가설에도 속하지 않는 제3의 경우는 없어야 한다.

가설의 형식에 따라 서술적 가설과 통계적 가설로 나누기도 한다. 서술적 가설은 연구자가 검정하고자 하는 영가설이나 대립가설 모두를 언어에 의하여 표현한 것을 말하며, 통계적 가설은 서술적 가설을 어떤 기호나 수에 의하여 표현한 가설을 말한다.

등호 또는 부등호에 따라 등가설과 부등가설로 나누기도 한다. 가설에 부등호가 있으면 부등가설, directional hypothesis라 하고 등호만 있으면 등가설, non-directional hypothesis라 한다. 한 교수법이 다른 교수법보다 학습효과가 높은지 혹은 낮은지 여부를 판명하지 않고 단지 학습효과에 차이가 있는지 없는지만 판명하고자 할 때는 등가설을 검정하며, 이와 같은 검정절차를 양방적 검정, two-tailed test라 하며, 부등가설에 의한 가설검정을 일방적 검정, one-tailed test라 한다.

한 가지 부연 설명하자면, 가설검정의 결과를 이야기할 때 "영가설을 기각한다," "대립가설을 수용한다" 등의 표현은 쓰지만, 일반적으로 "영가설을 수용한다"라는 표현은 쓰지 않는다. 대신 "영가설을 기각하는 데 실패했다"라는 표현을 쓴다. 그 이유는 영가설을 기각하는 데 실패한 것이 영가설이 참이라는 것을 확인한 것은 아니기 때문이다. 연구의 목적이 영가설이 참임을 증명하는 데 있지 않기 때문에, 이런 경우 대립가설을 수용하지 못한 상태에서 연구는 종료된다. 법 용어를 빌어 말하자면 연구에서 증명의 책임, burden of proof는 피고가 아닌 원고, 즉 영가설이 아닌 대립가설 측에 있다.

가설검정은 대립가설이 아닌 영가설을 가지고 한다. 그 이유는 대립가설이 참인지 거짓인지 직접 확인할 방법이 없기 때문이다. 영가설을 확인하는 방법은 우연히 그런 일이 발생할 수 있는 확률에 선을 긋는 것이다. 그것을 유의도라 하는데 이것은 다음 주제이다. 요점만 말하자면 유의도는 우연을 어느 정도까지로 보는가 하는 판단이다. 두 집단의 점수가 실제로는 같은데 우연히 이런 차이가 생겼다고 보는 것이 영가설인데, 그런 확률이 얼마까지를 있을 수 있는 우연으로 보는가 하는 것이다. 예를 들어 유의도 수준 5%란 말은 두 집단의 모집단 평균이 같은데 우연히 이런 차이가 생겼을 가능성이 5%보다 작다면 이를 우연으로 보지 않고, 필연, 즉 실제 모집단에 차이가 있는 것으로 보는 것이다. 이런 경우 영가설을 기각하고 대립가설을 수용한다.

5) 유의도

유의도 또는 유의수준의 개념을 설명하기에 앞서 Pagano(2007)가 소개한 일화를 인용한다(p.191). 호주의 한 재판장에게 생긴 일이다. 경찰이 주차위반으로 딱지를 떼었고 차주가 이에 불복하여 재판장에서 만나게 되었다. 그 지역은 30분 이상 주차할 수 없는 곳이었고 경찰은 순찰하다 주차 차량의 번호와 시간, 그리고 오른쪽 앞바퀴와 뒷바퀴에 있는 공기 주입구의 위치를 시계의 시침 위치로 표시했다. 앞바퀴는 1시, 뒷바퀴는 6시로 표시했다. 30분이 지나서 그 자리에 다시 와보니 그 차가 주차되어 있었고 타이어의 공기 주입구 위치가 처음에 기록했던 1시, 6시와 일치했다. 경찰은 딱지를 뗐고 차주는 이에 불복한 것이다. 그의 설명은 주차한 지 30분이 지나기 전에 차를 이동시켰다는 것이다. 그 후 다시 그곳에 갈 일이 생겨서 같은 장소에 주차했으니 주차위반에 해당하지 않는다는 것이었다. 차바퀴의 공기 주입구 위치에 대해서는 단지 우연의 일치일 뿐이라고 주장했다. 판사는 통계학자에게 이 문제를 설명하고 도움을 요청했다. 통계학자의 설명은 그 차주가 무죄인데 우연히 이런 결과가 생길 확률은 $\frac{1}{12} \times \frac{1}{12}$인 $\frac{1}{144}$이라는 것이었다. 판사는 $\frac{1}{144}$이라는 확률은 유죄를 입증하기에 충분치 않다고 보고 무죄를 선고했다. 판사는 만일 바퀴 네 개가 모두 같은 위치에 있다는 사실이 입증되었더라면 유죄로 판결했을 것이라고 덧붙여 말했다. 이 일화를 소개한 이유는 통계학에서 사용되는 가설검정의 논리와 판사의 판결을 위한 사고의 절차에는 공통점이 있기 때문이다. 판사의 생각을 따라가 보자.

(1) 그는 먼저 차주의 무죄를 가정했다. 차주가 미더워서가 아니다. 객관적인 판단 절차로서 그리한 것이다.

(2) 다음으로 무죄인데 차바퀴에서 본 그런 결과가 관찰될 수 있는 확률을 구했다.

(3) 다음으로 그 확률을 자신의 판단 기준과 비교하여 그가 무죄라고 본 최초의 가정을 기각할 것인지 말 것인지 결정했다. 이 절차는 유의수준과 관련된 것이다.

이 과정에서 판사의 기준은 구체적으로 명시되지는 않았지만, 1/144보다는 작고 그 제곱보다는 큰 수치인 것이 분명하다. 인문과학에서는 이런 경우 1/20인 0.05를 기준으로 잡는 것이 일반적인 전통이다. 재판의 경우는 유죄인 사람을 무죄로 판정하는 오류를 범하는 한이 있더라도 무죄인 사람을 유죄로 판정하는 오류를 범해서는 안 된다는 생각이 강하기 때문에 이렇게 엄격한 기준을 잡는 것 같다. 통계학에서 가설검정의 절차로 유의수준을 설정한다는 것은 영가설을 기각할 확률의 기준을 정하는 것이다.

유의수준을 alpha(α) level이라고도 한다. 유의수준 0.05란 말의 의미는 모집단 평균의 차이가 0이라고 가정했을 때 관찰된 차이가 나타날 확률이 5% 미만이면 애초에 가정한,

모집단 평균의 차이가 0이라는 영가설을 기각하기로 정했다는 것이다.

② 가설검정의 원리

1) 개 요

가설검정은 통계학의 핵심 부분이고, 이 원리를 이해하기 위해서는 좀 복잡한 이야기들을 순차적으로 따라가야 한다. 아마도 단번에 이해가 되지는 않을 것이므로, 여러 가지 다른 예와 설명과 문제를 준비했다. 내가 준비한 예와 설명의 순서는 이렇다. 먼저 하나의 연구문제의 예를 놓고 연구자들과 통계학자들의 시각은 다르다는 것을 보이고자 한다. 여기서 처치 효과가 있다는 것과 서로 다른 모평균을 가진다는 것, 이 두 가지는 같은 이야기란 점을 이해하여야 한다. 다음으로, 서로 다른 모평균을 가진다는 것은 관찰된 차이가 단순한 오차 때문이 아니라 오차 플러스 처치 효과, 즉 처치 효과가 있다는 의미라는 점을 이해하면 된다. 여기서는 문제가 되는 오차가 작용하는 범위에 확률은 연계하여 이해할 수 있도록 설명하고자 한다. 이것은 추정과 신뢰구간을 정하는 작업과 이어진다.

그럼 이제 가설검정의 원리에 관한 설명을 시작하겠다. 먼저 전형적인 한 실험 연구의 예를 보자. 전형적인 예란 처치, treatment를 받은 집단과 받지 않은 집단이 있고, 처치 효과가 있는지 확인하기 위해 종속변수의 측정결과를 비교하는 상황을 말한다.

> 한 연구자가 새로 제작한 게임에 의한 과학 학습프로그램의 효과를 검증하고자 한다. 각 40명으로 구성된 두 집단을 무선으로 추출하여, 한 집단은 게임 프로그램으로 학습하고, 다른 집단은 전통적 방법으로 학습하게 하였다. 학습을 마친 후 측정한 성취도 검사 점수를 분석하여 이 프로그램의 효과가 있는지 확인하고자 한다.

연구자들은 이 문제의 인과관계에 주목할 것이다. 과연 게임 학습프로그램이 전통적 학습방법을 능가하는 성취도를 가져올 수 있을 것인가? 이것을 통계학자들의 언어로 해석하면 다음과 같을 것이다.

> 한 모집단으로부터 두 표본을 무선추출한다. 한 표본은 실험적 처치를 주고, 다
> 른 표본은 통제집단이다. 다음에 성취도를 측정하여 두 집단의 점수 평균을 비
> 교한다. 과연 두 모집단 평균은 다르다는 증거가 나타날 것인가?

이 문제는 가설검정의 가장 핵심적인 부분으로, 앞 장 표본평균의 분포에서 이미 다루
었으나, 이것을 충실히 익히려면 반복 학습이 절실하게 필요하다고 판단되어 다룬 내용
을 다시 되풀이하게 될 것이다. 다만, 앞 장에서는 표본을 분석하여 모평균이 분포할 수
있는 신뢰구간을 구하고, 표본을 관찰한 값이 그 안에 속하는지를 보려 했던 것과 달리,
여기서는 그 경계선 밖에 있는 기각역 안에 있는지를 보려 하는 점이 다르다. 풀어야 할
문제들을 다시 나열해 보겠다.

a. 문제를 같은 결과를 나타내는, 관찰할 수 있는 내용으로 바꾼다. 즉, 이 문제를 이렇
   게 바꾼다. 정규분포를 이루는 하나의 모집단에서 두 집단을 무선추출하면, 그 평균
   의 차 $\overline{X}_1 - \overline{X}_2$의 값은 어떻게 분포할 것인가?

b. 이 분포는 정규분포를 이루고 평균은 0이 됨을 우리는 안다. 그러나 그 표준편차는
   어떻게 될까? 표준편차를 알면 이 분포는 특정되고 거기서 우리의 추정치를 확률로
   전환할 수 있을 것이다.

c. 확률분포 $\overline{X}_1 - \overline{X}_2$의 표준편차를 알아내기 위하여 쉬운 것부터 생각해보자. 제7장
   통계적 기초에서 소개했듯, 정규분포상의 한 변수의 위치는 평균과 표준편차에 의
   해 특정된 z 값으로 치환될 수 있다. 예를 들어, 평균 100, 표준편차 15인 IQ 점수
   가 있다고 할 때 한 아동의 점수가 130이라면, 이 점수를 z 점수로 바꾼 다음 전체
   집단 속에서의 위치 또는 확률을 얻을 수 있다. 예를 들어, IQ가 상위 5%에 속하는
   아동을 영재라 할 때 이 아동이 영재인지 일반아동인지 판단하려면 130이란 점수를
   z 점수로 환산해야 한다. 그러면 판단의 근거인 확률을 얻을 수 있다.

$$z = \frac{x - \mu}{\sigma} = \frac{130 - 100}{15} = 2$$

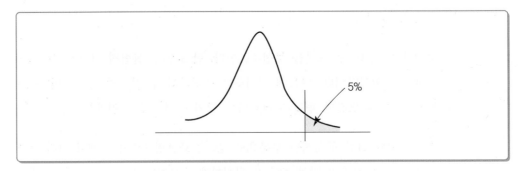

[그림 9.1] 확률변수 X의 분포와 상위 5% 영역

이 점수의 위치를 부록의 표준 정규분포표에서 찾아보면 $P = 0.975$, 이것은 97.5% 또는 상위 2.5%, 즉 이 아동은 일반아동이 아니라 영재집단에 속한다는 것을 알 수 있다. 이 이치는 어디서나 같다. 즉 아래 식이 적용된다.

$$검정통계치 = \frac{추정치 - 모수치}{추정의표준편차}$$

d. 앞의 예는 한 변수 x에 대한 검정통계치 z 값을 구하는 식이다. 이 경우 추정의 표준편차는 변수 X의 표준편차 σ_X이다. 제8장에 자세히 소개된 중심극한정리에 의하면 변수 X의 표준편차 σ_X는

$$\sigma_{\overline{X}} = \frac{\sigma_X}{\sqrt{N}}$$

하나의 표본평균 $\overline{x}$에 대한 검정통계치를 구하는 식은

$$z = \frac{\overline{x} - \mu}{\sigma / \sqrt{n}}$$

표본평균을 일반화하면, $z = \dfrac{\overline{X} - \mu}{\sigma / \sqrt{N}}$

이 된다.

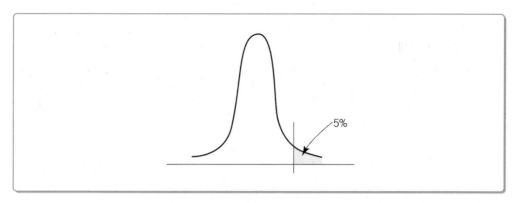

[그림 9.2] 확률변수 $\overline{X}$의 분포와 상위 5% 영역

[그림 9.2]는 확률변수 $\overline{X}$의 분포를 나타낸다. [그림 9.1]에 비하여 분산도가 작은 이유는 평균의 분포이기 때문에 사례 수의 제곱근만큼 분산이 줄어들었기 때문이다.

e. 좀 복잡해지지만, 이번에는 두 표본평균의 차이 $\overline{X}_1 - \overline{X}_2$의 분포를 생각해보자. 이 또한 확률분포이고 평균 0인 정규분포를 이룰 것이다. 표준편차는 분산의 정의를 적용해서 차분히 풀어낼 수도 있지만 여기서는 결과만 소개하겠다. 아래 식에서 $\hat{\sigma}$ 기호는 모집단 표준편차의 추정치란 의미로, sigma hat이라고 읽는다. 표본의 표준편차 s와 같은 기호인데 이 책에서는 두 가지를 구분하지 않고 섞어서 사용했다.

$$\hat{\sigma}_{\overline{X}_1 - \overline{X}_2} = \sqrt{\frac{\hat{\sigma}_1^2}{N_1} + \frac{\hat{\sigma}_2^2}{N_2}}$$

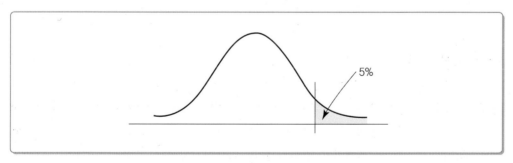

[그림 9.3] 확률변수 $\overline{X}_1 - \overline{X}_2$의 분포와 상위 5% 영역

이 [그림 9.3]의 분포에서 색음영 부분, 즉 상위 5% 영역은 유의수준 5%의 일방적 가설검정에서 기각역, 즉 $\overline{X}_1 - \overline{X}_2$ 값이 이 안에 위치하게 되면 영가설을 기각하는 구역이기도 하다. 또 이 분포는 가설검정 시 영가설, 즉 H_0 분포로도 사용된다. 이 분포는 다음과 같은 영가설의 주장을 나타낸다:

나는 같은 모집단에서 뽑은 두 표본평균의 차이를 나타내고 있어. 두 표본은 원래 같은 모집단에서 뽑은 거니까 원칙적으로 차이는 당연히 0이지. 표본추출에 따라 0과 다른 값이 나올 수도 있기는 한데 그것은 단지 우연에 불과하고 차이가 클수록 그런 일이 생길 확률은 낮아지겠지.

가설검정이란 이 말을 사실로 간주하고, 이런 상황에서 우리가 관찰한 표본평균의 차이가 나타날 확률이 얼마인지 알아내는 일이다. 물론 확률을 구하기 위하여 차이를 검정통계 척도인 z, t, F 등으로 전환하는 작업이 필요하겠다. 그 확률이 애초에 정한 유의수준보다 낮으면 $\mu_1 - \mu_2 = 0$이란 최초의 영가설을 기각하고 대립가설, 즉 모평균이 다르다는 주장을 받아들이는 것이다. 모평균이 다르다는 것은 이 결과가 표본추출 과정에서 우연히 발생한 것이 아니라 실제로 처치 효과가 이런 차이를 만드는 데 기여했다는 뜻이다.

위에 든 예에서는 관찰된 차이를 확률로 파악하기 위해서 검정통계치 z를 사용하였는데 이것은 가설검정의 원리를 쉽게 설명하기 위해서 우리가 이미 알고 있는 것을 사용한 것이고, 실제로는 t, F 와 같은 검정통계치를 더 많이 사용한다. 이들에 관해서는 제11장 주요 검정통계 척도에서 본격적으로 설명하겠다.

2) 모수의 추정

우리가 어떤 모집단의 평균을 알고자 할 때 무작위로 표본추출을 하고, 표본평균을 구하여 그것으로써 모집단 평균을 추정하게 된다. 이때 얻은 표본평균은 추정치, statistic, 또는 estimate이다. 이 추정치가 정확히 모평균과 일치하기를 기대하기는 어렵다. 그렇다면 추정치가 얼마나 모수와 가까울까 하는 의문, 예를 들어 표본평균이 얼마나 모평균에 가까운가 하는 문제에 대한 답을 모색할 때 가장 일반적으로 사용되는 방법이 일정한 범위의 값을 주고, 거기에 신뢰도를 부여하는 것이다. 이 일에 신뢰구간(confidence interval)의 개념이 사용된다. 신뢰구간의 개념은 앞 장에서 이미 다룬 것이기 때문에 기억이 신선할 것이지만, 다시 한번 정리해보면:

먼저, z 분포에 의한 모집단의 평균 추정을 생각해보자. 모집단의 분산을 아는 경우, 또는 그것을 모르더라도 표본의 크기가 큰 경우, 일정한 확률로 모수를 포함하는 구간을 추정하는 추정법이 구간추정법이다. 말하자면,

$$\mu = \overline{X} \pm C$$

여기서, C: 상수

정규분포의 경우 신뢰구간은 중앙 부분에 위치하고, 95% 신뢰구간이라면 양쪽 꼬리 부분에 2.5%의 확률을 배분한다. z 분포표에 의하면 오른쪽 끝 2.5%를 나타내는 경계선의 z 값은 1.96이며, 이를 수식으로 표시하면:

$$P(\mu - 1.96\hat{\sigma} < \overline{X} < \mu + 1.96\hat{\sigma}) = 0.95$$

여기서, $\hat{\sigma}$: 표본의 표준편차

괄호 속의 부등식을 μ에 대해서 풀면 다음과 같다.

$$P(\overline{X} - 1.96\hat{\sigma} < \mu < \overline{X} + 1.96\hat{\sigma}) = 0.95$$

이와 같은 이치로, 무선추출한 표본의 평균에서 모평균을 추정하는 신뢰구간을 만들어 볼 수 있다. 이를 위해 앞 장에서 설명한 중심극한정리의 요점을 다시 인용한다.

N이 충분히 클 때, 표본평균의 분포는 모집단의 분포와 상관없이 정규분포를 이루며, 그 평균은 모집단의 평균 μ를, 표준편차는 표준오차 $\dfrac{\sigma}{\sqrt{n}}$를 취한다.

여기서 주목할 것은 모집단이 어떤 분포를 하든 상관없이 표본을 얻으면 모평균의 신뢰구간을 구할 방법이 있다는 점이다. 즉 표본으로부터 얻은 정보를 사용하여 모집단 평균이 어떤 확률로 어떤 구간 내에 위치할지에 관한 정보를 구하는 것으로, 이것이 가설검정의 첫 번째 과제이다. 두 번째 과제는 두 표본평균의 차이에 관한 것이다. 이번에는 한 표본평균이 아닌 두 표본의 평균 차이 또한 한 표본평균과 똑같이 취급할 수 있다는 것이니, 이 평균 차이로부터 모평균 차이의 신뢰구간을 찾는 일이다. 세 번째 과제는 검

정의 척도가 z 아닌 t로 바뀔 때 똑같은 검정의 원리를 바뀐 척도에 적용하는 일이다. 첫째와 둘째 과제는 제8장에서 이미 다룬 것을 다시 한번 언급하는 것이며, 셋째 과제는 제12장에서 찬찬히 다룰 예정이다. 표본평균의 분포와 모수의 추정에 관련된 내용은 의도적으로 중복해서 구성했다.

우리가 구한 표본평균 $\bar{x}$가 있다고 할 때 이것으로 모평균을 추정하기 위한 95% 신뢰구간은 어떻게 정해지는 것일까? 한 모집단에서 무선추출한 확률변수 X의 표본이 우연히 평균 $\bar{x}$, 표준편차 $\hat{\sigma}$를 갖는다면 확률변수 $\bar{X}$는 어떤 분포를 나타내는지 우리는 알고 있다. 표준편차 $\hat{\sigma}$ 대신 표준오차 $\dfrac{\hat{\sigma}}{\sqrt{n}}$를 사용하면 된다. $z = \dfrac{X - \bar{X}}{\hat{\sigma}}$ 대신 $z = \dfrac{X - \bar{X}}{\hat{\sigma}/\sqrt{N}}$ 식이 사용된다.

$$P(\bar{X} - 1.96\frac{\hat{\sigma}}{\sqrt{n}} < \mu < \bar{X} + 1.96\frac{\hat{\sigma}}{\sqrt{n}}) = 0.95$$

위 식은 모평균이 존재할 95% 신뢰구간을 나타낸다. 이것을 역으로 표현한다면, 신뢰구간에 속하지 않는 5%의 영역이 존재한다는 것이며, 만일 우리가 얻은 표본평균이 그 5%에 속하는 경우가 생긴다면 이것은 둘 중 한 가지로 해석할 수 있다. 매우 우연적인 일이 발생했거나 아니면 우리가 얻은 표본이 다른 모집단에서 온 것이거나다. 통계적 관점에서 본다면 후자의 판단이 더 합리적이기 때문에, 이 표본은 최초에 생각했던 것과 다른 모집단으로부터 추출된 것으로 간주한다. 이것이 가설검정의 규칙이다.

3) 양방적 검정과 일방적 검정

검정에는 양방적 검정과 일방적 검정이 있다. 양방적 검정, 2-tailed test는 기각역을 평균 차이의 분포 곡선 양쪽 끝에 두어 추정치가 그 어느 한쪽에 속하면 영가설을 기각하는 검정 방법이다. 신뢰구간 95%에서 양방적 검정, 또는 유의수준 5%에서 양방적 검정이라 하면 추정치가 다음 [그림 9.4]처럼 양 끝 2.5% 구역에 떨어지면 영가설을 기각하는 방법이다.

일방적 검정, 1-tailed test는 기각역을 영가설 곡선의 한쪽에만 두는 방법이다. 추정치가 예상한 한쪽에 속하는지 아닌지에만 관심이 있을 때 사용할 수 있다. 예컨대, 이론적으로나 상식적으로 통제집단의 점수가 실험집단보다 더 높을 가능성은 없고 그 반대의

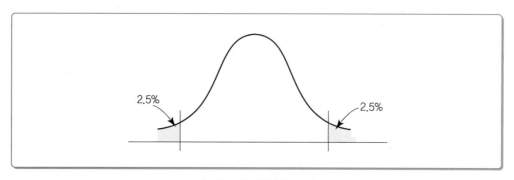

[그림 9.4] 양방적 검정

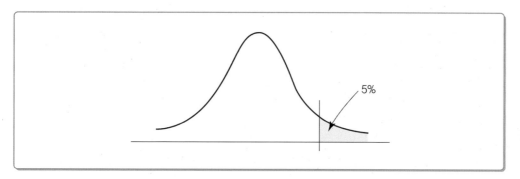

[그림 9.5] 일방적 검정

경우가 나타나는지만 확인하고자 할 때 일방적 검정을 사용한다. 일반적으로 일방적 검정에 의한 가설검정의 경우 그 사실을 표시하고, 아무 표시가 없을 때는 양방적 검정인 것으로 간주한다. 신뢰구간 95%에서 일방적 검정, 또는 유의수준 5%에서 일방적 검정이라 하면 추정치가 [그림 9.5]처럼 한쪽 끝 5% 구역에 떨어지면 영가설을 기각하는 방법이다.

③ 검정력과 오류

지금까지 가설검정의 원리 및 공식을 구성하는 수학적 생각을 살펴보았다. 남은 문제는 이 분석과정을 가지고 다른 사람들과 의사소통하는 방법에 관한 것이다. 첫째, 용어의 문제이다.

1) 결과와 결론

결과는 가설검정이 직접적 추구하는 정보, 영가설이 기각되느냐에 대한 대답이다. 이를 위해서 검정통계치, z, t, F 등의 값이 어떻게 나왔으며, 그 값에 해당하는 확률값이 유의수준보다 작은가 하는 정보가 필요하다. 결론은 애초에 가설검정을 한 이유 또는 연구문제에 대한 답이다. 앞의 실험 연구의 예에서 탐구하고자 했던 문제는 프로그램의 효과가 있는지 없는지였다. 영가설을 기각했다면 결론은 처치 효과가 있다는 것이 되겠다. 연구자는 여기서 멈추면 된다. 한 걸음 더 나아가, 비용이 얼마 드는지, 과연 이 프로그램을 수행하는 것이 좋은지 등에 관한 판단은 연구자의 소관 밖의 일이다.

2) 가설검정의 오류

1종 오류와 2종 오류는 가설검정에서 잘못된 결정을 내리는 두 가지 유형이다. 1종 오류, type 1 error는 영가설이 참인데 이를 기각하는 오류이고, 1종 오류, type 2 error는 대립가설이 참인데 영가설을 기각하지 않는 오류이다.

〈표 9.1〉 1종 오류와 2종 오류

영가설	기각	기각 안 함
참	1종 오류	○
거짓	○	2종 오류

위 <표 9.1>에서 짐작할 수 있는 것과 같이, 1종 오류 가능성 α는 유의수준과 밀접한 관계가 있다. 가설검정에서 유의수준을 0.05로 잡으면 5%의 1종 오류 가능성을 감수한다는 것을 의미한다. 1종 오류를 엄격하게 통제하면, 예를 들어 0.001로 낮게 잡으면, 독립변수의 효과가 없는데 우연 때문에 있는 것으로 나타날 가능성은 확 줄어들 것이나, 대신 효과가 있는데도 없다고 판단할 2종 오류 가능성, β가 커진다.

검정력 또한 기각역과 밀접한 관계가 있다. 검정력(power)은 영가설이 거짓이고 대립가설이 참일 때 영가설을 기각할 가능성이다. 따라서 영가설이 거짓일 때 검정력과 2종 오류 가능성의 합은 1이 된다.

$$power = 1 - \beta$$

다음 [그림 9.6]을 보면 1종 오류, 2종 오류와 검정력 사이의 관계를 알 수 있다.

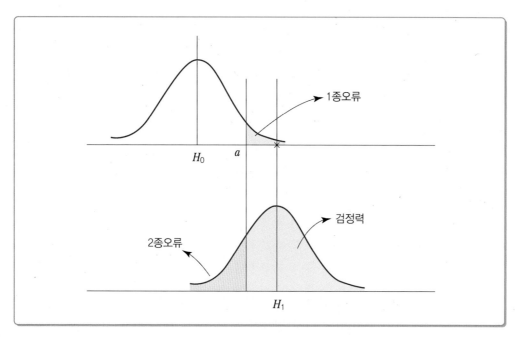

[그림 9.6] 1종 오류, 2종 오류, 검정력

[그림 9.6]에서 윗부분의 정규분포곡선은 정규분포로 주어진 영가설의 확률분포를 나타낸다. 두 집단의 평균을 비교하기 위한 가설검정이라면 영가설 곡선의 평균은 $\mu_1 - \mu_2 = 0$이고, 표준편차는 $\hat{\sigma}_{\overline{X}_1 - \overline{X}_2}$가 될 것이다. 기각역은 영가설의 확률분포 곡선 오른쪽의 색음영 부분이다. 유의수준이 5%라면, 기각역, 즉 색음영 부분이 전체 면적의 5%를 차지한다는 뜻이다. 관찰된 $\overline{x}_1 - \overline{x}_2$ 값이 기각역 안에 들어가게 되면 영가설을 기각한다. 그렇다면 영가설이 참일 때 영가설이 기각될 가능성이 5%가 된다. 영가설이 참일 때에도 관찰값이 기각역 안에 떨어지면 영가설을 기각하게 되므로 이 가능성을 1종 오류라고 한다. 그림 윗부분을 보면 기각역 안쪽의 X축 위에 한 점이 ×로 표시되어 있

다. 이것은 실험 결과로 얻어진 두 표본평균의 차이 $\bar{x}_1 - \bar{x}_2$ 값이다. 이 값이 임계값보다 크므로 다음 절차는 당연히 영가설을 기각하고 대립가설을 받아들일 일이다. 이 그림 중 아랫부분이 대립가설을 나타내는 확률분포이다. 이 곡선은 위의 곡선과 똑같은 형태와 분산을 가진 곡선이 평균 0으로부터 실험에서 얻어진 평균의 차만큼 평행 이동한 모습이다. 여기서 색음영 부분이 검정력이다. 검정력의 의미는 이 실험이 처치 효과를 정확히 반영하고 있다는 전제하에서, 똑같은 실험을 되풀이할 때 영가설을 기각할 수 있는 확률이다. 물론 영가설을 기각하지 못할 확률, 즉 2종 오류 가능성은 대립가설 전체에서 검정력을 제외한 나머지 영역의 비율이다. 따라서 검정력과 2종 오류 가능성의 합은 1이 된다. 이 그림을 보면 유의수준을 엄격하게 정하는 경우 왜 검정력이 떨어지는지 알 수 있다. 대립가설의 분포에서 임계값을 오른쪽으로 이동시키면 검정력의 면적이 좁아지는 것을 알 수 있을 것이다.

예로 든 [그림 9.6]은 정규분포로 주어진 영가설의 확률분포였다. 만일 t 또는 F 분포로 주어진 영가설의 확률분포라면 그에 맞는 모양의 곡선을 나타낼 것이다. 그러나 그 원리는 어떤 검정통계치를 쓰더라도 같다.

3) 가설검정의 제한점

가설검정을 이해하기 위해 다음과 같은 제한점을 유의해야 한다. 첫째, 통계적 유의성과 실제적인 중요성의 차이이다. 다시 말해서 통계적으로 입증되었다 하더라도 그것이 반드시 현실적으로 영향을 미치는 중요한 것 아닐 수도 있다는 것이다. 둘째, 어떤 경우 실제로 차이가 없는데 우연히 차이가 있다는 결과가 생길 수도 있다. 만일 어떤 실험의 처치 효과가 0이라면, 그리고 이 실험을 유의수준 0.05에서 100번 반복한다면, 그중 5번은 영가설이 참임에도 불구하고 기각되는 결과를 나타낼 것이다. 따라서 가설검정의 결과는 그것이 체계적으로 축적될 때까지 가능성으로 이해하는 것이 나을 때가 많다. 만일 누군가가 악의적으로 이런 예외적인 결과만 수집하여 발표한다면 진실은 쉽게 왜곡될 수 있다. 과학적 연구 시스템에 연구윤리가 필요한 이유다. 셋째, 독립변인의 발표된 효과는 실제를 과장할 가능성이 크다는 점을 유의해야 한다. 그 이유는 연구자들이 효과의 차이가 나타나지 않은 실험결과를 발표하기 꺼리는 경향이 있고, 또 연구자들이 발표하기로 선택한 실험결과는 대부분 가장 인상적인 표본의 분석결과이기 때문이다.

이러한 위험성에도 불구하고 일반적으로 과학적 연구 시스템은 가설검정의 오류 가능성에 거의 위협을 받지 않는다. 물론 연구에는 오류가 있을 수 있다. 따라서 연구의 결과 잘못된 지식을 형성할 가능성이 있다. 더욱이 가설검정은 유의수준만큼의 1종 오류 가능성을 내포한다. 그러나 누적된 연구결과가 이로 인해 잘못된 결론에 이를 수 있을까? 예를 들어 처치효과가 없는 실험적 처치가 효과가 있는 것처럼 발표되었다고 하자. 한 연구자의 표본오차로 인해 교육계에 잘못된 지식 기록될 수 있을까? 그렇지 않다. 이유는 한 연구가 특정 지식을 결정하는 일을 시스템이 허용하지 않기 때문이다. 내가 행한 연구는 이후에도 많은 사람에 의해 되풀이될 것이고, 그 통합된 연구 결과는 모평균을 정확히 반영할 것이다. 이 믿음을 뒷받침해주는 것은 바로 대수의 법칙이다. 같은 내용의 독립된 연구가 무수히 많이 시행될 경우 그 평균은 정확히 모평균을 반영한다는 것이 대수의 법칙이다. 따라서 시스템이란 그 특성상 완전한 결론에 도달할 때까지 자기 수정의 기능을 가지고 있기 때문에 우연에 의해 진실이 왜곡되기는 어렵다. 다만, 이 시스템을 무기력하게 만드는 이기적이고 악의적인 조작을 방지하기 위하여 연구윤리가 정착되어야 하며, 이것이 매우 중요한 일이다.

4 결과의 해석

가설검정의 결과를 해석할 때 표본평균의 차이, 유의수준 (1종 오류 가능성), 검정통계값 등이 관계된다. 복잡한 개념이 연관된 내용이라 이 결과를 정확히 해석하는 경우보다는 틀리게 해석하는 경우가 훨씬 더 많다. 그것은 용어에 대한 정확한 정의에 의하지 않고 지레짐작에 의존한 때문일 것이다. 예로, 유의수준 0.05인 가상적 t 검정에서 얻어진 평균 차이를 t 점수로 전환한 값이 t_{crit} 값보다 커서 영가설을 기각한 경우 이 결과를 제대로 또는 잘못 해석하는 경우를 들어보겠다.

① 이 실험을 무수히 반복할 때 같은 결과가 나올 확률이 95% 이상이다.
② 이 실험 결과가 참일 확률은 95% 이상, 거짓일 확률은 5% 미만이다.
③ 실험집단의 평균은 통제집단보다 95% 이상 높다.

④ 두 모평균이 같은데 우연히 이런 차이가 나타날 확률은 5%보다 작다.

앞의 세 해석은 모두 틀렸다. t 값과 기각역, 그리고 영가설과 대립가설의 의미를 종합하여 할 수 있는 유일하고도 정확한 해석은 ④의 해석뿐이다. 연구의 장면에서 가설검정 결과를 해석할 때 주의할 일이다.

⑤ 가설검정의 예

지금까지 가설검정의 절차를 큰 눈으로 살펴보았다. 이제는 조금 구체적인 내용으로 들어가서 관찰한 현상을 확률로 바꾸는 과정을 살펴보겠다. 실제 가설검정이 수행되는 장면의 예는 뒤에서 하나하나 다루겠지만, 여기서는 구체적인 정도가 조금 약한, 각 계산 과정이 무엇을 추구하는지에 초점을 둘 것이다.

1) 비율에 대한 검정

먼저 비율에 대한 검정의 예를 보자. 영가설은 표본의 비율이 모집단의 비율과 같다는 것이다. 관찰된 차이는 표본오차라고 볼 수 있느냐가 검정의 관건이다. 그렇다면 모집단으로부터 무선추출한 표본의 비율은 어떤 분포를 이룰까? 다행스럽게도 그것은 정규분포를 이룬다는 사실을 알고 있다. 그렇다면 평균과 표준편차를 알면 거기서 확률을 구할 수 있다. 제4장에서 다룬 표본비율의 분산 내용에 의하면,

$$\mu = E(X)$$
$$= \sum xp(x)$$
$$= 0(q) + 1(p) = p$$

$$\sigma^2 = E(X^2) - [E(X)]^2$$
$$= \sum x^2 p(x) - [\sum xp(x)]^2$$
$$= [0^2(q) + 1^2(p)] - [0(q) + 1(p)]^2$$

$$= p - p^2$$
$$= p(1-p) = pq$$

여기서, p: 비율
$$q = 1 - p$$

예제 9-1

전국의 여당 지지율은 50%인 것으로 알려져 있다. 서울의 유권자 100명을 무선추출하여 조사한 결과 30명만 지지하였다. 서울의 여당 지지율이 전국지지율과 같은지 검정하라.

풀이

$$H_0 : p - p_0 = 0$$
$$H_1 : p - p_0 \neq 0$$

변수 X의 표준편차 σ_X는

$$\sigma_{\bar{X}} = \frac{\sigma_X}{\sqrt{N}}$$

표본비율의 표준편차 $\hat{\sigma}_P$는

$$\hat{\sigma}_p = \sqrt{\frac{pq}{n}}$$

$$z_{p|H_0} = \frac{\hat{p} - p_0}{\sqrt{\dfrac{pq}{n}}} = \frac{.3 - .5}{\sqrt{\dfrac{(.5)(.5)}{100}}} = -4$$

유의수준 $\alpha = .01$에서 임계점 $z_{2tail} = \pm 2.58$ 이므로 영가설을 기각한다.

참고로, 두 독립표본의 비율 검정에 관한 식은,

$$H_0 : p_1 - p_0 = 0$$
$$H_1 : p_1 - p_0 \neq 0$$

$$z = \frac{(p_1 - p_2)}{\sqrt{\dfrac{p_1(1-p_1)}{n_1} + \dfrac{p_2(1-p_2)}{n_2}}}$$

2) 한 표본평균에 대한 검정

한 표본평균에 대한 검정은 표본평균과 모평균의 차이를 표본오차, 즉 오차의 표준편차 단위로 나타내는 작업이다. 이때 사용하는 검정통계 척도로 z와 t가 있는데 여기서는 z 검정만 소개하겠다.

$$z_{obt} = \frac{\overline{X}_{obt} - \mu}{\sigma_{\overline{X}}}$$

여기서, $\sigma_{\overline{X}} = \dfrac{\sigma}{\sqrt{N}}$

예제 9-2

$\mu = 100$, $\sigma = 15$인 모집단에서 9개의 점수를 무선추출하여 $\overline{X} \geq 108$의 결과를 얻을 수 있을지 $\alpha = 0.05_{1\,tail}$로 검정하라.

풀이

영가설이 참일 때 관찰된 결과가 나타날 확률을 구한다.

$H_0 : \overline{X} - \mu = 0$

$H_1 : \overline{X} - \mu \geq 0$

$z_{obt} = \dfrac{\overline{X}_{obt} - \mu}{\sigma / \sqrt{N}} = \dfrac{108 - 100}{15 / \sqrt{9}} = 1.6$

z의 임계값 z_{crit}를 부록의 표준 정규분포표에서 찾는다.

상위 .0505에서 $z = 1.64$ .0495에서 $z = 1.65$이므로 그 중간값을 취한다.

$z_{crit} = 1.645$, $z_{obt} < z_{crit}$

영가설을 기각할 수 없다.

3) 두 독립표본 z 검정

두 독립표본 z 검정이란 독립적인 두 표본을 가지고 두 모집단의 평균이 서로 다른지 검정하는 방법이다. 그렇다면 이 경우 검정할 가설은,

$$H_0 : \mu_{\overline{X}_1} - \mu_{\overline{X}_2} = 0$$
$$H_1 : \mu_{\overline{X}_1} - \mu_{\overline{X}_2} \neq 0$$

이 될 것이다. 이 가설을 검정하기 위해서 확률변수 $\overline{X}_1 - \overline{X}_2$의 평균과 분산을 구하여야 한다. 먼저, 제4장 분산도에서 두 확률변수의 선형결합이란 주제로, $T = X + Y$ 형태로 두 표본이 결합할 때 평균과 분산이 어떤 값을 가지는지 다룬 바 있다. 여기서는 부호를 바꿔 $T = X - Y$ 형태로 결합할 때 어떻게 될지 살펴보자.

두 표본 평균차의 표준오차는 다음과 같이 구해진다.

$T = X - Y$라 하면
$$\mu_T = E(T) = E[X - Y] = E(X) - E(Y) = \mu_X - \mu_Y$$

두 점수의 차의 분산은

$$
\begin{aligned}
\sigma_T^2 &= E\left[(T - \mu_T)^2\right] \\
&= E[(X - Y) - (\mu_X - \mu_Y)]^2 \\
&= E[(X - \mu_X) - (Y - \mu_Y)]^2 \\
&= E[(X - \mu_X)^2 + (Y - \mu_Y)^2 - 2(X - \mu_X)(Y - \mu_Y)] \\
&= \sigma_X^2 + \sigma_Y^2 - 2\sigma_{XY}
\end{aligned}
$$

여기서 두 변수가 독립이므로 $\sigma_{XY} = 0$

$$\sigma_{X+Y}^2 = \sigma_X^2 + \sigma_Y^2$$

이 결과를 두 표본평균의 차의 분포에 적용하면

$$\text{평균} \qquad \mu_{\overline{X}_1 - \overline{X}_2} = E[(X_1 - X_2)] = E[X_1] - E[X_2] = \mu_1 - \mu_2$$

$$\text{표준편차} \quad \sigma_{\overline{X}_1 - \overline{X}_2} = \sqrt{\sigma^2_{\overline{X}_1} + \sigma^2_{\overline{X}_2}}$$

표본평균에서는 $\sigma^2_{\overline{X}} = \dfrac{\sigma^2}{n}$ 이므로 추정의 표준오차, standard error of estimate는

$$\sigma_E = \sigma_{\overline{X}_1 - \overline{X}_2} = \sqrt{\frac{\sigma^2_{X_1}}{n_1} + \frac{\sigma^2_{X_2}}{n_2}}$$

z 통계량은 평균의 차이를 표준오차로 나눈 값으로 다음과 같다.

$$z = \frac{\overline{X}_1 - \overline{X}_2}{\sqrt{\dfrac{\sigma^2_1}{n_1} + \dfrac{\sigma^2_2}{n_2}}}$$

📝 예제 9-3

전국 30세 남녀 100명을 각기 무작위 추출하여 체중을 측정하였더니 각각 68kg과 60kg으로 나타났다. 또한 이론적 배경에 의하여 30세 남자 모집단의 체중의 표준편차는 10kg, 여자 체중의 표준편차는 9kg임을 알고 있다. 30세 성인 남녀의 체중이 차이가 있는지 유의수준 0.05에서 검정하라.

풀이

$$z = \frac{\overline{X}_1 - \overline{X}_2}{\sqrt{\dfrac{\sigma^2_1}{n_1} + \dfrac{\sigma^2_2}{n_2}}} = \frac{68 - 60}{\sqrt{\dfrac{100}{100} - \dfrac{81}{100}}} = 5.946$$

$\alpha = 0.05_{2tail}$, $z_{crit} = \pm 1.96$, $z_{obt} > z_{crit}$

z 값은 유의수준 0.05에서의 기각 값 ±1.96보다 크므로 영가설을 기각한다.

4) 두 종속표본의 z 검정

앞에서 $T = X - Y$라 하면 두 점수의 차의 분산은

$$\sigma_X^2 + \sigma_Y^2 - 2\sigma_{XY}$$

여기서, $\sigma_{XY} = r(\sigma_X)(\sigma_Y)$

r: 두 변수 사이의 상관계수

임을 보였다. 이 결과를 표본평균의 분산에 적용하려면 σ 대신 $\dfrac{\sigma}{\sqrt{n}}$으로 대치하여야 한다. 그렇다면 표본평균의 차의 분산, 즉 오차 분산은

$$\sigma_E^2 = \sigma_{\overline{X}_1 - \overline{X}_2}^2 = \frac{\sigma_1^2}{n_1} + \frac{\sigma_2^2}{n_2} - 2r\left(\frac{\sigma_1}{\sqrt{n_1}}\right)\left(\frac{\sigma_2}{\sqrt{n_2}}\right)$$

두 종속표본의 z 검정은 추출된 두 표본이 독립적이지 않을 때, 즉 상관관계가 있을 때 사용되며, z 검정통계 값은 다음과 같다.

$$z = \frac{\overline{X}_1 - \overline{X}_2}{\sqrt{\dfrac{\sigma_1^2}{n_1} + \dfrac{\sigma_2^2}{n_2} - 2r\left(\dfrac{\sigma_1}{\sqrt{n_1}}\right)\left(\dfrac{\sigma_2}{\sqrt{n_2}}\right)}}$$

이렇게, 표본평균 차이의 분산은 상관의 정도만큼 줄어들게 된다. 그 이유는 상관관계에 기인한 분산은 자료 고유의 속성 때문에 생긴 것이지 처치 효과와는 무관하기 때문이다.

5) 두 독립표본 t 검정

앞에서 검정통계치가 어떻게 구성되는지 익히는 데 중점을 두었기 때문에 검정통계치 중 가장 단순한 z 통계량을 예로 사용하였다. 그런데 두 집단에 대한 검정은 대부분 t 검정으로 이루어진다. 그 이유는 t 검정이 모수 대신 추정치를 사용하는 데 적합하며, 그것이 실상황에 가깝기 때문이다. t 검정의 검정통계치 구성 원리는 z 검정과 같다. 다른 점은 모수 대신 추정치를 사용한다는 점과 자유도에 따라 z 값과 조금 다른 t 통계량을

사용한다는 점이다. 두 독립표본 t 검정의 식은 다음과 같다.

$$t = \frac{\overline{X}_1 - \overline{X}_2}{\sqrt{\dfrac{s_1^2}{n_1} + \dfrac{s_2^2}{n_2}}}$$

이 식을 자세히 보면 z 검정의 식과 다른 점은 분산 σ^2 대신 분산 추정치 s^2이 들어간 점뿐임을 확인할 수 있다. 여기서 한 걸음 더 나아가, t 검정은 두 모집단의 분산이 같다는 것을 전제한다는 점을 고려하면 두 표본분산은 동일 모분산에서 나온 것이라 할 수 있다. 그 모분산을 표본으로부터 추정한다면,

$$s_p = \sqrt{\frac{\sum(x_1 - \overline{x}_1)^2 + \sum(x_2 - \overline{x}_2)^2}{n_1 + n_2 - 2}}$$

오차 분산은 분산을 N으로 나눈 형태이므로

$$s_E = \sqrt{\frac{s_p^2}{n_1} + \frac{s_p^2}{n_2}} = s_p\sqrt{\frac{1}{n_1} + \frac{1}{n_2}}$$

따라서 t 검정통계치를 얻는 식은

$$t = \frac{(\overline{x}_1 - \overline{x}_2) - (\mu_1 - \mu_2)}{s_E} = \frac{\overline{x}_1 - \overline{x}_2}{\sqrt{\dfrac{\sum(x_1 - \overline{x}_1)^2 + \sum(x_2 - \overline{x}_2)^2}{n_1 + n_2 - 2}\left(\dfrac{1}{n_1} + \dfrac{1}{n_2}\right)}}$$

$$df = n_1 + n_2 - 2$$

6) 두 종속표본 t 검정

두 종속표본의 t 검정은 추출된 두 표본이 독립적이지 않을 때, 즉 상관관계가 있을 때 사용되며, 이는 모수 대신 추정치를 사용한다는 점 이외에는 z 검정과 같다.

$$z = \frac{\overline{X}_1 - \overline{X}_2}{\sqrt{\dfrac{\sigma_1^2}{n_1} + \dfrac{\sigma_2^2}{n_2} - 2r\left(\dfrac{\sigma_1}{\sqrt{n_1}}\right)\left(\dfrac{\sigma_2}{\sqrt{n_2}}\right)}}$$

$$t = \frac{\overline{X}_1 - \overline{X}_2}{\sqrt{\dfrac{s_1^2}{n_1} + \dfrac{s_2^2}{n_2} - 2r\left(\dfrac{s_1}{\sqrt{n_1}}\right)\left(\dfrac{s_2}{\sqrt{n_2}}\right)}}$$

명석한 독자들에게는 사족이겠지만 한 번 더 반복하자면, 가설검정을 위해서 먼저 모집단 평균에 차이가 없음, 즉 영가설이 참임을 가정한다. 그것은, 표본을 무선추출했으므로, 관찰한 통계수치(추정치)가 모집단의 차이가 아니라 우연에 의한 오차라고 가정하는 것과 같다. 그 오차를 오차의 표준편차, 즉 표준오차로 나누는 것이 검정통계치로서, 거기에서 확률을 얻는다. 그 얻어진 확률이란 영가설이 참이란 가정하에 이러한 추정치를 얻을 확률이다. 이를 식으로 표현하면,

$$검정통계치 = \frac{추정치 - 모수치}{표준오차}$$

또는

$$test\,statistics = \frac{statistic - parameter}{standard\,error}$$

위 식을 보면 가설검정에서 영가설의 의도를 알 수 있다. 위 식에서 추정치는 $\left(\overline{X}_1 - \overline{X}_2\right)$, 그리고 모수치는 $(\mu_1 - \mu_2)$, 즉 0이다. 이 식에서 영가설은 실체를 모르는 모수 부분을 0으로 만들어줌으로써 식을 계산할 수 있게 해준다. 이렇게 얻은 검정통계치를 환산하여 얻은 확률이 너무 작은 값으로 나타난다면 영가설을 기각하고, 관찰된 차이는 우연 때문이라는 가정도 부인한다. 이제 남은 대안적 설명은 처치 효과가 실재한다는 것, 가설검정이란 이렇게 반증에 의해 결론을 얻는 방법이다.

01. 올림픽 선수촌에서 사용할 지구력 향상 프로그램의 효과를 검증하기 위해 실험집단
과 비교집단 두 집단을 무선 추출하였다. 실험적 처치를 한 다음 두 집단의 지구력
을 측정해서 평균을 비교하려고 한다. 이때 수립할 가설의 조건을 갖춘 것은?

    a. 지구력 향상 프로그램의 효과가 있다.

    b. 지구력 향상 프로그램을 경험한 집단은 그렇지 않은 집단보다 높은 지구력을 갖
       는다.

    c. 지구력 향상 프로그램을 경험한 실험집단은 그렇지 않은 통제집단보다 지구력
       측정검사에서 높은 점수 평균을 나타낸다.

    d. 연구진이 제작한 지구력 측정검사에서 지구력 향상 프로그램을 경험한 집단과
       그렇지 않은 집단 사이의 모집단 평균은 같다.

02. 실험에서 α 수준을 0.01에서 0.05로 조정할 때 발생할 수 있는 일을 모두 고른다
면?

    a. 1종 오류 가능성이 커진다.

    b. 2종 오류 가능성이 커진다.

    c. 2종 오류 가능성이 감소한다.

    d. 검정력이 커진다.

03. True, False 문제

    1) H_0와 H_1은 서로 배타적이며, 둘 중 어느 것에도 속하지 않는 상태는 없다.

    2) H_0의 주장은 종속변수가 독립변수에 대해 미치는 영향은 0이라는 것이다.

    3) 영가설을 기각하면 이 실험 결과를 의미 있다고 한다.

    4) H_0가 거짓일 때 이를 기각하지 않는 오류를 β라고도 한다.

    5) α 수준이 엄격해지면 1종 오류 발생률이 낮아지지만, 2종 오류 발생률이 높아진다.

6) $\alpha = 0.01_{2\,tail}$ 이라면 양쪽 꼬리의 기각역은 각각 0.005 이다.

7) 유의수준 0.05에서 영가설을 기각했다는 것은 잘못된 판단을 내렸을 확률이 5% 보다 작다는 것을 의미한다.

8) 가설검정 결과 $z_{obt} < z_{crit}$ 임이 확인되었다면 H_0 가 참임을 확인한 것이다.

9) $\alpha + \beta = 1$

10) 표본평균이 정규분포를 이루기 위해서는 모집단의 분포가 정규분포이어야 한다.

11) 같은 유의도 수준에서 일반적으로 $t_{crit} > z_{crit}$.

12) X 의 표본평균이 정규분포를 이룬다면 X 도 정규분포를 할 것이다.

13) 같은 α 수준에서는 일방적 검정보다 양방적 검정의 검정력이 크다.

14) $\overline{X}_1 - \overline{X}_2$ 의 표본분포에서 평균은 언제나 $\mu_1 - \mu_2$, 표준편차는 언제나

$$\sqrt{\frac{\sigma^2_{X_1}}{n_1} + \frac{\sigma^2_{X_2}}{n_2}}$$ 의 값을 갖는다.

15) 두 독립표본의 평균을 t 검정으로 비교할 때 대립가설은 $H_1 : \overline{X}_1 - \overline{X}_2 \neq 0$ 이다.

04. t-test에서 Alpha Level을 0.05에서 0.01로 바꾸었을 때 일어나는 변화는?

a. 2종 오류 가능성이 커진다

b. 검정력 (Power)이 커진다

c. 2종 오류, 검정력 모두 커진다

d. 주어진 정보만으로는 알 수 없다

05. 다음 유의수준에서의 z_{crit} 값은?

a. $0.05_{2\,tail}$

b. $0.01_{2\,tail}$

c. $0.05_{1\,tail}$

d. $0.05_{1\,tail}$

06. 우리 학교 흡연 인구의 일일 흡연 개수의 모집단 평균과 표준편차는

$\mu = 18$ 개비, $\sigma = 7$ 이다. 금연 프로그램 효과를 검증하기 위하여

이 중 25명을 추출하여 이들 평균을 13으로 낮춘다면 Power는 얼마가 될까?

모집단 정규분포를 가정하고 $\alpha = 0.05_{1tail}$ 로 정하여 계산하시오.

참고 $z_{0.05} = 1.64,\ p_{1.93} = 0.0268$

07. 어떤 검정의 경우

$$H_0 : \mu = 100$$

$$H_1 : \mu = 105$$

$$s = 24,\ n = 128$$ 로 주어졌다.

$\alpha = 0.05_{1tail}$ 에서 검정력은 얼마인가?

08. 쥐의 미로찾기 학습에서 보상을 준 집단과 placebo를 준 집단의 점수는 다음과 같다. 표본의 크기가 충분치 않지만, 두 집단의 점수 차이를 $\alpha = 0.05_{2tail}$ 로 z 검정한다면?

집단 1	집단 2
7	7
11	6
12	3
6	4
6	7
7	8
9	6
8	5
7	4
11	8
$\overline{X}_1 = 8.4$	$\overline{X}_2 = 5.8$
$s_1 = 2.221$	$s_2 = 1.751$

09. 어느 자동차공장에서 차의 연비를 높이는 장치를 개발했다. 그 장치의 효과를 검증하기 위해 두 연구자에게 실험을 의뢰했다. 연구자 A는 직원들의 차 10대를 무선추출해서 그중 5대는 그대로, 나머지 5대는 새로 개발된 장치를 부착하고 연료 1리터당 운행 거리를 측정했다. 연구자 B는 5대의 차를 무선추출해서 사전, 사후의 연비

를 측정했다. 현실적으로 있기 어려운 일이지만, 두 연구자가 얻은 데이터가 다음과 같이 서로 같다고 가정하고 문제를 풀어보자.

비교집단/사전	9	11	13	6	16
실험집단/사후	12	13	15	10	20

1) 두 독립표본 t 검정결과는?
2) 두 종속표본 t 검정결과는?
3) 두 검정결과의 차이는 어떻게 설명될 수 있나?

풀이

01. d.

a. 지구력 향상 프로그램의 효과가 있다.

이것은 가설이 아니라 결론을 가설검증의 실험대 위에 올린 예이다. 이 문장에 대한 진위를 밝힐 수 있다면 바로 결론을 얻을 수 있겠으나, 구체적으로 어떻게 하여야 그 답을 얻을 수 있는지 전혀 알 수 없다. 따라서 이것은 조건이 갖추어지지 않은 가설의 예이다. 그래서 이번에는 실험 방법을 알 수 있는 내용으로 고쳐보겠다.

b. 지구력 향상 프로그램을 경험한 집단은 그렇지 않은 집단보다 더 높은 지구력을 갖는다.

이것은 가설 1보다 훨씬 낫지만, 아직 몇 가지 부족한 점이 있다. 나아진 점은 이것으로써 어떤 실험적 조작을 할지가 보다 분명해졌다는 것, 즉 두 집단을 두어, 한 집단(실험집단)은 프로그램을 경험하게 하고, 다른 집단(통제집단)은 그런 경험을 하게 하지 않고서, 나중에 두 집단을 비교하여 결론을 도출한다는 점을 알 수 있게 한 점이다. 그러나 이것도 아직 두 가지 점에서 가설의 조건을 만족시키지 못하고 있다. 첫째, 더 높은 지구력을 갖는다는 말의 구체성의 문제이다. 더 높은 지구력은 과연 무엇을 말하는 것인가? 일상생활의 언어와 달리 가설에서는 더 구체적인 정보가 필요하다. 그래서 아래와 같이 바꿔본다.

c. 지구력 향상 프로그램을 경험한 실험집단은 그렇지 않은 통제집단보다 지구력 측정검사에서 더 높은 점수 평균을 나타낸다.

이것으로써 구체성과 반증 가능성이란 점에서 가설이 갖추어야 할 조건은 갖추어졌다. 그러나 아직 중요한 한 조건과 기술적인 한 가지 요점이 남았다. 중요한 한 조건이란 이 가설의 진위가 결론에 직결될 수 있는가 하는 문제이다. 프로그램의 효과가 0이라 할지라도 실험집단과 통제집단의 평균이 똑같은 값으로 나오는 경우는 드물 것이다. 그 이유는 실험 상황에 항상 작용하는 우연이라는 요소 때문인데, 우연의 예로 실험집단에 지구력 점수가 높은 사람들이 많이 뽑혔다거나, 측정의 오차, 선수의 피로도, 기록원의 실수 등 많은 것들을 들 수 있겠다. 따라서 실험집단의 평균점수가 통제집단의 그것보다 높다 하여 그것이 반드시 프로그램의 처치 효과를 입증하는 것은 아니다. 처치 효과를 입증하기 위해서는 관찰한 두 집단의 평균 차를 보고, 실험집단과 통제집단 사이가 아닌, 두 모집단의 평균에 차이가 있음을 추론할 근거가 필요하다. 그 근거란 실제 모집단 평균은 같은데 순전히 우연 때문에 관찰된 평균의 차이가 발생했을 확률을 말한다. 그 확률이 매우 낮다면 우연 때문이라는 가설, 즉 영가설을 기각하고 대립가설, 즉 모집단의 평균 차이가 있다는 가설을 수용한다. 그리고 처치 효과가 있다는 결론을 내린다. 가설은 관찰된 집단이 아니라 모집단에 관한 판단임을 잊지 말자.

d. 연구진이 제작한 지구력 측정검사에서 지구력 향상 프로그램을 경험한 집단과 그렇지

않은 집단 사이의 모집단 평균은 같다.

이것이 정답으로, 주어진 상황에서 사용할 수 있는 가설의 예이다. 가설 3과의 차이는 실험에 참여한 집단의 평균점수가 아닌 모집단의 평균점수를 언급하고 있다는 점, 그리고 그 평균이 다르다는 부등가설 형태가 아닌, 평균이 같다는 등가설의 형태로 진술하고 있다는 점이다.

02. a, c

a. 더욱 엄격한 검정이 되었으므로 1종 오류 가능성은 커진다.

b, c. 영가설을 더 잘 기각하므로 2종 오류 가능성은 줄어든다.

d. 영가설을 기각할 수 있는 영역이 좁아졌으므로 검정력은 더 작아진다.

03. 앞 장의 연습문제가 다시 게재된 예는 중요한 내용을 의도적으로 반복한 것.

1) T. 2) F. 독립변수가 종속변수에 대해 미치는 영향이 0이라는 것

3) T. 4) T. 5) T. 6) T.

7) F. 유의수준 0.05에서 영가설을 기각했다는 것은 영가설이 참이라는 전제하에서 관찰된 값을 얻을 확률이 5% 이하라는 뜻이다. 즉 주어진 확률 P는:

$$P(data|H_0) \leq .05,$$

H_0 조건에서 이 데이터를 얻을 확률이 부등호와 같다는 뜻.

그러나 문제가 뜻하는 것은

$$P(H_0|data) \leq .05$$ 인바, 이것은 확률의 조건과 사건이 바뀌었다.

8) F. H_0가 거짓임을 확인하는 데 실패했다는 뜻. 2종 오류 가능성이 남아 있다.

9) F. 검정력$+\beta = 1$

10) F. 모집단이 정규분포하지 않더라도 표본이 충분히 크면 표본평균은 정규분포한다.

11) T. 분포의 양쪽 끝부분에서는 $t_{crit} > z_{crit}$.

12) F. X가 정규분포하지 않더라도 표본이 충분히 크면 표본평균은 정규분포한다.

13) F. 그 반대다.

14) F. 독립표본에서만 그렇다.

15) F. $H_1 : \mu_1 - \mu_2 \neq 0$. 가설검정은 언제나 모집단에 대한 판단을 위한 것이다.

04. a. 보다 엄격한 검정이 되어 검정력이 작아지고 2종 오류 가능성이 커진다.

05. a. ± 1.96

b. ± 2.58

   c. 1.65

   d. 2.33

06. 0.973

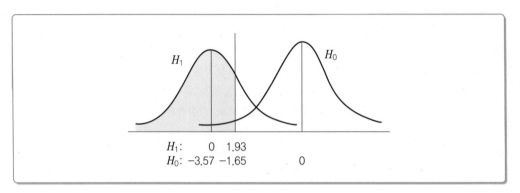

[그림 9.7] 검정력 산출법 1

위 그림의 두 정규분포곡선 중 왼쪽은 대립가설, 오른쪽은 영가설을 나타낸다. 둘은 X 축 상에서 평행이동한, 완전히 겹치는 곡선이다. 영가설에서 5% 임계점의 z 값은 -1.65, 대립가설 평균의 z 값은,

영가설의 입장에서 $z_{crit} = -1.65$, $z_{obt} = \dfrac{X-\mu}{\sigma/\sqrt{N}} = \dfrac{13-18}{7/\sqrt{25}} = -3.57$

대립가설의 입장에서 $z_{obt} = 0$, $z_{crit} = -1.65 - (-3.57) = 1.92$

$$P_{1.92} = 0.0274$$
$$검정력: 1 - 0.0274 = 0.973$$

07. 0.761

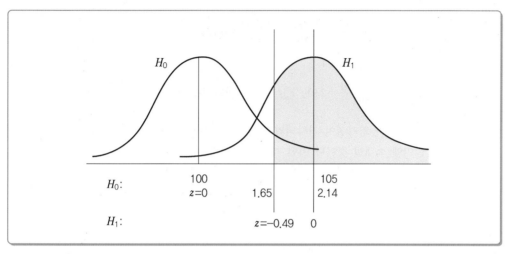

[그림 9.8] 검정력 산출법 2

영가설의 입장에서 $z_{crit} = 1.65$, $z_{obt} = \dfrac{X - \mu}{\sigma/\sqrt{N}} = \dfrac{105 - 100}{24/\sqrt{128}} = 2.36$

대립가설의 입장에서 $z_{obt} = 0$, $z_{crit} = 1.65 - 2.36 = -0.71$

$\qquad P_{0.71} = 0.2389$

$\qquad$ 검정력: $1 - 0.2389 = 0.7611$

08.

$\qquad H_0 : \mu_1 - \mu_2 = 0$

$\qquad H_1 : \mu_1 - \mu_2 \neq 0$

$\qquad z_{crit} = \pm z_{0.025} = \pm 1.96$

$\qquad z_{obt} = \dfrac{\left(\overline{X}_1 - \overline{X}_2 \right) - \left(\mu_1 - \mu_2 \right)}{\hat{\sigma}_{\overline{X}_1 - \overline{X}_2}}$

$\qquad \hat{\sigma}_{\overline{X}_1 - \overline{X}_2} = \sqrt{\dfrac{\hat{\sigma}_1^2}{n_1} + \dfrac{\hat{\sigma}_2^2}{n_2}}$

같은 모집단에서 무선추출한 것을 가정하므로 $\sigma = \sigma_1 = \sigma_2$

$\qquad \hat{\sigma}_{\overline{X}_1 - \overline{X}_2} = \sqrt{\dfrac{\hat{\sigma}_1^2}{n_1} + \dfrac{\hat{\sigma}_2^2}{n_2}} = \sqrt{\sigma^2 \left(\dfrac{1}{n_1} + \dfrac{1}{n_2} \right)}$

여기서 표본의 크기가 충분히 크지 않다면 z 검정을 할 수 없지만, 모분산 값을 표본의 통합분산으로 대치해서 검정을 강행해보면

$$\hat{\sigma}^2_{\overline{X}_1 - \overline{X}_2} = \frac{\hat{\sigma}^2_1}{n_1} + \frac{\hat{\sigma}^2_2}{n_2} = \frac{2.221^2}{10} + \frac{1.751^2}{10} = 0.799$$

$$s_E = \sqrt{0.799} = 0.894$$

$$z_{obt} = \frac{(8.4 - 5.8)}{0.894} = 2.91, \ z_{obt} \geq z_{crit} \ \text{영가설을 기각한다.}$$

이렇게 검정한 결과 영가설이 기각되었다. 같은 데이터를 가지고 한 t 검정 결과는 제11장 연습문제 풀이에 소개될 것이니 어떤 차이가 있는지 비교해볼 수 있을 것이다. 결론부터 말하자면, 이 경우 두 검정 모두 영가설을 기각하는 결과를 나타내지만, 검정의 임계값에서 두 검정은 큰 차이가 있다. 표본의 크기가 클수록 그 차이는 없어지지만, 작은 표본으로는 t 검정을 택하는 편이 정확한 결과를 얻을 수 있다.

09. 1)

$\overline{X}_1 - \overline{X}_2$	$s_{\overline{X}_1 - \overline{X}_2}$	df	t_{crit}	t_{obt}	p
-3.00	2.41	8	-1.860	-1.246	0.248

2)

$\overline{d}$	s_d	$s_{\overline{d}}$	df	t_{crit}	t_{obt}	p
3.00	1.00	0.447	4	2.776	6.708	0.003

3) 종속표본은 상관 정도만큼 자료의 분산도(표준오차)가 작아지기 때문에 이것이 t 검정 통계치의 값을 크게 하므로 검정력이 커진다.

제10장

표본추출

실험연구는 여러 장면에서 표본조사를 포함하게 된다. 표본조사에서 가장 중요한 작업이 표본추출인데 이 과정에서 우연 이외의 어떤 요인도 개입하지 않는 표본추출을 한다는 것이 얼마나 어려운지 깨닫게 된다. 이론적으로 표본추출의 목표는 단순하다. 무선추출 또는 무작위추출, 즉 표본의 크기가 주어지면 모집단으로부터 추출한 그 크기의 모든 표본이 같은 선발 가능성을 갖게 하는 것이다. 이렇게 하면 표본과 모집단 사이에 순수 확률의 법칙을 적용할 수 있고, 표본은 모집단에 대한 대표성을 갖는다. 문제는 그것을 실천하는 데 드는 시간과 비용 때문에 이와 유사한 효과를 낼 수 있는 대안을 모색해야 한다는 점이다. 모든 연구에서 반드시 지켜져야 할, 그러나 누구도 지키기 어려운, 무선화 작업의 실제를 이 장에서 경험하고, 최선이 아니라면 차선의 방법 중에는 어떤 것들이 있는지 숙지하기 바란다.

1 표본조사의 기본개념

집단의 의견을 알기 위해서는 관심 대상이 되는 전체집단을 조사하면 된다. 그렇지만 이는 현실적으로 비용과 시간이 들며, 종종 전수조사(census)가 불가능하다. 그렇기 때문에, 사회과학 분야에서는 전수조사 대신에 표본조사를 하는 경우가 많다. 표본추출, sampling은 관심의 대상이 되는 전체 원소들의 모임인 모집단(population)으로부터 이들의 성질을 잘 대표하는 일부의 표본(sample)을 선택하는 과정이다. 모집단의 특성을 모수, parameter라고 하며, 표본집단으로부터 추출된 통계량의 특성을 통계치, statistics

또는 estimate라고 한다. 표본추출에 의하여 선택된 표본에서 획득된 통계량은 모집단의 특성치인 모수를 추정하는 데 사용된다. 표본조사의 이점은 적은 비용으로 짧은 시간 내에 전수조사에 못지않은 정확성을 가진 정보를 획득할 수 있다는 것이다. 표본조사의 이론을 이해하기 위해서 먼저 기본적인 용어와 개념들을 예를 들어 설명하겠다. 어떤 도시에서 과외 금지에 찬성하는 학부모의 비율을 추정하고자 한다고 가정하자.

1) 기본용어

a. 모집단

모집단(population)이란 연구의 대상으로 삼은 사람이나 변수들 또는 개념이나 현상들의 집단 전체를 말한다. 즉, 모집단은 측정의 대상이 되는 전체 단위들의 집합이다. 학부모를 대상으로 한 과외 금지에 대한 여론조사의 경우에 모집단은 해당 도시에 거주하는 학부모 전체의 집합이다. 모집단은 대상을 시간적, 공간적으로 제한하여, 일정 시점 또는 일정 기간, 그리고 일정 지역 내에 있는 단위로 정의하기도 한다,

b. 표본

모집단에 대한 특성을 알고 싶을 때 모집단 전체에 대한 전수조사를 실시할 수 있지만, 현실적으로는 많은 어려움이 있다. 따라서 모집단으로부터 일정한 크기의 모집단 구성단위를 뽑아서 이들을 통하여 모집단의 성질을 조사하게 된다. 이때, 모집단을 대표해서 선정된 구성단위를 표본(sample)이라 한다. 표본으로부터 얻어진 표본의 특성으로부터 모집단의 특성을 추정하게 된다.

c. 표본추출

조사대상이 되는 전체집단인 모집단을 대표하는 표본을 선정하는 과정을 표본추출 (sampling)이라 한다.

d. 표본추출단위

표본추출단위(sampling unit)는 조사대상 집단을 구성하는 기본단위이다. 위의 학부모를 대상으로 한 과외공부 금지에 대한 여론조사의 경우에서 표본추출단위는 해당 도시에 거주하는 각 학부모이다. 그러나 표본추출단위는 사람만이 될 수 있는 것이 아니라 조사의 목적에 따라 국가, 도시, 또는 특정의 사건이 될 수도 있다.

e. 표본틀

표본틀(sampling frame)이란 표본을 추출하는 데 사용되는 표본추출단위들을 망라해 놓은 목록이다. 과외공부 금지에 대한 학부모 여론조사를 전화를 통하여 실시하는 경우에는 전화번호부가 표본틀이 된다. 또한 어느 학교 학생들의 건강상태를 조사하기 위하여 학생생활기록부를 사용하는 경우에는 학생생활기록부가 표본틀이 된다.

표본조사에서는 특별히 표본틀의 설정에 주의하여야 정확한 조사결과를 얻게 된다. 무시험 대학입시 제도에 대한 대학생들의 의견을 조사하려고 대학 캠퍼스를 방문한다고 하자. 마침 조사의 시점이 방학 중이라면, 표본틀로 사용한 방학 중에 등교한 학생들은 전체 대학생들의 의식을 대표하는 집단이 아닐 수 있다. 앞의 예에서도 전화번호부에 이름이 올라있는 사람들이 어떤 특성 때문에 전체 모집단을 잘 대표하지 못하거나, 학생생활기록부가 정확히 기록되어 있지 못하다면 부정확한 조사결과를 얻게 된다.

f. 표본추출률

표본추출률(sampling fraction) 또는 표집률은 모집단의 크기에 대한 표본의 크기를 말한다. 위의 학부모를 대상으로 한 과외공부 금지에 대한 여론조사에서 전체 학부모가 500만 명인데 이중 5,000명을 표본으로 추출하여 여론을 조사하였다면 표본추출률 p는

$$p = \frac{n}{N} = \frac{1,000}{5,000,000} = \frac{1}{5,000}$$

이 된다.

g. 가중표본추출

가중표본추출(weighted sampling) 또는 가중표집이란 상황에 따라 표본추출률을 달리하여 표집하는 것을 말한다. 예를 들어 질문지 조사를 할 때 저소득층의 응답률이 낮은 것이 확실시된다면, 저소득층의 표본추출률을 고소득층보다 높게 하는 방법을 사용할 수 있다. 또 다른 예를 들면, 전국의 연간 사교육비 지출 규모를 추정하기 위하여 교사와 학생의 여론조사를 한다고 하자. 만약 교사와 학생의 표본을 추출할 때 각 집단의 모집단의 크기를 고려하여 표본을 추출한다면 교사보다 학생

의 표본이 수십 배 많이 추출되어야 한다. 그러나 이 경우에 모집단의 크기를 표본추출의 기준으로 삼는다면 이는 학생 위주의 여론조사가 될 수밖에 없다. 따라서 상대적으로 수가 적은 교사들의 의견을 학생의 의견만큼 중요하게 간주한다면, 교사와 학생의 표본을 같은 수만큼 뽑을 수 있다. 이처럼 표본추출의 목적에 따라, 모집단을 구성하는 절대 인구수의 비율보다 가중표본추출이 중요시되는 경우가 있다.

h. 표본오차와 비표본오차

표본오차(sampling error)는 추출된 특정표본의 특성으로부터 모집단의 특성을 추정할 때 발생하는 오차이다. 따라서 이는 표본의 크기가 증가함에 따라 감소하며 표본 크기의 제곱근에 반비례한다. 비표본오차, non-sampling error는 조사의 계획이나, 조사의 진행, 조사결과의 분석과정에서 발생하는 오차로 표본조사나 전수조사의 경우에 모두 발생할 수 있는 오차이다.

2) 표본조사의 장점

표본조사의 목적은 모집단 전체를 통한 전수조사가 효율적이지 못하거나 불가능할 때 표본을 추출하여 표본자료의 특성을 통하여 모집단의 모수를 추론하는 것이다. 모수에 대한 추정이 정확하기 위해서는 충분한 수의 표본이 수집되어야 하며, 또한 모집단의 특성을 잘 대표하는 표본이 확보되어야 한다.

일반적으로 여론조사나 연구조사의 가장 이상적인 방법은 모집단 전체를 조사하는 전수조사라고 생각하기 쉽다. 그러나 전수조사는 많은 비용과 시간이 요구되며, 조사의 결과가 표본조사보다 오히려 부정확한 경우가 많다. 또한 무엇보다도 간혹 전수조사가 불가능한 경우도 있다. 전수조사에 대하여 표본조사가 갖는 장점을 정리하면:

경제성: 조사원과 조사비용을 줄일 수 있다.
신속성: 정보를 단시일 내에 얻는다. 표본조사가 갖는 중요한 장점
정확성: 비표본오차 발생 가능성이 작다.
전수조사 불가능인 경우: 전기제품의 수명검사나 학용품의 강인성 검사

등이 있다. 그러나 표본조사에서 표본의 크기를 크게 하는 데는 재정적, 시간적 제약이 있는 경우가 많다. 표본의 크기를 크게 하려면 비용이 증가하며, 선거결과의 예측을 위한

표본조사의 경우에는 비용의 문제 외에 주어진 시간 내에 예측결과를 발표하기 위해서 표본의 크기를 일정하게 제한할 수밖에 없는 경우가 있다. 또한 앞의 식에서 볼 수 있듯이, 표본 수의 증가에 비례하여 표본평균의 표준편차(표준오차)가 감소하는 것이 아니라, 표본 수의 제곱근에 비례하여 표준오차가 감소하기 때문에, 비용의 효율성을 고려하여 표본의 크기를 적절하게 결정하여야 한다.

모집단의 표준편차를 추정하기 위해서 표본의 표준편차 s를 사용하는 것은 우선 모집단 표준편차 σ를 얻는 데 필요한 모평균 μ에 대한 정보가 없기 때문이며, 다음으로는 표본의 크기가 충분하다면 모집단이 아니더라도 표본에 의하여 모평균에 대한 추정치나 모집단의 표준편차에 대한 추정치가 비교적 정확하게 추정될 수 있기 때문이다.

표본평균의 표준편차는 모평균의 추정치인 표본평균과, 각 관측치 x_i를 사용하여 구한 표본표준편차 s를 표본크기 n의 제곱근으로 나누어서 구한다. 즉, 앞에서 기술된 바와 같이 표본평균이나 표본비율의 표준편차는 표본 크기의 제곱근에 반비례한다. 그러나 이들의 관계가 반비례하기 위해서는 표본이 대표성이라는 중요한 성질을 만족하여야 한다.

만약 표본 x_i의 집합이 모집단을 잘 대표하지 못한다면 표본의 규모를 아무리 확대하여도 표본의 특성치는 모수를 정확하게 추정하지 못한다. 대표성이란 표본이 모집단의 전형적인 형태임을 의미한다. 즉, 표본이 모집단의 중요한 특성치를 정확하게 반영하고 있다는 것이다. 모집단으로부터 표본을 추출하는 것은 모집단의 특성을 적은 비용으로 알아내고 이를 통하여 모집단의 특성을 추론하기 위한 것이므로, 표본이 모집단을 대표하지 못하는 경우에는 표본으로부터 모집단으로의 일반화에 오류가 발생하고, 표본의 크기를 확대하는 것이 정확한 모집단 특성의 추정을 보장하지 못하게 된다.

표본이 모집단을 잘 대표하지 못하는 경우에는 앞의 표본 표준편차를 구하는 식에서 모집단의 평균 μ를 추정하기 위하여 사용된 표본평균 $\bar{x}$가 편의(bias)를 갖게 된다. 또한 추출된 각각의 표본 x_i가 모집단을 구성하는 개체들과는 다른 성질을 갖게 되어 표본 표준편차가 커지거나 작아지게 된다. 그러므로 일반적으로 표본조사에서 자료를 수집하는 과정은 표본의 크기나 자료를 분석하는 과정보다 더 중요하다. 표본의 크기가 커지면 모수의 추정치가 모수에 근접할 가능성이 높아지지만, 표본이 모집단을 적절하게 대표하지 못한다면 많은 표본의 추출이 정확한 모수 추정을 보장하지 못하기 때문이다.

표본조사 분야에서 표본크기의 허구성에 대한 유명한 예로 1936년 미국 대통령 선거에 대한 여론조사 결과가 종종 인용된다. 당시 다이제스트사는 약 1,000만 명의 유권자를 표본으로 우편조사를 실시하여 회수된 237만 명의 응답지를 바탕으로 공화당의 Alfred Landon 후보가 민주당의 Franklin D. Roosevelt 후보를 누르고 당선될 것을 예측하였다. 반면에 당시까지 일반인에게 알려지지 않았던 갤럽사는 2만 명을 표본으로 한 조사의 결과로 루스벨트의 승리를 예측하였고, 그 결과는 루스벨트의 대승이었다.

다이제스트사의 예측이 빗나간 원인으로는 우선 응답률이 낮았다는 점, 다음으로 더 중요한 문제점으로는 표본이 모집단을 대표하지 못하였다는 점이 지적할 수 있다. 다이제스트사는 자사 잡지의 애독자 명부, 전화번호부, 자동차 등록자 명부를 모집단으로 표본을 추출하였는데, 이 집단이 미국 유권자의 모집단에서 경제적으로 상류계층에 편중된 것이었다. 이 문제는 응답률이 낮았던 것과도 연관이 있는데, 각종 사회조사에서 밝혀진 사실은 하류층보다 중상류층의 우편 질문지 회수율이 높다는 것이다. 이 두 가지 이유로 다이제스트사의 우편조사 결과는 주로 상류층의 의견을 반영한 것이었다.

설문지를 통한 표본조사에서 응답자의 특성이 전체 대상자와 다르다면, 아무리 표본의 크기가 크더라도 모집단의 특성치를 정확하게 추정하지 못하게 된다. 또 다른 예로 어떤 교육학자가 교수들이 시간을 어떻게 보내는가를 알아보기 위한 설문조사로 1,000명에게 질문지를 발송하였는데, 설문지를 받은 교수 중에서 200명만이 응답하였다고 하자. 이 경우에 설문에 응답한 교수들과 응답하지 않은 교수들 사이에 시간을 보내는 경향에 차이가 있다면 200명의 설문결과는 전체 교수의 특성을 정확하게 반영하지 못하고 있을 수 있다. 표본추출의 이러한 문제를 무응답 편의라고 하며, 특별히 응답률이 낮을 때는 무응답 편의가 발생할 가능성이 크다. 또한 표본추출의 방법에서 규모가 작은 표본이라도 단순 무선추출을 통하여 정확하게 모집단을 대표하는 표본을 추출할 수 있는 경우에는, 표본의 추출과정에 오류가 개입된 층화추출법이나 군집추출법, 또는 층화 군집추출법에 의한 대규모의 표본보다 모집단의 특성치를 더 잘 추정할 수 있게 된다.

3) 표본의 크기 결정요인

표본조사에서는 표본의 크기가 모집단의 일정 비율 이상이 되어야 하고, 표본의 수도 일정 크기 이상이 되어야 모집단의 특성을 대표할 수 있다고 생각하는 경향이 있다. 그러나 극단적인 경우에 조사되는 특성에 대하여 모집단의 구성원들이 모두 같은 값을 가지고 있다면 단 하나의 표본만 가지고도 모집단의 특성을 완전히 파악할 수 있을 것이다.

그러므로 이러한 생각은 잘못된 것이다. 미국의 유명한 여론조사기관인 Gallup의 여론조사는 보통 2,000명 정도의 표본을 가지고 미국 전체를 모집단으로 하는 표본조사를 수행한다. 표본조사에서 표본의 크기를 결정하는 데 영향을 미치는 중요한 요인들은 다음과 같다.

a. 비용과 시간

표본의 크기에 가장 영향을 많이 미치는 요인은 시간과 비용 및 인력이다. 조사에 활용 가능한 자원, 특히 경제적인 비용, 할애할 수 있는 시간, 그리고 조사원들을 얼마나 많이 동원할 수 있는가에 따라 표본의 크기는 달라질 수밖에 없다. 하나의 표본에 대한 소요 비용이 일정하다고 할 때 표본의 크기가 클수록 조사비용이 증가한다. 그러나 단위 표본 당 소요비용은 설문지의 길이, 조사대상자의 지리적 집중도, 응답률 등에 의하여 영향을 받으므로 이를 고려하여 표본의 크기를 결정하여야 한다. 표본조사에서 바람직한 것은 가장 정확하고 신빙성 있는 자료를 도출해 내는 것이지만, 만약 신빙성 있는 자료를 도출해 내는 데 엄청난 경비와 시간이 드는 경우에는 표본의 크기를 조절하여 주어진 여건하에서 최선의 결과를 도출해야 한다. 일정수 이상의 표본이 확보되면 비교적 정확한 추정을 할 수 있으므로, 주어진 비용을 표본 수를 늘리는 데 사용하는 것보다는 조사원의 훈련에 사용하는 것이 더 효율적일 수도 있다. 또한 다소 비용과 시간을 쓰더라도 선정된 표본을 모두 조사함으로써 비표본오차를 줄이는 것이 더 효율적일 수도 있다.

b. 모집단의 동질성

표본의 크기는 조사대상 모집단이 어느 정도의 동질성을 가지고 있는가에 의해 절대적으로 결정된다. 예를 들면, 학생들의 과외금지에 대한 의견이 동질적이라면, 학생들을 많이 조사할 필요 없이 이들 중에서 1명만 표집하여 의견을 물어보면 모집단의 성질을 파악하는 데 충분할 것이다. 반대로 이들이 각각의 상황에 따라 다른 특징을 가지고 있다면 이와 관련된 의견을 조사하기 위하여 많은 수의 표본이 필요할 것이다. 따라서 모집단의 동질성이 높으며 표본의 크기는 작아지므로 모집단의 동질성과 표본의 크기는 부적 관계를 갖게 된다.

모집단의 동질성은 예비조사, pilot study를 통하여 파악할 수 있으며, 모집단의 동질성에 대한 정보가 없는 경우에는 표본의 크기를 충분하게 잡는 것이 좋다. 모집단이 동질적이지 않은 경우에는 모집단을 동질성을 갖는 소집단으로 나누어 표본을 추출함으로써 표본의 수를 줄일 수 있다.

c. 변수의 수와 각 변수의 범주 수

표본의 크기는 분석하고자 하는 독립변수를 몇 개의 범주로 구분할 것인가에 의해서 영향을 받는다. 일반적으로 교차표에서 한 칸(cell) 또는 조사대상 변수의 한 범주에 최소한 10개 이상의 표본이 필요하며, 한 범주에 30개 이상의 표본을 확보하는 것이 바람직한 것으로 알려져 있다. 그러므로 만약 학생의 성별과 같이 남학생과 여학생의 2개 범주로 되어 있는 변수와 서울, 광역시, 중소도시, 읍면과 같이 4개 범주를 가진 거주지역 변수를 서로 교차시켜 자료를 분석한다면, 표본의 크기는 240개(30개 × 8범주) 정도 되는 것이 바람직하다. 관심 대상인 변수가 많으면, 각 변수에 대하여 변수의 범주별로 일정 수 이상의 표본이 있어야 하므로 필요한 표본의 수가 증가하게 된다. 일반적으로 변수의 수를 n이라고 하고, 각 변수의 범주가 r개라고 하면, 필요한 최소한의 표본 수는

$$[r \times r \times r \times \cdots \times r] \times 10 = r^n \times 10$$

개가 된다.

d. 척도의 종류

어떤 종류의 척도를 사용하느냐에 따라 표본의 크기가 달라진다. 예를 들면, '예-아니오' 또는 '남자-여자' 등과 같이 이분변수를 사용하는 경우보다, 나이, 수입정도, 교육정도 등과 같은 연속변수를 사용하는 경우에는 표본의 크기가 더 커야 한다.

e. 응답률

실제 조사과정에서 응답률이 저조할 것이라고 예측될 때에는 표본의 크기가 커야 한다. 예를 들어서 수업에 대한 만족도 조사보다 과외수업 수강여부에 대한 조사가 응답률이 더 낮다면 과외수업 수강여부를 조사할 때는 표본의 수를 더 늘려야 한다. 이때 표본의 크기를 조정하는 식은 다음과 같다.

$$N_{adj} = \frac{N}{1 - C_r}$$

여기서, N_{adj}: 조정된 표본의 크기
N: 원래 의도했던 표본의 크기

C_r: 추정 무응답률

예를 들면, 원래 600명을 이상적인 표본의 크기로 책정하고 난 후에 사전조사에서 응답자들의 약 20% 정도가 응답을 거부하거나 조사 당시에 부재중이었다면, 표본의 크기는 $600/(1-0.2)=750$명으로 조정되어야 한다. 그래야만 원래 의도하였던 조사 자료가 수집될 것이다.

f. 표본추출 방법

어떤 표본추출 방법을 사용하느냐에 따라 표본의 크기가 달라질 수 있다. 일반적으로 층화추출법은 비교적 동질적인 각 층을 적은 표본으로 대표할 수 있고, 각 층에 할당되는 표본의 수를 조절할 수 있기 때문에 크기가 작은 표본으로 조사할 수 있다. 같은 수의 표본을 사용할 경우에는 층화추출법의 대표성이 가장 높으며, 다음으로는 무작위추출법이고, 군집추출법의 대표성이 가장 낮은 것으로 알려져 있다.

g. 조사목적과 일치하는 대상의 비율

조사대상 모집단 인구의 몇 퍼센트 정도가 조사목적과 일치하는 특징을 가지고 있는가를 추정하여 표본의 수를 정한다. 예를 들면, 과외를 받는 학생들이 한 달에 지출하는 과외비의 평균을 추정하려고 하는 경우에, 서울 지역의 학생들은 60%가 과외를 받고 있고, 읍면지역의 학생들은 20%만이 과외를 받고 있다면, 서울 지역보다 읍면지역에서 3배 많은 표본을 추출하여야 과외를 받는 학생을 비슷한 숫자로 확보할 수 있다.

h. 신뢰수준

조사의 신뢰수준에 따라 표본의 크기가 결정된다. 예를 들면, 신뢰수준이 95%인 경우보다 신뢰수준이 99%인 경우에는 필요한 표본의 수가 늘어난다.

i. 오차의 한계

표본의 크기는 어느 정도까지 정확하게 조사를 할 것인가, 즉 정확도의 정도에 따라 결정된다. 오차의 한계란 표본의 표준편차 s를 표본 수의 제곱근 값으로 나눈 값에 조사의 신뢰수준의 z 값을 곱하여 결정된다. 즉, 유의수준이 0.05이고 오차의 한계를 0.02로 하였다면 이들은 다음과 같은 관계식을 갖는다.

$$z_{0.025}\left(\frac{s}{\sqrt{n}}\right)=0.02$$

$$1.96\left(\frac{0.02}{\sqrt{n}}\right) = 0.02$$

의 관계를 만족하도록 n이 결정되어야 한다. 그러므로 오차의 한계가 작아질수록 표본의 크기는 커지게 된다.

j. 자료의 표준편차

앞의 식에서 자료의 표준편차가 커지면 자료의 수가 역시 늘어나게 된다.

4) 표본추출 방법의 결정요인

표본추출 방법은 크게 확률 표본추출법과 비확률 표본추출법으로 구분할 수 있다. 확률 표본추출법, probability sampling은 모집단을 구성하고 있는 각 단위가 표본으로 추출될 확률이 얼마인지 정해진 방법이다. 이 경우 모집단을 구성하고 있는 각 단위가 표본으로 추출될 확률이 반드시 같은 것은 아니다. 확률 표본추출법은 일정한 확률에 의하여 표본을 추출하므로, 모집단의 특성에 대한 통계적 추론이 가능하며, 추정의 표본오차를 계산할 수 있다.

반면에, 비확률 표본추출법, non-probability sampling은 수학적 확률에 따르지 않고 표본을 추출하는 방법이다. 따라서 모집단의 구성요소들이 표본으로 추출될 확률을 알 수 없으며, 확률적인 통계처리가 불가능하기 때문에 조사의 결과를 모집단에 대하여 일반화하는 데 한계가 있는 표본추출방법이다. 그러나 이 방법은 편리하고 경제적이다. 표본추출 방법의 결정요인으로는 다음과 같은 것들이 있다.

a. 조사의 목적

표본으로부터 얻어진 표본의 특성으로 모집단의 특성을 추론하는 것이 조사의 목적이라면 확률표본추출법을 사용하여야 한다. 그러나 만일 연구자가 표본조사의 결과를 모집단에 대하여 일반화시키는 데는 관심이 없고, 조사결과를 신속하게 적은 비용으로 얻는 데 목적이 있다면 비확률표본추출법을 사용할 수 있다.

b. 모집단에 대한 정보

모집단에 대하여 가지고 있는 정보의 양이 표본추출방법의 결정에 영향을 미친다. 모집단에 대한 정보가 거의 없어서, 모집단 내의 소집단에 관한 정보나 모집단 구성단위의 목록 등이 전혀 없을 때는 확률 표본추출방법을 사용하기가 어려우며, 이 경우 비확률 표본추출법을 사용하여야 한다.

c. 소집단(sub-group)의 동질성

모집단이 소집단으로 이루어진 경우, 이 소집단이 내부는 동질적이고 소집단 간에는 이질적인 경우에는 이를 층이라고 부르며, 이러한 모집단으로부터의 표본추출에는 층화추출법이 사용된다. 반면에 모집단을 구성하고 있는 소집단이 내부는 이질적이고, 소집단 간에는 동질적인 경우 이를 군집이라고 부르며, 이러한 모집단으로부터의 표본추출에는 군집추출법이 사용된다. 일반적으로 모집단을 구성하는 소집단이 층인 경우에는 소집단이 군집인 경우보다 소집단의 수가 작은 것이 보통이다.

2 확률표본추출법

확률표본추출법은 모집단을 구성하고 있는 각 구성요소가 표본으로 추출될 확률이 알려져 있는 표본추출 방법이다. 확률표본추출법은 비교적 큰 표본을 확보해야만 모집단에 대한 대표성이 높으며, 추정치의 추정오차를 계산할 수 있는 표본추출법이다.

1) 단순무작위추출법

a. 정의

단순무작위추출법, simple random sampling은 모집단에 포함되어 있는 조사대상으로부터 임의의 표본을 추출하여 표본집단을 만드는 방법이다. 예를 들어, 어느 지역에서 과외공부를 하고 있는 학생들의 비율을 조사한다고 하자. 이 경우에 이 지역의 전체 학생들을 1번부터 N번까지 일련번호를 부여한 후에, 이들 중에서 필요한 크기 n만큼의 조사대상 학생을 임의로 추출한다.

단순무작위추출법을 이용하여 크기가 N인 모집단으로부터 n개의 표본을 추출하는 경우에 추출될 수 있는 표본집단의 종류는

$$_NC_n = \frac{N!}{(N-n)!n!}$$

가지가 된다. 무작위추출법은 모집단을 구성하고 있는 모든 원소의 추출될 확률이 동일하며, 따라서 모든 표본집단이 동일한 추출확률을 가진 표본추출법이다. 표본이 표본집단에 포함될 확률이 같다는 성질은 표본의 모집단에 대한 대표성을 보장하는 데 중요한 역할을 한다.

단순무작위추출법이라는 이름에서 '단순'의 의미는 일차적으로 표본추출을 시행함으로써 추출이 완성된다는 의미이다. 이후에 소개되는 다단계 표본추출법에서는 일차나 이차 단계에서 층화추출법이나 군집추출법을 통하여 표본을 추출하고, 마지막 단계에서 무작위추출법을 사용하는 경우가 많이 있다. 여기서 소개되는 단순무작위 추출법은 이러한 방법들과는 달리 전체 모집단에 대하여 일차적인 표본의 추출이 무작위추출법에 의하여 이루어지는 표본추출방법이다.

b. 추출방법

임의로 표본을 추출하는 방법에는 여러 가지가 있지만 그 중에서 가장 많이 쓰이는 방법은 난수표를 이용하는 방법이다. 이 방법은 모집단의 각 구성단위에 대하여 번호를 부여한 후에, 난수표로부터 무작위로 뽑은 번호와 일치하는 단위를 표본으로 추출하는 방법이다. 또 다른 방법으로는 각 구성원소에 번호를 부여한 후에 구성원소의 번호를 적은 카드를 주머니에 넣고 흔들어서 무작위로 주머니에서 카드를 뽑는 방법이다. 최근에는 SAS나 SPSS 등의 컴퓨터에 내장된 무작위번호 생성기능을 사용하기도 한다.

c. 복원추출과 비복원추출

모집단으로부터 하나의 단위가 표본으로 선택되면 그 표본은 다시 선택될 자격을 상실하게 되는 표본추출방법이 비복원추출, sampling without replacement이다. 반면에 복원추출, sampling with replacement는 일단 표본으로 선택된 단위가 다음 표본이 선택되기 전에 모집단으로 복원되어서 다시 선택될 자격을 갖게 되는 표본추출방법이다.

유한 모집단의 경우에는 매회의 추출에서 모든 표본이 일정한 추출확률을 가지고, 앞의 추출결과와 관계없이 서로 독립적이어야 하므로 복원추출을 하여야 한다. 그러나 아주 큰 수의 구성단위로 구성된 모집단에서는 복원추출과 비복원추출은 거의 차이가 없기 때문에, 편리를 위하여 추출된 표본을 복원하지 않고 무선추출하여 이를 복원추출로 간주한다.

d. 장점

모집단의 모든 구성요소가 표본에 포함될 가능성이 같고 서로 독립적이다. 무작위로 추출된 표본이 모집단을 잘 대표할 것을 완전히 보장할 수는 없지만, 최소한 이 방법은 표본의 추출이 연구자의 의도에 의하여 영향받을 가능성을 제거하는 방법이 된다.

무작위표본추출 방법은 가장 단순한 표본추출 방법으로, 이해하기가 쉬우며 다른 확률표본추출 방법과 연계되어 사용할 수 있다. 뽑힌 표본과 관련된 표본오차의 크기를 쉽게 계산될 수 있다. 이것은 모집단 대신에 표본으로 연구할 때는 언제나 존재하는 것인데, 무작위추출법에서는 이 표본오차의 크기를 계산할 수 있다.

e. 단점

무작위표본추출법은 모집단 전체의 목록이 준비되어 있어야 사용할 수 있다. 따라서 무작위표본추출법이 아주 바람직한 성질들을 가지고 있기는 하지만, 연구자가 모집단의 모든 구성원에 대한 정확한 목록을 작성하기란 거의 불가능하거나 비용이 많이 들기 때문에 현실적으로는 사용할 수 없는 경우가 자주 있다.

단순무작위추출법은 표본의 크기가 큰 경우에 표본이 모집단을 대표할 가능성이 높은 추출법이기는 하지만 대표성을 '보장'하지는 못한다. 많은 경우에 모집단을 구성하는 남녀, 노소의 비율 등과 같이 모집단의 특징에 대한 구체적인 정보가 있으면 이를 반영한 표본추출법을 사용하여 모집단에 대한 대표성이 더 높은 표본을 추출할 수 있다.

단순무작위추출법은 모집단을 구성하는 비중이 낮은 요소들이 표본에 포함될 확률이 아주 낮다. 한 학년의 정원이 300명인 어느 학교를 대상으로 20명의 표본을 추출하여 여러 학습장애 요인별 학습결과에 대한 영향을 연구한다고 하자. 만약 이 학교의 학생 300명 중 10명의 학생이 주의력 집중결핍 아동이었다면 이들이 무작위추출법에 의해서 20명의 표본에 포함될 가능성은 높지 않다. 이와 같이 모집단을 구성하는 비율이 낮은 소집단을 연구자가 표본집단에 포함시키고자 한다면 무작위추출법은 좋은 방법이 되지 못한다.

교육학에서 규준을 설정하기 위한 연구나 조사 중에는 검사를 치르는 피험자의 선택에 무작위추출법을 적용할 수 없는 경우들이 있다. 예를 들면, 5학년 학생의 표준화 학력검사 규준을 설정하는 연구를 한다고 하자. 이때, 표본을 추출하기 위하여 전국의 5학년 학생들의 이름을 적은 표를 놓고 이들에게 번호를 부여한 후에 표본을 추출한다면 이는 매우 비효율적인 방법이 될 것이다. 이러한 방법은 모집단의 목록을 만드는 일에 많은 시간과 노력이 필요할 뿐만 아니라, 모집단의 목록을 확보하고 표본을 추출하였다고 할지라도, 추출된 표본으로부터 검사결과를 얻기 위하여 표본이 속해 있는 전국 각지의 학교를 방문하여야 하는 번거로움이 따르게 된다. 따라서 이와 같은 연구에서는 단순 무작위추출법이 효과적인 방법이 되지 못한다. 표본의 크기가 같을 때 단순무작위추출법의 표본오차는 보통 층화추출법에 의한 표본보다 큰 값을 갖는다. 이것은 층화추출이 이질적인 표본의 추출을 보장하기 위한 장치로 층을 설정하고 있기 때문이다.

2) 체계적 추출법

a. 정의

체계적 표본추출법, Systematic sampling, 또는 계통추출법은 추출된 표본의 특성치가 단순 무작위표본추출법을 통하여 추출된 표본의 특성치와 같은 통계적 성질을 가질 것을 기대할 수 있으면서, 현실적으로는 단순 무작위추출법보다 적용이 매우 간편한 표본추출방법이다. 이 방법은 모든 표본을 무작위로 추출하는 단순 무작위 표본추출법과는 달리 최초의 표본 단위만 무작위로 추출하고, 나머지 표본들은 최초로 추출된 표본으로부터 일정한 간격을 가진 구성단위들이 자동으로 선택되는 표본추출 방법이다. 따라서 이 방법은 무작위성의 특성을 가지면서 동시에 비확률적 특징을 갖는 방법이다. 이 체계적 추출법에서 표본이 추출되는 구성단위 간의 거리를 표집 구간, 표출 간격, 또는 sampling interval이라고 부른다.

b. 추출방법

단순무작위추출법에서는 5,000명의 모집단으로부터 100명의 표본을 추출하는 경우에 5,000명의 모집단을 대상으로 100번의 개별적인 추출을 시도하였다. 그러나 체계적 추출법은 표집의 무작위성이 보장된다면 꼭 100번의 무작위추출을 시도하지 않고도 표본을 구성할 수 있다는 생각을 반영한 것이다. 위의 예에서 표본의 크기가 모집단 크기의 1/50이므로 처음 50명 중에서 한 개의 번호를 임의로 선택한 다음 이 번호에 50을 더한 번호를 표본으로 삼아도 표본추출의 무작위성이 유지될 수만 있다면 이것이 단순무작위추출법보다 편리한 방법이 된다.

이 방법은 전화번호부에 등재된 이름 중에서 매 100번째 이름만을 뽑거나, 주민등록부에 기재되어 있는 전체 인구 중에서 등재순서에 따라 매 100번째 이름을 뽑는 등으로 사용되고 있다. 체계적 추출법은 표집 구간을 사용하고 있다는 점 외에는 단순 무작위 추출법과 이론상 같은 성질을 갖는다.

c. 장점

체계적 추출법은 적용하기가 쉽다. 모든 조사단위의 선정에 난수표나 번호표, 또는 무작위번호 생성을 사용하는 무작위추출법과 비교할 때 체계적 추출법은 단 하나의 난수만을 사용하기 때문에 적용이 간편하며 경제적이다. 따라서 조사연구에 시간적 경제적 제약이 있는 경우에 신속하게 적용하여 표본을 추출할 수 있다.

체계적 표본추출은 중요한 속성별로 번호가 부여된 경우에 이러한 모집단의 번호부여 순서가 층화의 효과를 가져올 수 있다는 장점이 있다. 예를 들어서 성적이 높은 학생부터 낮은 학생까지 등수가 부여된 모집단에 대하여 모집단으로부터 중요한 성질을 골고루 갖춘 표본이 추출될 수 있다. 이런 경우 체계적 추출법에 의한 표본이 무작위추출법에 의한 표본보다 표본오차가 작다.

d. 단점

체계적 추출법은 무작위추출법과 마찬가지로 모집단의 구성원들에게 일일이 번호가 부여된 경우에만 사용할 수 있다. 이는 이후에 소개되는 층화추출법이나 군집추출법에서는 필요하지 않은 조건이다.

체계적 추출법은 선정된 매 k번째 조사단위 사이에 있는 모든 조사단위를 무시한다. 이것은 최종표본에서 어떤 조사단위를 제외하게 되기 때문에 확률적 표본추출의 원칙을 위배하며, 이러한 이유로 인하여 체계적 추출법은 확률추출법과 비확률추출법의 특징을 모두 가지고 있다고 말할 수 있다.

조사단위의 목록이 어떤 순서에 따라 배열되어 있는가에 따라 표본집단이 결정되므로 연구자는 모집단의 구성 원소들이 어떤 방식으로 배열되어 있는지를 점검하여야 한다.

단순무작위추출법과 마찬가지로 모집단에서 차지하는 비중이 작으나 의미 있는 구성요소가 있다면 이 요소는 표본에서 제외되기 쉽다.

e. 체계적 추출법과 모집단의 주기

모집단의 목록이 무작위로 배열되어 있다는 것을 가정할 수 있다면, 체계적 추출법의 표준편차는 단순무작위추출법의 표본 표준편차로 추정될 수 있다. 그러나, 모집단의 목록에 어떤 종류의 주기가 있고, 표본추출 간격이 이 주기와 일치하면 추출된 표본에는 편의가 생길 수 있으며, 이는 표본의 대표성에 심각한 문제를 일으키게 된다. 따라서 이때에는 체계적 추출법보다는 무작위추출법이 적절한 표본추출방법이 된다.

예를 들어서, 어느 슈퍼마켓의 매상을 조사하는 경우 한 달 중 4일을 표본으로 선택하는데 체계적 추출법을 사용하여 이를 선택한다면 모두 같은 요일의 표본이 추출되게 된다. 슈퍼마켓의 매상은 요일에 의하여 영향을 받을 수 있으므로 이와 같은 조사에 체계적 추출법은 좋은 방법이 되지 못한다. 교사의 퇴근 시간을 조사하는 경우 역시 요일과 관련되어 있을 수 있기 때문에 이러한 주기로 조사한다면 모집단을 대표하지 못하는 표본을 얻게 된다. 그러나, 교육학 관련 자료 중에 주기성이 있고, 연구에서 관심의 대상이 되는 변수가 이 주기성과 연관되는 경우는 많지 않다. 자료에 주기성이 있는 경우에도 표본의 추출이 자료의 주기와 다른 주기를 갖는다면 체계적 추출법의 사용에 문제가 없다. 앞에 제시된 예에서 교사의 퇴근 시간에 대한 자료가 7일의 주기성을 갖는다고 할지라도, 추출되는 표본이 10일의 주기성을 갖는다면 표본의 대표성 문제가 생기지 않는다.

3) 층화추출법

a. 정의

층화추출법 또는 유층추출법, stratified sampling은 모집단을 둘 또는 그 이상의 상호 배타적인 계층들로 분류하고, 각 계층 내에서 무작위로 또는 체계적으로 표본을 추출하는 방법이다. 즉, 조사대상 인구를 성별, 연령별, 거주지별, 학교급별 등의 조사하는 변수의 값에 영향을 미치는 특정 속성별로 분류하여 계층으로 묶고, 각 분류된 층으로부터 표본을 추출하는 방법이다. 이는 특정 속성을 층화의 기준으로 함으로써 모집단을 서로 동질적인 집단으로 분류하는 방법인데, 이때 모집단을 분류하는 기준은 여러 개의 속성이 동시에 사용되어 속성들의 결합에 의하여 층을 분류할 수도 있다.

예를 들면, 조사하고자 하는 모집단을 학생의 성별에 의하여 남학생과 여학생의 두 개의 층으로, 거주지에 따라 서울, 직할시와 광역시, 중소도시, 군지역의 네 개 층으로 구분하고, 이들 두 속성의 결합에 의하여 형성되는 여덟 개의 집단을 독립된 준-모집단인 층으로 간주하여 이로부터 표본을 추출하는 것이다. 이러한 표본추출 방식은 각 층이 서로 다른 성질을 가지고 있을 것이라는 이론적 근거가 있을 때, 또는 각 층의 특성을 비교하고자 할 때 유용하게 사용되는 방법이다.

b. 비례 층화추출법과 비비례 층화추출법

층화추출법은 비례 층화추출법과 비비례 층화추출법으로 구분된다. 비례 층화추출법, proportionate stratified sampling은 각 층으로부터 각 층의 모집단 크기에 비례하는 크기의 표본을 추출하는 방법이며, 비비례 층화추출법, disproportionate stratified sampling은 각 층으로부터 추출되는 표본의 크기가 층의 모집단 크기에 비례하지 않는 층화추출법이다. 예를 들면, 10,000명으로 구성된 모집단이 있는데 이 중 5,500명은 남학생이고, 4,500명은 여학생이라고 가정한다면, 비례 층화추출법은 표본을 모집단의 성별 구성비에 따라 남학생에서 55%를 추출하고, 여학생에서 45%를 추출하는 방법이며, 비비례 층화추출법은 표본의 비율이 이와 일치하지 않는 방법이다.

비비례 층화추출법은 모집단에 대한 추가적인 정보가 있는 경우에 조사의 정도(precision)를 높이기 위하여 모집단과 비례하지 않는 비율의 표본을 추출한다. 비비례 층화추출의 경우에는 결과를 분석하고 보고할 때는 표본으로부터 얻은 결과를 각 층의 크기에 비례하는 가중치를 주어서 모집단의 특성치를 추정하여야 한다. 이러한 이유로 비례 층화추출법에 의하여 추출된 표본을 단순 비가중표본이라 부르고, 비비례 층화추출법에 의하여 추출된 표본은 가중표본이라고 부른다.

c. 층화추출법의 장단점

층화추출법의 장점은 다음과 같다.

층화를 통해 표본의 대표성이 높아지고 층별 특성을 파악할 수 있다.

필요한 경우에는 각 층에 서로 다른 표본추출 방법을 사용할 수 있다.

일정한 수준의 정확성을 얻기 위하여 필요한 표본의 수를 감소시킬 수 있다.

반면에 층화추출법의 단점은 다음과 같다.

층화를 위해 많은 정보가 필요하고, 층화가 너무 복잡하거나 잘못된 경우에는 오히려 표본오차가 더 커질 수 있다.

연구를 위하여 어느 변수와 특징이 층화에 사용되어야 하는가에 대한 판단이 요구되는데, 이를 판단할 정보를 가지고 있지 못한 경우가 많이 있다.

일반적으로 층화추출법은 무작위추출법보다 비용이 많이 든다.

d. 비례 층화추출법의 장단점

층화표본추출법 중에서 비례 층화추출법의 장점은 다음과 같다.

비례 층화추출법은 표본의 대표성을 높인다. 모집단을 구성하는 비중이 작은 집단에 대해서도 확실하게 모집단을 구성하는 비율만큼 표본으로 추출된 가능성이 보장된다. 이것은 무작위추출법에서는 보장되지 않는 성질이다. 층별 특성의 파악이 조사연구의 주요한 과제일 때는 비례 층화추출법을 사용하면 이러한 목적을 달성할 수 있다.

비례 층화추출법은 무작위추출법보다 작은 표준오차를 갖는다. 이러한 의미에서 비례 층화추출법은 무작위추출법보다 능률적이다.

비례 층화추출법을 사용할 경우에는 비비례 층화추출법과 같이 추출된 표본에 모집단의 비중에 따라 다시 가중치를 부여하는 번거로움이 없다. 반면에, 비례 층화추출법은 다음과 같은 단점을 갖는다.

비례 층화추출법을 사용하기 위해서는 연구자가 모집단의 구성과 분포에 대한 정보를 가지고 있어야 한다.

층화가 너무 복잡한 경우에는 분류오차가 생겨서 결과가 잘못 해석되거나, 표본오차가 커질 수 있다.

모든 층에서 자료를 수집하여야 하므로 조사시간과 조사비용이 증가할 수 있다.

e. 비비례 층화추출법의 장단점

비비례 층화추출법에는 다음과 같은 장점이 있다.

비례 층화추출법보다 표본추출에 필요한 시간이 짧다. 이는 각 층에서 표본을 추출할 때 모집단의 비율과 같은 표본을 추출하기 위한 모집단의 구성비율 조사나 표본의 비율을 맞추는 등의 추가적인 노력이 필요하지 않기 때문이다.

특별히 중요하거나 의미를 갖는 집단의 표본집단 구성비율을 모집단에서의 구성비율보다 크게 하여 연구할 수 있다. 반면에, 비비례 층화추출법은 다음과 같은 단점을 갖는다.

비비례 층화추출법에 의한 표본집단은 표본의 구성비율이 모집단의 구성비율과 다르기 때문에 비례 층화추출법에 의한 표본집단보다 모집단에 대한 대표성이 낮을 수도 있다.

비례 층화추출법에서와 마찬가지로 연구자가 모집단의 구성비율에 대한 정보를 가지고 있어야 사용할 수 있다.

모집단에 대한 충분한 정보가 없는 한 비례 층화추출법에서와 마찬가지로 분류오차가 발생할 수 있다.

f. 층화추출법의 용도

일반적인 조사에서 층화추출법은 다음과 같은 경우에 사용된다.

조사목적으로 층을 설정하는 경우이다. 모집단 전체의 조사결과뿐만 아니라 계층별 결과도 필요로 하는 경우에 층화추출법이 사용된다. 예를 들면 행정상의 목적으로 지역별 결과가 필요하여 시, 도, 군을 계층으로 하여 조사를 하는 경우가 있다.

조사관리의 편의를 위하여 층을 설정하는 경우가 있다. 층을 설정하는 것이 조사를 편리하게 하는 경우에 층화추출법이 사용된다. 예를 들면, 조사 기관이 도청일 때는 층을 조사 관할구역과 일치시키는 것이 편리하므로 군을 층으로 설정한다.

각층별로 뚜렷한 차이가 있어 서로 비교할 필요가 있는 경우이다. 각 층간에 차이가 있어서 이를 비교할 필요가 있는 경우에 층화추출법이 사용된다. 예를 들면, 사교육의 형태와 규모를 조사할 때, 학교급에 따라 사교육의 형태와 규모가 다를 경우에는 학교급을 층으로 설정하여 이를 비교한다.

조사결과의 정도를 높이기 위한 경우이다. 층과 층은 서로 이질성을 갖는다고 가정할 수 있기 때문에 층을 설정하고 표본을 추출하면 모집단을 잘 대표하는 표본이 추출되어 조사결과의 정도가 높아질 수 있다.

교육조사에서도 층화추출법이 많이 사용되는데 특별히 다음과 같은 이유로 사용될 수 있다. 첫째, 층을 설정하기 위하여 사용되는 변수가 검사의 결과와 연결된 경우에 사용된다. 예를 들면, 남학생이 여학생보다 공간지각 능력이 뛰어나다고 가정하자. 만약 모집단의 70%가 남학생이고, 30%가 여학생인 경우에 무작위추출을 한다면, 표본집단에 남학생이 80%이고, 여학생이 20%가 될 수 있으며, 이는 모집단의 평균을 과대추정하게 될 것이다. 둘째, 모집단의 지역적 구성을 반영한 층화 표본을 만들면 검사의 규준을 만드는 데 유용하게 사용된다.

g. **사후층화**(post-stratification)

조사의 결과에 영향을 미칠 것으로 보이는 중요한 변수에 대하여 층화를 하고 싶지만, 표본을 추출하는 과정에서는 어려울 때가 있다. 예를 들면, 중학생들이 받고 있는 스트레스가 어느 정도인지 알기 위하여, 일정 기간을 정하여 상담실을 찾는 학생들을 표본 조사한다고 하자. 이 문제가 성별로 중요한 차이가 있을 것이라고 보여서 학생들을 성별에 따라 층화하고 싶을 경우, 찾아올 때까지는 이들의 성별을 알 수가 없다. 이때 사용되는 방법이 사후층화이다.

남학생과 여학생이 각각 n_1과 n_2명을 상담했고, 모집단 남학생과 여학생의 수 N_1과 N_2를 각각 알고 있다면, 표본을 이용하여 다음과 같이 사후층화를 할 수 있다.

$$\overline{X} = \left(\frac{N_1}{N_1 + N_2}\right)\frac{\sum X_1}{n_1} + \left(\frac{N_2}{N_1 + N_2}\right)\frac{\sum X_2}{n_2}$$

이때 일반적으로 남학생과 여학생의 표본이 각각 20명 이상이어야 한다.

4) 군집추출법

a. 정의

표본조사의 목적은 최소의 비용으로 최대의 정보를 얻는 것이다. 체계적 추출법은 무작위추출법보다 쉽게 표본을 추출할 수 있으며, 층화추출법은 무작위추출법보다 정도(precision) 높은 표본을 추출할 수 있다. 여기서 소개되는 군집추출법은 일반적으로 무작위추출법보다 단위비용당 얻을 수 있는 정보의 양이 많은 표본추출법이다. 무작위추출법이나 체계적 추출법을 사용하기 위해서는 모집단 구성원 전체의 목록이 확보되어 있어야 한다. 그러나 모집단 구성원 전체를 열거하는 것은 비용이 많이 들거나, 간혹 불가능하기도 하다. 군집추출법 또는 군락추출법, 집락추출법, cluster sampling은 층화추출법과 마찬가지로 표본을 소집단으로 묶어 이들 소집단을 임의로 선택하고, 다시 선택된 소집단 (군집)에서 표본을 추출하는 방법이다. 군집표본추출의 절차는 모집단을 상호 배타적인 소집단으로 분류하고, 분류된 소집단 중에서 무작위추출법, 또는 체계적 추출법으로 표본을 선택한다. 이때 소집단은 대부분의 경우에 자연발생적인 집단을 사용하게 되며, 이러한 자연 발생적인 소집단의 사용이 표본추출의 비용을 감소시키게 된다. 군집추출법은 모집단 개체들의 목록, 즉 표본추출틀을 작성하는 데 드는 비용이 매우 많거나, 표본추출단위 사이의 거리가 클수록 표본조사의 비용이 증가하는 경우에 사용하면 무작위추출법이나 층화추출법보다 비용을 절약할 수 있다.

층화추출법에 사용되는 소집단은 층(stratum)이라고 부르고, 군집추출법에 사용되는 소집단은 군집(cluster)이라고 부르는데, 이들은 소집단 내와 소집단 간의 이질성의 차이로 구분된다. 즉, 군집추출법의 소집단은 서로 동질적이며, 층화추출법의 층은 서로 이질적이라고 간주된다. 군집추출법에서 표본 추출된 군집이 포함하고 있는 구성단위를 모두 이용하여 전수 조사하는 방법을 일차 군집추출법, 선정된 군집이 포함하고 있는 구성단위 중에서 일부를 확률적으로 다시 추출하는 방법을 이차 군집추출법이라고 한다. 또한 이차 이상의 군집추출법을 다단계 군집추출법이라고 부른다.

b. 군집추출법의 장단점

군집추출법에는 다음과 같은 장점이 있다.

군집추출법은 대규모의 모집단을 연구하거나 지리적으로 광범위한 지역을 세밀히 조사해야 할 때 적용된다. 연구자는 군집들의 구성단위에 대하여 모든 정보를 가지고 있을 필요가 없으며, 선정된 군집을 대상으로 전수조사를 하거나, 다시 군집 내에서 표본을 추출할 수 있다. 군집을 추출하는 방법으로는 무작위추출법이나 체계적 추출법이 사용될 수 있으며, 군집 내에서 표본을 추출할 때에도 무작위추출법이나 체계적 추출법이 사용될 수 있다.

군집추출법은 다른 방법에 비교하여 비용이 적게 든다. 연구자는 선정된 군집만 조사하면 되기 때문에 표본을 조사하기 위하여 이동하는 시간과 비용을 절약할 수 있다. 무작위추출법을 사용하여 전국의 고등학생 1학년 1,000명을 조사하는 경우에는 이들이 전국의 1,000개에 가까운 학교에 흩어져 있을 가능성이 크다. 그러나 군집추출법을 사용하여 25개의 학교를 선정하고 이로부터 40명 단위의 학급 하나씩을 택하여 조사한다면 25개 학교만을 방문하여도 조사를 수행할 수 있으므로 조사를 위한 시간과 비용이 절약된다.

군집추출법에서는 표본추출의 단위인 군집의 특징을 추정하는 것이 가능하다. 반면에 군집추출법은 다음과 같은 단점을 갖는다.

군집의 크기에 따라 각 군집이 추출될 확률을 다르게 조절하는 것이 어렵다. 즉, 각 군집은 그 구성인원 수에 상관없이 같은 추출확률을 갖는다. 이것은 최종표본의 편의를 증가시키는 한 요인이 될 수 있다.

같은 표본 수라면, 군집추출법은 다른 방법보다 비교적 큰 표본오차를 갖는다는 점에서 비효율적이다. 그러나 같은 비용이라면 군집추출법은 다른 표본추출법보다 많은 표본을 추출할 수 있기 때문에 이러한 단점이 많이 상쇄될 수 있다.

c. 군집추출법과 층화추출법

층화추출법과 군집추출법은 모두 모집단을 소집단으로 나누지만, 이 두 표본추출법의 소집단들은 서로 다른 성질을 갖는다. 층화추출법에서는 모든 층으로부터 표본을 추출한다. 즉, 표본에 모든 층이 포함된다. 이러한 방식을 사용하는 이유는 층과 층은 서로 다른 성질을 갖는다고 생각하기 때문이다. 즉, 층화추출법에서의 층은 서로 이질적이며, 층의 내부는 동질적이라고 가정된다.

사교육비 지출 규모를 조사할 때 전국을 서울과 대도시, 중소도시, 읍면의 4개 층으로 나누고 각 층으로부터 표본을 추출하는 이유는 학교소재지의 크기에 따라 사교육비 지출규모가 다를 것이라고 가정하고 있기 때문이다. 그러므로 층과 층이 이질적이라면 전국을 대표하기 위해서는 모든 층으로부터 표본이 추출되어야만 한다. 또한 사교육비의 지출규모가 부모의 소득수준에 따라 다를 것이라는 확신을 가지고 있다면 학생들을 가정의 소득수준에 따라 고소득층, 중산층, 저소득층으로 분류하고 각 층으로부터 표본을 추출하게 된다. 반면에 군집추출법에서는 일부의 군집만을 표본에 둔다. 이것은 군집과 군집이 서로 동질적이며, 군집의 내부가 이질적이라고 가정되기 때문이다. 군집과 군집이 서로 동질적이라면 표본에 많은 수의 군집이 있을 이유가 없으며, 군집의 수를 늘리는 것보다는 각 군집 내에서 추출되는 표본의 수를 증가시키는 것이 모집단을 대표하는 표본추출 방법이 된다.

교육조사에서 흔히 사용되는 군집은 학교인데, 이는 학교와 학교가 서로 동질적이고, 한 학교를 구성하고 있는 학생들이 이질적이라고 생각되기 때문이다. 이 경우에는 표본집단에 많은 수의 학교를 포함하지 않더라도, 전체 학교를 잘 대표할 수 있으므로 학교의 수를 늘리기보다는 학교 내의 학생들의 표본을 늘리는 것이 조사의 정도를 높이는 방법이 된다.

d. 군집추출법과 무작위추출법

군집추출법과 무작위추출법의 선택은 보통 분석되는 자료의 단위에 의해서 결정된다. 예를 들어서 분석의 단위가 학생 개개인의 학업성적이 아니라 학급의 평균점수인 경우가 있다. 이를 위해서는 분석이 각 학급의 평균점수에 대하여 이루어져야 한다. 따라서 전체 연구의 대상 학생 중에서 n개의 표본을 무작위로 뽑는 것이 아니라, 전체 학급 중 일부를 추출하고, 이로부터 다시 추출된 학급의 학생 중 일부를 표본으로 추출하거나, 전체 학급의 학생 모두를 표본으로 사용하여 학급의 평균점수를 구하게 된다.

무작위로 추출된 학급 전체 학생들의 점수를 사용하여 학급의 평균점수를 계산하는 경우에는 군집추출법과 무작위추출법의 차이는 추출의 대상이 학생이 아니라 학급이었다는 것뿐이다. 즉 군집추출법은 학급을 대상으로 한 무작위추출법이 되는 것이다. 그러나, 무작위로 추출된 학급에서 다시 일부의 학생을 추출하여 각 학급의 평균점수를 추정하는 경우에는 학급이 일차 표본 단위인 군집이 되며, 학생들은 각 군집을 대표하기 위하여 추출된 이차 표본 단위가 된다.

〈표 10.1〉 네 가지 주요 확률표본추출 방법들의 비교

표본추출법	특징	장점
무작위추출법	모든 구성단위가 동일 추출확률을 갖는다.	단순하다.
체계적 추출법	k번째 구성단위가 표본으로 추출된다.	편리하다
층화추출법	모집단이 의미 있는 특징에 의하여 소집단으로 분할된다.	소집단 간의 분석이 가능하다. 표본오차가 무작위추출법보다 작다.
군집추출법	자연적으로 형성된 소집단이 표본의 추출에 이용된다.	기존의 소집단을 사용하므로 간편하다.

5) 층화 군집추출법

층화추출법에서는 동질적인 표본 단위를 층이라는 하나의 단위로 묶고, 이들 각 층으로부터 무작위로 표본을 추출함으로써 표본조사의 정도(precision)를 높일 수 있었다.

층화 군집추출법, stratified cluster sampling은 각 층이 군집으로 구성되어 있다고 보아, 각 층에 군집추출법을 적용하여 표본을 추출하는 방법이다.

소집단을 구성할 때 집단의 구성단위들이 서로 유사한 성질을 가지고 있으면 소집단들은 서로 이질적이 되며, 구성단위들이 서로 이질적인 성질을 가지고 있으면 소집단들은 서로 동질적으로 된다. 따라서 소집단이 서로 이질적인 경우에는 모집단을 잘 대표하기 위해서는 많은 수의 소집단이 추출되어야 하며, 반대로 소집단이 서로 동질적일 때는 소수의 소집단만 추출되어도 모집단을 잘 대표할 수 있게 된다. 층화추출법은 이러한 성질을 이용하여 비슷한 구성단위들을 소집단으로 구성하여 소집단(층, stratum)의 내부가 동질적이고, 소집단 간에는 이질적으로 되도록 한다.

6) 행렬추출법

특별히 교육평가 분야에서 유용하게 사용될 수 있는 표본추출법으로 행렬추출법(matrix sampling)이라는 방법이 Frederic Lord의 주도하에 고안되었다. 간혹 검사의 실시목적이 개인의 능력을 측정하기 위한 것이 아니라 한 집단의 능력을 측정하기 위한 경우가 있다. 평가자가 피교육자에 대한 교육프로그램의 효과를 측정하는 경우가 이러한 경우이다. Lord가 착안한 것은 어떤 검사에 대한 한 모집단의 능력을 추정하기 위해서는 추출된 표본의 모든 인원이 검사의 모든 문항을 풀지 않아도 된다는 사실이다. 즉, 표본의 추출이 피검사자를 추출하는데 사용될 뿐만 아니라 문항의 추출에도 적용될 수 있다는 것이다. 그러므로 행렬추출법은 표본의 추출이 피험자와 문항에 대하여 동시에 이루어지는 표본추출방법이다.

이 방법의 결과는 가로축에는 문항들이 기록되고, 세로축에는 피험자가 기록되는 행렬형태로 표현된다. 피험자가 문항의 정답을 맞혔을 때는 1, 맞히지 못하였을 때는 0의 자료가 각 칸(cell)에 입력된다. 또한 자료는 이와 같은 정답과 오답의 형태만이 아니라 1은 찬성, 2는 중립, 3은 반대와 같은 종류도 입력될 수 있다. Lord는 모집단이 큰 경우에는 집단의 능력을 측정하기 위하여 모든 구성 단위에게 검사의 한 문항씩을 풀도록 하는 방법이 효과적임을 보였다. 이 방법은 지금까지 논의한 어느 표본추출 방법보다도 모집단의 특성치를 정확하게 추정하는 방법으로 알려져 있다.

3 비확률 표본추출법

비확률 표본추출법은 대단위의 모집단 중에서 극히 소규모의 표본집단만이 필요하거나, 확률의 법칙이 적용될 수 없는 경우, 연구 단위의 집합에 대한 대략적인 정보를 얻기 위해 일정한 수 이상의 표본을 얻기만 하면 되는 경우, 또는 이후의 정교한 확률표본을 추출하기 위한 예비조사가 필요한 경우에 사용된다. 이러한 조사목적이라면 조사자가 많은 시간과 경비가 소요되는 확률표본추출 방법을 사용할 필요가 없으며, 학교의 교실이나 거리에서 쉽게 얻을 수 있는 표본을 사용하여 조사할 수 있다.

비확률 표본은 모집단의 각 요소가 표본에 포함될 확률을 알 수 없다. 이 방법은 편리하고 경제적이며, 모집단에 대한 정보가 없거나 표본 목록이 없을 때 사용될 수 있지만, 표본의 대표성을 확보하기 어렵고 표본오차를 추정할 수 없기 때문에 표본으로부터 얻어진 결론을 모집단 전체에 대하여 일반화하는 데 한계를 갖는다. 현실적으로 비확률 표본추출법을 사용한 조사는 대부분 무선추출을 했다고 주장한다. 따라서 전문적인 연구자들에게 있어서 비확률 표본추출법에 관한 지식의 실용적인 가치는 잘못된 표본추출법을 지적할 수 있다는 점 정도이다.

비확률 표본추출법은 크게 두 가지로 분류할 수 있다. 하나는 임의추출법, convenience sampling, 또는 accidental sampling이라고 하는 것이고, 또 하나는 목적추출법, purposive sampling이라 하는 것이다.

1) 임의추출법

임의추출법, convenience sampling은 표본의 대표성이라는 관점에서 다른 여러 표본추출법 중에서 가장 약한 표본추출법이며, 또한 가장 광범위하게 사용되고 있는 표본추출법이다. 임의추출법은 표본의 추출에서 연구자의 편의를 먼저 고려하는 방법이다. 즉, 표본을 선택하고 측정하는 작업의 시간과 노력과 비용을 최소화할 방법이다.

예를 들어, 어느 대학교수가 오늘날 젊은 남녀의 성 의식을 조사한다고 하자. 이때 실제로 일정 지역에 거주하는 전체 젊은 남녀들을 대상으로 하여 표본조사를 하는 대신에 자신의 강의를 수강하고 있는 남녀 대학생을 대상으로 표본추출을 한다면 이것은 임의표본추출법의 예가 된다. 명백하게, 이러한 표본추출 방법의 문제점은 추출된 표본이 모집단을 대표한다는 증거가 없다는 사실이다.

2) 목적추출법

목적추출법, purposive sampling은 연구자의 주관적 판단에 의하여 연구목적과 관련해서 모집단의 특성을 전형적으로 나타낸다고 생각되는 구성단위를 의도적으로 표본으로 선정하여 추출하는 방법이다. 이 방법은 연구자가 찾고 있는 정보에 대하여 모집단을 대표한다고 생각되는 표본 단위를 연구자가 의도적으로 추출하므로 유의추출법, 의도적 표본추출법, 또는 판단표본추출법, judgment sampling이라고도 불린다.

연 습 문 제

01. True, False 문제

   1) 무선표본추출에서는 모든 표본추출단위가 같은 선발확률을 갖는다.

   2) 무선으로 추출된 표본은 모집단 평균을 가장 잘 반영할 수 있다.

   3) 원칙적으로 가장 정확한 무선추출 방법은 비복원 무선추출이다.

   4) 완전한 무선추출이 이루어지면 표본오차는 발생하지 않는다.

02. 다음 중 Random Sampling과 관련이 가장 작은 것은?

   a. 복원추출

   b. 표본의 대표성

   c. 순수 우연

   d. 비표본오차

03. 무선추출은 (   )으로부터 (   )과 (   )의 두 조건이 만족되도록 표본을 추출하는 방법이다.

04. 그렇게 하는 이유 두 가지는 (   )과 (   )이다.

05. 무선추출을 하는 데 비복원추출 방법을 사용할 수 있는 경우는?

06. Crocker & Algina (2008). p.454.

   다음은 50명으로 구성된 모집단의 문제해결력 점수이다.

1반	2반	3반	4반	5반
101	96*	103	93*	104
102	97	100	91	96*
100*	96	101*	88*	100
99	95	104	90*	101
98*	91*	107*	92	101
100	97	102	89*	99*
97	93*	105	87	99
101	96	106*	88*	102
99	94	99	92	97*
97*	95*	103*	90*	101

* 특수아동

1) 단순 무선추출에 의한 20명의 표본을 구성하여 평균의 표준오차를 구하라.
2) 각 반을 군집으로 간주하여 20명의 군집표본을 구성하고 평균의 표준오차를 구하라.
3) 특수아동을 유층으로 간주하여 20명의 유층표본을 구성하고 평균의 표준오차를 구하라.
4) 각 표본평균을 모평균과 비교하라.

01. 1) T. 이를 위해 비복원 무선추출을 한다.

2) F. 확률에 의해 모집단 평균을 잘 반영하지 못할 수도 있다.

3) F. 복원 무선추출이다.

4) F. 완전한 무선추출이 이루어지면 오직 무선효과에 의한 표본오차가 있을 뿐이다.

02. d.

무선추출로 인하여 발생하는 오차는 표본오차이며 비표본오차는 추출방법 이외의 원인으로 발생하는 오차이다.

03. 각 표본의 동일 선발 가능성, 각 표본추출단위의 동일 선발 가능성

04. 확률의 법칙 적용, 표본의 대표성 확보

05. 아주 큰 수의 구성단위로 구성된 모집단에서는 복원추출과 비복원추출은 거의 차이가 없기 때문에, 추출된 표본을 복원하지 않고 무선추출하여 이를 복원추출로 간주한다.

06. 컴퓨터의 random number generator 기능을 검색하여 사용한다.

1) 1-50 사이의 번호 중 20개를 뽑는다. 모집단 1반부터 일련번호를 부여하여 뽑힌 번호와 연결한다.

2) 1-5 사이의 번호 중 2개를 뽑는다. 뽑힌 번호의 반 전체를 추출한다.

3) 1-20 사이의 번호 중 8개를 뽑는다. 다시 1-30 사이에서 12개를 뽑는다. 이렇게 20개의 표본을 마련한다.

4) 여기 소개된 결과는 한 예에 불과하고 무선추출의 표본오차에 의해 얼마든지 다른 결과가 나올 수 있다.

	N	평균	표준편차	표준오차
population	50	97.48	4.961	0.702
random	20	97.45	4.058	0.908
cluster	20	96.5	7.037	1.574
strata	20	96.9	4.917	1.100

제11장

주요 검정통계 척도의 표본분포

이 책에 등장하는 여러 통계적 분석방법의 도구가 될 네 가지 분포를 소개한다. 어떤 모습을 하고 있는지, 어떤 문맥 혹은 가정과 더불어 사용하는지, 또 각 분포 사이에는 어떤 관계가 있는지 등을 논의할 것이다. 아울러, 이 장은 앞에서 소개한 추리통계의 기본개념들을 확률변수의 입장에서 재조명한 의미도 있다. 이를 통하여 독자는 통계적 분석의 장면에서 별로 이야기되지 않는 확률적 판단의 속 깊은 내면을 정확히 이해할 뿐 아니라, 예상치 못한 여러 상황에 대응하는 응용력을 갖추게 될 것으로 기대한다. 그러기 위해 본문의 내용도 중요하지만, 특히 연습문제를 충실히 풀어보길 권한다.

1 z 분포

표준정규분포는 정규분포를 이루는 확률변수 X의 편차를 표준편차 단위로 전환한 값 z가 이루는 분포를 말한다. 이때, z는 정규분포를 이루며 평균은 0, 표준편차는 1이 된다. 한 구간의 면적을 상대적 비율 또는 확률로 전환할 수 있게 정규분포를 변환한 것으로, 이 장에서 다루고 있는 나머지 세 분포, t 분포, χ^2 분포, 그리고 F 분포의 모체이기도 하다.

통계학에서 정규분포 또는 z 분포는 다음과 같은 점에서 중요하다. 첫째, 추정통계치에 확률을 부여한다는 점; 둘째, 대부분의 통계적 추론은 모집단이 정규분포한다는 전제 위에서 성립한다는 사실에서도 알 수 있듯이, 많은 통계처리 절차의 타당성을 제공한다는 점; 셋째, 중심극한정리의 주연으로서 추리통계의 이론적 근거가 된다는 점 등이다.

1) 정규분포의 밀도함수

정규분포 곡선의 식은 독일의 수학자 Karl Friedrick Gauss(1777-1855)가 제안하였다. 그래서 이를 가우스곡선, Gaussian bell curve라고도 부른다. 정규분포는 다음 식으로 주어진다.

$$f(x) = \frac{1}{\sigma \sqrt{2\pi}} e^{-\frac{1}{2}(\frac{x - \mu}{\sigma})^2}, \ -\infty < x < \infty$$

여기서 $f(x)$는 확률밀도, probability density를 나타내는 값이다. 확률밀도를 X 축의 확률변수의 구간으로 적분하면 그 값은 전체 확률분포에서 차지하는 비율 즉 확률을 나타낸다. 정규분포는 종 모양의 밀도함수를 갖지만, 평균과 분산의 값에 따라 그 곡선의 형태와 위치가 다르다.

이러한 X와 z의 관계를 대입하면 z의 확률밀도함수는 다음과 같이 주어진다.

$$f(z) = \frac{1}{\sqrt{2\pi}} e^{-\frac{1}{2}z^2}$$

통계학에서 이 z 통계량이 가치를 갖는 이유는 이것이 우리에게 확률을 주기 때문이다. 관찰한 현상을 z 분포상의 위치로 파악할 수 있다면 그것은 그 일이 발생할 확률을 의미한다. 뒤에 나오는 나머지 3개의 분포도 정규분포에서 파생한, 확률로 전환할 수 있는 통계량을 제공하므로, 이 또한 중요하다.

2) 모평균에 대한 가설검정

과거에는 표본평균을 가지고 모집단의 평균을 파악하려면 우연의 신의 자비에 의존하여야 하는 것으로 알려져 있었다. 그 이유는 관심 대상인 모집단의 표본평균이 정규분포를 이룬다는 전제하에서만 모평균의 위치에 관한 확률을 얻을 수 있기 때문이다. 그러나 중심극한정리에 의해, 표본의 크기가 어느 정도 크면 모집단의 분포에 상관없이 표본평균은 정규분포를 나타낸다는 사실을 알게 되었다. 따라서 정규분포란 확률을 줄 수 있다는 약속이다. 즉 우리가 표본으로부터 얻은 정보로 오차의 분포를 알 수 있고, 이로써 모평균이 신뢰구간 내에 위치할 확률을 추정할 수 있다는 것이다. 표본의 크기 N이 상당히 크다면, 예컨대 30 이상이라면, 표본평균 $\overline{X}$의 분포는

$$\overline{X} \sim N\left(\mu, \frac{\sigma^2}{n}\right)$$

표본평균이 가설에서 지목한 모집단으로부터 추출된 것인지를 확인하기 위한 검정추정치 z는

$$z = \frac{\overline{X} - \mu_{H_0}}{\frac{\sigma}{\sqrt{n}}}$$

이 z 통계량이 지목하는 점이 유의수준보다 낮은 확률을 나타내는 영역에 들어 있다면 영가설을 기각하고 대립가설을 수용한다. 이 이치는 다른 통계량, 예컨대 t 값이나 F 값에 대해서도 마찬가지로 적용된다.

$$|z_{obt}| \geq |z_{crit}| : \text{reject } H_0$$

여기서 z_{crit}는 영가설 곡선 위의 한 점이다. 영가설 곡선은 비교하는 집단의 모평균에 차이가 없을 때 순수 우연에 의해 나타나는 확률분포 곡선이며 z_{crit}은 그 z값을 얻을 확률이 정해진 임계값, 예컨대 0.05와 일치하는 점이다. 이 값을 넘어 확률이 이보다 작을 때에는 영가설을 기각하는 점이 z_{crit}이다.

대립가설을 수용하면 [그림 11.1]과 같은 새로운 대립가설 곡선이 생성될 것이다. 그 모습은 영가설 곡선이 새로운 평균 z_{obt} 쪽으로 그대로 평행이동한 것과 같다. 대립가설의 입장에서 과거 영가설의 임계점 지점으로부터 대립가설의 평균 방향의 영역은 검정력을, 그 나머지 영역은 2종 오류를 나타낸다.

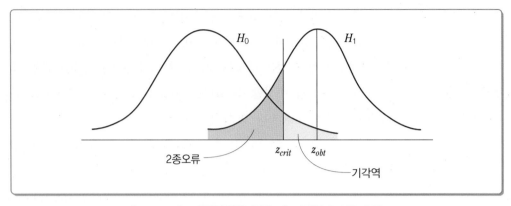

[그림 11.1] 대립가설이 참일 때 기각역과 2종 오류

3) 모집단에 대한 정규분포 가정

정규분포의 중요성을 말해주는 또 하나의 이유는 t 검정과 F 검정의 조건으로 모집단이 정규분포를 이룬다는 가정이 포함된다는 점이다. 물론 표본의 크기가 충분하다면, 예컨대 30 이상이라면, 중심극한정리에 의해서 표본평균이 정규분포를 이룬다는 사실을 알 수 있기 때문에 이 가정이 지켜지지 않아도 된다. 그러나 표본의 크기가 작다면 표본평균이 정규분포를 이루기 위해서 모집단이 정규분포하여야 한다. 그렇다면 주어진 표본이 정규분포를 이루는 모집단에서 나온 것인지 판단할 방법이 필요할 때가 있다. 한 예로 Kolmogorov-Smirnov 검정이 표본의 모집단 적합도를 판단하는 데 사용될 수 있다. 이것에 대해서는 제14장 일원 설계에서 소개하겠다.

② t 분포

1) t 값의 구성

기능으로 볼 때 t 점수는 z 점수와 매우 유사하다. 가설검정에서 z 검정은 표본평균의 표준편차 ($\sigma_{\overline{X}}$) 또는 표준오차 (σ_E)를 분모로 사용한 z 검정치를 얻는다. 그러나 대부분의 가설검정에서 모수를 모르기 때문에 추정치를 모수 대용으로 사용하게 된다. 만일 표본의 크기가 40 정도 되거나 이보다 크면 거의 상관이 없지만, 표본이 작은 경우 z 통계량

$$z = \frac{\overline{X} - \mu_{H_0}}{\frac{\sigma}{\sqrt{n}}}$$

은 표본에 따라 편차가 크게 된다. 이것을 보완한 통계량이 t 점수로, 이는

$$t_{df} = \frac{\overline{X} - \mu_{H_0}}{\frac{s}{\sqrt{n}}}$$

로 주어진다.

검정통계치 t 분포를 얻기 위해서는 매우 큰 정규분포의 모집단이 필요하다. 그 모집단에서 자유도에 따른 $N = df + 1$개의 무선표본을 추출하여, 주어진 크기의 모든 표본평균과 표본오차를 수집하고, t 값을 산출하여, 그 결과를 토대로 t 분포표를 작성한다. t 분포표에는 각 자유도에 따른 신뢰구간의 확률과 경계선의 t 값이 표시된다. 예를 들어, $t_{12} = 2.30$이라는 통계량이 관찰되었다고 하자. t 분포표에 의하면 자유도 12인 t 통계량이 $\alpha = 0.05_{1\,tail}$ 수준에서 갖는 임계값은

$$t_{crit} = 1.782$$
$$t_{obt} \geq t_{crit}$$

따라서 영가설을 기각하게 된다. 이렇게 t 분포표는 가설검정의 마지막 단계에서 영가설 기각 여부를 결정하는 기준이 된다.

z와 t 통계량의 차이는 t 통계량에서 모집단 대신 표본의 표준편차를 사용하고, 자유도에 따른 t 분포를 사용한다는 점이다. t 점수 분포는 자유도 또는 df에 따라 다른 모양을 나타낸다. 다음 [그림 11.2]는 앞의 [그림 8.4]를 다시 가져온 것으로 일반적인 t와 z 분포의 예를 나타낸다. t는 z에 비하여 양쪽 꼬리 부분이 들려 있고 중심부는 뾰족하고 높이는 낮다. 가설검정을 할 때는 주로 꼬리 부분에서 비교가 이루어지기 때문에 유의수준 부근에서 $|t_{crit}|$ 값은 $|z_{crit}|$ 값보다 크다. 그러나 표본의 크기가 커짐에 따라 두

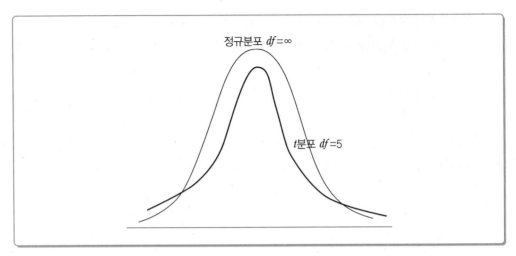

[그림 11.2]   자유도에 따른 t 분포의 예

분포는 점차 같아진다.

t 값을 구하는 식은 상황에 따라 달라지기 때문에 이것을 하나하나 기억하는 것은 괴로운 일이다. 그러나 각 식을 구성하는 원리는 하나이니 이것을 이해하면 상황에 따라 알맞게 변형시킬 수 있을 것이다.

z와 마찬가지로 t는 동일 모집단에서 무선추출한 표본의 평균이 나타날 확률을 얻기 위한 검정통계치이다. t 값을 얻고자 하는 가장 일반적인 이유는 우리가 관찰한 평균의 차이가 순수 표본오차에 의한 것일 확률이 매우 낮다는 것을 보임으로써 그 믿음을 기각하는 데 있다. 따라서 t 값은 기각하고 싶은 믿음, 즉 영가설을 기반으로 구성하여야 한다. 영가설이 참이라는 가정 아래 관찰된 현상의 확률을 구하기 위해서 t 값의 분자에는 관찰된 현상과 영가설이 기대하는 현상의 차이가 있어야 할 것이고, 분모에는 그 관찰된 현상을 영가설이 설명하는 확률분포의 표준편차, 즉 표준오차가 있어야 할 것이다. z와 마찬가지로, 이렇게 얻어진 t 값은 언제나 확률과 바꿀 수 있다.

$$t = \frac{관찰치 - 기대치}{표준오차}$$

이러한 원칙을 가지고 상황에 따른 t 값을 구하는 식을 만들 수 있겠다. 이를 위하여 제8장 표본평균의 분포에서 설명된 모수 추정의 예를 다시 가져와 요약 제시한다. 먼저 단일표본의 평균으로부터 시작하여 상황의 변화에 따라 조금씩 식을 확장하되 큰 원칙은 언제나 그대로인 것을 확인하기 바란다.

a. 단일표본의 평균

표본의 크기가 매우 큰 경우가 아니라면 일반적으로 t 통계량을 사용하는 편이 z 값보다 정확한 결과를 얻을 수 있다.

$$t_{obt} = \frac{\overline{X} - \mu}{s_{\overline{X}}}$$

여기서 $s_{\overline{X}} = s_E = \dfrac{s}{\sqrt{n}}$

b. 독립적인 두 표본평균의 차이

제4장 분산도에서 두 점수의 합이나 차의 분산은

$$\sigma^2_{X+Y} = \sigma^2_X + \sigma^2_Y + 2\sigma_{XY}$$

임을 보였다. 그리고 서로 독립인 X, Y에 대하여

$$\sigma^2_{X+Y} = \sigma^2_X + \sigma^2_Y$$

임을 배운 바 있다.

$\overline{X}_1 - \overline{X}_2$의 표본평균의 분포는

표본 크기가 큰 경우는 근사정규분포를 이룬다.

표본분포의 평균은 $\mu_1 - \mu_2$이다.

두 표본이 독립적이라면, 표본평균의 표준편차는

$$\hat{\sigma}_E = \hat{\sigma}_{\overline{X}_1 - \overline{X}_2} = \sqrt{\frac{s^2_{\overline{X}_1}}{n_1} + \frac{s^2_{\overline{X}_2}}{n_2}}$$

이다. 따라서 이 경우, t 값은

$$t = \frac{(\overline{X}_1 - \overline{X}_2) - (\mu_1 - \mu_2)}{\sqrt{\dfrac{s_{\overline{X}_1}^2}{n_1} + \dfrac{s_{\overline{X}_2}^2}{n_2}}} = \frac{(\overline{X}_1 - \overline{X}_2)}{\sqrt{s_p\left(\dfrac{1}{n_1} + \dfrac{1}{n_2}\right)}}$$

$$\text{여기서, } s_p = \sqrt{\frac{\sum(X_1 - \overline{X}_1)^2 + \sum(X_2 - \overline{X}_2)^2}{(n_1 - 1) + (n_2 - 1)}}$$

이때 자유도는 통합분산의 분모와 같은 $(n_1 + n_2 - 2)$를 사용한다. 특별히 다른 언급이 없는 한 두 집단의 모분산이 같다고 가정한다.

c. 종속적인 두 표본평균의 차이

비교하려는 두 집단이 서로 독립적이지 않을 때, 즉 서로 상관관계를 가진 두 점수 평균을 비교할 때는 차이의 분산이 상관관계의 크기와 비례하여 감소한다.

$$\sigma_{\overline{X}_1 - \overline{X}_2}^2 = \sigma_{\overline{X}_1}^2 + \sigma_{\overline{X}_2}^2 - 2\rho_{12}\sigma_{\overline{X}_1}\sigma_{\overline{X}_2}$$

이보다 일반적인 방법은 두 점수의 차이 D를 하나의 변수로 보고 단일표본의 평균 비교방법을 택하는 것이다. 이 경우 비교하는 모평균은 0이 된다.

2) 자유도

표본의 분산을 구하는 공식에서 자유도를 처음 접한 독자는 막연히 $N-1$이 자유도라는 생각을 갖기 쉽다. 그러나 모수 추정이 복수로 이루어질 경우, 자유도는 더 줄게 된다. 자유도, df는 독립적인 관찰의 수 또는 모든 관찰의 수 빼기 모수 추정으로 인해 제한된 관찰의 수로 정의된다.

t 분포와 자유도에 관련하여 두 가지를 기억하자. 첫째, t 분포는 자유도에 의해 특정되는 분포라는 점, 둘째, 자유도는 모집단의 평균을 추정할 때마다 한 개씩 줄어든다는 점이다. 예를 들어 두 집단의 평균차 $\overline{X}_1 - \overline{X}_2$ 가 유의한지 검정하기 위하여

$$t_{obt} = \frac{(\overline{X}_1 - \overline{X}_2) - \mu_{H_0}}{s_E}$$

의 값을 얻었다고 하자. 가설기각 여부를 판정하기 위해서 이 값을 임계값 t_{crit}과 비교하여야 하는데 이때 임계값은 자유도가 $(n_1 + n_2 - 2)$인 t 분포에서 찾아야 한다. 그 이유는 두 집단의 모평균을 표본으로부터 추정하였으므로 전체 정보 중 두 개의 정보가 제한되었기 때문이다.

3) 정규분포의 가정

t 검정의 조건은 세 가지로, 독립성, 정규성, 동분산성이 그것이다. t 분포표의 확률값은 모집단이 정규분포를 이루는 서로 독립적인 점수로 구성된다는 가정하에 작성된 것이다. 만일 서로 독립적인 점수가 아니라면 t 검정 결과의 1종 오류 가능성이 계획했던 것보다 크게 나타나는 경우가 많다. 따라서 점수 사이의 독립성은 엄격히 지켜져야 한다. 정규분포의 가정 또한 지켜지지 않으면 1종 오류에 영향을 미치지만, 그 영향의 정도는 독립성의 가정보다 훨씬 덜 심각하다. 그 이유는 중심극한정리에 의해 일부 설명될 것이다. 만일 두 표본의 크기가 $n_1 + n_2 = 20$ 근처라면 모집단이 편포를 보일지라도 표본평균이 대체로 정규분포에 가까울 것이기 때문에 1종 오류는 크게 영향을 받지 않는다. 표본의 크기가 이보다 작고 모집단이 편포를 나타낼지라도 두 표본의 수가 같고 편포의 방향이 같다면 영가설의 확률분포가 대칭을 이룰 가능성이 크기 때문에 1종 오류 가능성은 크게 달라지지 않을 것이라고 기대할 수 있다. 물론 단일표본 t 검정이라면 모집단이 비대칭일 경우 특이값(outlier)이 영향을 미칠 가능성이 더 크기 때문에 두 독립표본의 경우보다는 덜 안정적이다.

4) 두 모집단의 분산이 같다는 가정

모집단의 분산이 서로 다른 경우 가설검정의 1종 오류 가능성이 영향을 받는다. 실험에 의하면 평균이 같고 분산이 다른 두 모집단에서 두 표본을 무선추출할 경우, 표본의 크기가 서로 같다면 표본이 작거나 분산의 크기가 큰 차이가 나더라도 거의 정확한 가설검정이 이루어진다. 그러나 표본의 크기가 서로 다를 때 t 값은 비교적 큰 차이를 보인다. 그 이유는 t 값의 분모를 구성하는 식이 두 분산의 가중치를 계산하여 얻어지는 통합표준편차를 사용하기 때문이다. 표본의 크기가 큰 집단의 모분산이 큰 경우 분모가 커져서

t 값이 과소평가되고, 그 반대의 경우 t 값이 과대평가된다. 따라서 모분산이 다르고 표본의 크기가 다른 경우 t 검정을 위한 검정통계치는 모분산이 같다는 가정을 포함하는 다음 식,

$$t = \frac{\left(\overline{X}_1 - \overline{X}_2\right)}{\sqrt{s^2_{pooled}\left(\dfrac{1}{n_1} + \dfrac{1}{n_2}\right)}}$$

위 식을 사용할 것이 아니라, 모분산이 같다는 가정을 포함하지 않는, 다음 식을 사용하는 것이 낫다.

$$t = \frac{\left(\overline{X}_1 - \overline{X}_2\right)}{\sqrt{s^2_1/n_1 + s^2_2/n_2}}$$

이 경우, t 값의 분포는 다음의 자유도에 의한 분포를 따른다.

$$df = \frac{\left(s^2_1/n_1 + s^2_2/n_2\right)^2}{s^4_1/\left[n^2_1(n_1-1)\right] + s^4_2/\left[n^2_2(n_2-1)\right]}$$

3 χ^2 분포

1) χ^2 통계량

Chi-square 통계량은 자료 분석의 조건을 검정하는 데, 그리고 다른 확률분포, z, t, F 분포 사이의 관계를 이해하는 데 중요한 역할을 한다. 이 통계량 역시 정규분포를 이루는 모집단으로부터 추출한 k개의 독립적인 무선표본을 대상으로 한다. 이러한 표본의 모든 점수를 z 점수로 변환하고, 이를 제곱하여 모두 더한 값을 chi-square라 한다. 즉,

$$\chi^2 = \sum_{i=1}^{k} \frac{(X_i - \mu)^2}{\sigma^2}$$

또는 다음과 같이 정의할 수 있다.

확률변수 z가 표준 정규분포를 할 때 $z \sim N(0, 1)$이고,

$$Q_1 = z_1^2 \text{이면} \quad Q_1 \sim \chi_1^2 \qquad\qquad (1df)$$

$$Q_2 = z_1^2 + z_2^2 \text{이면} \quad Q_2 \sim \chi_2^2 \qquad\qquad (2df)$$

$$Q_3 = z_1^2 + z_2^2 + z_3^2 \text{이면} \quad Q_3 \sim \chi_3^2 \qquad\qquad (3df)$$

$z_1, z_2, \cdots, z_k$ 가 독립인 표준정규 확률변수라면 그 제곱합

$$Q = \sum_{i=1}^{k} z_i^2 \text{는 자유도 } k \text{인 } \chi^2 \text{ 분포를 이루며 다음과 같이 표시된다.}$$

$$Q \sim \chi^2(k)$$

정규분포인 모집단으로부터 크기 n인 표본을 추출하여 각 표본의 χ^2 값이 이루는 확률밀도함수는 df에 따라 달라진다. 그러나 t 통계량의 경우와 달리, χ^2는 추정치를 사용하지 않은 값이기 때문에 df를 잃는 경우가 없다.

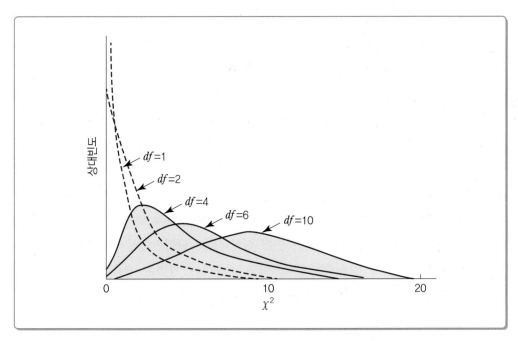

[그림 11.3] 자유도별 χ^2 분포

Chi-square 분포는 [그림 11.3]과 같다. 이 통계량의 또 하나의 특징은 독립적인 두 χ^2 분포의 합도 chi-square 분포를 한다는 점이다. 예를 들어 $df = 2$ 와 $df = 3$ 인 chi-square 값을 합친 통계량은 χ_5^2 의 분포를 나타낸다.

$$z \sim N(0, 1)$$
$$z_1^2 = \chi_1^2$$
$$z_1^2 + z_2^2 \rightarrow \chi_2^2 \text{ 분포}$$
$$z_1^2 + z_2^2 + \cdots + z_k^2 \rightarrow \chi_k^2 \text{ 분포}$$

$$\sum_{i=1}^{n} \frac{\left(X_i - \overline{X}\right)^2}{\sigma^2} = \frac{(n-1)\hat{\rho}^2}{\sigma^2} = \chi_{n-1}^2$$

2) 카이제곱 검정

카이제곱 검정, χ^2 검정, 또는 chi-square test는 주로 빈도(frequency)로 주어진 유목변수(categorical variable) 자료가 특정 확률모형과 일치하는지 분석하는 비모수 검정 방법의 하나이다. 비모수 검정, non-parametric test란 모집단이 정규분포를 이루어야 한다는 조건이 필요하지 않은 검정을 말한다. 우리가 지금까지 다루어온 것은 모수 검정 parametric test로, 표본의 크기가 작은 경우를 대비해서 모집단이 정규분포를 이룬다는 가정이 붙어 있는 검정이다. 대표적인 모수 검정으로 z, t, F 검정 등이 있었다. 연구자들에게는 모수 검정이 더 사용하기 편리한데 그 이유는 검정력이 크고, 용도가 다양하고, 정규분포의 조건이 지켜지지 않을 때도 비교적 정확한 결과를 내기 때문이다. 그러나 현저히 가정을 위배하거나 데이터의 특성이 모수통계에 부적절할 때는 비모수통계를 선택할 수밖에 없다.

카이제곱 검정의 영가설은 관측된 자료가 예측된 확률모형과 일치한다는 취지의 판단이고, 대립가설은 일치하지 않는다는 것인데 실험대상이 단일변수인지 두 개의 변수인지에 따라 표현의 차이가 있을 수 있다. 이를 검증하는 방법은 관측된 빈도(observed frequency), f_o와 기대빈도(expected frequency), f_e 사이의 차이가 특정 확률모형과 일치하는지 판단하는 것이다.

$$\chi^2_{obt} = \sum \frac{(f_o - f_e)^2}{f_e}$$

여기서, χ^2_{obt}: chi square 값
f_o: 관측빈도
f_e: 기대빈도

위 식에서 관측빈도란 표본에서 관찰된 사례의 수를, 기대빈도란 영가설이 참이라는 가정하에 모집단에서 무선추출된 집단으로부터 기대할 수 있는 빈도를 말한다.

자유도는 자유롭게 점수를 가질 수 있는 관측의 수를 말한다. k개의 유목을 가진 변수라면 자유도는

$$df = k - 1$$

이 된다. $(k-1)$번째 유목까지 점수가 알려진 다음 유목의 점수는 이미 확정되어 자유로운 점수가 아니기 때문이다. 관측빈도의 합은 언제나 N이기 때문이다.

변수가 두 개인 경우 χ^2 검정을 통해 두 변수 간 독립 여부를 알 수 있다. 이때의 자유도는

$$df = (r-1)(c-1)$$

로 주어진다. 여기서 r은 가로(row) 데이터 수, c는 세로(column) 데이터 수이다. 각 데이터 수에서 1을 빼는 이유는 전체 N이 고정되어 자유롭게 변할 수 있는 데이터 수가 제한을 받기 때문이다.

카이제곱 분포의 통계량은 자유도에 따라 다른 값을 갖는데 그 모습은 앞의 [그림 11.3]과 같다. 카이제곱 검정의 통계량은 검증하고자 하는 변수의 관측된 도수와 기대된 도수 사이의 차이가 클수록 커진다. 관찰로부터 얻어진 카이제곱 통계량, χ^2_{obt}를 카이제곱 분포표에 나타난 확률과 대비하여, 그 확률이 임계점을 넘어 기각역에 진입하게 되면 영가설을 기각한다(부록의 카이제곱 분포표 참조). 물론 영가설이 기각되면 대립가설을 수용한다. 다음의 단일변수 검정의 예를 보자.

한 운전면허시험 검사장의 주행 코스가 3개 있는데 피검사자는 임의의 한 코스를 지정받아 주행검사를 받게 된다. 각 코스에 배정된 피검사자 수는 같다. 하루 동안 각 코스에서 배출된 합격자 수는 <표 11.1>과 같다. 각 코스의 난이도가 같은지 검증해보자.

코스 A	코스 B	코스 C	합계
45	56	49	150

이 실험에서 알아내고자 하는 것은 각 주행 코스의 난이도가 다른지 여부이다. 즉 검정의 영가설은 각 코스의 합격자 비율은 모두 같다는 것이다. 검정의 유의도는 0.05로 할 것이다.

$$H_0 : \Pi = .333$$
$$H_1 : \Pi \neq .333$$
$$\alpha = .05$$

이 검정에서 $k = 3$, $df = k - 1 = 2$이다. 부록의 χ^2 분포표를 보면 $df = 2$, $\alpha = .05$에서 카이제곱 검정의 임계점의 값은

$$\chi^2_{crit}(2) = 5.991$$

구체적으로, 이 영가설의 주장은 각 코스의 합격자는 모두 전체 합격자의 0.333인 50명이며, <표 11.1>에서 50명과 다른 수치가 나타난 것은 모집단에서의 차이가 아니라 우연 때문이라는 것이다. 그렇다면 각 셀의 기대빈도는 150의 3분의 1인 50이며, 임계점은 합격률이 0.333인 세 모집단에서 각 150명을 무선추출할 때 각 집단의 합격자 수가 그보다 큰 χ^2 값이 나타날 확률이 0.05 이하인 지점의 χ^2 값이다. 우리가 관찰한 χ^2 값은:

$$\chi^2_{obt} = \sum \frac{(f_o - f_e)^2}{f_e}$$
$$= \frac{(42-50)^2 + (65-50)^2 + (43-50)^2}{50} = 6.76$$
$$\chi^2_{obt} \geq \chi^2_{crit}$$

이므로 영가설을 기각한다. [그림 11.4]를 참조하라.

[그림 11.4]는 $df = 2$, $\alpha = 0.05$인 χ^2 분포의 임계점, 기각역, 그리고 χ^2_{obt} 값이 표시

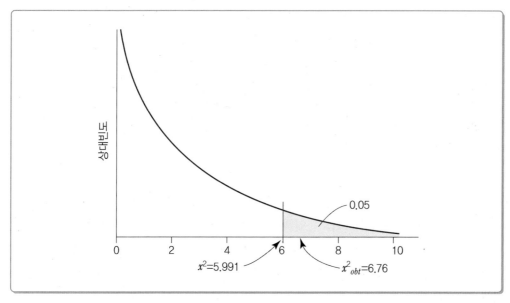

[그림 11.4] $df = 2, \alpha = 0.05$의 χ^2 분포

되어 있다. χ^2 분포는 모집단이 기대빈도대로 구성되어 있을 때 우연히 관찰된 것과 같은 차이를 나타낼 수 있는 확률을 나타낸다. χ^2_{obt} 값이 기각역, critical region 내에 있다면 그런 일이 발생할 확률이 5%보다 낮다는 것을 의미한다. 이 경우 매우 확률이 낮은 우연적인 일이 발생했다고 보는 것보다. 모집단의 차이 때문이라고 보는 것이 더 합리적이다. 따라서 영가설을 기각한다. 그렇다면, 이 결과는 같은 비율의 합격자를 내는 세 코스 중 한 코스에 우연히 합격자가 많이 나온 것이 아니라, B 코스가 더 쉬워서 높은 합격률을 낸 것으로 해석할 수 있다.

3) 두 변수의 독립성 검정

하나의 변수의 범주별 기대빈도와 관찰빈도의 차이를 검증하는 것 이외에 카이스퀘어 검정의 또 하나의 기능은 두 변수가 서로 독립적인지 아니면 관계가 있는지 검증하는 것이다. 다음의 예를 보자.

아동의 학습과 관련하여 두 가지 변수, 학습 유형과 아동이 선호하는 보상에 관한 정보를 수집하여 결과를 <표 11.2>에 제시했다.

〈표 11.2〉 아동의 학습 유형과 선호하는 보상(가상집단)

학습 유형	학습 유인책			합계
	물질적 보상	성취 자체	주위의 인정	
반복연습형	16	6	8	30
연역적 사고형	6	14	5	25
감성적 공감형	5	8	16	29
합계	27	28	29	84

<표 11.2>의 두 변수 중 가로의 학습 유형은 아동이 학습을 어떤 유형의 활동이라고 생각하는지, 그리고 세로의 학습 유인책은 아동이 선호하는 학습 이후의 보상이 어떤 것인지를 나타낸다. 이 두 가지 요인이 서로 아무 관계가 없는 독립적인 것인지, 아니면 둘 사이에 어떤 관계가 있는지 알기 위하여 χ^2 검증을 할 수 있다. 먼저 영가설은:

H_0 : 두 변수 사이에 아무 관계가 없다.

H_1 : 두 변수 사이에 어떤 관계가 있다.

다음으로 각 셀의 기대도수는 다음과 같이 계산된다.

$$f_e = \frac{(f_r)(f_c)}{N}$$

여기서, (f_r): 세로 합
$\quad\quad\;\; (f_c)$: 가로 합

에로 (반복 연습형) × (물질적 보상) 셀의 기대도수는

$$f_e = \frac{(f_r)(f_c)}{N} = \frac{30 \times 27}{84} = 9.643$$

예로 (연역적 사고형) × (주위의 인정) 셀의 기대도수는

$$f_e = \frac{(f_r)(f_c)}{N} = \frac{25 \times 29}{84} = 8.631$$

이 실험의 χ^2 값은

$$\chi_{obt}^2 = \sum \frac{(f_o - f_e)^2}{f_e}$$

$$= \frac{(16 - 9.643)^2}{9.643} + \cdots + \frac{(5 - 8.631)^2}{8.631} + \cdots + \frac{(16 - 9.321)^2}{9.321} = 18.096$$

자유도는

$$df = (r-1)(c-1) = (3-1)(3-1) = 4$$

유의수준 0.05인 임계점의 χ^2 값은

$$\chi_{crit}^2(4) = 9.488$$

$\chi_{obt}^2 \geq \chi_{crit}^2$ 이므로 영가설을 기각한다.

이런 결과를 얻는다면, 아동의 학습 유형과 선호하는 보상 사이에는 어떤 관계가 있다는 판단을 받아들인다. 예컨대 연역적 사고형 아동에게는 물질적 보상보다 학업성취에 관련된 정확한 정보를 제공하는 것이 더 나은 학습 유인책이 될 수 있다는 것이다. 이러한 발견은 모든 학생에게 최선의 교수법이 있는 것이 아니라, 학생의 개인차에 적응한 최적의 교수법이 있을 뿐이라는 주장을 뒷받침하는 증거가 될 수 있다.

4) 카이스퀘어 검정의 조건

카이스퀘어 검정의 가장 기본적 조건은 각 관찰의 값이 서로 독립적이어야 한다는 것이다. 즉 각각의 사례는 단 하나의 범주에만 들어 있어야 한다. 다시 말하여, 범주는 서로 배타적이라야 하며 하나의 사례가 두 개의 범주에 동시에 들어 있으면 안 된다. 그렇게 되면 빈도의 합이 독립적인 관찰의 수 N보다 커지게 된다. 그러나 카이제곱 검정의 척도는 반드시 명명척도여야만 하는 것은 아니다. 관찰의 결과가 범주로 분류되는 명명척도라면 가장 적합하지만, 어떤 척도라도 상호 배타적이라는 조건을 만족시킨다면 사용할수 있다.

둘째, 표본의 크기에 관한 조건이 있다. 우리가 사용하는 χ^2분포표가 적용되기 위해서는 가로나 세로의 셀이 2보다 큰 경우 표본의 크기가 각 셀의 기대빈도가 5 이상이 될

만큼 커야 하며, (가로 × 세로)의 셀 수가 (1 × 2) 또는 (2 × 2)인 경우 각 셀의 기대빈도는 최소 10 이상이어야 한다.

4 F 분포

1) F 값의 구성

F는 정규분포를 이루는 독립 동일 확률변수로부터 무선추출한 두 집단 간 분산의 비이다. F 분포는 모집단에서 무작위로 추출한 두 표본분산의 비를 나타낸 F 값과 그 확률밀도를 나타낸다. F 값의 표본분포를 이해하기 위해 다음 예를 생각해보자. 정규분포를 이루는 대단히 큰 모집단 점수가 모여 있는 곳에서 5개의 점수를 무선추출한다. 이 작업을 4회 반복하여 4개의 표본을 얻는다. 그러면 한 집단에 5개의 자료가 있는 4개의 표본, 20개의 자료는 우리가 실험 상황에서 영가설로 자주 사용하는 상황, 즉 동일 모집단에서 무선추출한, 모평균이 모두 같은 네 집단과 같은 상황이 된다. 여기서 F 값을 구하기 위해 이 추출된 데이터에서 두 가지 분산을 산출한다. 하나는 네 평균의 분산, MS_A이며 다른 하나는 각 표본 단위의 집단 내 점수 분산, $MS_{S/A}$이다. MS_A와 $MS_{S/A}$의 비가 F 값이 된다. 이 작업을 1,000회 반복한다고 생각해보자. 그렇게 생성된 F 값과 그 빈도를 좌표축에 표시하면 자유도 3과 16인 대략의 F 값의 표본분포가 만들어진다. [그림 11.5]를 참조하라. 표본 간의 어떤 평균 차이가 있다면 그 원인은 단지 무선추출 과정에서 생긴 사건, 즉 표본오차 외에는 없다.

현실에서 이와 같은 상황을 만들어내는 것은 Monte Carlo Simulation이라는 컴퓨터 시뮬레이션이다. 고성능 컴퓨터를 사용하여 이 작업을 6,000회 정도 반복하면 계단식 그래프가 점차 부드러운 곡선 형태로 변한다. [그림 11.5]는 이론적으로 생성한 표본분포로 무한대로 반복추출한 표본의 F 값을 정리한 것과 같은 결과를 나타낸다.

F 값은 두 분산, MS_A와 $MS_{S/A}$의 비, 즉 제곱의 형태이므로 그 값은 언제나 양수이다. 또 F의 중앙값(median)은 1에 가까우며, 그 분포는 언제나 정적 편포를 나타낸다.

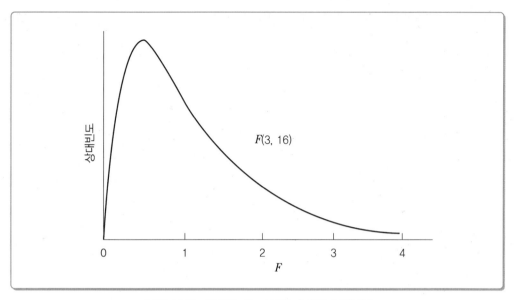

[그림 11.5] 자유도 (3, 16)인 F값의 표본분포

2) χ^2 분포와의 관계

자유도 (d_1, d_2)인 확률변수 F의 분포는 자유도가 각각 d_1, d_2이고 서로 독립인 χ^2 확률변수 S_1, S_2를 자유도로 나눈 값 X의 분포와 같다.

$$X = \frac{S_1/d_1}{S_2/d_2}$$

3) F 분포표

F 분포란 앞에서 소개한 경우만 있는 것이 아니라, 모든 자유도의 조합에 따라 다른 형태로 존재한다. 영가설의 전제하에서 각 자유도의 조합에 따른 가능한 모든 F 값에 대한 상대적 빈도를 표시한 것이 F의 표본분포이다. F의 표본분포는 집단 간 평균의 분산, MS_A와 집단 내 평균의 분산, $MS_{S/A}$의 두 자유도에 따라 다른 모습을 갖는다. F 값은 $MS_A / MS_{S/A}$로 주어지므로 두 자유도는 분자의 자유도, df numerator와 분모의 자유도 df denominator로 주어진다. 앞의 [그림 11.5]에서 표본분포는 분자의 자유도 3, 분

모의 자유도 16이며, 이를 편리하게 표현하기 위해 $F(df_{num}, df_{denom})$로 쓴다. [그림 11.5]에 소개된 표본분포의 경우 $F(3, 16)$로 표시할 수 있다. 만일 $F_{.05}(3, 16)$처럼 유의수준과 함께 표현된다면, 예컨대 $F_{.05}(3, 16) = 3.24$는 $\alpha = 0.05$에서 이 F의 임계값이 3.24임을 나타낸다.

연구자가 실험결과에서 결론을 도출하고자 할 때 F의 표본분포 전체가 필요한 것은 아니고 자신의 유의수준에 해당하는 임계값만 알면 된다. 그러면 실험에서 얻은 F 값을 F_{crit} 값과 비교하여 영가설 기각 여부를 판정할 수 있다. 그 정보를 제공하는 것이 F 분포표로 이 표는 두 개의 자유도와 유의수준에 따른 F의 임계값을 제공한다.

4) F 검정의 조건

F 검정의 조건은 t 검정의 그것과 같은 세 가지로, 독립성, 정규성, 동분산성이다. t 분포와 마찬가지로 F 분포표의 확률값도 모집단이 정규분포를 이루는 서로 독립적인 점수로 구성된다는 가정하에 작성된 것이다. 만일 서로 독립적인 점수가 아니라면 결과의 1종 오류 가능성이 크게 나타나기 때문에 점수 사이의 독립성은 엄격히 지켜져야 한다. 동분산성은 정규성과 마찬가지로 검정통계치에 대한 F 분포표상의 확률적 해석을 할 수 있게 하는 조건이다. 정규성과 동분산성이 지켜지지 않은 경우의 문제점과 대안에 대해서는 제14장 일원 설계에서 논의하였다.

01. T, F 문제

1) 표본의 확률분포는 독립변수의 효과가 있다는 전제하에 만들어진 것이다.

2) 표본평균 분포의 평균은 표본의 크기에 따라 달라진다.

3) 정규분포 곡선의 끝은 X 축에 닿지 않는다.

4) $\sum(z - \mu_z) = 0$

5) 일반적으로 같은 유의수준에서 $t_{crit} > z_{crit}$.

6) $\overline{X}$가 정규분포를 이루기 위해서 X의 분포는 정규분포라야만 한다.

7) 일반적으로 비모수 검정은 모수 검정보다 검정력이 크다.

8) 가능하다면, 비모수 검정보다 모수 검정을 선택하는 것이 2종 오류를 줄일 수 있다.

9) 단일변수 χ^2 검정에서 자유도는 $(N-1)$이다.

10) χ^2 검정은 명명척도에만 적용할 수 있다.

11) χ^2는 기본적으로 f_e와 f_o 사이의 전반적 차이를 측정한 통계량이다.

12) 자유도가 1인 경우 $(\chi^2 = z^2)$의 관계가 성립한다.

13) $F^2 = t$

14) F 분포는 정규분포이다.

15) 가설검정에서 $F \leq 1$인 경우 영가설이 참이다.

02. 다음 경우에서 F의 임계값은 각각 얼마인가?

1) $F(3, 21)$, $\alpha = .05$

2) $a = 5$, $n = 7$, $\alpha = .01$

3) $F(2, 125)$, $\alpha = .01$

03. 어떤 와인에 대한 평가점수의 모분산은 12.64인 것으로 알려져 있다. 새로운 와인

평가자 훈련방식이 도입되어 훈련받은 평가자 10명에게 같은 와인을 평가하게 한 결과 평점 분산은 3.51이었다. 새로운 훈련방식은 어떻게 평가받을 수 있을까?

04. 정규분포곡선의 수식은 다음과 같다.

$$f(X) = \frac{1}{\sigma\sqrt{2\pi}} e^{-\frac{1}{2}\left(\frac{x-\mu}{\sigma}\right)^2}, \quad -\infty < x < \infty$$

이 곡선은 어떤 직선에 대칭인가? 또 표준 정규분포 곡선은?

05. IQ 검사점수 $X \sim N(100, 15^2)$에서

1) $P(X > 130)$, $P(85 < X < 145)$의 값을 각각 구하라.
2) 1000명이 응시할 경우 90점과 110점 사이에 몇 명이 있을까?
3) 무작위로 선출한 한 학생의 성적이 115점 이상일 확률은?
4) 무작위 추출한 10명의 학생의 IQ 평균이 115점 이상일 확률은?

06. 두 측정치 X, Y의 모집단 통계치는: $X: \mu = 30, \sigma = 20$; $Y: \mu = 20, \sigma = 16$이다. X, Y는 정규분포를 이루고, 새로운 확률변수 $W = X + Y$ 라 할 때

1) 모집단에서 추출한 W 값이 35 이상일 확률은?
2) 어떤 사람의 X값이 85%에, Y값은 30%에 위치한다면 그의 W값의 위치는?

07. 모집단에서 무선추출한 $n = 100$인 표본의 표준점수분포가 괄호 안의 수와 같다. 유의도 0.01 수준에서 이 모집단의 점수가 정규분포를 이룬다고 볼 수 있을까?

$z < -2$	$-2 < z \le -1$	$-1 < z \le 0$	$0 < z \le 1$	$1 < z \le 2$	$z > 2$
2.2(6)	13.6(16)	34.2(30)	34.2(29)	13.6(15)	2.2(4)

08. Myers & Well, 1995, p. 80

다음은 세 집단을 대상으로 한 실험결과를 요약한 것이다.

	Treatment Group 1	Treatment Group 2	Control Group 3
$\overline{Y}$	29	25	19
$\hat{\sigma}$	10	12	14
n	15	15	20

1) Group 1과 Group 3 사이의 평균 차이의 유의도 검정 결과는?

2) $\mu_1 - \mu_3$의 95% 신뢰구간은?

3) 두 실험집단의 평균이 통제집단과 차이가 있는지 검정하라.

09. Myers & Well, 1995, p. 80

다음은 10명을 대상으로 4번의 시행결과이다.

Subject	Trial 1	Trial 2	Trial 3	Trial 4
1	10	10	4	16
2	17	13	19	17
3	21	24	19	19
4	11	13	15	17
5	14	16	15	19
6	13	15	14	17
7	9	14	11	10
8	16	17	14	21
9	14	14	18	13
10	19	17	21	20

각 검정은 $\alpha = .05$, two-tailed로 시행한다고 할 때,

1) trial 1과 trial 2 사이에 차이가 있나?

2) $\mu_1 - \mu_2$의 95% 신뢰구간은?

3) 처음 2회의 시행결과는 나중 2회의 시행결과와 차이가 있나?

10. 다음은 low, medium, high 세 수준의 스트레스 상황에서 보인 문제풀이 성적 자료이다. 이론에 따르면 medium 수준에서의 성적이 가장 높고 low와 high 사이의 차이는 나타나지 않을 것이라 한다. 이 두 가지 믿음을 가설검정으로 확인하라.

	low	medium	high
n	15	18	21
$\overline{X}$	67.333	68.611	66.048
$\hat{\sigma}$	6.102	6.137	6.128

11. 남학생 5명, 여학생 11명의 표본에 대하여 $F = \dfrac{\hat{\sigma}_B}{\hat{\sigma}_G}$ 로 한다면

1) 크기 5와 11인 표본을 아주 많이 추출한다면 $P(F \geq 3.48)$은?

2) 이 문제의 답이 내포하고 있는 가정은?

01. 1) F. 독립변수의 효과가 0이라는 전제하에 만들어진 것이다.

2) F. 표본의 크기에 상관없이 모평균과 같다.

3) T. $-\infty < z < \infty$

4) T. z 분포는 Y 축 대칭이다.

5) T. z 분포와 비교하여 t 분포는 양쪽 끝부분이 들려 있다.

6) F. 표본의 크기가 충분히 크면 X의 분포와 상관없이 $\overline{X}$가 정규분포를 이룬다.

7) F. 그 반대다. 모집단의 특성에 대한 제한 조건이 적다.

8) T. 검정력이 크므로.

9) F. 자유도는 $k-1$ (k는 집단/유목 수).

10) F. 명목척도로 환원하여 다른 척도에 적용할 수 있다.

11) T. 이것이 적합도(goodness of fit) 검정의 기본 생각이다.

12) T. 자유도 1일 때 $Q = z^2 \sim \chi_1^2$

13) F. 그 반대로, $F = t^2$

14) F. 정적 편포이다.

15) T. 대립가설이 참이라면 이런 현상이 나타날 수 없으므로.

02. 1) $F(3, 21), \alpha = .05 \ F_{crit} = 3.07$

2) $a = 5, n = 7, \alpha = .01 \ F_{crit}(4, 30) = 4.02.$ a: 처치집단 수, n: 각 집단의 사례 수

3) $F(2, 125), \alpha = .01 \ F_{crit} = 4.78$

03. 효과가 있다.

훈련의 효과가 있다면 평가의 오차를 줄이기 때문에 평점분산은 모분산보다 작아질 것이다. 평점분산과 모분산의 비는,

$$F = \frac{\sigma^2}{s^2} = \frac{12.64}{3.51} = 3.60$$

유의수준 0.05에서 임계값은,

$$F_{crit} = F_{.05}(\infty, 9) = 2.71$$

우연히 이런 결과가 나타날 확률은 5% 이하이므로 모분산이 다르다고 판단한다.

04. $X = \mu$에 대해 대칭, X축 대칭

05. 1) 0.023, 0.840

2) 490

3) 0.159

4) 0

06. 1) $P(W \geq 35) = P\left(z \geq \dfrac{35-50}{25.61}\right) = 0.72$

2) $z(X) = 1.035, X = 30 + 1.035(20) = 50.7$

$z(Y) = -0.525, Y = 20 - 0.525(16) = 11.6$

$W = X + Y = 62.3$

07. 적합도를 판정하기 위한 χ^2 검정:

H_0: 모집단의 분포가 정규분포 분포와 일치한다

H_1: 모집단의 분포가 정규분포 분포와 일치하지 않는다

$df = 6 - 1 = 5$

$\chi^2_{crit}(5) = 15.086$

$\chi^2_{obt} = \sum \dfrac{(f_o - f_e)^2}{f_e}$

$\chi^2_{obt} = \dfrac{(6-2.2)^2}{2.2} + \dfrac{(16-13.6)^2}{13.6} + \cdots + \dfrac{(4-2.2)^2}{2.2} = 9.9$

$\chi^2_{obt} < \chi^2_{crit}$ 이므로 영가설을 기각할 수 없다.

따라서 이 모집단의 점수가 정규분포를 벗어난다고 볼 수 없다.

08. 1) $H_0 : \mu_1 - \mu_3 = 0$

$\hat{\sigma}^2_{\mu_1 - \mu_3} = \dfrac{SS_1 + SS_3}{n_1 + n_3 - 2}\left(\dfrac{1}{n_1} + \dfrac{1}{n_3}\right) = \dfrac{(n_1 - 1)\hat{\sigma}^2_1 + (n_3 - 1)\hat{\sigma}^2_3}{n_1 + n_3 - 2}\left(\dfrac{1}{n_1} + \dfrac{1}{n_3}\right)$

$= 1.3125$

$t = \dfrac{\overline{Y_1} - \overline{Y_3}}{\sqrt{1.3125}} = \dfrac{10}{1.1456} = 8.729$

2) $df = 33$, $|t|_{crit} = 2.04$, CI: $0 \pm (2.04)(1.1456) = \pm 2.337$

3) $H_0 : .5(\mu_1 + \mu_2) - \mu_3 = 0$, $\alpha = .05$, $df = 47$, $|t|_{crit} = 2.02$

$$\hat{\sigma}^2_{pool} = \left[14(10^2) + 14(12^2) + 19(14^2)\right]/47 = 151.915$$

$$\hat{\sigma}_{\bar{C}} = \sqrt{(151.915)\left[(.25)(1/15 + 1/15) + 1/20\right]} = 3.558$$

$$t = -5/3.558 = -1.405$$

09. 각 시행결과는 서로 독립이 아니라는 점에 유의.

  1) $df = 9$, $\alpha = .05$, $|t|_{crit} = 2.262$, $\hat{\sigma}_{\bar{d}} = .809$, $t = 1.113$

  2) $.9 \pm 2.262(.809)$

  3) $H_0 : (.5)\left[(\mu_3 + \mu_4) - (\mu_1 + \mu_2)\right] = 0$, $|t|_{crit} = 2.262$, $t = \dfrac{1.6}{.770} = 2.078$

10. 이 경우의 영가설은 세 표본이 추출된 집단을 모집단으로 간주한다. 따라서 표준오차는 그 모집단의 분산으로부터 추정해야 한다. 자세한 설명은 제15장 중다비교에서 찾을 수 있다.

  1) $H_0 : \mu_H - \mu_L = 0$, $\alpha = .05$, $df = 34$, $|t|_{crit} = 2.034$,

$$\hat{\sigma}_{\bar{X}_H - \bar{X}_L} = \sqrt{\left[14(6.102^2) + 20(6.128^2)\right]/34}\, \sqrt{1/15 + 1/21} = 2.068$$

$$t = (67.333 - 66.048)/2.068 = .621$$

  2) $H_0 : \mu_M - .5(\mu_H + \mu_L) = 0$, $\alpha = .05$, $df = 51$, $|t|_{crit} = 1.676$

$$\hat{\sigma}^2_{pool} = \left[14(6.102^2) + 17(6.137^2) + 20(6.128^2)\right]/51 = 37.502$$

$$\hat{\sigma}_{\bar{C}} = \sqrt{(37.502)\left[1/18 + (.25)(1/15 + 1/21)\right]} = 1.776$$

$$t = 1.931/1.776 = 1.081$$

11. 1) 0.05

  2) 모집단이 정규분포하며 분산은 서로 같다.

t 검정의 통계학

이 장에서는 지금까지 주제 위주로 구성된 통계학의 설명내용을 재조합하여 하나의 연구문제를 해결하기 위한 일련의 절차 또는 통계학 이론의 종합 세트처럼 구성했다. 따라서 여기에 나오는 이론적 설명은 새로운 것이 아니고 앞에 나온 것들을 다시 설명한 것이다. 이 장의 중심이 되는 검정통계치는 t이다. 놀랍게도 t 검정의 절차를 구성하는 데 거의 모든 추리통계의 기본적 이론이 사용된다. 따라서 이 장의 내용이 쉽게 이해된다면 그것은 지금까지 논의된 내용을 대부분 이해했다는 것을 의미한다. 어렵게나마 이해된다면 아마도 이 장을 통하여 오개념을 수정한 부분이 있었을 것이다. 역으로, 이 장의 내용 중 이해되지 않는 부분이 있다면 그것은 앞에서 놓치고 넘어간 무엇인가가 원인일 것이다. 특히 분산의 개념을 완벽하게 소화했는지 되돌아보길 권한다.

1 개 요

1) 왜 t 검정을 하는가?

먼저 t 검정의 가치가 어디에 있는지의 문제를 생각해보자. 인과관계와 관련하여 우리가 얻은 교훈은 어떤 처치 X가 존재할 때와 그렇지 않을 때 두 결과의 차이를 확인할 수 있을 때만 X와 특정 결과 사이의 인과관계가 있다고 판단할 수 있다는 것이다. 또한 그러한 관찰의 결과를 모집단 전반에 대해 일반화할 수 있을 때만 과학적 지식으로서 가치를 갖는다는 것이다. t 검정은 이 두 가지 일을 한다. t 검정은 인과관계 또는 처치 효과와 관련된 문제에 관하여 불확실성이 포함된 확률 정보를 준다. 요컨대 t 검정의 가치는 두 요인 간 인과관계에 관한 결론을 내리는 데 중요한 정보를 준다는 데 있다. 이 말을 구체적으로 설명하기 위해, 그리고 이후에 소개할 t 검정의 과정을 설명하기 위해, 여기서는 t 검정으로 해결할 수 있는 전형적인 상황을 제시하고, 답을 모색하는 과정을 보이겠다.

올림픽 국가대표 선수를 대상으로 지구력 향상 프로그램이 개발되었다. 그런데 모든 선수를 대상으로 이 프로그램을 실행하기 위해서는 식단 개선을 포함한 인력, 시설설비 등 막대한 예산을 투입해야 하므로, 사전에 최소한의 비용으로 그 프로그램이 효과가 있는지 검증해 달라는 요청을 받았다. 어떻게 해야 하나?

이것은 해결할 문제를 가장 일반적인 수준에서 표현한 말이다. 요컨대 의사결정을 위해 필요한 정보를 구하는 것이다. 그 정보를 얻기 위해서 이 문제를 연구자의 입장에서 접근해야 한다. 연구자의 입장에서는 올림픽, 국가대표, 인력, 설비, 예산 등의 정보는 의미 없고 핵심은 프로그램과 지구력 사이의 인과관계일 뿐이다. 그래서 다음과 같이 문제의 범위를 좁힌다.

이 프로그램과 지구력 사이에는 어떤 관계가 있는가?

이렇게 하여 앞에서 소개한 상황은 이제 두 개의 요인 사이의 관계라는 형태의 연구문제로 변형되었다. 위에서 "어떤 관계가 있는가?"라는 물음은 실은 인과관계를 예상하고 그것을 확인할 예정으로 한 말이다. 그렇다면 처음부터 직선적으로 "인과관계가 있는가?"라고 하는 것이 더 정확한 말이 아닐까? 그렇지는 않다. 이 표현은 인과관계가 있거나 없는 것 이외에 두 요인의 관계를 보다 정교하게 나타낼 수 있는 다른 설명 가능성을 배제하고 싶지 않다는 뜻이다. 예컨대, 훈련 프로그램과 지구력 사이에 연령이란 매개변수가 개입하는데, 나이가 어린 선수들에게는 프로그램 효과가 있지만 30 이상의 선수들에게는 오히려 역효과가 난다는 사실이 있을 수 있다. 비록 이 실험에서는 그런 사실까지 감지해내지 못하지만, 여러 후속 연구가 누적되면 그런 사실도 알 수 있게 되고, 따라서 연구문제를 인과관계의 존재 여부에 한정할 필요는 없다. 따라서 가설 수준에서와 달리 연구문제에서는 yes 또는 no로 답할 수 있는 형태의 문장을 쓰지 않는다.

그런데, 인과관계가 있음을 입증하려면 두 요인 사이에 강한 관계가 관찰되어야 하고, 다른 설명의 가능성이 배제되어야 한다. 그래서 적절한 실험적 관찰과 실험설계가 필요하다. 이를 위해서 우리의 목적과 목표를 분명히 밝혀야 하겠다.

2) 무엇을 하자는 것인가?

결론을 얻고 싶은 것이다. 연구문제는 지구력 향상 프로그램이 과연 지구력 향상 효과가 있는가 하는 것이었고, 결론은 이 문제에 대한 답이다. 이런 결론을 얻기 위해서 우리가 취할 방법은 과학적 방법으로서, 그 이유는 제1장에서 논의되었다. 주관을 배제한, 객관적인 자료를 분석한 결과에 대해서 확률에 의한 판단을 내리는 것이다. 이를 위해 무작위 추출 및 할당과 통제집단의 사용을 두 가지 특징으로 하는, 다시 말해서 순수 우연에 의해 선발된 두 집단에 한 집단은 실험적 처치를 주고, 다른 집단은 주지 않는 실험설계, randomized posttest only control group design을 선택하여야 한다. 전자는 결과의 확률적 해석을 위하여, 후자는 매개변수의 개입을 방지하기 위해 꼭 필요하다. 이제 이러한 일련의 과정을 뒷받침할 통계적 이론들을 하나하나 풀이하겠다.

3) 풀어야 할 문제들

결론을 얻기 위해 두 무선 표본, 즉 실험집단과 통제집단의 사후검사 점수를 t 검정에 의해 비교하여야 한다. 이를 위해서 먼저 가설검정 방법인 **t 검정을 위한 조건**이 충족되었는지 검토하여야 한다. 따라서 그 가정이란 무엇이며 그 가정이 갖는 의미는 무엇인지 이해해야 할 것이다. 가정이 확인되면 자료를 분석하여 결과를 확인할 것이다. 그 **과정을 구성하는 계산식**은 어떤 이론과 수학적 논리로 설명될 수 있는지 설명할 수 있어야 할 것이다.

마지막으로, t 검정은 표본에서 얻은 자료의 결과를 모집단에 일반화하려는 목적의 통계이다. 이러한 판단에 따르는 **두 가지 오류가능성과 검정력**, 그리고 **결과의 해석 방법** 등을 숙지한다면 이 문제에 관한 완전한 이해에 도달하였다고 할 수 있을 것이다.

2 조 건

1) 가 설

가설검정을 수행하기 위하여, 먼저 실험대에 올릴 가설을 설정해야 한다. 가설은 진위를 판정하기 위한 잠정적인 판단이다. 따라서 가설의 내용은 그 진위가 바로 원하는 결론과 직결될 수 있어야 하며, 실험적 조작 방법을 명확하게 해주는 구체성과, 그것이 거짓일 때 거짓임을 확인할 수 있는 반증가능성을 가져야 한다. 가설은 영가설 또는 귀무가설, null hypothesis(H_0)와 대립가설, alternative hypothesis(H_1)로 나눌 수 있는데, 통계적 방법을 사용할 때 편리한 가설은 영가설이다. 간단히 말하여 영가설은 차이가 없다, 차이가 0이라는 내용의 진술이고, 대립가설은 영가설이 거짓일 때 참일 수밖에 없는 논리적 귀결을 나타내는 내용, 즉 차이가 있다는 내용의 진술이다.

이제 우리의 상황에 적합한 가설을 설정할 차례이다. 하지만 먼저 학습자들이 많이 선택할 법한 잘못된 가설을 소개하겠다.

가설 1: 지구력 향상 프로그램의 효과가 있다.

이것은 가설이 아니라 결론을 가설검증의 실험대 위에 올린 예이다. 이 문장에 대한 진위를 밝힐 수 있다면 바로 결론을 얻을 수 있겠으나, 구체적으로 어떻게 하여야 그 답을 얻을 수 있는지 전혀 알 수 없다. 따라서 이것은 조건이 갖추어지지 않은 가설의 예이다. 그래서 이번에는 실험 방법을 알 수 있는 내용으로 고쳐보겠다.

가설 2: 지구력 향상 프로그램을 경험한 집단은 그렇지 않은 집단보다 더 높은 지구력을 갖는다.

이것은 가설 1보다 훨씬 낫지만, 아직 몇 가지 부족한 점이 있다. 나아진 점은 이것으로써 어떤 실험적 조작을 할지가 보다 분명해졌다는 것, 즉 두 집단을 두어, 한 집단 (실험집단)은 프로그램을 경험하게 하고, 다른 집단(통제집단)은 그런 경험을 하게 하지 않고

서, 나중에 두 집단을 비교하여 결론을 도출한다는 점을 알 수 있게 한 점이다. 그러나 이것도 아직 두 가지 점에서 가설의 조건을 만족시키지 못하고 있다. 첫째, 더 높은 지구력을 갖는다는 말의 구체성의 문제이다. 더 높은 지구력은 과연 무엇을 말하는 것인가? 일상생활의 언어와 달리 가설에서는 더 구체적인 정보가 필요하다. 그래서 아래와 같이 바꿔본다.

> 가설 3: 지구력 향상 프로그램을 경험한 집단은 그렇지 않은 집단보다 연구진이 제작한 지구력 측정검사에서 더 높은 점수 평균을 나타낸다.

이것으로써 구체성과 반증 가능성이란 점에서 가설이 갖추어야 할 조건은 갖추어졌다. 그러나 아직 중요한 한 조건과 기술적인 한 가지 요점이 남았다. 중요한 한 조건이란 이 가설의 진위가 결론에 직결될 수 있는가 하는 문제이다. 프로그램의 효과가 0이라 할지라도 실험집단과 통제집단의 평균이 똑같은 값으로 나오는 경우는 드물 것이다. 그 이유는 실험 상황에 항상 작용하는 우연이라는 요소 때문인데, 우연의 예로 실험집단에 지구력 점수가 높은 사람들이 많이 뽑혔다거나, 측정의 오차, 선수의 피로도, 기록원의 실수 등 많은 것들을 들 수 있겠다. 따라서 실험집단의 평균점수가 통제집단의 그것보다 높다 하여 그것이 반드시 프로그램의 처치 효과를 입증하는 것은 아니다. 처치 효과를 입증하기 위해서는 관찰한 두 집단의 평균 차를 보고 두 모집단의 평균에 차이가 있음을 추론할 근거가 필요하다. 그 근거란 실제 모집단 평균은 같은데 순전히 우연 때문에 관찰된 평균의 차이가 발생했을 확률을 말한다. 그 확률이 매우 낮다면 우연 때문이라는 가설, 즉 영가설을 기각하고 대립가설, 즉 모집단의 평균 차이가 있다는 가설을 수용한다. 그리고 처치효과가 있다는 결론을 내린다. 가설은 관찰된 집단이 아니라 모집단에 관한 판단임을 잊지 말자.

> 가설 4: 연구진이 제작한 지구력 측정검사에서 지구력 향상 프로그램을 경험한 집단과 그렇지 않은 집단 사이의 모집단 평균은 같다.

이것이 주어진 상황에서 사용할 수 있는 가설의 예이다. 가설 3과의 차이는 실험에 참가한 집단의 평균점수가 아닌 모집단의 평균점수를 언급하고 있다는 점, 그리고 그 평균이 다르다는 부등가설 형태가 아닌, 평균이 같다는 등가설의 형태로 진술하고 있다는 점이다. 관찰된 평균의 차이로 모평균의 차이를 추정하는 것은 t 검정의 몫이고, 등가설의 형태로 진술하는 이유는 t 검증이 모집단 평균이 같다는 전제로 출발하여 이를 반증하는 과정이기 때문이다.

2) 무작위추출과 무작위할당

표본은 모집단의 하위 집단으로, 모집단보다 작은 수로 구성된 집단이다. 표본은 흔히 모집단의 특성을 조사하는 데 시간과 비용을 절감하기 위한 목적으로 사용된다. 표본추출 방법은 여러 가지가 있으나, 가장 이상적인 방법은 단순 무작위추출로, 각 개인의 선발 여부가 순수 우연에 의해 결정되게 하는 것이다. 이 경우라면 선수촌에 있는 국가대표 후보 선수 전원의 리스트를 가지고 난수표를 사용하여 선발할 수 있겠다. 그러나 모집단의 수가 매우 클 때는 이런 일을 하는 것이 불가능하므로 어느 정도 연구자의 사정에 따라 가능한 방법을 선택할 수밖에 없다. 단 그렇게 할 경우 선발된 표집의 성격을 면밀히 분석하여 체계적으로 편의(bias)가 발생할 가능성은 없는지 검토하여야 한다. 예컨대 우리의 상황에서 만일 자원자로 이루어진 표본추출을 한다면 특별히 지구력에 자신이 있거나 특별히 자신이 없는 사람들로 구성된, 모집단의 특성을 제대로 반영하지 못한 편파적인 표본이 될 가능성이 있다. 그렇다면 연구의 목적을 이루지 못하니까 이런 방법을 택해선 안 되겠다.

표본추출의 무작위성과 더불어 필수적인 조건이 무작위할당이다. 무작위할당이란 추출된 표본이 실험집단에 소속될지 통제집단에 소속될지가 순수 우연에 의해 결정되는 것을 말한다. 표본의 추출과 할당에 무작위성이 중요시되는 이유는 두 표본의 평균차가 프로그램의 처치 효과와 우연에 의해서만 설명되기를 원하기 때문이다. 그렇게 되면 확률적 추론이 가능하나, 다른 인위적인 요소가 개입한다면 어려워진다.

3) 두 표본 간의 독립성

두 독립표본 t 검정에는 두 표본이 서로 독립적이란 가정이 포함되어 있다. 앞의 무작위추출과 무작위할당 과정에서 표본 선발 과정에서의 독립성은 방어가 되었지만, 실험 진행 과정에서 한 표본에 속한 점수가 다른 표본의 점수에 의해서 어떤 형태로이든 영향을 받게 됨으로써 독립성이 훼손될 수 있다. 예를 들어 각 집단에 속한 선수들 사이에 특별한 경쟁심리가 존재한다면 두 집단은 서로에게 영향을 줄 수 있을 것이다. 이렇게 된다면 우리가 조사하려던 목적을 이룰 수 없게 될 것이다. 또 t 검정을 수행하는 계산식은 두 점수가 서로 독립적이란 가정하에 만들어졌다. 만일 비교 대상인 두 표본의 점수가 서로 상관이 있는 경우, 제9장에서 소개한 두 종속표본의 t 검정방법을 참고하라.

여기 소개한 상황에서 두 표본 간의 독립성을 의심할 아무 근거가 없기 때문에 t 검정을 위한 조건의 검토는 여기서 끝내고 이제부터 t 검정의 방법을 살펴보기로 하자.

4) 변수의 척도

변수의 척도란 t 검정에 사용되는 두 변수, 독립변수와 종속변수가 어떤 척도라야 하는가 하는 문제이다. 결론부터 말하자면 독립변수는 명명척도, 종속변수는 비율척도로 이루어져 있어야 한다. 주어진 상황의 경우, 독립변수는 지구력 향상 프로그램 경험 여부로 명명척도이고, 종속변수는 지구력 측정검사 점수로, 엄밀히 말하자면 비율척도는 아니지만, 통상 t 검정의 조건에 맞는 것으로 간주한다.

5) 검사 도구의 신뢰도와 타당도

검사 도구의 신뢰도와 타당도도 연구의 타당성에 영향을 미치는 중요한 요인이다. 단이 경우의 검사 도구란 지구력을 측정하는 수치인 바, 상당히 객관적이고 정확한 도구가 개발되어 있으리라고 짐작할 수 있기 때문에 떠 이상의 논의는 하지 않겠다. 그러나 만일 상당히 추상적인 변수를 다루는 심리학이나 교육 분야의 연구라면 이 검사 도구가 정말 오차 없이, 측정하여야 하는 것을 제대로 측정하였는지의 문제가 명쾌하지 않을 수 있다. 그런 경우 신뢰도와 타당도에 관한 실증적 증거를 수집하여 이 문제를 중요하게 다루어야 한다.

6) 정규분포의 가정

정규분포의 가정은 비교하려는 두 집단의 모집단의 점수가 정규분포를 이룬다는 가정을 말한다. 그렇게 함으로써 표본의 크기가 작더라도 표본평균이 정규분포를 이룬다는 근거를 가질 수 있고, 표본의 표준편차를 가지고 모집단 표준편차를 추정하여 표준오차를 구한 다음 얻은 t 값의 확률분포를 추정할 수 있기 때문이다. t 값에 의해 확률을 얻을 수 있다는 것은 이 값이 t 분포상에 있다는 가정, 즉 표본평균이 정규분포를 한다는 가정 때문이다. 그러나 표본의 사례 수가 커지면 이 가정은 덜 중요해진다. 사례 수가 대략 30을 넘으면 표본평균의 분포는 모집단의 분포와 관계없이 정규분포를 이룬다는 것을 우리는 중심극한정리를 통하여 알고 있기 때문이다. 또 통계학자들의 연구에 따르면 모집단 정규분포의 가정이 지켜지지 않을 때도 t 검정 결과는 비교적 정확하다. 특히 양방적 검정의 경우 t 검정은 어떤 경우에도 정확한 결과를 내며, 일방적 검정의 경우 중 표본의 크기가 작고 심한 편포를 나타내는 경우에만 결과에 영향을 받는다고 한다. 심지어 심한 편포의 경우도 두 모집단의 편포의 방향이 같다면 문제될 것 없고, 방향이 반대일 경우만 표본평균 차이의 편의가 생길 수 있다. 이와 같은, 모집단 정규분포를 가정할 수 없는 경우, 제14장 일원 분산분석에서 소개한 다른 식을 사용하게 된다.

7) 동일분산의 가정

동일분산의 가정이란 비교하려는 두 표본의 모집단 분산이 서로 같다는 가정이다. 표준편차와 확률의 개념이 사용되고, 각 집단이 같은 모집단에서 무작위로 추출된 표본이라는 전제하에서 이루어지는 분석이기 때문에 정규분포와 동일분산의 가정이 필요하다.

모집단의 분포와 분산에 대한 가정은 현실적으로 정확히 지켜지기 어렵다. 그렇다면 이러한 가정이 지켜지지 않았을 때 어떤 일이 일어나나? t 검정은 동일분산 가정에 민감하지 않다. 따라서 가정이 지켜지지 않은 경우에도 비교적 정확한 결과를 낸다는 사실을 여러 연구 결과가 뒷받침하고 있다.*

특히 분산이 크게 다르더라도 표본의 크기가 서로 같으면 표본평균의 편의가 발생할 가능성이 떨어지기 때문에 큰 문제가 되지 않으나 표본의 크기가 다를 때에는 편의가 발생할 가능성이 커지기 때문에 주의를 기울일 필요가 있겠다. 이 경우 대안으로 적용할 수 있는 검정법으로 제14장을 참고하라.

---

* Glass, G. V. et al., "Consequences of Failure to Meet the Assumptions Underlying the Use of Analysis of Variance and Covariance," *Review of Educational Research*, 42 (1972), 237-288.

3 t 값의 산출

1) 가설검정의 목표

두 독립표본의 t 검정을 위한 목표를 먼저 정해보겠다. 우리는 두 표본평균을 가지고 있는데 그 평균의 차이가 통계적으로 의미 있는지 알고 싶은 것이다. 통계적으로 의미 있는 차이란 평균의 차이가 우연히 그럴 수 있는 정도를 넘어서 실제로 모집단의 평균이 서로 다르다고 볼 수 있는 정도라는 것을 뜻한다. 전통적으로 우연히 그럴 수 있는 정도로 인정하는 확률은 0.05가 사용된다. 그러나 이 값은 통계치의 사용 목적과 맥락에 따라 연구자가 정하는 것이다. 이러한 확률의 한도를 유의수준 또는 alpha (α)라고 한다. 유의수준 0.05에서 얻은 p 값이 이보다 작은 값을 나타냈다면 그것은 두 집단의 모집단 평균이 실제로 같은데 우연히 이런 차이가 관찰되었을 확률이 5% 미만이란 뜻이다. 이런 경우 두 모집단 평균이 같다는 최초의 가설(영가설)을 기각하고 모평균이 다르다는 대립가설을 수용한다. 다시 우리의 상황으로 돌아가서 가설검정의 목표를 정해보면:

> H_0가 참이라는 가정 하에서, 관찰된 두 표본평균의 차이가 나타날 수 있는 확률을 구하여 그 값을 정해진 기각역(전통에 따라 0.05로 하기로 한다)과 비교한다. 구해진 확률이 유의수준보다 작으면 H_0 를 기각하고 H_1 을 수용한다. 구해진 확률이 이보다 크면 H_0 를 기각하는 데 실패한 것이다. 이런 경우 H_0 를 수용한다는 표현을 쓰지는 않는다. 마치 재판에서 피고가 무죄를 입증하는 것이 아니라 원고 측에서 유죄를 입증해야 하듯이, 가설검정에서는 대립가설 쪽에서 영가설이 기각되어야 할 증거를 제시할 책임이 있고, 이 일에 실패하더라도 그것은 영가설이 참임을 증명한 것과는 다르다.

가설검정을 위해 t 값을 어떻게 구할지 생각해보자. 먼저 t를 구하는 공식을 성립하게 하는 수학적 배경을 설명하겠다. 한마디로, t 검정이란 우리가 일단 모집단의 차이가 없다고 가정한 두 집단의 평균차를 오차의 표준편차 단위로 환산하는 과정이다.

$$t = \frac{\text{두 집단의 차이}}{\text{우연}}$$

$$\text{또는} \quad t = \frac{Estimate\ of\ \mu - H_0\ value\ of\ \mu}{Standard\ error\ of\ estimate}$$

2) t 검정 공식의 분자

두 집단평균의 차이를 t 값으로 환산하는 이유는 확률을 구하기 위해서다. 우리가 모집단의 평균과 표준편차를 알고 있을 때 한 점수의 상대적 위치를 알 수 있다. 그것은 표준점수(z 점수)와 표준정규분포 표를 통해서이다. 모집단의 평균과 표준편차를 모를 때에는 표본에서 그 값을 추정할 수밖에 없다. 그리고 이 경우 t 통계치를 사용한다. t 분포와 표준정규분포는 거의 비슷한 수치를 제공한다. 특히 n이 무한히 클 때는 완전히 일치한다.

$$z = \frac{x - \mu}{\sigma}$$

이 식의 분자는 한 점수와 모평균 사이의 차이이며, 분모는 모집단의 표준편차가 된다는 것을 알고 있다. t 검정의 경우도 이와 마찬가지로 집단의 평균의 차이 (영가설의 주장에 따르면 이것은 모집단의 평균차인 0에서 멀어진 만큼의 오차이다)를 오차의 표준편차 단위로 나누어서 그 확률을 구하려는 것이다. 마땅히 영가설대로 되어야 할 두 집단의 평균차가 우연히 그리 될 확률을 구하는 것이므로 분자에 가는 값이 $(x - \mu)$ 대신 $(\overline{x_1} - \overline{x_2}) - (\mu_1 - \mu_2)$가 된다. 그런데

$$H_0 : \mu_1 = \mu_2$$

이므로 $(\overline{x_1} - \overline{x_2}) - (\mu_1 - \mu_2)$는 결국 $(\overline{x_1} - \overline{x_2}) - 0$,

분자: $\overline{x_1} - \overline{x_2}$

가 된다.

3) t 검정 공식의 분모

위에서 적은 t 값의 식은 두 집단의 차이와 우연의 비였다. 우연은 분모에 오는 특성이다. 이 식이 의미하는 것이 무엇인지 설명하려 한다. 실제 실험에서 한 일은 실험집단과 통제집단의 점수 평균의 차이를 구한 것이지만, 영가설이라는 입장에서, 이 일은 같은 모집단에서 두 집단을 뽑아서 평균의 차이를 구한 것이다. 한 모집단으로부터 두 집단을 뽑아 각 집단의 평균 차이를 구할 때, 생길 수 있는 모든 값에 대하여 생각해보자. 그 값은 정규분포를 이룰 것인가? 또 그 표준편차는 어떻게 될까? 결론부터 말하면 두 표집집단의 평균의 차이는 정규분포를 이루며, 그 표준편차를 구할 수 있다. 이 표준오차를 사례 수 N의 제곱근으로 나눈 형태가 표본평균의 차이의 표준오차 또는 추정의 표준오차, estimated standard error, 즉 s_E 이다. 이것이 분모로 간다.

분모: 두 집단의 평균의 차의 표본평균의 표준편차(표준오차 s_E)

$$s_E = \sqrt{\frac{s_1^2}{n_1} + \frac{s_2^2}{n_2}} \quad \text{(두 집단의 분산이 같다는 가정이 없는 경우)}$$

$$s_E = \sqrt{\left(\frac{1}{n_1} + \frac{1}{n_2}\right)\frac{(n_1-1)s_1^2 + (n_2-1)s_2^2}{n_1 + n_2 - 2}} \quad \text{(분산이 같다는 가정이 있는 경우)}$$

분모는 하나의 모집단에서 추출한 두 표본평균 차이의 분포에서 구한 표준편차이다. 그 값을 구하는 과정을 따라가 보자.

4) 표본평균의 분포

표본평균은 모집단에서 무작위로 복원 추출한 표본의 평균값이다. 표본평균은 추출된 표본에 따라 다른 값을 갖는 확률변수(random variable)이다. 표본평균의 분포에 관해서는 제8장 표본평균의 분포에서 중심극한정리와 함께 설명한 바 있으나, 중요한 내용을 발췌하여 다시 소개하겠다.

표본평균은 확률변수이며, 그 확률분포는 통계량의 표본분포, sampling distribution 이라고 불린다. 표본평균의 분포란 무작위추출로 인해 나타날 수 있는 모든 평균값과 그것을 얻을 확률을 나타낸다. 표본평균의 분포는 다음과 같은 특성을 갖는다.

$$표본평균의 \ 평균 \ \mu_{\overline{X}} = \mu$$

$$표본평균의 \ 표준편차 \ \sigma_{\overline{X}} = \frac{\sigma}{\sqrt{n}}$$

표본평균의 표준편차는 원래 모집단의 표준편차를 표본의 크기의 제곱근으로 나눈 값이다. 즉 표본평균의 표준편차는 모집단 표준편차의 정 함수이고, $\sqrt{n}$ 의 역함수이다. 표본평균의 표준편차가 왜 $\sqrt{n}$ 에 반비례하는지에 관해서는 표본평균이 모집단 평균을 반영한다는 사실을 상기할 필요가 있다. 표본의 크기 n이 커지면 표본평균은 μ를 더욱 정확히 반영하는 추정치가 될 것이다. 그렇다면 표본평균의 분산 $(\sigma^2_{\overline{X}})$이 표본에 따라 이리저리 달라지는 정도, 즉 분산도는 줄어들 것이다. N이 직접 영향을 미치는 곳은 분산이고 표준편차는 분산의 제곱근이기 때문에 표준편차는 표본의 크기의 제곱근에 반비례한다. 더 자세한 설명은 제8장 표본평균의 분포에서 찾을 수 있다.

$$\overline{X} \sim N \left(\mu, \ \frac{\sigma^2}{n} \right)$$

표본평균의 분포는 정규분포를 나타낸다. 그 형태를 결정하는 것은 두 가지 요인, 모집단의 형태와 표본의 크기이다. 먼저 모집단이 정규분포의 형태를 갖는다면 표본평균의 분포 또한 표본의 크기와 관계없이 정규분포를 취할 것이다. 그러나 만일 모집단이 정규분포가 아니라면 표본평균의 분포형태는 표본의 크기에 의존하게 된다. 중심극한정리에 의하면 N이 커질수록 표본평균의 분포는 정규분포에 가까워지고, N이 충분히 큰 경우 모집단의 분포와 관계없이 정규분포를 하게 된다.

5) 두 표본평균 차이의 분포

앞에서 확률변수 $\overline{X}$의 분포를 보았는데 t 값의 산출 과정에서 다룰 확률변수는 $(\overline{X}_1 - \overline{X}_2)$이므로 이것의 분포를 따져보아야 하겠다.

표본평균의 차의 평균

$$\mu_{\overline{X_1} - \overline{X_2}} = E[(X_1 - X_2)] = E[X_1] - E[X_2] = \mu_1 - \mu_2$$

표본평균의 차의 표준편차

$$\sigma_{\overline{X_1} - \overline{X_2}} = \sqrt{\sigma_{\overline{X_1}}^2 + \sigma_{\overline{X_2}}^2}$$

> ! 증명

이 계산과정은 제9장 가설검정에서 소개한 방법을 참고하기 바란다. 여기서는 다른 증명방법을 소개한다. 어느 것이나 분산의 정의에 충실하면 이해하기 어렵지 않다. 단, 두 가지 자주 쓰이는, 사전에 알아야 할 정보는;

분산의 정의에 의하여

$$Var(X_1 - X_2) = E[(X_1 - X_2)^2] - (E[X_1 - X_2])^2$$
$$= E[X_1^2 - 2X_1 X_2 + X_2^2] - (E[X_1] - E[X_2])^2$$
$$= E[X_1^2] - 2E[X_1 X_2] + E[X_2^2] - (E[X_1])^2 + 2E[X_1][X_2] - (E[X_2])^2$$

두 변수가 독립이므로,

$$E[X_1 X_2] = E[X_1]E[X_2]$$
$$= E[X_1^2] - (E[X_1])^2 + E[X_2^2] - (E[X])^2$$
$$= Var(X_1) + Var(X_2)$$
$$\therefore \sigma_{X_1 - X_2} = \sqrt{\sigma_{X_1}^2 + \sigma_{X_2}^2}$$

표본평균에서는 $\sigma_{\overline{X}}^2 = \dfrac{\sigma^2}{n}$ 이므로 추정의 표준오차, standard error of estimate는

$$\sigma_E = \sigma_{\overline{X_1} - \overline{X_2}} = \sqrt{\frac{\sigma_{X_1}^2}{n_1} + \frac{\sigma_{X_2}^2}{n_2}}$$

가 된다. 두 분산이 같다면 $\sigma_{X_1} = \sigma_{X_2}$, 이를 합동 표준편차라 하고 다음과 같이 구한다.

두 모집단의 분산이 같다는 가정이 있으므로, 합동 표준편차의 추정치 s_{pooled}는

$$s_p = \sqrt{\frac{(n_1-1)s_1^2 + (n_2-1)s_2^2}{(n_1-1)+(n_2-1)}} = \sqrt{\frac{\sum(x_1-\overline{x}_1)^2 + \sum(x_2-\overline{x}_2)^2}{n_1+n_2-2}}$$

$$s_E = \sqrt{\frac{s_p^2}{n_1} + \frac{s_p^2}{n_2}} = s_p\sqrt{\frac{1}{n_1} + \frac{1}{n_2}}$$

$$t = \frac{\overline{x}_1 - \overline{x}_2}{s_E} = \frac{\overline{x}_1 - \overline{x}_2}{\sqrt{\dfrac{\sum(x_1-\overline{x}_1)^2 + \sum(x_2-\overline{x}_2)^2}{n_1+n_2-2}\left(\dfrac{1}{n_1} + \dfrac{1}{n_2}\right)}}$$

$$df = n_1 + n_2 - 2$$

가 된다. 분산이 같다는 새로운 가정이 추가된 것이긴 하지만 이 식도 모집단 정규분포와 동분산성 가정이 지켜지지 않더라도 상당히 정확한 추정을 한다는 것이 알려져 있다. 두 집단의 수가 유사하고 너무 작지 않다면 더욱 그렇다.

④ 오류 및 검정력

지금까지 t 검정의 가정과 검정의 원리 및 공식을 구성하는 수학적 이론을 살펴보았다. 남은 문제는 이 분석과정을 가지고 다른 사람들과 의사소통하는 방법에 관한 것이다. 첫째, 용어의 문제이다.

1) 결과와 결론

가설검정에서의 결과와 결론을 구별하지 못하는 사람이 의외로 많다. 결과는 가설검정의 결과, 즉 영가설이 기각되느냐에 대한 대답이다. 이를 위해서 t 값이 어떻게 나왔으며, 그 t 값에 해당하는 p 값이 기각역보다 작은가 하는 정보가 필요하다. 그것이 t 검정의 결과이다. 결론은 연구문제에 대한 답이다. 연구에서 탐구하고자 했던 문제는 프로그램이 효과가 있는가 하는 문제였다. 영가설을 기각했다면 결론은 처치 효과가 있다는 것이 되겠다. 여기서 멈추는 것도 연구자로서 중요한 일이다. 괜히 한 걸음 더 나아가, 비용이 얼마 드는데 과연 이 프로그램을 적용하는 것이 좋은지 등에 관해 언급하는 것은 연구자가 내릴 판단의 범주를 넘어서는 일이다.

2) 1종 오류, 2종 오류와 검정력

1종 오류와 2종 오류는 가설검정에서 잘못된 결정을 내리는 두 가지 유형이다. 1종 오류, type 1 error는 영가설이 참인데 이를 기각하는 오류이고, 2종 오류, type 2 error는 대립가설이 참인데 영가설을 기각하지 않는 오류이다.

〈표 12.1〉 1종 오류와 2종 오류

영가설	기각	기각 안 함
참	1종 오류	○
거짓	○	2종 오류

1종 오류는 기각역, α와 밀접한 관계가 있다. 가설검정에서 기각역을 0.05로 잡으면 5%의 1종 오류 가능성을 감수한다는 것을 의미한다. 1종 오류 가능성을 엄격하게 하면, 예를 들어 0.001로 낮게 잡으면 독립변수의 효과가 없는데 우연 때문에 있는 것으로 나타날 가능성은 확 줄어들 것이나, 대신 효과가 있는데도 없다고 판단할 2종 오류 가능성, β가 커진다.

검정력, power 또한 기각역과 밀접한 관계가 있다. 검정력은 영가설이 거짓이고 대립가설이 참일 때 영가설을 기각할 가능성이다. 따라서 영가설이 거짓일 때 검정력과 2종 오류 가능성의 합은 1이 된다.

$$power = 1 - \beta$$

다음 [그림 12.1]을 보면 1종 오류, 2종 오류와 검정력의 관계를 알 수 있다. 이것은 제9장의 [그림 9.6]을 다시 가져온 것이다.

이 그림에서 윗부분의 정규분포곡선은 영가설의 분포를 나타낸다. 따라서 이 곡선의 평균은 $\mu_1 - \mu_2 = 0$ 이고, 기각역 α는 그 오른쪽 영역이 전체의 α를 차지하는 점수가 위치하는 곳이다. 기각역 α는 1종 오류 가능성과 같다. 그림 윗부분을 보면 t_{crit}을 나타

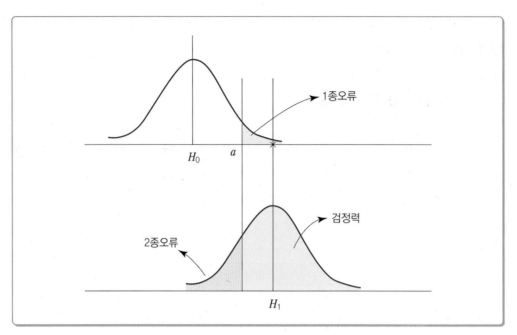

[그림 12.1] 1종 오류, 2종 오류, 검정력

내는 α로 표시된 직선 오른쪽에 한 점이 표시되어 있다. 대립가설의 분포 중 기각역 오른쪽에 존재하는 영역의 비율을 검정력이라 한다. 검정력의 의미는 이 실험이 처치 효과를 정확히 반영하고 있다는 전제하에서, 똑같은 실험을 되풀이할 때 영가설을 기각할 수 있는 확률이다. 물론 모집단 평균의 차이가 있음에도 불구하고 영가설을 기각하지 못할 확률은 대립가설 전체에서 검정력을 제외한 나머지 영역의 비율이다. 따라서 검정력과 2종 오류 가능성의 합은 1이 된다.

5 결과의 해석

1) 결과를 잘못 해석한 예

t 검정의 결과를 해석할 때 표본평균의 차이, 유의수준, t 값 등이 관계된다. 복잡한

개념이 연관된 내용이라 이 결과를 정확히 해석하는 경우보다는 틀리게 해석하는 경우가 훨씬 더 많다. 유의수준 0.05인 가상적 t 검정에서 $|t_{obt}| \geq |t_{crit}|$ 이어서 영가설을 기각한 경우, 이 결과를 잘못 해석하는 경우를 들어보겠다.

a. 같은 실험을 무수히 반복할 때 같은 결과가 나올 확률이 95% 이상이다.
b. 이 실험 결과가 참일 확률은 95% 이상, 거짓일 확률은 5% 미만이다.
c. 실험집단의 평균은 통제집단보다 95% 이상 높다.
d. 두 모평균이 같은데 우연히 이런 차이가 나타날 확률은 5%보다 작다.

앞의 세 해석은 모두 틀렸다. t 값과 기각역, 그리고 영가설과 대립가설의 의미를 종합하여 할 수 있는 유일하고도 정확한 해석은 d의 해석뿐이다. 연구의 장면에서 가설검정 결과를 해석할 때 주의할 일이다.

2) 가정이 위배된 경우

a. 독립성의 가정

데이터가 서로 독립적이란 가정이 위반되는 경우 t 검정은 1종 오류에 영향을 미치게 된다. 시험에서 독립성이 위반되는 대표적인 경우는 cheating(컨닝)이다. 즉 점수들이 서로 연관되어 있으므로 오차 변량이 줄어들고, 이는 t 통계량을 과대추정할 것이다. 이런 경우 1종 오류의 인플레가 발생한다.

b. 정규성의 가정

두 모집단이 정규분포를 이룬다는 가정이 지켜지지 않을 경우에도 t 검정 결과는 여간해서는 영향을 받지 않는다. 이것은 중심극한정리에 의해 많은 부분 설명된다. 표본 수가 매우 작고 극단적인 분포의 경우에만 영향을 받는데, 예를 들어 종속변수가 단 두 개의 값만 가질 경우에도 자유도 20만 되면 정상적인 결과를 얻을 수 있다는 보고가 있다. 만일 자유도가 20보다 작고 두 모집단이 편포를 나타내더라도 그 모양이 대칭이 아니라 같은 방향의 편포라면 표본평균의 차이는 확률상 대칭의 모습으로 분포할 것이므로 1종 오류에 영향을 미치지 못할 것이다.

c. 등분산성 가정

모분산이 서로 같지 않을 때 t 검정 결과 역시 대체로 안정적이다. 문제는 자유도가 매우 작고 두 분산의 비율이 매우 큰 경우이다. 이 경우 표본의 크기가 서로 같다면 1종 오류에 거의 영향을 받지 않는다. 그러나 표본의 크기가 다르다면 1종 오류가 커지거나 작아질 수 있다. 그 이유는 t 통계량의 통합분산이 두 표본의 크기에 가중치를 두어 산출되기 때문이다. 두 모집단의 분산이 다른 경우 사용할 수 있는 t 검정 방법(Welch's t)이 있기도 하다.

연 습 문 제

01. True, False 문제

1) t 통계량을 사용하는 경우는 모집단의 평균과 표준편차를 모를 때이다.

2) 같은 유의도 수준에서 일반적으로 $t_{crit} > z_{crit}$.

3) t 분포는 표본의 크기와 상관없이 일정하다.

4) t 분포의 평균은 표본의 크기와 상관없이 0이다.

5) 신뢰구간 95%란 95% 확률로 $\overline{X} = \mu$ 란 의미이다.

6) $df = \infty$ 일 때 t 분포와 z 분포는 완전히 일치한다.

7) X의 표본평균이 정규분포를 이룬다면 X도 정규분포를 보일 것이다.

8) t 검정에서의 영가설은 표본평균의 차이가 0이라는 내용이다.

9) 표본의 크기가 커지면 검정력이 커진다.

10) $\alpha + \beta = 1$

02. t-test에서 Alpha Level을 0.05에서 0.01로 바꾸었을 때 일어나는 변화는?

a. 2종 오류 가능성이 커진다

b. 검정력(power)이 커진다

c. 2종 오류, 검정력 모두 커진다

d. 주어진 정보만으로는 알 수 없다

03. 다음 통계량을 갖는 표본평균의 95% 신뢰구간은?

$$\overline{X} = 13.0 \qquad\qquad s = 1.6 \qquad\qquad N = 21$$

04. 제9장 연습문제에서 다루었던 z 검정 문제이다. 이번에는 t 검정으로 풀어보자. 쥐의 미로찾기 학습에서 보상을 준 집단과 placebo를 준 집단의 점수는 다음과 같다.

표본의 크기가 충분치 않지만, 두 집단의 점수 차이를 $\alpha = 0.05_{2tail}$로 t 검정한다면?

집단 1	집단 2
7	7
11	6
12	3
6	4
6	7
7	8
9	6
8	5
7	4
11	8
$\overline{X}_1 = 8.4$	$\overline{X}_2 = 5.8$
$s_1 = 2.221$	$s_2 = 1.751$

05. 다음의 검정방식과 N과 유의도 수준에서 t_{crit} 값은?

검정방식	N	유의도 수준	t_{crit}
양방적 검정	12	0.05	
양방적 검정	5	0.02	
일방적 검정	8	0.01	
일방적 검정	19	0.10	

06. 어떤 검정의 조건이

$$H_0 : \mu = 100$$

$$H_1 : \mu = 105$$

$$s = 24, \ n = 128$$로 주어졌다.

1) 영가설과 대립가설은 어떤 분포를 하나?

2) $\alpha = 0.05$ 일방적 검정에서 임계값은?

3) 검정력은?

4) 다른 조건은 같고 $n = 256$으로 증가했다면 검정력은?

07. 소규모 공장 중 연말 성과급을 지급하는 곳과 그렇지 않은 곳을 각각 100개씩 무선 추출하여 생산성을 측정하였다. 그 통합분산은

$$s_p^2 = \frac{SS_1 + SS_2}{n_1 + n_2 - 2} = 250$$

이었고 평균차의 표준오차는

$$s_{\overline{X}_1 - \overline{X}_2} = \sqrt{s^2 \left(\frac{1}{n_1} + \frac{1}{n_2} \right)} = \sqrt{250 \left(\frac{1}{100} + \frac{1}{100} \right)} = 2.236 \text{ 이다.}$$

$\alpha = 0.05$, 일방적 검정에서

$$H_0 : \mu_1 - \mu_2 = 0$$
$$H_1 : \mu_1 - \mu_2 = 5.0$$

일 때 차이의 검정 결과는?

08. 다음과 같은 통계량을 가진 두 독립표본에 대하여 차이 검정을 하려고 한다.

$$n_1 = 8 \qquad\qquad n_2 = 7$$
$$\overline{X}_1 = 22.13 \qquad\qquad \overline{X}_2 = 24.43$$
$$s_1 = 2.357 \qquad\qquad s_2 = 2.760$$

1) 자유도는 얼마인가?
2) t_{crit} 값은?
3) t_{obt} 값은?
4) 이 결과에 의한 판단은 어떤 종류의 오류 가능성이 있나?

01. 1) T. t 통계량은 z 통계량보다 정확한 평균과 표준편차의 추정치를 제공한다.

2) T. 같은 유의도 수준에서 t 분포가 z 분포보다 끝자락이 올라간 모습을 보인다.

3) F. t 분포는 자유도에 따라 다른 모습을 나타낸다.

4) T. t 분포의 평균은 z 분포와 마찬가지로 언제나 0이다.

5) F. 신뢰구간 95%란 확률변수가 구간 속에 있을 확률이 95%란 의미이다.

6) T. t 분포와 z 분포는 자유도가 작을 때만 다른 모습을 보인다.

7) F. 표본의 크기가 크다면 X의 분포에 상관없이 표본평균이 정규분포를 이룬다.

8) F. 표본평균이 아니라 모평균의 차이가 0이라는 내용이다.

9) T. n이 커지면 t 값이 커지므로 power가 커진다.

10) F. power $+ \ \beta = 1$

02. a. [그림 12.1]을 참고하라.

03. $12.27 \sim 13.73$

신뢰구간 0.95에서

$$-t_{0.025} \le t \le t_{0.025},$$
$$df = 20$$
$$s_{\overline{X}} = \frac{1.6}{\sqrt{21}} = 0.349$$
$$-2.086 \le t \le 2.086$$

신뢰구간: $13 \pm (2.086)(0.349)$

04.

$$H_0 : \mu_1 - \mu_2 = 0$$
$$H_1 : \mu_1 - \mu_2 \neq 0$$

$$t_{crit} = t_{0.025}(18) = 2.101$$

$$t_{obt} = \frac{\overline{x}_1 - \overline{x}_2}{\sqrt{\dfrac{\sum(x_1 - \overline{x}_1)^2 + \sum(x_2 - \overline{x}_2)^2}{n_1 + n_2 - 2}\left(\dfrac{1}{n_1} + \dfrac{1}{n_2}\right)}}$$

$$= \frac{8.4 - 5.8}{\sqrt{\dfrac{9(2.221)^2 + 9(1.751)^2}{10 + 10 - 2}\left(\dfrac{1}{10} + \dfrac{1}{10}\right)}} = 2.91$$

$t_{crit} \le t_{obt}$이므로 영가설을 기각한다.

이 결과를 제9장의 z 검정과 비교해보면, 두 검정 모두 영가설을 기각하는 결과를 나타내지만, 검정의 임계값에서 두 검정은 큰 차이가 있다. $z_{crit} = 1.96$인 것과 비교하여 $t_{crit} = 2.10$으로 상당한 차이가 나타난다. 그 차이는 표본의 크기가 커짐에 따라 점차 없어지지만, 작은 표본으로는 t 검정을 택하는 편이 정확한 결과를 얻을 수 있다.

05. 부록의 t 분포표를 참조

검정방식	N	유의도 수준	t_{crit}
양방적 검정	12	0.05	2.201
양방적 검정	5	0.02	3.747
일방적 검정	8	0.01	3.499
일방적 검정	19	0.10	1.330

06. 1) 정규분포

2) $z_{crit} = 1.65$, $\overline{X}_{crit} = \mu + \dfrac{s}{\sqrt{n}} z_{crit} = 100 + \dfrac{5}{\sqrt{128}}(1.65) = 100.73$

3) $z_{crit} = 1.65$, $z_{obt} = \dfrac{\overline{X} - \mu}{\sigma/\sqrt{n}} = \dfrac{5}{24/\sqrt{128}} = 2.36$,

대립가설 중심으로 보면 임계점의 z 값은 $z = 1.65 - 2.36 = -0.71$, power $= 1 - 0.24$
검정력은 0.76

4) $z_{crit} = 1.65$, $z_{obt} = \dfrac{\overline{X} - \mu}{\sigma/\sqrt{n'}} = \dfrac{5}{24/\sqrt{256}} = 3.33$,

대립가설 중심으로 보면 임계점의 z 값은 $z = 1.65 - 3.33 = -1.68$, power $= 1 - 0.05$
검정력은 0.95

07.

$$t_{crit} = 1.65$$

$$t_{obt} = \frac{(\mu_1 - \mu_2)_{H_1}}{s_{\overline{X}_1 - \overline{X}_2}} = \frac{5.0}{2.236} = 2.24$$

$t_{crit} \le t_{obt}$, 영가설을 기각한다.

08. 1) $df = n_1 + n_2 - 2 = 13$

2) $t_{crit} = t_{.025}(13) = 2.160$. 별도의 언급이 없으면 양방적 검증으로 간주한다.

3) $t_{obt} = -0.99$

$$s_p^2 = \frac{SS_1 + SS_2}{n_1 + n_2 - 2} = \frac{df_1(s_1)^2 + df_2(s_2)^2}{n_1 + n_2 - 2} = \frac{7(2.357)^2 + 6(2.760)^2}{8 + 7 - 2} = 6.51$$

$$t_{obt} = \frac{\overline{X}_1 - \overline{X}_2}{\sqrt{\left(\frac{1}{n_1} + \frac{1}{n_2}\right)s_p^2}} = \frac{23.13 - 24.43}{\sqrt{\left(\frac{1}{8} + \frac{1}{7}\right)6.51}} = -0.99$$

4) 2종 오류

검정의 대안적 접근

여기서는 세 개 이상의 표본평균을 비교하는 데 있어 분산분석을 포함한 몇 가지 대안적 접근방법을 설명하고자 한다. 이것을 소개하는 이유는 이렇게 함으로써 분산분석의 본질을 더 잘 이해할 수 있기 때문이다. 여기서 소개할 네 가지 대안은 모두 합리적인 논리에 따른 추리 과정으로, 추리 과정에서 데이터를 보는 관점의 공통점이 있는데 그것은 관찰 및 측정이 불가한 오차 또는 우연의 영향력을 하나의 확률변수로 분리해낸다는 점이다. 그렇게 함으로써 관찰된 결과가 순수 우연에 의해 나타날 확률을 끌어내는 것이다. 당연한 일이지만, 네 가지 다른 접근의 분석결과는 모두 일치한다. 또한 네 가지 접근의 오차항, 즉 평균 비교에서의 통합분산, 분산비교에서의 집단 내 분산, 모형 비교에서의 모형으로 설명되지 않는 분산, 그리고 회귀분석에서의 잔차 분산은 모두 그 값이 6.667로 일치함을 눈여겨보기 바란다.

1 평균 비교

세 집단에 대한 처치 효과 검증방법 제1번이다. 먼저 세 가지 다른 처치를 받은 세 집단의 데이터가 다음과 같다고 가정하고, 세 모집단의 평균을 비교하는 분석법을 소개하겠다.

집단 1	집단 2	집단 3
10	5	14
13	5	9
14	4	10
16	9	11
17	7	6
$\overline{X}_1 = 14$	$\overline{X}_2 = 6$	$\overline{X}_3 = 10$

첫째 대안은 우리에게 익숙한, 평균을 비교하는 방법이다. 처치 효과가 있다면 주어진 세 표본평균 중에서 어느 하나라도 유의미한 차이가 있을 것이다. 유의미한 차이가 있다는 것은 그 집단의 모평균의 차이가 있다는 것을 말한다. 이를 검정하기 위한 가설은

$H_0 : \mu_1 = \mu_2 = \mu_3$

$H_1 :$ not all μ's are equal

영가설의 주장을 자세히 설명하자면 이렇다.

세 표본은 모두 같은 모집단에서 추출한 것으로 모평균의 차이는 0이다. 표본평균의 차이가 관측된 것은 오차에 기인하며 오차는 정규분포 같은 형태의 확률분포를 나타낸다. 따라서 표본평균의 차이가 나타난 것은 특별한 일이 아니라 당연히 예측된 표본오차 때문이고 실지 차이는 없다.

가설검정은 영가설의 말을 일단 믿고, 그 말에 따르면 관찰된 결과가 나타날 확률이 얼마나 되는지 확인하는 일이다. 그런 일이 발생할 확률이 매우 낮다면 그때는 영가설을 기각할 것이므로 기각 확률의 임계값을 미리 정해 놓는다. 교육을 포함한 인문과학 분야에서는 일반적으로 유의수준 $\alpha = 0.05$에 해당하는 임계값을 사용한다. 영가설과 대립가설은 서로 모순 관계에 있기 때문에 영가설을 기각하게 되면 대립가설을 받아들이는 것이 당연한 논리적 귀결이다.

먼저 집단 1과 집단 2의 평균차가 유의미한지 검정해보자. 차이가 나타난다면 그것으로 영가설을 기각하고, 나타나지 않는다면 다른 비교를 계속해볼 것이다. 단, 다음과 같은 세 가지 영가설을 검정하는 것은 잘못이다. 그 이유는 1종 오류의 초과현상 때문인데,

다음 장에서 자세히 설명할 것이다.

$$H_0 : \mu_1 = \mu_2$$

$$H_0 : \mu_1 = \mu_3$$

$$H_0 : \mu_2 = \mu_3$$

앞 장에서 다룬 두 표본평균의 차이 검정에 사용된 식을 먼저 검토해보자. 모집단의 분산이 같다는 가정이 있으므로, 통합표준편차 σ_{pooled}의 추정치는,

$$s_p = \sqrt{\frac{\sum(x_1 - \overline{x}_1)^2 + \sum(x_2 - \overline{x}_2)^2}{n_1 + n_2 - 2}}$$

추정의 표준오차는

$$s_E = \sqrt{\frac{s_p^2}{n_1} + \frac{s_p^2}{n_2}} = s_p \sqrt{\frac{1}{n_1} + \frac{1}{n_2}}$$

t 값은 두 표본평균의 차이를 영가설의 표준오차 단위로 전환한 것이므로

$$t = \frac{\overline{x}_1 - \overline{x}_2}{s_E} = \frac{\overline{x}_1 - \overline{x}_2}{\sqrt{\frac{\sum(x_1 - \overline{x}_1)^2 + \sum(x_2 - \overline{x}_2)^2}{n_1 + n_2 - 2}\left(\frac{1}{n_1} + \frac{1}{n_1}\right)}}$$

로 될 것이다. 이것이 두 집단의 평균을 비교하는 방법이었다. 여기서 달라진 것은 두 집단 대신 세 집단이 관련된다는 점이다. 세 집단의 통합표준편차, 즉 통합분산의 제곱근을 적용하여야 하므로 식이 좀 더 복잡해진다. 통합분산의 추정치 s_p^2는,

$$s_p^2 = \frac{SS_1 + SS_2 + SS_3}{n_1 + n_2 + n_3 - 3} = \frac{\sum(x_1 - \overline{x}_1)^2 + \sum(x_2 - \overline{x}_2)^2 + \sum(x_3 - \overline{x}_3)^2}{n_1 + n_2 + n_3 - 3}$$

$$= \frac{30.008 + 16 + 33.988}{5 + 5 + 5 - 3} = 6.667$$

분자: $\overline{x}_1 - \overline{x}_2 = 14 - 6 = 8$

$$\text{분모: } \sqrt{s_p^2\left(\frac{1}{n_1}+\frac{1}{n_2}\right)} = \sqrt{6.667\left(\frac{2}{5}\right)} = 1.633$$

$$t = \frac{8}{1.633} = 4.899 > t_{crit}$$

이렇게 영가설을 기각한다. 이 결과가 의미하는 것은 세 개의 집단 중 적어도 집단 1과 집단 2의 모집단 평균은 다르다는 것이다.

2 분산 비교

분산을 비교하여 처치 효과의 존재 여부를 검정하는 것은 정통적인 분산분석의 생각이다. 그 논리의 핵심은 두 분산이 반영하는 요인이 다른 점을 이용하여 처치 효과를 평가하는 것이다. 그것은 두 가지로 표현할 수 있다. 첫째, 집단 간 분산 대 집단 내 분산, 둘째, 고정효과 대 고정효과+무선효과가 그것이다.

1) 집단 간 분산 대 집단 내 분산

예를 들어, 이런 생각을 해보자. 같은 과목을 서로 다른 방식으로 학습한 세 집단이 있다면, 학습방식에 따라 성적에 차이가 나타날 수도, 결국 학습방식에 따른 결과의 차이가 없을 수도 있다. 그런데 만일 처치 효과가 있다면, 그것은 각 집단의 평균이 다른 결과로 나타날 것이다. 만일 처치 효과가 없다면? 그래도 집단 간 평균의 차이는 있을 수 있다. 오차 때문이다. 그러니까 집단 간 차이는 처치 효과와 오차가 함께 작용한 결과일 수도, 오차만 작용한 결과일 수도 있다. 그러나 같은 집단 내 점수의 차이가 있다면 그것은 처치 효과 이외의 이유, 오차 때문일 것이다. 같은 집단에 있는 사람들은 다 같은 처치를 받았기 때문에 처치 효과가 영향을 미치는 일은 있을 수 없다. 집단 평균의 분산과 집단 내 점수분산은 모두 오차를 반영하지만, 처치 효과를 반영하는 것은 집단 평균의 분산뿐이다. 따라서 두 가지 분산을 비교하여 집단 간 분산이 월등하게 크다는 것이 밝혀지면 그 원인은 처치 효과에 있다는 논리적 귀결이다.

여기서 집단 간 분산은 각 구성원의 집단 간 평균 차이의 제곱합을 자유도로 나눈 것이다. 일반적으로 집단 간 제곱합은 Between groups의 첫 자를 따 SS_B로 적고, 집단 내 제곱합은 Within group이라는 의미에서 SS_W로 적는다. SS_B 대신 SS_A를, SS_B 대신 $SS_{S/A}$로 표기하는 경우도 있으나 이 책에서는 SS_B, SS_W로 통일하였다. 세 집단 분산분석의 영가설은,

$$H_0 : \mu_1 = \mu_2 = \mu_3$$

$$H_1 : \text{not all } \mu\text{'s are equal}$$

주어진 자료에서 집단 간 제곱합 SS_B은

$$SS_B = 5(14-10)^2 + 5(6-10)^2 + 5(10-10)^2 = 160$$

집단 내 제곱합 SS_W은

$$SS_W = (10-14)^2 + \cdots + (5-6)^2 + \cdots + (14-10)^2 = 80$$

집단 간 분산, MS_B는

$$MS_B = \frac{SS_B}{df_B} = \frac{160}{2} = 80$$

집단 내 분산, MS_W는

$$MS_W = \frac{SS_W}{df_W} = \frac{80}{12} = 6.667$$

두 분산의 비 F 값은

$$F = \frac{MS_B}{MS_W} = \frac{80}{6.667} = 12.00, \quad F_{crit} = F_{0.05}(2, 12) = 3.88$$

$F > F_{crit}$ 영가설을 기각한다.

이 결과를 종합하면 다음 <표 13.1>과 같다.

〈표 13.1〉 분산분석 결과표

	제곱합(SS)	자유도(df)	평균제곱(MS)	F	P
집단 간	160	2	80	12.00	.001
집단 내	80	12	6.667		
합계	240	14			

이 결과를 앞의 평균을 비교한 검정 결과와 비교하면 계산 단위가 제곱으로 바뀌었을 뿐, 논리 구조는 다르지 않다는 것을 알 수 있다. 평균 비교에서나 분산분석에서나 모두 분자를 오차와 처치 효과를 반영한 것으로, 분모를 오차만 반영한 것으로 보고 있다. 결과인 t와 F 값은 같은 개념모형

$$test\,statistic = \frac{error + treatment}{error}$$

를 취하고 있다. 그런 이유에서 분산분석의 집단 내 평균 제곱 6.667은 차이 비교의 통합 분산과 일치한다.

2) 고정효과+무선효과 대 고정효과

앞에서 처치 효과의 유의미성을 검정하기 위해 집단 간 분산과 집단 내 분산을 비교한 다는 설명이 이해되었다면 이번에는 같은 내용을 다른 관점에서 생각해보자. 다른 관점 이란 이 내용을 보다 일반화된 방식으로 보는 방법으로 피험자 내 설계와 같은 복잡한 실험설계에서 검정통계치를 구성하는 데는 이 방식이 더 유용하다. 그 핵심은 각 변수가 대표하는 효과를 고정효과와 무선효과로 구분하여 보는 것이다.

고정효과(fixed effect): 동일 수준의 모든 피험자에게 일정한 것으로 실험이 반복될 경우에도 같은 특성이 유지되는 경우, 예컨대 성별, 수업 프로그램, 약의 복용 여부 등은 실험이 반 복될 경우에도 일정한 특성이 유지되는 고정효과이다.

무선효과(random effect): 한 요인의 수준이 여러 값으로부터 무선으로 뽑혀 나오는 것으로 연구자의 관심이 수준 자체에 있는 것이 아니라 그 모집단에 있는 경우, 예컨대 피험자 개

인의 점수에는 피험자의 개인차라는 무선효과가 내재되어 있다.

이 경우 각 집단에 대한 처치(독립변수)의 효과와 각 집단에 속한 피험자의 개인차를 어떤 효과로 볼 수 있느냐가 문제가 될 것이다. 각 집단에 대한 처치는 대부분의 경우 고정효과로 볼 수 있고 그렇게 간주하는 것이 일반적이다. 그런데 처치 후의 점수(종속변수)는 처치, 즉 고정효과와 집단 내 피험자의 개인차, 즉 무선효과에 의해 영향을 받는다. 그렇기 때문에 고정효과인 처치의 효과를 깨끗이 분리해낼 수 없다. 무선효과가 포함된 점수는 확률변수이기 때문이다. 이 경우 처치 효과를 검증하기 위한 검정통계치를 구하는 원리는 다음과 같다.

검정통계치 F는 처치 효과와 처치집단의 점수에 기여하는 무선효과를 번영하는 분산을 분자에 두고 고정효과를 뺀 나머지 무선효과를 반영하는 분산을 분모로 구성한다.

$$F = \frac{MS_A}{MS_{S/A}} \approx \frac{(A) + (S/AB)}{(S/AB)}$$

$$F = \frac{effect + error}{error}$$

이 경우 처치의 효과가 존재하지 않는다면 검정통계치 F는 오차/오차, 즉 1에 가까운 값을 나타낼 것이고, 만일 처치의 효과가 크다면, 무선효과(오차)가 있음에도 불구하고 F값을 크게 만들어 영가설을 기각할 수 있게 할 것이다.

또 한 가지, 처치가 반드시 고정효과는 아니라는 점, 고정효과라 보기 어려운 사정이 있다면, 이는 무선효과로 처리하여야 한다는 점을 덧붙인다. 그렇다면 그만큼 오차항의 분산도가 커질 것이다.

요약하자면, 분산분석의 검정이란 처치 효과가 있느냐의 문제로, 현실에서 우리가 관찰한 효과를 온전히 우연인지, 아니면 처치 효과도 포함되어 발생한 일인지 알 수 없기 때문에 선택한 우회적 방법이다. 이 방법의 핵심은 우연히 나타난 것으로 간주할 수 있는 확률과 관계가 있다. 그 확률을 얻기 위한 검정통계치를 구성하는 방법은 분자에 실험집단의 점수분산을 두고, 분모에 실험집단의 점수분산에 포함된 무선효과, 즉 통제되지 않는 분산원의 분산을 두어 그 비율을 구하는 것이다. 다시 말하자면, 검정통계치 F를 구성하는 일반적인 방법은 분자에 처치 효과를 두고, 분모와 분자에 똑같이 통제할 수 없는 처치 주변의 무선효과를 배치하는 것이다. 다음 식을 참고하기 바란다. 너무 자주 인용하지만, 거기엔 충분히 그럴만한 가치가 있다고 생각한다.

$$F = \frac{effect + error}{error}$$

③ 모형 비교

모형 비교는 영가설과 대립가설 두 모형을 법정 위에서 다투게 한 다음 판정을 내리는 것과 유사한 방식이다. 먼저, 주어진 자료에 관한 영가설의 주장은 다음과 같다.

이 자료는 평균 10으로 추정되는 하나의 모집단에서 추출한 것입니다. 마치 처치 효과로 인해서 세 가지 서로 다른 평균을 갖는 것처럼 보이지만, 그것은 우연히 나타난 결과이고 실제로 처치 효과는 없습니다.

대립가설의 주장은 다음과 같다.

이 자료는 모평균 14, 6, 10으로 집단마다 다르고 분산은 모두 같은 세 모집단에서 추출한 것입니다. 처치 효과 때문에 이런 평균의 차이가 나타난 것입니다.

이제 두 모형 중 한 편을 손들어 주어야 한다. 판정 기준은 누구의 주장이 데이터를 더 잘 설명하느냐이다. 이 말은 모형으로 설명이 안 되는 부분, 즉 오차 부분을 서로 비교하여 그 차이가 통계적 의미를 판단하는 것이다. 통계적 의미란 우연으로 설명하기에는 그 확률이 너무 작은 경우, 예컨대 임계 수치 0.05보다 낮은 확률인가를 판단하는 것이다. 그러므로 영가설 모형과 대립가설 모형의 설명되지 않는 제곱합의 차이가 가설검정 대상이다. 설명되지 않는 제곱합의 차이는 만일 대립가설이 참이라면 처치 효과와 오차, 만일 영가설이 참이라면 순수 오차에 기인한다고 볼 수 있다. 이 분석의 영가설과 대립가설

모형은 다음과 같다.

$$\text{Model } H_0: X_{ij} = \mu + \epsilon_{ij}$$

$$\text{Model } H_1: X_{ij} = \mu + \alpha_j + \epsilon_{ij}$$

두 모형의 오차항의 차이가 통계적으로 의미 있는지 다음과 같이 분석한다.

$$SS_{effect} = SS_{unexp}^{H_0} - SS_{unexp}^{H_1}$$

$$F = \frac{SS_{effect}/df_{effect}}{SS_{error}/df_{error}} = \frac{MS_{effect}}{MS_{error}}$$

$$df_{unexp} = (\text{observations}) - (\text{parameters})$$

$$df_{effect} = df_{unexp}^{H_0} - df_{unexp}^{H_1}$$

여기서 SS_{effect} : 처치 효과 또는 우연으로 설명되는 변량(제곱합)

　　　 $SS_{unexp}^{H_0}$: 영가설로 설명되지 않는 변량(제곱합)

　　　 $SS_{unexp}^{H_1}$: 대립가설로 설명되지 않는, 우연으로만 설명되는 변량(제곱합)

이제 두 모형에 따른 각 데이터의 변형 상황을 자세히 살펴보자. 다음 <표 13.2>는 두 모형의 설명되지 않는 제곱합을 나타낸다. 영가설 모형에서 설명되지 않는 부분이란 각 점수와 전체 평균 차이의 제곱합이고 대립가설 모형으로 설명되지 않는 부분은 각 점수와 해당 처치집단 평균 차이의 제곱합이다. 이 표에서 X_{ij}는 j 집단의 i 번째 점수를, $\overline{X}_j$는 j 집단의 평균을, $\overline{X}_T$는 전체 평균 10을 나타낸다.

$$SS_{unexp}^{H_0} = 240$$

$$SS_{unexp}^{H_1} = 80$$

가설검정의 대상인 처치 효과가 포함된 제곱합은

$$SS_{effect} = SS_{unexp}^{H_0} - SS_{unexp}^{H_1}$$

$$= (\text{treatment effects} + \text{error}) - (\text{error})$$

$$= 240 - 80 = 160$$

〈표 13.2〉 두 모형의 비교

	X_{ij}	$X_{ij}-\overline{X}_T$	$(X_{ij}-\overline{X}_T)^2$	$\overline{X}_j$	$X_{ij}-\overline{X}_j$	$(X_{ij}-\overline{X}_T)^2$
		H_0 Model			H_1 Model	
a_1	10	0	0	14	4	16
	13	3	9	14	1	1
	14	4	16	14	0	0
	16	6	36	14	2	4
	17	7	49	14	3	9
a_2	5	−5	25	6	−1	1
	5	−5	25	6	−1	1
	4	−6	36	6	−2	4
	9	−1	1	6	3	9
	7	−3	9	6	1	1
a_3	14	4	16	10	4	16
	9	−1	1	10	−1	1
	10	0	0	10	0	0
	11	1	1	10	1	1
	6	−4	16	10	−4	16
			240			80

순수 오차만 포함된 제곱합은

$$SS_{error} = SS_{unexp}^{H_1} = 80$$

자유도는 사례 수에서 모평균을 추정한 횟수를 뺀 값

$$df_{error} = N - a = 15 - 3 = 12$$

$$df_{unexp}^{H_0} = 15 - 1, \ df_{unexp}^{H_1} = 15 - 3$$

$$df_{effect} = df_{unexp}^{H_0} - df_{unexp}^{H_1} = 2$$

분산은 제곱합을 자유도로 나눈 값

$$MS_{effect} = \frac{SS_{effect}}{df_{effect}} = \frac{160}{2} = 80$$

$$MS_{error} = \frac{SS_{error}}{df_{error}} = \frac{80}{12} = 6.667$$

$$F = \frac{MS_{effect}}{MS_{error}} = \frac{80}{6.667} = 12.00, \ F_{crit} = F_{0.05}(2, 12) = 3.88$$

$F > F_{crit}$ 영가설을 기각한다.

이렇게 모형 비교 접근의 논리는 두 모형 중 전체 변량을 더 잘 설명하는, 즉 설명되지 않는 부분이 작은, 모형의 손을 들어주는 것이다. 이러한 접근은 회귀분석 또는 일반 선형모형의 사고방식에서 온 것이며, 특수한 상황에서 분산분석을 일반화하여 적용할 수 있게 해준다. 물론 그 차이가 의미 있는 것인가의 검정 결과 얻어진 F 값은 앞에서 보인 접근법, 분산분석에서 얻어진 그것과 같다. 이 접근방법은 제17장 공분산 분석에서 본격적으로 사용될 것이다.

4 가변수 회귀분석

분산분석이란 회귀분석의 특수한 형태이기 때문에 회귀분석으로써 분산분석을 수행할 수 있다. 이때 가변수, dummy variable을 사용하는데, 가변수란 특정 범주형 변수의 효과 유무를 표시하기 위하여 1과 0의 형태로 제시한 인위적 변수를 말한다. 먼저 예를 보이겠다. 앞에서 사용했던 자료, 세 가지 다른 교재를 사용하여 학습한 세 집단의 학업성취도 자료를 다시 제시한다.

집단 1   10, 13, 14, 16, 17
집단 2   5, 5, 4, 9, 7
집단 3   14, 9, 10, 11, 6
여기서, $\bar{x}_1 = 14$, $\bar{x}_2 = 6$, $\bar{x}_3 = 10$, $\bar{x}_T = 10$

이 자료를 회귀분석으로 처리하기 위해 인위적 변수인 더미 변수를 구축한다. 더미 변수는 하나의 관찰점수가 특정 집단에서 나온 경우 1을, 그렇지 않은 경우 0을 부여한 것이다. 집단이 3개 있는 경우, 이 세 집단을 구분하기 위해 다음과 같이 2개의 더미 변수가 필요하다.

집단 1 $\quad z_1 = 1, z_2 = 0$

집단 2 $\quad z_1 = 0, z_2 = 1$

집단 3 $\quad z_1 = 0, z_2 = 0$

이처럼 정의된 더미 변수를 사용한 회귀모형은

$$\hat{y} = \beta_0 + \beta_1 z_1 + \beta_2 z_2$$

가 된다. 이때 종속변수는 점수이고 독립변수는 두 개의 더미 변수가 된다. 회귀방정식의 절편과 계수는 최소제곱법, least squares method에 의하여 구한다. 통계 프로그램을 사용한다면 이제부터 자동으로 결과를 얻을 수 있지만, 만일 이 계산을 수동으로 한다면 먼저 세 개의 계수를 구하여야 한다.

집단 3에 대하여
$$\hat{y} = \beta_0 + \beta_1 (0) + \beta_2 (0) = \beta_0 = \mu_3,$$

집단 1에 대해서
$$\hat{y} = \beta_0 + \beta_1 (1) + \beta_2 (0) = \beta_0 + \beta_1,$$

그리고 집단 2에 대해서
$$\hat{y} = \beta_0 + \beta_1 (0) + \beta_2 (1) = \beta_0 + \beta_2$$

가 됨을 알 수 있으며, 이것으로 다음 <표 13.3>과 같은 정보를 구할 수 있다.

⟨표 13.3⟩ 더미 변수의 계수에 대한 해석

집단	z_1	z_2	모평균의 추정	계수
1	1	0	$\mu_1 = \beta_0 + \beta_1$	$\beta_1 = \mu_1 - \mu_3$
2	0	1	$\mu_2 = \beta_0 + \beta_2$	$\beta_2 = \mu_2 - \mu_3$
3	0	0	$\mu_3 = \beta_0$	

이렇게 얻어진 β_0, β_1, β_2의 값 10, 4, -4를 대입하여 다음의 회귀방정식을 얻는다.

$$\hat{y} = 10 + 4z_1 - 4z_2$$

이후의 계산절차는 각 데이터의 잔차의 제곱합, $\sum(y - \hat{y})^2$을 전체 집단의 편차의 제곱합, $\sum(y - \bar{y})^2$과 양적으로 비교하는 과정이다. 여기서 검정하고자 하는 대립가설은, 가변수를 사용하여 집단의 차이를 설명한 회귀모형이 유효하다는 것이다.

참고로 집단 1의 첫 점수인 16의 잔차를 구하는 방법을 보이겠다.

$$y - \hat{y} = 16 - (10 + 4 + 0) = 2$$

이런 방식으로 계산한 모든 잔차의 제곱합을 종합한 회귀분석 모형의 분석결과는 ⟨표 13.4⟩에 있으며 이것은 앞의 ⟨표 13.1⟩에 나타난 분산분석 결과와 정확히 일치한다.

이 회귀분석의 결정계수 R^2는 전체 점수변량 240 중 회귀모형이 설명하는 변량(제곱합) 160, 즉 0.667로 나타난다. 결과는 영가설을 기각하는 것으로 나타난다. 영가설 기각의 의미는 집단에 따라 다른 평균으로 데이터를 더 잘 설명할 수 있다는 것이니, 이 역시 처치 효과가 있다는 판단을 뒷받침한다.

⟨표 13.4⟩ 분산분석 결과표

	제곱합	자유도	평균제곱	F	P
회귀모형	160	2	80	12.00	.001
잔차	80	12	6.667		
합계	240	14			

5 상관, 회귀, 분산분석의 비교

1) 상관분석과 회귀분석의 차이점

단순선형상관과 단순선형회귀는 두 변수 간의 관계를 탐구한다는 점에서는 공통점이 있으나, 회귀분석의 목적이 두 변수 간의 함수관계의 특성을 분석대상으로 삼는 데 반하여 상관분석은 이러한 관계의 강도 내지 밀접도를 나타내는 데 주안점을 둔다는 점이 서로 다르다. 또한 회귀분석의 경우에는 독립변수를 상수로 취급하고 종속변수만을 확률변수로 취급한 데 반하여 상관분석의 경우에는 두 변수를 구분함이 없이 모두 확률변수로 다루고 있어 표본정보를 이용한 모수에 대한 추론과정이 다소 복잡해질 수밖에 없다. 따라서 인과관계에 관심이 있는 연구자라면, 상관분석보다는 어느 한 변수(독립변수)의 변화가 다른 변수(종속변수)에 미치는 영향은 분석하는 회귀분석 쪽에 더 관심을 두게 될 것이다.

2) 상관분석과 회귀분석의 관계

앞에서 말한 본질적인 분석방법 및 목적상의 차이에도 불구하고 두 분석방법은 몇 가지 측면에서 유기적인 관련성을 찾아볼 수 있다. 첫째, $\hat{\beta}$과 r의 관계이다. 1차 함수관계인 두 변수 간에 회귀분석을 적용한 표본회귀선의 기울기 $\hat{\beta}$와, 이때 사용된 두 변수 간의 표본 상관계수 r은 각각 다음과 같이 표현될 것이다.

$$\hat{\beta} = \frac{\sum xy}{\sum x^2}$$

$$r = \frac{\sum xy}{\sqrt{\sum x^2}\,\sqrt{\sum y^2}}$$

따라서 다음 식

$$\hat{\beta} = r \frac{s_y}{s_x}$$

이 성립한다. 이 식은 몇 가지 중요한 점을 시사하고 있다. 우선 $\hat{\beta}$과 r은 항상 같은 부호를 갖게 된다는 것을 알 수 있다. 또 둘 중의 하나가 0일 때는 다른 것도 0이라는 것을 알 수 있다. 따라서 영가설 $H_0 : \beta = 0$을 검정하는 것과 영가설 $H_0 : \rho = 0$을 검정하는 것은 동일한 의미이다.

둘째, 위의 식으로부터

$$r = \hat{\beta} \frac{s_x}{s_y}$$

가 되며, 따라서

$$r^2 = \hat{\beta}^2 \frac{s_x^2}{s_y^2}$$

과 같아진다. 자세한 과정은 생략하지만, 결정계수 R^2은

$$R^2 = \frac{SSM}{SST} = \frac{\sum (\hat{Y}_i - \overline{Y})^2}{\sum (Y_i - \overline{Y})^2} = \hat{\beta}^2 \frac{s_X^2}{s_Y^2}$$

을 유도할 수 있다. 그러므로 단순선형 상관계수 r을 제곱한 값이 단순선형 회귀분석의 결정계수 R^2과 같다는 것을 알 수 있다.

셋째, $\rho = 0$ 이라는 가정하에서의 r의 분산은

$$Var(r) = \frac{1 - r^2}{n - 2}$$

의 값을 갖는다.

3) 상관분석과 회귀분석의 유용성과 보완성

단순선형 상관계수는 단지 두 변수 간 선형관계의 강도만을 측정해 줄 뿐 변수 간의 인과관계나 선형함수 관계의 구체적인 형태에 관해서는 아무 정보도 주지 못한다. 따라서 $\hat{\beta}$과 r이 비록 같은 부호를 갖게 되지만 $\hat{\beta}$ 값에 결정적 역할을 하는 것은 X와 Y의 분산이다.

또한, R^2은 r의 제곱과 같은 값을 갖지만, R^2는 Y의 전체 변동량 중 표본회귀선에 의해 설명될 수 있는 변동량의 비율인 데 비하여, r은 두 변수 간의 관련성의 정도를 나타내는 것이다. 따라서 상관계수가 두 변수 간 상관관계의 방향을 제시해 줄 수 있으나, 종속변수의 변동을 독립변수가 설명할 수는 없다는 한계가 있다.

높은 상관계수라 할지라도 이는 특정한 함수관계나 인과관계가 없이도 발생할 수 있다는 문제가 존재한다. 이러한 상황을 허구적 상관(spurious correlation)이라 부른다.

4) 회귀분석과 분산분석의 비교

a. 형태상으로 보아 단순선형 회귀모형과 일원 분산분석, 그리고 다중 선형회귀모형과 다원분산분석은 유사한 형태를 취하고 있다.

b. 오차항에 대한 기본가정이 같다. 즉 두 분석모형이 모두 오차항은 정규분포를 따르고, 분산이 같으며, 공분산은 0 (즉 오차항 간의 독립성)이라는 가정을 설정하고 있다.

c. 분석대상 변수(종속변수)의 변동을 초래하는 요인을 찾고자 하는 목적 면에서 유사점이 있다. 그러나 회귀분석과 분산분석 사이에는 다음과 같은 차이점이 있다.

d. 기본적으로 회귀분석은 종속변수와 설명변수간의 인과관계를 규명하는 방안임에 반하여, 분산분석은 한 모집단의 특성이 어떤 기준에 의해 모집단이 구분될 경우 구분된 분할 모집단이 서로 다른 특성을 갖게 되는지의 여부를 확인하는 방법이다. 따라서 분산분석이 한 변량으로 정의되는 한 모집단의 특성치의 변화를 대상으로 하는 반면 회귀분석은 두 변량 이상으로 정의되는 인과관계의 특성을 분석 대상으로 한다는 점에서 두 분석 방법은 구분되어야 할 것이다.

e. 두 분석 방법에서 실제로 사용되는 분석모형이 형태상 유사하나 회귀분석의 독립변

수는 수량적 자료(numerical data)를 갖는 반면 분산분석 모형에 나타난 변수는 범주 자료에 속하는 정보를 이용하여 분석하게 된다. 따라서 수량적 자료를 갖는 독립변수로 정의된 모형을 분산분석 방법으로 처리한다면 독립변수 내에 포함된 수량적 정보는 완전히 이용되지 못하므로 비효율적 분석 결과가 될 것이다. 그러나 모형 내에 정의된 변수가 질적 변화를 나타내는 자료일 때에는 분산분석이 보다 적절한 분석 방안이 될 것이다. 즉 기본적인 회귀분석은 수량적 독립변수에 한하여 실시하는 것이 원칙이며, 분산분석은 모의변수에 대한 회귀분석의 실시 효과와 동일한 효과를 갖는다. 공분산분석(ANCOVA)은 수량적 독립변수와 모의변수를 동시에 포함한 모형에 대한 회귀분석 결과와 동일한 효과를 갖는다.

f. 이상에서 열거한 차이점들을 종합하여 재정리하면 다음과 같다. 어느 한 변수 (독립변수)가 다른 변수 (종속변수)에 어느 정도 영향을 미치며 또 이때 독립변수의 설명능력 (또는 회귀분석 결과의 적합도)을 판별하려면 회귀분석이 적당하다. 왜냐하면, 분산분석은 변수간의 적합도를 측정하는 것이 아니라 도입된 예측변수 (범주별 자료를 가짐)가 단순무작위추출과는 다른 결과들을 산출해 낼 수 있는 확률을 결정하는데 불과하기 때문이다. 즉 ANOVA는 분석대상변수의 변동이 우연 발생적인지 아니면 분할된 집단들의 평균의 차이에서 발생한 것인지를 확인하는 방법인 것이다. 그리고 분할된 집단들의 평균의 차이가 유의할 만한 정도인지를 판별키 위해 집단들 간의 분산과 집단 내의 분산의 크기를 비교하는 방법을 채택하기 때문에 "분산 값을 이용한 분석"이란 의미에서 분산분석이라 일컫는 것이며, 이 분석에서 모집단을 구분 처리한 현상을 설명변수로 취급하므로 당연히 범주형 자료의 성격을 갖게 된다.

예컨대, 교육 방법의 차이에 따라 학업 성취에 변화가 발생했을 경우 이것이 우연히 발생한 것인지 아니면 상품 포장의 차이가 변화를 유발한 것인지를 파악하려면 ANOVA를 이용함이 타당하며 이 경우 회귀분석의 적용은 곤란하다. 교육 방법의 차이란 질적 차이 또는 범주형 구분을 나타내는 변수로서 수량화될 수 없는 것이기 때문이다.

5) 회귀분석과 분산분석의 F 검정통계량 비교

두 분석 방법이 검정통계량으로 사용하는 것은 F 통계량으로, 이는 서로 독립적인 두 가지 변동량 간의 비율로 정의된다. 두 분석 방법에서 이들 변동량을 일종의 분산 개념과 유사한 형태로 정의하여 비교하였기 때문에 두 경우 모두 분산분석(ANOVA)이라고 일컫고 있다.

두 분석에서 사용되는 통계량은 다음 <표 13.5>와 같다.

〈표 13.5〉 회귀분석과 분산분석의 ANOVA표 비교

구분	총변동량(SST)	설명된 변량(SSM)	설명 안 된 변량(SSE)
회귀분석	$\sum(X_i - \hat{X})^2$	$\sum(\hat{X}_i - \overline{X})^2$	$\sum(X_i - \hat{X}_i)$
분산분석	$\sum\sum(X_{ij} - \overline{X})^2$	$\sum\sum(\overline{X}_j - \overline{X})^2$	$\sum\sum(X_{ij} - \overline{X}_j)^2$

각 분석에 대응하는 검정 통계량은 표에 나타난 변동량을 해당하는 자유도로 나눈 후 비율로 표시한다. 즉, 회귀분석의 경우는

$$F = \frac{\sum(\hat{X}_i - \overline{X})^2/k}{\sum(X_i - \hat{X}_i)^2/(n-k-1)}$$

그리고 분산분석의 경우는

$$F = \frac{\sum_i\sum_j(\hat{X}_i - \overline{X})^2/(k-1)}{\sum_i\sum_j(X_{ij} - \hat{X}_j)^2/k(n-1)}$$

와 같이 나타낼 수 있다. 여기서 k는 집단 수, n은 집단 내 사례 수이다.

결국 분산분석은 분할의 기준으로 설정된 요인(factor)의 영향력을 F 검정을 통해 확인함으로써 인과성의 유무를 판정하는 방안이며, 회귀분석은 독립변수가 종속변수를 설명할 수 있는지를 F 검정을 통해 확인함으로써 "선형함수 관계"의 유무를 판정하는 방법이라고 규정할 수 있다.

01. 다음은 표본평균 비교, 모형 비교, 분산 비교, 가변수 회귀분석의 분석방법이다. 이 중 분석결과 얻어진 검정통계치가 나머지와 다른 하나는?

    a. 세 개의 집단 중 $\bar{x}_1 - \bar{x}_2$의 유의도 검정 결과.

    b. 영가설 모형과 대립가설 모형이 설명하는 데이터의 잔차를 비교한 결과.

    c. 집단 간 평균의 분산과 집단 내 평균의 분산을 비교한다.

    d. 가변수를 사용한 회귀분석 모형이 유의한지 판정한다.

02. 무작위로 추출한 3 집단에 A, B, C 세 가지 처치를 하고 종속변수의 측정치를 수집했다. 아래 제시된 결과를 보고 물음에 답하라.

	Treat A	Treat B	Treat C
Sample size	20	19	11
Mean	6.0	4.0	3.8
SD	3.0	2.8	3.3

    1) A 집단과 B 집단 사이에는 유의미한 평균 차이가 있나?

    2) A 집단과 C 집단 사이에는 유의미한 평균 차이가 있나?

    3) 위 두 집단 간 차이 중 어느 차이가 더 큰가? 그것은 어떻게 확인할 수 있나?

03. 다음은 무선추출한 세 집단에 각기 다른 훈련법에 의한 성과를 기록한 자료이다. 훈련법의 효과에 차이가 있는지 1) 모형 비교, 2) 분산 비교, 3) 가변수 회귀분석의 방법을 사용하여 검정하라.

Group 1	Group 2	Group 3
7	5	8
2	3	9
6	6	7
5	4	5
3	2	9
3	7	5
4	4	6
$n_1 = 7$	$n_2 = 7$	$n_3 = 7$
$\bar{x}_1 = 4.29$	$\bar{x}_2 = 4.43$	$\bar{x}_3 = 7.00$
$s_1 = 1.799$	$s_2 = 1.718$	$s_3 = 1.732$
$n_T = 21$	$\bar{X}_T = 5.24$	

04. 다음 독립인 두 집단의 자료를 분석하여 물음에 답하라.

통제집단	실험집단
50	45
60	38
51	40
52	48
51	50
49	40
50	44

1) df_W 값은?

2) df_B 값은?

3) F_{obt} 값은?

4) t 검정으로 분석한다면 t_{obt} 값은 얼마일까?

5) $\alpha = 0.05$에서 가설검정 결과는?

01. a. 보기에서 a는 t 검정이고 나머지는 F 검정이다.

02. 평균 차이의 비교

1) 평균 차이는 $\overline{X}_A - \overline{X}_B = 6.0 - 4.0 = 2.0$

통합분산

$$s_p^2 = \frac{SS_A + SS_B + SS_C}{n_A + n_B + n_C - 3} = \frac{(20-1)(3.0)^2 + (19-1)(2.8)^2 + (11-1)(3.6)^2}{20 + 19 + 11 - 3} = 9.398$$

$$t = \frac{\left(\overline{X}_A - \overline{X}_B\right)}{\sqrt{\left(\frac{1}{n_A} + \frac{1}{n_B}\right)s_p^2}} = \frac{\left(\overline{X}_A - \overline{X}_B\right)}{\sqrt{\left(\frac{1}{n_A} + \frac{1}{n_B}\right)\frac{SS_A + SS_A + SS_A}{n_A + n_B + n_C - 3}}} = \frac{2.0}{\sqrt{\left(\frac{1}{20} + \frac{1}{19}\right)9.398}}$$

$$= 2.03$$

$$t_{crit} = t_{.05}(47) > 2.021, \quad t > t_{crit}$$

2) $\overline{X}_A - \overline{X}_C = 6.0 - 3.8 = 2.2$

$$t = \frac{\left(\overline{X}_A - \overline{X}_C\right)}{\sqrt{\left(\frac{1}{n_A} + \frac{1}{n_C}\right)s_p^2}} = \frac{2.2}{\sqrt{\left(\frac{1}{20} + \frac{1}{11}\right)9.398}} = 1.91$$

$$t < t_{crit}$$

3) 확률적으로 A 집단과 B 집단 사이의 차이가 크다.

점수 차이는 A-C가 크지만, 자유도 때문에 A-B의 차이가 유의미한 것으로 나타났다.

$$t_{A-B} = \frac{2.0}{\sqrt{\left(\frac{1}{20} + \frac{1}{19}\right)9.398}} = 2.03$$

$$t_{A-C} = \frac{2.2}{\sqrt{\left(\frac{1}{20} + \frac{1}{11}\right)9.398}} = 1.91$$

03. 1)

$$\text{Model } H_0 : X_{ij} = \mu + \epsilon_{ij}$$

$$\text{Model } H_1 : X_{ij} = \mu_j + \epsilon_{ij}$$

여기서 X_{ij}: j 집단의 i번째 점수, μ_j: j 집단의 모평균

제13장 검정의 대안적 접근 *379*

$$SS_{unexp}^{H_0} = \sum (Y_{ij} - \overline{X}_T)^2 = 87.810$$

$$SS_{unexp}^{H_1} = \sum (X_{ij} - \overline{X}_j)^2 = 55.143$$

가설검정의 대상인 처치 효과가 포함된 제곱합은

$$\begin{aligned} SS_{effect} &= SS_{unexp}^{H_0} - SS_{unexp}^{H_1} \\ &= (\text{treatment effects} + \text{error}) - (\text{error}) \\ &= 87.810 - 55.143 = 32.667 \end{aligned}$$

순수 오차만 포함된 제곱합은

$$SS_{error} = SS_{unexp}^{H_1} = 55.143$$

자유도는

$$df_{error} = N - a = 21 - 3 = 18$$

$$df_{unexp}^{H_0} = 21 - 1 = 20, \qquad df_{unexp}^{H_1} = 21 - 3 = 18$$

$$df_{effect} = df_{unexp}^{H_0} - df_{unexp}^{H_1} = 20 - 18 = 2$$

분산은 제곱합을 자유도로 나눈 값

$$MS_{effect} = \frac{SS_{effect}}{df_{effect}} = \frac{32.667}{2} = 16.333$$

$$MS_{error} = \frac{SS_{error}}{df_{error}} = \frac{55.143}{18} = 3.063$$

$$F = \frac{MS_{effect}}{MS_{error}} = \frac{16.333}{3.063} = 5.332, \quad F_{crit} = F_{0.05}(2, 18) = 3.55$$

$F > F_{crit}$ 영가설을 기각한다.

2)

$$H_0 : \mu_1 = \mu_2 = \mu_3$$

$$H_1 : \text{not all } \mu\text{'s are equal}$$

집단 간 제곱합

$$SS_B = \sum n (\overline{X}_j - \overline{X}_T)^2 = 32.667$$

집단 내 제곱합

$$SS_W = \sum \sum (X_{ij} - \overline{X}_j)^2 = 55.143$$

자유도

$$df_B = a - 1 = 3 - 1 = 2$$
$$df_B = N - a = 21 - 3 = 18$$

분산(제곱평균)

$$MS_B = \frac{SS_B}{df_B} = \frac{36.286}{2} = 16.333$$

$$MS_W = \frac{SS_W}{df_W} = \frac{55.143}{18} = 3.063$$

F 값

$$F = \frac{MS_B}{MS_W} = \frac{16.333}{3.063} = 4.743, \quad F_{crit} = F_{0.05}(2, 18) = 3.55$$

$F > F_{crit}$ 영가설을 기각한다.

3) dummy 설정

집단 1 $z_1 = 1, z_2 = 0$
집단 2 $z_1 = 0, z_2 = 1$
집단 3 $z_1 = 0, z_2 = 0$

분석모형

Model $H_0 : \hat{x} = \bar{x}$
Model $H_1 : \hat{x} = \beta_0 + \beta_1 z_1 + \beta_2 z_2$

계수

$$\hat{\beta}_1 = \bar{x}_1 - \bar{x}_2 = -0.14$$
$$\hat{\beta}_2 = \bar{x}_2 - \bar{x}_3 = -2.86$$
$$\hat{\beta}_0 = \bar{x}_3 = 7.29$$

회귀식

$$\hat{x} = 7.29 - (0.14)z_1 - (2.86)z_3$$

분산분석 결과표

	제곱합	자유도	평균제곱	F	P
회귀모형	32.667	2	16.333	5.332	0.015
잔차	55.143	18	3.063		
합계	87.810	20			

04. 1) $df_{S/A} = N - a = 14 - 2 = 12$

2) $df_A = a - 1 = 2 - 1 = 1$

3) 14.23

	제곱합	자유도	평균제곱	F	P
집단 간	240.286	1	240.286	14.234	0.003
집단 내	202.571	12	16.881		
합계	442.857	13			

4) 3.77

$t = 3.773 \qquad df = 12 \qquad sig_{2tail} = 0.003$

5) $F_{crit} = 4.75$, 영가설 기각

제14장

일원 설계 1

일원 분산분석은 일원 설계의 분석법으로, 앞 장에서 소개한, 처치 효과를 검증하는 네 가지 방법 중 두 번째, 분산을 비교하는 방법이다. 일원 설계란 독립변수, 즉 종속변수에 원인적 위치에 있는 요인이 하나인 설계를 말한다. 분산분석은 자료를 몇 가지 성분으로 분해해서 그 분산을 비교하는 방법이기 때문에 분산분석이라고 한다. 일원 분산분석은 두 요인 사이의 인과관계를 검증할 수 있는 분석법이며, 한 요인은 여러 개의 범주 또는 수준으로 나누어질 수 있기 때문에 웬만한 현실적인 교육문제를 탐색하는 데 편리하게 사용할 수 있다. 그러나 매우 정교하고 복잡하게 얽혀 있는 연구 정보 속에서 돌파구를 찾기 위해서라면 이원 분산분석과 같은 보다 어려운 분석이 필요하겠다. 그러나 이를 위해서는 일원 설계의 단단한 기초가 필요하다. 일원 분산분석은 그런 의미에서 연구 소양을 위한 기초통계의 마지막 코스이며, 동시에 고급통계의 시작이라 할 수 있다. 전자를 위한 훈련은 일원 설계에 적용하기 위한 도구로서 분산분석의 사용법에 중점을 둔 것으로, 우리가 일상생활에 사용하는 기기의 안전관리나 응급처치 요령을 익히는 것처럼, 타당도 저해요인이나 가정 위배 시 대응방안 등을 중요시하여야 할 것이다. 후자를 위한 훈련은 점수의 분해와 사후분석 등 분산의 조작과 관련한 수학적 의미를 이해하는 데 중점을 두어야 할 것이다.

1 개 요

일원 설계는 일원 배치법, 완전 임의배치법, one-way factorial design, 또는 completely randomized design 등으로 표현되며, 이는 어떤 관심 있는 하나의 요인

(factor)의 영향을 조사하기 위하여 쓰이는 비교적 단순한 실험계획법이다. 이 계획의 두 특징, 즉 비교집단이 존재한다는 것과 순수 우연에 의한 선발 및 배치가 왜 중요한지는 제7장 실험설계에서 설명하였다. 이러한 계획에 의한 실험자료를 분석하는 방법이 분산분석 또는 Analysis of Variance, ANOVA 등으로 불린다. 기본적으로 일원 분산분석은 둘 이상인 표본의 평균 차이를 모집단의 평균 차이 때문으로 볼 수 있는지 통계적으로 확인하는 절차이다. 척도와 관련하여 말하자면, 이 분석의 종속변수는 양적 변수이고 독립변수는 수준(level)별 범주로 주어지는 질적 변수이다. 여기서 수준(level)이란 요인(변수)을 특정한 수량이나 특성에 따라 분류한 값이다.

이 분석의 이름에 분산 또는 variance라는 용어가 들어가는 이유는 이 분석에 의한 유의도 검증이 두 종류의 분산을 비교하는 것이기 때문이다. 두 종류의 분산은 물론 집단 간 평균 차이의 분산과 집단 내 오차분산이다. 제9장 가설검정의 예에서 소개한 t 검정은 두 집단의 평균 차이를 비교하는 것이었다. 분산분석은 집단의 수가 둘 이상인 경우에도 사용할 수 있는, t 검정을 일반화시킨 방법이라 할 수 있다. 분산분석에 의한 가설검정을 F 검정이라고도 하는데 그 이유는, t 검정이 평균의 차이와 오차의 표준편차를 비교하는 데 비하여, 분산분석은 F 값을 통해 집단 간 평균 차이의 분산과 오차의 분산을 비교하기 때문이다. F 검정이란 말은 1922년 F 분포를 발견한 영국의 통계학자 Ronald Fisher의 이름을 딴 것이다.

집단 수가 2인 경우 분산분석의 F 값은 t 검정의 t 값의 제곱과 일치한다.

$$F = t^2$$

분산분석이 여러 집단 간 평균의 차이가 통계적으로 의미 있는 것인지 보기 위한 것이라면 한 가지 의문이 생길 수 있다. t 검정을 수차례 실시하면 여러 집단의 평균을 비교할 수 있는데 왜 굳이 F 검정이라는 것을 하는가, 예를 들어 세 집단의 평균을 비교하기 위해서 t 검정을 세 번 하면 안 되나?

1종 오류에 대해 생각해보면 이 질문에 대한 해답을 구할 수 있다. t 검정에서 우리는 기각역 α를 설정한다. 예를 들어 $\alpha = 0.05$로 정했다면 이것은 5%의 1종 오류 가능성을 안고 판단을 내리겠다는 뜻이다. 그런데 만일 $\alpha = 0.05$인 상태로 세 번의 t 검정 결과를 가지고 판단을 내린다면 그 판단이 갖는 1종 오류 가능성은 처음보다 커질 것이다. 분산분석의 사후분석에서 자세히 다루겠지만 통합된 기각역은 약 0.143으로 뛰어오른다.

$$\alpha_{FW} = 1 - (1-\alpha)^c$$

여기서, α_{FW}: 통합 기각역(alpha family-wise)

c: 비교 횟수(number of comparisons)

설명이 더 필요하다면 러시안룰렛을 생각해 보라. 이것을 한 번 하는 것과 연속 세 번을 하는 것은 위험도가 얼마나 다른지 실감이 날 것이다. 이것 외에도 t 검정을 연속으로 하는 데 따르는 문제는 표본의 독립성 가정이 지켜지지 않는다는 점이다. 각각의 검정에는 독립된 새로운 표본이 사용되어야 하는데 연속된 t 검정은 명백히 그 가정을 위반하고 있다. 연구에서도 비교가 이루어질 때마다 1종 오류 가능성을 부담해야 하니 셋 이상의 집단을 비교할 때, 통합된 기각역 0.05를 유지하면서 한 번에 할 수 있는 방법이 필요한 것이다. 그것이 분산분석의 F 검정이다. 앞에서 F 검정은 t 검정을 일반화한 것이라 한 이유는 비교하는 집단 수가 둘 이상인 경우에도 유의수준을 유지하면서 한 번에 비교할 수 있다는 뜻이다. 다음으로 일원 분산분석에서 다루어질 주요 내용을 살펴보겠다.

1) 가 설

분산분석도 t 검정과 마찬가지로 가설검정의 한 방법이다. 가설검정이란 결국 처치 효과가 있는지에 관한 문제로, 관찰된 집단 간 차이를 독립변인의 효과에 기인한 것으로 볼 수 있는지에 대한 답을 찾는 과정이다. 그래서 서로 다른 조건을 제공한 집단의 점수를 비교하게 한다. 이때 우리가 알고 싶은 것은 실험에 투입된 각 집단의 평균 차이가 아니라, 실험에 투입되지 않았지만, 실험에 투입된 사람들로 대표되는 모든 사람의 행동이 차이를 나타낼까 하는 점이다. 즉, 표본(sample)으로 모집단(population)의 특성을 추정하려는 것이다. 이 목적을 달성하기 위해서 통계적으로 조작한 내용이 영가설(null hypothesis: H_0)이다.

영가설 H_0: $\mu_1 = \mu_2 = \mu_3 = etc.$

영가설은 서로 다른 실험적 처치를 받은 집단의 모집단 평균이 다 같다는 것으로, 처치 효과는 없고 실험에서 관찰된 집단 간 차이는 우연히 얻어진 오차라는 판단이다. 만일 이 판단을 수용하는 것이 합리적이지 않다면, 이것을 기각하게 되는데, 그것은 논리적으로 대립가설(alternative hypothesis: H_1)을 수용하는 것을 의미한다.

대립가설 H_1: not all $\mu's$ are equal

여기서 분산분석의 목적과 방법을 정확히 구분하자면, 목적은 처치 효과의 존재를 검증하려는 것이고, 방법은 관찰된 차이와 오차의 분산을 비교하는 것이다.

2) 오 차

검증의 핵심적 문제는 오차이다. 모든 점수는 처치 효과와 무관한 오차가 일부 개입한 결과이다. 오차는 주로 개인차에 의해 발생하는데 이것을 통제하기가 어렵다. 측정오차도 중요한 오차 발생의 원인이 된다. 그 외에도 실험 과정에서 있을 수 있는 여러 실수, 예컨대 채점의 오류, 기록의 실수 등이 있을 수 있으며, 같은 집단 내에서 생길 수 있는 이질적인 경험, 서로 다른 검사 환경 등이 오차를 유발할 수 있다. 이처럼 오차는 다양한 곳에서 다양한 형태로, 때로는 예측할 수 없는 방식으로 나타난다. 한 가지, 오차는 체계적으로가 아니라 우연히 발생하는 것으로, 처치 효과와는 무관한, 처치 효과와 독립적인 변수라는 사실을 꼭 기억해야 한다. 이 사실이 중요한 이유는 우리가 다루는 것이 우연과 확률이기 때문이다.

각 집단의 모집단 평균이 같음에도 불구하고 표본평균이 다른 이유를 설명할 방법은 딱 한 가지, 오차이다. 오차가 개입하여 같은 처치를 받은 집단 내 분산, 즉 개인차를 실제보다 크게 만들고, 무선추출 과정에서 발생한 표본오차가 작용하기 때문이다. 다시 말해서, 표본평균의 차이를 설명하는 것은 첫째가 오차이다. 오차 이외에 처치 효과가 있을 수도, 없을 수도 있지만 오차가 개입하지 않을 가능성은 거의 0이다. 또한, 집단 내 분산은 오차를 반영한다. 물론 같은 처치를 받는 집단 안의 차이이므로 여기에 처치 효과의 차이가 반영될 여지는 없다. 이 두 가지 오차는 같은 조건의, 순수 우연에 의해 발생하는 것이다.

3) 처치 효과

영가설을 기각할 경우 대립가설을 수용한다. 대립가설은 실험적 처치가 있었던 집단의 모집단 평균이 차이를 나타낸다는 것을 뜻한다. 모집단 평균의 차이가 있다면 그것은 당연히 표본의 평균 차이 속에 반영되어 있다. 모집단 평균이 다르다고 하여 실험적 오차가 없어진다는 것은 아니다. 이것은 표본의 평균 차이를 설명하는 우연적인 요소인 오차 외에 다른 하나의 체계적인 요소인 처치 효과의 존재가 확인되었다는 의미이다. 그러나 처치 효과는 다른 처치를 받는 집단 사이에서 발생하는 것이지 같은 처치를 받은 동일집단 내에서 존재한다고 볼 수는 없다. 따라서 동일집단 내에서 발생한 점수 차이는 순수한 오차를 반영한다.

4) 가설의 평가

가설의 평가를 위해 다음의 비율을 생각한다. 이 비율의 크기에 따라 가설의 수용과 기각을 정하는 것이다. 그것이 바로 F 값이다.

$$F = \frac{집단간평균의차이}{같은집단내점수의차이}$$

좀 더 구체적으로, F 검정이란 위 두 종류의 차이 속에 포함된 다음의 효과를 추정하는 것이다.

$$F = \frac{처치효과 + 오차}{오차}$$

만일 영가설이 참이라면, 처치 효과는 없는 것이므로 F는

$$F = \frac{오차}{오차} = 1$$

이라는 결과를 얻게 될 것이며, 대립가설이 참이라면 F는 이보다 큰 값을 나타낼 것이다. 그 경계선을 어디로 정할지는 F 값의 분포와 확률의 문제가 될 것이다.

5) F 분포

F 분포는 정규분포를 이루는 모집단에서 무작위로 추출한 두 표본분산의 비를 나타낸

F 값과 그 분포를 나타낸다. 예를 들어 자유도 $(3, 12)$의 F 분포를 얻기 위해 정규분포를 이루는 큰 모집단으로부터 사례 수 4인 표본을 4번 무선추출하고, 이렇게 얻어진 평균의 분산, MS_A와 각 표본 단위의 집단 내 점수 분산, $MS_{S/A}$의 비 $MS_A/MS_{S/A}$로 F 값을 산출한다. 이 둘은 서로 독립적인 오차 분산의 추정치이다. 이 과정을 무수히 반복하여 정리하면 각 F 값의 출현빈도를 구할 수 있다. 이것이 F의 표본분포이다.

t 분포의 경우처럼 F도 자유도에 따라 다른 분포를 보이는데 F 분포는 두 개의 자유도를 가지고 있다. 분자(numerator)의 자유도와 분모(denominator)의 자유도가 그것인데 이 두 자유도에 의해 F 분포가 특정된다. 따라서 특정 F 분포를 $F(df_{num}, df_{denom})$ 형태로 표기한다. 이를 유의수준과 함께 표기하면 해당 F 분포의 임계값을 나타낸다. 예컨대

$$F_{0.05}(3, 12) = 3.49$$

F 값은 두 분산의 비, 즉 제곱의 형태이므로 그 값은 언제나 양수이다. 또 F 값의 중앙값(median)은 1에 가까우며, 그 분포는 언제나 정적편포를 이룬다.

2 F 검정의 실제

이제 실제 데이터를 가지고 분산분석을 수행해보자. 다음 세 집단의 데이터는 세 가지 다른 학습 교재를 사용하여 학습한 후 시험 점수를 얻은 결과이다. 이 데이터를 가지 분산분석을 하기로 한다.

집단 1: 16, 18, 10, 12, 19
집단 2: 4, 6, 8, 10, 2
집단 3: 2, 10, 9, 13, 11
여기서, $\bar{x}_1 = 15$,
$\bar{x}_2 = 6$,
$\bar{x}_3 = 9$,
$\bar{x}_T = 10$

1) 모 형

일원 분산분석의 모형은 다음과 같다.

$$X = \mu + \alpha + \epsilon$$

여기서, X: 각각의 점수
μ: 전체 평균
α: 처치 효과
ϵ: 오차

이 모형에서 전체 평균은 모든 데이터 전체의 평균을 말한다. 처치 효과란 집단의 평균 차이로부터 추정하는 것이며, 오차는 같은 처치를 받은 집단 내에서의 차이로부터 추정한다. 단, 처치 효과란 실험적 오차를 포함한 개념이다. 이 모형으로 각각의 점수를 분해하면

$$x_{ij} = \bar{x}_T + \left(\bar{x}_{.j} - \bar{x}_T\right) + \left(x_{ij} - \bar{x}_{.j}\right)$$

점수＝전체 평균＋(집단평균－전체 평균)＋(점수－집단평균)

의 형태로 나누어 쓸 수 있다. 예를 들어, 첫 번째 점수 16은 이렇게 볼 수 있다. 이 점수는 그 일부가 전체 평균이 갖는 효과 10으로 설명되고, 또 일부는 자기가 속한 집단의 효과 (15－10)과 오차 (16－15)로 설명된다. 이 중 (집단평균－전체 평균) 부분이 집단 간 차이를 나타내고, (점수－집단평균) 부분은 집단 내 차이를 나타낸다.

2) 두 분산의 분해

F 값은 집단 간 분산을 집단 내 분산으로 나눈 값이다. (집단 평균－전체 평균) 값을 제곱하여 모두 더한 다음 자유도로 나눈 값은 집단 간 분산, s_B^2 또는 MS_B이며, (점수－집단 평균) 값을 제곱하여 모두 더한 다음 자유도로 나눈 값은 집단 내 분산, s_W^2 또는 MS_W이다.

$$F = \frac{집단간분산}{집단내분산}$$

$$집단\ 간\ 분산 = \frac{집단간평균의편차제곱}{자유도}$$

$$집단\ 내\ 분산 = \frac{집단내점수의편차제곱}{자유도}$$

각 점수를 분산분석의 모형대로 분해한 결과는 다음 <표 14.1>과 같다.

〈표 14.1〉 분산분석 모형 분해결과

점수	전체 평균	집단 간 편차	α 효과	집단 내 편차	ϵ 효과
16	10	15−10=5	25	16−15=1	1
18	10	15−10=5	25	18−15=3	9
10	10	15−10=5	25	10−15=−5	25
12	10	15−10=5	25	12−15=−3	9
19	10	15−10=5	25	19−15=4	16
4	10	6−10=−4	16	4−6=−2	4
6	10	6−10=−4	16	6−6=0	0
8	10	6−10=−4	16	8−6=2	4
10	10	6−10=−4	16	10−6=4	16
2	10	6−10=−4	16	2−6=−4	16
2	10	9−10=−1	1	2−9=−7	49
10	10	9−10=−1	1	10−9=1	1
9	10	9−10=−1	1	9−9=0	0
13	10	9−10=−1	1	13−9=4	16
11	10	9−10=−1	1	11−9=2	4

3) 변량원과 자유도

이 모형은 각 데이터를 두 가지로 나누어 분석한 것이다. 이른바 집단 간 차이와 집단 내 차이이다. 집단 간 차이는 전체 집단의 평균과 각 점수가 속한 집단 평균의 차이이며,

집단 내 차이는 각 점수와 그 점수가 속한 집단의 평균과의 차이이다. 이 두 종류의 차이를 제곱하여 더한 값이 두 변량원에서 나온 효과의 합, 또는 제곱합(SS: Sum of Squares)이라고 한다. SS를 df로 나눈 값을 제곱평균(MS: Mean Squares)이라고 한다. F 값은 집단 간 MS와 집단 내 MS의 비이다.

위 데이터에서 집단 간 편차를 제곱하여 더한 값, SS_B 또는 $SS_{between}$은

$$SS_{between} = 5\left[(5)^2 + (-4)^2 + (-1)^2\right] = 210$$

집단 내 편차를 제곱하여 더한 값 SS_W 또는 SS_{within}은

$$SS_{within} = (1)^2 + (3)^2 + ... + (-2)^2 + (0)^2 + ... + (-7)^2 + (1)^2 + ...$$
$$= 60 + 40 + 70 = 170$$

여기서 $SS_{between}$, SS_{within}은 집단 간 또는 집단 내 제곱합으로 변량의 출처를 강조한 표현이다.

자유도는 모평균을 추정한 수만큼 제한을 받으므로,

$$df_{between} = 3 - 1 = 2$$
$$df_{within} = (5-1) + (5-1) + (5-1) = 12$$

가 된다.

4) F 값의 계산

$$F = \frac{SS_{between}/df_{between}}{SS_{within}/df_{within}} = \frac{MS_{between}}{MS_{within}}$$

$$= \frac{210/2}{170/12} = 7.41$$

자유도 2, 12인 F 분포에서 이 값 7.41의 p 값을 찾으면 $p < 0.01$

따라서 H_0 를 기각한다.

이 과정을 요약한 것이 <표 14.2> 분산분석 결과표 또는 ANOVA Table로, 대부분

변량원	제곱합	자유도	평균제곱	F	P
집단 간	210	2	105	7.41	.008
집단 내	170	12	14.17		
합계	380	14			

의 통계 프로그램에서 공통적으로 다음의 내용을 담는다.

이 결과에 근거하여 영가설을 기각하고 대립가설을 수용한다. 대립가설은 "모든 모집단의 평균이 다 같지는 않다, 적어도 한 모집단 평균은 다르다"는 판단이다. 각각의 모집단 사이의 구체적인 차이를 알기 위해서는 후속적인 검증을 거쳐야 한다. 이를 사후검사 또는 post hoc이라 하는데 그 구체적 방법은 다음 장에서 다룬다.

3 분산분석의 가정

분산분석의 가정은 t 검정의 그것과 같다. 종속변수의 측정은 적어도 구간 척도로 이루어져 있어야 하고 각 관찰치는 서로 독립적이어야 한다. 그리고 표준편차와 확률의 개념이 사용되고, 각 집단이 같은 모집단에서 무작위로 추출된 표본이라는 전제하에서 이루어지는 분석이기 때문에 정규분포와 동분산성 가정이 필요하다.

표본은 모집단으로부터 무작위 추출한 각각 독립적인 표본이다.
모집단이 정규분포를 이룬다.
모집단의 분산이 같다.

1) 독립성의 가정

독립성의 가정은 모든 검정에서 취할 수밖에 없는 것으로, 만일 표본 내에서나 다른 표본 사이에서 개별 점수가 독립적이지 않다면 처치 효과와 우연 이외의 다른 변수가 개입한 것이 되어 실험적 통제를 벗어난다. 예컨대 시험 중 컨닝을 하면 한 표본에 속한 점수가 서로에게 영향을 미치기 때문에, 또한 두 집단에 속한 선수들 사이에 특별한 경쟁심리가 존재한다면 두 집단은 서로에게 영향을 줄 수 있기 때문에, 조사하려던 목적을 이룰 수 없게 될 것이다. 또 만일 독립변수와 종속변수 사이에 상관관계가 존재한다면 이는 1종 오류 가능성을 크게 높이는 결과를 초래한다. 따라서 독립성의 가정은, 만일 지켜지지 않는다면, 심각하게 결과를 왜곡할 수 있다.

2) 정규분포의 가정

정규분포의 가정 또한 지켜지지 않으면 1종 오류에 영향을 미치지만, 그 정도는 독립성의 가정보다 훨씬 덜 심각하다. 그 이유는 중심극한정리에 의해 일부 설명될 것이다. 만일 두 표본의 크기가 $n_1 + n_2 = 20$ 근처라면 모집단이 편포를 보일지라도 표본평균이 대체로 정규분포에 가까울 것이기 때문에 1종 오류는 크게 영향을 받지 않는다. 표본의 크기가 이보다 작고 모집단이 편포를 나타낼지라도 두 표본의 수가 같고 편포의 방향이 같다면 영가설의 확률분포가 대칭을 이룰 가능성이 크기 때문에 1종 오류 가능성은 크게 달라지지 않을 것이라고 기대할 수 있다. 물론 단일표본 t 검정이라면 모집단이 비대칭일 경우 특이값(outlier)이 영향을 미칠 가능성이 더 크기 때문에 두 독립표본의 경우보다는 덜 안정적이다.

정규분포의 가정이 불필요한 F 검정 대용 비모수통계 검정으로 Kruskal-Wallis 검정이 있다. Kruskal-Wallis 검정은 k개 집단의 처치 효과 $\tau_1, \cdots, \tau_k$ 간에 차이가 없다는 영가설

$$H_0 : [\tau_1 = \cdots = \tau_k]$$

은 k개 집단의 분포함수 $F_1, \cdots, F_k$가 모두 동일하여 $F_1 \equiv F_2 \equiv \cdots \equiv F_k$임을 의미한다. 이에 대한 대립가설은 k개의 모집단 중에서 최소한 두 개의 처치 간에는 서로 다른 효과가 있다는 것이며, 이는

$$H_1 : [\tau_1, \cdots \tau_k \text{ not all equal}]$$

로 표현되고 Kruskal-Wallis 검정통계량 H의 산출을 위해서는 우선 k개 집단의 모든

관측값 N개를 최소값부터 최대값의 순으로 순위를 부여한다. r_{ij}가 X_{ij}의 순위이고 $j=1,...,k$에서

$$R_j = \sum_{i=1}^{n_j} r_{ij}$$

$$R._j = \frac{R_j}{n_j}$$

라고 하면, Kruskal-Wallis 검정통계량은

$$H = \frac{12}{N(N+1)} \sum_{j=1}^{k} n_j \left(R._j - \frac{N+1}{2} \right)^2$$

$$= \left(\frac{12}{N(N+1)} \sum_{j=1}^{k} \frac{R_j^2}{n_j} \right) - 3(N+1)$$

여기서, $(N+1)/2 = \sum_{j=1}^{k}\sum_{i=1}^{n_j} rij/N$

이 되고, 영가설과 대립가설이 앞에 제시된 바와 같이

$$H_0 : [[\tau_1 = \cdot\ \cdot\ \cdot = \tau_k]$$

$$H_1 : [\tau_1, \cdot\ \cdot\ \cdot \tau_k \text{ not all equal}]$$

이라면 영가설은 $H \geq h_\alpha$일 때 기각된다. 여기서 상수 h_α는 일종오류의 확률이 α가 되는 값이다. (여러 개의 k값과 각 집단의 표본수별 h_α값은 비모수통계 관련 서적들의 부록을 참조.)

영가설이 참일 때 통계량 H는 표본수가 가장 작은 집단의 표본수 $\min(n_1, \cdots, n_k)$가 커짐에 따라 자유도 $k-1$의 카이제곱 분포를 하게 된다. 따라서 대표본 근사에서는 $\chi^2_{k-1,\alpha}$가 자유도 $k-1$의 카이제곱 분포에서 상위 백분위 α의 값이라면 영가설은 $H \geq \chi^2_{k-1,\alpha}$일 때 기각된다. 집단별로 동점이 있는 경우에는 순위의 평균을 동점 값에 균등하게 부여하게 되며, 검정통계량 H는

$$H' = \frac{H}{1 - \left(\sum_{j=1}^{g} (t_j^3 - t_j) / [N^3 - N] \right)}$$

로 변형된다. 여기서 g는 동점이 포함된 집단의 수를 나타내며, t_j는 동점이 포함된 집단의 표본수를 나타낸다.

Kruskal-Wallis 검정은 순위에 적용한 순열 F 검정이 된다. Kruskal-Wallis 검정에서는 원자료의 순위가 사용되며, 동일 관측값은 순위의 평균값을 가진다. 처치가 두 개인 경우에는 이는 Wilcoxon 순위합 양측검정과 동일한 검정이 된다. Kruskal-Wallis 검정의 검정력은 Wilcoxon 순위합 검정의 검정력과 비슷한 성질을 갖는데 특별히 꼬리가 두꺼운 분포인 경우에 Kruskal-Wallis 검정은 정규분포를 가정하는 F 검정보다 높은 검정력을 가지며 F 검정과는 달리 특이값에 큰 영향을 받지 않는다.

3) 모집단의 분산이 같다는 가정

모집단의 분포와 분산에 대한 가정은 현실적으로 정확히 지켜지기 어렵다. 그렇다면 이러한 가정이 지켜지지 않았을 때 어떤 일이 일어나나? t 검정과 마찬가지로, 분산분석도 가정에 민감하지 않다. 따라서 가정이 지켜지지 않은 경우에도 비교적 정확한 결과를 낸다는 사실을 여러 연구 결과가 뒷받침하고 있다.[*]

모집단의 분산이 서로 다른 경우 가설검정의 1종 오류 가능성이 영향을 받는다. 실험에 의하면 평균이 같고 분산이 다른 두 모집단에서 두 표본을 무선추출할 경우, 표본의 크기가 서로 같다면 표본이 작거나 분산의 크기가 큰 차이가 나더라도 거의 정확한 가설검정이 이루어진다. 그러나 표본의 크기가 서로 다를 때 t 값과 F 값은 비교적 큰 차이를 보인다. 그 이유는 t 값의 분모를 구성하는 식이 두 분산의 가중치를 계산하여 얻어지는 통합표준편차를 사용하기 때문이다. 표본의 크기가 큰 집단의 모분산이 큰 경우 분모가 커져서 t 값이 과소평가되고, 그 반대의 경우 t 값이 과대평가된다. 이 사정은 F 검정에서도 마찬가지이다. t 검정에 대해 말하자면, 모분산이 다르고 표본의 크기가 다른 경우 t 검정을 위한 검정통계치는 모분산이 같다는 가정을 포함하지 않는, 다음 식을 사

---

[*] Glass, G. V. et al., "Consequences of Failure to Meet the Assumptions Underlying the Use of Analysis of Variance and Covariance," *Review of Educational Research*, 42 (1972), 237-288.

용하는 것이 낫다.

$$t = \frac{(\overline{X}_1 - \overline{X}_2)}{\sqrt{s_1^2/n_1 + s_2^2/n_2}}$$

F 검정에서 집단 간 모분산이 다르다면 대안으로 F_W 통계 척도를 사용하는 Welch 검정 또는 F^*를 사용하는 Brown-Forsythe 검정을 사용할 수 있다. 두 검정방법은 모두 동일분산의 가정이 지켜지지 않았을 때 사용할 수 있는 방법이다. 대부분의 통계 프로그램에는 분산분석의 옵션으로 동일분산성을 검증하는 Levene 검정, 모분산이 다를 때 사용할 수 있는 Welch 검정, 또는 Brown-Forsythe 검정 등이 제공되고 있다. 참고로 Brown-Forsythe 검정의 F^*값을 산출하는 식은 다음과 같다.

$$F^* = \frac{\sum_{j=1}^{a} n_j (\overline{X}_j - \overline{X}_T)^2}{\sum_{j=1}^{a} \left(1 - \frac{n_j}{N}\right) s_j^2}$$

4 결과의 해석

1) 처치 효과의 크기

어떤 행위의 영향력이 얼마나 클 것인가 예측하는 일은 당연히 과학의 한 중요한 목적이 될 것이다. 응용과학의 분야에서는 그런 예측이 금전적 가치와 직결되기도 한다. 많은 연구자가 분산분석의 유의도 수준에서 그러한 예측을 기대한다. 그래서 $p < 0.0001$ 수준에서 유의미한 차이를 나타낸 F 검정과 $p < 0.05$ 수준에서 유의미한 F 검증을 비교하기를, 전자는 매우 인상적인 차이이며 후자는 그저 기준을 통과한 정도인 것처럼 해석하는 것을 종종 볼 수 있다. 그러나 그것은 부적절한 해석이다. 그 이유는 F 값과 그에 따른 p 값을 결정하는 요소로 처치 효과의 크기 이외에 다른 것들이 있기 때문이다. 대

표적인 것이 집단의 사례 수이다. N이 커지면 F도 커지기 때문에 F 값이 크다는 것은 처치 효과가 크다는 의미일 수만은 없다. 따라서 처치 효과를 반영하면서 사례 수와 무관한 지표가 필요하다. 그중 가장 널리 쓰이는 것이 Omega Squared, ω^2이다.

개념적으로, 일원 분산분석에서 Omega Squared의 값은 모집단 처치 효과의 분산, σ_B^2과 모집단 총 분산 즉 모집단 처치 효과의 분산과 오차분산의 합, $\sigma_B^2 + \sigma_W^2$ 사이의 비,

$$\omega^2 = \frac{\sigma_B^2}{\sigma_B^2 + \sigma_W^2}$$

로 주어진다. 그러나 현실적으로 모집단 분산을 알지 못하기 때문에 표본 데이터를 가지고 추정할 수밖에 없는데 그 식은 다음과 같다.

$$\hat{\omega}^2 = \frac{SS_B - (a-1)s_W^2}{SS_T + s_W^2}$$

위 식에서 처치 효과가 존재하지 않는다면 Omega Squared 값은 0이 될 것이고, 만일 처치 효과가 존재한다면 그 값은 0과 1 사이에 있을 것이며, 그것은 독립변수에 의해 설명되는 분산의 비율을 뜻한다. 분산분석의 Summary Table에서 추정하는 방법은:

$$\hat{\omega}^2 = \frac{SS_B - (a-1)(MS_W)}{SS_T + (MS_W)}$$

예를 들어 다음 표에서 Omega Squared를 얻는 방법은:

Source	SS	df	MS	F
Between	3314.25	3	1104.75	7.34
Within	1805.50	12	150.46	
Total	5119.75	15		

$$\hat{\omega}^2 = \frac{3314.15 - (4-1)(150.46)}{5119.75 + (150.46)}$$

$$= \frac{2862.87}{5270.21} = 0.543$$

참고로 오차의 개입을 그대로 둔 채 총분산 중 집단 간 분산의 비율을 계산한 Eta Squared, η^2도 있다. 이것은 처치 효과의 크기를 짐작하는 매우 거칠고 단순한 방법이다.

$$\eta^2 = \frac{SS_B}{SS_T}$$

위의 예에서 η^2 값은 $\frac{3314.25}{5119.75} = 0.647$로, 오차를 고려한 $\hat{\omega}^2$ 값과는 상당한 차이가 있다.

2) ANOVA의 검정력

ANOVA의 검정력에 영향을 미치는 변수와 그 작용 양상은 두 독립표본 t 검정의 그것과 같다. t 검정에서 검정력은

    a. $N \uparrow \Rightarrow power \uparrow$

    b. $\left(\overline{X}_j - \overline{X}_T\right) \uparrow \Rightarrow power \uparrow$

    c. $s_j^2 \uparrow \Rightarrow power \downarrow$

와 같이 된다. 이들 변수가 ANOVA에서도 같이 작용하는 것을 확인해보자. 세 집단을 대상으로 한 ANOVA의 F 값의 계산식은

$$F_{obt} = \frac{s_B^2}{s_W^2} = \frac{\left[n_1\left(\overline{X}_1 - \overline{X}_T\right)^2 + n_2\left(\overline{X}_2 - \overline{X}_T\right)^2 + n_3\left(\overline{X}_3 - \overline{X}_T\right)^2\right]/2}{(SS_1 + SS_2 + SS_3)/(N-3)}$$

이다. 여기서

    a. N이 커지면 분자의 n_j의 합이 커지고, 분모의 분모에 위치한 $(N-3)$의 값도 커진다. 둘은 모두 F 값이 커지는 데 기여하므로 N이 커지면 검정력도 커진다.

    b. $\left(\overline{X}_j - \overline{X}_T\right)$은 처치 효과를 나타낸다. 세 처치 효과의 합은 0이지만 그 제곱의 합은 처치 효과가 큰 $\left(\overline{X}_j - \overline{X}_T\right)^2$ 값에 더 큰 영향을 받아, 분자를 크게 하므로 검정력도 커진다.

c. 위 식에서 $(SS_1 + SS_2 + SS_3)$는 각 집단 내 분산도의 측정치이다. 이 값이 커지면 F 식의 분모인 s_W^2 값을 크게 하여 F 값이 작아지는 데 기여하므로 검정력도 낮아진다.

3) 잘못된 결과해석의 예

학생들이 분산분석의 결과를 제대로 해석하게 되는 과정을 관찰한 바에 의하면, 가설 설정부터 기각까지 과정을 이해하더라도 처음에는 잘못된 해석을 지적하지 못하는 경우가 압도적으로 많다. 틀리고 난 후, 교정을 받는 것이 지름길인 것 같다. t/F 검정에서 영가설이 기각되었을 때의 결과해석으로 자주 나타나는 예는 다음과 같다.

a. 이 실험을 무수히 반복할 때 같은 결과가 나올 확률이 95% 이상이다.
b. 이 실험 결과가 참일 확률은 95% 이상, 거짓일 확률은 5% 미만이다.
c. 실험집단의 평균이 통제집단보다 높을 가능성이 95% 이상이다.
d. 비교하는 집단의 모평균이 같은데 우연히 이런 차이가 나타날 확률은 5%보다 작다.

앞의 세 해석은 모두 틀렸다. t/F 값과 기각역, 그리고 영가설과 대립가설의 의미를 종합하여 할 수 있는 유일하고도 정확한 해석은 d의 해석뿐이다. 연구의 장면에서 가설검정 결과를 해석할 때 주의할 일이다.

4) 분산분석 이후의 검정

만약 ANOVA의 F 검정이 유의한 결과로 나타났다면 이는 최소한 한 쌍의 처치 효과가 유의한 차이가 있다는 것을 의미한다. 간단히 말하면 우리는 최대 관측값과 최소 관측값의 차가 유의하다는 것을 알게 된 것이며, 일원 분산분석은 여러 집단의 평균을 비교하지만, 전체적으로 유의미한 차이가 있는지만 확인할 뿐, 구체적으로 어떤 두 집단 사이에 차이가 있는지를 말해주지는 못한다. 그래서 이를 통합 F 검정, omnibus F test라고 한다. 따라서 F 검정 결과가 나오고 나면 어떤 집단 사이에 차이가 있는지 탐색할 필요가 생길 수 있다. 다음 장에서는 통합 F 검정보다 구체적인 가설검정 시 사용하는 다중비교(multiple comparison)에 대하여 소개하겠다.

연 습 문 제

01. T, F 문제

1) One-way ANOVA에서 $df_B + df_W = N - 1$의 등식이 성립한다.

2) 한 실험에서 여러 차례의 t-test를 실시하면 Type 2 Error가 증가하게 된다.

3) $s_B^2 + s_W^2 = s_T^2$

4) $SS_B + SS_W = SS_T$

5) 비교하는 집단 수가 2일 때 F 검정이 t 검정보다 더 검정력이 크다.

02. 다음 중 F 분포에 관한 설명으로 맞지 않는 것은?

a. F는 동일모집단에서 추출한 두 분산의 비율에 관한 통계량이다.

b. F 값은 음수가 될 수 없다.

c. F 분포는 부적편포를 나타낸다.

d. F 분포는 두 가지 df 값에 따라 고유한 값을 나타낸다.

03. 일원 분산분석의 설명으로 맞지 않는 것은?

a. F 검정은 각 집단평균 중 유의미한 차이가 있는 짝이 있는지에 관한 전반적인 비교결과를 알려준다.

b. 1종 오류 가능성 α 값을 유지하기 위해 t 검정 대신 사용된다.

c. 독립변인이 분산 아닌 평균에만 영향을 미친다는 가정을 갖는다.

d. 일원 분산분석의 대립가설은 등가설의 형태를 취한다.

04. F 값에 관한 설명으로 옳지 않은 것은?

a. 만일 $F < 1$ 이라면 이것은 H_0 가 참인 것을 의미한다.

b. 집단 수가 2일 때 $F = t^2$ 이 된다.

c. 독립변수의 효과가 커질수록 s_B^2 의 값은 커진다.

d. F 값이 크다는 것은 처치 효과의 크기가 크다는 것을 의미한다.

05. 다음 중 ANOVA의 가정이 아닌 것은?

a. 각 집단의 사례 수는 같다.

b. 각 집단의 모집단은 정규분포를 이룬다.

c. 각 집단의 모집단 분산은 서로 같다.

d. 각 집단은 무작위 표본이며 표본의 데이터는 서로 독립적이다.

06. 분산분석의 검정력에 관한 설명 중 맞지 않는 것은?

a. 표본의 사례 수가 커지면 검정력도 커진다.

b. 유의수준 α 값이 작아지면 검정력은 커진다.

c. 독립변수의 실제효과가 크면 검정력도 크다.

d. 표본의 편차가 커지면 검정력은 작아진다.

07. $s_B^2 = 37.9$, $s_W^2 = 44.5$ 일 때 F 값은?

08. 어떤 과학자가 암세포 억제제의 효과를 실험하기 위해 동일한 종류의 암세포 24개를 배양하여 4개 집단에 6개씩 무선 할당하여 각 집단별로 한 집단은 통제집단으로 하고 나머지 3집단에 대하여 3 종류의 억제제를 주사하여 일주일 후 형성된 암세포의 수를 비교하여 일원 분산분석으로 통계 처리하여 다음과 같은 결과를 얻었다.

	SS	df	MS	F	p
집단 간	2590.458	3	863.468	39.205	.000
집단 내	440.500	20	22.025		
합계	3030.958	23			

1) 이 실험의 영가설은?

2) 대립가설은?

3) SS_B 값은?

4) SS_W 값은?

5) SS_T 값은?

6) 결론은 무엇인가?

09. 다음 자료를 사용해서 물음에 답하라.

$$\sum X_1 = 150 \qquad \sum X_2 = 98 \qquad \sum X_3 = 85$$

$$\sum X_1^2 = 4634 \qquad \sum X_2^2 = 1966 \qquad \sum X_3^2 = 1575$$

$$n_1 = 5 \qquad n_2 = 5 \qquad n_3 = 5$$

1) $\overline{X}_T$ 값은?

2) F_{obt} 값은?

3) SS_T 값은?

4) 자료 중 $X_{11} = 27$ 을 분산분석 모형 $X_{ij} = \mu + \alpha + \epsilon$ 로 분해하라.

10. 다음 분산분석 결과표의 빈 곳을 메우시오.

Source	SS	df	MS	F
Between	184.133	2	(c)	(e)
Within	(a)	(b)	(d)	
Total	747.733	14		

풀이

01. 1) T. $df_B = a-1$, $df_W = N-a$, $df_B + df_W = a-1+N-a = N-1$

2) F. Type 1 error가 증가한다.

3) F. $s_B^2 = SS_B/df_B$, $s_W^2 = SS_W/df_W$

4) T. $SS_B + SS_W = SS_T$, 둘로 나눈 독립 변량을 더한 것은 전체 변량과 같다.

5) F. 두 검정은 본질적으로 같은 것이므로 $F = t^2$

02. c. 정적편포를 나타낸다.

03. d. 부등가설의 형태를 취한다.

04. d. 표본의 크기가 크거나 집단 내 분산이 작아져도 F 값이 커진다.

05. a. 사례 수가 다른 것은 큰 영향을 미치지 않는다.

06. b. α 값이 작아지면 검정력은 작아지고 2종 오류 가능성이 커진다.

07. $F = \dfrac{s_B^2}{s_W^2} = \dfrac{37.9}{44.5} = 0.852$

08. 1) $H_0 : \mu_1 = \mu_2 = \mu_3 = \mu_4$

2) 적어도 한 집단의 모평균은 다르다.

3) 2590.458

4) 440.500

5) 3030.958

6) 억제제의 효과가 있다.(가설검정의 결과는 영가설을 기각하는지 여부이고, 결론은 연구 문제의 답)

09. 1) $\overline{X}_T = \dfrac{\sum X_1 + \sum X_2 + \sum X_3}{n_1 + n_2 + n_3} = \dfrac{150 + 98 + 85}{5 + 5 + 5} = 22.2$

2) $F_{obt} = \dfrac{MS_A}{MS_{S/A}} = \dfrac{SS_A/df_A}{SS_{S/A}/df_{S/A}}$

$$\overline{X}_1 = \frac{\sum X_1}{n_1} = \frac{150}{5} = 30, \quad \overline{X}_2 = \frac{98}{5} = 19.6, \quad \overline{X}_3 = \frac{85}{5} = 17$$

$$SS_A = \sum_i^n \sum_j^a \left(\overline{X}_{.j} - \overline{X}_T\right) = 5\left[(30-22.2)^2 + (19.6-22.2)^2 + (17-22.2)^2\right] = 473.2$$

$$SS_X = \sum X^2 - \frac{\left(\sum X\right)^2}{N} \quad \text{(제4장 연습문제 7번 참조)}$$

$$SS_1 = \sum X_1^2 - \frac{\left(\sum X_1\right)^2}{n_1} = 4634 - \frac{(150)^2}{5} = 134$$

$$SS_2 = 1966 - \frac{(98)^2}{5} = 45.2$$

$$SS_3 = 1575 - \frac{(85)^2}{5} = 130$$

$$SS_{S/A} = \sum_j^a SS_j = SS_1 + SS_2 + SS_3 = 134 + 45.2 + 130 = 309.2$$

$$df_A = a - 1 = 2$$
$$df_{S/A} = a(n-1) = 12$$

$$F_{obt} = \frac{473.2/2}{309.2/12} = 9.18$$

3) $SS_T = SS_A + SS_{S/A} = 473.2 + 309.2 = 782.4$

4) Model: $X_{ij} = \mu + \alpha + \epsilon$

   Data: $x_{ij} = \overline{x}_T + \left(\overline{x}_{.j} - \overline{x}_T\right) + \left(x_{ij} - \overline{x}_{.j}\right)$

   $27 = 22.2 + (30 - 22.2) + (27 - 30)$

10. (a) 563.600
    (b) 12
    (c) 92.607
    (d) 46.967
    (e) 1.960

제15장

일원 설계 2

이 장에서는 일원 설계의 여러 집단의 평균을 비교하는 방법, 즉 다중비교를 다룬다. 다중비교는 통합 F 검정 이외의, 연구의 목적을 완성하기 위한 분석으로, 사전비교, 사후비교, 그리고 경향 분석의 세 가지로 나눌 수 있다. 사전비교는 사전에 계획된, 처치방법 사이의 질적 차이를 비교하고자 할 때, 사후비교는 사전의 이론적 배경 없이 모든 처치방법을 비교할 때, 그리고 경향 분석은 처치의 복합적 효과를 검증하고자 할 때 사용한다. 이 모든 내용을 이해하기 위해서는 확률의 개념에 관한 흔들리지 않는 기초가 필요하며, 역으로, 이 내용을 이해했다면 통계학의 핵심인 확률의 개념에 관한 엄격한 훈련과정을 거쳤다는 것을 뜻한다. 따라서 이 주제를 학습하는 일의 가치는 일원 설계에 한정한 것이 아닌, 여러 형태의 확률적 문제해결 훈련과정을 이수한 것과 같다. 그런 의미에서 이 장의 내용은 설명이 짧고 연습문제가 긴 특이한 구성으로 되어 있다. 계산식이 복잡한 것은 언제나 문서와 컴퓨터 프로그램의 도움을 받으면 되기 때문에 이를 암기할 필요는 없다. 다중비교 결과를 올바르게 설명하고, 전체 실험자료로부터 얻을 수 있는 의미를 완전히 얻어낼 수 있는 능력을 함양하는 것이 중요하다.

1 다중비교의 개념

처치 효과를 검증하기 위하여 셋 이상의 집단이 포함된 실험을 분석하면 여러 유형의 결과가 있을 수 있다. 이런 실험을 완전히 분석하려면 각 경우의 특수한 유형에 맞는 가설을 검정하여야 한다. 앞 장에서 다룬 통합 F 검정은 전반적으로 처치 효과의 존재 여부, 즉 모든 집단의 평균이 다 같다는 가설에 관한 정보를 주지만, 처치 효과가 있을 때 어떤 집단 사이에 차이가 있는지에 관한 지식을 주지는 못한다. 통합 F 검정과 달리, 다양한 가설을 검정하여 여러 집단 사이에 어떤 사정이 있는지를 찾아내는 작업이 다중비교, multiple comparison, 또는 analytical comparison이다.

여기서 잠시 통합 F 검정의 대상인 집단 간 제곱합의 성분에 관해 알아보자. 앞 장에서 소개한 집단 간 제곱합인 SS_B는 여기서는 SS_A로 표기했다.

$$SS_A = n \sum \left(\overline{X}_j - \overline{X}_T \right)^2$$

여기서, n: 각 집단의 사례 수
SS_A: 집단 간 제곱합
$\overline{X}_j$: j 집단의 평균
$\overline{X}_T$: 전체 집단의 평균

이 식은 수학적으로 모든 집단 평균의 차이를 평균한 것과 같다.

$$SS_A = \frac{n}{a} \sum \left(\overline{X}_j - \overline{X}_k \right)^2$$

여기서, a: 집단 수
j와 k: A 요인의 서로 다른 수준의 두 집단

앞 장에서 집단 간 제곱합을 SS_B로, 집단 내 제곱합을 SS_W로 표기한 것은 통계량의 출처를 강조한 표현이다. 여기서는 제곱합이 반영하고 있는 효과를 강조하기 위하여 SS_B를 SS_A로 표기하였다. 단일요인 A의 효과를 반영한 제곱합이란 의미이다. 이 경우 집단 내 제곱합 SS_W는 $SS_{S/A}$로 표기한다. A 효과에 내재한 피험자효과의 제곱합이란 뜻이다. 이와 같은 표기 방식도 실전에서 자주 볼 수 있으므로 눈에 익혀두기 바란다.

위 식이 의미하는 것은 모든 집단 평균이 복합적으로 반영된 값이란 사실이다. 따라서 통합 F 검정은 처치 효과의 평균적인 차이를 평가할 뿐, 평균 간의 구체적 차이를 말해주지는 못하는, 둔탁한 도구라 할 수 있다. 이를 보완하기 위하여 다중비교가 있다. 다중비교는 더욱 구체적인 비교를 하는 방법으로, 통합 F 검정, 대신 이루어질 수도 있고, 통합 F 검정 이후에 이루어질 수도 있다. 통합 F 검정 대신 이루어지는 비교로는 사전비교와 경향 분석이 있고 유의미한 통합 F 검정 이후에 이루어지는 비교로는 사후검정, post-hoc test가 있다.

사전비교, a priori comparison 또는 planned comparison은 독립변수의 수준별 차이를 비교하고자 할 때, 경향 분석, trend analysis는 처치의 복합적 효과를 검증하고자 할

때, 그리고 사후검정, a posteriori 또는 post hoc comparison은 사전의 이론적 배경 없이 통합 F 검정 이후의 모든 처치방법을 비교할 때 사용한다.

2 사전비교

1) 사전비교의 조건

사전비교는 이론적, 경험적, 또는 실험적 정황상 설득력 있는 통찰 또는 예측이 가능한 경우 형성된 가설을 검정하는 것으로 a priori comparison 또는 planned comparison 이라 부른다. 사전비교를 위해서는 다음 두 가지 조건:

> 비교가 서로 독립적(orthogonal)인 경우 또는
> 비교가 독립적이지 않으나 비교 횟수가 많지 않은 경우

중 하나가 충족되어야 한다.

비교가 독립적이란 말은 비교의 직교성(orthogonality)이 지켜지고 있다는 말로 표현하기도 한다. 직교성이란 비교에 의해 얻는 정보가 서로 중복되지 않고 독립적이라는 특성을 말한다. 예를 들어보겠다. 약의 효능을 검증하기 위하여 세 집단을 대상으로 한 실험에서 한 집단은 통제집단으로 두고, 나머지 두 집단은 실험집단으로서 각각 다른 약을 투약하였다고 하자. 첫 번째 비교는 통제집단과 실험집단의 비교이다.

$$H_0 : \mu_1 - \frac{1}{2}\mu_2 - \frac{1}{2}\mu_3 = 0$$

이 비교에서 실험집단과 통제집단의 평균이 모두 50점으로 같은 결과를 얻었다 하자. 다음 비교는 두 실험집단 사이에서 이루어진다고 할 때,

$$H_0 : \mu_2 - \mu_3 = 0$$

이 비교는 첫 번째 비교와 아무 상관이 없는 독립적인 비교임을 알 수 있다. 첫 번째 비교에서 70점과 20점으로 서로 다른 결과를 얻었다고 해도 마찬가지로 첫 번째 비교와 두 번째 비교 사이에는 아무 상관이 없음을 확인할 수 있다. 첫 번째 비교결과가 두 번째 비교에 아무런 정보도 주지 못한다. 이것이 직교성이다. 두 비교의 직교성을 수량적으로 정의하면 다음과 같다.

$$\sum (c_i)(c_i') = 0$$

여기서 (c_i)는 첫 번째 비교의 i 번째 항의 계수이며 (c_i')는 두 번째 비교의 i 번째 항의 계수이다. 위에 예로 든 세 집단 비교에서 본다면

$$\begin{aligned}
\sum (c_i)(c_i') &= (c_1)(c_1') + (c_2)(c_2') + (c_3)(c_3') \\
&= (1)(0) + (-\frac{1}{2})(1) + (-\frac{1}{2})(-1) \\
&= 0
\end{aligned}$$

이 된다. 비교의 직교성이 지켜질 때 t 검정, F 검정 등 확률표본 개념을 특정 t 검정에 도입해 사용할 수 있다.

이러한 직교성이 지켜지지 않은 경우란 비교가 서로 독립적이지 못하고 어떤 방법으로든 관련성이 개입되는 경우를 말한다. 이런 경우 최초의 비교에 사용되었던 집단이 다른 비교에서 중복되어 사용됨으로써 독립성의 규칙에 위반되는 것이다. 이러한, 직교성이 지켜지지 않는 비교는 그 자체만으로는 아무 문제가 없지만, 결과를 해석할 때 주의가 필요하다. 이런 비교의 결과로 나타나는 통계치와 확률 사이에 어느 정도의 상관이 있기 때문이다. 따라서 비교가 통계적으로 의미 있다는 사실을 받아들이기 위해서는 매우 엄격한 유의도 수준을 사용할 필요가 있다.

비교의 횟수가 적을 때에는 비교적 안정된 결과를 나타내지만, 비교의 횟수가 양자 간 비교 횟수 전체의 약 반을 넘을 경우 1종 오류의 증가문제가 생길 수 있기 때문에 이를 피하는 것이 일반적이다.

2) 직교비교

둘 또는 그 이상의 비교가 독립적이라면, 한 비교의 결과가 다른 비교의 결과를 예측하는 데 아무 정보를 주지 못한다. 독립적인 비교의 장점은 정보의 중복을 배제하여 통계적 검정의 가정인 독립성을 충족하게 된다는 것이다.

다음과 같은 두 비교가 있다고 하자. 여기서 나타나는 모평균의 차이는 일반적으로 ψ (psi)라는 기호로 나타낸다. 이 기호는 "sigh"라고 읽는다.

$$\hat{\psi}_1 = c_1\bar{x}_1 + c_2\bar{x}_2 + c_3\bar{x}_3 \quad \text{이때} \quad \sum c_i = 0$$
$$\hat{\psi}_2 = c_1\bar{x}_1 + c_2\bar{x}_2 + c_3\bar{x}_3 \quad \text{이때} \quad \sum c_j = 0$$

이 두 비교가 독립적이려면 우선 두 조건을 만족시켜야 한다. 한 조건은 표본집단의 모집단은 정규분포를 하고 동일분산을 갖는다는 것이고, 다른 한 조건은 대응하는 계수 간 곱의 합이 0이 되어야 한다는 것이다. 이는 두 집단의 사례 수 n이 같은 경우 다음과 같이 표현된다.

> 주어진 처치의 수 a에 대하여 무한대의 orthogonal coefficients가 존재하나, 각 orthogonal set은 오직 $(a-1)$개의 특정한 비교만 할 수 있다.

직교비교가 적절하게 만들어지면, 직교비교의 수가 독립변수의 자유도와 일치한다는 것은 우연이 아니다. 이것은 분산분석에서 $(an-1)$의 자유도를 갖는 총 제곱합(SS_T)이 $(a-1)$의 자유도를 갖는 집단 간 제곱합(SS_A)과 $a(n-1)$의 자유도를 갖는 집단 내 제곱합($SS_{S/A}$)으로 완전히 분리되는 것과 같은 과정이 된다. 따라서,

$$df_T = df_A + df_{S/A}$$
$$an-1 = (a-1) + a(n-1)$$

이 되는 것처럼, 오직 orthogonal comparison이 만들어졌을 때만 $(a-1)$의 자유도를 갖는 SS_A가 $(a-1)$개의 자유도가 1인 독립적인 요소로 분해된다. 좀 더 자세히 설명하면, 예를 들어 세 수준을 갖는 처치에 대하여

$$\hat{\psi}_1 = (1)\bar{x}_1 + (-1)\bar{x}_2 + (0)\bar{x}_3$$

$$\hat{\psi}_2 = \left(\frac{1}{2}\right)\bar{x}_1 + \left(\frac{1}{2}\right)\bar{x}_2 + (-1)\bar{x}_3$$

의 비교를 사전 계획하였다면 분석은 완전히 분해되어

a. 총 제곱합 SS_T가 SS_A와 $SS_{S/A}$로 분해되며
b. SS_A는 $SS(\hat{\psi}_1)$과 $SS(\hat{\psi}_2)$로 분해되고
c. 이 독립적인 분산의 근원으로부터 mean square를 추정할 수 있으며
d. 이 독립적인 분산들에 대하여 F 값을 얻을 수 있다.

다음과 같이 orthogonal contrast를 사용하는 실제적인 예를 생각해 보자. 선행연구나 이론적 기반에 의해서 연구자는 세 종류의 특별한 강의 방식의 효과에 대하여 이론을 가지고 있다고 하자. 즉 어떤 유형의 학습자들은 A 방식으로 강의하는 것이 B 방식보다 더 효과가 있으며, 일반적인 학생들은 C 방식보다 A 방식이나 B 방식이 더 효과가 있다는 것이다.

직교비교에 대한 제곱합은 다음과 같이 계산된다.

$$SS(\hat{\psi}_i) = \frac{\hat{\psi}_i^2}{\sum\left(\frac{c_j^2}{n_j}\right)}$$

이 식은 분산을 자유도가 1인 요소들로 분해될 때 일반적으로 사용될 수 있는 식이다. 이러한 분해에 대하여:

a. Orthogonal comparison을 F 대신 t 검정을 사용하여 할 수 있다. 이때의 t 값은 $a(n-1)$의 자유도를 갖는 t 분포를 따른다.
b. 각각의 비교는 α의 유의수준을 갖는다.
c. Orthogonal comparisons의 여러 F 값의 평균은 통합 F 검정의 F 값과 일치한다.

이로부터 planned orthogonal hypothesis를 검정하는 설계의 장점이 명백해진다. 이 방법은 1종 오류의 가능성과 정보를 중복적으로 사용하는 문제를 최소화하도록 사전에

계획되었기 때문에, 각각의 요소들은 하나의 다중요인 설계로 간주하여 하나의 alpha level에서 검정할 수 있으며, 복수의 검정에 따른 유의수준의 수정을 하지 않는다. 결과적으로 이러한 방식이 가장 높은 검정력을 제공하므로 이 방식이 가능할 때는 언제든지 이것을 채택하는 것이 일반적이다.

3) t 검정

Student의 t 검정은 여러 종류의 다중비교 방법에 기본적인 역할을 한다. 그 변형은 직교비교를 비롯한 여러 방법에 사용된다. 그러므로 다른 방식에 관하여 검토하기 전에 t 검정의 변형에 대하여 잠시 살펴보자.

표본의 크기 n이 서로 다르고 처치집단의 모분산이 서로 같다면

$$t = \frac{\overline{X}_j - \overline{X}_k}{\sqrt{MS_{S/A}\left(\dfrac{1}{n_j} + \dfrac{1}{n_k}\right)}}$$

표본의 크기 n이 서로 같고 처치집단의 모분산이 서로 같다면

$$t = \frac{\overline{X}_j - \overline{X}_k}{\sqrt{\dfrac{2MS_{S/A}}{n}}}$$

4) Fisher의 LSD

두 집단의 표본의 크기가 같고 양자 간의 다중비교를 수행할 경우에 계산이 간편한 방법이다. 예컨대 세 번의 t ratio를 사용한 검정이 이루어진다고 할 때 앞에서 같이 MS_W를 사용할 수도 있다. 그러나 이들은 같은 유의수준을 사용하며 분모가 같은 값을 가지며, 동일 임계값 $t(a/2)$를 가지므로 유의한 t 값을 가지기 위한 최소한의 차이, LSD (Least Significant Difference)를 구할 수 있다.

즉 유의한 최소한의 t 값을 가지기 위한 차이는 식

$$t_{\alpha/2} = \frac{\hat{\psi}(lsd)}{\sqrt{\dfrac{2MS_{S/A}}{n}}}$$

로부터 다음과 같이 얻어진다.

$$\hat{\psi}(lsd) = t_{\alpha/2}\sqrt{\frac{2MS_{S/A}}{n}}$$

t 값을 여러 번 사용하는 이 예는 least significant difference의 사용을 보이기 위해서 예시되었다. 그러나 orthogonal 하지 않은 비교에 t 값을 여러 번 사용하는 것은 실험 전체의 유의수준이 통제되지 않는 한 권장할 만하지 못하다. 다음은 실험 전체의 유의수준을 통제하는 방법이다.

5) Dunn's procedure

사전계획의 직교성의 조건을 만족하는 경우는 많지 않다. 게다가 집단별 표본의 수가 다른 경우에는 orthogonality의 조건을 점검하는 일이 어렵기 때문에 직교비교를 만드는 일이 더욱 어렵다. 이런 경우 비교의 독립성이 확보되지 않았기 때문에 비교별 (comparisonwise) 1종 오류를 통제할 수 없다. 하지만 만약 비교의 수가 많지 않다면 Dunn의 방법을 사용하여 일반적인 사후검정보다 높은 검정력을 얻을 수 있다. Dunn의 방법은 양자 간 비교나 혼성비교가 모두 가능하며 집단 간 표본의 수가 같을 때와 다를 때 모두 사용할 수 있다. Dunn의 test를 적용하는 주요 절차는 다음과 같다.

(1) 가설 수준의 통합 1종 오류 α_{FW}를 정한다.
(2) 비교의 수 c를 미리 정한다.
(3) 각 비교별 유의수준, alpha comparison-wise는 $\alpha_{CW} = \alpha_{FW}/c$로 정해진다.
(4) 유의수준 α_{CW}에서 multiple t test를 실시한다.

양자간 비교만을 행하는 경우 Dunn의 least significant diffenrence는 다음과 같이 정해진다.

$$\hat{\psi}(Dunn) = t_{\alpha/c}\sqrt{\frac{2MS_{S/A}}{n}}$$

unequal n인 비교와 대비를 앞에서 사용된 다음 대비를 예로 설명하겠다.

$$\hat{\psi}_1 = (1)\overline{x}_1 + (-1)\overline{x}_2 + (0)\overline{x}_3$$

$$\hat{\psi}_2 = \left(\frac{1}{2}\right)\overline{x}_1 + \left(\frac{1}{2}\right)\overline{x}_2 + (-1)\overline{x}_3$$

양자 간 비교의 경우($\hat{\psi}_1$)에는

$$t = \frac{\hat{\psi}_1}{\sqrt{MS_{S/A}\left(\frac{1}{n_j}+\frac{1}{n_k}\right)}}$$

을 사용하여 검정한다.

대비의 경우($\hat{\psi}_2$)에는 양자 간 비교와 대비에 모두 사용될 수 있는 다음과 같은 일반식을 사용하여 검정한다.

$$t = \frac{\hat{\psi}_2}{\sqrt{\left(\frac{c_1^2}{n_1}+\frac{c_2^2}{n_2}+\cdots+\frac{c_a^2}{n_a}\right)MS_{S/A}}}$$

앞에서 보았듯이 Dunn의 방법은 실험 전체의 1종 오류를 통제하며, 따라서 Dunn이 사후검정, post hoc에 사용되지 못할 이유가 없다. 그러나 비교의 수가 비교 가능한 모든 양자 간 비교의 수에 접근할 때 Dunn의 방법은 잘 알려진 post hoc 검정 방법인 Tukey나 Scheffé의 방법보다 낮은 검정력을 갖는다. 그러므로 일반적인 기준으로 비교의 수가 전체 비교 가능 비교수의 절반 이하일 때만 Dunn의 방법을 사용하는 것이 좋다.

6) Dunnett's procedure

어떤 실험에서는 각각의 처치집단들의 평균과 통제집단의 평균이 비교되도록 설계되기도 한다. Dunnett의 방법은 이러한 경우에 사용되도록 고안되었다. 이 방법은 검정의 기각역 설정에 t 분포 대신 Dunnett 분포를 사용한다는 점을 제외하고는 Dunn의 방법과 같다. Dunnett은 전통적인 t distribution을 여러 개의 처치와 통제 간에 사용할 수 있도록 변형하였다. Dunnet의 least significant difference는 다음과 같이 표현될 수 있다.

$$\hat{\psi}(Dunnett) = d_{\alpha/c}\sqrt{\frac{2MS_{S/A}}{n}}$$

$d_{\alpha/c}$는 Dunnett의 표에서 찾을 수 있다.

처치집단의 크기가 다른 경우에는 앞에서 사용된

$$t = \frac{\hat{\psi}_1}{\sqrt{MS_{S/A}\left(\frac{1}{n_j} + \frac{1}{n_k}\right)}}$$

또는

$$t = \frac{\hat{\psi}_2}{\sqrt{\left(\frac{c_1^2}{n_1} + \frac{c_2^2}{n_2} + \cdots + \frac{c_a^2}{n_a}\right)MS_{S/A}}}$$

를 사용하고 이의 임계값으로 Dunnett의 표를 사용해야 한다. 당초 Dunnett의 방법과 표는 표본의 크기 n이 다 같은 경우에 사용되도록 고안된 것이다. 그러나 Dunnett(1955)는 그의 방법이 표본의 크기가 다른 경우에도 사용될 수 있으며 그때의 p 값은 근사값이 된다고 밝히고 있다. 그러나 집단 간의 자료 수가 크게 차이가 날 때는 Dunn의 방법을 사용하는 것이 안전하다고 할 수 있겠다.

7) Newman-Keuls

집단 간 자료의 수가 같고 계획된 양자 간 비교의 수가 많은 경우에 사용될 수 있는 방법이 Newman-Keuls이다. 이는 unequal n의 경우에 사용하는 post hoc 검정보다 큰 검정력을 제공한다. 이에 대한 자세한 논의는 사후비교에 관한 설명 이후로 미룬다.

3 사후비교

사후비교, post hoc comparison은 전반적인 F 검정 결과 영가설이 기각된 후, 어떤 형태로이든 처치 효과가 존재한다는 판단을 유지한 상태에서, 더 상세한 기각의 이유를 찾기 위한 검사이다. 따라서 사후비교는 탐구의 연속선 상에 있는 절차, exploratory procedure라 할 수 있다. 이 경우 가설검정은 Omnibus F 검정의 확률적 판단 다음의 판단이기 때문에 전체 1종 오류를 통제하는 방법이 관건이 되겠다. 그 적절한 방법을 찾기 위하여 다음과 같은 현실적 조건을 고려하여야 한다.

a. 양자 간 비교만 할 것인가, 아니면 양자 간 비교와 혼성비교를 병행할 것인가?
b. 처치집단의 사례 수가 서로 같은가, 다른가?

1종 오류의 비교별 통제	n이 동수라면 Newman-Keuls		
1종 오류의 실험 전체 통제	혼성비교와 양자 간 비교	적은 비교	Dunn Bonferroni Šidák-Bonferroni
		많은 비교	Scheffé
	양자 간 비교	가능한 모든 비교	unequal n — Scheffé
			equal n — Tukey
		양자 간 비교	작은 수의 상호비교 — Dunn
			처치와 통제 간의 비교 — Dunnett/ Fisher

여기서 설명할 비교법은 첫째, Bonferroni 및 Šidák-Bonferroni 방법으로 소수의 실험에 대해 가장 널리 적용될 수 있는 실험 전체 통제 방법이다. 둘째, Tukey의 HSD: Honestly Significant Difference로, 이는 다중비교 방법 중 가장 널리 알려진 방법이다. 이 방법은 통계량의 정확한 분포가 알려져 있으나, 크기가 같은 집단의 양자 간 비교, pairwise comparison에만 사용할 수 있다. 셋째는 Newman-Keuls 방법으로 이 방법

은 Tukey와 유사하다, 넷째는 다중비교 방법 중 가장 다양하게 사용될 수 있는 Scheffé의 방법이다.

1) Bonferroni 및 Šidák-Bonferroni 방법

Bonferroni 방법은 가장 쉽게 떠오르는 사후분석 방법으로, 비교 횟수에 따라 통합 오류의 인상을 예견하여 비교별 유의도를 조절하는 방법이다. 이 방법은 일반적으로 사용될 수 있으며 분산분석 이외의 검정에도 적용될 수 있다. 이 방법의 기본적 생각은 독립적인 비교 횟수 c가 주어졌을 때 비교별 오류, comparison-wise error rate와 통합 오류, family-wise error rate 사이의 관계이다.

$$\alpha_{FW} = 1 - (1-\alpha)^c$$

따라서

$$\alpha_{FW} < c\alpha$$

이 식을 사용하는 방법은 단순히 정해진 통합 오류 가능성을 비교 횟수로 나눈 값의 비교별 오류율을 선택하면 된다. 예를 들어 통합 오류 $\alpha_{FW} = 0.05$, 비교 횟수 $c = 3$인 경우 비교별 오류 α_{CW}는

$$\alpha_{CW} = \alpha_{FW}/c$$
$$0.05/3 = 0.017$$

로 계산된다. 이 Bonferroni 방법은 쉽고 편리하지만, 부등호에 근거하고 있다는 제한점이 있다. 무슨 말인가 하면 이 방법은 지나치게 심한 수정을 가한다는 것으로, 특히 비교가 많아지면 너무 엄격한 검정이 되어 검정력이 약해지는 문제가 생긴다.

이 문제를 조금 개선한 것이 Šidák-Bonferroni 방법이다. 이 방법은 $\alpha_{FW} < c\alpha$과 같은 지나치게 강력한 수정 식 대신 다음의 등식에 근거한다.

$$\alpha = 1 - \left(1 - \alpha_{FW}\right)^{1/c}$$

이 식은 Bonferroni 방법보다 약간 큰 검정력을 갖게 해주지만 각 검정이 독립적이 아니라면 여전히 엄격한 검정으로, Bonferroni 방법과 Šidák-Bonferroni 방법은 그 절차에 있어서 완전히 같다. 참고로 Šidák의 Š는 Sh로 발음한다.

2) Tukey's HSD

Tukey의 honestly significant difference 방법은 쌍별 비교, pair-wise comparison을 할 때, 즉 각각의 집단을 나머지 모든 집단과 비교할 때 사용하는 방식이다. 이 방법을 이해하기 위해서는 우선 이 방법의 기본 논리와 그 통계량인 Student's range statistic(q)에 대한 이해가 있어야 한다.

독립적인 두 표본집단의 t 통계량의 분산은 오직 두 개의 독립적인 집단의 표본이 추출되었으며 영가설 하에서 두 표본집단은 같은 처치 모집단으로부터 추출되었다고 가정하였다. 그러나 집단의 수가 많을수록, 우연이 허용하는 가장 큰 값과 가장 작은 값의 차이는 클 것이다. 그러므로 집단이 3개 이상일 때는 2 표본 t 검정의 표준편차는 항상 과소평가되며 결과적으로 1종 오류 가능성이 커지게 될 것이라고 짐작할 수 있다. 기대되는 우연적 차이의 크기가 비교되는 처치의 수의 함수라는 사실을 고려하여 Tukey는 t 검정과는 달리, 비교되는 처치의 수를 고려한 Q_{crit} 통계량을 개발하였다. 고셋(William S. Gossett) 역시 이 통계량을 개발하였는데, 이것을 Student라는 필명으로 발표했으므로 이 통계량의 이름은 Studentized range statistics이다. Tukey 검정은 사례 수가 같은 양자 간 비교에만 적용할 수 있다.

만약 평균이 μ이고 표준편차가 σ인 모집단으로부터 각 집단의 크기가 n인 a개 집단의 표본이 추출되었다면 그들 중 가장 큰 평균을 갖는 집단과 가장 작은 평균을 갖는 집단의 평균차는 다음과 같이 정의된다.

$$R = \overline{X}_{max} - \overline{X}_{min}$$

이는 표준편차가 $\hat{\sigma}/\sqrt{n}$이고, 평균은 표본의 크기의 함수로, 표본의 수가 증가하면 평균이 증가하는 성질을 갖게 된다.

집단별 표본의 크기 n이 같다면 R과 Studentized range distribution은 분산분석에서 omnibus F 검정에 사용될 수 있다. 이때 통계량은

$$Q_{obt} = \frac{R}{\frac{\hat{\sigma}}{\sqrt{n}}}$$

여기서, Q는 a 처치집단에 대한 Studentized range test statistic,
$\hat{\sigma}$는 모분산에 대한 pooled estimate,
n은 집단의 크기

Q가 F 대신 쓰이지 않는 이유는 일반적으로 F의 검정력이 Q의 그것보다 크기 때문이다. 그러나 Q는 F 검정 이후의 각각의 비교를 검정하는 데 유용하게 쓰일 수 있다.

Studentized range statistics를 다중비교에 사용하기 위해서 위 통계량에 대한 약간의 변형이 필요하다. 위의 통계량이 ANOVA에 대한 후속수단으로 사용되므로 모분산에 대한 가장 좋은 추정치는 $MS_{S/A}$가 된다. 그러므로 위의 통계량은

$$q = \frac{\overline{X}_{max} - \overline{X}_{min}}{\sqrt{\frac{MS_{S/A}}{n}}}$$

또는 least significant difference를 표현하는 식으로

$$\hat{\psi}(hsd) = q(a)\sqrt{\frac{MS_{S/A}}{n}}$$

를 사용한다. Tukey의 방법은 2 sample을 가정하고 있지 않다는 점에서 좀 더 "honest" 하다. 그리고 이 방법은 가장 큰 평균과 가장 작은 평균의 차이에 대한 유의성을 검정할 때 실험 전체의 1종 오류를 통제한다. 유의수준이 가장 극단적인 경우에 맞춰 통제하기 때문에 그보다 덜 극단적인 경우에는 유의수준을 넘는 경우가 생기지 않는다.

3) The Newman-Keuls

Newman-Keuls 역시 Studentized range statistics를 사용하는, 가능한 모든 양자 간 비교를 하는 사후검정 방법이다. HSD 검정과 마찬가지로 이 방법도 Q_{obt} 값을 Q_{crit}과 비교하여 가설기각 여부를 결정한다. 그러나 이 방법은 다자간 비교를 위하여 layer method라는 방법을 사용한다는 점에서 앞의 방법들과 구별된다.

가장 작은 평균으로부터 가장 큰 평균의 배열이 다음과 같았다고 하자.

$$\overline{X}_2 \quad \overline{X}_1 \quad \overline{X}_4 \quad \overline{X}_5 \quad \overline{X}_3$$

layer method는 Tukey의 방법과 같이 극단적인 경우인 가장 큰 평균값과 가장 작은 평균값의 차이

$$\overline{X}_3 - \overline{X}_2$$

를 우선 검정한다. 만약 이 비교가 유의하면, 다음으로 두 번째로 극단적인 경우인 4단계 떨어져 있는 두 개의 평균의 차이

$$\overline{X}_3 - \overline{X}_1$$
$$\overline{X}_5 - \overline{X}_2$$

를 검정한다. 만일 네 단계 떨어진 경우가 모두 유의하지 않으면 차이 검정은 거기서 중단된다. 그러나 만일 어느 하나가 유의하면 다시 두 개의 삼 단계 떨어진 경우에 대하여 검정하게 된다. 어느 layer에서든지 검정이 모두 유의하지 않은 것으로 나타나면 검정은 거기서 중단된다. 유의수준은 각 layer별로 nominal level로 통제된다. 그러나 실험 전체의 1종 오류는 층의 수가 많아짐에 따라 증가한다. 그러므로 1종 오류는 다음의 통상적인 식으로 계산된다.

Newman-Keuls의 방법은 t ratio를 사용한 방법보다는 1종 오류를 잘 관리하나 실험 전체(experimentwise)의 1종 오류를 통제하는 방법만은 못하다. 이는 비교별 관리와 실험 전체 관리의 중간 정도로 간주할 수 있다.

4) The Scheffé method

Bonferroni 방법이 주어진 통합 유의수준에 이르도록 각 비교의 유의수준을 조정한 것이라면, Scheffé의 방법은 실제 수행된 비교의 수와 관계없이 통합 유의수준을 특정한 값에 맞추는 방법이다. 이 방법은 특별한 통계표를 사용하지 않고 표준적인 F 분포표를 사용하며 절차도 단순하다. 평소대로 $\psi = 0$ 영가설을 사용하여 F_ψ 값을 산출하고,

$$SS_\psi = \frac{n\hat{\psi}^2}{\sum c_i^2}$$

$$F_\psi = \frac{SS_\psi}{MS_{S/A}}$$

얻어진 F_{obt} 를 다음과 같은 특별한 임계값, $F_{Scheffé}$ 와 비교하여 가설기각 여부를 판단한다.

$$F_{Scheffé} = (a-1)F(df_A, df_{S/A})$$

사후검사 방법 중 Scheffé의 방법이 가장 적용성이 크고, 견고하며(robust), 엄격한 검사라 할 수 있다. 적용성이 크다는 것은 양자 간 비교나 혼성비교에서, 그리고 사례 수가 같은 경우에도 다른 경우에도 모두 사용할 수 있다는 것이고, 견고하다는 것은 F 검정 이후의 검사 방법 중 분석모형의 가정을 위반한 경우에 대하여 가장 덜 민감하기 때문이고, 가장 엄격한 검사인 이유는 기각역을 가설 수준에 머무르도록 통제하기 때문이다. 그러나 이 방법은 검정력이 특별히 낮다는 약점을 가지고 있다. 그러므로 다른 민감한 분석 방법을 적용할 수 없을 때만 사용하는 것이 좋다.

집단 간 자료의 수가 다르고 혼성비교인 경우 앞에서 사용된 F 값을 Scheffé의 correction factor로 나눔으로써 F 값을 얻을 수 있다.

$$F = \frac{\hat{\psi}_i^2}{(a-1)\left(\dfrac{1}{n_1} + \dfrac{1}{n_2}\right)MS_{S/A}^2}$$

이 값은 F 분포표에서 $a-1$ 과 $a(n-1)$ 의 자유도를 갖는 F 임계값과 비교하게 된다. 이 식을 여러 집단 비교에 일반화하면 다음과 같이 된다.

$$F = \frac{\hat{\psi}_i^2}{(a-1)\left(\dfrac{C_1^2}{n_1} + \dfrac{C_2^2}{n_2} + \cdots + \dfrac{C_a^2}{n_a}\right)MS_{S/A}^2}$$

여기서 contrast, $C = \sum_{i=1}^{r} c_i \mu_i$, 단 $\sum_{i=1}^{r} c_i = 0$

지금까지 소개한 post hoc 방법을 요약하면 다음과 같다.

Bonferroni

$$\alpha_{FW} = 1 - (1 - \alpha)^c$$
$$\alpha_{FW} < 1 - c\alpha \rightarrow \alpha = \alpha_{FW}/c$$

Šidák-Bonferroni

$$\alpha = 1 - \left(1 - \alpha_{FW}\right)^{1/c}$$

Dunnett's test (one group vs. others)

$$D_{Dunnett} = t_{Dunnett}\sqrt{2MS_{S/A}/n}$$

Tukey's HSD(Studentized range statistic; a, df)

$$D_{Tukey} = q_a\sqrt{MS_{S/A}/n}$$

Fisher-Hayter

$$D_{FH} = q_{a-1}\sqrt{MS_{S/A}/n}$$

Scheffé

$$F_{Scheffe} = (a-1)F\left(df_A, df_{S/A}\right)$$
$$t_{Scheffe} = \sqrt{F_{Scheffe}}$$

4 경향 분석

경향 분석, trend analysis는 독립변수가 질적 변수 아닌 양적 변수를 변형하여 처치 효과의 평균을 비교하는 single df 비교방법이다. 이 경향 분석은 두 가지 의도를 위해 수행하는데, 하나는 이론적 예측을 확인하기 위함이고, 다른 하나는 순수하게 실증적인 설명을 위함이다.

첫째 의도의 경향 분석은 분석대상인 모형함수가 이론에 맞는 형태를 보이는가를 확인하는 것이 핵심이고 둘째 의도의 경향 분석은 post hoc으로서 실험결과를 적절하게 설명해줄 가장 단순한 함수를 찾는 작업이다. 이 두 경우 모두 분석의 원리는 직교대비와 본질적으로 같다.

경향의 모형은 집단 간 평균 차이의 패턴에 따라 linear, quadratic, cubic, 그리고 quartic trend로 나눌 수 있다. [그림 15.1]은 이 네 가지 경향의 예를 나타낸다.

이 [그림 15.1]에 나타난 것은 5개의 균등한 간격을 갖는 독립변수의 수준에 대한 양적 변수인 종속변수의 값을 나타낸 것이다. 물론 현실에서는 오차가 포함되어, 이렇게 완전한 모습으로 나타나는 일은 드물 것이다. 많은 경우 하나의 자료에 두 개 이상 경향이 함께 포함되어 있다. 이런 경우 각 경향이 얼마나 포함되어 있는지에 관한 수량적 정보를 주는 것이 바로 직교대비이다.

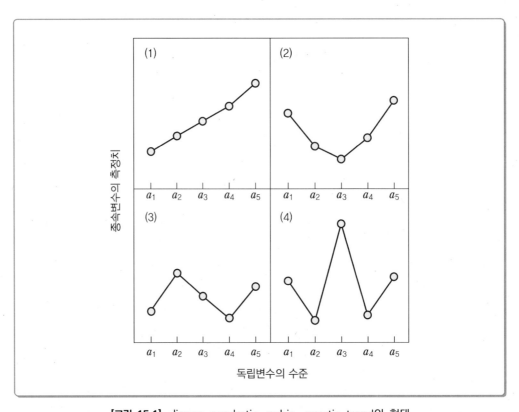

[그림 15.1] linear, quadratic, cubic, quartic trend의 형태

경향 분석 모형함수의 일반식은 다음과 같다.

$$Y = b_0 + b_1 X + b_2 X^2 + \cdots + b_{a-1} X^{a-1}$$

직교성, orthogonality의 조건은

$$\sum c_j = 0, \ \sum (c_j)(c_j') = 0$$

검정 방법은

$$H_0 : \psi_{trend} = 0$$

$$SS_{A_{trend}} = \frac{n(\hat{\psi}_{trend})^2}{\sum (c_j)^2}$$

$$F = \frac{MS_{trend}}{MS_{S/A}}$$

로 얻어진 F 값을 임계값과 비교하여 검정한다.

직교조건이 갖추어진 다항식의 계수의 예는 아래와 같다.

k	Polynominal	1	2	3	4	5	6	7
3	Linear	−1	0	1				
	Quadratic	1	−2	1				
4	Linear	−3	−1	1	3			
	Quadratic	1	−1	−1	1			
	Cubic	−1	3	−3	1			
5	Linear	−2	−1	0	1	2		
	Quadratic	2	−1	−2	−1	2		
	Cubic	−1	2	0	−2	1		
	Quartic	1	−4	6	−4	1		
6	Linear	−5	−3	−1	1	3	5	
	Quadratic	5	−1	−4	−4	−1	5	
	Cubic	−5	7	4	−4	−7	5	
	Quartic	1	−3	2	2	−3	1	
7	Linear	−3	−2	−1	0	1	2	3
	Quadratic	5	0	−3	−4	−3	0	5
	Cubic	−1	1	1	0	−1	−1	1
	Quartic	3	−7	1	6	1	−7	3

$k = 4$인 선형경향 분석의 경우를 예로 설명하자면, 잠정적으로 (0, 20, 40, 60)의 세트를 얻었다 하자. 이번에는 계수의 합을 0으로 만들기 위하여 각 값에서 $\overline{X}$를 뺀 값,

$$\overline{X} = \frac{\sum X_j}{a} = \frac{120}{4} = 30, \ x_j = X_j - \overline{X}$$

를 취한다.

$$x_1 = X_1 - \overline{X} = 0 - 30 = -30$$

$$x_2 = X_2 - \overline{X} = 20 - 30 = -10$$

$$x_3 = X_3 - \overline{X} = 40 - 30 = 10$$

$$x_4 = X_4 - \overline{X} = 60 - 30 = 30$$

이렇게 (-30, -10, 10, 30)의 세트가 얻어진다. 이것은 계수의 합이 0이 되므로 사용할 수 있으나 계산의 편리성을 위해 (-3, -1, 1, 3)의 세트를 사용하는 것이 낫다. 경향 분석의 첫 스텝은 관찰한 처치집단 평균 $\overline{Y}_j$와 선형경향 계수 c_{1j}를 이용하여 $\hat{\psi}$를 계산하는 것이다.

$$\hat{\psi}_L = \sum c_{1j} \overline{Y}_j$$
$$\hat{\psi}_L = \sum c_{1j} \overline{Y}_j$$
$$\hat{\psi}_L = \sum c_{1j} \overline{Y}_j$$

다음으로 선형경향의 제곱합과 F는

$$SS_{trend} = \frac{n\hat{\psi}_{trend}^2}{\sum c_j^2}$$

$$F = \frac{MS_{trend}}{MS_{S/A}}$$

이 F의 자유도는 1과 $a(n-1)$이 된다.

연 습 문 제

01. 각각 10명으로 구성된 세 집단을 대상으로 읽기 자료의 효과실험을 하였다. 이들 집단 중 집단 1(Before)은 사전에 훈련을 제공하고, 집단 2(After)는 사후에, 집단 3(Control)은 통제집단이다. 시험결과는 다음과 같다. (Myers & Well, 1995. p. 118)

	Before	After	Control
$\overline{Y}_j$	24	16	13
$\hat{\sigma}_j^2$	72	62	76

1) 유의도 수준 0.01에서 분산분석의 기각역과 자유도 및 결론은?
2) 다음의 가설검정에서

$$H_0 : \psi = \frac{1}{2}(\mu_2 + \mu_3) - \mu_1 = 0$$

등분산성을 가정하고 $\hat{\psi}$ 의 표본분포의 분산을 추정하고,
영가설의 평가를 위해 t 검정을 수행하시오.

02. 다음 자료의 사전비교 결과는? 단, $\overline{x}_1 = 15$, $\overline{x}_2 = 6$, $\overline{x}_3 = 9$, $\overline{x}_T = 10$

	제곱합	자유도	평균제곱	F	P
집단 간	210	2	105	7.41	.008
집단 내	170	12	14.17		
합계	380	14			

03. 무선 추출한 세 집단, Cognitive, Behavioral, Control에 대한 실험 후 얻은 종속변수의 통계자료는 다음과 같다.

	Cognitive	Behavioral	Control
Sample size	20	20	10
Mean	6.0	4.0	3.8
SD	3.2	2.9	3.3

1) Cognitive와 Behavioral 집단 평균의 차이 검정의 F 값은?

2) Cognitive와 Control 집단 평균의 차이 검정의 F 값은?

3) 두 비교의 SS_A 값의 합은? (Maxwell, et. al., 2018. p. 206)

04. 다음은 세 수준의 스트레스 상황, low, medium, high에서의 문제풀이 성적 자료이다. 이론에 따르면 medium 수준에서의 성적이 가장 높고 low와 high 사이의 차이는 나타나지 않을 것이라 한다. 이 두 가지 믿음을 가설검정으로 확인하라.

	low	medium	high
n	15	18	21
$\overline{X}$	67.333	68.611	66.048
$\hat{\sigma}$	6.102	6.137	6.128

05. 다음은 훈련 중간에 제공하는 시간 간격과 점수를 나타낸 자료이다. 피험자들이 한꺼번에 훈련받는 것보다 과제를 분배해서 시간 간격을 두고 훈련받는 것이 더 효과적인가? (Keppel & Wickens, 2004, pp. 89-90)

	0 sec a1	20 sec a2	40 sec a3	60sec a4
	4	18	24	16
	6	13	19	17
	10	15	21	13
	9	11	16	23
	11	13	15	21
$\overline{X}$	8.00	14.00	19.00	18.00
$\hat{\sigma}$	2.915	2.646	3.674	4.000

ANOVA Summary

Source	SS	df	MS	F
A	373.750	3	124.583	11.07
S/A	180.000	16	11.250	
Total	553.780	19		

06. 한 연구자가 5 집단을 대상으로 실험을 하였다. 그의 사전계획은 다음의 양자 간 비교를 하는 것이었다. μ_1 vs. μ_2, μ_2 vs. μ_3, 그리고 μ_4 vs. μ_5.

1) α_{FW} 수준을 0.05로 유지하기 위해서 사용할 다중비교는?

2) 한 집단의 피험자 수가 모두 13일 경우 각 대비의 F_{crit} 값은?

3) 결과를 본 후 연구자는 μ_2 vs. μ_3 실험을 μ_3 vs. μ_4로 바꾸기로 했다. 이때 α_{FW} 수준을 0.05로 유지하기 위해서 사용할 수 있는 다중비교는?

4) 위 검정의 경우 각 집단의 피험자 수가 모두 13일 경우 각 대비의 F_{crit} 값은 7.92이다. 문제 2)와 3)의 차이에 관해서 설명하라. (Maxwell et al., 2018, p. 265)

07. Myers & Well, 1995, p.170

다음은 4 집단을 대상으로 얻은 성취도 평균에 대한 통계이다. 연구문제의 답을 구하라.

Con: 비교집단
G: 정답을 맞히면 칩을 준 집단
L: 오답을 하면 칩을 잃은 집단
GL: G와 L을 동시에 사용한 집단

	Con	Incentive (A)		
		G	L	GL
$\overline{Y}_j$	8.8	4.2	3.4	2.5

Source	df	SS	MS	F
A	3	377.4	125.8	8.39
S/A	60	900	15	

1) 통제집단의 모집단 평균은 인센티브전략을 사용한 집단의 모평균과 다른가?

2) GL 집단의 모평균은 다른 두 인센티브 전략을 사용한 집단과 다른가?

3) G와 L의 모집단 평균은 다른가?

4) 이 경우 $SS_{\psi_1} + SS_{\psi_2} + SS_{\psi_3} = SS_A$의 등식이 성립하는 이유는?

08. Keppel & Wickens, 2004, p.84

한 연구자가 A, B 두 약의 효과를 실험하기 위해 다음의 실험결과를 얻었다.

Control a1	Drug A Low a2	Drug A High a3	Drug B Low a4	Drug B High a5
10	8	12	18	21
13	16	10	11	17
17	12	7	15	26
20	19	3	22	28

1) 분산분석 결과는?

2) 다음의 contrast 수행을 위한 계수를 구하라.

control vs. experimental groups

Drug A vs. Drug B

Drug A의 Low vs. High Dose

Drug B의 Low vs. High Dose

3) 위의 검정이 orthogonal 함을 보여라.

4) 위 검정의 F 값을 구하라.

09. Maxwell et al., 2018, p. 303

$n = 10$인 4 집단의 평균이 각각 10, 20, 30, 40일 때

1) Linear trend SS_{lin}의 값은?

2) Quadratic trend SS_{qua}의 값은?

3) Cubic trend SS_{cub}의 값은?

4) 이 자료는 순수한 선형경향만을 반영하는가?

10. Maxwell et. al., 2018. p. 304.

한 연구자가 각 집단이 15명으로 이루어진 5 집단에 대한 경향 분석을 했다. 집단 평균은 각각 $\overline{Y}_1 = 80$, $\overline{Y}_2 = 83$, $\overline{Y}_3 = 87$, $\overline{Y}_4 = 89$, $\overline{Y}_5 = 91$이었다. $MS_{S/A}$ 값은 150이다.

1) 사전에 계획된 linear trend의 유의도는?
2) Omnibus F test 결과는 기각될 수 있을까?
3) 선형경향 분석의 F 값이 일반 F 값과 큰 차이가 나는 이유는?
4) 일반 F 검정과 비교하여 사전 선형경향 분석이 갖는 장점은 무엇인가?
5) 이 문제에서 대비를 통해 비교한 것과 같은 0.01 수준에서 다음 방법으로 수행하라.
    a. Bonferroni
    b. Sidak-Bonferroni
    c. Scheffé 방법으로 각각의 대비결과를 평가한다면?

11. Pagano, 2007, p.393

다음은 나이 집단에 대한 무의미 철차 기억력 점수와 그 통합 분산분석결과이다.

30세	40세	50세	60세
14	12	17	13
13	15	14	10
15	16	14	7
17	11	9	8
12	12	13	6
10	18	15	9

Source	SS	df	MS	F
Between	108.333	3	36.111	5.40[*]
Within	133.667	20	6.683	
Total	242.000	23		

1) 사전비교 방법을 사용하여 30세 집단과 60세 집단을 비교하시오.
2) Newman-Keuls test를 통하여 가능한 모든 짝을 비교하고 결론을 쓰시오.

12. Keppel, 1982, pp. 136-139

다음은 10번의 학습 기회를 가진 4개 집단의 학습성과에 관한 통계표이다. 종속변수는 학습성과이고 독립변수는 학습 기회가 주어지는 시간 간격, 0, 20, 40, 60초이다. 이 자료를 사용하여 linear, quadratic, cubic의 세 가지 경향 분석을 하고 그 결과로 얻어진 제곱합과 전체 제고합 사이의 관계, 그리고 각 F 통계량과 omnibus F 통계량 사이의 관계를 설명하라.

	0 sec a_1	20sec a_2	40 sec a_3	60 sec a_4	sum
n	20	20	20	20	80
$\overline{X}_j$	15.45	21.45	22.60	20.05	

Source	SS	df	MS	F
A	590.34	3	196.78	10.08^*
S/A	1483.65	76	19.52	
Total	2073.99	79		

13. Maxwell et al., p. 306

사례 수가 5인 네 집단의 쥐에 각각 복용량 1, 2, 3, 4 단위의 약을 투여하고 미로 찾기 실험을 하여 나타난 실패횟수 평균은 다음과 같다.

Dose			
1	2	3	4
6.6	4.8	3.4	4.2
7.2	5.0	3.6	4.8
5.0	3.8	3.8	5.0
6.2	4.2	3.2	4.6
5.8	4.4	3.2	5.2

1) 선형경향 분석을 위한 계수를 추정하라.
2) 선형경향, linear trend 유의도 검정 결과는?
3) 선형 회귀분석 결과를 보고 F 값의 차이를 설명하라.

Source	SS	df	MS	F
Model	6.76	1	6.76	7.278
Error	16.72	18	.929	
Total	23.48	19		

풀이

01. 1) $F_{crit} = 5.49$ $df = (2, 27)$

$$MS_A = 10\sum\left(\overline{Y}_{.j} - \overline{Y}_{..}\right)^2/2 = 323.333$$

$$MS_{S/A} = \frac{(n-1)\left(\hat{\sigma}_1^2 + \hat{\sigma}_2^2 + \hat{\sigma}_3^2\right)}{df} = 70$$

$$F = \frac{MS_A}{MS_{A/S}} = 4.619, \text{ retain } H_0: \text{읽기 자료의 효과가 없다.}$$

2) $Var(\hat{\psi}) = \left(\frac{1}{2}\right)^2\left[Var\left(\overline{Y}_2\right) + Var\left(\overline{Y}_3\right)\right] + Var\left(\overline{Y}_1\right)$

$$\sigma_1^2 = \sigma_2^2 = \sigma_3^2 \text{ (assumed) } = MS_{S/A}$$

$$\hat{\sigma}_{\overline{Y}_1}^2 = \hat{\sigma}_{\overline{Y}_2}^2 = \hat{\sigma}_{\overline{Y}_3}^2 = MS_{S/A}/10$$

$$Var(\hat{\psi}) = \left(MS_{S/A}/10\right)(1/4 + 1/4 + 1) = 10.5$$

$$t = \left[(1/2)(16 + 13) - 24\right]/\sqrt{10.5} = -2.93, \;\; df = 27$$

02. 1) $H_0: \mu_1 = \dfrac{\mu_2 + \mu_3}{2}$

$$\psi_1 = (1)\mu_1 + (-1/2)\mu_2 + (-1/2)\mu_3$$

$$\hat{\psi}_1 = (1)15 + (-1/2)6 + (-1/2)9 = 7.5$$

$$SS_{A_{comp1}} = \frac{s\left(\hat{\psi}\right)^2}{\sum\left(c_j\right)^2} = \frac{5(7.5)^2}{(1)^2 + (-1/2)^2 + (-1/2)^2} = 187.5$$

이것을 t 검정의 논리로 풀어보면

분자: $\left(\overline{x}_1\right) - 1/2\left(\overline{x}_2 + \overline{x}_3\right) = 15 - 1/2(6 + 9) = 7.5$

분모 중: 통합분산 (통합표준편차)을 생각, 이것이 집단 내 분산과 일치

$$\hat{\sigma}_{pool}^2 = \frac{SS_1 + SS_2 + SS_3}{n_1 + n_2 + n_3 - 3} = MS_{S/A} = 14.17$$

분모: $\sqrt{\hat{\sigma}_{pool}^2\left\{\dfrac{1}{n_1} + \left(\dfrac{1}{2}\right)^2\left(\dfrac{1}{n_2} + \dfrac{1}{n_3}\right)\right\}} = \sqrt{14.17\left(\dfrac{3}{10}\right)} = 2.06$

$$t = \frac{7.5}{2.06} = 3.64 = \sqrt{F}$$

2) $H_0: \mu_2 = \mu_3$

$$\psi_2 = (0)\mu_1 + (1)\mu_2 + (-1)\mu_3$$

$$\hat{\psi}_2 = (0)15 + (1)6 + (-1)9 = -3$$

$$SS_{A_{comp2}} = \frac{s(\hat{\psi})^2}{\sum (c_j)^2} = \frac{5(-3)^2}{(0)^2 + (1)^2 + (-1)^2} = 22.5$$

03. 1) 2)

Source	SS	df	MS	F
Treatment (A)	210.0	2		
Comp. 1	187.5	1	187.5	13.23[**]
Comp. 2	22.5	1	22.5	1.59[*]
Within (S/A)	170.0	12	14.17	
Total	380.0	14		

3) Orthogonality: 두 직교비교에 대하여 $SS_A = \sum SS_{A_{comp.}}$

$$\sum (c_j)(c_j') = 0$$

$$SS_A = \sum SS_{A_{comp.}}$$

$$SS_{A_{comp.1}} + SS_{A_{comp.2}} = 187.5 + 22.5 = 210.0 = SS_A$$

04. 1) $H_0 : \mu_H - \mu_L = 0$, $\alpha = .05$, $df = 34$, $|t|_{crit} = 2.034$,

$$\hat{\sigma}_{\overline{X}_H - \overline{X}_L} = \sqrt{[14(6.102^2) + 20(6.128^2)]/34} \sqrt{1/15 + 1/21} = 2.068$$

$$t = (67.333 - 66.048)/2.068 = .621$$

2) $H_0 : \mu_M - .5(\mu_H + \mu_L) = 0$, $\alpha = .05$, $df = 51$, $|t|_{crit} = 1.676$

$$\hat{\sigma}^2_{pool} = [14(6.102^2) + 17(6.137^2) + 20(6.128^2)]/51 = 37.502$$

$$\hat{\sigma}_{\overline{C}} = \sqrt{(37.502)[1/18 + (.25)(1/15 + 1/21)]} = 1.776$$

$$\qquad \text{<-- } Var(aX + bY) = a^2\sigma_X^2 + b^2\sigma_Y^2$$

$$t = 1.931/1.776 = 1.081$$

05. 먼저, orthogonal contrast 방법을 적용해보자.

$$\psi_1 : \{1, -1, 0, 0\}$$

$$\psi_2 : \{1/2, 1/2, -1, 0\}$$

$$\psi_3 : \{1/3, 1/3, 1/3, -1\}$$

$$\hat{\psi}_1 = 8 + (-14) = -6$$

$$\hat{\psi}_2 = -8$$

$$\hat{\psi}_3 = -4.33$$

$$SS_{\psi_1} = \frac{5(-6)^2}{1^2 + (-1)^2} = 90$$

$$SS_{\psi_2} = 213.33$$

$$SS_{\psi_3} = 70.31$$

$$F_{\psi_1} = \frac{90}{11.25} = 8, \ \ F_{\psi_2} = \frac{213.33}{11.25} = 18.96, \ \ F_{\psi_3} = \frac{70.31}{11.25} = 6.25$$

이렇게 네 평균 사이의 차이를 확인할 수 있다. 그러나 이보다 더 좋은 방법은 네 평균을 하나의 trend로 묶어서 planned contrast로 검정하는 방법으로, 이렇게 하면 $MS_{S/A}$의 df 가 1이 되므로 더 검정력이 커진다. 단, 정말로 직선형 관계가 존재할 때만 이것이 더 좋은 방법이 된다.

$$\psi_{trend} : \{-3, \ -1, \ 1, \ 3\}$$

$$\hat{\psi}_{lin} = \sum c_{1j} \overline{Y}_j = (-3)8 + (-1)14 + (1)19 + (3)18 = 35$$

$$SS_{lin} = \frac{n\hat{\psi}_{lin}^2}{\sum c_{1j}^2} = \frac{5(35)^2}{(-3)^2 + (-1)^2 + 1^2 + 3^2} = 306.25$$

$$F = \frac{MS_{lin}}{MS_{S/A}} = \frac{306.25}{11.25} = 27.22$$

06. 1) Bonferroni. 비교 횟수가 작으므로 Scheffé 방법보다 검정력이 크다.

2) $\alpha = 0.05$에서 기각값 $F_{Bonferroni}(1, 60) = 6.07$, 단 이 책에서는 Bonferroni F_{crit} 통계표를 제공하지 않음

3) post hoc 비교이므로 α_{FW}를 유지하기 위하여 Tukey 방법을 사용할 수 있다.

4) Bonferroni와 Tukey의 검정력 차이, post hoc의 비교를 사용한 비용이라 할 수 있다.

07. 1) $H_{01} : \mu_{con} - \frac{1}{3}(\mu_G + \mu_L + \mu_{GL}) = 0$

$$\psi = \sum c_j \mu_j$$

$$\hat{\psi}_1 = (1)(8.8) + (-\frac{1}{3})(4.2) + (-\frac{1}{3})(3.4) + (-\frac{1}{3})(2.5) = 5.43$$

$$SS_\psi = \frac{\hat{\psi}^2}{\sum (c_j^2 / n_j)}$$

$$SS_{\psi_1} = \frac{8.8 - \frac{1}{3}(4.2 + 3.4 + 2.5)}{\left\{1^2 + 3\left(-\frac{1}{3}\right)^2\right\}\left(\frac{1}{16}\right)} = 354.253$$

$$t = \frac{\hat{\psi}}{\hat{\sigma}_\psi} = \frac{\sum_1^a w_j \overline{Y}_j}{\sqrt{MS_{S/A} \sum w_j^2/n_j}}$$

$$F = \frac{SS_{\hat{\psi}}}{MS_{S/A}}$$

$$F = \frac{354.253}{15} = 23.617, \quad F_{crit}(3, 60) = 2.76$$

2) $H_{02} : \frac{1}{2}(\mu_G + \mu_L) - \mu_{GL} = 0$

$\qquad SS_{\psi_2} = 18.027$

3) $H_{03} : \mu_G - \mu_L = 0$

$\qquad SS_{\psi_3} = 5.12$

4) $(a-1)$가지의 서로 중복되지 않는 orthogonal contrast를 하였기 때문

08. 1) $F = 5.61^*$

2) $c_{1j} = \left\{1, -\frac{1}{4}, -\frac{1}{4}, -\frac{1}{4}, -\frac{1}{4}\right\}$

$\qquad c_{2j} = \left\{\frac{1}{2}, \frac{1}{2}, -\frac{1}{2}, -\frac{1}{2}\right\}$

$\qquad c_{3j} = \{1, -1, 0, 0\}$

$\qquad c_{4j} = \{0, 0, 1, -1\}$

3)

	a1	a2	a3	a4	a5	Sum
comp. 1	1	-1/4	-1/4	-1/4	-1/4	0
comp. 2	0	1/2	1/2	-1/2	-1/2	0
comp. 3	0	1	-1	0	0	0
comp. 4	0	0	0	1	-1	0
1 vs 2	0	-1/8	-1/8	1/8	1/8	0
1 vs 3	0	-1/4	1/4	0	0	0
1 vs 4	0	0	0	-1/4	1/4	0
2 vs 3	0	1/2	-1/2	0	0	0
2 vs 4	0	0	0	-1/2	1/2	0
3 vs 4	0	0	0	0	0	0

4) $F_{\psi 1} = 0.02$; $F_{\psi 2} = 15.16^*$; $F_{\psi 3} = 3.18$; $F_{\psi 4} = 4.07$

09. 1) $SS_L = \dfrac{n(\hat{\psi}_L)^2}{\displaystyle\sum_{j=1}^{a} c_j^2}$

$\hat{\psi}_L = -3(10) - 1(20) + 1(30) + 3(40) = 100$

$\displaystyle\sum_{j=1}^{a} c_j^2 = (-3)^2 + (-1)^2 + (1)^2 + (3)^2 = 20$

$SS_L = 10(100)^2/20 = 5000$

2) $SS_Q = \dfrac{n(\hat{\psi}_Q)^2}{\displaystyle\sum_{j=1}^{a} c_j^2}$

$\hat{\psi}_Q = 1(10) - 1(20) - 1(30) + 1(40) = 0$

$\displaystyle\sum_{j=1}^{a} c_j^2 = (1)^2 + (-1)^2 + (-1)^2 + (1)^2 = 4$

$SS_Q = 10(0)^2/4 = 0$

3) $SS_C = \dfrac{n(\hat{\psi}_C)^2}{\displaystyle\sum_{j=1}^{a} c_j^2}$

$\hat{\psi}_C = -1(10) + 3(20) - 3(30) + 1(40) = 0$

$\displaystyle\sum_{j=1}^{a} c_j^2 = (-1)^2 + (3)^2 + (-3)^2 + (1)^2 = 20$

$SS_C = 10(0)^2/20 = 0$

4) 그렇다. quadratic과 cubic trend 효과는 모두 0이므로.

10. 1)

$H_0 : \psi_{lin} = 0$,

coefficients: -2, -1, 0, 1, 2

$F = \dfrac{SS_{lin}}{MS_W}$

$SS_{lin} = n(\hat{\psi}_{lin})^2 / \displaystyle\sum_{j=1}^{a} c_j^2$

$\hat{\psi}_{lin} = -2(80) - 1(83) + 0(87) + 1(89) + 2(91) = 28$

$\displaystyle\sum c_j^2 = (-2)^2 + (-1)^2 + (0)^2 + (1)^2 + (2)^2 = 10$

$$SS_{lin} = 15(28)^2/10 = 1176$$

$$F = \frac{SS_{lin}}{MS_W} = \frac{1176}{150} = 7.84$$

2)

$$F = \frac{MS_B}{MS_W}$$

$$MS_B = n\sum_{j=1}^{a}\left(\overline{Y}_j - \overline{Y}\right) = 15\left[(80-86)^2 + \cdots + (91-86)^2\right]/4 = 300$$

$$F = \frac{300}{150} = 2.00$$

3) 처치 효과의 df에 기인한다. linear trend의 검정통계량은

$$F = \frac{SS_{lin}}{MS_{S/A}}$$

Omnibus F의 통계량은

$$F = \frac{SS_A/4}{MS_{S/A}}$$

이 data에서는 linear trend가 처치 효과의 제곱합 대부분(1176/1200)을 차지하는데, 두 통계량의 분자의 자유도가 4배 차이가 나므로 이 차이가 거의 그대로 F 통계량의 차이로 나타났다.

4) 선형관계가 실제로 있다면 사전 경향 분석이 유리하고, 없다면 검정력을 잃게 된다.

5) a. $F_{crit} = 6.20$

   b. $t_{crit} = 2.49$ $(F_{crit} = 6.20)$

   c. $F_{Sheffe} = 9.44$

11. 1) $t_{obt} = 3.13$, $t_{crit} = \pm 2.086$ reject null $t_{obt} = \dfrac{\overline{x}_1 - \overline{x}_4}{\sqrt{MS_W\left(\dfrac{1}{n_1} + \dfrac{1}{n_4}\right)}} = \dfrac{13.50 - 8.83}{\sqrt{6.68\left(\dfrac{1}{6} + \dfrac{1}{6}\right)}}$

2)

Condition	60세	30세	50세	40세
$\overline{X}$	8.83(2.48)	13.50(2.43)	13.67(2.66)	14.00(2.75)
$\overline{X}_i - \overline{X}_j$		4.667	4.834	5.167
			0.167	0.500
				0.333

Condition	60세	30세	50세	40세
Q_{obt}		4.42	4.58	4.90
			0.16	0.47
				0.32
Q_{crit}		2.95	3.58	3.96
			2.95	3.58
				2.95

60세 집단은 다른 모든 집단과의 사이에 차이가 있다.

12.

$$SS_{trend} = \frac{n(\hat{\psi}_{trend})^2}{\sum c_j^2}$$

$$\hat{\psi}_{lin} = \sum (c_{1j})(\overline{X}_j) = (-3)(15.45) + (-1)(21.45) + (1)(22.60) + (3)(20.05) = 14.95$$

$$\hat{\psi}_{qua} = \sum (c_{2j})(\overline{X}_j) = (1)(15.45) + (-1)(21.45) + (-1)(22.60) + (1)(20.05) = -8.55$$

$$\hat{\psi}_{cub} = \sum (c_{3j})(\overline{X}_j) = (-1)(15.45) + (3)(21.45) + (-3)(22.60) + (1)(20.05) = 1.15$$

$$SS_{lin} = \frac{20(14.95)^2}{20} = 223.50$$

$$SS_{qua} = \frac{20(-8.55)^2}{4} = 365.51$$

$$SS_{cub} = \frac{20(1.15)^2}{20} = 1.32$$

$$F_{lin} = \frac{SS_{lin}/df_{lin}}{MS_{S/A}} = \frac{223.50/1}{19.52} = 11.45^*$$

$$F_{qua} = \frac{SS_{qua}/df_{qua}}{MS_{S/A}} = \frac{365.51/1}{19.52} = 18.72^*$$

$$F_{cub} = \frac{SS_{cub}/df_{cub}}{MS_{S/A}} = \frac{1.32/1}{19.52} < 1$$

첫째, 이것은 직교대비이므로 처치 효과의 제곱합은 세 경향 제곱합의 합과 같다.

$$SS_A = 590.34 = \sum SS_{trend} = 223.50 + 365.51 + 1.32 = 590.33$$

둘째, 각 경향 분석의 F 값은 같은 통합 오차항 $MS_{S/A}$를 공유한다.

13. 1)
$$c_1 = 1 - 2.5 = -1.5$$
$$c_2 = 2 - 2.5 = -0.5$$
$$c_3 = 3 - 2.5 = 0.5$$
$$c_4 = 4 - 2.5 = 1.5$$

2)

$$F = \frac{SS_{lin}}{MS_W}$$

$$SS_{lin} = \frac{n(\psi_{lin})^2}{\sum c_j^2} = \frac{5[-1.5(6.6) - 0.5(4.44) + 0.5(3.44) + 1.5(4.78)]^2}{(-1.5)^2 + (-0.5)^2 + (0.5)^2 + (1.5)^2}$$

$$= \frac{5(-2.6)^2}{5} = 6.76$$

$$MS_W = \frac{\sum s_j^2(n-1)}{a(n-1)} = \frac{(.668 + .228 + .068 + .148)(5-1)}{4(5-1)} = .283$$

$$F = \frac{6.76}{.283} = 23.89 \qquad\qquad F_{crit} = F_{.05}(1,16) = 4.49$$

3) F 값의 분자를 이루는 회귀모형의 제곱합과 경향 분석의 SS_{lin}는 같다. 그러나 분모를 이루는 Error 변량과 MS_W 사이에는 3배 이상의 차이가 나타나는데 이 차이는 오차에서 온다. 회귀모형에서는 SS(quadratic)과 SS(cubic) 값이 모두 오차로 처리되었기 때문에 이것이 F 값을 낮추는 원인이 되었다.

이원 분산분석

제16장

지금까지 학습한, 제1장 통계학의 기초지식부터 제15장 일원 설계까지는 그것을 통해서 통계학 지식을 이해하는 내용이지만, 이제부터 접할 이원분산분석과 제17장 공분산 분석은 통계학 지식을 연구의 실제상황에 적용하는 내용이다. 이제부터 다루어질 내용은 연구의 실제와 밀접한 관계가 있고 연구 활동을 안내하는 역할을 할 수도 있다. 이원 분산분석 설계를 통하여 독자는 단순히 일원 분산분석 기법의 기술적 확장뿐 아닌, 연구의 근본적 속성을 이해하게 될 것이다. 하나의 처치 효과에 관한 지식은 실험적 연구의 축적을 통하여 그 모습을 드러내는바, 축적된 연구 결과가 하나로 수렴되지 않는다면 그 연구를 구성하고 있는 가정 또는 전제를 재검토하여야 한다는 것이다. 그 재검토의 결과는 대부분 새로운 변수를 추가한 이원설계를 지목한다. 이원설계의 또 하나의 기능은 경제성이다. 그것은 2원 설계라는 실험적 통제를 통해 한정된 표본의 크기로 검정력을 높일 수 있다는 데 기인한다. 그 방법과 함께 다음 장에서 통계적 통제를 통한 경제성을 배운다면 이 책의 임무는 끝난다. 그러니 힘을 내자. 이 책을 덮고 하산하는 독자는 이미 과거의 독자가 아닐 것이다.

1 이원설계의 장점

일원 설계는 하나의 독립변수와 하나의 종속변수 사이의 관계를 탐구하는 방법이었다. 이원설계는 그 방법을 확장하여 두 개의 독립변수와 하나의 종속변수를 갖는 실험설계로 요인설계, factorial design의 하나이다. 요인분석이란 한 실험에 둘 이상의 요인에 대한 효과를 점검하는 설계로, 여기서 검토되는 처치 효과는 둘 이상 요인의 수준이 결합한 형태이다. 이원 분산분석 또는 이 요인분석이라고도 하는데 이것은 이러한 설계의 자료를 분석하는 방법을 지칭한 것이다. 하나의 독립변수가 추가되었기 때문에 이원 분산분석은 일원 설계의 분석보다 조금 더 복잡하다. 그렇지만 이 방법에 의해 얻어지는 정보의 양과 유용성은 그 복잡성을 보상하고도 남음이 있다.

예를 들어 농작물의 생산성을 설명하고자 하는 연구에서 그 원인으로 비료의 종류와 토양의 성질을 책정하였다고 하자. 그렇다면 이 연구의 독립변인은 두 가지, 즉 비료의 종류와 토양의 성질이 되고, 종속변수는 농작물의 생산성이 될 것이며, 이원설계에 의한 실험이 시행될 것이다. 그런데 이 경우, 두 개의 일원 설계, 즉 한 실험에서는 비료의 종류와 생산성과의 관계를, 또 한 실험에서는 토양의 성질과 생산성과의 관계를 보는 두 실험계획을 세우면 안 되나? 이원설계에서처럼 굳이 두 실험을 한데 묶어서 하는 이유가 무엇인가?

1) 상호작용 효과의 검증

이원설계의 첫 번째 장점은 변수 사이에 존재하는 상호작용 효과를 검증할 수 있다는 것이다. 상호작용, interaction은 둘 이상의 독립변수의 효과가 모두 일정하게 작용하지 않고, 하나의 변수가 또 다른 변수의 수준에 따라 달리 작용하는 경우를 말한다. 예를 들어, 교통편과 소요시간 사이의 관계를 연구하기 위해 전철과 버스의 소요시간을 비교한다고 하자. 이 결과는 조사한 시간대에 따라 크게 달라질 것이다. 대도시에서 전철과 승용차의 빠르기는 일반적으로 설명되지 않고, 시간대에 따라 달리 설명될 것이다. 즉 출퇴근 시간대에는 차량 정체로 전철이 더 빠를 것이고, 그 시간을 벗어나면 승용차가 더 빠른 것으로 나타날 것이다. 이럴 때 교통편과 시간 사이에 상호작용이 있다고 할 수 있다.

상호작용이 없는 경우의 예를 보자. 사전지식 기반이 상위와 하위인 학생들을 각각 교육 프로그램 A, B, C에 무선할당하여 학습하게 한 후 얻은 각 집단의 성취도 평균이 다음과 같다고 하자.

처치 \ 사전지식	상위	하위
A	90	80
B	80	70
C	60	50

    사전지식 기반 상·하위별로 각 프로그램의 효과를 좌표상에 표시해 보면 아래 그림
과 같다.

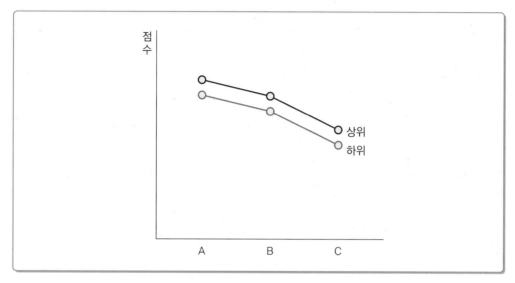

[그림 16.1] 상호작용이 없는 예

이 그림에서 처치 효과와 사전지식 기반의 효과는 모두 독자적으로 점수에 기여한다는
것을 알 수 있다. 프로그램 A를 통해 학습한 집단은 사전지식 기반이 상위든 하위든 관
계없이 언제나 가장 높은 학업 성취도를 나타냈다. 그리고 프로그램 B, C 순으로 효과의
차이가 나타났다. 역으로, 사전지식 기반이 상위인 집단은 어떤 프로그램에 의해 학습한
경우에도 하위 집단보다 높은 점수를 얻었다. 즉 하나의 독립변수의 효과가 다른 독립변
인의 수준에 의해서 영향을 받지 않는다는 것을 알 수 있다. 이 경우 상호작용은 없다.
이 결과에 대해서, 학습프로그램은 A, B, C 순으로 효과적이고, 선수학습 수준은 높은
것이 학습 결과를 높이는 데 필요하다는 일반적인 해석이 가능하다. 이번에는 다음과 같
은 결과에 대해 생각해보자.

처치＼사전지식	상위	하위
A	90	70
B	80	70
C	60	75

이 결과를 그림으로 표시하면 다음과 같다.

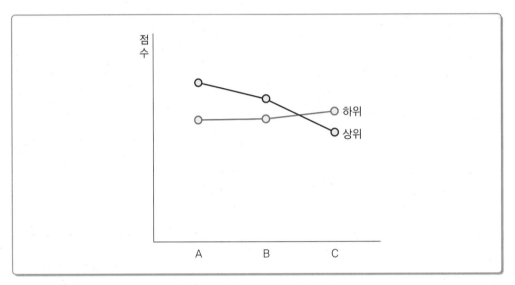

[그림 16.2] 상호작용이 있는 예

이러한 결과가 나타날 때 학업 성취도를 설명하는 처치 효과와 사전지식 효과는 독립적으로 성립할 수 없고 서로에게 의존하게 되는데, 이를 상호작용이라 한다. 위 그림에서 프로그램 A는 언제나 가장 효과적이라 할 수 없다. 사전지식 기반이 상위인 집단에 대해서는 물론 가장 효과적이지만 하위 집단은 오히려 상위 집단에 가장 비효과적이었던 프로그램 C가 더 잘 작용한다. 역으로 사전지식 기반이 하위인 집단도 프로그램에 따라 상위인 학생과 비슷한 결과를 나타낼 수도 있다. 상호작용이 존재할 때 각각의 독립변수의 효과는 독자적으로 설명될 수 없고, 다른 독립변수의 수준에 따라 달리 설명하여야 한다.

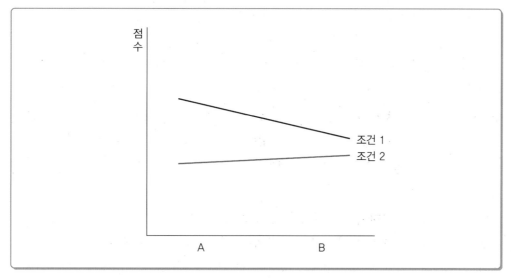

[그림 16.3] 상호작용이 있는 예

위 그림과 같은 모습도 상호작용이 있는 것으로 간주한다. 프로그램과 관계없이 조건 1은 언제나 조건 2보다 높은 점수를 나타냈지만, 그 작용하는 양상이 프로그램에 따라 확연히 다르므로 이 경우 프로그램의 효과나 조건의 효과를 상호 관련성 없이는 일반적으로 해석할 수 없어진다. 이때 조건이라는 변수를 고려하지 않고 프로그램 효과만 단순 비교하면 현상을 왜곡하는 결과를 가져오기 때문에 이 경우도 상호작용이 존재하는 경우로 분류된다.

지금까지 상호작용의 정의에 관해서 설명했다. 상호작용 분산을 수량화하는 통계학적 접근에 앞서, 이 상호작용을 연구의 실제라는 문맥에서 본다면 상당히 중요한 의미가 있기에 이를 설명하고자 한다. 그 요체는 연구가 어떤 장벽에 가로막혀서 진전이 없을 때 새로운 돌파구를 열어주는 것이 상호작용일 때가 많다는 것이다.

같은 주제에 대한 여러 연구결과가 누적되면 처치 효과에 관한 수량적 결과는 하나의 평균점으로 수렴될 것을 기대할 수 있다. 예를 들어 지능과 학업성취도의 관계가 그렇다. 지능이 높은 집단과 낮은 집단 사이의 학업성취도 평균의 차이를 비교한 연구의 메타분석, 즉 같은 주제의 연구결과를 종합한 결과는 뚜렷한 하나의 평균값을 나타내고, 낮은 분산을 보인다. 이것은 지능과 학업성취도라는 두 변수가 예측했던 것과 같은 방식으로 인과관계를 갖기 때문이다. 그런데, 만일 이러한 일이 생기지 않는다면 이를 어떻게 해석해야 할까? 누적된 실험결과가 일관된 결과를 보이지 않는 경우는 어떨 때 생길 수 있는가를 생각해보아야 할 일이다.

이런 일이 있을 때 연구결과가 누적된 모양은 자연스럽지 않은 불일치를 나타냄으로써 우리에게 경고 신호를 준다. 그 경고를 알아차릴 때 연구의 새로운 돌파구가 열린다. 자연스러운 세상의 이치가 통하지 않았다는 것은 우연히 발생한 사건이라고 보는 것보다는 그 주제에 대한 개념화에 어떤 잘못이 있었다고 보는 것이 더 합리적일 것이다. 따라서 이러한 일이 관찰될 경우에는 그러한 연구가 포함하고 있었던 전제 또는 가정을 검토하게 된다.

과거 컴퓨터를 사용하여 학습하게 하는 프로그램이 개발된 초기 단계에서 수업설계를 어떻게 하는 것이 효과적인 결과를 나타낼 수 있을 것인가에 대한 연구가 활발히 진행되었다. 그 중 대표적인 문제는 통제의 소재로, 학습의 통제권을 학습자에게 주는 것이 효과적인가 프로그램이 통제하게 하는 것이 효과적인가 하는 것이었다. 당연히, 연구자들은 학습자가 통제하는 학습 집단과 프로그램이 통제하는 집단의 학업 성취도를 비교하는 실험연구를 수행했다. 그런데, 그 결과는 각양각색이었다.

[그림 16.4]의 (1)이 보여주듯, 누적된 연구결과는 통제의 소재 효과의 차이에 있어서 일정한 수치에 접근하지도 않았고, 어떤 집단이 더 좋은 결과를 나타냈는지에 대해서도 일정한 결과를 나타내지 못했다. 만일 통제의 소재가 어떤 일정한 양적 효과를 나타낼 수 있는 존재라면 약간의 실험적 오차가 있다 하더라도 누적된 결과는 [그림 16.4]의 (2)가 보여주는 것처럼 하나의 수렴적 위치를 가리키고 있어야 할 것이다. 이에 따라 연구

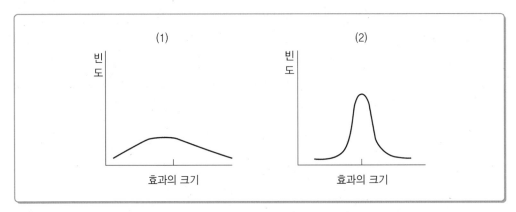

[그림 16.4] 두 가지 효과의 크기 분포

자들은 지금까지의 연구가 포함하고 있었던 전제나 가정을 재검토해야 한다는 생각을 하게 되었다. 지금까지의 연구에서 의심 없이 받아들이고 있었던, 통제의 소재 효과가 일반적으로, 누구에게나 동등하게 나타날 것이라는 생각에 주목하기 시작했다. 만일 학습자의 특성에 따라 그 결과가 서로 다르게 나타나는 것이라면 지금까지의 연구결과의 불일치는 그것으로 설명될 수 있다는 생각에서였다. 과연 이러한 의심을 확인하기 위한 연구의 결과는 상호작용의 존재, 즉 사전지식 기반이 잘 갖춰진 학습자에게는 학습자 통제가, 그렇지 못한 학습자에게는 프로그램 통제가 더 효과적이라는 사실을 확인시켜 주었다. 그리고 그것으로써 과거의 연구결과가 수렴되지 못했던 이유가 설명되었고, 이 방면의 연구는 새로운 국면에 접어들게 되었다. 이처럼, 실제 연구의 장면에서 상호작용은 새로운 이론적 개념화를 의미할 때가 많다.

2) 경제성

이원설계의 두 번째 장점은 경제성이다. 여기서 경제성은 피험자 수를 말한다. 예를 들어 커피와 수면시간의 관계에 관한 연구에서 커피를 마시는 시간대와 마신 커피의 양이 수면시간에 어떤 영향을 미치는지 연구한다고 하자. 커피를 마시는 시간대는 아침, 점심과 저녁으로, 커피의 양은 1잔, 2잔, 3잔으로 분류하고, 수면시간은 종속변수로 설정될 수 있을 것이다. 먼저 이를 두 가지 일원 설계에 의한 실험으로 처리한 경우를 보자. <표 16.1>에 나타난 설계모형이 그것이다.

두 일원 설계에 의한 분석으로 각 시간대에 따른 수면효과와 커피의 양에 따른 수면효과를 알 수 있겠다. 각 시간대와 각 커피의 양의 셀에는 30명의 피험자가 할당되어 전체적으로 180명의 피험자가 필요하다. 이것을 이원설계에 의한 한 가지 실험으로 처리한 <표 16.2>의 설계모형과 비교해보자.

⟨표 16.1⟩ 일원 설계의 예

두 일원 설계에 의한 실험						
시간대				커피의 양		
아침	점심	저녁		1잔	2잔	3잔
30명	30명	30명		30명	30명	30명

<표 16.2> 이원설계의 예

시간대	이원설계에 의한 요인분석		
	커피의 양		
	1잔	2잔	3잔
아침	10명	10명	10명
점심	10명	10명	10명
저녁	10명	10명	10명

여기 제시된 이원설계의 모형은 두 독립변수가 교차적으로 분석에 포함되어 두 독립변수의 모든 수준의 조합이 분석에 반영된다. 두 독립변수의 각각의 수준은 모두 3가지이니 이 예에서 처치방법의 수는 3×3 = 9가지이다. 이런 설계를 3×3 요인설계 또는 three by three factrial design이라 한다. 각 셀에는 10명의 피험자가 무선 할당되어 있다. 이것으로 두 독립변수의 효과를 동시에 검정할 수 있다. 각 독립변수의 수준에는 모두 30명의 인원이 배정되어 검정력은 앞의 두 일원 설계모형과 같다. 그러나 이원설계 모형은 두 일원 설계에서 필요했던 180명의 절반인 90명만으로 같은 효과를 낼 수 있다는 점을 알 수 있다. 이원설계의 장점인 경제성이란 이런 것이다.

3) 실험적 통제

실험적 통제란 이원설계를 통해서 검정력을 높이는 효과를 얻을 수 있다는 의미에서 사용한 말이다. 예를 들어 세 종류의 학습프로그램의 효과를 비교하는 실험을 한다고 하자. 일원 분산분석을 사용한다면 세 집단의 평균을 비교하는 작업을 하게 될 것이고 F 값은 집단 간 분산과 집단 내 분산의 비로 나타날 것이다. 처치 효과가 있다는 전제하에서 검정력을 크게 하기 위해서는 분자를 크게 하거나 분모를 작게 하는 전략을 구해야 한다. 그런데 분자는 바꿀 수 있는 여지가 없다. 그러니 실험설계를 통하여 분모인 집단 내 분산을 낮추는 방법을 생각해본다. 그것은 집단 내 분산을 설명하는 요인 중 원치 않는 요인을 제거해주는 것이다. 이 예에서 종속변수(프로그램 효과 또는 학업성취도)의 집단 내 분산을 설명하는 요인 중 가장 큰 비중을 차지하는 것은 개인차와 IQ일 것이다. 이 중 개인차는 처치 효과와 비교할, 꼭 필요한 우연의 요소이지만, IQ는 원치 않는 불청객 또는 매개변수이다. 여기서 IQ를 하나의 독립변수로 추가하는 실험설계를 할 수 있다.

물론 그것은 학습프로그램과 IQ를 두 독립변수로 하고 그 효과인 학업성취도를 종속변수로 한 이원설계가 된다. 그렇게 하면 전체 집단을 유사한 IQ에 따라 몇 개의 집단, 예컨대 상, 중, 하로 나눔으로써 집단 내 성취도 점수를 유사하게 만들 수 있다. 이것은 IQ에 의해 설명되는 원치 않는 집단 내 분산을 줄여 F 검정의 검정력을 높이는 효과를 가져올 수 있다.

한 가지 부연설명을 하자면, F 값을 구성하는 식의 분모인 집단 내 분산은 분수식의 형태로 이루어지는데 이 식의 분모는 집단 내 분산의 자유도이다. 새로운 셀이 추가되면 그 수만큼 자유도는 줄어든다. F 값을 구성하는 식을 본다면 이것은 F 값을 작게 하는데 기여한다. 그러나 자유도 하나가 주는 것보다는 집단 내 분산이 줄어드는 효과가 훨씬 크기 때문에 이것은 결국 검정력을 높이는 것이다. 이처럼 이원분석을 통하여 불필요한 오차분산의 개입을 제한하는 것이 실험적 통제의 요체이다.

그러나 이원설계를 하는 것이 언제나 검정력을 높이는 것은 아니다. 만일 연구자가 이론적 배경에 반하는 선택을 했을 때, 예컨대 앞에 든 학습프로그램의 효과 비교 연구에서, IQ 대신 혈액형을 독립변수로 추가했다면 어떤 결과가 나타날까? 같은 혈액형끼리 동질적인 점수를 나타낼 것이라는 이론적 근거가 없으므로 그렇게 했다면 집단 내 분산을 줄이는 효과는 전혀 없고 자유도만 잃는 결과를 가져올 것이다. 당연히 검정력은 떨어지겠다. 실험적 통제와 이론적 배경 사이에는 언제나 밀접한 관계가 있다.

4) 일반화 가능성

실험결과의 일반화 가능성 또는 외적 타당도의 문제는 대부분 내적 타당도를 지키기 위한 노력의 결과로 생긴다. 내적 타당도란 집단 간 종속변수의 차이가 순전히 독립변수의 효과에 의한 것으로 해석될 수 있는 정도를 말한다. 앞의 예에서처럼 세 종류의 학습프로그램의 효과를 비교하기 위한 연구를 일원 분산분석에 의해 수행했다고 하자. 내적 타당도를 유지하기 위해서는 학습프로그램이 진행되는 동안 외부에서 개입할 수 있는 변수들을 통제하여야 한다. IQ는 대표적인 외재 변수이니 이것을 통제하지 않는다면 결과에 대한 다른 설명 가능성을 배제하기 어렵다. 실험결과가 처치 효과 때문이 아니라 IQ 때문에 그렇게 나타난 것이란 주장이 그것이다. 그런데 이런 주장을 배제하기 위하여 피험자의 IQ를 통제한다면? 예를 들어 IQ 120-130 사이의 학습자만 실험에 참여시킨다면 이번에는 외적 타당도의 문제가 생길 것이다. 그것은 이 실험에서 발견한 처치 효과는 IQ 120-130 사이의 특정 학습자 집단에만 해당한다는, 일반화 가능성의 제약을 말한다. 이원설계에서는 이런 변수를 통제하는 대신 독립변수에 두어 분석에 포함하기 때문에, 인위적인 실험환경으로부터 현실에 가까운 조건을 만들어줄 수 있고, 그 결과에 대한 보다 일반적인 해석이 가능해진다. 이것이 네 번째 장점, 일반화 가능성이다.

② 분석방법

1) 개 요

2 요인설계의 분석은 주 효과와 상호작용 효과에 대한 F 검정으로 이루어지며, 주 효과의 분석은 일원 분산분석과 같은 기본원리가 적용된다. 상호작용 효과의 제곱합은 전체 제곱합에서 주 효과와 오차의 제곱합을 뺀 통계량으로 얻을 수 있다. 분석을 위한 조건은 일원 설계와 같다. 독립, 무선 추출된 표본에, 종속변수에 대한 모집단 분포가 정규분포이어야 하고, 집단 간 모분산이 서로 같다는 등분산 가정을 필요로 한다. 또한 이 가정이 지켜지지 않았을 때도 결과는 상당히 정확하다는 것이 알려져 있다.

이원분산분석에 의한 총 편차의 제곱합도 일원 분산분석의 경우와 마찬가지로 이들 편차의 제곱합의 합으로 이루어진다.

$$SS_T = SS_A + SS_B + SS_{A \times B} + SS_E$$

A와 B는 두 주 효과, main effect이며, A×B를 상호작용 효과, 또는 interaction effect라 한다. 이들 각각의 효과에 대한 검정은 독립적인 부분의 합으로서 직교성, orthogonality의 특성을 가지기 때문에 통합 2-way ANOVA에서 하나의 세트로 다루어진다.

이원설계의 분석방법을 실전 예를 통해 살펴보자. 다음의 예는 국가대표선수들을 위한 체력 시험의 증가점수(gain score)를 두 가지 훈련 프로그램과 세 단계의 보상수준에 따

〈표 16.3〉 이원설계의 예시 자료

	low b_1	medium b_2	high b_3
program 1 a_1	2 5 0 8	12 14 7 11	9 15 18 13
program 2 a_2	12 7 11 9	7 17 10 14	15 8 7 10

μ_{jk}	b_1	b_2	b_3	Total
a_1	3.75	11.00	13.75	9.50
a_2	9.75	12.00	10.00	10.58
Total	6.75	11.50	11.88	10.04

라 나타낸 가상적 수치이다. 각 셀에 4명의 선수가 무선 할당되었는데 이들은 각각 체력 훈련 프로그램 1과 2, 체력향상에 대한 보상수준 low, medium, high 중 하나의 집단에 속하게 배정되었다. 표 안의 숫자는 훈련 후 체력 증가점수이다.

위의 〈표 16.3〉은 예시한 실험의 체력증가 점수이다. 이 데이터를 분석하기 위해 다음의 순서로 생각을 진행해보자. 첫째, 무엇을 분석할 것인가에 관한 분석의 모형이다. 둘째, 분석하고자 하는 각각의 효과를 어디서 가져올 것인가. 셋째, 각 효과의 자유도는 얼마인가. 이런 문제들에 대한 답을 얻었다면 이제 분석하고자 하는 각 효과의 F 값을 구하면 된다.

이 상황을 실험설계의 용어로 표현한다면, 이것은 체력의 증가점수를 종속변수, 체력 훈련 프로그램과 보상수준을 두 독립변수로 하며, 체력훈련 프로그램은 두 수준, 보상수준은 세 수준으로 되어 있는 2×3 요인설계, factorial design이다. 이러한 요인설계를 분석하는 통계 방법은 이원분산분석, two-way ANOVA이다. 각 점수에서 분석해낼 주효과(main effect) α, β는 프로그램 효과와 보상 효과이며, 상호작용 효과 $\alpha\beta$는 두 주 효과 사이의 연관이 종속변수에 미치는 효과이다. 이원분산분석을 통해 각 효과의 F 값을 구하기 위해, 각 효과에 해당하는 제곱평균을 집단 내 분산의 제곱평균으로 나누어 F 값을 구하는 과정은 일원 설계와 같다.

1) 분석 모형

2원 분산분석의 분석 모형은:

$$X = \mu + \alpha + \beta + \alpha\beta + \epsilon$$

여기서, X: 점수
μ: 전체 평균
α: A(프로그램) 효과
β: B(보상) 효과
$\alpha\beta$: 상호작용 효과
ϵ: 오차

이 모형을 통해 검정할 가설은:

$$H_0 : All \; \alpha_j = 0$$

$$H_0 : All \; \beta_k = 0$$

$$H_0 : All \; (\alpha\beta)_{jk} = 0$$

이 분석 모형을 조금 더 복잡하게 적어보면,

$$X_{ijk} = \mu_{..} + \alpha_j + \beta_k + (\alpha\beta)_{jk} + \epsilon_{ijk}$$

여기서, i: 한 셀 안에서의 피험자 번호
j: A 요인의 수준
k: B 요인의 수준
마침표는 수준에 상관없이 적용된다는 뜻으로 생략할 수도 있다.

이 식은 매우 혼란스러워서 가능한 한 사용하지 않는 것이 낫지만, 계산식을 정확하게 지목하는 목적에서 유용할 때도 있다. 이는 계속되는 분석의 식에 반영된다.

2) 효과의 출처

일원 분산분석에서는 검증하여야 할 효과가 하나뿐이었다. 독립변수의 효과는 집단 간 분산에 들어 있으니 그 값을 구해서 오차의 분산과 비교하면 되었다. 그러나 2원 분산분석에서는 독립변수가 두 가지로 늘었고, 추가로 상호작용의 효과도 보아야 한다. 먼저 두 가지 독립변수의 효과는 일원 분산분석의 경우와 같이 집단 간 분산에서 가져오면 된다.

<표 16.3>에서 프로그램 1과 프로그램 2를 접한 피험자 점수 평균은:

$$\mu_{1.} = \sum_{k=1}^{b} \mu_{1k}/b$$
$$= (\mu_{11} + \mu_{12} + \mu_{13})/b = (3.75 + 11.00 + 13.75)/3 = 9.50$$

$$\mu_{2.} = \sum_{k=1}^{b} \mu_{2k}/b$$
$$= (\mu_{21} + \mu_{22} + \mu_{23})/b = (9.75 + 12.00 + 10.00)/3 = 10.58$$

로 표기할 수 있다. 보상 1, 2, 3을 접한 집단 점수 평균은

$$\mu_{.1} = \sum_{j=1}^{a} \mu_{j1}/a$$
$$= (\mu_{11} + \mu_{21})/a = (3.75 + 9.75)/2 = 6.75$$

$$\mu_{.2} = \sum_{j=1}^{a} \mu_{j2}/a$$
$$= (\mu_{12} + \mu_{22})/a = (11.00 + 12.00)/2 = 11.50$$

$$\mu_{.3} = \sum_{j=1}^{a} \mu_{j3}/a$$
$$= (\mu_{13} + \mu_{23})/a = (13.75 + 10.00)/2 = 11.88$$

첫째 독립변수인 프로그램의 효과는:

$$\text{프로그램 효과 } \alpha_j = \mu_j - \mu$$

여기서 j는 프로그램 A, B를 말한다. 즉 프로그램 1에 의해 훈련한 집단($j = 1$)과 프로그램 2에 의해 훈련한 집단($j = 2$)을 뜻한다. 첫째 독립변수인 프로그램 효과는 프로그램 1에 의해 훈련한 집단과 프로그램 2에 의해 훈련한 집단의 집단 간 차이에서 분석할 수 있다. 즉, 각 데이터가 프로그램 1 집단에 속하면 이 집단의 평균과 전체 평균의

차이 제곱을, 그리고 프로그램 2 집단에 속하면 이 집단의 평균과 전체 평균의 차이 제곱을 구하여 모두 더해주면 프로그램 효과의 제곱합 SS_A를 얻을 수 있다.

$$SS_A = 12(9.50 - 10.04)^2 + 12(10.58 - 10.04)^2 = 7.042$$

둘째 독립변수인 보상의 효과는:

$$보상 효과 \ \beta_k = \mu_k - \mu$$

여기서 k는 보상의 수준 1, 2, 3, 즉 low, medium, high에 따른 세 집단 간 차이에서 얻는다. 역시 제곱합 SS_B를 구하면 된다.

$$SS_B = 8(6.75 - 10.04)^2 + 8(11.50 - 10.04)^2 + 8(11.88 - 10.04)^2 = 130.583$$

상호작용 효과는 좀 복잡하다.

$$상호작용 효과 \ \alpha\beta = \mu_{jk} - \mu_j - \mu_k + \mu$$

상호작용 효과는 위의 식과 같이 되는데 그 이유는:

각 집단의 평균과 전체 평균의 차이는 두 독립변수 효과와 상호작용 효과를 반영한다. 즉,

$$\mu_{jk} - \mu = \alpha + \beta + \alpha\beta$$

따라서

$$\mu_{jk} - \mu = (\mu_j - \mu) + (\mu_k - \mu) + \alpha\beta$$

정리하면

$$\alpha\beta = \mu_{jk} - \mu_j - \mu_k + \mu$$
$$SS_{A \times B} = 4(3.75 - 6.75 - 9.50 + 10.04)^2 + \cdots 4(10.00 - 10.58 - 11.88 + 10.04)^2$$
$$= 95.083$$

오차는 다음과 같다.

$$오차\ \epsilon = X_{ijk} - \mu_{jk}$$

오차는 일원 분산분석의 경우와 마찬가지로 집단 내에서 구한다. 오차의 제곱합은 개별 점수와 그가 속한 집단 평균의 차를 제곱하여 모두 더한 값이다.

$$SS_\epsilon = SS_{S/AB} = (2 - 3.75)^2 + \cdots + (10 - 10.00)^2 = 216.250$$

일원 분산분석에서 집단 내 제곱합 SS_W를 $SS_{S/A}$로 표기한 것과 같이, 오차의 제곱합을 $SS_{S/AB}$로 표기하기도 한다. A와 B 효과에 내재한 피험자효과의 제곱합이란 뜻이다.

3) 자유도

자유도는 사용 가능한 데이터에서 값이 제한되는 경우의 수를 뺀 값, 즉 표본의 자료를 사용하여 모평균을 추정한 사례 수를 뺀 값을 말한다.

프로그램 변수는 두 집단에서 나온 것이므로 자유도는 $2 - 1$이 된다.

$$df_A = 2 - 1 = 1$$

보상은 세 집단의 집단 간 차이로 추정했다. 따라서 자유도는

$$df_B = 3 - 1 = 2$$

상호작용의 자유도는 두 독립변수의 효과의 자유도의 곱과 같다.

$$df_{A \times B} = (2 - 1)(3 - 1) = 2$$

오차의 자유도는 6개의 평균이 사용되었으므로 $N - 6$이 된다.

$$df_\epsilon = N - (2 \times 3) = 18 \ 또는$$
$$df_{S/AB} = a(n - 1) = 18$$

4) 결 과

이제 위의 수치를 사용하여 F 값을 구할 수 있게 되었다. 일원 분산분석과 마찬가지로 F 값은 검정하고자 하는 효과의 평균제곱을 집단 내 분산으로 나눈 값이다.

$$F = \frac{MS_A}{MS_{S/A}}$$

$$F = \frac{MS_B}{MS_{S/A}}$$

$$F = \frac{MS_{A \times B}}{MS_{S/A}}$$

그 결과표는 통상 아래 〈표 16.4〉와 같은 형식으로 제시된다.

〈표 16.4〉 분산분석표

변량원	제곱합	자유도	평균제곱	F
A	7.04	1	7.04	0.59
B	130.58	2	67.92	5.44[*]
$A \times B$	95.08	2	47.54	3.96[*]
S/A	216.25	18	12.01	
합계	448.96	23		

〈표 16.4〉는 유의도 수준 0.05에서 세 가지 가설검정을 한 결과 유의미한 보상 효과가 있고, 프로그램과 보상 사이의 상호작용이 있음을 나타낸다.

$$H_0 : All \; \alpha_i = 0 \qquad \text{기각되지 못함}$$

$$H_0 : All \; \beta_j = 0 \qquad \text{기각}$$

$$H_0 : All \; (\alpha\beta)_{ij} = 0 \qquad \text{기각}$$

이 경우 상호작용이 존재한다는 결과가 나왔다는 것은 프로그램의 효과는 일반적으로 영향을 미치는 것이 아니고 보상수준에 따라 차별적으로 영향을 미친다는 것을 뜻한다.

이런 경우 주 효과에서 영가설을 기각한 결과가 나왔더라도 주 효과에 관한 판단을 미루고 더 자세한 내용을 탐구하기 위한 후속 연구를 하는 것이 일반적이며, 그 방법은 조금 뒤에 다루겠다.

3 결과의 해석

이원 분산분석의 결과를 해석하기 위해서는 먼저 상호작용 효과를 보아야 한다. 상호작용 효과의 F 값이 커서 확률 P가 유의도 수준보다 낮을 때, 즉 상호작용 효과가 검증되었을 때에는 주 효과를 해석하기에 앞서, 각 요인의 수준에 따른 효과의 차이를 전체적으로 파악하여 이후 어떤 추가분석이 필요한지 판단하여야 한다. 상호작용 효과가 나타나지 않았을 때는 주 효과, 즉 독립변수의 효과로 나타난 F 값과 P 값을 있는 그대로 해석할 수 있다.

1) 상호작용이 없을 때

이원분산분석 결과에 대한 해석은 상호작용 효과가 존재하는지 여부와 관계가 있다. 만일 상호작용이 존재하지 않는다면 이원분산분석은 은 두 개의 개별적 일원 분산분석과 같은 효과이다. 이 경우 주 효과를 그대로 해석해도 좋다. 후속하는 분석은 일원 분산분석의 다중분석과 같은 원리로 진행된다.

2) 상호작용이 존재할 때

만일 상호작용이 동시에 존재한다면 주 효과의 해석은 상호작용의 양상에 제약을 받을 수밖에 없다. 여기서 상호작용의 양상이란 순향 상호작용, ordinal interaction이냐 역순 상호작용, disordinal interaction이냐 여부를 말한다. [그림 16.5]를 보자. 이 그림은 요인 A와 요인 B 사이에 상호작용이 있다 하더라도 그 순서는 지켜지고 있는 모습, 순향 상호작용과 각 요인의 특정 수준에서 순서가 뒤바뀐 모습, 역순 상호작용을 보인다.

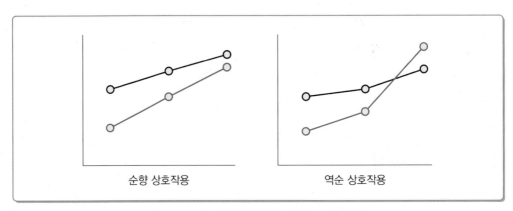

[그림 16.5] 순향 상호작용과 역순 상호작용

순향 상호작용의 경우, 상호작용이 존재하지만 주 효과가 존재한다는 일반적인 해석이 가능하다. 상호작용의 존재는 한 요인의 단일 효과가 다른 요인의 수준에 따라 달리 나타난다는 의미이다. 이런 경우 분석은 주 효과가 수준별 차이를 나타내는 양상이 다른 요인의 존재에 의해서 어떻게 달라지는지 보이는 데 중점을 두어야 할 것이다. 역순 상호작용의 경우, 한 요인의 효과를 일반적으로 단정할 수 없고 요인별로 다른 설명을 하여야 한다. 이 경우 요인에 따른 주 효과의 양상을 보는 것은 의미 없고, [그림 16.5]처럼 시각적으로 보는 것이 최선일 경우가 많다. 또 하나의 방법은 요인설계를 보다 작은 요인설계로 나누는 것이다. [그림 16.6]에 나타난 것과 같이, 전체 3×2 요인설계를 보다

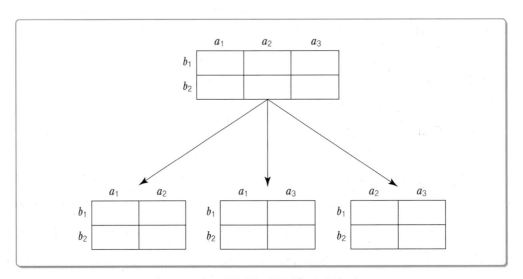

[그림 16.6] 부분적인 상호작용 효과의 비교

작은 3개의 2×2 요인설계로 구성함으로써 보다 구체적인 상호작용의 양상을 나타내줄 수 있게 된다.

　지금까지 소개한 결과의 해석은 그래픽을 통하여 이해할 수 있고, 통계분석 소프트웨어를 사용하여 정확한 정량적 분석결과를 얻을 수도 있다. 그 계산과정은 이 책에서 의도한 범위를 벗어나지만, 기본개념을 소개하려는 취지에서 단순하고 기본적인 분석 과정을 소개한다.

4　주 효과와 상호작용의 분석

　이원 분산분석의 통합분석이 이루어지고 난 후 상세한 결과 비교를 위해 다중비교를 하여야 할 경우에 관한 설명이다. Keppel(1982, p. 197)에 소개된 다음 예시 자료를 사용

〈표 16.5〉 굶긴 시간과 보상에 따른 쥐의 미로학습 효과

1 grape I hr. a_1b_1	3 grapes I hr. a_2b_1	5 grapes I hr. a_3b_1	1 grape 24 hr. a_1b_2	3 grapes 24 hr. a_2b_2	5 grapes 24 hr. a_3b_2
1	13	9	15	6	14
4	5	16	6	18	7
0	7	18	10	9	6
7	15	13	13	15	13

〈표 16.6〉 Summary of Analysis

Source	SS	df	MS	F
A	112.00	2	56.00	3.06
B	24.00	1	24.00	1.31
A×B	144.00	2	72.00	3.93*
S/AB	330.00	18	18.33	
Total	610.00	23		

자료: Keppel(1982), p. 200.

하여 그 원리를 설명하겠다. 종속변수는 쥐의 미로학습 점수, 두 독립변수는 A, 보상의 양과 B, 굶긴 시간이다.

1) 주 효과

상호작용 효과가 존재하지 않는 경우 주 효과를 본다. 이를 단순비교, simple comparison이라고도 한다. 이 경우 전체 이원설계를 두 개의 일원 분산분석 모형으로 환원하되, 오차항은 2원 분산분석의 $MS_{S/AB}$를 사용한다.

단순비교는 주변 평균, marginal mean을 비교하는 것으로 일원 설계의 대비법과 같은 방법으로 SS를 구하고 오차항은 $SS_{S/AB}$를 사용한다.

주 효과를 확인하는 대신 부분적인 대비를 할 수도 있다.

$$H_0 : \mu_{11} - \mu_{21} = 0$$

$$SS_{A_{comp}} = \frac{n(\hat{\psi})^2}{\sum(c_i)^2} = \frac{4\{(1)(3) + (-1)(10) + (0)(14)\}^2}{(1)^2 + (-1)^2 + (0)^2} = 98.00$$

$$F_{A_{comp.}} = \frac{SS_{A_{comp}}/df_\psi}{MS_{S/AB}} = \frac{98.00/1}{18.33} = 5.35 \quad F_{crit} = F(1, 18) = 4.41, \text{ 영가설 기각.}$$

2) 상호작용

F 검정에 의한 통합 상호작용은 상호작용의 복합적인 특성을 확인해줄 뿐으로 상호작용이 구체적으로 어떤 부분에서 발생하는지를 확인할 수 없다. 따라서 상호작용이 있을 때 주 효과는 다른 요인의 수준에 따라 달리 비교하는 것이 원칙이다.

$$SS_A \text{ at } b_1: n\sum_j (\overline{Y}_{j1} - \overline{Y}_{B1})^2 = 4[(3-9)^2 + (10-9)^2 + (14-9)^2] = 248.00$$

$$SS_A \text{ at } b_2: n\sum_j (\overline{Y}_{j2} - \overline{Y}_{B2})^2 = 4[(11-11)^2 + (12-11)^2 + (10-11)^2] = 8.00$$

SS_B 또한 같은 방법으로 분석할 수 있다.

이 제곱합의 값은 일원 분산분석의 SS와 같으나 F 값을 계산할 때 분모(오차항)가

$MS_{S/A}$ 대신 $MS_{S/AB}$가 된다는 점이 다르다.

Source	SS	df	MS	F
A at b_1	248.00	2	124.00	6.76*
A at b_2	8.00	2	4.00	<1
S/AB	330.00	18	18.33	

이 결과는 한 시간을 굶은 쥐에게는 음식의 양의 효과가 있으나, 하루를 굶은 쥐에게는 차이가 없다는 것을 의미한다.

여기서 각 집단의 효과는 두 가지 효과, 즉 상호작용과 주 효과의 합임을 확인할 수 있다.

$$\sum SS_{A \, at \, b_j} = SS_{A \, at \, b_1} + SS_{A \, at \, b_2} = 248.00 + 8.00 = 256.00$$

$$SS_{A \times B} + SS_A = 144.00 + 112.00 = 256.00$$

$$\therefore \sum SS_{A \, at \, b_j} = SS_{A \times B} + SS_A$$

이보다 구체적 정보를 얻기 위해 상호작용을 분석하는 방법으로는 부분 상호작용, partial interaction과 상호작용 대비법, interaction contrast가 있으나 이 책에서는 다루지 않겠다.

5 효과의 크기

분산분석의 검정통계치 F 통계량의 크기가 처치 효과의 크기를 나타낸다는 생각은 잘못인 이유를 제14장에서 강조한 바 있다. 일반적으로 효과의 크기는 가설 기각 여부와 상관없이,

$$\omega_{effect}^2 = \frac{\sigma_{effect}^2}{\sigma}$$

이며, 일원 분산분석에서 효과의 크기는

$$\omega^2 = \frac{\sigma_A^2}{\sigma_T^2} = \frac{\sigma_A^2}{\sigma_A^2 + \sigma_E^2}$$

이다. A 요인에 대한 일반적인 omega squared 값

$$\hat{\omega}_A^2 = \frac{SS_A - (df_A MS_W)}{SS_T + MS_W}$$

$$= \frac{df_A(F_A - 1)}{df_A(F_A - 1) + df_B(F_B - 1) + df_{A \times B}(F_{A \times B} - 1) + abn}$$

이다. 이원분산분석에서 효과의 크기는

$$\hat{\omega}_{effect}^2 = \frac{df_{effect}(F_{effect} - 1)}{df_A(F_A - 1) + df_B(F_B - 1) + df_{A \times B}(F_{A \times B} - 1) + abn}$$

$$\hat{\omega}_A^2 = \frac{df_A(F_A - 1)}{df_A(F_A - 1) + df_B(F_B - 1) + df_{A \times B}(F_{A \times B} - 1) + abn}$$

$$\hat{\omega}_B^2 = \frac{df_B(F_B - 1)}{df_A(F_A - 1) + df_B(F_B - 1) + df_{A \times B}(F_{A \times B} - 1) + abn}$$

$$\hat{\omega}_{A \times B}^2 = \frac{df_{A \times B}(F_{A \times B} - 1)}{df_A(F_A - 1) + df_B(F_B - 1) + df_{A \times B}(F_{A \times B} - 1) + abn}$$

로 주어진다. 다른 효과를 배제한 효과의 크기, partial omega squared 값은

$$\hat{\omega}_{A.par}^2 = \frac{df_A(F_A - 1)}{df_A(F_A - 1) + abn}$$

이며, R^2와 $\hat{\omega}^2$, $\hat{\omega}_{par}^2$의 차이는 다음과 같다.

$R^2 > \hat{\omega}^2$; R^2은 모든 값이 더해지지만, $\hat{\omega}^2$는 $F > 1$인 경우에만 더해진다.

$\hat{\omega}_{par}^2 > \hat{\omega}^2$; partial omega squared 값의 분모가 더 작기 때문.

지금까지 이원 분산분석의 이모저모를 살펴보았다. 특히 이원 분산분석의 속성 중 일원 분산분석의 일반화와 동시에 연구 설계를 통한 연구 국면 전환의 수단이라는 점을 강조하였다. 지엽적인 문제라 생각해서 다루지 않은 것은 표본의 크기와 검정력의 문제, 통합 F 검정 이후의 다중비교 일부와 상호작용 효과의 분석 등이다. 이 주제는 중요한 개념을 이해하고 있다면 언제라도 쉽게 보완할 수 있다고 생각한다.

　　현실적으로 자주 접하는 사례이지만 이 책에서 다루지 않은 주제가 있다. 그것은 비교하는 집단의 크기가 서로 다른 경우이다. 일원 분산분석에서라면 그냥 계산해도 아무 문제가 없지만, 이원 분산분석을 할 때면 수가 다른 집단의 통합평균을 구할 때 문제가 생긴다. 물론 이 분석을 수작업으로 하는 사람은 없을 것이므로, 계산과정의 속사정을 몰라도 컴퓨터가 알아서 하겠지만, 이 과정을 정확히 이해하기 위해서는 일반선형모형의 개념을 알아야 한다. 제13장에서 소개한 모형 비교에서 제곱합을 구하는 방법은 일반선형모형의 접근이다. 단, 이 장에서 복잡한 계산과정을 통하여 설명하는 대신, 선형모형의 개념을 다음 장 공분산을 처리하는 과정에서 소개하겠다.

01. T, F 문제

    1) $SS_T = SS_A + SS_B + SS_{AB} + SS_{S/A}$

    2) s_W^2은 변수 A 또는 B의 효과에 민감하다.

    3) $df_A + df_B + df_{A \times B} + df_{S/A} = N-1$

    4) 2×4 요인설계에는 모두 8개의 변수가 포함된다.

    5) 주 효과란 그 변수의 효과 평균을 말한다.

    6) 이원 분산분석은 3개의 F 검정을 포함한다.

    7) 이원 분산분석의 가정은 일원 분산분석의 그것과 다르다.

    8) 이원 분산분석의 가정 중 하나는 표본 셀의 분산이 다 같다는 것이다.

    9) $A \times B$ 효과가 유의미하다면 A 또는 B 중 한 효과가 반드시 유의미하다.

    10) 일원 설계에 한 독립변수를 추가하면 검정력이 높아진다.

02. 다음 값을 2×3 이원설계의 모평균이라 가정하고 상황에 맞게 빈 셀을 완성하시오.

	b_1	b_2	b_3
a_1	37	43	49
a_2			

    1) 단지 주 효과만, 그것도 요인 B 효과만 나타났다.

    2) 주 효과 두 가지가 나타나고 상호작용은 없다.

    3) 상호작용 효과만 나타났다.

03. 다음은 3 by 3 two-way design의 모평균이다. $\alpha_j, \beta_k, (\alpha\beta)_{jk}$의 값을 구하고 각각의 처치 효과를 평가하라.

		B		
		1	2	3
A	1	28	20	21
	2	23	19	18
	3	15	15	12

04. Maxwell, S. E. et. al. (2018). pp. 386-387

한 대학원 학생이 사례 수가 같은 3×2 요인설계를 통해 다음과 같은 표본평균을 얻었다.

		B	
		1	2
A	1	11	13
	2	8	12
	3	5	11

그는 이 자료의 분산분석 결과를 작성하였는데, 그 표 위에 6살짜리 딸이 황산을 흘려 중요한 숫자가 지워지고 다음만 남았다.

Source	SS	df	MS	F
A				
B				
$A \times B$	44			
S/AB	1,620	60		

그 대학원생은 당신이 통계학의 달인임을 알고 다음과 같은 부탁을 하였다.

1) SS_A의 값을 찾아달라.

2) SS_B의 값을 찾아달라.

3) 없어진 자유도를 모두 찾아달라.

4) 없어진 제곱평균 값을 모두 찾아달라.

5) F 값을 모두 계산하여 유의도 검정을 마쳐달라.

05. 다이어트를 위해 운동을 할 때 여자는 남자와 달리 식욕이 생기기 때문에 더 많은

음식을 먹게 되어 실패한다는 속설이 있다. 다음은 성별과 운동량 (high, medium, low)을 독립변수로, 음식 소비량을 종속변수로 한, 2 × 3 요인설계에 의한 2원 분산 분석결과이다. 이 결과는 앞의 속설을 뒷받침하나?

Source	F	P
Gender	1.63	.80
Exercise	17.27	.00
Interaction	1.95	.31

06. 이 문제는 앞의 <표 16.5>와 <표 16.6>의 데이터를 그대로 사용했다. 여기서 1시간을 굶긴 쥐에게 학습보상으로 포도 1개를 제공한 경우와 5개를 제공한 경우 성취도의 차이가 있는지 검정하라.

1 grape I hr. a_1b_1	3 grapes I hr. a_2b_1	5 grapes I hr. a_3b_1	1 grape 24 hr. a_1b_2	3 grapes 24 hr. a_2b_2	5 grapes 24 hr. a_3b_2
1	13	9	15	6	14
4	5	16	6	18	7
0	7	18	10	9	6
7	15	13	13	15	13

Source	SS	df	MS	F
A	112.00	2	56.00	3.06
B	24.00	1	24.00	1.31
A×B	144.00	2	72.00	3.93*
S/AB	330.00	18	18.33	
Total	610.00	23		

07. 모든 셀에 대하여 $n = 5$인 4×3 요인분석의 평균과 분산분석 결과가 다음 표와 같다. $b = 1$에서 A 요인의 단순 효과를 검정하라.

A	B			
	1	2	3	total
1	5.80	13.60	15.00	11.47
2	6.80	12.40	14.20	11.13
3	11.60	15.00	15.60	14.07
4	15.20	14.80	16.20	15.40
total	9.85	13.95	15.25	13.02

Source	SS	df	MS	F
A	190.98	3	63.66	10.55[*]
B	317.73	2	158.87	26.33[*]
$A \times B$	128.67	6	21.44	3.55[*]
S/AB	289.60	48	6.03	

01.　1) T. 종속변수의 총변동량은 두 독립변수와 상호작용, 그리고 오차의 제곱합으로 구성된다.

　　　2) F. 주 효과와 오차, 상호작용의 변량은 서로 독립적이다.

　　　3) T. 변량원의 자유도 총합은 총자유도 $N-1$과 같다.

　　　4) F. 변수는 2개, 2와 4는 각 변수의 수준(level) 수이다.

　　　5) T. $F_A = \dfrac{SS_A/df_A}{MS_{S/AB}}$

　　　6) T. A, B, 그리고 상호작용 효과를 말한다.

　　　7) F. 가정은 서로 같다.

　　　8) F. 표본이 아니라 모집단의 분산이 같다는 것이다.

　　　9) F. $A \times B$ 효과와 A, B 효과는 서로 독립이다.

　　　10) F. 반드시 그렇지 않다. 종속변수와 무관한 변수를 추가하면 자유도만 잃게 된다.

02.　1) 37, 43, 49

　　　2) $37+X$, $43+X$, $49+X$ (X는 0이 아닌 임의의 수)

　　　3) 49, 43, 37

03.

$$\alpha_j = \mu_{j.} - \mu_{..}$$

$$\mu_1 = (\mu_{11} + \mu_{12} + \mu_{13})/3 = 23 \quad \mu_2 = 20, \mu_3 = 14$$

$$\mu_{..} = \sum_{k=1}^{b} \sum_{j=1}^{a} \mu_{jk}/ab = 19$$

$$\alpha_1 = \mu_1 - \mu_{..} = 23 - 19 = 4$$

$$\alpha_2 = \mu_2 - \mu_{..} = 1$$

$$\alpha_3 = \mu_3 - \mu_{..} = -5 \qquad \text{A 효과가 존재한다.}$$

$$\beta_1 = 3,$$

$$\beta_2 = -1$$

$$\beta_3 = -2 \qquad \text{B 효과가 존재한다.}$$

$$(\alpha\beta)_{jk} = \mu_{jk} - (\mu_{..} + \alpha_j + \beta_k)$$

$$(\alpha\beta)_{11} = 26 - (19 + 4 + 3) = 0$$

$$(\alpha\beta)_{12} = 22 - (19 + 4 - 1) = 0$$

$$(\alpha\beta)_{21} = 23 - (19 + 1 + 3) = 0$$

$$(\alpha\beta)_{22} = 19 - (19 + 1 - 1) = 0 \qquad \text{이하 같은 결과, 상호작용은 없다.}$$

04. 먼저 $df_{S/AB} = 60 = (n-1)ab$에서 $n = 11$

1) $\mu_{1.} = 12,\ \mu_{2.} = 10,\ \mu_{3.} = 8$

$$SS_A = n\sum_{j=1}^{a}(\mu_{j.} - \mu)^2 = 22\left[(12-10)^2 + (10-10)^2 + (8-10)^2\right] = 176$$

2) $\mu_{.1} = 8,\ \mu_{.2} = 12$

$$SS_B = n\sum_{k=1}^{b}(\mu_{.k} - \mu)^2 = 33\left[(8-10)^2 + (12-10)^2\right] = 264$$

문제에서는 $SS_{A \times B}$ 값을 주었으나 이것도 구해보면

$$\alpha\beta = \mu_{jk} - \mu_j - \mu_k + \mu$$

$$SS_{A \times B} = s\sum_{j=1}^{a}\sum_{k=1}^{b}(\mu_{jk} - \mu_j - \mu_k + \mu)^2 = 11\left[(11 - 8 - 12 + 10)^2 + \cdots\right] = 44$$

3) $df_A = a - 1 = 3 - 1 = 2$

$df_B = b - 1 = 2 - 1 = 1$

$df_{A \times B} = df_A \times df_B = 2$

$df_{S/AB} = (n-1)ab = 10(3)(2) = 60$

4) $MS_A = \dfrac{SS_A}{df_A} = \dfrac{176}{2} = 88$

$MS_B = \dfrac{SS_B}{df_B} = \dfrac{264}{2} = 132$

$MS_{A \times B} = \dfrac{SS_{A \times B}}{df_{A \times B}} = \dfrac{44}{2} = 22$

$MS_{S/AB} = \dfrac{SS_{S/AB}}{df_{S/AB}} = \dfrac{1620}{60} = 27$

5) $F_A = \dfrac{MS_A}{MS_{S/AB}} = \dfrac{88}{27} = 3.26,\ F_{crit} = F(2, 60) = 3.15$

$F_B = \dfrac{MS_B}{MS_{S/AB}} = \dfrac{132}{27} = 4.89,\ F_{crit} = F(1, 60) = 4.00$

$F_{A \times B} = \dfrac{MS_{A \times B}}{MS_{S/AB}} = \dfrac{22}{27} < 1$

05. 실험결과는 속설을 뒷받침하지 않는다. 운동의 다이어트 효과가 여자는 남자와 다르다는

속설이 뒷받침되려면 성별과 운동량 사이에 상호작용이 검증되어야 한다. 그런데 실험결과는 상호작용 효과가 없는 것으로 나타났다.

06.

$\overline{A}_1$ 대 $\overline{A}_3$의 marginal means 비교이다.

$H_0 : \mu_{1.} - \mu_{3.} = 0$

	a_1	a_2	a_3
coefficients (c_j)	1	0	–1
marginal means	7.00	11.00	12.00

$$\hat{\psi}_A = \sum (c_j)(\overline{A}_j) = (1)(7.00) + (0)(11.00) + (-1)(12.00) = -5.00$$

$$SS_{A_{comp}} = \frac{n(\hat{\psi})^2}{\sum (c_i)^2} = \frac{4\{(1)(3) + (-1)(10) + (0)(14)\}^2}{(1)^2 + (-1)^2 + (0)^2} = 98.00$$

$$F_{A_{comp.}} = \frac{SS_{A_{comp}}/df_\psi}{MS_{S/AB}} = \frac{98.00/1}{18.33} = 5.35 \qquad F_{crit} = F(1, 18) = 4.41, \ \text{영가설 기각.}$$

07.

$H_0 : \mu_1 = \mu_2 = \mu_3 = \mu_4$

$$SS_{A \, at \, b_1} = n \sum_{j=1}^{a} \left(\overline{X}_{j1} - \overline{X}_{B_1} \right)^2$$

$$= 5\left[(5.8 - 9.85)^2 + (6.8 - 9.85)^2 + (11.6 - 9.85)^2 + (15.2 - 9.85)^2 \right]$$

$$= 286.9$$

$$df_{A \, at \, b_1} = a - 1 = 3$$

$$F = \frac{SS_{A \, at \, b_1}/df_{A \, at \, b_1}}{MS_{S/AB}} = \frac{286.9/3}{6.03} = 15.86$$

$$F_{crit} = F(3, 48) = 2.76, \ \text{영가설을 기각}$$

제17장 공분산 분석

공분산 분석은 회귀분석과 분산분석의 합동작전이라 할 수 있다. 집단의 점수를 회귀선 상에서 해석하고, 그 자료를 분산분석 방식으로 검증하는 방법이다. 통계학에서 공분산 분석을 중요하게 다루는 이유는 첫째, 통계적 테크닉을 사용하여 오차변량을 통제하는 점에 있다. 만일 독자가 이 책을 익힌 이후에 이 분야의 전문적 공부를 계속한다면 그 대상은 대부분 우리가 오차로 취급하던 SS_E라는 항목 속에 숨겨져 있던 것을 꺼낸 것이리라. 어떤 형태로이든 그 결과는 오차항을 줄임으로써 검정력을 높이는 것이다. 실험설계의 큰 흐름은 이렇게 오차라는 무선요인에 속해 있던 통계량의 한 부분을 재발견하여 효과라는 고정요인으로 돌려놓는 데 있다고 하겠다. 둘째로, 이 장의 가치는 회귀모형, 또는 일반선형 모형의 개념이 도입된다는 점에 있다. 일반선형 모형은 회귀모형을 포함한, 분산분석 모형을 보다 일반화한 분석방법이다. 제13장에서 모형의 비교를 통해 잠시 소개한 바 있는 이 방법을 익힌 독자는 이 장에서 공분산 분석의 실험설계로서의 특징을 살펴봄으로써 실험설계 통계적 분석에 관한 보다 일반화된 접근 방법을 생각하는 계기를 마련할 수 있을 것이다.

1 공분산 설계의 특성

1) 실험설계를 통한 오차변량 감소

실험설계의 기본적 목적은 실험적 처치의 효과가 분명하고 뚜렷하게 관찰될 수 있는 환경을 만드는 데 있다. 이때 피할 수 없이 마주치는 문제가 오차이다. 예를 들어 완전임의배치법, completely randomized design은 피험자들을 무작위로 실험집단에 할당함으로써 confounding과 편의 등 외적 요인의 개입을 최소화하지만 대신 오차항은 더욱 커지는 경향이 있다.

제7장 실험설계에서 다룬 내용이기도 한, 설계를 통해 오차변량을 감소시키는 방법은 두 가지가 있다. 하나는 블록화(blocking)에 의한 설계이다. 예를 들어 교수 방법의 효과를 비교하는 실험에서 IQ라는 블록 요인을 도입하여 학습자 집단을 IQ 수준에 따라 세 개의 블록으로 구성하면 이는 블록 내 집단의 점수를 동질적으로 만들어주는 역할을 하므로 집단 내 분산을 작게 만든다. 또 하나는 피험자 내 설계, within subjects design이다. 피험자 내 설계에서는 같은 피험자를 모든 다른 처치 조건에서도 사용하므로 처치 대 피험자 상호작용이 발생하는 대신 피험자 간의 점수분산은 줄일 수 있다. 즉, 실험의 오차 부분이 줄어든다는 의미이다.

2) 통계적 통제를 통한 오차변량 감소

이 장의 주제인 공분산 분석은 통계적으로 오차를 통제하는 제3의 방법과 관계가 있다. 공분산 분석을 수행하기 위해서는 종속변수와 강한 상관이 있는 공분산이라는 변수를 도입한다. 공변수, covariate란 독립변수처럼 어떤 통계적 처치 결과에 영향을 미치나 직접적인 관찰의 대상은 아닌 변수이다. 예를 들어 두 처치 효과를 비교하기 위해 두 집단의 학업 성취도를 비교할 때 사전검사 점수를 공분산으로 도입할 수 있다. 공분산 분석은 일반 분산분석에서는 집단 내 분산에 속했을 공분산이 설명하는 부분을 제외하고 남은 부분에 대한 분석이다. 그러므로 공분산이 종속변수의 분산을 설명하는 만큼 오차항을 줄이는 효과를 낼 수 있다. 역으로, 공분산이 제 역할을 잘하기 위해서는 종속변수와 높은 상관을 가져야 한다.

3) 체계적 편의의 개입 가능성 통제

실험에서 체계적 편의, systematic bias란 사전의 어떤 장치에 의해서 실험에 참여한 집단의 모평균이 애초부터 다른 경우를 말한다. 예를 들어 학습프로그램의 효과를 검정하기 위하여 선발한 실험집단과 통제집단의 IQ 평균이 서로 다르다면 이는 체계적 편의라 할 수 있다. 처치 효과와 상관없이, IQ 평균이 높은 집단이 어느 정도 높은 점수를 얻게 될 것이다. 이런 경우 IQ를 공변산으로 한 공변산 분석을 한다면, 애초에 공변산의 조건이 다른 것을 감안한 분석을 하므로 처치 효과에 대한 잘못된 판단을 막을 수 있게 된다.

2 공변산 분석의 개요

두 집단의 사전검사 점수와 사후검사 점수를 가진 설계에서 유력한 분석 방법은 공변산 분석이다. 이 때 공변산 분석은 논리적으로 다음 질문에 답하려는 노력이라 할 수 있다. "각 집단의 사후검사 점수는 애초에 사전검사 점수가 같았더라면 어떨까?" 공변산분석을 하는 것은 검사점수에서 공변수가 설명하는 부분을 뺀 점수를 분산분석하는 것과 같은 의미이다. 이를 그림으로 표시하면 [그림 17.1]과 같다.

공변산 분석은 [그림 17.1]에서 두 집단 점수의 회귀선이 만들어내는 Y 절편의 차이가 통계적으로 의미 있는지를 검증하는 작업이다. 이 분석의 장점은 사전검사와 사후검사 사이의 상관관계가 클 경우 분산이 줄어들기 때문에 오차 부분을 줄일 수 있다는

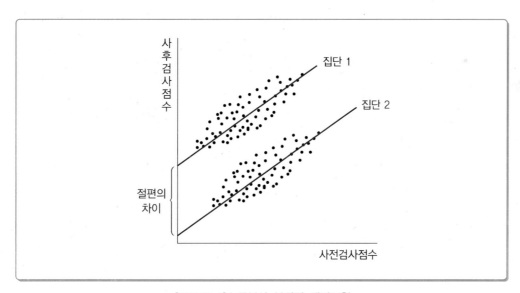

[그림 17.1] 공변산 분석의 개념모형

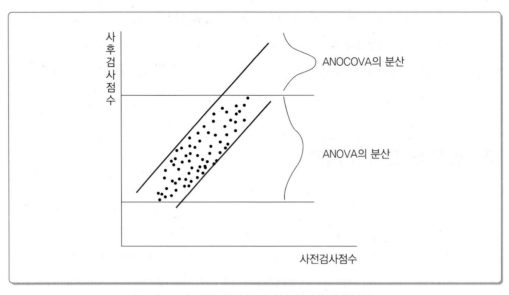

[그림 17.2] 공분산 분석과 분산분석의 오차분산

것이다.

　[그림 17.2]에 나타난 바와 같이, 공분산 분석의 오차는 분산분석의 오차분산보다 종속변수를 공분산이 설명하는 만큼 작아진다. 이 작아진 분산은 검정력을 크게 하는 데 기여한다.

　이제 분석의 개요에 관해 살펴보자. 분산분석에서는 각 개인의 점수를 그가 속한 집단의 평균에 의해 예측하고, 평균과 실제 관찰 값의 차이를 오차로 간주하였다. 그러나 공분산 분석에서는 개인의 점수를 그의 공변수 값에 의해 설명되는 회귀방정식으로 예측하고, 예측값과 실제 관찰 값과의 차이를 오차로 간주한다.

　F 검정을 위한 분산분석의 접근이라면 집단 간 대 집단 내 분산의 비를 구하는 것이겠지만, 공분산 분석의 데이터는 공변수에 영향을 받는 특수한 상황에 있으므로 그리하기가 쉽지 않다. 분산분석의 개념을 사용하여 분석하는 방법도 있기는 하다. 대립가설의 통합 기울기로부터 두 개의 수정 평균을 구하여 이를 대비(contrast)에 의하여 검정할 수 있다. 그러나 이것은 상당히 어려우므로 이런 경우 일반선형 모형의 개념을 도입하면 문제를 쉽게 풀 수 있다. 그 작업에 관하여 다음과 같은 순서로 공분산 분석의 예를 통해 설명하겠다.

1) 비교모형: 영가설과 대립가설

2) 회귀방정식과 수정 평균

3) 처치 효과와 오차의 변량

4) 자유도

5) F 값

6) 회귀선의 기울기

3 가 정

공분산 분석은 회귀분석과 분산분석의 두 가지 기법이 사용되므로 이를 위해 필요한 전제 조건에도 두 가지 분석이 모두 관련된다. 먼저 분산분석에서 필요한 가정은 공분산 분석에서도 똑같이 필요하고, 추가로 공분산에 관한 세 가지 가정이 지켜져야 한다.

1) 분산분석, 오차(잔차)에 관한 가정

a. 모집단이 정규분포를 이룬다.

b. 각각의 데이터는 서로 독립적이다.

c. 오차의 평균은 0이고 모분산의 크기가 서로 같다.

2) 공분산에 관한 가정

공분산은 일반 분산분석과 같은 가정에서 처리되기 때문에 공분산에 관한 가정은 일반 분산분석의 경우와 같다. 그러나 분산분석의 경우 회귀 부분과 분산분석에 관한 다음 두 가정이 추가로 필요하게 된다.

a. 종속변수와 공분산 사이의 관계

종속변수와 공분산 사이가 서로 독립적이며 직선형 관계가 성립해야 한다. 독립성은 결과해석을 위해 필수이며, 직선형 관계가 성립하지 않으면 독립변수의 수정 자체가 적절하지 않다는 것을 의미한다. 또한 공분산의 측정에는 오차가 없어야 한다.

b. 회귀선의 기울기

회귀선의 기울기가 모두 같다는, 회귀선이 서로 평행하다는 가정이 지켜지지 않는다면 분석의 결과는 잘못된 결론으로 이어질 가능성이 크다. 그것은 마치 2원 분산분석에서 상호작용이 존재하는데도 불구하고 주 효과를 분산분석표에 나타난 그대로 해석하는 것과 같다. 마지막으로 회귀선의 기울기에 유의미한 차이가 없어야 한다는 조건이 포함된다. 기울기에 차이가 있다는 것은, 도식적으로 표현한다면, [그림 17.3]처럼 두 직선이 평행하지 못하고 서로 엇갈려 있는 모습을 말한다.

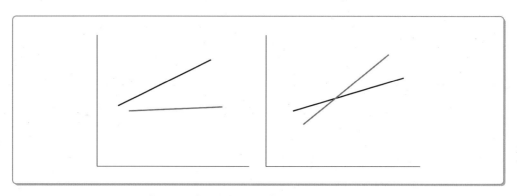

[그림 17.3] 회귀선의 기울기가 서로 다른 예

위 그림과 같이 두 직선이 평행하지 못하고 서로 엇갈린 모양을 일컬어 상호작용이 존재한다고 한다. 통계적인 용어로 말하자면 상호작용 효과의 P값이 유의도 수준보다 낮을 때 두 회귀선이 평행하다는 가정은 기각된다.

이러한 경우가 나타나면 공분산 분석의 결과를 근거로 처치 효과의 존재 여부에 대한 어떤 해석도 불가능하다. 따라서 이런 일이 나타난다면 공변량 분석은 의미가 없어진다. 이 조건의 만족 여부는 공분산 분석에 있어서 결정적인 작용을 하므로 분석 이전에 이 조건이 만족하는지를 검증하는 분석을 거쳐야 한다.

c. 외삽(extrapolation) 금지

다음으로, 비교하려는 두 집단의 공변수의 범위가 대부분 서로 겹치는 모습을 나타내야 한다. 만일 다음 [그림 17.4]에서 나타나는 것처럼, 사전검사점수를 공변수로

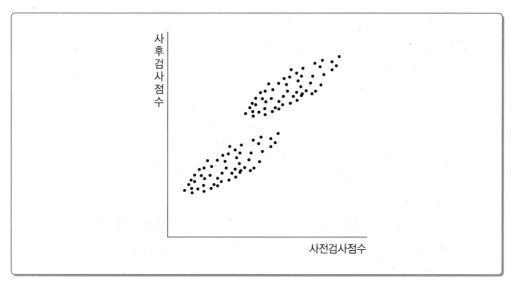

[그림 17.4] X 축의 공통부분이 희박한 분포의 예

하고 사후검사점수를 종속변수로 설정한 경우, 두 집단 사이에 겹치는 부분이 거의 없다면 그것은 두 집단이 동일 조건에서 시작되었다 할 수 없고, 집단 간의 차이가 통계적으로 유의미하다 하더라도 그것이 실험적 처치 효과 때문인지 아니면 성장패턴 때문인지 단정하기가 어려워진다.

3) 공분산 분석의 가정 위배의 효과

a. 정규성과 동 분산성

이 가정이 지켜지지 않을 때의 효과는 분산분석의 경우와 비슷, 집단의 사례 수가 같고 공분산이 정규분포일 때는 거의 영향을 미치지 않는다.

b. 선형성

공변수와 종속변수 사이의 직선형 관계를 말한다. 이 가정이 지켜지지 않았을 때 F 값의 편이가 발생한다.

c. Equal Slope

집단 간 회귀방정식의 기울기가 통계적으로 같다는 가정이다. ANCOVA의 모든 논리는 이 가정을 근거로 한 것이다. 따라서 공분산 분석을 할 때 이 가정이 지켜지고 있는지 별도의 가설검정을 통해 확인하는 것이 필수이다.

d. 무선할당

집단에 배정되는 것이 순수 우연에 의한다는 것으로 무선성이 지켜지지 않았을 때 편이가 발생할 수 있다.

e. 처치와 공분산의 독립성

공분산이 처치에 영향을 받는 경우, 예컨대 강의 방식의 효과를 독립변수, 학습시간을 공변수로 할 때, 공분산은 nuisance variable만 제거하는 것이 아니라, 학습 동기 또는 흥미와 같은, 효과에 영향을 미치는 variable 일부를 제거한다.

f. 공분산이 고정효과

공분산은 설계상 고정효과 요인으로 공분산의 오차는 상대적으로 큰 편이를 유발한다. 여기서 고정효과(fixed effect)란 임의 효과와 대비되는 말로, 그 특성이 강제적으로 또는 체계적으로 매우 정확하게 정해지는 효과를 말한다. 예를 들어 커피의 양과 수면시간에 관한 연구가 있다고 하자. 커피 한 잔 또는 두 잔이라는 커피의 양이 종속변수 수면시간에 미친 영향은 고정효과이며 이 양은 상당히 엄격히 정확한 양이라야 한다. 반면, 수면시간에 대하여 집단의 개인이 미친 영향은 임의 효과이며 사람마다 그 차이가 크다는 것을 알고 있으며, 그 사실이 실험설계에 고려되어 있다.

4 공분산 분석의 예

Keppel and Wickens(2004, pp. 320-326)에 소개된 데이터를 통하여 공분산 분석의 분석 방법을 알아보자. <표 17.1>에서

X: 공변수, 수학 소양검사 점수
Y: 종속변수, 통계학 시험점수이다.

〈표 17.1〉 두 집단의 소양검사 점수와 통계학 시험점수

	Group a_1		Group a_2	
	X	Y	X	Y
	11	9	3	2
	6	1	7	3
	5	2	11	7
	8	3	9	12
	9	5	5	5
	4	2	10	9
	9	4	7	6
	12	6	4	4
Mean:	8.00	4.00	7.00	6.00

참고로, 이 자료의 Y 점수를 분산분석으로 분석한 결과는 다음과 같이 F 값이 충분히 크지 못함을 나타낸다.

Source	SS	df	MS	F
A	16.00	1	16.00	1.81
S/A	124.00	14	8.86	

분석의 개요는 다음과 같다.

첫째, 일반선형모형으로 수행하는 방법은 영가설 모형과 대립가설 모형이 각각 설명하지 못하는 부분, 즉 잔차(residual), 또는 오차를 F 검정으로 비교하는 것이다. 영가설의 주장은 전체 데이터가 모두 하나의 회귀선으로 설명되는 하나의 모집단에서 무선추출되었단 것이고, 대립가설은 처치 효과로 인해 집단마다 다른 모평균을 가진다는 주장이다. 이를 위해 먼저 영가설과 대립가설을 수식화한다.

둘째, 대립가설에서 주장하는 회귀선의 기울기를 통일하기 위하여 각 회귀선의 통합 기울기를 구한다. 다음으로 그 통합 기울기에 의한 절편의 값을 구하여 회귀방정식을 특정한다. 이와 비교할 영가설의 설명모형으로 각 집단의 효과가 없는 것으로 간주한 전체 회귀선의 식을 구한다. 이렇게 두 설명모형의 잔차를 비교한다.

셋째, 두 설명모형의 잔차가 다른 이유는 데이터를 설명하는 방법에 있어서 처치 효과

를 인정하는 대립가설 모형과, 처치 효과를 인정하지 않는 영가설 모형의 차이 때문이다. 따라서 잔차의 차이가 통계적으로 유의미하다면 그것은 처치 효과가 있기 때문이거나 아니면 회귀선의 기울기가 달라서 생긴 왜곡 때문일 것이다.

넷째, 각 집단의 회귀선의 기울기가 모두 같다는 영가설을 검정한다. 영가설이 기각되면 공분산 분석결과는 의미 없게 되고 영가설이 유지된다면 공분산 분석결과는 처치효과의 존재 여부를 말해줄 것이다. 다음 일반선형 모형, General Linear Model(GLM)에 근거한 공분산 분석의 과정을 따라가 보자.

1) 두 선형비교모형: 영가설과 대립가설

일반선형모형은 종속변수의 개별 관찰 값을 설계된 요인의 영향과 다른 요인의 합의 형태로 표현하는 것이다. 그렇다면 공분산 분석의 영가설과 대립가설은 각각 다음과 같은 모형으로 표현된다.

$$H_0 : Y_{ij} = \mu + \beta X_{ij} + \epsilon_{ij}$$
$$H_1 : Y_{ij} = \mu + \alpha_j + \beta X_{ij} + \epsilon_{ij}$$

여기서 i와 j는 j 집단의 i번째 점수를 나타낸다. <표 17.1>에 주어진 예에서 대립가설은 전체 데이터를 두 개의 서로 다른 회귀선의 모집단에서 나온 것으로 보고 있는 반면에, 영가설은 전체를 하나의 회귀선에 속한 모집단에서 온 것으로 보고 있다. 그 회귀선의 방정식은 다음에서 구할 것이다.

2) 회귀방정식과 수정 평균

제6장 회귀분석에서 다루었던 회귀방정식의 계수를 구하는 공식을 사용할 것이다.

$$a = \overline{Y} - b(\overline{X})$$
$$b = \frac{s_{XY}}{s_X^2} = \frac{SP_{XY}}{SS_X}$$

여기서, $SP_{XY} = \sum (X - \mu_X)(Y - \mu_Y)$

$$SS_X = \sum (X - \mu_X)^2$$

이 식을 사용하여 영가설의 회귀선을 구하면

$$\hat{Y}_{ij} = -0.403 + 0.720 X_{ij}$$

대립가설의 두 회귀방정식을 구하는 것은 주의를 필요로 한다. 두 집단의 데이터를 이용해서 두 개의 회귀방정식을 구하는 것이 아니라, 두 기울기를 조정하여 같게 만들어주기 위해 두 집단의 통합 기울기를 구한 다음 그 기울기에 맞는 절편을 구해야 한다. 그 이유는 애초 ANCOVA 검정의 약속이 공변수의 조건이 같은 상태에서 종속변수에 대한 집단의 효과를 비교하는 것이기 때문이다.

$$b_{pooled} = \frac{SP_{XY}(group1) + SP_{XY}(group2)}{SS_X(group1) + SS_X(group2)}$$

$$b_{pooled} = \frac{44 + 49}{56 + 58} = 0.816$$

이제 다음 식으로부터 두 개의 절편을 구하면 된다.

$$a = \overline{Y} - b(\overline{X})$$

$$a_1 = \overline{Y}_1 - b_p(\overline{X}_1) = 4.0 - (0.816)(8.0) = -2.528$$
$$a_2 = \overline{Y}_2 - b_p(\overline{X}_2) = 6.0 - (0.816)(7.0) = 0.288$$

$$\hat{Y}_1 = -2.528 + 0.816 X_1$$
$$\hat{Y}_2 = 0.288 + 0.816 X_2$$

이렇게 같은 기울기를 가지나 절편이 다른 두 회귀선이 얻어진다. 그렇다면 우리가 비교하려고 하는 두 평균은 전체 공변수 평균 $\overline{X}_T$이 두 대립가설의 회귀선과 만나 이루는 두 점, $\overline{Y}_{adj1}$과 $\overline{Y}_{adj2}$이다. 이 점을 수정 평균이라 한다. [그림 17.5]를 참고하라.

$$\overline{X}_T = \frac{\overline{X}_1 + \overline{X}_2}{2} = \frac{8 + 7}{2} = 7.5$$

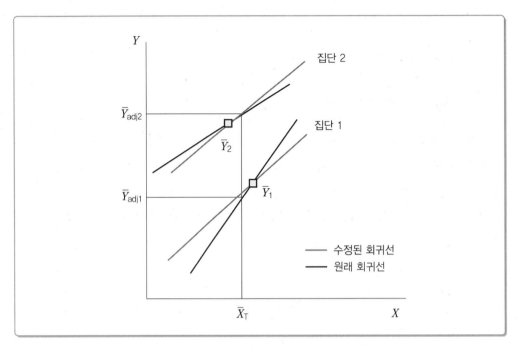

[그림 17.5] 수정 평균$\left(\overline{Y}_{adj}\right)$과 수정 전 평균$\left(\overline{Y}\right)$

$$\overline{Y}_{adj1} = a_1 + b_{pooled}\overline{X}_T = -2.528 + (0.816)(7.5) = 3.592$$

$$\overline{Y}_{adj2} = a_2 + b_{pooled}\overline{X}_T = 0.288 + (0.816)(7.5) = 6.408$$

수정 평균의 의미는 공분산 분석에서 공분산의 조건을 같게 조정하고 난 후에 우리가 비교하는 평균이 무엇인가에 관한 정보를 준다는 데 있다.

3) 처치 효과와 오차의 변량

처치 효과의 제곱합은 두 모형의 오차의 차이와 같다. 그 이유를 생각해보면, 같은 실험에서 관찰된 총변동량은 변하지 않는데 그 현상을 설명하는 영가설과 대립가설의 차이는 처치 효과가 유일하며, 각 모형이 설명하지 못한 오차의 차이는 당연히 영가설의 주장대로 오차이거나 아니면 대립가설의 주장대로 처치 효과＋오차일 것이다. 이것을 일반적으로 SS_A로 표기한다. 일반적인 분산분석과 마찬가지로 F 검정은 처치 효과＋오차의 분산과 오차의 분산을 비교하는 것이다. 이를 위해서 자유도를 정확히 추정할 필요가 있다.

처치 효과를 얻기 위해서 영가설 모형과 대립가설 모형의 예측값과 오차를 구해서 그 차이를 구해야 한다. 이 작업은 너무 길고 지루하겠지만 몇 개만 예를 들어 보이겠다. 다음 <표 17.2>는 그 과정을 보여준다.

먼저 사례 1, $(11, 9)$를 보자. 대립가설에 의한 예측값은

$$\widehat{Y}_{H_1} = -2.528 + 0.816X_1$$
$$= -2.528 + 0.816(11) = 6.448$$

오차 및 그 제곱은

$$\epsilon_{H_1} = Y - \widehat{Y}_{H_1} = 9 - 6.448 = 2.552$$
$$\epsilon_{H_1}^2 = 6.513$$

영가설에 의한 예측값은

$$\widehat{Y}_{H_0} = -0.403 + 0.720X$$
$$= -0.403 + 0.720(11) = 7.517$$

오차 및 그 제곱은

$$\epsilon_{H_0} = Y - \widehat{Y}_{H_0} = 9 - 7.517 = 1.483$$
$$\epsilon_{H_0}^2 = 2.199$$

맨 마지막 사례 16, $(4, 4)$를 보면, 대립가설에 의한 예측값은

$$\widehat{Y}_{H_1} = 0.288 + 0.816X_2$$
$$= 0.288 + 0.816(4) = 3.552$$

오차 및 그 제곱은

$$\epsilon_{H_1} = Y - \widehat{Y}_{H_1} = 4 - 3.552 = 0.448$$
$$\epsilon_{H_1}^2 = 0.200$$

영가설에 의한 예측값은

$$\hat{Y}_{H_0} = -0.403 + 0.720X$$

$$= -0.403 + 0.720(4) = 2.477$$

오차 및 그 제곱은

$$\epsilon_{H_0} = Y - \hat{Y}_{H_0} = 4 - 2.477 = 1.523$$

$$\epsilon_{H_0}^2 = 2.320$$

〈표 17.2〉 처치 효과의 산출과정, 공분산 분석

X	Y	$\hat{Y}_{H_1}$	$Y - \hat{Y}_{H_1}$	$\epsilon_{H_1}^2$	$\hat{Y}_{H_0}$	$Y - \hat{Y}_{H_0}$	$\epsilon_{H_0}^2$
11	9	6.448	2.552	6.513	7.517	1.483	2.199
6	1						
...	...						
7	6						
4	4	3.552	0.448	0.200	2.447	1.523	2.320
				48.732			78.772
				$SS_E^{H_1}$			$SS_E^{H_0}$

4) 자유도

대립가설 모형의 처치 효과는 영가설 모형에서는 오차항에 속해 있다. 따라서

$$SS_{effect} = SS_A = SS_E^{H_0} - SS_E^{H_1}$$

한편, 자유도는 관련된 사례 수에서 모평균을 추정하는 과정에서 잃은 정보의 수를 뺀 값이다. 따라서

$$df_E^{H_0} = N - 2 = 14, \text{ 기울기와 절편의 parameter로 2개의 } df \text{를 잃는다.}$$

$$df_E^{H_1} = N - (a+1) = 13, \text{ 집단 수만큼의 절편과 통합 기울기 1개의 } df \text{를 잃는다.}$$

$$df_A = a - 1 = 2 - 1 = 1$$

5) F 값의 계산

$$SS_A = SS_E^{H_0} - SS_E^{H_1}$$

$SS_E^{H_0} = 78.772$ (전체 회귀선으로부터의 오차 제곱합)

$SS_E^{H_1} = 48.132$ (통합 기울기를 갖는 두 회귀선으로부터의 오차 제곱합)

$SS_A = 78.772 - 48.132 = 30.640$

$$F = \frac{SS_A/df_A}{SS_E^{H_1}/df_E} = \frac{30.640/(2-1)}{48.132/(16-2-1)} = 8.28$$

$(F_{.05}(1,13) = 4.67)$

분산분석에서는 나타나지 않던 처치 효과의 유의성이 공분산 분석에서 나타난 이유는 공분산이 오차항의 자유도는 하나 더 잃게 했지만, 이보다 오차항을 감소시킨 효과가 이를 보상하고도 남아 검정력을 크게 하였기 때문이다.

6) 회귀선의 기울기의 동일성 검정

회귀선의 기울기가 각각 같다는 것은 공분산 분석결과의 타당성에 결정적인 역할을 하는 가정이므로 이를 검정하는 과정은 매우 중요하다. 회귀선의 기울기에 대한 영가설이 기각되면 회귀선의 기울기가 같다는 가정을 부정하게 되므로 그렇다면 절편을 비교하는 것이 의미가 없으므로 공분산 분석을 수행할 수 없다. 따라서 공분산 분석을 수행하려면 영가설이 기각되지 않아야 한다. 이 검정을 수행하기 위해서 어떤 가설을 수립하는지가 중요하다. 여기서 영가설은 공분산 분석의 대립가설, 두 회귀선의 기울기가 같다는 가설이 되며, 대립가설은 회귀선의 기울기가 서로 다르다는 가설이다. 두 가설이 결정되면 기울기의 효과, 즉 공분산과 집단효과 사이의 상호작용 효과를 산출하는 방법은 역시 두 모형이 설명하지 못하는 부분의 차이에서 찾아야 한다. 그 이유는 공분산 분석에서 설명한 바와 같다.

$$H_0 : Y_{ij} = \mu + \alpha_j + \beta X_{ij} + \epsilon_{ij}$$

$$H_1 : Y_{ij} = \mu + \alpha_j + \beta_j X_{ij} + \epsilon_{ij}$$

영가설과 대립가설의 차이는 기울기의 계수를 β로 표시한 것과 β_j로 표시한 차이다. β는 모든 집단에 대해 같은 기울기가 적용된다는 뜻이고, β_j는 집단에 따라 다른 기울기가 사용된다는 뜻이다.

먼저 대립가설의 회귀선의 방정식을 얻기 위하여 데이터에 나타난 표본집단별 자료를 그대로 사용하여 회귀방정식의 계수를 구할 것이다.

$$a = \overline{Y} - b(\overline{X})$$

$$a_1 = -2.286$$

$$a_2 = 0.086$$

$$b = \frac{s_{XY}}{s_X^2} = \frac{SP_{XY}}{SS_X}$$

$$b_1 = 0.786$$

$$b_2 = 0.086$$

이렇게 얻은 대립가설의 두 회귀선의 식은

$$\widehat{Y}_1 = -2.286 + 0.786 X_1$$

$$\widehat{Y}_2 = 0.086 + 0.845 X_2$$

영가설의 두 회귀선은 공분산 분석에서의 대립가설의 그것과 같다.

$$\widehat{Y}_1 = -2.528 + 0.816 X_1$$

$$\widehat{Y}_2 = 0.288 + 0.816 X_2$$

이제 다시 공분산 분석의 경우와 같이 효과의 제곱합을 구하는 작업을 해보자. 그 과정은 <표 17.3>에 나타나 있다.

먼저 사례 1, $(11, 9)$를 보자. 대립가설에 의한 예측값은

$$\hat{Y}_{H_1} = -2.286 + 0.786X_1$$

$$= -2.286 + 0.786(11) = 6.360$$

오차 및 그 제곱은

$$\epsilon_{H_1} = Y - \hat{Y}_{H_1} = 9 - 6.360 = 2.640$$

$$\epsilon^2_{H_1} = 6.970$$

맨 마지막 사례 16, $(4, 4)$를 보면, 대립가설에 의한 예측값은

$$\hat{Y}_{H_1} = 0.086 + 0.845X_2$$

$$= 0.086 + 0.845(4) = 3.466$$

오차는

$$\epsilon_{H_1} = Y - \hat{Y}_{H_1} = 4 - 3.466 = 0.534$$

$$\epsilon^2_{H_1} = 0.285$$

영가설에 의한 예측값은 앞의 공분산 분석 과정의 대립가설에 의한 예측값과 같다. 오차와 그 제곱도 제곱합도 모두 같은 결과이다.

⟨표 17.3⟩ 처치 효과의 산출과정, 동일회귀선 검정

X	Y	$\hat{Y}_{H_1}$	$Y - \hat{Y}_{H_1}$	$\epsilon^2_{H_1}$	$\hat{Y}_{H_0}$	$Y - \hat{Y}_{H_0}$	$\epsilon^2_{H_0}$
11	9	6.630	2.640	6.970	6.448	2.552	6.513
6	1						
...	...						
4	4	3.466	0.534	0.285	3.552	0.448	0.200
				48.032			48.132
				$SS^{H_1}_E$			$SS^{H_0}_E$

이렇게 구해진 오차의 제곱합은 다음과 같다. 이 두 제곱합의 차이는 기울기, 즉 공분산과 집단효과 사이의 상호작용 효과이다.

$$SS_E^{H_1} = 48.032$$

$$SS_E^{H_0} = 48.132$$

$$SS_{A \times X} = SS_E^{H_0} - SS_E^{H_1} = 48.132 - 48.032 = 0.100$$

$$F = \frac{SS_{A \times X}/df_{A \times X}}{SS_{A/S}/df_{A/S}} = \frac{0.100/1}{48.032/12} = .25 < 1$$

기울기의 차이가 없다는 영가설을 기각하지 못하므로 두 회귀선의 기울기가 같다는 주장을 수용한다. 따라서 애초의 공분산 분석의 결과를 수용할 수 있다.

01. 다음 공분산의 조건은 왜 필요한지 설명하라.

① 종속변수와 서로 상관이 있어야 한다.

② 공분산과 종속변수가 서로 독립적이라야 한다.

③ 오차가 없어야 한다.

02. Maxwell, et al., 2018, p. 512

다음 두 집단의 사전 사후 검사점수를 보고 물음에 답하시오.

	Group 1		Group 2	
Pre	Post	Pre	Post
1	5	5	14
3	8	7	17
3	7	7	16
1	2	5	11
2	3	6	12

1) 공분산 분석을 통해 비교하려는 두 모델은?

2) 각 집단의 회귀방정식을 구하시오.

3) 대립가설 모형에 의한 잔차 제곱합을 구하시오.

4) 영가설 모형의 잔차 제곱합을 구하시오.

5) 공분산 분석결과를 구하고 해석하시오.

03. Myers & Well, 1995, p.462

18명의 피험자가 3개의 실험조건에 무선 배정되었다. 처치 이전과 이후에 얻은 점수는 다음과 같다.

A_1		A_2		A_3	
X	Y	X	Y	X	Y
12	26	11	32	6	23
10	22	12	31	13	35
7	20	6	20	15	44
14	34	18	41	15	41
12	28	10	29	7	28
11	26	11	31	9	30

1) Test for homogeneity of regression.

2) ANCOVA의 F 값을 구하라.

3) H_0의 회귀방정식은 다음과 같다.

$$\hat{Y} = 9.974 + 1.816X$$

H_0의 회귀모형과의 잔차는 다음과 같다. 이 데이터를 분산분석으로 처리하면 그 결과는 위 ANCOVA 결과와 같을까?

A_1	A_2	A_3
-5.777	2.045	2.128
-6.138	-0.771	1.412
-2.689	-0.872	6.780
-1.404	-1.670	3.780
-3.771	0.862	5.311
-3.955	1.045	3.678

04. 다음 경우 X 점수를 공변수로 사용하기에 적합한가?

1) Y=job satisfaction, X=performance evaluation

네 부서에서 일하는 노동자의 근무만족도가 차이가 있는지 연구

2) Y=achievement test X=pretest

세 가지 math program 효과의 차이가 있는지 연구

01. ① 원래 취지가 within cell variability를 낮추는 데 있으므로

② 공분산과 종속변수가 서로 독립적, 결과해석을 위해 필수

③ 공분산은 고정요인이므로 오차가 있으면 1종 오류에 큰 영향을 미친다.

02. 1) $H_0 : Y_{ij} = \mu + \alpha_j + \beta X_{ij} + \epsilon_{ij}$

$H_1 : Y_{ij} = \mu + \alpha_j + \beta_j X_{ij} + \epsilon_{ij}$

2) $b_1 = \dfrac{SP_{XY}}{SS_X} = \dfrac{8}{4}, \qquad a_1 = 1$

$\hat{Y}_1 = 1 + 2X_1$

$b_2 = 2, \qquad\qquad a_2 = 2$

$\hat{Y}_2 = 2 + 2X_1$

두 회귀방정식의 기울기가 같으므로 그대로 대립가설 모형에 쓸 수 있다.

3)

X	Y	$\hat{Y}$	ϵ	ϵ^2
1	5	3	2	4
3	8	7	1	1
3	7	7	0	0
1	2	3	−1	1
2	3	5	−2	4
5	14	12	2	4
7	17	16	1	1
7	16	16	0	0
5	11	12	−1	1
6	12	14	−2	4

$$\sum \epsilon^2 = 20$$

$$\sum \epsilon^2 = \sum (Y - \hat{Y})^2 = 20$$

4) 위의 방법대로 구해도 되지만 상관계수로부터 구할 수도 있다.

$$r_{XY} = \frac{\sum XY - \frac{(\sum X)(\sum Y)}{N}}{\sqrt{\left[\sum X^2 - \frac{(\sum X)^2}{N}\right]\left[\sum Y^2 - \frac{(\sum Y)^2}{N}\right]}}$$

$$r_{XY}^2 = (.95905)^2 = .91978$$

$$SS_T = \sum (Y - \overline{Y})^2 = 254.5$$

$$\epsilon^2 = (1 - r^2)SS_T = (1 - .91978)254.5 = 20.416$$

5)
$$F = \frac{(SS_E^{H_0} - SS_E^{H_1})/df_A}{SS_E^{H_1}/df_E} = \frac{(20.416 - 20)/1}{20/7} = 0.146$$

영가설을 기각할 수 없다.

03. 1) Test for Homogeneity of regression

$$H_0 : Y_{ij} = \mu + \alpha_j + \beta X_{ij} + \epsilon_{ij}$$
$$H_1 : Y_{ij} = \mu + \alpha_j + \beta_j X_{ij} + \epsilon_{ij}$$

여기서

$$\hat{\beta} = b_{pooled} = \frac{\sum_i \sum_j (X_{ij} - \overline{X}_j)(Y_{ij} - \overline{Y}_j)}{\sum_i \sum_j (X_{ij} - \overline{X}_j)^2} \qquad \hat{\beta}_j = b_j = \frac{\sum_i (X_{ij} - \overline{X}_j)(Y_{ij} - \overline{Y}_j)}{\sum_i (X_{ij} - \overline{X}_j)^2}$$

따라서

$$\hat{\mu} + \hat{\alpha}_j = a_j = \overline{Y} - b_p \overline{X}_j \qquad\qquad \hat{\mu} + \hat{\alpha}_j = a_j = \overline{Y}_j - b_p \overline{X}_j$$

$$SS_{A \times X} = SS_E^{H_0} - SS_E^{H_1} = \sum_i \sum_j \left(Y_{ij} - \hat{Y}_{ij}^{H_0}\right) - \sum_i \sum_j \left(Y_{ij} - \hat{Y}_{ij}^{H_1}\right)$$

$$= 45.893 - 43.339 = 2.554$$

$$SS_{S/A} = SS_E^{H_1} = 43.339$$

자유도는

$$df_{A \times X} = df^{H_0} - df^{H_1} = [N - (a+1)] - [N - 2a] = (a - 1)$$

$$df_{S/A} = (N - 2a). \text{ (두 개의 절편과 두 개의 기울기만큼의 자유도를 잃기 때문)}$$

$$F = \frac{SS_{A \times X}/df_{A \times X}}{SS_{S/A}/df_{S/A}} = \frac{2.554/2}{43.339/12} = .354$$

2)

$$H_1 : Y = \mu + \alpha_j + \beta X_{ij} + \epsilon_{ij}$$

$$SS_{effect} = SS_E^{H_0} - SS_E^{H_1} = 182.822$$

$$SS_{S/A} = SS_E^{H_1} = 45.822$$

$$F = \frac{182.822/2}{45.892/14} = 27.886$$

변량원	df	SS	MS	F	P
X	1	620.941	620.941	189.427	.000
A	2	182.822	91.411	27.886	.000
S/A	14	45.892	3.278		
Total	17	838.944			

3) 다르다. 그러나 검정통계치가 매우 유사하여 작은 기술적 요소를 제외하면 같은 개념의 통계량임을 알 수 있다.

변량원	df	SS	MS	F	P
A	2	182.802	91.401	29.814	.000
S/A	15	45.985	3.066		
Total	17	228.787			

ANCOVA 모델:

$$H_1 : Y_{ij} = \mu + \alpha_j + \beta(X_{ij} - \overline{X}_{..}) + \epsilon_{ij} \quad \beta: \text{common slope}$$

$$H_0 : Y_{ij} = \mu + \beta(X_{ij} - \overline{X}_{..}) + \epsilon_{ij} \qquad \beta: \text{slope from overall regression}$$

Gain scores 모델:

$$H_1 : Y_{ij} = \mu + \alpha_j + \beta(X_{ij} - \overline{X}_{..}) + \epsilon_{ij} \quad \beta: \text{slope from overall regression}$$

$$H_0 : Y_{ij} = \mu + \beta(X_{ij} - \overline{X}_{..}) + \epsilon_{ij} \qquad \beta: \text{slope from overall regression}$$

04. 1) non-equivalent groups. 특성이 다른 집단이므로 공변수의 의미가 다를 것이다.
2) testing. 수학 과목의 특성상 사전검사가 사후검사에 영향을 미칠 것이다.

제18장

피험자 내 설계

지금까지 다룬 실험설계는 모두 한 피험자에게 한 가지 처치를 제공한 후 종속변수에 대한 관측치를 분석했다는 공통점을 가지고 있었다. 점수를 그 피험자가 속한 집단별로 비교하였기 때문에 이러한 설계를 모두 피험자 간 설계 또는 between-subjects design이라 한다. 그러나 이 장에서 다루려는 것은 한 피험자로부터 두 개 이상의 관측치를 얻는 설계이다. 이 경우 처치 효과는 한 집단에 속한 피험자의 점수 변화로부터 얻게 된다. 이를 반복측정설계, 집단 내 설계, 피험자 내 설계 또는 within-subjects design이라 한다. 처치 효과를 집단 간 차이가 아닌 집단 내 변화에서 얻는다는 점에서 이 설계는 지금까지 다룬 설계와는 큰 차이가 있고, 분석 과정이 더 복잡하고, 고급통계의 영역에 분류된다. 그러나 가설검정이 무엇을 하는 작업인지, 그 일을 위해 필요한 분산을 어떻게 분리해 내는지에 관한 통계학의 원칙은 여기에서도 변함없이, 일관되게 적용되므로, 통계학에 관련된 응용력과 자신감을 키우기에 적합한 주제라 생각하였다. 따라서 이 장의 취지 또는 수련의 목표는 고급 설계지식에 있다기보다 상황에 따른 적응능력에 있다. 독자는 이 장에서 반복측정의 가장 단순한 설계를 통해 피험자 내부의 변화로부터 처치 효과를 검증하는 전략, 예컨대 어떤 분산에 주목해야 하는지, 오차항을 어떻게 구성하는지 등 큰 그림에 관심을 두기 바란다. 그리고 그 속에서 일관되게 지켜지고 있는 통계학의 이론적 배경을 확인하기 바란다. 이 장의 취지에 맞추어 지금까지 각 장의 맨 끝에 두었던 연습문제 대신 여기서는 맺는말을 두어 전체 내용의 논리적 흐름을 상기하는 역할을 하도록 했다.

1 이론적 배경

1) 분석의 모형

한 피험자로부터 두 개 이상의 관측치를 얻음으로써 피험자의 점수 변화로부터 처치효과를 얻는 설계를 반복측정설계, 집단 내 설계, 피험자 내 설계 또는 within-subjects design이라 한다. 이 설계의 가장 간단한 형태로는 처치의 전과 후에 사전검사와 사후검사가 실시되는 설계가 있을 수 있다. 이 경우 반복측정이 2회만 이루어졌기 때문에 두 종속집단의 비교를 위한 t 검정방법이 사용될 수 있다. 그런데 반복측정이 3회 이상 이루어졌다면 각 측정 간의 평균 차이를 검정하기 위해서는 일종오류의 통제를 위하여 일원 설계에 의한 분산분석이 수행되어야 한다. 이를 위해서 사용되는 분석방법이 반복측정설계이다. 즉, 일원 분산분석이 독립된 두 표본의 평균 차이를 검정하는 t 검정의 일반화인 것과 마찬가지로, 반복측정설계의 자료 분석은 상관된 두 집단의 평균 차이를 검정하는 t 검정의 일반화이다.

한 개의 반복측정 요인(A)만을 가지고 있는, 단일요인 반복측정설계의 분석 모형은 다음으로 표현될 수 있다. 피험자 간 설계와 다른 이 모형의 특징은 반복측정으로 인한 피험자효과를 고려한다는 점이다.

$$Y_{ij} = \mu + (\mu_{i.} - \mu) + (\mu_{.j} - \mu) + (Y_{ij} - \mu_{i.} - \mu_{.j} + \mu)$$

$$= \mu + \pi_i + \alpha_j + \epsilon_{ij}$$

여기서, $i = 1, \cdots, n$

$j = 1, \cdots, a$

μ: 전체 평균

π_i: 피험자(S) i의 효과

α_j: 피험자 내 요인 A, 수준 j의 효과

$\epsilon_{ij} \sim N(0, \sigma^2)$: 오차항

위의 모형에서 전체평균 μ를 좌변으로 이항하고 양변을 제곱해서 정리하면 자료의 총분산은 다음과 같이 분할된다.

$$Y_{ij} - \mu = \pi_i + \alpha_j + \epsilon_{ij}$$

$$SS_T = SS_A + SS_S + SS_E$$

여기서, $SS_T = \sum_{i=1}^{n}\sum_{j=1}^{a}(Y_{ij} - \overline{Y}_{..})^2$ 총 분산도

$SS_A = \sum_i\sum_j(\overline{Y}_{.j} - \overline{Y}_{..})^2$ 집단 간 점수의 분산도

$SS_S = \sum_i\sum_j(\overline{Y}_{i.} - \overline{Y}_{..})^2$ 피험자 점수의 분산도

$SS_E = \sum_i\sum_j(Y_{ij} - \overline{Y}_{i.} - \overline{Y}_{.j} + \overline{Y}_{..})^2$

$\quad = SS_{A \times S}$ 각 피험자가 처치조건에 다르게 반응하는 정도

여기서 총분산도 SS_T는 피험자 간 설계와 같이 모든 점수의 전체평균과의 사이에서의 제곱합을 말한다. 집단 간 점수의 분산도 SS_A는 집단 평균과 전체 평균의 제곱합이고, 피험자 점수의 분산도 SS_S는 각 개인의 점수 평균과 전체평균 사이의 제곱합, 그리고 남은 오차는 처치와 피험자의 상호작용이다. 처치×피험자 상호작용이란 각 피험자가 처치조건에 다르게 반응하는 정도로, 실험설계로 통제할 수 없는 오차 부분이다. 예를 들자면, 식품의 이뇨작용을 탐구하는 실험에서 여러 식품을 먹는 처치의 결과를 수집할 때, 우연히 특정 식품에 과민반응을 일으키는 사람이 피험자로 선발되었다면 이는 정상적인 실험과는 다른 결과를 나타낼 것이다. 이런 것은 통제할 수 없는 분산원에 해당한다.

2) 검정통계치 구성

피험자 내 설계와 같은 복잡한 실험설계에서 검정통계치를 구성할 때 각 변수가 대표하는 효과를 고정효과와 무선효과로 구분하여 보면 유용할 때가 많다. 관련하여 제13장에서 이미 소개한 바 있는 설명을 다시 싣는다.

고정효과(fixed effect): 모든 요인의 수준이 정해진 것으로 실험이 반복될 경우 같은 수준이 유지되는 경우
무선효과(random effect): 한 요인의 수준이 가능한 여러 값으로부터 무선으로 뽑혀 나오는 것으로 연구자의 관심이 수준 자체에 있는 것이 아니라 그 모집단에 있는 경우

이 설명에 덧붙여서, 처치가 반드시 고정효과인 것은 아니다. 고정효과라 보기 어려운 사정이 있다면, 예컨대, 처치를 제공하는 교사가 편차가 큰 모집단에서 무선으로 주어져

서 어떤 교사가 배당되느냐에 따라 결과에 큰 차이가 나타난다면, 그 효과는 일정한 것으로 보기 어렵기 때문에 그런 경우라면 이 또한 무선효과로 처리하여야 할 것이다. 그렇다면 그에 해당하는 오차항이 분모를 크게 할 것이다. 요컨대 고정효과나 무선효과는 주어진 것이 아니라 해석의 산물이다.

검정통계치를 구성하는 방법은 고정효과인 처치 효과만을 분리해낼 수 없으니 이를 통제할 수 없는 무선효과와 함께 섞여 있는 통계량과 함께 비율로서 계량하여 그 크기를 보는 것이다. 그 형태는 아래 식과 같다.

$$F = \frac{effect + error}{error}$$

단순 반복설계의 경우 각 분산원이 반영하는 효과를 보면

분산원	효과	Error Term
A (fixed)	$A,\ A \times S,\ S/A$	$A \times S$
S (fixed)	$S,\ S/A$	S/A
$A \times S$ (random)	$A \times S,\ S/A$	S/A
S/A	S/A	

이 경우 오차항으로 S/A 아닌 $A \times S$를 적용하는 것이 옳다. 그 이유는

$$F = \frac{MS_A}{MS_{A \times S}} \approx \frac{(A) + (A \times S) + (S/A)}{(A \times S) + (S/A)}$$

와 같이 합리적인 (effect)+(error)/(error)의 형태를 구성하기 때문이다. 만일 피험자 간 설계의 경우와 같이 Error term을 S/A로 잡아준다면,

$$F = \frac{MS_A}{MS_{S/A}} \approx \frac{(A) + (A \times S) + (S/A)}{(S/A)}$$

이것은 적절하지 않다.

이렇게 분할된 분산에 의해서 n명의 표본에 대하여 a번 측정한 반복측정설계의 분산분석표는 다음 <표 18.1>과 같은 형태가 된다.

〈표 18.1〉 반복측정설계의 분산분석표

분산원	자유도	제곱합	평균제곱	F
S	$n-1$	$a\sum_i(\overline{Y}_{i.} - \overline{Y}_{..})^2$	$\dfrac{SS_S}{df_S}$	$\dfrac{MS_S}{MS_{A \times S}}$
A	$a-1$	$n\sum_j(\overline{Y}_{.j} - \overline{Y}_{..})^2$	$\dfrac{SS_A}{df_A}$	$\dfrac{MS_A}{MS_{A \times S}}$
$A \times S$	$(n-1)(a-1)$	$\sum_i\sum_j(Y_{ij} - \overline{Y}_{i.} - \overline{Y}_{.j} + \overline{Y}_{..})^2$	$\dfrac{SS_{A \times S}}{df_{A \times S}}$	
Total	$an-1$	$\sum_i\sum_j(Y_{ij} - \overline{Y}_{..})^2$		

② 분석의 예

Maxwell 등(2018)에 의해 소개된 예를 사용하여 반복측정설계의 분석 과정을 살펴보자(p. 658). 다음은 5명의 피험자가 계산문제를 풀고 있을 때 뇌의 다섯 구역에서 일어나는 EEG 활동수준을 나타낸 것이다. 구역에 따른 EEG 활동수준의 차이가 있는지 검정하려고 한다.

subject	Location				
	1	2	3	4	
1	3	6	4	5	4.5
2	4	7	4	8	5.75
3	2	1	1	3	1.75
4	4	5	1	5	3.75
5	7	6	5	9	6.75
	4	5	3	6	4.5

1) 분산의 분할에 의한 방법

$$SS_S = 4[(4.5-4.5)^2 + (5.75-4.5)^2 + (1.75-4.5)^2$$
$$+ (3.75-4.5)^2 + (6.75-4.5)^2] = 59.00$$

$$SS_A = 5[(4-4.5)^2 + (5-4.5)^2 + (3-4.5)^2 + (6-4.5)^2] = 25$$

$$SS_{A \times S} = (3-4-4.5+4.5)^2 + \cdots + (9-6-6.75+4.5)^2 = 15$$

$$df_T = an-1,$$
$$df_T = df_S + df_A + df_{A \times S}$$
$$df_S = n-1$$
$$df_A = a-1$$
$$df_{A \times S} = (a-1)(n-1)$$

$$F = \frac{SS_A/df_A}{SS_{A \times S}/df_{A \times S}} = \frac{25/3}{15/12} = 6.67$$

2) 모형 비교에 의한 방법

$$F = \frac{(E_{H_0} - E_{H_1})/(df_{H_0} - df_{H_1})}{E_{H_1}/df_{H_1}}$$

$$H_1 : Y_{ij} = \mu + \alpha + \pi + \alpha\pi$$
$$H_0 : Y = \mu + \pi + \epsilon$$

$$H_1 : \hat{Y}_{ij} = \mu + (\mu_i - \mu) + (\mu_j - \mu) = \mu_i + \mu_j - \mu$$

H_1에 의한 예측값(괄호 안)

subject	Location				
	1	2	3	4	
1	3(4)	6(5)	4(3)	5(6)	4.5
2	4(5.25)	7(6.25)	4(4.25)	8(7.25)	5.75
3	2(1.25)	1(2.25)	1(0.25)	3(3.25)	1.75
4	4(3.25)	5(4.25)	1(2.25)	5(5.25)	3.75
5	7(6.25)	6(7.25)	5(5.25)	9(8.25)	6.75
	4	5	3	6	4.5

잔차의 제곱합(H_1)

$$(3-4)^2 + (4-5.25)^2 + \cdots = 15$$

$$H_0 : \hat{Y}_{ij} = \mu + (\mu_i - \mu) = \mu_i$$

H_0에 의한 예측값(괄호 안)

subject	Location				
	1	2	3	4	
1	3(4.5)	6(4.5)	4(4.5)	5(4.5)	4.5
2	4(5.75)	7(5.75)	4(5.75)	8(5.75)	5.75
3	2(1.75)	1(1.75)	1(1.75)	3(1.75)	1.75
4	4(3.75)	5(3.75)	1(3.75)	5(3.75)	3.75
5	7(6.75)	6(6.75)	5(6.75)	9(6.75)	6.75
	4	5	3	6	4.5

잔차의 제곱합(H_0)

$$(3-4.5)^2 + (4-5.75)^2 + \cdots = 40$$

$$F = \frac{(E_{H_0} - E_{H_1})/(df_{H_0} - df_{H_1})}{E_{H_1}/df_{H_1}} = \frac{(40-15)/(4-1)}{15/12} = 6.67$$

3 피험자 내 설계의 가정

피험자 내 설계, 또는 반복측정 자료의 단일변량분석을 위해서 요구되는 가정은 다음 세 가지이다.

① 독립성
② 정규성
③ 구형성

이 세 가지 가정 중에서 ① 독립성과 ② 정규성 가정은 다변량 분석법에서도 같은 가정이나, 세 번째 구형성(sphericity) 가정은 단일변량 분석법에서만 요구되는 가정이다. 구형성 조건은 Huynh과 Feldt(1970)가 발견한 조건으로서 반복측정 자료의 분석에 사용되는 F 검정 통계량이 타당하기 위해서는 반복측정의 모든 가능한 짝의 차이가 나타내는 분산이 같아야 한다는 것이다. 이 조건은 $H-F$ 조건으로 불리기도 하는데 이를 식으로 표현하면 다음과 같다. 식에서 ϵ는 모형의 오차를 나타내며 첨자 k와 k'은 서로 다른 반복측정 수준을 나타낸다.

$$var(\epsilon_{ijk} - \epsilon_{ijk'}) = c, \quad for \ all \ k \ and \ k', \ k \neq k'$$

여기서, c는 상수

구형성 가정 조건에 위배되는 F 검정 결과는 1종 오류 가능성이 높은, 즉 영가설을 잘못 기각할 가능성을 높인다. 그런데 일반적으로 한 학기 동안 다섯 번의 시험이 치러진다면, 측정의 시기가 가까운 점수 간의 상관관계가 측정 시기가 먼 점수 간의 상관관계보다 높게 나타나 구형성 조건이 잘 충족되지 않는다. 이처럼 구형성 가정이 충족되지 않는 경우에 할 수 있는 방법은 세 가지로, 1) Contrast만을 사용하는 방법 (구형성 가정이 없어도 되기 때문), 2) Greenhouse와 Geisser(1959)나 Huynh과 Feldt(1976)의 자유도 조정 상수를 사용하는 방법, 그리고 3) 구형성 가정에 의존하지 않는 방법인 다변량 분석법을 사용하는 방법이 있다. 다변량 분석에 사용되는 통계량에는 여러 가지가 있는데 피험자 간 요인이 없는 반복측정 자료나 피험자 간 요인의 수준이 두 개인 혼합설계에서는 단일변량에서의 t 분포를 다변량으로 확장시킨 Hotelling's T2 통계량이 사용될 수 있다. 단, 여기서는 다루지 않는다.

다음은 Myers & Well(1995)에 의해 소개된 구형성의 예이다(p. 245).

	A_1	A_2	A_3	$Y_{i3} - Y_{i2}$	$Y_{i2} - Y_{i1}$	$Y_{i3} - Y_{i1}$
S_1	21.050	7.214	26.812	19.598	-13.836	5.760
S_2	6.915	29.599	16.366	-13.233	22.684	9.451
S_3	3.890	21.000	41.053	20.053	17.110	37.163
S_4	11.975	12.401	18.896	6.495	.426	6.921
S_5	31.169	34.786	31.872	-2.914	3.617	.703
Mean	15.000	21.000	27.000	6.000	6.000	12.000
$\hat{\sigma}^2$	124.000	132.000	100.000	208.000	208.000	208.000

위의 자료는 3 수준의 A 효과를 가지고 있는 피험자 5인 설계이다. 구형성 가정은 A의 각 수준의 점수 차이의 모분산이 모두 같다는 것이다. 일반적으로 a개 처치 수준이 있다면 가능한 점수 차이의 모집단분산 수는 (1/2)(a)(a-1)개이다. 위 표에서는 3개의 분산이 모두 208.000으로 같음을 보이고 있다.

🔖 참고 1. 구형성 가정과 자유도 수정

Box(1954)는 구형성 조건이 충족되지 않는 경우, F 값이 커지는 경향(positive bias)이 있어서 기각되지 않아야 할 가설이 기각되는 현상이 있음을 발견하였다. 그의 발견에 의하면 구형성 조건이 충족되지 않는 경우에는 유의수준이 0.05로 설정된 실험에서도 실제로는 0.08 또는 0.10의 일종오류가 발생하게 된다는 것이다. 이 문제를 해결하기 위해서 Greenhouse와 Geisser(1959), 그리고 Huynh과 Feldt(1976)는 분산-공분산 행렬이 구형성 조건으로부터 이탈되는 정도를 반영하여 F 검정의 자유도를 축소 수정하는 방법을 각각 제안하였다. 이들의 방법은 구형성 조건이 충족되지 않는 정도를 반영하는 상수인 ϵ 값을 검정통계량 F의 분자와 분모의 자유도에 곱하여 이를 축소시키는 방법이다. 이렇게 자유도를 축소시키면 기각역의 축소로 이어진다.

Huynh과 Feldt(1976)의 조정상수인 $\tilde{\epsilon}$는 Greenhouse와 Geisser(1959)의 $\hat{\epsilon}$와 다음의 관계를 갖는다.

$$\tilde{\epsilon} = \frac{n(K-1)\hat{\epsilon}-2}{(K-1)[(n-1)-(K-1)\hat{\epsilon}]}$$

Greenhouse와 Geisser(1959)(G-G)의 $\hat{\epsilon}$과 Huynh과 Feldt(1976)(H-F)의 $\tilde{\epsilon}$는 SAS와 SPSS에서 모두 반복측정자료의 분석결과로 제공되고 있다. 또한 SAS에서는 자료가 구형성 조건을 만족하는지에 대한 Mauchly(1940)와 Anderson(1958)의 검정 결과를 제공하고, SPSS에서도 Mauchly(1940) 검정의 결과를 제공하므로 이들 검정을 이용하여 자유도 조정상수의 사용여부를 결정할 수 있다. 그러나 Keselman, Rogan, Mendoza와 Breen(1980) 그리고 Rogan, Keselman과 Mendoza(1979)는 모의실험 방법을 사용한 연구에서 Mauchly(1940)의 검정방법이 유용하지 않은 것으로 보고하면서 이의 사용을 추천하지 아니하였다.

참고 2. 자유도 조정 상수

구형성의 조건이 위반될 때 F검정 통계량의 자유도 조정상수인 ε을 추정하기 위한 일련의 연구들이 있었으며, 피험자간 요인의 수준이 J, 피험자 내 요인의 수준이 K, 피험자의 수준이 n인 혼합설계(1B 1W)에서 Greenhouse와 Geisser(1959)와 Huynh과 Feldt(1976)는 구형성 가정이 만족되지 않을 경우에 F 검정의 일종오류가 증가하는 현상을 보정하기 위하여 자유도를 수정하는 조정상수를 유도하였다. 또한 Lecoutre(1991)는 Huynh과 Feldt(1976)의 $\tilde{\epsilon}$에 있는 오류를 수정하여서 자유도 수정을 위한 상수 $\tilde{\epsilon}^*$을 제안하였다.

$$\tilde{\epsilon} = \frac{n(b-1)\hat{\epsilon}-2}{(b-1)[(n-a)-(b-1)\hat{\epsilon}]}$$

$$\tilde{\epsilon}^* = \frac{(n-a+1)(b-1)\hat{\epsilon}-2}{(b-1)[(n-a)-(b-1)\hat{\epsilon}]}$$

이 식은 앞에 제시된 Greenhouse와 Geisser(1959)의 조정상수 $\hat{\epsilon}$와 Huynh과

Feldt(1976)의 조정상수 $\tilde{\epsilon}$ 의 관계식에 피험자간 요인의 수준 J가 포함된 관계식이다. 또한 Lecoutre(1991)가 수정한 Huynh과 Feldt(1976)의 조정상수 $\tilde{\epsilon}^*$ 는 반복측정설계, 즉, 피험자간 요인의 수준이 1인 $J=1$의 상황에서는 원래의 Huynh과 Feldt(1976)의 조정상수 $\tilde{\epsilon}$ 과 동일해진다. 한편, Huynh(1978)은 분산–공분산행렬의 이질성을 고려하여 각각 Greenhouse와 Geisser(1959)의 조정상수와 Huynh과 Feldt(1970)의 조정상수를 다시 수정한 일반근사(General Approximation, GA) 검정법과 향상된 일반근사(Improved General Approximation, IGA) 검정법을 제안했다. Algina(1994)는 Lecoutre(1991)의 결과를 이용하여 수정된 향상 일반근사(Corrected Improved General Approximation, CIGA) 검정법을 제안하였다.

4 피험자 내 설계의 제 측면

1) 오차항의 축소

실험설계에서 오차항의 분산을 축소하는 방법으로 흔히 사용되는 것은 블럭(block)을 형성하는 방법이다. 연구를 수행할 때, 성별, 사회경제적 환경, 지능지수 등과 같이 연구의 주제에 따라 종속변수에 영향을 많이 미치는 변수를 블럭으로 사용하여서 비교적 동질적인 집단을 만들고 이들 집단에 서로 다른 처치를 가하여 이의 효과를 검정하면 블럭의 효과가 제거된 상태에서 처치의 효과를 검정할 수 있다. 반복측정설계는 블럭 수가 최대한으로 형성된 실험설계이다. 즉, 반복측정설계에서는 모든 개인적 요인을 하나의 블럭으로 처리함으로써 실험의 결과에 영향을 미치는 개인차의 효과를 완전히 배제할 수 있도록 설계한 것이다. 이렇게 실험의 대상이 되는 개인 간의 차이를 제거한다는 것이 반복측정설계의 가장 커다란 장점이다. 같은 이유로 반복측정설계는 개인이 서로 다른 처치에 무작위로 배치되는 일원 설계보다 훨씬 큰 검정력을 가지게 된다.

2) 작은 표본

반복측정설계의 또 하나의 장점은 반복측정설계를 사용하는 경우에는 일원 설계보다 훨씬 적은 표본으로 실험을 할 수 있다는 점이다. 개인이 서로 다른 처치에 무작위로 배치되는 피험자 간 설계에서 세 가지의 처치를 각각 20명에게 실시하려면 60명의 표본이 필요하지만, 피험자 내 설계에서는 반복측정을 사용하여 20명의 표본만 있으면 실험을 수행할 수 있다.

한편 반복측정설계는 다음과 같은 단점을 가지고 있다.

3) 잔류효과

표본에 서로 다른 처치를 가하면서 측정을 반복실시하는 실험에서는 먼저 투입한 처치의 효과가 나중에 투입한 처치에 잔류효과(carryover effect)를 가져와서 처치의 효과를 정확하게 측정하지 못할 수 있다. 약물을 처치하거나 서로 다른 교육방법을 사용하면서 반복측정을 하는 경우에 이러한 현상이 흔히 나타나는데 이를 방지하기 위해서는 각 처치 간에 잔류효과가 없어질 수 있을 만큼의 충분한 시간 간격이 있어야 한다.

그러나 실험 기간은 실험의 비용에 직접적인 영향을 미치기 때문에 실험에서 처치 간의 충분한 시간 간격을 확보할 만큼의 시간적·경제적 여유가 없는 경우가 많이 있으며, 시간 간격을 확보할 수 있는 실험에서도 어느 정도의 간격을 가져야 잔류효과가 배재될 수 있을 만큼 충분한 간격을 확보한 것인지에 대해서 명확한 답을 구하기가 어렵다.

반복측정설계에서 서로 다른 처치를 연속적으로 가하면서 처치의 효과를 측정하는 경우에 앞의 처치에 대한 잔류효과를 배재할 수 있을 만큼 충분한 시간 간격을 가질 수 없을 때는 처치의 순서를 표본에 따라 다르게 함으로써 잔류효과를 서로 상쇄하는 설계를 하여야 한다. 예를 들면 세 가지의 서로 다른 처치 A, B, C를 비교하는 실험에서 세 명의 표본이 사용된다면 실험의 순서를 다음 <표 18.2>와 같이 설계하는 것이다.

실험의 종류에 따라서는 실험순서를 조정하는 것이 어려운 경우가 있다. 예를 들면 용광로의 온도에 따른 산출 금속의 불순물 농도를 실험하는 경우에 용광로의 온도를 자유롭게 높이고 낮추는 것이 현실적으로 불가능하기 때문에 처음에 낮은 온도의 조건에서

〈표 18.2〉 잔류효과 제거를 위한 실험순서의 조정

	실험시기 1	실험시기 2	실험시기 3
표본 1	A	B	C
표본 2	B	C	A
표본 3	C	A	B

실험을 시작해서 온도가 높은 조건으로 점차 옮겨가면서 실험을 할 수밖에 없는 경우가 있다. 교육상황에서도 처치의 순서를 자유롭게 바꾸는 것이 어렵고 특정 처치들이 일반적인 순서를 가질 수밖에 없는 경우가 있다.

4) 학습효과

동일 피험자에게 처치를 가하고 반복적인 측정을 하는 경우에는 처치의 효과가 아니라 반복되는 측정(검사)에 대한 학습에 의해서 검사결과가 달라질 가능성이 있는데 이를 학습효과라고 부른다. 처치를 가한 후에 심리검사를 실시하는 실험에서는 어린이의 경우에는 일반적으로 최소한 2주의 간격이 있어야 하는 것으로 알려져 있다. 그러나 성인의 경우에는 이보다 아주 긴 시간간격이 있어도 과거에 실시한 심리검사의 학습효과가 처치의 효과와 교락(confounding)이 될 가능성이 매우 높고, 관측된 효과를 학습효과와 처치효과를 분리하는 것이 어려워진다.

5) 라틴 정방설계

라틴 정방설계, Latin Squares Design은 반복측정 설계의 단점인 학습효과와 잔류효과의 개입을 완화하기 위한 counterbalancing 방법의 하나이다. 또한 피험자 내 설계의 특징을 잘 나타내는 대표적 설계방법이라 할 수 있을 것 같다. Geoffrey Keppel(1982)이 소개한 다음의 예를 통하여 라틴 정방설계의 분석방법을 살펴보겠다. 어떤 동물 실험에서 5개의 대상에 대해 4종류의 약물과(a_2, a_3, a_4, a_5) 플라시보를(a_1) 투약하고 균형을 고려한 순서에 입각한 변별하기 문제를 풀게 하여 다음과 같은 결과를 얻었다(p. 407).

	testing position				
	p1	p2	p3	p4	p5
s1	a3 9	a2 11	a1 11	a4 6	a5 7
s2	a2 13	a4 10	a5 5	a1 8	a2 2
s3	a1 13	a5 6	a2 9	a3 3	a4 4
s4	a4 13	a1 12	a3 6	a5 6	a2 3
s5	a5 13	a3 8	a4 9	a2 8	a1 7

먼저 이 자료의 분산분석을 수행하여 보면,

분산원	SS	df	MS	F
A	58.64	4	14.66	1.19
S	13.84	4	3.46	
$A \times S$	197.36	16	12.34	
Total	269.84	24		

이제 $SS_{A \times S}$에서 SS_p를 제거한 Latin Square 분석을 하면

Position	171.84	4	42.96	20.17^{*}
LS Residual	25.52	12	2.13	

$$\text{LS Residual} = 197.36 - 171.84 = 25.52$$

$$MS_E = \frac{25.52}{12} = 2.13$$

$$F = \frac{MS_A}{MS_E} = \frac{14.66}{2.13} = 6.88^{*}$$

6) 결측값(missing data)에 의한 자료의 손실

동일 피험자를 반복해서 측정하게 되는 반복측정설계는 실험이 진행됨에 따라 실험에서 누락하는 피험자가 생기게 된다. 일반적으로 실험이 길어지는 경우에는 누락 자료의 비중이 상당히 높아질 수 있는데 이 경우 누락된 피험자에 대하여 해당 시점까지 모은 자료의 유용성이 제한되며, 이들의 자료를 수집하기 위하여 지출된 연구비용도 비효율적인 지출이 된다.

결측값은 표본 결측(case missing)과 항목 결측(item missing)으로 구분되는데, 수년간 동일표본을 반복적으로 측정하는 종단자료설계에서는 표본 결측이 많이 발생하게 되며, 이와 같은 상황에서 자료의 손실을 보전하기 위한 여러 방법이 개발되어 있다.

7) 결측 자료 처리

a. 완전사례 분석

결측값이 하나라도 있는 피험자의 자료 전체를 버리는 방법이다. 장점은 안전성이다. 결측에 대한 어떤 가정도 할 필요가 없고 처리하기가 쉽다. 데이터가 아주 많고 결측 데이터 수가 작을 때 가장 간편한 수단이다. 반면, 모수 추정에 오차가 커지고, 검정력과 설계의 효율성이 떨어진다는 단점이 있다. 또 Latin Square 설계에서 이렇게 처리한다면 의도했던 배치의 균형이 깨어지게 된다.

b. 가용사례 분석

있는 데이터를 가능한 한 모두 살려서 분석하는 방법이다. 예를 들어 $\overline{Y}_1$는 a_1 조건에 대해 응답한 모든 피험자의 데이터에 의해서 산출하고, $\overline{Y}_2$는 a_2 조건에 응답한 데이터를 기준으로 산출하는 방법이다. 두 점수의 상관이나 차이를 분석하여야 한다면 두 조건에 모두 점수가 있는 데이터를 사용하게 되겠다. 이 방법은 결측 정보가 많지 않을 때 가장 많은 정보를 살려낼 수 있다. 특히 조사연구에서 이 방법을 많이 사용하는데 그 이유는 조사연구에서는 거의 모든 응답자가 몇 개의 데이터를 빼먹기 때문이다. 이를 완전사례 분석 방법대로 처리하면 대부분의 자료를 버리게 된다. 그러나 이 방법을 사용한다면 연구자들은 조사연구에서 사용가능한 모든 데이터를 요약한 정보를 얻을 수 있다. 반면, 이 방법은 서로 다른 처치의 효과의 차이를 검증하는 실험연구에서 사용하기에는 적절하지 않다. 예를 들어 $\psi = \mu_1 - \mu_2$의 대비를 할 때 이 방법을 사용한다면 두 조건 a_1과 a_2에 점수를 제공한 피험자의 데이터가 ψ_1의 결과를 산출하는 데 사용될 것이다. 그렇다면 다른 대비, 예컨대 $\psi = \mu_3 + \mu_4 - \mu_5$에서는 다른 피험자가 참여하게 된다. 결측 데이터가 적을 때는 큰 차이가 없겠지만, 많을 때는 결과의 일관성이 떨어지게 된다.

c. 모형적합화, Imputation

앞의 가용사례 분석의 단점은 자료에 대해 이루어질 수 있는 여러 분석에 대하여 일관된 방향성 또는 통합된 원칙을 제시하지 못한 단편적인 처방이라는 것이다. 이 문제를 극복하는 방법은 자료를 설명하는 선형모형을 사용하는 것이다. 그 모형의 모수들은 모든 가용 자료로부터 적합화한 수로 이루어진다. 그중 하나가 imputation이다. 단일요인 피험자 내 설계의 선형모형은 다음과 같다.

$$Y_{ij} = \mu + \pi_i + \alpha_j + (\pi\alpha)_{ij} + \epsilon_{ij}$$

여기서 π_i와 $(\pi\alpha)_{ij}$는 특정 관측치 고유의 특성으로, 다음과 같이 설명된다.

$$(\pi\alpha)_{ij} = (\mu_{ij} - \mu) - \pi_i - \alpha_j = \mu_{ij} - \mu_i - \mu_j + \mu (\pi\alpha)_{ij} \sim N(0, \sigma^2_{A \times S}):$$
$$\text{피험자가 특정 조건에서 나타내는 특유의 반응.}$$
$$\epsilon_{ij} \sim N(0, \sigma^2_E): \text{개별적 관찰결과의 분산도}$$

이 모형은 한 점수의 편차$(Y_{ij} - \mu)$가 피험자효과 π_i와 처치효과 α_j와 오차의 합으로 이루어진 모형(가산적 모형)에 상호작용 $(\pi\alpha)_{ij}$를 추가한 것으로 이를 비가산적 모형이라 한다.

이 중 $(\pi\alpha)_{ij}$와 ϵ_{ij}는 특정 관찰결과에 따라 다른 것이므로 자료가 없어지면 그 값이 무엇이었는지 알 길이 없다. 그러나 남아 있는 자료를 가지고 μ와 α_j와 π_i에 관한 정보를 알 수는 있다. 따라서 없는 정보를 무시하고 알 수 있는 정보에 집중해보면 없어진 정보는 다음 세 가지 값의 합으로 구성된다.

$$\widehat{Y}_{ij} = (\mu\text{의 추정값}) + (\alpha_j\text{의 추정값}) + (\pi_i\text{의 추정값})$$

즉

$$E(Y_{ij}) = \mu + \pi_i + \alpha_j = \mu + (\mu_i - \mu) + (\mu_j - \mu)$$

$$\widehat{Y}_{ij} = \hat{\mu}_i + \hat{\mu}_j - \mu$$

이 식을 변형하면

$$\widehat{Y}_{ij} = \frac{n\,T_i + a\,T_j - T_{..}}{(n-1)(a-1)}$$

비록 전체의 데이터를 가지지 못했다 하더라도 이 식을 사용하여 없어진 값을 하나씩 채워갈 수 있다. 이런 반복적 작업을 iteration이라 한다.

📖 연습 | Keppel & Wickens, 2004, p. 397

	a_1	a_2	a_3	a_4	Sum
s_1	4	6	6	8	24
s_2	2	3	4	•	9
s_3	8	10	9	12	39
s_4	5	7	•	9	21
s_5	9	9	12	14	44
Sum	28	35	31	43	137

1) 먼저 평균을 사용하여 값을 만들어보자.

$$\widehat{Y}_{43}^{(1)} = (6+4+9+12)/4 = 7.75$$

$$\widehat{Y}_{24}^{(1)} = (8+12+9+14)/4 = 10.75$$

2) 앞에서 얻어진 값을 넣고 남은 값의 추정치를 다시 계산한다.

4	6	6	8	24
2	3	4	10.75	19.75
8	10	9	12	39
5	7	(7.75)	9	21
9	9	12	14	44
28	35	31	53.75	147.75

$$\hat{Y}_{43}^{(2)} = \frac{n\,T_i^- + a\,T_j^- - T_{..}^-}{(n-1)(a-1)} = \frac{(5)(21)+(4)(31)-147.75}{12} = 6.771$$

이 값을 표에 넣고 다시 나머지 값의 추정치를 계산한다.

4	6	6	8	24
2	3	4	•	9
8	10	9	12	39
5	7	6.771	9	24.771
9	9	12	14	44
28	35	37.771	43	143.771

$$\hat{Y}_{24}^{(2)} = \frac{n\,T_2^- + a\,T_4^- - T_{..}^-}{(n-1)(a-1)} = \frac{(5)(9)+(4)(43)-143.771}{12} = 6.102$$

3) 여기서 얻어진 값, 6.102를 넣고 $\hat{Y}_{43}$을 다시 계산하면

$$\hat{Y}_{43}^{(3)} = 7.158$$

을 얻는다. 이 값으로부터

$$\hat{Y}_{24}^{(3)} = 6.070$$

4) 위 값 6.070을 넣고 다음 라운드에서

$$\hat{Y}_{43}^{(4)} = 7.161, \quad \hat{Y}_{24}^{(3)} = 6.070$$

을 얻는다. 이제부터는 값의 변화가 거의 없으므로 여기서 멈추고 분산분석을 수행한다.

요약하자면, 과학적 탐구의 수단으로 선택되는 분산분석에 의한 검정이란 처치 효과가 있느냐에 관한 문제로, 현실에서 우리가 관찰한 효과가 온전히 우연에 기인한 것인지, 아니면 처치 효과가 포함되어 발생한 일인지 알 수 없기 때문에 선택한 우회적 방법이다. 이 방법의 핵심은 확률과 관계가 있다. 그 확률을 얻기 위한 검정통계치를 구성하는 방법은 분자에 들어가는 개념적으로 설정한 순수 처치 효과, 그리고 거기에 딸려 나오는 인위적으로 분리될 수 없는 무선효과, 이 둘을 포함한 분산과 분모에 들어가는 순수 처치 효과만 빠진 똑같은 통제되지 않는 분산의 비율을 구하는 것이다. 자주 인용했지만, 다음 식을 다시 제시한다.

$$F = \frac{effect + error}{error}$$

위 식을 보며 이제 지금까지 우리가 한 일을 정리해보자. 대단히 복잡한, 많은 수식을 다루었지만, 통계적 검정의 중심 생각은 단순하다. 모든 것은 결국 위에 제시한 분수 형태의 식으로 귀결된다. 분수의 분자에는 처치 후 우리가 관찰한 현상이, 분모에는 우연 또는 오차의 영향이 각각 수량화되어 들어간다.

1) 처음 시작은 단순 일원 설계였다. 이 설계에서는 전체 변량을 SS_A와 SS_B로 나누어 다른 처치를 받은 집단 평균 차이의 변량을 분자에, 같은 처치를 받는 피험자 점수의 변량을 분모에 두었다. 검정통계량은:

$$F = \frac{MS_A}{MS_{S/A}}$$

2) 다음은 2원 설계이다. 종속변수의 점수를 설명하는 다른 변수를 하나 더 찾아낸다면 오차변량을 많은 부분 줄일 수 있다. 이것이 2원 설계로, 오차변량으로부터 SS_B와 $SS_{A \times B}$를 추가로 줄여 $SS_{S/A \times B}$만 남게 할 수 있다.

$$F = \frac{MS_A}{MS_{S/A \times B}}$$

3) 위에 소개한 2원 설계가 설계를 통해 분산을 줄이는 방법이었던 것과 달리, 공분산 설계는 통계적으로 분산을 줄이는 방법이다. 이것은 공분산을 도입하여 오차변량으로부터 공분산이 설명하는 만큼의 분산을 줄이는 방법이다.

$$F = \frac{MS_A}{MS_{unexp}^{H_1}}$$

4) 다음은 이번 장에서 다룬 피험자 내 설계이다. 앞에서 다룬 실험설계는 모두 처치 효과를 집단 간 평균의 차이에서 확인하였던 것과 달리 이 설계는 그 효과를 피험자 내부에서 찾으려고 한 시도로, 개인차 요인을 오차로 보지 않고 주 효과로 빼낸 것이다. 남은 오차의 제곱합은 $SS_{A \times S}$로, 이것으로써 오차변량을 상당히 많이 줄일 수 있다.

$$F = \frac{MS_A}{MS_{A \times S}}$$

5) 라틴 정방 설계를 사용하면 오차를 더 줄일 수 있다. 이 방법은 정상적인 반복실험 설계에서 얻어진 오차변량으로부터 다시 배치에 의해 생기는 분산마저 줄이는 방법이다. 그렇다면 검정통계치는

$$F = \frac{MS_A}{MS_{Residual}}$$

이상의 설명을 그림으로 표현하면 [그림 18.1]과 같다. [그림 18.1]에서 색음영 부분은 검정통계치의 오차항, 즉 분모에 들어갈 통계량을 나타낸다. 단순 일원 설계에서 오차항은 총변동량 중 집단 간 변량을 뺀 나머지 전부였던 것이 아래로 내려가면서 점차 다른 요인에 의해 오차의 영역이 좁아지고 있는 모습을 볼 수 있다. 오차라는 관점에서 보면 지금까지 우리가 한 작업은 끊임없이 오차의 미지의 영역을 줄여나가 무선효과를 고정효과로 전환하는 방법에 관한 일이었다. 그럼으로써 분산분석의 검정력을 키워나간 것으로

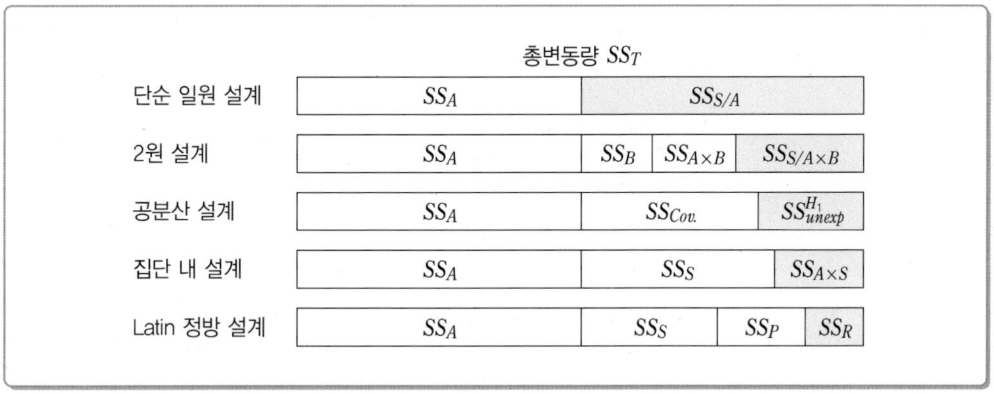

총변동량 SS_T

단순 일원 설계	SS_A			$SS_{S/A}$
2원 설계	SS_A	SS_B	$SS_{A \times B}$	$SS_{S/A \times B}$
공분산 설계	SS_A		$SS_{Cov.}$	$SS_{unexp}^{H_1}$
집단 내 설계	SS_A		SS_S	$SS_{A \times S}$
Latin 정방 설계	SS_A		SS_S	SS_P	SS_R

[그림 18.1] 실험설계에 따른 오차의 비중

볼 수 있다. 과학의 발전과 함께 지식의 색음영 부분이 줄어드는 것처럼, 통계학도 그렇게 발전해나가는 것으로 이해해도 좋을 듯하다.

부록

1. Tables

2. 용어집

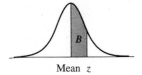

Mean z

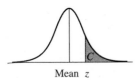

Mean z

table A Areas under the normal curve

z A	Area Between Mean and z B	Area Beyond z C	z A	Area Between Mean and z B	Area Beyond z C
0.00	.0000	.5000	0.45	.1736	.3264
0.01	.0040	.4960	0.46	.1772	.3228
0.02	.0080	.4920	0.47	.1808	.3192
0.03	.0120	.4880	0.48	.1844	.3156
0.04	.0160	.4840	0.49	.1879	.3121
0.05	.0199	.4801	0.50	.1915	.3085
0.06	.0239	.4761	0.51	.1950	.3050
0.07	.0279	.4721	0.52	.1985	.3015
0.08	.0319	.4681	0.53	.2019	.2981
0.09	.0359	.4641	0.54	.2054	.2946
0.10	.0398	.4602	0.55	.2088	.2912
0.11	.0438	.4562	0.56	.2123	.2877
0.12	.0478	.4522	0.57	.2157	.2843
0.13	.0517	.4483	0.58	.2190	.2810
0.14	.0557	.4443	0.59	.2224	.2776
0.15	.0596	.4404	0.60	.2257	.2743
0.16	.0636	.4364	0.61	.2291	.2709
0.17	.0675	.4325	0.62	.2324	.2676
0.18	.0714	.4286	0.63	.2357	.2643
0.19	.0753	.4247	0.64	.2389	.2611
0.20	.0793	.4207	0.65	.2422	.2578
0.21	.0832	.4168	0.66	.2454	.2546
0.22	.0871	.4129	0.67	.2486	.2514
0.23	.0910	.4090	0.68	.2517	.2483
0.24	.0948	.4052	0.69	.2549	.2451
0.25	.0987	.4013	0.70	.2580	.2420
0.26	.1026	.3974	0.71	.2611	.2389
0.27	.1064	.3936	0.72	.2642	.2358
0.28	.1103	.3897	0.73	.2673	.2327
0.29	.1141	.3859	0.74	.2704	.2296
0.30	.1179	.3821	0.75	.2734	.2266
0.31	.1217	.3783	0.76	.2764	.2236
0.32	.1255	.3745	0.77	.2794	.2206
0.33	.1293	.3707	0.78	.2823	.2177
0.34	.1331	.3669	0.79	.2852	.2148
0.35	.1368	.3632	0.80	.2881	.2119
0.36	.1406	.3594	0.81	.2910	.2090
0.37	.1443	.3557	0.82	.2939	.2061
0.38	.1480	.3520	0.83	.2967	.2033
0.39	.1517	.3483	0.84	.2995	.2005
0.40	.1554	.3446	0.85	.3023	.1977
0.41	.1591	.3409	0.86	.3051	.1949
0.42	.1628	.3372	0.87	.3078	.1922
0.43	.1664	.3336	0.88	.3106	.1894
0.44	.1700	.3300	0.89	.3133	.1867

(*continued*)

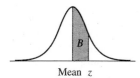

Mean z

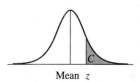

Mean z

table A (continued)

z A	Area Between Mean and z B	Area Beyond z C	z A	Area Between Mean and z B	Area Beyond z C
0.90	.3159	.1841	1.35	.4115	.0885
0.91	.3186	.1814	1.36	.4131	.0869
0.92	.3212	.1788	1.37	.4147	.0853
0.93	.3238	.1762	1.38	.4162	.0838
0.94	.3264	.1736	1.39	.4177	.0823
0.95	.3289	.1711	1.40	.4192	.0808
0.96	.3315	.1685	1.41	.4207	.0793
0.97	.3340	.1660	1.42	.4222	.0778
0.98	.3365	.1635	1.43	.4236	.0764
0.99	.3389	.1611	1.44	.4251	.0749
1.00	.3413	.1587	1.45	.4265	.0735
1.01	.3438	.1562	1.46	.4279	.0721
1.02	.3461	.1539	1.47	.4292	.0708
1.03	.3485	.1515	1.48	.4306	.0694
1.04	.3508	.1492	1.49	.4319	.0681
1.05	.3531	.1469	1.50	.4332	.0668
1.06	.3554	.1446	1.51	.4345	.0655
1.07	.3577	.1423	1.52	.4357	.0643
1.08	.3599	.1401	1.53	.4370	.0630
1.09	.3621	.1379	1.54	.4382	.0618
1.10	.3643	.1357	1.55	.4394	.0606
1.11	.3665	.1335	1.56	.4406	.0594
1.12	.3686	.1314	1.57	.4418	.0582
1.13	.3708	.1292	1.58	.4429	.0571
1.14	.3729	.1271	1.59	.4441	.0559
1.15	.3749	.1251	1.60	.4452	.0548
1.16	.3770	.1230	1.61	.4463	.0537
1.17	.3790	.1210	1.62	.4474	.0526
1.18	.3810	.1190	1.63	.4484	.0516
1.19	.3830	.1170	1.64	.4495	.0505
1.20	.3849	.1151	1.65	.4505	.0495
1.21	.3869	.1131	1.66	.4515	.0485
1.22	.3888	.1112	1.67	.4525	.0475
1.23	.3907	.1093	1.68	.4535	.0465
1.24	.3925	.1075	1.69	.4545	.0455
1.25	.3944	.1056	1.70	.4554	.0446
1.26	.3962	.1038	1.71	.4564	.0436
1.27	.3980	.1020	1.72	.4573	.0427
1.28	.3997	.1003	1.73	.4582	.0418
1.29	.4015	.0985	1.74	.4591	.0409
1.30	.4032	.0968	1.75	.4599	.0401
1.31	.4049	.0951	1.76	.4608	.0392
1.32	.4066	.0934	1.77	.4616	.0384
1.33	.4082	.0918	1.78	.4625	.0375
1.34	.4099	.0901	1.79	.4633	.0367

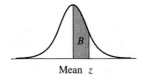

Mean z

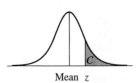

Mean z

z A	Area Between Mean and z B	Area Beyond z C	z A	Area Between Mean and z B	Area Beyond z C
1.80	.4641	.0359	2.25	.4878	.0122
1.81	.4649	.0351	2.26	.4881	.0119
1.82	.4656	.0344	2.27	.4884	.0116
1.83	.4664	.0336	2.28	.4887	.0113
1.84	.4671	.0329	2.29	.4890	.0110
1.85	.4678	.0322	2.30	.4893	.0107
1.86	.4686	.0314	2.31	.4896	.0104
1.87	.4693	.0307	2.32	.4898	.0102
1.88	.4699	.0301	2.33	.4901	.0099
1.89	.4706	.0294	2.34	.4904	.0096
1.90	.4713	.0287	2.35	.4906	.0094
1.91	.4719	.0281	2.36	.4909	.0091
1.92	.4726	.0274	2.37	.4911	.0089
1.93	.4732	.0268	2.38	.4913	.0087
1.94	.4738	.0262	2.39	.4916	.0084
1.95	.4744	.0256	2.40	.4918	.0082
1.96	.4750	.0250	2.41	.4920	.0080
1.97	.4756	.0244	2.42	.4922	.0078
1.98	.4761	.0239	2.43	.4925	.0075
1.99	.4767	.0233	2.44	.4927	.0073
2.00	.4772	.0228	2.45	.4929	.0071
2.01	.4778	.0222	2.46	.4931	.0069
2.02	.4783	.0217	2.47	.4932	.0068
2.03	.4788	.0212	2.48	.4934	.0066
2.04	.4793	.0207	2.49	.4936	.0064
2.05	.4798	.0202	2.50	.4938	.0062
2.06	.4803	.0197	2.51	.4940	.0060
2.07	.4808	.0192	2.52	.4941	.0059
2.08	.4812	.0188	2.53	.4943	.0057
2.09	.4817	.0183	2.54	.4945	.0055
2.10	.4821	.0179	2.55	.4946	.0054
2.11	.4826	.0174	2.56	.4948	.0052
2.12	.4830	.0170	2.57	.4949	.0051
2.13	.4834	.0166	2.58	.4951	.0049
2.14	.4838	.0162	2.59	.4952	.0048
2.15	.4842	.0158	2.60	.4953	.0047
2.16	.4846	.0154	2.61	.4955	.0045
2.17	.4850	.0150	2.62	.4956	.0044
2.18	.4854	.0146	2.63	.4957	.0043
2.19	.4857	.0143	2.64	.4959	.0041
2.20	.4861	.0139	2.65	.4960	.0040
2.21	.4864	.0136	2.66	.4961	.0039
2.22	.4868	.0132	2.67	.4962	.0038
2.23	.4871	.0129	2.68	.4963	.0037
2.24	.4875	.0125	2.69	.4964	.0036

(*continued*)

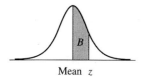

Mean z

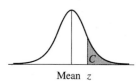

Mean z

table A (continued)

z A	Area Between Mean and z B	Area Beyond z C	z A	Area Between Mean and z B	Area Beyond z C
2.70	.4965	.0035	3.00	.4987	.0013
2.71	.4966	.0034	3.01	.4987	.0013
2.72	.4967	.0033	3.02	.4987	.0013
2.73	.4968	.0032	3.03	.4988	.0012
2.74	.4969	.0031	3.04	.4988	.0012
2.75	.4970	.0030	3.05	.4989	.0011
2.76	.4971	.0029	3.06	.4989	.0011
2.77	.4972	.0028	3.07	.4989	.0011
2.78	.4973	.0027	3.08	.4990	.0010
2.79	.4974	.0026	3.09	.4990	.0010
2.80	.4974	.0026	3.10	.4990	.0010
2.81	.4975	.0025	3.11	.4991	.0009
2.82	.4976	.0024	3.12	.4991	.0009
2.83	.4977	.0023	3.13	.4991	.0009
2.84	.4977	.0023	3.14	.4992	.0008
2.85	.4978	.0022	3.15	.4992	.0008
2.86	.4979	.0021	3.16	.4992	.0008
2.87	.4979	.0021	3.17	.4992	.0008
2.88	.4980	.0020	3.18	.4993	.0007
2.89	.4981	.0019	3.19	.4993	.0007
2.90	.4981	.0019	3.20	.4993	.0007
2.91	.4982	.0018	3.21	.4993	.0007
2.92	.4982	.0018	3.22	.4994	.0006
2.93	.4983	.0017	3.23	.4994	.0006
2.94	.4984	.0016	3.24	.4994	.0006
2.95	.4984	.0016	3.30	.4995	.0005
2.96	.4985	.0015	3.40	.4997	.0003
2.97	.4985	.0015	3.50	.4998	.0002
2.98	.4986	.0014	3.60	.4998	.0002
2.99	.4986	.0014	3.70	.4999	.0001

t a b l e B Binomial distribution

N	No. of P or Q Events	.05	.10	.15	.20	.25	.30	.35	.40	.45	.50
						P or Q					
1	0	.9500	.9000	.8500	.8000	.7500	.7000	.6500	.6000	.5500	.5000
	1	.0500	.1000	.1500	.2000	.2500	.3000	.3500	.4000	.4500	.5000
2	0	.9025	.8100	.7225	.6400	.5625	.4900	.4225	.3600	.3025	.2500
	1	.0950	.1800	.2550	.3200	.3750	.4200	.4550	.4800	.4950	.5000
	2	.0025	.0100	.0225	.0400	.0625	.0900	.1225	.1600	.2025	.2500
3	0	.8574	.7290	.6141	.5120	.4219	.3430	.2746	.2160	.1664	.1250
	1	.1354	.2430	.3251	.3840	.4219	.4410	.4436	.4320	.4084	.3750
	2	.0071	.0270	.0574	.0960	.1406	.1890	.2389	.2880	.3341	.3750
	3	.0001	.0010	.0034	.0080	.0156	.0270	.0429	.0640	.0911	.1250
4	0	.8145	.6561	.5220	.4096	.3164	.2401	.1785	.1296	.0915	.0625
	1	.1715	.2916	.3685	.4096	.4219	.4116	.3845	.3456	.2995	.2500
	2	.0135	.0486	.0975	.1536	.2109	.2646	.3105	.3456	.3675	.3750
	3	.0005	.0036	.0115	.0256	.0469	.0756	.1115	.1536	.2005	.2500
	4	.0000	.0001	.0005	.0016	.0039	.0081	.0150	.0256	.0410	.0625
5	0	.7738	.5905	.4437	.3277	.2373	.1681	.1160	.0778	.0503	.0312
	1	.2036	.3280	.3915	.4096	.3955	.3602	.3124	.2592	.2059	.1562
	2	.0214	.0729	.1382	.2048	.2637	.3087	.3364	.3456	.3369	.3125
	3	.0011	.0081	.0244	.0512	.0879	.1323	.1811	.2304	.2757	.3125
	4	.0000	.0004	.0022	.0064	.0146	.0284	.0488	.0768	.1128	.1562
	5	.0000	.0000	.0001	.0003	.0010	.0024	.0053	.0102	.0185	.0312
6	0	.7351	.5314	.3771	.2621	.1780	.1176	.0754	.0467	.0277	.0156
	1	.2321	.3543	.3993	.3932	.3560	.3025	.2437	.1866	.1359	.0938
	2	.0305	.0984	.1762	.2458	.2966	.3241	.3280	.3110	.2780	.2344
	3	.0021	.0146	.0415	.0819	.1318	.1852	.2355	.2765	.3032	.3125
	4	.0001	.0012	.0055	.0154	.0330	.0595	.0951	.1382	.1861	.2344
	5	.0000	.0001	.0004	.0015	.0044	.0102	.0205	.0369	.0609	.0938
	6	.0000	.0000	.0000	.0001	.0002	.0007	.0018	.0041	.0083	.0156
7	0	.6983	.4783	.3206	.2097	.1335	.0824	.0490	.0280	.0152	.0078
	1	.2573	.3720	.3960	.3670	.3115	.2471	.1848	.1306	.0872	.0547
	2	.0406	.1240	.2097	.2753	.3115	.3177	.2985	.2613	.2140	.1641
	3	.0036	.0230	.0617	.1147	.1730	.2269	.2679	.2903	.2918	.2734
	4	.0002	.0026	.0109	.0287	.0577	.0972	.1442	.1935	.2388	.2734
	5	.0000	.0002	.0012	.0043	.0115	.0250	.0466	.0774	.1172	.1641
	6	.0000	.0000	.0001	.0004	.0013	.0036	.0084	.0172	.0320	.0547
	7	.0000	.0000	.0000	.0000	.0001	.0002	.0006	.0016	.0037	.0078
8	0	.6634	.4305	.2725	.1678	.1001	.0576	.0319	.0168	.0084	.0039
	1	.2793	.3826	.3847	.3355	.2670	.1977	.1373	.0896	.0548	.0312
	2	.0515	.1488	.2376	.2936	.3115	.2965	.2587	.2090	.1569	.1094
	3	.0054	.0331	.0839	.1468	.2076	.2541	.2786	.2787	.2568	.2188
	4	.0004	.0046	.0185	.0459	.0865	.1361	.1875	.2322	.2627	.2734
	5	.0000	.0004	.0026	.0092	.0231	.0467	.0808	.1239	.1719	.2188
	6	.0000	.0000	.0002	.0011	.0038	.0100	.0217	.0413	.0703	.1094
	7	.0000	.0000	.0000	.0001	.0004	.0012	.0033	.0079	.0164	.0312
	8	.0000	.0000	.0000	.0000	.0000	.0001	.0002	.0007	.0017	.0039

N	No. of P or Q Events	P or Q									
		.05	**.10**	**.15**	**.20**	**.25**	**.30**	**.35**	**.40**	**.45**	**.50**
9	0	.6302	.3874	.2316	.1342	.0751	.0404	.0277	.0101	.0046	.0020
	1	.2985	.3874	.3679	.3020	.2253	.1556	.1004	.0605	.0339	.0176
	2	.0629	.1722	.2597	.3020	.3003	.2668	.2162	.1612	.1110	.0703
	3	.0077	.0446	.1069	.1762	.2336	.2668	.2716	.2508	.2119	.1641
	4	.0006	.0074	.0283	.0661	.1168	.1715	.2194	.2508	.2600	.2461
	5	.0000	.0008	.0050	.0165	.0389	.0735	.1181	.1672	.2128	.2461
	6	.0000	.0001	.0006	.0028	.0087	.0210	.0424	.0743	.1160	.1641
	7	.0000	.0000	.0000	.0003	.0012	.0039	.0098	.0212	.0407	.0703
	8	.0000	.0000	.0000	.0000	.0001	.0004	.0013	.0035	.0083	.0176
	9	.0000	.0000	.0000	.0000	.0000	.0000	.0001	.0003	.0008	.0020
10	0	.5987	.3487	.1969	.1074	.0563	.0282	.0135	.0060	.0025	.0010
	1	.3151	.3874	.3474	.2684	.1877	.1211	.0725	.0403	.0207	.0098
	2	.0746	.1937	.2759	.3020	.2816	.2335	.1757	.1209	.0763	.0439
	3	.0105	.0574	.1298	.2013	.2503	.2668	.2522	.2150	.1665	.1172
	4	.0010	.0112	.0401	.0881	.1460	.2001	.2377	.2508	.2384	.2051
	5	.0001	.0015	.0085	.0264	.0584	.1029	.1536	.2007	.2340	.2461
	6	.0000	.0001	.0012	.0055	.0162	.0368	.0689	.1115	.1596	.2051
	7	.0000	.0000	.0001	.0008	.0031	.0090	.0212	.0425	.0746	.1172
	8	.0000	.0000	.0000	.0001	.0004	.0014	.0043	.0106	.0229	.0439
	9	.0000	.0000	.0000	.0000	.0000	.0001	.0005	.0016	.0042	.0098
	10	.0000	.0000	.0000	.0000	.0000	.0000	.0000	.0001	.0003	.0010
11	0	.5688	.3138	.1673	.0859	.0422	.0198	.0088	.0036	.0014	.0005
	1	.3293	.3835	.3248	.2362	.1549	.0932	.0518	.0266	.0125	.0054
	2	.0867	.2131	.2866	.2953	.2581	.1998	.1395	.0887	.0513	.0269
	3	.0137	.0710	.1517	.2215	.2581	.2568	.2254	.1774	.1259	.0806
	4	.0014	.0158	.0536	.1107	.1721	.2201	.2428	.2365	.2060	.1611
	5	.0001	.0025	.0132	.0388	.0803	.1231	.1830	.2207	.2360	.2256
	6	.0000	.0003	.0023	.0097	.0268	.0566	.0985	.1471	.1931	.2256
	7	.0000	.0000	.0003	.0017	.0064	.0173	.0379	.0701	.1128	.1611
	8	.0000	.0000	.0000	.0002	.0011	.0037	.0102	.0234	.0462	.0806
	9	.0000	.0000	.0000	.0000	.0001	.0005	.0018	.0052	.0126	.0269
	10	.0000	.0000	.0000	.0000	.0000	.0000	.0002	.0007	.0021	.0054
	11	.0000	.0000	.0000	.0000	.0000	.0000	.0000	.0000	.0002	.0005
12	0	.5404	.2824	.1422	.0687	.0317	.0138	.0057	.0022	.0008	.0002
	1	.3413	.3766	.3012	.2062	.1267	.0712	.0368	.0174	.0075	.0029
	2	.0988	.2301	.2924	.2835	.2323	.1678	.1088	.0639	.0339	.0161
	3	.0173	.0852	.1720	.2362	.2581	.2397	.1954	.1419	.0923	.0537
	4	.0021	.0213	.0683	.1329	.1936	.2311	.2367	.2128	.1700	.1208
	5	.0002	.0038	.0193	.0532	.1032	.1585	.2039	.2270	.2225	.1934
	6	.0000	.0005	.0040	.0155	.0401	.0792	.1281	.1766	.2124	.2256
	7	.0000	.0000	.0006	.0033	.0115	.0291	.0591	.1009	.1489	.1934
	8	.0000	.0000	.0001	.0005	.0024	.0078	.0199	.0420	.0762	.1208
	9	.0000	.0000	.0000	.0001	.0004	.0015	.0048	.0125	.0277	.0537
	10	.0000	.0000	.0000	.0000	.0000	.0002	.0008	.0025	.0068	.0161
	11	.0000	.0000	.0000	.0000	.0000	.0000	.0001	.0003	.0010	.0029
	12	.0000	.0000	.0000	.0000	.0000	.0000	.0000	.0000	.0001	.0002

N	No. of P or Q Events	P or Q .05	.10	.15	.20	.25	.30	.35	.40	.45	.50
13	0	.5133	.2542	.1209	.0550	.0238	.0097	.0037	.0013	.0004	.0001
	1	.3512	.3672	.2774	.1787	.1029	.0540	.0259	.0113	.0045	.0016
	2	.1109	.2448	.2937	.2680	.2059	.1388	.0836	.0453	.0220	.0095
	3	.0214	.0997	.1900	.2457	.2517	.2181	.1651	.1107	.0660	.0349
	4	.0028	.0277	.0838	.1535	.2097	.2337	.2222	.1845	.1350	.0873
	5	.0003	.0055	.0266	.0691	.1258	.1803	.2154	.2214	.1989	.1571
	6	.0000	.0008	.0063	.0230	.0559	.1030	.1546	.1968	.2169	.2095
	7	.0000	.0001	.0011	.0058	.0186	.0442	.0833	.1312	.1775	.2095
	8	.0000	.0000	.0001	.0011	.0047	.0142	.0336	.0656	.1089	.1571
	9	.0000	.0000	.0000	.0001	.0009	.0034	.0101	.0243	.0495	.0873
	10	.0000	.0000	.0000	.0000	.0001	.0006	.0022	.0065	.0162	.0349
	11	.0000	.0000	.0000	.0000	.0000	.0001	.0003	.0012	.0036	.0095
	12	.0000	.0000	.0000	.0000	.0000	.0000	.0000	.0001	.0005	.0016
	13	.0000	.0000	.0000	.0000	.0000	.0000	.0000	.0000	.0000	.0001
14	0	.4877	.2288	.1028	.0440	.0178	.0068	.0024	.0008	.0002	.0001
	1	.3593	.3559	.2539	.1539	.0832	.0407	.0181	.0073	.0027	.0009
	2	.1229	.2570	.2912	.2501	.1802	.1134	.0634	.0317	.0141	.0056
	3	.0259	.1142	.2056	.2501	.2402	.1943	.1366	.0845	.0462	.0222
	4	.0037	.0349	.0998	.1720	.2202	.2290	.2022	.1549	.1040	.0611
	5	.0004	.0078	.0352	.0860	.1468	.1963	.2178	.2066	.1701	.1222
	6	.0000	.0013	.0093	.0322	.0734	.1262	.1759	.2066	.2088	.1833
	7	.0000	.0002	.0019	.0092	.0280	.0618	.1082	.1574	.1952	.2095
	8	.0000	.0000	.0003	.0020	.0082	.0232	.0510	.0918	.1398	.1833
	9	.0000	.0000	.0000	.0003	.0018	.0066	.0183	.0408	.0762	.1222
	10	.0000	.0000	.0000	.0000	.0003	.0014	.0049	.0136	.0312	.0611
	11	.0000	.0000	.0000	.0000	.0000	.0002	.0010	.0033	.0093	.0222
	12	.0000	.0000	.0000	.0000	.0000	.0000	.0001	.0005	.0019	.0056
	13	.0000	.0000	.0000	.0000	.0000	.0000	.0000	.0001	.0002	.0009
	14	.0000	.0000	.0000	.0000	.0000	.0000	.0000	.0000	.0000	.0001
15	0	.4633	.2059	.0874	.0352	.0134	.0047	.0016	.0005	.0001	.0000
	1	.3658	.3432	.2312	.1319	.0668	.0305	.0126	.0047	.0016	.0005
	2	.1348	.2669	.2856	.2309	.1559	.0916	.0476	.0219	.0090	.0032
	3	.0307	.1285	.2184	.2501	.2252	.1700	.1110	.0634	.0318	.0139
	4	.0049	.0428	.1156	.1876	.2252	.2186	.1792	.1268	.0780	.0417
	5	.0006	.0105	.0449	.1032	.1651	.2061	.2123	.1859	.1404	.0916
	6	.0000	.0019	.0132	.0430	.0917	.1472	.1906	.2066	.1914	.1527
	7	.0000	.0003	.0030	.0138	.0393	.0811	.1319	.1771	.2013	.1964
	8	.0000	.0000	.0005	.0035	.0131	.0348	.0710	.1181	.1647	.1964
	9	.0000	.0000	.0001	.0007	.0034	.0116	.0298	.0612	.1048	.1527
	10	.0000	.0000	.0000	.0001	.0007	.0030	.0096	.0245	.0515	.0916
	11	.0000	.0000	.0000	.0000	.0001	.0006	.0024	.0074	.0191	.0417
	12	.0000	.0000	.0000	.0000	.0000	.0001	.0004	.0016	.0052	.0139
	13	.0000	.0000	.0000	.0000	.0000	.0000	.0001	.0003	.0010	.0032
	14	.0000	.0000	.0000	.0000	.0000	.0000	.0000	.0000	.0001	.0005
	15	.0000	.0000	.0000	.0000	.0000	.0000	.0000	.0000	.0000	.0000

(continued)

N	No. of P or Q Events	P or Q .05	.10	.15	.20	.25	.30	.35	.40	.45	.50
16	0	.4401	.1853	.0743	.0281	.0100	.0033	.0010	.0003	.0001	.0000
	1	.3706	.3294	.2097	.1126	.0535	.0228	.0087	.0030	.0009	.0002
	2	.1463	.2745	.2775	.2111	.1336	.0732	.0353	.0150	.0056	.0018
	3	.0359	.1423	.2285	.2463	.2079	.1465	.0888	.0468	.0215	.0085
	4	.0061	.0514	.1311	.2001	.2252	.2040	.1553	.1014	.0572	.0278
	5	.0008	.0137	.0555	.1201	.1802	.2099	.2008	.1623	.1123	.0667
	6	.0001	.0028	.0180	.0550	.1101	.1649	.1982	.1983	.1684	.1222
	7	.0000	.0004	.0045	.0197	.0524	.1010	.1524	.1889	.1969	.1746
	8	.0000	.0001	.0009	.0055	.0197	.0487	.0923	.1417	.1812	.1964
	9	.0000	.0000	.0001	.0012	.0058	.0185	.0442	.0840	.1318	.1746
	10	.0000	.0000	.0000	.0002	.0014	.0056	.0167	.0392	.0755	.1222
	11	.0000	.0000	.0000	.0000	.0002	.0013	.0049	.0142	.0337	.0667
	12	.0000	.0000	.0000	.0000	.0000	.0002	.0011	.0040	.0115	.0278
	13	.0000	.0000	.0000	.0000	.0000	.0000	.0002	.0008	.0029	.0085
	14	.0000	.0000	.0000	.0000	.0000	.0000	.0000	.0001	.0005	.0018
	15	.0000	.0000	.0000	.0000	.0000	.0000	.0000	.0000	.0001	.0002
	16	.0000	.0000	.0000	.0000	.0000	.0000	.0000	.0000	.0000	.0000
17	0	.4181	.1668	.0631	.0225	.0075	.0023	.0007	.0002	.0000	.0000
	1	.3741	.3150	.1893	.0957	.0426	.0169	.0060	.0019	.0005	.0001
	2	.1575	.2800	.2673	.1914	.1136	.0581	.0260	.0102	.0035	.0010
	3	.0415	.1556	.2359	.2393	.1893	.1245	.0701	.0341	.0144	.0052
	4	.0076	.0605	.1457	.2093	.2209	.1868	.1320	.0796	.0411	.0182
	5	.0010	.0175	.0668	.1361	.1914	.2081	.1849	.1379	.0875	.0472
	6	.0001	.0039	.0236	.0680	.1276	.1784	.1991	.1839	.1432	.0944
	7	.0000	.0007	.0065	.0267	.0668	.1201	.1685	.1927	.1841	.1484
	8	.0000	.0001	.0014	.0084	.0279	.0644	.1143	.1606	.1883	.1855
	9	.0000	.0000	.0003	.0021	.0093	.0276	.0611	.1070	.1540	.1855
	10	.0000	.0000	.0000	.0004	.0025	.0095	.0263	.0571	.1008	.1484
	11	.0000	.0000	.0000	.0001	.0005	.0026	.0090	.0242	.0525	.0944
	12	.0000	.0000	.0000	.0000	.0001	.0006	.0024	.0081	.0215	.0472
	13	.0000	.0000	.0000	.0000	.0000	.0001	.0005	.0021	.0068	.0182
	14	.0000	.0000	.0000	.0000	.0000	.0000	.0001	.0004	.0016	.0052
	15	.0000	.0000	.0000	.0000	.0000	.0000	.0000	.0001	.0003	.0010
	16	.0000	.0000	.0000	.0000	.0000	.0000	.0000	.0000	.0000	.0001
	17	.0000	.0000	.0000	.0000	.0000	.0000	.0000	.0000	.0000	.0000
18	0	.3972	.1501	.0536	.0180	.0056	.0016	.0004	.0001	.0000	.0000
	1	.3763	.3002	.1704	.0811	.0338	.0126	.0042	.0012	.0003	.0001
	2	.1683	.2835	.2556	.1723	.0958	.0458	.0190	.0069	.0022	.0006
	3	.0473	.1680	.2406	.2297	.1704	.1046	.0547	.0246	.0095	.0031
	4	.0093	.0070	.1592	.2153	.2130	.1681	.1104	.0614	.0291	.0117
	5	.0014	.0218	.0787	.1507	.1988	.2017	.1664	.1146	.0666	.0327
	6	.0002	.0052	.0310	.0816	.1436	.1873	.1941	.1655	.1181	.0708
	7	.0000	.0010	.0091	.0350	.0820	.1376	.1792	.1892	.1657	.1214
	8	.0000	.0002	.0022	.0120	.0376	.0811	.1327	.1734	.1864	.1669
	9	.0000	.0000	.0004	.0033	.0139	.0386	.0794	.1284	.1694	.1855
	10	.0000	.0000	.0001	.0008	.0042	.0149	.0385	.0771	.1248	.1669
	11	.0000	.0000	.0000	.0001	.0010	.0046	.0151	.0374	.0742	.1214

N	No. of P or Q Events	P or Q									
		.05	.10	.15	.20	.25	.30	.35	.40	.45	.50
18	12	.0000	.0000	.0000	.0000	.0002	.0012	.0047	.0145	.0354	.0708
	13	.0000	.0000	.0000	.0000	.0000	.0002	.0012	.0045	.0134	.0327
	14	.0000	.0000	.0000	.0000	.0000	.0000	.0002	.0011	.0039	.0117
	15	.0000	.0000	.0000	.0000	.0000	.0000	.0000	.0002	.0009	.0031
	16	.0000	.0000	.0000	.0000	.0000	.0000	.0000	.0000	.0001	.0006
	17	.0000	.0000	.0000	.0000	.0000	.0000	.0000	.0000	.0000	.0001
	18	.0000	.0000	.0000	.0000	.0000	.0000	.0000	.0000	.0000	.0000
19	0	.3774	.1351	.0456	.0144	.0042	.0011	.0003	.0001	.0000	.0000
	1	.3774	.2852	.1529	.0685	.0268	.0093	.0029	.0008	.0002	.0000
	2	.1787	.2852	.2428	.1540	.0358	.0358	.0138	.0046	.0013	.0003
	3	.0533	.1796	.2428	.2182	.1517	.0869	.0422	.0175	.0062	.0018
	4	.0112	.0798	.1714	.2182	.2023	.1491	.0909	.0467	.0203	.0074
	5	.0018	.0266	.0907	.1636	.2023	.1916	.1468	.0933	.0497	.0222
	6	.0002	.0069	.0374	.0955	.1574	.1916	.1844	.1451	.0949	.0518
	7	.0000	.0014	.0122	.0443	.0974	.1525	.1844	.1797	.1443	.0961
	8	.0000	.0002	.0032	.0166	.0487	.0981	.1489	.1797	.1771	.1442
	9	.0000	.0000	.0007	.0051	.0198	.0514	.0980	.1464	.1771	.1762
	10	.0000	.0000	.0001	.0013	.0066	.0220	.0528	.0976	.1449	.1762
	11	.0000	.0000	.0000	.0003	.0018	.0077	.0233	.0532	.0970	.1442
	12	.0000	.0000	.0000	.0000	.0004	.0022	.0083	.0237	.0529	.0961
	13	.0000	.0000	.0000	.0000	.0001	.0005	.0024	.0085	.0233	.0518
	14	.0000	.0000	.0000	.0000	.0000	.0001	.0006	.0024	.0082	.0222
	15	.0000	.0000	.0000	.0000	.0000	.0000	.0001	.0005	.0022	.0074
	16	.0000	.0000	.0000	.0000	.0000	.0000	.0000	.0001	.0005	.0018
	17	.0000	.0000	.0000	.0000	.0000	.0000	.0000	.0000	.0001	.0003
	18	.0000	.0000	.0000	.0000	.0000	.0000	.0000	.0000	.0000	.0000
	19	.0000	.0000	.0000	.0000	.0000	.0000	.0000	.0000	.0000	.0000
20	0	.3585	.1216	.0388	.0115	.0032	.0008	.0002	.0000	.0000	.0000
	1	.3774	.2702	.1368	.0576	.0211	.0068	.0020	.0005	.0001	.0000
	2	.1887	.2852	.2293	.1369	.0669	.0278	.0100	.0031	.0008	.0002
	3	.0596	.1901	.2428	.2054	.1339	.0716	.0323	.0123	.0040	.0011
	4	.0133	.0898	.1821	.2182	.1897	.1304	.0738	.0350	.0139	.0046
	5	.0022	.0319	.1028	.1746	.2023	.1789	.1272	.0746	.0365	.0148
	6	.0003	.0089	.0454	.1091	.1686	.1916	.1712	.1244	.0746	.0370
	7	.0000	.0020	.0160	.0545	.1124	.1643	.1844	.1659	.1221	.0739
	8	.0000	.0004	.0046	.0222	.0609	.1144	.1614	.1797	.1623	.1201
	9	.0000	.0001	.0011	.0074	.0271	.0654	.1158	.1597	.1771	.1602
	10	.0000	.0000	.0002	.0020	.0099	.0308	.0686	.1171	.1593	.1762
	11	.0000	.0000	.0000	.0005	.0030	.0120	.0336	.0710	.1185	.1602
	12	.0000	.0000	.0000	.0001	.0008	.0039	.0136	.0355	.0727	.1201
	13	.0000	.0000	.0000	.0000	.0002	.0010	.0045	.0146	.0366	.0739
	14	.0000	.0000	.0000	.0000	.0000	.0002	.0012	.0049	.0150	.0370
	15	.0000	.0000	.0000	.0000	.0000	.0000	.0003	.0013	.0049	.0148
	16	.0000	.0000	.0000	.0000	.0000	.0000	.0000	.0003	.0013	.0046
	17	.0000	.0000	.0000	.0000	.0000	.0000	.0000	.0000	.0002	.0011
	18	.0000	.0000	.0000	.0000	.0000	.0000	.0000	.0000	.0000	.0002
	19	.0000	.0000	.0000	.0000	.0000	.0000	.0000	.0000	.0000	.0000
	20	.0000	.0000	.0000	.0000	.0000	.0000	.0000	.0000	.0000	.0000

table C.1 Critical values of U and U' for a one-tailed test at $\alpha = 0.005$ or a two-tailed test at $\alpha = 0.01$

*To be significant for any given n_1 and n_2: U_{obt} must be equal to or **less than** the value shown in the table. U'_{obt} must be equal to or **greater than** the value shown in the table.*

$n_2 \backslash n_1$	1	2	3	4	5	6	7	8	9	10	11	12	13	14	15	16	17	18	19	20
1	—	—	—	—	—	—	—	—	—	—	—	—	—	—	—	—	—	—	—	—
2	—	—	—	—	—	—	—	—	—	—	—	—	—	—	—	—	—	—	0 38	0 40
3	—	—	—	—	—	—	—	—	0 27	0 30	0 33	1 35	1 38	1 41	2 43	2 46	2 49	2 52	3 54	3 57
4	—	—	—	—	—	0 24	0 28	1 31	1 35	2 38	2 42	3 45	3 49	4 52	5 55	5 59	6 62	6 66	7 69	8 72
5	—	—	—	—	0 25	1 29	1 34	2 38	3 42	4 46	5 50	6 54	7 58	7 63	8 67	9 71	10 75	11 79	12 83	13 87
6	—	—	—	0 24	1 29	2 34	3 39	4 44	5 49	6 54	7 59	9 63	10 68	11 73	12 78	13 83	15 87	16 92	17 97	18 102
7	—	—	—	0 28	1 34	3 39	4 45	6 50	7 56	9 61	10 67	12 72	13 78	15 83	16 89	18 94	19 100	21 105	22 111	24 116
8	—	—	—	1 31	2 38	4 44	6 50	7 57	9 63	11 69	13 75	15 81	17 87	18 94	20 100	22 106	24 112	26 118	28 124	30 130
9	—	—	0 27	1 35	3 42	5 49	7 56	9 63	11 70	13 77	16 83	18 90	20 97	22 104	24 111	27 117	29 124	31 131	33 138	36 144
10	—	—	0 30	2 38	4 46	6 54	9 61	11 69	13 77	16 84	18 92	21 99	24 106	26 114	29 121	31 129	34 136	37 143	39 151	42 158
11	—	—	0 33	2 42	5 50	7 59	10 67	13 75	16 83	18 92	21 100	24 108	27 116	30 124	33 132	36 140	39 148	42 156	45 164	48 172
12	—	—	1 35	3 45	6 54	9 63	12 72	15 81	18 90	21 99	24 108	27 117	31 125	34 134	37 143	41 151	44 160	47 169	51 177	54 186
13	—	—	1 38	3 49	7 58	10 68	13 78	17 87	20 97	24 106	27 116	31 125	34 125	38 144	42 153	45 163	49 172	53 181	56 191	60 200
14	—	—	1 41	4 52	7 63	11 73	15 83	18 94	22 104	26 114	30 124	34 134	38 144	42 154	46 164	50 174	54 184	58 194	63 203	67 213
15	—	—	2 43	5 55	8 67	12 78	16 89	20 100	24 111	29 121	33 132	37 143	42 153	46 164	51 174	55 185	60 195	64 206	69 216	73 227
16	—	—	2 46	5 59	9 71	13 83	18 94	22 106	27 117	31 129	36 140	41 151	45 163	50 174	55 185	60 196	65 207	70 218	74 230	79 241
17	—	—	2 49	6 62	10 75	15 87	19 100	24 112	29 124	34 148	39 148	44 160	49 172	54 184	60 195	65 207	70 219	75 231	81 242	86 254
18	—	—	2 52	6 66	11 79	16 92	21 105	26 118	31 131	37 143	42 156	47 169	53 181	58 194	64 206	70 218	75 231	81 243	87 255	92 268
19	—	0 38	3 54	7 69	12 83	17 97	22 111	28 124	33 138	39 151	45 164	51 177	56 191	63 203	69 216	74 230	81 242	87 255	93 268	99 281
20	—	0 40	3 57	8 72	13 87	18 102	24 116	30 130	36 144	42 158	48 172	54 186	60 200	67 213	73 227	79 241	86 254	92 268	99 281	105 295

Dashes in the body of the table indicate that no decision is possible at the stated level of significance.

table C.2 Critical values of U and U' for a one-tailed test at $\alpha = 0.01$ or a two-tailed test at $\alpha = 0.02$

*To be significant for any given n_1 and n_2: U_{obt} must be equal to or **less than** the value shown in the table. U'_{obt} must be equal to or **greater than** the value shown in the table.*

Each cell lists U (top) and U' (bottom, underlined), shown here as U / U'.

n_2 \ n_1	1	2	3	4	5	6	7	8	9	10	11	12	13	14	15	16	17	18	19	20
1	—	—	—	—	—	—	—	—	—	—	—	—	—	—	—	—	—	—	—	—
2	—	—	—	—	—	—	—	—	—	—	—	—	0/26	0/28	0/30	0/32	0/34	0/36	1/37	1/39
3	—	—	—	—	—	—	0/21	0/24	1/26	1/29	1/32	2/34	2/37	2/40	3/42	3/45	4/47	4/50	4/52	5/55
4	—	—	—	—	0/20	1/23	1/27	2/30	3/33	3/37	4/40	5/43	5/47	6/50	7/53	7/57	8/60	9/63	9/67	10/70
5	—	—	—	0/20	1/24	2/28	3/32	4/36	5/40	6/44	7/48	8/52	9/56	10/60	11/64	12/68	13/72	14/76	15/80	16/84
6	—	—	—	1/23	2/28	3/33	4/38	6/42	7/47	8/52	9/57	11/61	12/66	13/71	15/75	16/80	18/84	19/89	20/94	22/93
7	—	—	0/21	1/27	3/32	4/38	6/43	7/49	9/54	11/59	12/65	14/70	16/75	17/81	19/86	21/91	23/96	24/102	26/107	28/112
8	—	—	0/24	2/30	4/36	6/42	7/49	9/55	11/61	13/67	15/73	17/79	20/84	22/90	24/96	26/102	28/108	30/114	32/120	34/126
9	—	—	1/26	3/33	5/40	7/47	9/54	11/61	14/67	16/74	18/81	21/87	23/94	26/100	28/107	31/113	33/120	36/126	38/133	40/140
10	—	—	1/29	3/37	6/44	8/52	11/59	13/67	16/74	19/81	22/88	24/96	27/103	30/110	33/117	36/124	38/132	41/139	44/146	47/153
11	—	—	1/32	4/40	7/48	9/57	12/65	15/73	18/81	22/88	25/96	28/104	31/112	34/120	37/128	41/135	44/143	47/151	50/159	53/167
12	—	—	2/34	5/43	8/52	11/61	14/70	17/79	21/87	24/96	28/104	31/113	35/121	38/130	42/138	46/146	49/155	53/163	56/172	60/180
13	—	0/26	2/37	5/47	9/56	12/66	16/75	20/84	23/94	27/103	31/112	35/121	39/130	43/139	47/148	51/157	55/166	59/175	63/184	67/193
14	—	0/28	2/40	6/50	10/60	13/71	17/81	22/90	26/100	30/110	34/120	38/130	43/139	47/149	51/159	56/168	60/178	65/187	69/197	73/207
15	—	0/30	3/42	7/53	11/64	15/75	19/86	24/96	28/107	33/117	37/128	42/138	47/148	51/159	56/169	61/179	66/189	70/200	75/210	80/220
16	—	0/32	3/45	7/57	12/68	16/80	21/91	26/102	31/113	36/124	41/135	46/146	51/157	56/168	61/179	66/190	71/201	76/212	82/222	87/233
17	—	0/34	4/47	8/60	13/72	18/84	23/96	28/108	33/120	38/132	44/143	49/155	55/166	60/178	66/189	71/201	77/212	82/224	88/234	93/247
18	—	0/36	4/50	9/63	14/76	19/89	24/102	30/114	36/126	41/139	47/151	53/163	59/175	65/187	70/200	76/212	82/224	88/236	94/248	100/260
19	—	1/37	4/53	9/67	15/80	20/94	26/107	32/120	38/133	44/146	50/159	56/172	63/184	69/197	75/210	82/222	88/235	94/248	101/260	107/273
20	—	1/39	5/55	10/70	16/84	22/98	28/112	34/126	40/140	47/153	53/167	60/180	67/193	73/207	80/220	87/233	93/247	100/260	107/273	114/286

Dashes in the body of the table indicate that no decision is possible at the stated level of significance.

table C.3 Critical values of U and U' for a one-tailed test at $\alpha = 0.025$ or a two-tailed test at $\alpha = 0.05$

*To be significant for any given n_1 and n_2: U_{obt} must be equal to or **less than** the value shown in the table. U'_{obt} must be equal to or **greater than** the value shown in the table.*

n_2 \ n_1	1	2	3	4	5	6	7	8	9	10	11	12	13	14	15	16	17	18	19	20
1	—	—	—	—	—	—	—	—	—	—	—	—	—	—	—	—	—	—	—	—
2	—	—	—	—	—	—	—	0	0	0	0	1	1	1	1	1	2	2	2	2
								16	18	20	22	23	25	27	29	31	32	34	36	38
3	—	—	—	—	0	1	1	2	2	3	3	4	4	5	5	6	6	7	7	8
					15	17	20	22	25	27	30	32	35	37	40	42	45	47	50	52
4	—	—	—	0	1	2	3	4	4	5	6	7	8	9	10	11	11	12	13	13
				16	19	22	25	28	32	35	38	41	44	47	50	53	57	60	63	67
5	—	—	0	1	2	3	5	6	7	8	9	11	12	13	14	15	17	18	19	20
			15	19	23	27	30	34	38	42	46	49	53	57	61	65	68	72	76	80
6	—	—	1	2	3	5	6	8	10	11	13	14	16	17	19	21	22	24	25	27
			17	22	27	31	36	40	44	49	53	58	62	67	71	75	80	84	89	93
7	—	—	1	3	5	6	8	10	12	14	16	18	20	22	24	26	28	30	32	34
			20	25	30	36	41	46	51	56	61	66	71	76	81	86	91	96	101	106
8	—	0	2	4	6	8	10	13	15	17	19	22	24	26	29	31	34	36	38	41
		16	22	28	34	40	46	51	57	63	69	74	80	86	91	97	102	108	111	119
9	—	0	2	4	7	10	12	15	17	20	23	26	28	31	34	37	39	42	45	48
		18	25	32	38	44	51	57	64	70	76	82	89	95	101	107	114	120	126	132
10	—	0	3	5	8	11	14	17	20	23	26	29	33	36	39	42	45	48	52	55
		20	27	35	42	49	56	63	70	77	84	91	97	104	111	118	125	132	138	145
11	—	0	3	6	9	13	16	19	23	26	30	33	37	40	44	47	51	55	58	62
		22	30	38	46	53	61	69	76	84	91	99	106	114	121	129	136	143	151	158
12	—	1	4	7	11	14	18	22	26	29	33	37	41	45	49	53	57	61	65	69
		23	32	41	49	58	66	74	82	91	99	107	115	123	131	139	147	155	163	171
13	—	1	4	8	12	16	20	24	28	33	37	41	45	50	54	59	63	67	72	76
		25	35	44	53	62	71	80	89	97	106	115	124	132	141	149	158	167	175	184
14	—	1	5	9	13	17	22	26	31	36	40	45	50	55	59	64	67	74	78	83
		27	37	47	51	67	76	86	95	104	114	123	132	141	151	160	171	178	188	197
15	—	1	5	10	14	19	24	29	34	39	44	49	54	59	64	70	75	80	85	90
		29	40	50	61	71	81	91	101	111	121	131	141	151	161	170	180	190	200	210
16	—	1	6	11	15	21	26	31	37	42	47	53	59	64	70	75	81	86	92	98
		31	42	53	65	75	86	97	107	118	129	139	149	160	170	181	191	202	212	222
17	—	2	6	11	17	22	28	34	39	45	51	57	63	67	75	81	87	93	99	105
		32	45	57	68	80	91	102	114	125	136	147	158	171	180	191	202	213	224	235
18	—	2	7	12	18	24	30	36	42	48	55	61	67	74	80	86	93	99	106	112
		34	47	60	72	84	96	108	120	132	143	155	167	168	190	202	213	225	236	248
19	—	2	7	13	19	25	32	38	45	52	58	65	72	78	85	92	99	106	113	119
		36	50	63	76	89	101	114	126	138	151	163	175	188	200	212	224	236	248	261
20	—	2	8	13	20	27	34	41	48	55	62	69	76	83	90	98	105	112	119	127
		38	52	67	80	93	106	119	132	145	158	171	184	197	210	222	235	248	261	273

Dashes in the body of the table indicate that no decision is possible at the stated level of significance.

table C.4   Critical values of U and U' for a one-tailed test at $\alpha = 0.05$ or a two-tailed test at $\alpha = 0.10$

*To be significant for any given n_1 and n_2: U_{obt} must be equal to or **less than** the value shown in the table. U'_{obt} must be equal to or **greater than** the value shown in the table.*

n_2 \ n_1	1	2	3	4	5	6	7	8	9	10	11	12	13	14	15	16	17	18	19	20
1	—	—	—	—	—	—	—	—	—	—	—	—	—	—	—	—	—	—	0	0
																			19	20
2	—	—	—	—	0	0	0	1	1	1	1	2	2	2	3	3	3	4	4	4
					10	12	14	15	17	19	21	22	24	26	27	29	31	32	34	36
3	—	—	0	0	1	2	2	3	3	4	5	5	6	7	7	8	9	9	10	11
			9	12	14	16	19	21	24	26	28	31	33	35	38	40	42	45	47	49
4	—	—	0	1	2	3	4	5	6	7	8	9	10	11	12	14	15	16	17	18
			12	15	18	21	24	27	30	33	36	39	42	45	48	50	53	56	59	62
5	—	0	1	2	4	5	6	8	9	11	12	13	15	16	18	19	20	22	23	25
		10	14	18	21	25	29	32	36	39	43	47	50	54	57	61	65	68	72	75
6	—	0	2	3	5	7	8	10	12	14	16	17	19	21	23	25	26	28	30	32
		12	16	21	25	29	34	38	42	46	50	55	59	63	67	71	76	80	84	88
7	—	0	2	4	6	8	11	13	15	17	19	21	24	26	28	30	33	35	37	39
		14	19	24	29	34	38	43	48	53	58	63	67	72	77	82	86	91	96	101
8	—	1	3	5	8	10	13	15	18	20	23	26	28	31	33	36	39	41	44	47
		15	21	27	32	38	43	49	54	60	65	70	76	81	87	92	97	103	108	113
9	—	1	3	6	9	12	15	18	21	24	27	30	33	36	39	42	45	48	51	54
		17	24	30	36	42	48	54	60	66	72	78	84	90	96	102	108	114	120	126
10	—	1	4	7	11	14	17	20	24	27	31	34	37	41	44	48	51	55	58	62
		19	26	33	39	46	53	60	66	73	79	86	93	99	106	112	119	125	132	138
11	—	1	5	8	12	16	19	23	27	31	34	38	42	46	50	54	57	61	65	69
		21	28	36	43	50	58	65	72	79	87	94	101	108	115	122	130	137	144	151
12	—	2	5	9	13	17	21	26	30	34	38	42	47	51	55	60	64	68	72	77
		22	31	39	47	55	63	70	78	86	94	102	109	117	125	132	140	148	156	163
13	—	2	6	10	15	19	24	28	33	37	42	47	51	56	61	65	70	75	80	84
		24	33	42	50	59	67	76	84	93	101	109	118	126	134	143	151	159	167	176
14	—	2	7	11	16	21	26	31	36	41	46	51	56	61	66	71	77	82	87	92
		26	35	45	54	63	72	81	90	99	108	117	126	135	144	153	161	170	179	188
15	—	3	7	12	18	23	28	33	39	44	50	55	61	66	72	77	83	88	94	100
		27	38	48	57	67	77	87	96	106	115	125	134	144	153	163	172	182	191	200
16	—	3	8	14	19	25	30	36	42	48	54	60	65	71	77	83	89	95	101	107
		29	40	50	61	71	82	92	102	112	122	132	143	153	163	173	183	193	203	213
17	—	3	9	15	20	26	33	39	45	51	57	64	70	77	83	89	96	102	109	115
		31	42	53	65	76	86	97	108	119	130	140	151	161	172	183	193	204	214	225
18	—	4	9	16	22	28	35	41	48	55	61	68	75	82	88	95	102	109	116	123
		32	45	56	68	80	91	103	114	123	137	148	159	170	182	193	204	215	226	237
19	0	4	10	17	23	30	37	44	51	58	65	72	80	87	94	101	109	116	123	130
	19	34	47	59	72	84	96	108	120	132	144	156	167	179	191	203	214	226	238	250
20	0	4	11	18	25	32	39	47	54	62	69	77	84	92	100	107	115	123	130	138
	20	36	49	62	75	88	101	113	126	138	151	163	176	188	200	213	225	237	250	262

Dashes in the body of the table indicate that no decision is possible at the stated level of significance.

table D Critical values of Student's *t* distribution

The values listed in the table are the critical values of t for the specified degrees of freedom (left column) and the alpha level (column heading). For two-tailed alpha levels, t_{crit} is both + and −. To be significant, $|t_{obt}| \geq |t_{crit}|$.

df	\.10	\.05	\.025	\.01	\.005	\.0005
	Level of Significance for One-Tailed Test					
	.20	.10	.05	.02	.01	.001
	Level of Significance for Two-Tailed Test					
1	3.078	6.314	12.706	31.821	63.657	636.619
2	1.886	2.920	4.303	6.965	9.925	31.598
3	1.638	2.353	3.182	4.541	5.841	12.941
4	1.533	2.132	2.776	3.747	4.604	8.610
5	1.476	2.015	2.571	3.365	4.032	6.859
6	1.440	1.943	2.447	3.143	3.707	5.959
7	1.415	1.895	2.365	2.998	3.499	5.405
8	1.397	1.860	2.306	2.986	3.355	5.041
9	1.383	1.833	2.262	2.821	3.250	4.781
10	1.372	1.812	2.228	2.764	3.169	4.587
11	1.363	1.796	2.201	2.718	3.106	4.437
12	1.356	1.782	2.179	2.681	3.055	4.318
13	1.350	1.771	2.160	2.650	3.012	4.221
14	1.345	1.761	2.145	2.624	2.977	4.140
15	1.341	1.753	2.131	2.602	2.947	4.073
16	1.337	1.746	2.120	2.583	2.921	4.015
17	1.333	1.740	2.110	2.567	2.898	3.965
18	1.330	1.734	2.101	2.552	2.878	3.922
19	1.328	1.729	2.093	2.539	2.861	3.883
20	1.325	1.725	2.086	2.528	2.845	3.850
21	1.323	1.721	2.080	2.518	2.831	3.819
22	1.321	1.717	2.074	2.508	2.819	3.792
23	1.319	1.714	2.069	2.500	2.807	3.767
24	1.318	1.711	2.064	2.492	2.797	3.745
25	1.316	1.708	2.060	2.485	2.787	3.725
26	1.315	1.706	2.056	2.479	2.779	3.707
27	1.314	1.703	2.052	2.473	2.771	3.690
28	1.313	1.701	2.048	2.467	2.763	3.674
29	1.311	1.699	2.045	2.462	2.756	3.659
30	1.310	1.697	2.042	2.457	2.750	3.646
40	1.303	1.684	2.021	2.423	2.704	3.551
60	1.296	1.671	2.000	2.390	2.660	3.460
120	1.289	1.658	1.980	2.358	2.617	3.373
∞	1.282	1.645	1.960	2.326	2.576	3.291

The values listed in the table are the critical values of r for the specified degrees of freedom (left column) and the alpha level (column heading). For two-tailed alpha levels, r_{crit} is both + and −. To be significant, $|r_{obt}| \geq |r_{crit}|$.

df = N − 2	Level of Significance for One-Tailed Test				
	.05	**.025**	**.01**	**.005**	**.0005**
	Level of Significance for Two-Tailed Test				
	.10	**.05**	**.02**	**.01**	**.001**
1	.9877	.9969	.9995	.9999	1.0000
2	.9000	.9500	.9800	.9900	.9990
3	.8054	.8783	.9343	.9587	.9912
4	.7293	.8114	.8822	.9172	.9741
5	.6694	.7545	.8329	.8745	.9507
6	.6215	.7067	.7887	.8343	.9249
7	.5822	.6664	.7498	.7977	.8982
8	.5494	.6319	.7155	.7646	.8721
9	.5214	.6021	.6851	.7348	.8471
10	.4973	.5760	.6581	.7079	.8233
11	.4762	.5529	.6339	.6835	.8010
12	.4575	.5324	.6120	.6614	.7800
13	.4409	.5139	.5923	.6411	.7603
14	.4259	.4973	.5742	.6226	.7420
15	.4124	.4821	.5577	.6055	.7246
16	.4000	.4683	.5425	.5897	.7084
17	.3887	.4555	.5285	.5751	.6932
18	.3783	.4438	.5155	.5614	.6787
19	.3687	.4329	.5034	.5487	.6652
20	.3598	.4227	.4921	.5368	.6524
25	.3233	.3809	.4451	.4869	.5974
30	.2960	.3494	.4093	.4487	.5541
35	.2746	.3246	.3810	.4182	.5189
40	.2573	.3044	.3578	.3932	.4896
45	.2428	.2875	.3384	.3721	.4648
50	.2306	.2732	.3218	.3541	.4433
60	.2108	.2500	.2948	.3248	.4078
70	.1954	.2319	.2737	.3017	.3799
80	.1829	.2172	.2565	.2830	.3568
90	.1726	.2050	.2422	.2673	.3375
100	.1638	.1946	.2301	.2540	.3211

t a b l e F Critical values of the *F* distribution for α = 0.05 (Roman type) and α = 0.01 (boldface type)

The values listed in the table are the critical values of F for the degrees of freedom of the numerator of the F ratio (column headings) and the degrees of freedom of the denominator of the F ratio (row headings). To be significant, $F_{obt} \geq F_{crit}$.

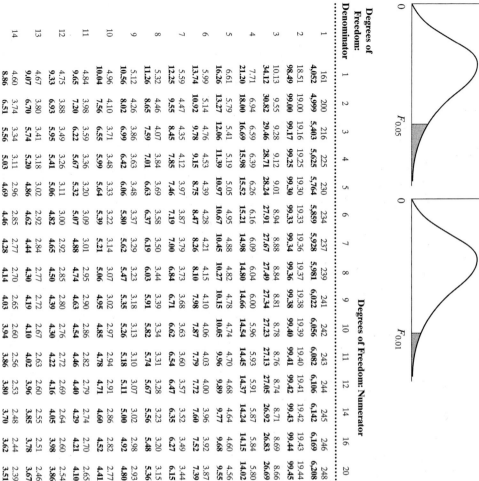

Degrees of Freedom: Numerator

Denominator	1	2	3	4	5	6	7	8	9	10	11	12	14	16	20	24	30	40	50	75	100	200	500	∞
1	161	200	216	225	230	234	237	239	241	242	243	244	245	246	248	249	250	251	252	253	253	254	254	254
	4,052	**4,999**	**5,403**	**5,625**	**5,764**	**5,859**	**5,928**	**5,981**	**6,022**	**6,056**	**6,082**	**6,106**	**6,142**	**6,169**	**6,208**	**6,234**	**6,258**	**6,286**	**6,302**	**6,323**	**6,334**	**6,352**	**6,361**	**6,366**
2	18.51	19.00	19.16	19.25	19.30	19.33	19.36	19.37	19.38	19.39	19.40	19.41	19.42	19.43	19.44	19.45	19.46	19.47	19.47	19.48	19.49	19.49	19.50	19.50
	98.49	**99.00**	**99.17**	**99.25**	**99.30**	**99.33**	**99.34**	**99.36**	**99.38**	**99.40**	**99.41**	**99.42**	**99.43**	**99.44**	**99.45**	**99.46**	**99.47**	**99.48**	**99.48**	**99.49**	**99.49**	**99.49**	**99.50**	**99.50**
3	10.13	9.55	9.28	9.12	9.01	8.94	8.88	8.84	8.81	8.78	8.76	8.74	8.71	8.69	8.66	8.64	8.62	8.60	8.58	8.57	8.56	8.54	8.54	8.53
	34.12	**30.82**	**29.46**	**28.71**	**28.24**	**27.91**	**27.67**	**27.49**	**27.34**	**27.23**	**27.13**	**27.05**	**26.92**	**26.83**	**26.69**	**26.60**	**26.50**	**26.41**	**26.35**	**26.27**	**26.23**	**26.18**	**26.14**	**26.12**
4	7.71	6.94	6.59	6.39	6.26	6.16	6.09	6.04	6.00	5.96	5.93	5.91	5.87	5.84	5.80	5.77	5.74	5.71	5.70	5.68	5.66	5.65	5.64	5.63
	21.20	**18.00**	**16.69**	**15.98**	**15.52**	**15.21**	**14.98**	**14.80**	**14.66**	**14.54**	**14.45**	**14.37**	**14.24**	**14.15**	**14.02**	**13.93**	**13.83**	**13.74**	**13.69**	**13.61**	**13.57**	**13.52**	**13.48**	**13.46**
5	6.61	5.79	5.41	5.19	5.05	4.95	4.88	4.82	4.78	4.74	4.70	4.68	4.64	4.60	4.56	4.53	4.50	4.46	4.44	4.42	4.40	4.38	4.37	4.36
	16.26	**13.27**	**12.06**	**11.39**	**10.97**	**10.67**	**10.45**	**10.27**	**10.15**	**10.05**	**9.96**	**9.89**	**9.77**	**9.68**	**9.55**	**9.47**	**9.38**	**9.29**	**9.24**	**9.17**	**9.13**	**9.07**	**9.04**	**9.02**
6	5.99	5.14	4.76	4.53	4.39	4.28	4.21	4.15	4.10	4.06	4.03	4.00	3.96	3.92	3.87	3.84	3.81	3.77	3.75	3.72	3.71	3.69	3.68	3.67
	13.74	**10.92**	**9.78**	**9.15**	**8.75**	**8.47**	**8.26**	**8.10**	**7.98**	**7.87**	**7.79**	**7.72**	**7.60**	**7.52**	**7.39**	**7.31**	**7.23**	**7.14**	**7.09**	**7.02**	**6.99**	**6.94**	**6.90**	**6.88**
7	5.59	4.74	4.35	4.12	3.97	3.87	3.79	3.73	3.68	3.63	3.60	3.57	3.52	3.49	3.44	3.41	3.38	3.34	3.32	3.29	3.28	3.25	3.24	3.23
	12.25	**9.55**	**8.45**	**7.85**	**7.46**	**7.19**	**7.00**	**6.84**	**6.71**	**6.62**	**6.54**	**6.47**	**6.35**	**6.27**	**6.15**	**6.07**	**5.98**	**5.90**	**5.85**	**5.78**	**5.75**	**5.70**	**5.67**	**5.65**
8	5.32	4.46	4.07	3.84	3.69	3.58	3.50	3.44	3.39	3.34	3.31	3.28	3.23	3.20	3.15	3.12	3.08	3.05	3.03	3.00	2.98	2.96	2.94	2.93
	11.26	**8.65**	**7.59**	**7.01**	**6.63**	**6.37**	**6.19**	**6.03**	**5.91**	**5.82**	**5.74**	**5.67**	**5.56**	**5.48**	**5.36**	**5.28**	**5.20**	**5.11**	**5.06**	**5.00**	**4.96**	**4.91**	**4.88**	**4.86**
9	5.12	4.26	3.86	3.63	3.48	3.37	3.29	3.23	3.18	3.13	3.10	3.07	3.02	2.98	2.93	2.90	2.86	2.82	2.80	2.77	2.76	2.73	2.72	2.71
	10.56	**8.02**	**6.99**	**6.42**	**6.06**	**5.80**	**5.62**	**5.47**	**5.35**	**5.26**	**5.18**	**5.11**	**5.00**	**4.92**	**4.80**	**4.73**	**4.64**	**4.56**	**4.51**	**4.45**	**4.41**	**4.36**	**4.33**	**4.31**
10	4.96	4.10	3.71	3.48	3.33	3.22	3.14	3.07	3.02	2.97	2.94	2.91	2.86	2.82	2.77	2.74	2.70	2.67	2.64	2.61	2.59	2.56	2.55	2.54
	10.04	**7.56**	**6.55**	**5.99**	**5.64**	**5.39**	**5.21**	**5.06**	**4.95**	**4.85**	**4.78**	**4.71**	**4.60**	**4.52**	**4.41**	**4.33**	**4.25**	**4.17**	**4.12**	**4.05**	**4.01**	**3.96**	**3.93**	**3.91**
11	4.84	3.98	3.59	3.36	3.20	3.09	3.01	2.95	2.90	2.86	2.82	2.79	2.74	2.70	2.65	2.61	2.57	2.53	2.50	2.47	2.45	2.42	2.41	2.40
	9.65	**7.20**	**6.22**	**5.67**	**5.32**	**5.07**	**4.88**	**4.74**	**4.63**	**4.54**	**4.46**	**4.40**	**4.29**	**4.21**	**4.10**	**4.02**	**3.94**	**3.86**	**3.80**	**3.74**	**3.70**	**3.66**	**3.62**	**3.60**
12	4.75	3.88	3.49	3.26	3.11	3.00	2.92	2.85	2.80	2.76	2.72	2.69	2.64	2.60	2.54	2.50	2.46	2.42	2.40	2.36	2.35	2.32	2.31	2.30
	9.33	**6.93**	**5.95**	**5.41**	**5.06**	**4.82**	**4.65**	**4.50**	**4.39**	**4.30**	**4.22**	**4.16**	**4.05**	**3.98**	**3.86**	**3.78**	**3.70**	**3.61**	**3.56**	**3.49**	**3.46**	**3.41**	**3.38**	**3.36**
13	4.67	3.80	3.41	3.18	3.02	2.92	2.84	2.77	2.72	2.67	2.63	2.60	2.55	2.51	2.46	2.42	2.38	2.34	2.32	2.28	2.26	2.24	2.22	2.21
	9.07	**6.70**	**5.74**	**5.20**	**4.86**	**4.62**	**4.44**	**4.30**	**4.19**	**4.10**	**4.02**	**3.96**	**3.85**	**3.78**	**3.67**	**3.59**	**3.51**	**3.42**	**3.37**	**3.30**	**3.27**	**3.21**	**3.18**	**3.16**
14	4.60	3.74	3.34	3.11	2.96	2.85	2.77	2.70	2.65	2.60	2.56	2.53	2.48	2.44	2.39	2.35	2.31	2.27	2.24	2.21	2.19	2.16	2.14	2.13
	8.86	**6.51**	**5.56**	**5.03**	**4.69**	**4.46**	**4.28**	**4.14**	**4.03**	**3.94**	**3.86**	**3.80**	**3.70**	**3.62**	**3.51**	**3.43**	**3.34**	**3.26**	**3.21**	**3.14**	**3.11**	**3.06**	**3.02**	**3.00**

Degrees of Freedom: Denominator / **Degrees of Freedom: Numerator**

Each cell shows the upper value (p = .05) and the lower **bold** value (p = .01).

df (denom)	1	2	3	4	5	6	7	8	9	10	11	12	14	16	20	24	30	40	50	75	100	200	500	∞
15	4.54 / 8.68	3.68 / 6.36	3.29 / 5.42	3.06 / 4.89	2.90 / 4.56	2.79 / 4.32	2.70 / 4.14	2.64 / 4.00	2.59 / 3.89	2.55 / 3.80	2.51 / 3.73	2.48 / 3.67	2.43 / 3.56	2.39 / 3.48	2.33 / 3.36	2.29 / 3.29	2.25 / 3.20	2.21 / 3.12	2.18 / 3.07	2.15 / 3.00	2.12 / 2.97	2.10 / 2.92	2.08 / 2.89	2.07 / 2.87
16	4.49 / 8.53	3.63 / 6.23	3.24 / 5.29	3.01 / 4.77	2.85 / 4.44	2.74 / 4.20	2.66 / 4.03	2.59 / 3.89	2.54 / 3.78	2.49 / 3.69	2.45 / 3.61	2.42 / 3.55	2.37 / 3.45	2.33 / 3.37	2.28 / 3.25	2.24 / 3.18	2.20 / 3.10	2.16 / 3.01	2.13 / 2.96	2.09 / 2.89	2.07 / 2.86	2.04 / 2.80	2.02 / 2.77	2.01 / 2.75
17	4.45 / 8.40	3.59 / 6.11	3.20 / 5.18	2.96 / 4.67	2.81 / 4.34	2.70 / 4.10	2.62 / 3.93	2.55 / 3.79	2.50 / 3.68	2.45 / 3.59	2.41 / 3.52	2.38 / 3.45	2.33 / 3.35	2.29 / 3.27	2.23 / 3.16	2.19 / 3.08	2.15 / 3.00	2.11 / 2.92	2.08 / 2.86	2.04 / 2.79	2.02 / 2.76	1.99 / 2.70	1.97 / 2.67	1.96 / 2.65
18	4.41 / 8.28	3.55 / 6.01	3.16 / 5.09	2.93 / 4.58	2.77 / 4.25	2.66 / 4.01	2.58 / 3.85	2.51 / 3.71	2.46 / 3.60	2.41 / 3.51	2.37 / 3.44	2.34 / 3.37	2.29 / 3.27	2.25 / 3.19	2.19 / 3.07	2.15 / 3.00	2.11 / 2.91	2.07 / 2.83	2.04 / 2.78	2.00 / 2.71	1.98 / 2.68	1.95 / 2.62	1.93 / 2.59	1.92 / 2.57
19	4.38 / 8.18	3.52 / 5.93	3.13 / 5.01	2.90 / 4.50	2.74 / 4.17	2.63 / 3.94	2.55 / 3.77	2.48 / 3.63	2.43 / 3.52	2.38 / 3.43	2.34 / 3.36	2.31 / 3.30	2.26 / 3.19	2.21 / 3.12	2.15 / 3.00	2.11 / 2.92	2.07 / 2.84	2.02 / 2.76	2.00 / 2.70	1.96 / 2.63	1.94 / 2.60	1.91 / 2.54	1.90 / 2.51	1.88 / 2.49
20	4.35 / 8.10	3.49 / 5.85	3.10 / 4.94	2.87 / 4.43	2.71 / 4.10	2.60 / 3.87	2.52 / 3.71	2.45 / 3.56	2.40 / 3.45	2.35 / 3.37	2.31 / 3.30	2.28 / 3.23	2.23 / 3.13	2.18 / 3.05	2.12 / 2.94	2.08 / 2.86	2.04 / 2.77	1.99 / 2.69	1.96 / 2.63	1.92 / 2.56	1.90 / 2.53	1.87 / 2.47	1.85 / 2.44	1.84 / 2.42
21	4.32 / 8.02	3.47 / 5.78	3.07 / 4.87	2.84 / 4.37	2.68 / 4.04	2.57 / 3.81	2.49 / 3.65	2.42 / 3.51	2.37 / 3.40	2.32 / 3.31	2.28 / 3.24	2.25 / 3.17	2.20 / 3.07	2.15 / 2.99	2.09 / 2.88	2.05 / 2.80	2.00 / 2.72	1.96 / 2.63	1.93 / 2.58	1.89 / 2.51	1.87 / 2.47	1.84 / 2.42	1.82 / 2.38	1.81 / 2.36
22	4.30 / 7.94	3.44 / 5.72	3.05 / 4.82	2.82 / 4.31	2.66 / 3.99	2.55 / 3.76	2.47 / 3.59	2.40 / 3.45	2.35 / 3.35	2.30 / 3.26	2.26 / 3.18	2.23 / 3.12	2.18 / 3.02	2.13 / 2.94	2.07 / 2.83	2.03 / 2.75	1.98 / 2.67	1.93 / 2.58	1.91 / 2.53	1.87 / 2.46	1.84 / 2.42	1.81 / 2.37	1.80 / 2.33	1.78 / 2.31
23	4.28 / 7.88	3.42 / 5.66	3.03 / 4.76	2.80 / 4.26	2.64 / 3.94	2.53 / 3.71	2.45 / 3.54	2.38 / 3.41	2.32 / 3.30	2.28 / 3.21	2.24 / 3.14	2.20 / 3.07	2.14 / 2.97	2.10 / 2.89	2.04 / 2.78	2.00 / 2.70	1.96 / 2.62	1.91 / 2.53	1.88 / 2.48	1.84 / 2.41	1.82 / 2.37	1.79 / 2.32	1.77 / 2.28	1.76 / 2.26
24	4.26 / 7.82	3.40 / 5.61	3.01 / 4.72	2.78 / 4.22	2.62 / 3.90	2.51 / 3.67	2.43 / 3.50	2.36 / 3.36	2.30 / 3.25	2.26 / 3.17	2.22 / 3.09	2.18 / 3.03	2.13 / 2.93	2.09 / 2.85	2.02 / 2.74	1.98 / 2.66	1.94 / 2.58	1.89 / 2.49	1.86 / 2.44	1.82 / 2.36	1.80 / 2.33	1.76 / 2.27	1.74 / 2.23	1.73 / 2.21
25	4.24 / 7.77	3.38 / 5.57	2.99 / 4.68	2.76 / 4.18	2.60 / 3.86	2.49 / 3.63	2.41 / 3.46	2.34 / 3.32	2.28 / 3.21	2.24 / 3.13	2.20 / 3.05	2.16 / 2.99	2.11 / 2.89	2.06 / 2.81	2.00 / 2.70	1.96 / 2.62	1.92 / 2.54	1.87 / 2.45	1.84 / 2.40	1.80 / 2.32	1.77 / 2.29	1.74 / 2.23	1.72 / 2.19	1.71 / 2.17
26	4.22 / 7.72	3.37 / 5.53	2.98 / 4.64	2.74 / 4.14	2.59 / 3.82	2.47 / 3.59	2.39 / 3.42	2.32 / 3.29	2.27 / 3.17	2.22 / 3.09	2.18 / 3.02	2.15 / 2.96	2.10 / 2.86	2.05 / 2.77	1.99 / 2.66	1.95 / 2.58	1.90 / 2.50	1.85 / 2.41	1.82 / 2.36	1.78 / 2.28	1.76 / 2.25	1.72 / 2.19	1.70 / 2.15	1.69 / 2.13
27	4.21 / 7.68	3.35 / 5.49	2.96 / 4.60	2.73 / 4.11	2.57 / 3.79	2.46 / 3.56	2.37 / 3.39	2.30 / 3.26	2.25 / 3.14	2.20 / 3.06	2.16 / 2.98	2.13 / 2.93	2.08 / 2.83	2.03 / 2.74	1.97 / 2.63	1.93 / 2.55	1.88 / 2.47	1.84 / 2.38	1.80 / 2.33	1.76 / 2.25	1.74 / 2.21	1.71 / 2.16	1.68 / 2.12	1.67 / 2.10
28	4.20 / 7.64	3.34 / 5.45	2.95 / 4.57	2.71 / 4.07	2.56 / 3.76	2.44 / 3.53	2.36 / 3.36	2.29 / 3.23	2.24 / 3.11	2.19 / 3.03	2.15 / 2.95	2.12 / 2.90	2.06 / 2.80	2.02 / 2.71	1.96 / 2.60	1.91 / 2.52	1.87 / 2.44	1.81 / 2.35	1.78 / 2.30	1.75 / 2.22	1.72 / 2.18	1.69 / 2.13	1.67 / 2.09	1.65 / 2.06
29	4.18 / 7.60	3.33 / 5.42	2.93 / 4.54	2.70 / 4.04	2.54 / 3.73	2.43 / 3.50	2.35 / 3.33	2.28 / 3.20	2.22 / 3.08	2.18 / 3.00	2.14 / 2.92	2.10 / 2.87	2.05 / 2.77	2.00 / 2.68	1.94 / 2.57	1.90 / 2.49	1.85 / 2.41	1.80 / 2.32	1.77 / 2.27	1.73 / 2.19	1.71 / 2.15	1.68 / 2.10	1.65 / 2.06	1.64 / 2.03
30	4.17 / 7.56	3.32 / 5.39	2.92 / 4.51	2.69 / 4.02	2.53 / 3.70	2.42 / 3.47	2.34 / 3.30	2.27 / 3.17	2.21 / 3.06	2.16 / 2.98	2.12 / 2.90	2.09 / 2.84	2.04 / 2.74	1.99 / 2.66	1.93 / 2.55	1.89 / 2.47	1.84 / 2.38	1.79 / 2.29	1.76 / 2.24	1.72 / 2.16	1.69 / 2.13	1.66 / 2.07	1.64 / 2.03	1.62 / 2.01
32	4.15 / 7.50	3.30 / 5.34	2.90 / 4.46	2.67 / 3.97	2.51 / 3.66	2.40 / 3.42	2.32 / 3.25	2.25 / 3.12	2.19 / 3.01	2.14 / 2.94	2.10 / 2.86	2.07 / 2.80	2.02 / 2.70	1.97 / 2.62	1.91 / 2.51	1.86 / 2.42	1.82 / 2.34	1.76 / 2.25	1.74 / 2.20	1.69 / 2.12	1.67 / 2.08	1.64 / 2.02	1.61 / 1.98	1.59 / 1.96
34	4.13 / 7.44	3.28 / 5.29	2.88 / 4.42	2.65 / 3.93	2.49 / 3.61	2.38 / 3.38	2.30 / 3.21	2.23 / 3.08	2.17 / 2.97	2.12 / 2.89	2.08 / 2.82	2.05 / 2.76	2.00 / 2.66	1.95 / 2.58	1.89 / 2.47	1.84 / 2.38	1.80 / 2.30	1.74 / 2.21	1.71 / 2.15	1.67 / 2.08	1.64 / 2.04	1.61 / 1.98	1.59 / 1.94	1.57 / 1.91
36	4.11 / 7.39	3.26 / 5.25	2.86 / 4.38	2.63 / 3.89	2.48 / 3.58	2.36 / 3.35	2.28 / 3.18	2.21 / 3.04	2.15 / 2.94	2.10 / 2.86	2.06 / 2.78	2.03 / 2.72	1.98 / 2.62	1.93 / 2.54	1.87 / 2.43	1.82 / 2.35	1.78 / 2.26	1.72 / 2.17	1.69 / 2.12	1.65 / 2.04	1.62 / 2.00	1.59 / 1.94	1.56 / 1.90	1.55 / 1.87

The values listed in the table are the critical values of F for the degrees of freedom of the numerator of the F ratio (column headings) and the degrees of freedom of the denominator of the F ratio (row headings). To be significant, $F_{obt} \geq F_{crit}$.

Degrees of Freedom: Numerator

Denominator	1	2	3	4	5	6	7	8	9	10	11	12	14	16	20	24	30	40	50	75	100	200	500	∞
38	4.10	3.25	2.85	2.62	2.46	2.35	2.26	2.19	2.14	2.09	2.05	2.02	1.96	1.92	1.85	1.80	1.76	1.71	1.67	1.63	1.60	1.57	1.54	1.53
	7.35	**5.21**	**4.34**	**3.86**	**3.54**	**3.32**	**3.15**	**3.02**	**2.91**	**2.82**	**2.75**	**2.69**	**2.59**	**2.51**	**2.40**	**2.32**	**2.22**	**2.14**	**2.08**	**2.00**	**1.97**	**1.90**	**1.86**	**1.84**
40	4.08	3.23	2.84	2.61	2.45	2.34	2.25	2.18	2.12	2.07	2.04	2.00	1.95	1.90	1.84	1.79	1.74	1.69	1.66	1.61	1.59	1.55	1.53	1.51
	7.31	**5.18**	**4.31**	**3.83**	**3.51**	**3.29**	**3.12**	**2.99**	**2.88**	**2.80**	**2.73**	**2.66**	**2.56**	**2.49**	**2.37**	**2.29**	**2.20**	**2.11**	**2.05**	**1.97**	**1.94**	**1.88**	**1.84**	**1.81**
42	4.07	3.22	2.83	2.59	2.44	2.32	2.24	2.17	2.11	2.06	2.02	1.99	1.94	1.89	1.82	1.78	1.73	1.68	1.64	1.60	1.57	1.54	1.51	1.49
	7.27	**5.15**	**4.29**	**3.80**	**3.49**	**3.26**	**3.10**	**2.96**	**2.86**	**2.77**	**2.70**	**2.64**	**2.54**	**2.46**	**2.35**	**2.26**	**2.17**	**2.08**	**2.02**	**1.94**	**1.91**	**1.85**	**1.80**	**1.78**
44	4.06	3.21	2.82	2.58	2.43	2.31	2.23	2.16	2.10	2.05	2.01	1.98	1.92	1.88	1.81	1.76	1.72	1.66	1.63	1.58	1.56	1.52	1.50	1.48
	7.24	**5.12**	**4.26**	**3.78**	**3.46**	**3.24**	**3.07**	**2.94**	**2.84**	**2.75**	**2.68**	**2.62**	**2.52**	**2.44**	**2.32**	**2.24**	**2.15**	**2.06**	**2.00**	**1.92**	**1.88**	**1.82**	**1.78**	**1.75**
46	4.05	3.20	2.81	2.57	2.42	2.30	2.22	2.14	2.09	2.04	2.00	1.97	1.91	1.87	1.80	1.75	1.71	1.65	1.62	1.57	1.54	1.51	1.48	1.46
	7.21	**5.10**	**4.24**	**3.76**	**3.44**	**3.22**	**3.05**	**2.92**	**2.82**	**2.73**	**2.66**	**2.60**	**2.50**	**2.42**	**2.30**	**2.22**	**2.13**	**2.04**	**1.98**	**1.90**	**1.86**	**1.80**	**1.76**	**1.72**
48	4.04	3.19	2.80	2.56	2.41	2.30	2.21	2.14	2.08	2.03	1.99	1.96	1.90	1.86	1.79	1.74	1.70	1.64	1.61	1.56	1.53	1.50	1.47	1.45
	7.19	**5.08**	**4.22**	**3.74**	**3.42**	**3.20**	**3.04**	**2.90**	**2.80**	**2.71**	**2.64**	**2.58**	**2.48**	**2.40**	**2.28**	**2.20**	**2.11**	**2.02**	**1.96**	**1.88**	**1.84**	**1.78**	**1.73**	**1.70**
50	4.03	3.18	2.79	2.56	2.40	2.29	2.20	2.13	2.07	2.02	1.98	1.95	1.90	1.85	1.78	1.74	1.69	1.63	1.60	1.55	1.52	1.48	1.46	1.44
	7.17	**5.06**	**4.20**	**3.72**	**3.41**	**3.18**	**3.02**	**2.88**	**2.78**	**2.70**	**2.62**	**2.56**	**2.46**	**2.39**	**2.26**	**2.18**	**2.10**	**2.00**	**1.94**	**1.86**	**1.82**	**1.76**	**1.71**	**1.68**
55	4.02	3.17	2.78	2.54	2.38	2.27	2.18	2.11	2.05	2.00	1.97	1.93	1.88	1.83	1.76	1.72	1.67	1.61	1.58	1.52	1.50	1.46	1.43	1.41
	7.12	**5.01**	**4.16**	**3.68**	**3.37**	**3.15**	**2.98**	**2.85**	**2.75**	**2.66**	**2.59**	**2.53**	**2.43**	**2.35**	**2.23**	**2.15**	**2.06**	**1.96**	**1.90**	**1.82**	**1.78**	**1.71**	**1.66**	**1.64**
60	4.00	3.15	2.76	2.52	2.37	2.25	2.17	2.10	2.04	1.99	1.95	1.92	1.86	1.81	1.75	1.70	1.65	1.59	1.56	1.50	1.48	1.44	1.41	1.39
	7.08	**4.98**	**4.13**	**3.65**	**3.34**	**3.12**	**2.95**	**2.82**	**2.72**	**2.63**	**2.56**	**2.50**	**2.40**	**2.32**	**2.20**	**2.12**	**2.03**	**1.93**	**1.87**	**1.79**	**1.74**	**1.68**	**1.63**	**1.60**
65	3.99	3.14	2.75	2.51	2.36	2.24	2.15	2.08	2.02	1.98	1.94	1.90	1.85	1.80	1.73	1.68	1.63	1.57	1.54	1.49	1.46	1.42	1.39	1.37
	7.04	**4.95**	**4.10**	**3.62**	**3.31**	**3.09**	**2.93**	**2.79**	**2.70**	**2.61**	**2.54**	**2.47**	**2.37**	**2.30**	**2.18**	**2.09**	**2.00**	**1.90**	**1.84**	**1.76**	**1.71**	**1.64**	**1.60**	**1.56**
70	3.98	3.13	2.74	2.50	2.35	2.23	2.14	2.07	2.01	1.97	1.93	1.89	1.84	1.79	1.72	1.67	1.62	1.56	1.53	1.47	1.45	1.40	1.37	1.35
	7.01	**4.92**	**4.08**	**3.60**	**3.29**	**3.07**	**2.91**	**2.77**	**2.67**	**2.59**	**2.51**	**2.45**	**2.35**	**2.28**	**2.15**	**2.07**	**1.98**	**1.88**	**1.82**	**1.74**	**1.69**	**1.62**	**1.56**	**1.53**
80	3.96	3.11	2.72	2.48	2.33	2.21	2.12	2.05	1.99	1.95	1.91	1.88	1.82	1.77	1.70	1.65	1.60	1.54	1.51	1.45	1.42	1.38	1.35	1.32
	6.96	**4.88**	**4.04**	**3.56**	**3.25**	**3.04**	**2.87**	**2.74**	**2.64**	**2.55**	**2.48**	**2.41**	**2.32**	**2.24**	**2.11**	**2.03**	**1.94**	**1.84**	**1.78**	**1.70**	**1.65**	**1.57**	**1.52**	**1.49**
100	3.94	3.09	2.70	2.46	2.30	2.19	2.10	2.03	1.97	1.92	1.88	1.85	1.79	1.75	1.68	1.63	1.57	1.51	1.48	1.42	1.39	1.34	1.30	1.28
	6.90	**4.82**	**3.98**	**3.51**	**3.20**	**2.99**	**2.82**	**2.69**	**2.59**	**2.51**	**2.43**	**2.36**	**2.26**	**2.19**	**2.06**	**1.98**	**1.89**	**1.79**	**1.73**	**1.64**	**1.59**	**1.51**	**1.46**	**1.43**
125	3.92	3.07	2.68	2.44	2.29	2.17	2.08	2.01	1.95	1.90	1.86	1.83	1.77	1.72	1.65	1.60	1.55	1.49	1.45	1.39	1.36	1.31	1.27	1.25
	6.84	**4.78**	**3.94**	**3.47**	**3.17**	**2.95**	**2.79**	**2.65**	**2.56**	**2.47**	**2.40**	**2.33**	**2.23**	**2.15**	**2.03**	**1.94**	**1.85**	**1.75**	**1.68**	**1.59**	**1.54**	**1.46**	**1.40**	**1.37**
150	3.91	3.06	2.67	2.43	2.27	2.16	2.07	2.00	1.94	1.89	1.85	1.82	1.76	1.71	1.64	1.59	1.54	1.47	1.44	1.37	1.34	1.29	1.25	1.22
	6.81	**4.75**	**3.91**	**3.44**	**3.14**	**2.92**	**2.76**	**2.62**	**2.53**	**2.44**	**2.37**	**2.30**	**2.20**	**2.12**	**2.00**	**1.91**	**1.83**	**1.72**	**1.66**	**1.56**	**1.51**	**1.43**	**1.37**	**1.33**
200	3.89	3.04	2.65	2.41	2.26	2.14	2.05	1.98	1.92	1.87	1.83	1.80	1.74	1.69	1.62	1.57	1.52	1.45	1.42	1.35	1.32	1.26	1.22	1.19
	6.76	**4.71**	**3.88**	**3.41**	**3.11**	**2.90**	**2.73**	**2.60**	**2.50**	**2.41**	**2.34**	**2.28**	**2.17**	**2.09**	**1.97**	**1.88**	**1.79**	**1.69**	**1.62**	**1.53**	**1.48**	**1.39**	**1.33**	**1.28**
400	3.86	3.02	2.62	2.39	2.23	2.12	2.03	1.96	1.90	1.85	1.81	1.78	1.72	1.67	1.60	1.54	1.49	1.42	1.38	1.32	1.28	1.22	1.16	1.13
	6.70	**4.66**	**3.83**	**3.36**	**3.06**	**2.85**	**2.69**	**2.55**	**2.46**	**2.37**	**2.29**	**2.23**	**2.12**	**2.04**	**1.92**	**1.84**	**1.74**	**1.64**	**1.57**	**1.47**	**1.42**	**1.32**	**1.24**	**1.19**
1000	3.85	3.00	2.61	2.38	2.22	2.10	2.02	1.95	1.89	1.84	1.80	1.76	1.70	1.65	1.58	1.53	1.47	1.41	1.36	1.30	1.26	1.19	1.13	1.08
	6.66	**4.62**	**3.80**	**3.34**	**3.04**	**2.82**	**2.66**	**2.53**	**2.43**	**2.34**	**2.26**	**2.20**	**2.09**	**2.01**	**1.89**	**1.81**	**1.71**	**1.61**	**1.54**	**1.44**	**1.38**	**1.28**	**1.19**	**1.11**
∞	3.84	2.99	2.60	2.37	2.21	2.09	2.01	1.94	1.88	1.83	1.79	1.75	1.69	1.64	1.57	1.52	1.46	1.40	1.35	1.28	1.24	1.17	1.11	1.00
	6.64	**4.60**	**3.78**	**3.32**	**3.02**	**2.80**	**2.64**	**2.51**	**2.41**	**2.32**	**2.24**	**2.18**	**2.07**	**1.99**	**1.87**	**1.79**	**1.69**	**1.59**	**1.52**	**1.41**	**1.36**	**1.25**	**1.15**	**1.00**

The values listed in the table are the critical values of Q for $\alpha = 0.05$ and 0.01, as a function of degrees of freedom of s_W^2 and k (the number of means) or r (the number of means encompassed by $\bar{X}_i$ and $\bar{X}_j$, after the means have been rank-ordered). To be significant, $Q_{obt} \geq Q_{crit}$.

s_W^2 df	α	2	3	4	5	6	7	8	9	10	11
		\multicolumn{10}{c}{k (Number of Means) or r (Number of Means Encompassed by $\bar{X}_i$ and $\bar{X}_j$)}
5	.05	3.64	4.60	5.22	5.67	6.03	6.33	6.58	6.80	6.99	7.17
	.01	5.70	6.98	7.80	8.42	8.91	9.32	9.67	9.97	10.24	10.48
6	.05	3.46	4.34	4.90	5.30	5.63	5.90	6.12	6.32	6.49	6.65
	.01	5.24	6.33	7.03	7.56	7.97	8.32	8.61	8.87	9.10	9.30
7	.05	3.34	4.16	4.68	5.06	5.36	5.61	5.82	6.00	6.16	6.30
	.01	4.95	5.92	6.54	7.01	7.37	7.68	7.94	8.17	8.37	8.55
8	.05	3.26	4.04	4.53	4.89	5.17	5.40	5.60	5.77	5.92	6.05
	.01	4.75	5.64	6.20	6.62	6.96	7.24	7.47	7.68	7.86	8.03
9	.05	3.20	3.95	4.41	4.76	5.02	5.24	5.43	5.59	5.74	5.87
	.01	4.60	5.43	5.96	6.35	6.66	6.91	7.13	7.33	7.49	7.65
10	.05	3.15	3.88	4.33	4.65	4.91	5.12	5.30	5.46	5.60	5.72
	.01	4.48	5.27	5.77	6.14	6.43	6.67	6.87	7.05	7.21	7.36
11	.05	3.11	3.82	4.26	4.57	4.82	5.03	5.20	5.35	5.49	5.61
	.01	4.39	5.15	5.62	5.97	6.25	6.48	6.67	6.84	6.99	7.13
12	.05	3.08	3.77	4.20	4.51	4.75	4.95	5.12	5.27	5.39	5.51
	.01	4.32	5.05	5.50	5.84	6.10	6.32	6.51	6.67	6.81	6.94
13	.05	3.06	3.73	4.15	4.45	4.69	4.88	5.05	5.19	5.32	5.43
	.01	4.26	4.96	5.40	5.73	5.98	6.19	6.37	6.53	6.67	6.79
14	.05	3.03	3.70	4.11	4.41	4.64	4.83	4.99	5.13	5.25	5.36
	.01	4.21	4.89	5.32	5.63	5.88	6.08	6.26	6.41	6.54	6.66
15	.05	3.01	3.67	4.08	4.37	4.59	4.78	4.94	5.08	5.20	5.31
	.01	4.17	4.84	5.25	5.56	5.80	5.99	6.16	6.31	6.44	6.55
16	.05	3.00	3.65	4.05	4.33	4.56	4.74	4.90	5.03	5.15	5.26
	.01	4.13	4.79	5.19	5.49	5.72	5.92	6.08	6.22	6.35	6.46
17	.05	2.98	3.63	4.02	4.30	4.52	4.70	4.86	4.99	5.11	5.21
	.01	4.10	4.74	5.14	5.43	5.66	5.85	6.01	6.15	6.27	6.38
18	.05	2.97	3.61	4.00	4.28	4.49	4.67	4.82	4.96	5.07	5.17
	.01	4.07	4.70	5.09	5.38	5.60	5.79	5.94	6.08	6.20	6.31
19	.05	2.96	3.59	3.98	4.25	4.47	4.65	4.79	4.92	5.04	5.14
	.01	4.05	4.67	5.05	5.33	5.55	5.73	4.89	6.02	6.14	6.25
20	.05	2.95	3.58	3.96	4.23	4.45	4.62	4.77	4.90	5.01	5.11
	.01	4.02	4.64	5.02	5.29	5.51	5.69	5.84	5.97	6.09	6.19
24	.05	2.92	3.53	3.90	4.17	4.37	4.54	4.68	4.81	4.92	5.01
	.01	3.96	4.55	4.91	5.17	5.37	5.54	5.69	5.81	5.92	6.02
30	.05	2.89	3.49	3.85	4.10	4.30	4.46	4.60	4.72	4.82	4.92
	.01	3.89	4.45	4.80	5.05	5.24	5.40	5.54	5.65	5.76	5.85
40	.05	2.86	3.44	3.79	4.04	4.23	4.39	4.52	4.63	4.73	4.82
	.01	3.82	4.37	4.70	4.93	5.11	5.26	5.39	5.50	5.60	5.69
60	.05	2.83	3.40	3.74	3.98	4.16	4.31	4.44	4.55	4.65	4.73
	.01	3.76	4.28	4.59	4.82	4.99	5.13	5.25	5.36	5.45	5.53
120	.05	2.80	3.36	3.68	3.92	4.10	4.24	4.36	4.47	4.56	4.64
	.01	3.70	4.20	4.50	4.71	4.87	5.01	5.12	5.21	5.30	5.37
∞	.05	2.77	3.31	3.63	3.86	4.03	4.17	4.29	4.39	4.47	4.55
	.01	3.64	4.12	4.40	4.60	4.76	4.88	4.99	5.08	5.16	5.23

table H Chi-square (χ^2) distribution

The first column (df) locates each χ^2 distribution. The other columns give the proportion of area under the χ^2 distribution that is above the tabled value of χ^2. The χ^2 values under the column headings of .05 and .01 are the critical values of χ^2 for $\alpha = 0.05$ and 0.01. To be significant, $\chi^2_{obt} \geq \chi^2_{crit}$.

Degrees of freedom df	P = .99	.98	.95	.90	.80	.70	.50	.30	.20	.10	.05	.02	.01
1	.000157	.000628	.00393	.0158	.0642	.148	.455	1.074	1.642	2.706	3.841	5.412	6.635
2	.0201	.0404	.103	.211	.446	.713	1.386	2.408	3.219	4.605	5.991	7.824	9.210
3	.115	.185	.352	.584	1.005	1.424	2.366	3.665	4.642	6.251	7.815	9.837	11.341
4	.297	.429	.711	1.064	1.649	2.195	3.357	4.878	5.989	7.779	9.488	11.668	13.277
5	.554	.752	1.145	1.610	2.343	3.000	4.351	6.064	7.289	9.236	11.070	13.388	15.086
6	.872	1.134	1.635	2.204	3.070	3.828	5.348	7.231	8.558	10.645	12.592	15.033	16.812
7	1.239	1.564	2.167	2.833	3.822	4.671	6.346	8.383	9.803	12.017	14.067	16.622	18.475
8	1.646	2.032	2.733	3.490	4.594	5.527	7.344	9.524	11.030	13.362	15.507	18.168	20.090
9	2.088	2.532	3.325	4.168	5.380	6.393	8.343	10.656	12.242	14.684	16.919	19.679	21.666
10	2.558	3.059	3.940	4.865	6.179	7.267	9.342	11.781	13.442	15.987	18.307	21.161	23.209
11	3.053	3.609	4.575	5.578	6.989	8.148	10.341	12.899	14.631	17.275	19.675	22.618	24.725
12	3.571	4.178	5.226	6.304	7.807	9.034	11.340	14.011	15.812	18.549	21.026	24.054	26.217
13	4.107	4.765	5.892	7.042	8.634	9.926	12.340	15.119	16.985	19.812	22.362	25.472	27.688
14	4.660	5.368	6.571	7.790	9.467	10.821	13.339	16.222	18.151	21.064	23.685	26.873	29.141
15	5.229	5.985	7.261	8.547	10.307	11.721	14.339	17.322	19.311	22.307	24.996	28.259	30.578
16	5.812	6.614	7.962	9.312	11.152	12.624	15.338	18.418	20.465	23.542	26.296	29.633	32.000
17	6.408	7.255	8.672	10.085	12.002	13.531	16.338	19.511	21.615	24.769	27.587	30.995	33.409
18	7.015	7.906	9.390	10.865	12.857	14.440	17.338	20.601	22.760	25.989	28.869	32.346	34.805
19	7.633	8.567	10.117	11.651	13.716	15.352	18.338	21.689	23.900	27.204	30.144	33.687	36.191
20	8.260	9.237	10.851	12.443	14.578	16.266	19.337	22.775	25.038	28.412	31.410	35.020	37.566
21	8.897	9.915	11.591	13.240	15.445	17.182	20.337	23.858	26.171	29.615	32.671	36.343	38.932
22	9.542	10.600	12.338	14.041	16.314	18.101	21.337	24.939	27.301	30.813	33.924	37.659	40.289
23	10.196	11.293	13.091	14.848	17.187	19.021	22.337	26.018	28.429	32.007	35.172	38.968	41.638
24	10.856	11.992	13.848	15.659	18.062	19.943	23.337	27.096	29.553	33.196	36.415	40.270	42.980
25	11.524	12.697	14.611	16.473	18.940	20.867	24.337	28.172	30.675	34.382	37.652	41.566	44.314
26	12.198	13.409	15.379	17.292	19.820	21.792	25.336	29.246	31.795	35.563	38.885	42.856	45.642
27	12.879	14.125	16.151	18.114	20.703	22.719	26.336	30.319	32.912	36.741	40.113	44.140	46.963
28	13.565	14.847	16.928	18.939	21.588	23.647	27.336	31.391	34.027	37.916	41.337	45.419	48.278
29	14.256	15.574	17.708	19.768	22.475	24.577	28.336	32.461	35.139	39.087	42.557	46.693	49.588
30	14.953	16.306	18.493	20.599	23.364	25.508	29.336	33.530	36.250	40.256	43.773	47.962	50.892

table I Critical values of *T* for Wilcoxon signed ranks test

The values listed in the table are the critical values of T for the specified N (left column) and alpha level (column heading). To be significant, $T_{obt} \leq T_{crit}$.

	Level of Significance for One-Tailed Test					Level of Significance for One-Tailed Test			
	.05	.025	.01	.005		.05	.025	.01	.005
	Level of Significance for Two-Tailed Test					Level of Significance for Two-Tailed Test			
N	.10	.05	.02	.01	*N*	.10	.05	.02	.01
5	0	—	—	—	28	130	116	101	91
6	2	0	—	—	29	140	126	110	100
7	3	2	0	—	30	151	137	120	109
8	5	3	1	0	31	163	147	130	118
9	8	5	3	1	32	175	159	140	128
10	10	8	5	3	33	187	170	151	138
11	13	10	7	5	34	200	182	162	148
12	17	13	9	7	35	213	195	173	159
13	21	17	12	9	36	227	208	185	171
14	25	21	15	12	37	241	221	198	182
15	30	25	19	15	38	256	235	211	194
16	35	29	23	19	39	271	249	224	207
17	41	34	27	23	40	286	264	238	220
18	47	40	32	27	41	302	279	252	233
19	53	46	37	32	42	319	294	266	247
20	60	52	43	37	43	336	310	281	261
21	67	58	49	42	44	353	327	296	276
22	75	65	55	48	45	371	343	312	291
23	83	73	62	54	46	389	361	328	307
24	91	81	69	61	47	407	378	345	322
25	100	89	76	68	48	426	396	362	339
26	110	98	84	75	49	446	415	379	355
27	119	107	92	83	50	466	434	397	373

table J Random numbers

	1	2	3	4	5	6	7	8	9
1	32942	95416	42339	59045	26693	49057	87496	20624	14819
2	07410	99859	83828	21409	29094	65114	36701	25762	12827
3	59981	68155	45673	76210	58219	45738	29550	24736	09574
4	46251	25437	69654	99716	11563	08803	86027	51867	12116
5	65558	51904	93123	27887	53138	21488	09095	78777	71240
6	99187	19258	86421	16401	19397	83297	40111	49326	81686
7	35641	00301	16096	34775	21562	97983	45040	19200	16383
8	14031	00936	81518	48440	02218	04756	19506	60695	88494
9	60677	15076	92554	26042	23472	69869	62877	19584	39576
10	66314	05212	67859	89356	20056	30648	87349	20389	53805
11	20416	87410	75646	64176	82752	63606	37011	57346	69512
12	28701	56992	70423	62415	40807	98086	58850	28968	45297
13	74579	33844	33426	07570	00728	07079	19322	56325	84819
14	62615	52342	82968	75540	80045	53069	20665	21282	07768
15	93945	06293	22879	08161	01442	75071	21427	94842	26210
16	75689	76131	96837	67450	44511	50424	82848	41975	71663
17	02921	16919	35424	93209	52133	87327	95897	65171	20376
18	14295	34969	14216	03191	61647	30296	66667	10101	63203
19	05303	91109	82403	40312	62191	67023	90073	83205	71344
20	57071	90357	12901	08899	91039	67251	28701	03846	94589
21	78471	57741	13599	84390	32146	00871	09354	22745	65806
22	89242	79337	59293	47481	07740	43345	25716	70020	54005
23	14955	59592	97035	80430	87220	06392	79028	57123	52872
24	42446	41880	37415	47472	04513	49494	08860	08038	43624
25	18534	22346	54556	17558	73689	14894	05030	19561	56517
26	39284	33737	42512	86411	23753	29690	26096	81361	93099
27	33922	37329	89911	55876	28379	81031	22058	21487	54613
28	78355	54013	50774	30666	61205	42574	47773	36027	27174
29	08845	99145	94316	88974	29828	97069	90327	61842	29604
30	01769	71825	55957	98271	02784	66731	40311	88495	18821
31	17639	38284	59478	90409	21997	56199	30068	82800	69692
32	05851	58653	99949	63505	40409	85551	90729	64938	52403
33	42396	40112	11469	03476	03328	84238	26570	51790	42122
34	13318	14192	98167	75631	74141	22369	36757	89117	54998
35	60571	54786	26281	01855	30706	66578	32019	65884	58485
36	09531	81853	59334	70929	03544	18510	89541	13555	21168
37	72865	16829	86542	00396	20363	13010	69645	49608	54738
38	56324	31093	77924	28622	83543	28912	15059	80192	83964
39	78192	21626	91399	07235	07104	73652	64425	85149	75409
40	64666	34767	97298	92708	01994	53188	78476	07804	62404
41	82201	75694	02808	65983	74373	66693	13094	74183	73020
42	15360	73776	40914	85190	54278	99054	62944	47351	89098
43	68142	67957	70896	37983	20487	95350	16371	03426	13895
44	19138	31200	30616	14639	44406	44236	57360	81644	94761
45	28155	03521	36415	78452	92359	81091	56513	88321	97910
46	87971	29031	51780	27376	81056	86155	55488	50590	74514
47	58147	68841	53625	02059	75223	16783	19272	61994	71090
48	18875	52809	70594	41649	32935	26430	82096	01605	65846
49	75109	56474	74111	31966	29969	70093	98901	84550	25769
50	35983	03742	76822	12073	59463	84420	15868	99505	11426

	1	2	3	4	5	6	7	8	9
51	12651	61646	11769	75109	86996	97669	25757	32535	07122
52	81769	74436	02630	72310	45049	18029	07469	42341	98173
53	36737	98863	77240	76251	00654	64688	09343	70278	67331
54	82861	54371	76610	94934	72748	44124	05610	53750	95938
55	21325	15732	24127	37431	09723	63529	73977	95218	96074
56	74146	47887	62463	23045	41490	07954	22597	60012	98866
57	90759	64410	54179	66075	61051	75385	51378	08360	95946
58	55683	98078	02238	91540	21219	17720	87817	41705	95785
59	79686	17969	76061	83748	55920	83612	41540	86492	06447
60	70333	00201	86201	69716	78185	62154	77930	67663	29529
61	14042	53536	07779	04157	41172	36473	42123	43929	50533
62	59911	08256	06596	48416	69770	68797	56080	14223	59199
63	62368	62623	62742	14891	39247	52242	98832	69533	91174
64	57529	97751	54976	48957	74599	08759	78494	52785	68526
65	15469	90574	78033	66885	13936	42117	71831	22961	94225
66	18625	23674	53850	32827	81647	80820	00420	63555	74489
67	74626	68394	88562	70745	23701	45630	65891	58220	35442
68	11119	16519	27384	90199	79210	76965	99546	30323	31664
69	41101	17336	48951	53674	17880	45260	08575	49321	36191
70	32123	91576	84221	78902	82010	30847	62329	63898	23268
71	26091	68409	69704	82267	14751	13151	93115	01437	56945
72	67680	79790	48462	59278	44185	29616	76531	19589	83139
73	15184	19260	14073	07026	25264	08388	27182	22557	61501
74	58010	45039	57181	10238	36874	28546	37444	80824	63981
75	56425	53996	86245	32623	78858	08143	60377	42925	42815
76	82630	84066	13592	60642	17904	99718	63432	88642	37858
77	14927	40909	23900	48761	44860	92467	31742	87142	03607
78	23740	22505	07489	85986	74420	21744	97711	36648	35620
79	32990	97446	03711	63824	07953	85965	87089	11687	92414
80	05310	24058	91946	78437	34365	82469	12430	84754	19354
81	21839	39937	27534	88913	49055	19218	47712	67677	51889
82	08833	42549	93981	94051	28382	83725	72643	64233	97252
83	58336	11139	47479	00931	91560	95372	97642	33856	54825
84	62032	91144	75478	47431	52726	30289	42411	91886	51818
85	45171	30557	53116	04118	58301	24375	65609	85810	18620
86	91611	62656	60128	35609	63698	78356	50682	22505	01692
87	55472	63819	86314	49174	93582	73604	78614	78849	23096
88	18573	09729	74091	53994	10970	86557	65661	41854	26037
89	60866	02955	90288	82136	83644	94455	06560	78029	98768
90	45043	55608	82767	60890	74646	79485	13619	98868	40857
91	17831	09737	79473	75945	28394	79334	70577	38048	03607
92	40137	03981	07585	18128	11178	32601	27994	05641	22600
93	77776	31343	14576	97706	16039	47517	43300	59080	80392
94	69605	44104	40103	95635	05635	81673	68657	09559	23510
95	19916	52934	26499	09821	87331	80993	61299	36979	73599
96	02606	58552	07678	56619	65325	30705	99582	53390	46357
97	65183	73160	87131	35530	47946	09854	18080	02321	05809
98	10740	98914	44916	11322	89717	88189	30143	52687	19420
99	98642	89822	71691	51573	83666	61642	46683	33761	47542
100	60139	25601	93663	25547	02654	94829	48672	28736	84994

2. 용어집

- 검정력(검증력, power): 독립변인의 효과가 존재할 때 영가설을 기각할 가능성
- 공분산(covariance): 두 변수의 편차의 곱의 기대치
- 구간척도(interval scale): 크기의 의미가 있고 구간의 차이가 일정한 값는 척도
- 기각역 (Alpha: α): 영가설을 기각할 수 있는 확률의 영역
- 대립가설(alternative hypothesis): 영가설이 거짓이라면 참이 될 수밖에 없는 판단
- 독립변수(independent variable): 인과관계를 따질 때 원인에 해당하는 변수
- 등가설:(non-directional hypothesis): 단지 차이가 있다는 판단만 한 대립가설
- 명명척도(nominal scale): 단지 구분되는 것 이외에 수량적 특성을 갖지 못한 척도
- 모수치(parameter): 모집단이 가진 속성.
- 모집단(population): 연구자가 대상으로 지목한 전체 집단
- 범위(range): 분포 내에서 최고점과 최저점의 차이
- 변수(variable): 변하는 값을 가질 수 있는 특성
- Beta(β): 2종 오류 가능성
- 부등가설(directional hypothesis): 차이의 방향까지 판단한 대립가설
- 부적 상관: 두 변수 사이에 역함수적인 관계가 존재하는 경우
- 부적 편포(negatively skewed distribution): 왼쪽 자락이 길게 늘어진 분포
- 분산(variance): 표준편차를 제곱한 값
- 분산도(variability): 점수가 서로 멀리 떨어져 있는 정도
- 비율척도(ratio scale): 절대 0이 존재하고 비율적 해석이 가능한 척도
- 산포도(scatter plot): X와 Y 값을 동시에 표시한 그래프
- 상관계수(correlation coefficient): 두 변수 간 관계의 크기와 방향을 나타낸 값
- 상호작용 효과(interaction): 한 요인의 효과가 다른 요인의 수준에 따라 다르게 나타나는 현상
- 서열척도(ordinal scale): 서열의 의미만 갖는 척도
- 선형 관계(linear relationship): 두 변수의 관계가 직선으로 가장 잘 표현될 수 있는 경우
- 선형 회귀분석: 직선형 관계에 있는 두 변수 X, Y의 한 값으로 다른 값을 예측하는 방법
- 신뢰구간(confidence interval): 일정한 확률로 모집단 값을 포함하는 점수 범위
- 양방적 검정(2-tailed test): 크고 작고 두 방향의 차이를 모두 확인하는 검정
- 영가설(null hypothesis): 귀무가설, 모집단 평균의 차이가 없다는 잠정적 판단
- F 분포: 영가설의 모집단으로부터 무작위로 추출된 가능한 모든 F 값과 그 확률
- 오차(error): 우연에 의해서 발생하는 값
- 요인 설계(factorial design): 한 실험 내에서 두 개 이상의 요인의 효과를 평가하는 분석법
- 일방적 검정(1-tailed test): 크거나 작거나 중 한쪽 방향의 차이만 확인하는 검정

- 2원 분산분석(two-way ANOVA): 한 실험 내에서 두 개의 독립변수 효과와 상호작용 효과를 평가하는 분석법
- 2종 오류(type 2 error): 영가설이 거짓인데 이를 수용하는 오류 • 임계점(critical point): 영가설을 기각할 수 있는 확률의 한계선
- 1종 오류(type 1 error): 영가설이 참인데 이를 기각하는 오류
- 정규분포(normal distribution): 종 모양을 하고 대칭인 분포
- 정적 상관: 두 변수 사이에 직접적인 관계가 존재하는 경우
- 정적 편포(positively skewed distribution): 오른쪽 자락이 길게 늘어진 분포
- 제곱합(sum of squares: SS): 편차의 제곱을 모두 더한 값
- 종속변수(dependent variable): 인과관계를 따질 때 결과에 해당하는 변수
- 주 효과(main effect): 각 독립변인의 효과
- 최소제곱법(Least Squares Method): $\sum(Y-\hat{Y})^2$의 값이 최소가 되는 직선
- 추정치(statistics, estimates): 모수치를 추정하기 위하여 모집단에서 추출된 표본의 속성.
- t 표본분포: 영가설의 모집단으로부터 무작위로 추출된 크기 N으로 한정된 가능한 모든 t 값의 확률 분포
- 편차(deviation): 점수의 평균과의 차이
- 평균(mean): 점수의 합을 사례수로 나눈 값
- 평균의 표본분포: 영가설의 모집단으로부터 무작위로 추출된 가능한 모든 평균값의 확률 분포
- 표본(sample): 모집단의 특성을 반영할 것으로 기대되는 모집단의 하위 집단
- 표본분포(sampling distribution): 순수한 우연에 의해서 추출된 모든 가능한 값의 분포
- 표준오차(standard error of estimate): 표본평균의 표준편차
- 표준점수(z 점수): 원점수의 평균과의 차이를 표준편차 단위로 환산한 값
- 표준편차(standard deviation): 점수들의 분포가 평균으로부터 퍼진 정도를 나타내는 값
- 확률 분포(random distribution): 확률변수 X가 취하는 값 x_i와 그 확률 p_i 사이의 관계
- 확률변수(random variable): 확률적 현상을 갖는 측정 가능한 변수

- Alpha-level(기각역, 알파 수준): 1종 오류를 범할 가능성
- Adjusted mean(수정평균): 공분산분석에서 공분산의 효과를 제거한 집단평균
- Adjusted R^2(수정된 R^2): 회귀모형에서 독립변수가 추가될 때마다 그 예측력과 상관없이 R^2 값이 커지는 문제를 해결하기 위하여 수정한 R^2 값
- Analysis of covariance(공분산분석): 집단 간 평균이 공분산에 의해 설명되는 부분을 제거한 후에도 서로 다른지 검증하는 통계절차
- Alternative hypothesis(대립가설): 집단 간 모집단 평균의 차이가 존재한다는 판단, 결과적으로 처치효과가 존재한다는 판단
- Analysis of variance(분산분석): F 값을 사용하여 집단 간 평균이 서로 다른지 검증하는 통

계절차

- ANCOVA: Analysis of Covariance
- ANOVA: Analysis of Variance
- β-level(베타 수준): 2종 오류를 범할 가능성(Cohen의 제안에 따르면 이 값은 최대 0.2를 넘지 않는 것이 좋다)
- Between-group design(집단 간 설계): 독립설계의 다른 명칭
- Between-subject design(피험자 간 설계): 독립설계의 다른 명칭
- Binary variable(이진변수): 상호배타적인 두 유형으로 구성된 변수(예, 남자와 여자)
- Bimodal distribution(양봉분포): 최고점이 두 개인 빈도분포
- Biserial correlation(양류상관계수): 둘 중 한 변수가 이분변수(dichotomous variable)인 두 변수의 관계를 나타내는 값
- Bivariate correlation(이원상관): 두 변수 사이의 상관관계
- Bonferroni correction(Bonferroni 수정): 다중비교를 수행할 때 전체 1종 오류 수준을 조정하는 방법. 각각의 검정에서 사용되는 기각역을 전체 α 수준(보통 0.05)을 비교횟수로 나눈 결과로 정하는 것으로, 단순하고 효과적이지만 여러 개의 검정을 수행할 때 너무 엄격한 검정이 될 수 있다.
- Bootstrap(부쓰트랩): 작은 표본으로부터 복원추출을 반복함으로써 표본분포의 통계치를 계산해내는 방법
- Boxplot(Box-Whisker plot, 박스 플롯): 관찰치의 중요한 특성들을 그래픽으로 나타내는 기법으로 최소값, 제1사분위수, 제2사분위수, 제3사분위수, 최대값 등 다섯 숫자를 그림으로 나타내준다.
- Categorical variable(유목변수): 유목 데이터로 이루어진 변수
- Central limit theorem(중심극한정리): 표본의 크기가 대략 30 이상이 되면 표본평균의 분포는 모집단 분포와 상관 없이 정규분포를 이룬다는 정리
- Central tendency(중심경향): 평균, 중앙값, 최빈값 등에 의해 측정되는, 빈도분포의 중심을 나타내는 용어
- Chi-square distribution(카이제곱 분포): 여러 정규분포 변수의 제곱합의 확률분포로 유목변수에 대한 가설검정이나 모형의 유의도 검정에 사용된다.
- Chi-square test(카이제곱 검정): 두 유목변수의 독립성을 확인하기 위한 검정
- Common variance(공통분산): 둘 이상의 변수에 의해 공유되는 분산
- Communality(공통성): 요인분석에서 주로 사용되는 용어로, 한 변수에서 다른 변수에 의해 공유되는 분산의 비율을 말한다.
- Continuous variable(연속변수): 어떤 수준의 정확성으로든 측정할 수 있는 변수, 정해진 구간 내에서 무한대의 다른 값을 가질 수 있는 변수. 예, 소요시간
- Correlation coefficient(상관계수): 두 변수의 관계 또는 결합의 강도를 나타내는 측정치
- Confidence interval(신뢰구간): 주어진 확률 내에서 진점수(모수치)가 존재할 범위

- Confounding variables(혼재변수, 제3변수): 독립변수(예측변수)와 종속변수(응답변수)에 공통적으로 영향을 미치는 변수
- Correlational research(상관연구): 자연적인 데이터를 관찰하여 그 관계를 분석하는 방식의 연구
- Content validity(내용타당도): 검사지의 내용이 측정하고자 하는 구인의 내용과 일치한다는 증거
- Covariance(공분산): 두 변수간의 평균적인 관계를 나타내는 측정치. 각 변수의 편차의 곱의 기대값으로 나타낸다.
- Covariate(공변인): 측정치의 일부를 설명하는 것으로 설정된 변수
- Criterion-referenced validity(준거관련 타당도): 어떤 구인에 대한 측정치가 같은 구인을 측정하는 다른 검사도구의 측정치와 일치한다는 증거
- Cronbach's Alpha(Cronbach's Alpha): 다음 식으로 나타나는 신뢰도 측정치

$$\alpha = \frac{k}{k-1}\left(1 - \frac{\sum s_i^2}{s_T^2}\right)$$

k: 문항 수

s_i: 각 문항점수의 표준편차

s_T: 전체점수의 표준편차

- Cross-sectional research(횡단적 연구): 하나의 시점에서 다양한 형태의 대상을 관찰하여 그 특징을 파악하는 형태의 연구
- Cross validation(교차타당화): 다른 종류의 표본을 사용하여 모형(주로 회귀분석 모형)의 정확성을 평가하는 작업으로 모형의 일반화 가능성을 확보하는 중요한 절차이다.
- Degrees of freedom(자유도): 통계적으로 모수치를 추정할 때 자유롭게 변화할 수 있는 개체의 수
- Dependent t-test(종속표본의 t 검정): T 통계치를 사용한 검정으로서, 동일한 표본에서 관찰된 두 평균이 서로 다른지 확인하는 검정
- Dependent variable(종속변수): 응답변수 또는 결과변수라고도 하는, 다른 변수에 의해서 그 값이 영향을 받는 변수
- Dichotomous variable(이분변수): 두 개의 유목만을 값으로 갖는 변수. 예, 성별
- Discrete variable(이산변수): 이산형 값만을 척도로 갖는 변수. 예, 학급 정원
- Dummy variable(더미변수): 0과 1의 값을 가짐으로써 어떤 유목변수의 효과가 있고 없음에 따라 결과(응답변수)가 달라지는지를 나타내는 변수
- Ecological validity(생태학적 타당도): 어떤 연구나 실험의 결과가 실세계의 조건에 적용된다는 증거
- Effect size(효과 크기): 관찰된 효과의 크기에 대한 표준화된 측정치
- Factor analysis(요인분석): 관찰된 여러 변수 간 상관관계가 어떤 잠재요인으로부터 가지쳐

나온 것인지 확인하는 중다 분산분석 기법

- Experimental hypothesis(실험가설): 대립가설(alternative hypothesis)과 같은 용어로, 영가설(귀무가설, null hypothesis)이 거짓이라면 논리적으로 참일 수밖에 없는 판단
- Experimental error rate(실험오차): 한 개 또는 그 이상의 통계적 비교가 포함된 실험의 1종 오류 가능성
- Factor(요인): 실험설계에서 독립변수 또는 예측변수를 뜻하는 용어, 단 요인분석에서는 잠재요인과 동의어
- Factorial ANOVA(요인 분산분석): 두 가지 이상의 독립변수(예측변수)가 포함되어 있는 분산분석
- Family-wise error rate(실험군 오차율): 하나의 실험에 포함된 모든 집단평균의 비교에 적용되는 1종 오류 가능성
- Fixed effect(고정효과): 하나의 실험에서 연구자가 의도했던 모든 수준의 효과가 포함된 처치조건
- Fixed variable(고정변수): 시간이 경과해도 변하지 않는 변수(예, 성별)
- Frequency distribution(도수분포표): X 축에 관찰치, y 축에 도수를 표시한 그래프, 히스토그램과 같은 뜻으로 쓰임.
- Goodness of fit(적합도): 어떤 모형이 데이터에 얼마나 적합한지를 나타내는 지수
- Grand mean(전체평균): 관찰된 데이터 전체의 평균
- Harmonic mean(조화평균): n 개의 양수에 대하여 그 역수들을 산술평균한 것의 역수를 말한다.

$$H = \frac{1}{\frac{1}{n}\sum \frac{1}{x_i}}$$

- Histogram(히스토그램): X 축에 관찰치, y 축에 도수를 표시한 그래프, 도수분포표와 같은 뜻으로 쓰임.
- Homoscedasticity(등분산성): 회귀분석에서 예측변수의 각 수준에서의 잔차의 분산이 서로 동일하다는 가정, 다르게 표현하자면 예측변수의 어떤 값에서도 잔차의 분산도는 일정하다는 가정
- Hypothesis(가설): 확인을 위한 잠정적인 판단
- Independence(독립성): 하나의 데이터가 다른 데이터에 영향을 미치지 않는다는 가정
- Independent errors(오차의 독립성): 회귀분석의 어떤 두 관찰치에서도 잔차의 상관은 나타나지 않는다는 가정
- Independent t-test(독립표본 t 검정): 관찰된 종속변수들이 서로 독립적인 경우의 t 검정
- Independent variable(독립변수): 예측변수의 다른 명칭. 다른 변수에 대해 원인적으로 작용하거나 설명력이 있는 변수
- Interaction effect(상호작용 효과): 둘 이상의 독립변수가 서로 독립적이 아니라 서로 연관되

어서 종속변수에 나타내는 효과

- Kolmogorov-Smirnov test(Kolmogorov-Smirnov 검정): 어떤 점수분포가 정규분포와 다른지를 알려주는 비모수 검정방법
- Kolmogorov-Smironov Z: Kolmogorov-Smirnov 검정은 한 표집의 모집단이 정규분포인지를 검사하는 것임에 비하여 Kolmogorov-Smironov Z는 두 표본이 분포가 동일한지를 검사하는 방법이다.
- Kruskal-Wallis test(Kruskal-Wallis 검정): 두 표본의 평균이 동일한지를 검사하는 비모수 검정 방법으로, 1원 분산분석의 비모수 버전이라 할 수 있다.
- Kurtosis(첨도): 하나의 분포에 좌우 어느 쪽이든 양 극단에 얼마나 많은 자료를 가지고 있는지 측정하는 척도

$$첨도 = \frac{1}{n-1}\sum(X-\overline{X})^4/S^4$$

S: 표본표준편차

$(n-1)$: 자유도

- Latent variable(잠재변수): 직접적으로 측정할 수 없는 변수이나 측정가능한 여러 변수들이 관련된 것으로 가정하는 변수를 말함.
- Linear model(선형모형): 직선적 관계에 근거한 모형
- Logistic regression(로지스틱 회귀분석): 응답변수가 유목척도인 중다상관의 한 형태. 유목척도가 두 개인 경우 2진 로지스틱 회귀분석이라 하고 유목척도가 두 개보다 많은 경우 이를 중다 로지스틱 회귀분석이라 한다.
- Main effect(주효과): 주로 분산분석에서 사용되는 용어로 결과변수(종속변수)에 대한 예측변수(독립변수) 고유의 효과를 말한다.
- Mann-Whitney test(Mann-Whitney 검정): 비모수검정으로 두 독립표본의 차이에 대한 검정. 두 표본이 추출된 모집단의 위치가 서로 같은지를 판정한다. 이것은 Wilcoxon의 순위합 검정과 같은 기능을 하며, 두 검정 모두 독립표본의 t 검정과 동등한 비모수검정이다.
- MANOVA(중다분산분석): Multivariate Analysis of Variance
- Mean(평균): 해당 집단의 점수의 기대값
- Measurement error(측정오차): 대상에 대한 측정치와 실제값 사이의 차이
- Median(중앙값): 관찰치를 크기의 순서로 나열했을 때 정 가운데 위치한 값. 관찰치가 짝수일 때는 정 가운데 두 수의 평균이 중앙값이 된다.
- Meta-analysis(메타분석): 연구결과를 분석하는 방법으로, 같은 연구문제를 탐구한 결과를 종합하여 효과의 크기를 산출하는 것
- Multiple R(중다상관계수): 중회귀모형(multiple regression)에서 예측변수와 결과변수 사이의 상관관계를 말한다.
- Multiple regression(중회귀분석): 단순 회귀모형을 한 결과변수에 대한 둘 이상의 예측변수의 선형관계로 예측한 모형

- Nominal variable(명명 변수): 숫자가 단지 이름을 대표하는 변수
- Non-parametric tests(비모수 검정): 표본의 분포가 정규분포를 이룬다는 가정에 의존하지 않는 일군의 통계적 절차를 말한다.
- Normal distribution(정규분포): 좌우대칭이며(편포도 0, 첨도 0) 종 모양을 한 확률변수의 분포를 말한다.
- Null-hypothesis(영가설, 귀무가설): 모집단 평균에 차이가 없다는, 처치효과가 존재하지 않는다는 잠정적 판단
- Omega squared(오메가 제곱): 분산분석과 관련한 효과의 크기의 측정치
- One-tailed test(일방적 검정): 검정하고 싶은 대립가설이 정해져 있을 때 행하는 가설 검정 방법
- Ordinal variable(순위변수): 자료의 척도가 서열척도인 변수
- Orthogonality(직교성): 비교에 의해 얻어지는 정보가 서로 중복되지 않고 독립적이라는 특성을 말한다. 두 비교의 직교성을 수량적으로 정의하면 $\sum(c_i)(c_i') = 0 (c_i: i$ 번째 항의 계수$)$ 이 된다.
- Outlier(특이값): 다른 관찰치와 매우 다른 관찰치. 흔히 추정치의 편의를 가져온다.
- Outcome variable(결과변수): 예측변수로부터 그 값을 예측하고자 하는 변수
- Pearson's correlation coefficient(피어슨 상관계수): 정식 명칭은 Pearson's product-moment correlation coefficient로, 두 변수 간 관계의 방향과 강도를 -1과 1 사이의 표준화된 측정치로 나타낸 것이다.
- Planned comparisons(사전비교): Planned contrasts의 다른 명칭
- Planned contrasts(사전비교): 데이터 수집 이전에 계획된 일련의 집단평균 비교 방법으로, 전반적인 집단차이의 분산을 집단의 비교에 사용함으로써 사후검정보다 더 큰 검정력을 갖는다.
- Point-biserial correlation(양류상관계수): 이분변수(dichotomous variable)와 연속변수인 두 변수 사이의 상관관계를 나타내는 척도
- Population(모집단): 어떤 통계모형을 통하여 일반화하고자 하는 대상의 집합
- Post hoc tests(사후검정): 데이터 수집 이전에 계획한 것이 아닌 각 집단평균의 비교를 말한다. 비교의 횟수에 따른 1종 오류 증가의 문제를 해소하기 위해 엄격한 기준을 도입하며, 따라서 사전비교보다 검정력이 떨어진다. 일반적으로 사전비교의 가설을 세울 만한 견고한 이론적 기반이 없는 상태에서의 초기 연구에 사용된다.
- Power(검정력): 한 검정이 효과를 탐색할 수 있는 능력, 또는 대립가설이 참인 경우 가설검정을 통하여 영가설을 기각할 수 있는 확률
- Predictor variable(예측변수): 결과변수(outcome variable)라는 다른 변수의 값을 예측하기 위해 사용되는 변수
- Probability distribution(확률분포): 어떤 변수의 한 특정값이 발생할 잠재적 확률을 나타내는 곡선
- Random effect(임의효과): 표본의 처치 조건이 모집단의 처치조건 중 일부가 임의로 선택된

경우 이 조건의 효과를 임의효과라고 한다.

- Random variable(확률변수): 시간의 경과에 따라 변하는 변수
- Randomization(랜덤화): 실험연구에서 대상의 무작위추출이나 집단의 무선할당을 일컫는 말
- Ratio variable(비율변수): 구간변수의 특성 외에 비율이 의미를 가지며, 절대영점이 존재하는 척도체계에서 관찰되는 변수. 예를 들어 몸무게, 몸무게 0은 무게가 전혀 없음을 의미하고 몸무게 60 킬로그램은 30 킬로그램의 두 배라는 해석이 가능하기 때문에 비율변수가 될 수 있다.
- Regression coefficient(회귀계수): 회귀식에서 예측변수에 주어지는 가중치
- Reliability(신뢰도): 하나의 특성이 다른 여러 조건에서 측정될 때 측정도구가 일관된 결과를 내는 정도
- Repeated measures ANOVA(반복측정 분산분석): 독립변수(예측변수)가 반복 측정된 자료인 경우 수행하는 분산분석
- Repeated measures design(반복측정 설계): 서로 다른 처치 조건이 같은 대상에게 주어지는 형태의 실험설계
- Residual(잔차): 모형이 예측한 값과 관찰된 값의 차이
- Residual sum of squares(잔차제곱합): 모형에 의해 설명되지 않은 변량에 대한 측정치
- Robust test(로버스트 검정): 정규분포의 가정이 충족되지 않은 경우에도 신뢰할 수 있는 통계치를 산출하는 분석절차를 일반적으로 칭하는 용어
- Sample(표본): 모집단의 특성을 표현하기 위해 사용되는 모집단보다 작은 수로 구성된 자료의 모임
- Sampling distribution(표본분포): 통계치의 확률분포. 만일 모집단으로부터 하나의 표본을 추출하여 평균 등의 통계치를 계산한다면 그 값은 추출한 표본에 따라 조금씩 다른 확률분포를 나타낼 것이다. 이러한, 모집단으로부터 기대할 수 있는 모든 표본의 통계치가 나타내는 모습을 표본분포라 한다.
- Scatterplot(산포도): 하나의 변수 값에 해당하는 다른 변수 값을 각 축에 결정된 위치로 표시한 그래프
- Sign test(부호검정): 두 표본집단의 평균이 서로 다른지 확인하는 검정. 두 조건의 차이($+$, $-$)를 계산해서 차이의 방향을 나타내준다는 점에서 Wilcoxon 부호순위 검정(Wilcoxon's signed-rank test)과 같으나, 부호 검정에서 차이의 크기는 무시된다는 점이 다르다. 따라서 이 검정은 검정력이 떨어진다.
- Simple regression(단순회귀분석): 하나의 변수(결과변수)가 단일한 예측변수에 의해 예측되는 선형 모형
- Skewness(편포도): 하나의 분포가 좌우로 얼마나 비대칭인지를 측정하는 척도

$$편포도 = \frac{1}{n-1} \sum (X - \overline{X})^3 / S^3$$

- Spearman's correlation coefficient(스페어만 상관계수): 서열척도로 변환된 두 변수의 상관

관계를 표준화한 측정치

- Split-half reliability(반분신뢰도): 측정도구를 반으로 나누어 두 반쪽짜리 측정점수 사이에서 구한 상관관계를 Spearman과 Brown의 수정공식에 의해 수정한 신뢰도 측정치
- Standard deviation(표준편차): 한 집단의 데이터의 변동성을 나타내는 추정치로, 분산의 제곱근의 값을 갖는다.
- Standard error(표준오차): 통계치의 표본분포의 표준편차. 같은 모집단으로부터 추출된 표본들 사이의 통계치의 변동성을 나타낸다.
- Standard error of the mean(평균의 표준오차): 표준오차의 정식명칭
- Standardization(표준화): 한 변수를 측정의 표준단위로 전환하는 절차. 예컨대 표준점수는 표준편차를 표준단위로 사용하여 전환한 점수이다.
- Sphericity(구형성): 반복측정 자료의 단일변량분석을 위해 요구되는 가정으로, 반복측정의 모든 가능한 짝 간 차이의 분산이 같아야 한다는 것
- Standardized residuals(표준화 잔차): 잔차의 표준화 값을 말하며 이것은 원시잔차(raw residual)를 표준편차로 나누어 표준화한 것이며, 특이값을 판단할 때 중요한 역할을 한다.
- Sum of squared errors(오차제곱합): Sum of squares(제곱합)의 다른 이름
- Sum of squares(SS, 제곱합): 편차의 제곱을 모두 더한 합으로, 한 집단의 데이터의 총변동성을 나타낸다.
- t-statistic(t 값): Student's t라고도 하는 t 확률분포에 의한 검정 통계치이다.
- Type 1 error(1종 오류): 영가설이 참인데 이를 기각하는 오류
- Type 2 error(2종 오류): 영가설이 거짓인데 이를 기각하지 않는 오류
- Variable(변수): 개체에 따라, 또는 시간의 경과에 따라 변하는 특성
- Variance(분산): 편차의 제곱의 기대치
- Weights(가중치): 변수 앞에 곱해주는 수로 등식에서 한 변수의 영향력을 나타낸다.
- Wilcoxon's signed-rank test(Wilcoxon 부호순위 검정): 서로 관련된 두 집단의 평균이 동일한지 확인하는 비모수 검정으로 t 검정의 비모수 버전이라 할 수 있다.
- Within-subjects design(피험자 내 설계): 반복측정 설계(repeated measures design)와 같은 용어
- z-score(표준점수): 관측값을 표준편차의 단위로 나타낸 값. 관측값을 z 점수로 전환함에 따라 평균 0, 표준편차 1인 새로운 분포가 얻어진다.

Symbols

α	Alpha: 1) 기각역, 2) 신뢰도 계수 Cronbach's Alpha, 3) 요인 A의 모집단 주 효과
β	Beta: 1) 2종 오류 가능성, 2) 요인 B의 모집단 주 효과
μ	Mu: 모집단 평균
ρ	Rho: 모집단 상관계수
$\sum$	Sum of
σ	Sigma: 모집단 표준편차
σ^2	모집단 분산
$\sigma_{\overline{X}}$	모집단 평균의 표준오차
$\sigma_{\overline{X_1}-\overline{X_2}}$	모집단 평균 차의 표본오차
ω^2	Omega Squared: 효과 크기
$\hat{\omega}^2$	Omega Squared: 효과 크기의 추정치
df	자유도
df_B	집단 간 자유도
df_W	집단 내 자유도
F	분산의 비
f	빈도
H_0	영가설
H_1	대립가설
N	사례 수
r	1) Pearson 상관계수, 2) 신뢰도 계수
R^2	결정계수
$\hat{\sigma}$, s	표본의 표준편차
SS	Sun of Squares: 제곱합
MS	Mean Square: 제곱평균
$\hat{\sigma}^2$, s^2	표본의 분산
$\hat{\sigma}_{\overline{X}}$, $s_{\overline{X}}$	표본평균의 표본오차
$\hat{\sigma}_{\overline{X_1}-\overline{X_2}}$, $s_{\overline{X_1}-\overline{X_2}}$	표본평균 차의 표본오차
$\overline{X}$	표본평균
z	표준점수

김현철 · 조정우(2016). 통계학의 이해, 교육과학사.

남궁평(1996). 현대표본이론. 탐진.

남궁평 · 김연형(1986). 표본이론, 박영사.

박용태(1997). 현대조사방법론. 경세원.

이원욱(1999). 조사방법론, 형설출판사.

이흥탁(1993). 사회조사방법론-사회조사와 자료분석기법. 법문사.

조정우 · 김현철(2022). 교육평가 이론, 교육과학사.

Agresti, A. (1984). Analysis of ordinal categorical data. New York: John Wiley.

Agresti, A. (1990, 2002). Categorical data analysis. New York: John Wiley.

Aitkin, M., Anderson, D., Francis, B., and Hinde, J. (1989). Statistical Modelling in GLIM, Oxford: Oxford Science Publications.

Cook & Campbell (1979). Quasi-experiments: nonequivalent control group designs.

Crocker, L., and Algina, J. (2008). Introduction to classical and modern test theory. Ohio: Cengage Learning.

Cronbach, (1963). Course improvement through evaluation. Teachers College Record 64 (1963), 672-83.

Cronbach, L. J. & Shavelson, R. J. (2004). My current thoughts on coefficient alpha and successor procedures. Educational and Psychological Measurement. 2004, 64.3, 391-418.

Fisher, R. A. (1970). Statistical methods for research workers (originally published 1925, 14th edition 1970). Edinburgh: Oliver & Boyd.

Gilovich, T. (1991). How we know what isn't so: The fallibility of human reason in everyday life. New York: The Free Press.

Glass, G. V. Peckham, P. D. and Sanders J. R. "Consequences of Failure to Meet the Assumptions Underlying the use of Analysis of Variance and Covariance." Review of Educational Research, 42 (1972), 237-288.

Keppel, G. (1982). Design and analysis: A researcher's handbook (2nd ed.). Englewood Cliffs, NJ: Prentice Hall.

Keppel, G. and Wickens, T. D. (2004). Design and analysis: A researcher's handbook

(4th International ed.). Englewood Cliffs, NJ: Prentice Hall.

Maxwell, S. E. Delaney, H. D. and Kelley, K. (2018). Designing experiments and analyzing data: A model comparison perspective. New York, NY: Routledge.

Pagno, R. R. (2007). Understanding statistics in the behavioral sciences (8th ed.). CA: Thomson Wadsworth.

Pearson, K. (1904). On the laws of inheritance in man II. On the inheritance of the mental and moral charateristics in man, and its comparison with the inheritance of physical characters. Biometrica, 3, 131-190.

Sidak, Z. (1967). Rectangular confidence regions for the means of multivariate normal distributions, Journal of the American statistical association, 62, 626 -633.

Stevens. (1989). Intermediate statistics: a modern approach.

Traub, R. E. (1997). Classical test theory in historical perspective, Educational Measurement: Issues and Practice. pp. 8-14.

Tukey, J. W. (1952). Allowances for various types of error rates, unpublished IMS address, Chicago, IL.

Tukey, J. W. (1953). The problem of multiple comparisons, unpublished manuscript.

Welsch, R. E. (1977). Stepwise multiple comparison procedures, Journal of the American statistical association, 72, 359.

Wilcox, R. R. (1993). Analyzing repeated measures or randomized block designs using trimmed means. British Journal of Mathematical and Statistical Psychology, 46, 63-76.

찾아보기

[저자약력]

조정우(趙正宇)
연세대학교 생화학과 졸업
University of Florida 교육학 박사
성균관대학교 사범대학 교육학과 초빙교수
E-mail: jungwoo221@gmail.com

김현철(金顯哲)
성균관대학교 통계학과 졸업
University of Florida 교육학 박사
성균관대학교 사범대학 교육학과 교수
E-mail: hkim@skku.edu

교육통계학

2023년 2월 20일 초판인쇄
2023년 2월 25일 초판 1쇄발행

저 자 조 정 우 · 김 현 철
발행인 배   효   선

발행처 도서출판 法 文 社

주 소 10881 경기도 파주시 회동길 37-29
등 록 1957년 12월 12일/제2-76호(윤)
전 화 (031)955-6500~6 FAX (031)955-6525
E-mail (영업) bms@bobmunsa.co.kr
(편집) edit66@bobmunsa.co.kr
홈페이지 http://www.bobmunsa.co.kr

조 판 (주) 성 지 이 디 피

정가 34,000원 ISBN 978-89-18-91378-0